実務初心者からの
木造住宅
矩計図・詳細図
の描き方

是永美樹・大塚篤 著

彰国社

ブックデザイン・宇那木孝俊（宇那木デザイン室）

はじめに

本書は、実務初心者に向けた木造住宅の矩計図・詳細図が描けるようになる参考書です。
矩計図は実務初心者にとって難しく見え、どこから描いていいのかわからない、また、どうすれば描けるのか、実施設計の図面の中ではじめに頭を悩ます図面だと思います。筆者も実施図面を初めて担当したときは、矩計図を仕上げるのに1週間かかりました。いつになったら描き終わるのか、という不安との闘いでもありました。しかし今では数時間であらかたは描けますし、矩計図を描くのは楽しい作業です。

矩計図は、空間構成、架構、素材、環境性能、ディテールなど、部分から全体まで住宅全体の計画を見渡す総合的な図面です。空間全体を考えながら、部分の納まり（詳細図）も考えることで、住宅全体を一つの思想でまとめ上げるための考えるツールでもあります。また、設計者と施工者がつくるための情報を共有するという役割も果たします。そのため、矩計図は断面図より詳細に使用する素材や納まりなども含めて描くことが求められます。

矩計図を描くのが難しく思えるのは、矩計図を描く際には、空間全体を想像しながら、それと連動して細部の納まり（詳細図）も考えることを求められるからです。しかし頭のなかで拡大・縮小を繰り返し、縮尺の違う次元のことを並行して考えることは訓練すればできるようになりますし、そのフィードバックを繰り返して空間をつくり上げることが矩計図を描く醍醐味でもあります。
本書の1章では、矩計図の仕組み、描き方の手順をマスターします。2章では、住宅を構成する外皮の構成を解説します。外皮の構成を理解しなくては矩計図は描けません。
さらに、3章においては、複雑に見える矩計図のダイヤグラムを読み解き、矩計図を描くときに考えるべき部位を、典型的な棒矩計図17事例を通じて整理します。
4章、5章においては、各居室において特徴的な、注意すべき部位の納まりを提示し、6章では木造住宅の設計において、矩計図と同時に考える部分詳細図を、標準的で応用可能な事例にしぼって整理しています。

近年は、省エネルギー施策を背景に、住宅に求められる性能も向上しています。特に、外壁や屋根といった部位は、一昔前の納まりでは昨今求められる省エネルギー性能に対応できない場合もあります。本書では、外皮の構成を理解するとともに、現在の省エネルギー性能に対応する進化した納まりと、今後も要求される環境性能の変化に追従できる部位を構成する際の基本的な考え方をまとめています。大学の設計製図の授業ではあまり指導されることのない環境性能について、実務を始めた段階で、その考え方を身につけることは非常に重要です。

矩計図を描くには基本的な技術やルールをマスターする必要があります。しかし技術やルールはマスターしてしまえばよいものであり、矩計図を描くことで、部分と全体を同時に考えられるようになる設計力を身につけることが一番重要です。
本書が、実務初心者が矩計図・詳細図と向き合う際の手助けとなり、矩計図・詳細図を通して部分と全体を一貫して住宅計画をまとめられる設計の実践力を身につけることができる一助となることを願います。

2014年5月吉日
是永美樹・大塚篤

contents

はじめに —— 3

1章　矩計図の基本を学ぶ

1. 矩計図の仕組み ———————————————————————————————— 8
2. 矩計図に描くべき内容 ————————————————————————————— 10
3. 矩計図はどこを描くか ————————————————————————————— 12
4. 矩計図で使用される線種とハッチング ——————————————————————— 14
5. 文字情報と寸法 ———————————————————————————————— 16
6. 矩計図を描く手順 —————————————————————————————— 18
7. 矩計図のレイヤ分け ————————————————————————————— 30
column ❶　矩計図の使い方　その1　内観パースを重ねた奥行きのある矩計図 ————————— 36

2章　外皮の構成を理解する

1. 外皮の構成を理解する ————————————————————————————— 38
2. 断熱計画は住宅全体で考える —————————————————————————— 40
3. 通気層の役割と通気ルートの確保 ————————————————————————— 42
4. 防湿層と気流止めは同時に考える（充填断熱の場合） ——————————————————— 44
5. 屋根の構成 —————————————————————————————————— 46
6. 外壁の構成 —————————————————————————————————— 48
7. 床下の構成 —————————————————————————————————— 50
column ❷　矩計図の使い方　その2　環境性能の計画、プレゼンテーションに使う ——————— 52

3章　矩計図のパターンをつかむ

矩計図のダイヤグラムを読む ——————————————————————————— 54
　水まわりなし・吹抜けなし
　　A（1階：居室／2階：居室／屋根：勾配屋根） ——————————————————— 58
　　　A-①（外断熱構法） ———————————————————————————— 59
　　　A-②（真壁構法） ————————————————————————————— 60
　　　A-③（木質パネル構法） —————————————————————————— 61
　　　A-④（土壁断熱構法） ——————————————————————————— 62
　　B（1階：居室＋下屋／2階：居室／屋根：勾配屋根） ———————————————— 63
　　C（1階：ピロティ／2階：居室＋インナーテラス／屋根：勾配屋根） ————————— 64
　　D（1階：居室＋デッキ／2階：居室＋ベランダ／屋根：陸屋根） ——————————— 65
　水まわりあり・吹抜けなし
　　E（1階：水まわり（浴室）／2階：居室／屋根：勾配屋根） ————————————— 66
　　F（1階：居室／2階：水まわり（浴室）／屋根：勾配屋根） ————————————— 67
　　G（1階：水まわり（浴室）＋ピロティ／2階：居室／屋根：勾配屋根） ——————— 68
　　H（1階：水まわり（浴室）＋バスコート／2階：居室＋ベランダ／屋根：勾配屋根） — 69
　　I（1階：玄関＋ピロティ／2階：水まわり（浴室＋洗面）／屋根：勾配屋根） ———— 70
　　J（1階：居室／2階：水まわり（浴室）＋バスコート／屋根：陸屋根） ——————— 71
　吹抜けあり
　　K（1階：居室＋小上がり／2階：居室／屋根：勾配屋根） —————————————— 72
　　L（1階：居室＋階段／2階：居室／屋根：勾配屋根） ———————————————— 73

M（1階：居室＋吹抜け＋デッキ／2階：居室／屋根：勾配屋根) ———— 74
N（1階：居室＋吹抜け＋デッキ／2階：居室／屋根：勾配屋根) ———— 75
O（1階：居室（半地階）／2階：居室＋ロフト／屋根：勾配屋根) ———— 76
P（地階：居室＋吹抜け＋ドライコート／1階：居室＋ベランダ＋ロフト／屋根：勾配屋根) ———— 77
Q（地階：ピロティ／1階：居室＋水まわり（浴室）＋階段／2階：居室／屋根：勾配屋根) ———— 78

column ❸　木材の基礎情報　その1　部位別の主な適用樹種 ———— 80

4章　ゾーンのつくり方を知る

1. 浴室の詳細図 ———— 82
2. キッチンの詳細図 ———— 86
3. 玄関の詳細図 ———— 90

column ❹　木材の基礎情報　その2　木材の流通寸法 ———— 94

5章　空間エレメントの部分詳細

1. 造作家具・収納の詳細図 ———— 96
   - リビングの造作家具・収納 ———— 97
   - ダイニングの造作家具・収納 ———— 100
   - 寝室の造作家具・収納 ———— 101
   - ワークスペースの造作家具・収納 ———— 103
   - 洗面所の造作家具・収納 ———— 104
   - 玄関の造作家具・収納 ———— 105
2. 階段の詳細図 ———— 107
   - 階段の詳細図 ———— 108

column ❺　既製部材の使い方　その1　既製部材をうまく使う ———— 114

6章　各部の部分詳細

1. 基礎の納まり ———— 116
   - 基礎伏図との対応関係（ベタ基礎) ———— 117
   - ベタ基礎の納まり ———— 117
   - 布基礎の納まり ———— 118
   - 基礎の開口まわり ———— 118
   - 内張基礎断熱の納まり ———— 119
   - 外張基礎断熱の納まり ———— 119
2. 屋根の納まり ———— 120
   - 金属屋根の納まり ———— 121
   - 金属屋根軒先の納まり（水下側) ———— 122
   - 金属屋根軒先の納まり（水上側) ———— 123
   - 金属屋根けらばの納まり ———— 124
   - 金属屋根の下屋の取り合い他 ———— 124
   - 金属屋根トップライトの納まり ———— 125
   - スレート屋根の納まり ———— 126
   - 瓦屋根の納まり ———— 128
   - 樋の納まり ———— 131

3. 外壁の納まり — 132
- 外壁仕上げと下地の構成 — 133
- 入隅・出隅の納まり — 134
- 異なる外壁材の取り合い — 135

4. 室内壁の納まり — 136
- 内壁仕上げと下地の構成 — 137
- 出隅の納まり — 138
- 入隅の納まり — 139
- 幅木の納まり — 140

5. 外壁開口部の納まり — 142
- 半外付けサッシと外壁仕上げとの納まり — 143
- 障子を納めた開口部まわりの納まり — 144
- サッシの見付けを隠した納まり — 145
- 掃出しサッシの納まり — 146
- 外張断熱とサッシの納まり — 147
- 木製建具の納まり① (掃出窓) — 148
- 木製建具の納まり② (腰窓) — 149
- 出隅に設けた木製建具の納まり — 150
- 土間に設けた木製建具の納まり — 151
- 木製玄関扉の納まり — 152
- カーテンボックスの納まり — 153

6. 内部建具の納まり — 154
- 開き戸の納まり — 155
- 引戸の納まり — 156

7. 床の納まり — 160
- 床下地の納まり — 161
- 異なる床仕上げと床下地の取り合い — 161
- 異なる床仕上げの取り合い — 162
- 床暖房を納める — 163

8. 天井の納まり — 164
- 天井仕上げと下地の納まり — 165
- 天井仕上げと見切り方 — 165
- 壁と天井の取り合い — 166
- 天井の出隅の納まり — 167
- あらわし天井の納まり — 167

9. 外部床の納まり — 168
- 持ち出しバルコニー (スノコ床) の納まり — 169
- 持ち出しバルコニー (FRP防水床) の納まり — 169
- 階下に居室がある防水バルコニー — 170
- テラス — 170
- ウッドデッキ (濡れ縁) — 171

column ❻ 既製部材の使い方 その2　メーカーのサッシ納まり詳細図の見方 — 172
column ❼ 既製部材の使い方 その3　既製サッシを自分のデザインにはめ込む — 173
column ❽ 既製部材の使い方 その4　フラットバーとアングル — 174

1章
矩計図の基本を学ぶ

矩計図は、部分から全体まで住宅全体の計画を見渡す総合的な図面です。上下に重なる室の構成、素材や部材寸法などの「つくるための情報」をあわせて示す、情報量の多い図面です。そこには設計者、施工者が共有すべき情報が適切に描かれていることが重要です。どこを描き、どのように描けばよいのか。本章では複雑に見える矩計図を解体して項目別に解説しました。伝えるべき情報と描き方のルールを学んで、空間の仕組みを考える矩計図を描けるようになりましょう。

1. 矩計図の仕組み

- □ 線が何本も連なり、一見複雑に見えて難しい印象を与えてしまう矩計図だが、一本一本の線が何を示しているのかを理解すれば、難しくはない。
- □ 矩計図は、建築をつくる部材を順番に描けばよい。出来上がった後は見えなくなってしまう壁や天井の中も描く。
- □ 矩計図を描くためには、架構、下地、仕上げ、ディテールなどを決める。すなわち、矩計図はその建築の仕組みを決定するうえで重要な図面である。

フローチャート

1. 基本設計（矩計図を描く準備）
断面図 1:100、1:50 で検討する。

- 通り芯の位置を決める
- 平面を決める
- 建物の高さ、各階高さを決める
- 外形状を決める
- 構造形式を決める

2. 実施設計（矩計図を描く）
断面図 1:20、1:30 などで検討する。

外部仕上げ
- 断熱材の種類と位置を決める
- 外壁の環境性能を決める
- 仕上材（屋根材）を決める
- 仕上材（外壁材）を決める

内部仕上げ（面を構成する部位）
- 仕上材（内壁材）を決める
- 仕上材（床材）を決める
- 仕上材（天井材）を決める

内部仕上げ（部分を構成する部位）
- 開口部（窓）を決める
- 開口部（建具）を決める
- 枠まわりを決める

建物の外形寸法を決定する部位
〈仕上げに見えてこない部分〉

構造部材
- 105 角系
- 120 角系　など

耐力材
- 筋かい
- 構造用合板
- 耐力面板　など

断熱材
外張断熱（ボード状）
- プラスチック系
- 天然素材系

充填断熱（繊維状）
- プラスチック系
- 天然素材系
- 再生材料系　など

通気層

防風層・防湿気密層
- 防湿フィルム
- 防風透湿シート　など

同時に進める実施設計図面
軸組図、立面図、設備計画　など

同時に進める実施設計図面
内外仕上げ表、展開図、キッチン詳細図、階段詳細図　など

同時に進める実施設計図面
展開図、建具表、建具詳細図、家具詳細図、各部納まり詳細図　など

左側のフローチャートは、一般的な住宅の設計プロセスです。矩計図は、基本設計でおおよそ決められた平面計画、断面計画に基づいて、実施設計に入ってから描き始めます。

矩計図を描くときは、構造部材、断熱材、仕上材、開口部など、さまざまな要素を決めながら描き進めます。部材の厚みや納めるための寸法など、具体的な寸法の情報が必要になり、ディテールも同時に平行して検討しはじめます。全体と部分を同時に考えることが求められ困難な作業のように思われますが、矩計図のルールを理解して、描ける部分から仕上げるコツをつかむのが重要になります。

右側の「矩計図の仕組み」は、住宅を構成するさまざまな部位を、「建物の外形寸法を決定する部位」と、「建物の内部空間の寸法を決定する部位」に分け、さらに、最終的な「仕上げに見えてこない部分」と「仕上げに見える部分」にグループ分けしたものです。また、各部位別に一般的に使用される素材や材種をリストアップしました。設計のフローチャートと矩計図の仕組みを理解して、矩計図を描き進めるガイドとしてください。

矩計図の仕組み

建物の内部空間の寸法を決定する部位

〈仕上げに見える部分（面を構成する部位）〉

屋根
- 瓦葺き
- 銅板葺き
- スレート葺き
- 金属板葺き
- 防水層仕上げ　など

屋根設置要素
- 太陽光発電パネル
- 太陽熱給湯集熱器
- 屋根空気集熱式パネル　など

外壁
- 金属板仕上げ
- 押出成形セメント板
- 窯業系サイディング
- 漆喰仕上げ
- 土壁仕上げ
- 板張り仕上げ
- タイル貼り仕上げ　など

室内壁
- クロス貼り
- ペンキ塗り
- 板張り
- タイル貼り
- 漆喰塗り
- 布貼り
- 土壁　など

床
- フローリング
- 厚板
- 石
- コルクタイル
- Pタイル
- タイル
- 畳
- カーペット、じゅうたん
- 長尺ビニルシート
- 塗り床（モルタルなど）
- 土間、三和土　など

天井
- クロス貼り
- ペンキ塗り
- 既製天井材
- 化粧合板　など

〈仕上げに見える部分（要素）〉

開口部（窓）
- アルミサッシ
- 樹脂サッシ
- スチールサッシ
- 木製サッシ
- 複合サッシ

開口部（建具）
- 室内ドア
- 外部ドア
- 室内引戸
- 水まわり建具

枠まわり
- サッシ枠
- ドア枠
- 引戸枠

2. 矩計図に描くべき内容

□ 矩計図は断面図の拡大図ではない。
□ それぞれの図の役割を意識して描く。

1. 断面図と矩計図

断面図は、建築の全体像を把握し、空間の構成を理解する目的で、基本設計の段階から検討されます。

規模にもよりますが、住宅の場合は、1:100、1:50 などの縮尺で描かれることが多いです。

断面図は、住宅全体の空間の成り立ちを示すものなので、計画している住宅の全体を描きます。

空間を決定する（空気を仕切る）断面線が最も重要で、濃く（太く）描きます。

ポイント

断面図は住宅の各部屋が縦方向にどのように重なっているかを検討する図面です。
吹抜けを介した視線のつながり、ハイサイド窓や高さの違う窓を利用した通風や温度差による自然な換気、また昼光の取入れ方など、断面方向で考えるべき内容を検討します。

2. 部分詳細図と矩計図

図2は、右ページの図3に示す矩計図の「壁と天井」「床と壁」の取り合い部の部分詳細図です。矩計図では、ここまで詳細は描き込めませんので（CADなら画面上は描き込めますが、プリントアウトすると線がつぶれてしまいます）、特に意匠上重要な納まりは、矩計図よりも拡大した縮尺で部材の納め方を示します。部分詳細では、具体的な仕上材の厚みや見付けの寸法、チリ、面取りなども示します。

部分詳細は、だいたい1:10～1:2の縮尺で描きます。

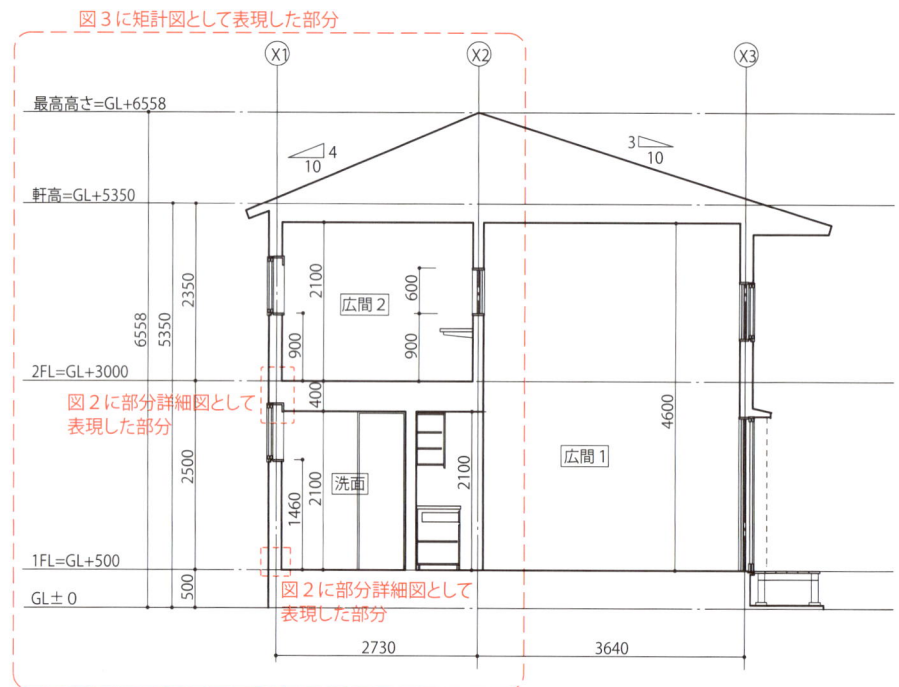

図1. 断面図 1:100

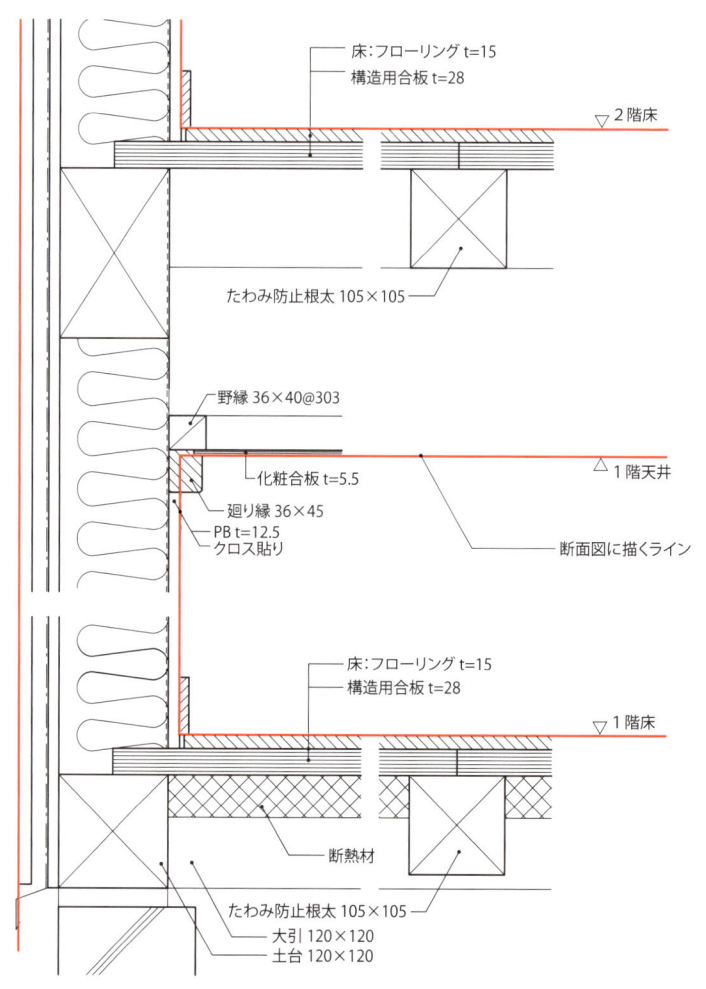

図2. 部分詳細図（1階床、1階天井、2階床） 1:8

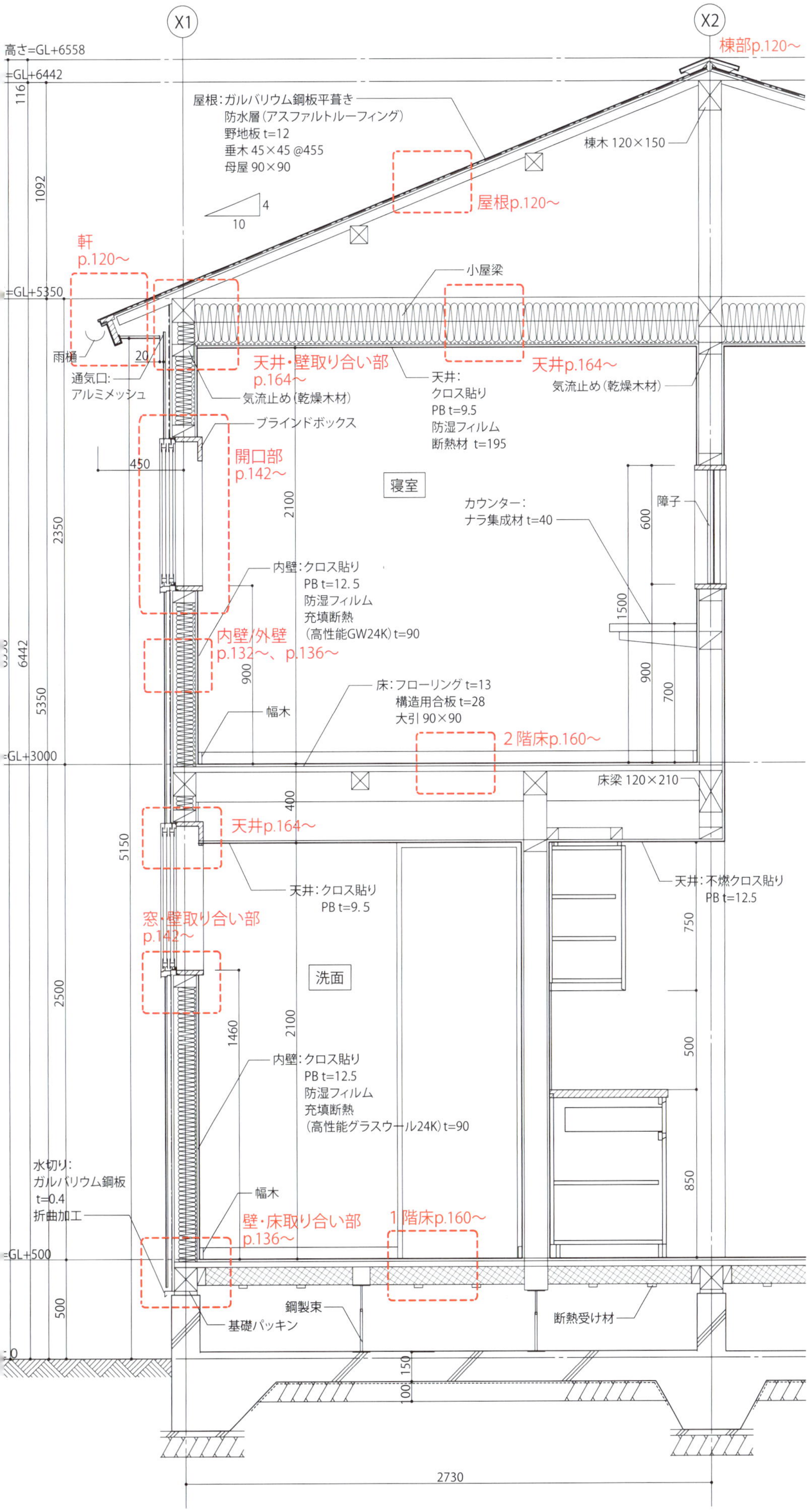

3. 矩計図に描くべき内容

矩計図は断面図の拡大図ではありません。

住宅の場合、矩計図は1：30～1：20の縮尺で描きます。本書では、多くの矩計図は、1：30で描いてあります。

断面図と矩計図では、示すべき内容が大きく異なります。断面図が全体の「空間の構成」を示すものだとすれば、矩計図は「空間の構成」を示すと同時に、「つくり方の仕組み」を示す図面といえます。

また、全体を俯瞰する役割をもつため、詳細図ほど細かく描く必要はありません。

〈架構の仕組み・仕上材ほか〉

矩計図には、架構の仕組み、内外の仕上材、下地材などを示します。これを見ると、どの材料がどの位置に施工されるかがわかるようになっています。そういった建物の仕組みは、建物が仕上がってしまったら見えなくなってしまう壁内、天井内などに納まる部分です。

〈線種の区別〉

断面図では1本の線で描かれていた部分が、仕上材や下地材を示す何本かの線に分解して表現されます。どのように断面図の線（線種、順番など）を分解するかというと、基本的には「構造躯体（軸組）＋下地＋仕上材」です。詳しくは、「6. 矩計図を描く手順」、「7. 矩計図のレイヤ分け」等の項目を参照してください。

〈断熱材・通気層など〉

どの断熱材をどの部分にどのくらいの厚みで入れるか、通気層をどうとるのか、といった壁内や天井内の担う環境性能も指示し、各部位を構成する要素を描き込むことが肝要です。

> **ポイント**
>
> 矩計図では、各部位の「構造躯体（軸組）＋下地＋仕上材」を総合的に示します。

図3. 矩計図 1：30（赤い点線で囲んだ部分は6章に詳細図の事例があります）

3. 矩計図はどこを描くか

☐ 矩計図には伏図、軸組図で指定された部材を描く。
☐ 軸組の構成を理解し、横架材（梁、胴差、軒桁など）の位置関係、他の部材との納まりを確認しながら描く。

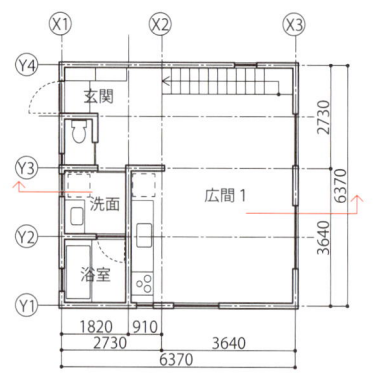

1階平面図 1：200

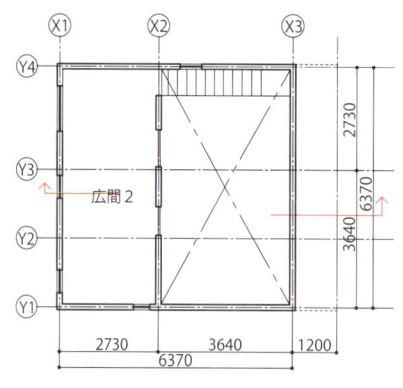

2階平面図 1：200

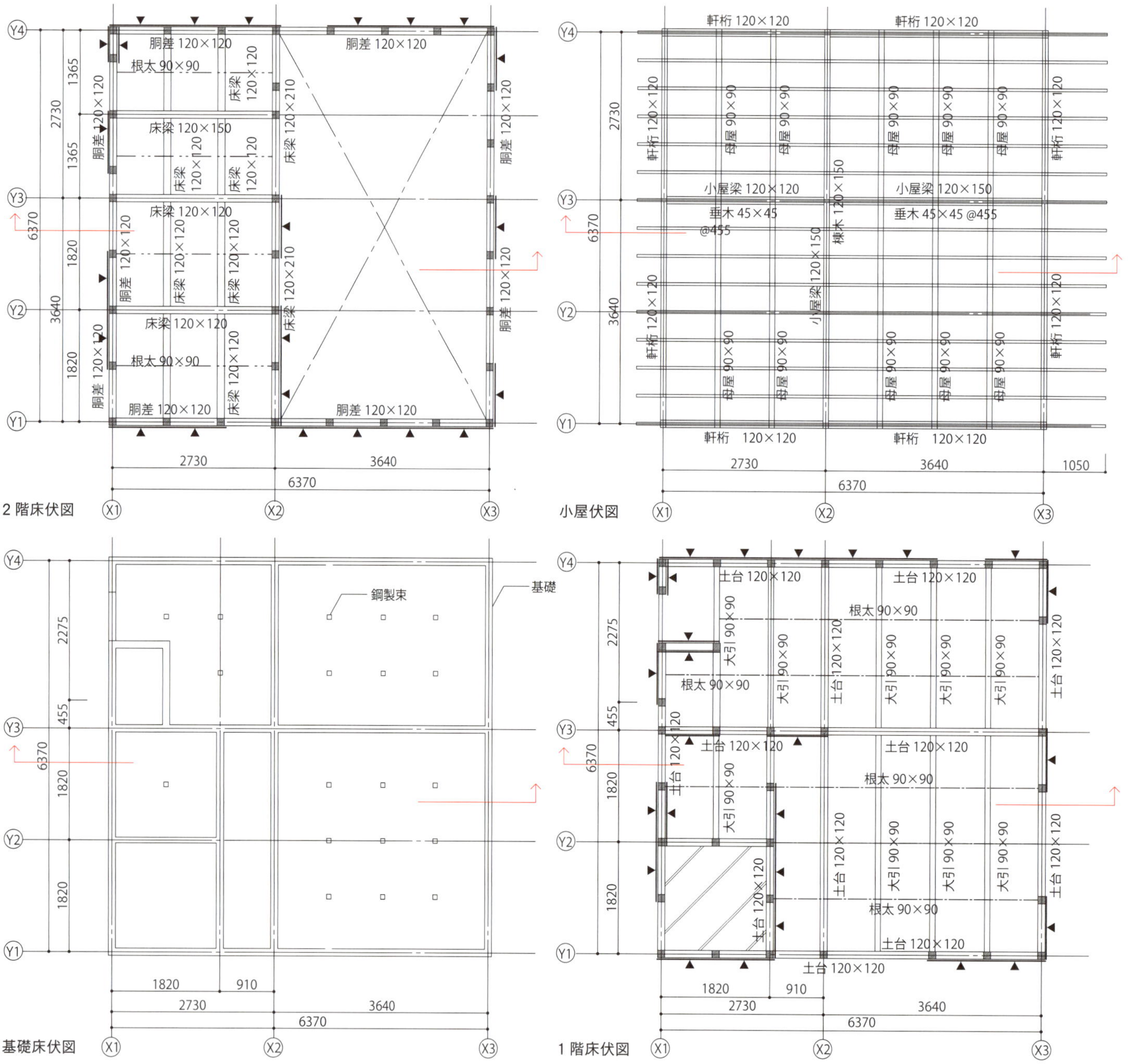

住宅の骨格である柱や梁の架け方を平面で示したものが伏図で、断面で示したものを軸組図といいます。矩計図は架構形式と仕上げを一つの図面に表現する図面で、矩計を描く断面と対応する軸組図を参照しながら、伏図と軸組図に示された部材を矩計図に描きます。部材の大きさを確認しながら、仕上材の取付位置や天井ふところ内部の配線計画などを検討します。構造部材の具体的な寸法を把握することで、より正確な断面計画を行うことができます。

図1．伏図（基礎、1階床、2階床、小屋組） 1：100

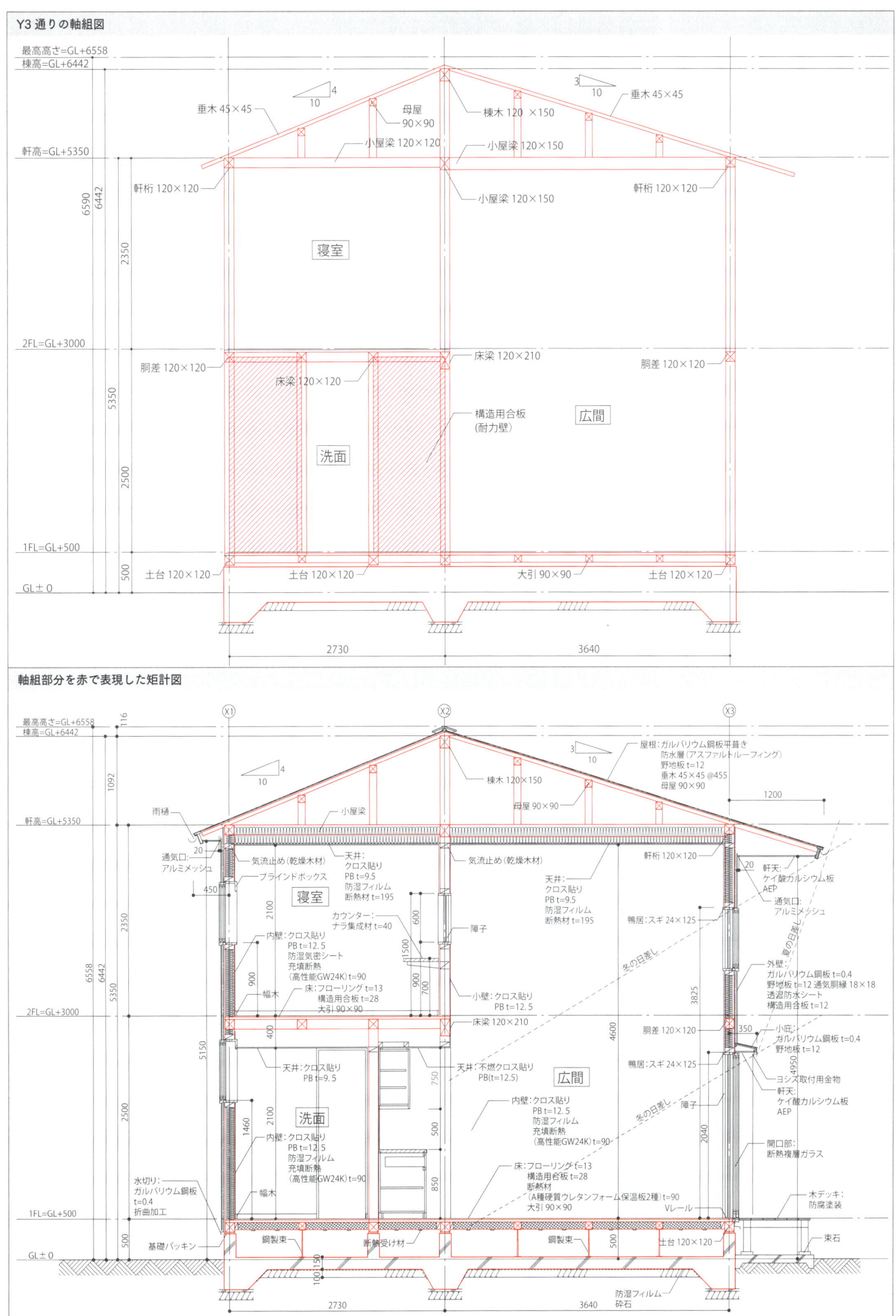

図2. 軸組図と矩計図の関係　1：60

3. 矩計図はどこを描くか

4. 矩計図で使用される線種とハッチング

- □ 線をうまく使い分けて、空間構成とつくり方の仕組みがわかる矩計図を描く。
- □ 断面図は太い線、見えがかりは中程度の太さの線、ハッチングは細めの線で描き分ける。

基本的な線種とハッチングの種類

矩計図では、断面図で1本の線で描かれた部分が何本かの線に分解して描かれます。空間を区切る線は太く、見えがかりなどの線は中間の太さ、目地や通り芯などは細い線、というように大まかに三段階を目安に線の太さを管理し、線の種類をきちんと使い分けて、メリハリのある図面を描きます（表1）。

〈破線の使い方〉

破線は「点線」「一点鎖線」「二点鎖線」を一般的に使用し、点線の間隔と太さで使い分けます。破線で表現されるのは、通り芯、防湿層、防水層、置き家具などです。CADを使用する際は、よく使う点線や同じ仕様を示す点線などは、共通するデフォルトをつくっておけば、どの図面にも同じ線種で描くことができ便利です。

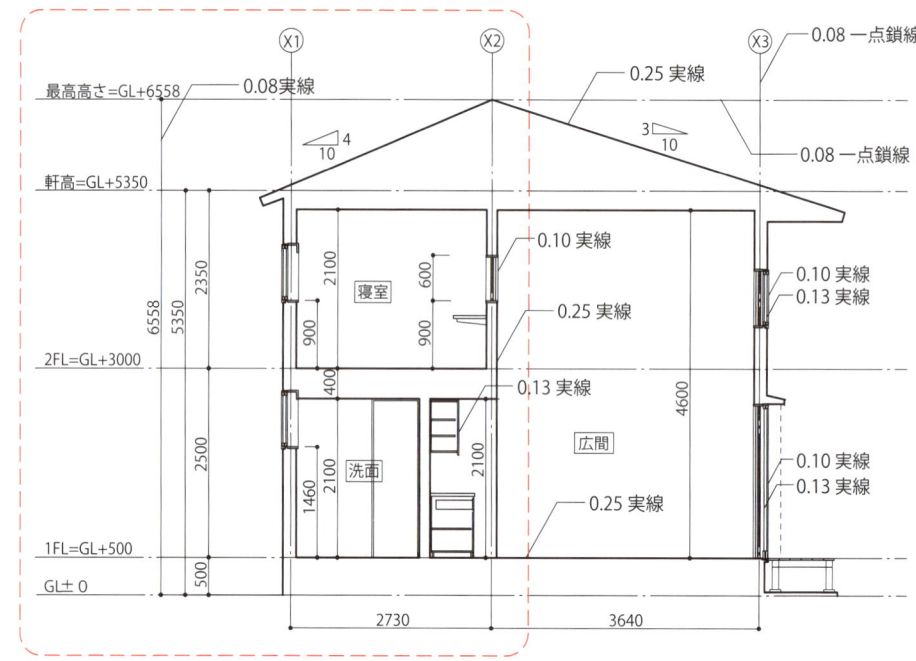

図1. 断面図 1：100

（注：線幅の単位は mm）

ポイント

ハッチングを入れる代表的な部材は、断熱材、コンクリート、木材などです。
目地はすべての部材に入れるのではなく、効果的に入れることで、矩計図にメリハリが出て、わかりやすい図面に仕上げることができます。

- 断熱材（繊維系）
- 断熱材（ボード系）
- 木材など（面材）
- 人造大理石、タイルなど
- コンクリート
- モルタル
- 割栗石、敷き砂利
- 地盤
- 構造材（柱、梁、土台など）
- 化粧木材
- 二次部材（間柱、下地材など）
- 木枠（窓枠、建具枠、敷居など）

表1. 図面の縮尺と使用する線種の種類の例

	断面図 1：100	断面図 1：50	矩計図 1：30	詳細図 1：10
目地		0.05 実線	0.05 実線	0.05 実線
引出線 寸法線	0.08 実線	0.08 実線	0.08 実線	0.08 実線
通り芯	0.08 一点鎖線	0.08 一点鎖線	0.08 一点鎖線	0.08 一点鎖線
見えがかり1（断面以外の壁）	0.10 実線	0.10 実線	0.10 実線	0.10 実線
見えがかり2（家具、窓枠など）		0.10 実線	0.10 実線	0.10 実線
下地材1（内装下地）			0.10 実線	0.10 実線
下地材2（防水層など）			0.13 二点鎖線	0.13 二点鎖線
下地材3（防風層など）			0.13 一点鎖線	0.13 一点鎖線
下地材4（防湿層など）			0.13 点線	0.13 点線
断面1（家具など断面）	0.13 実線	0.13 実線	0.15 実線	0.15 実線
断面2（仕上げ断面）	0.20 実線	0.20～0.25 実線	0.20～0.25 実線	0.20～0.25 実線

※赤く色をつけた部分は、縮尺が異なっても同じ太さで描く線。

（単位：mm）

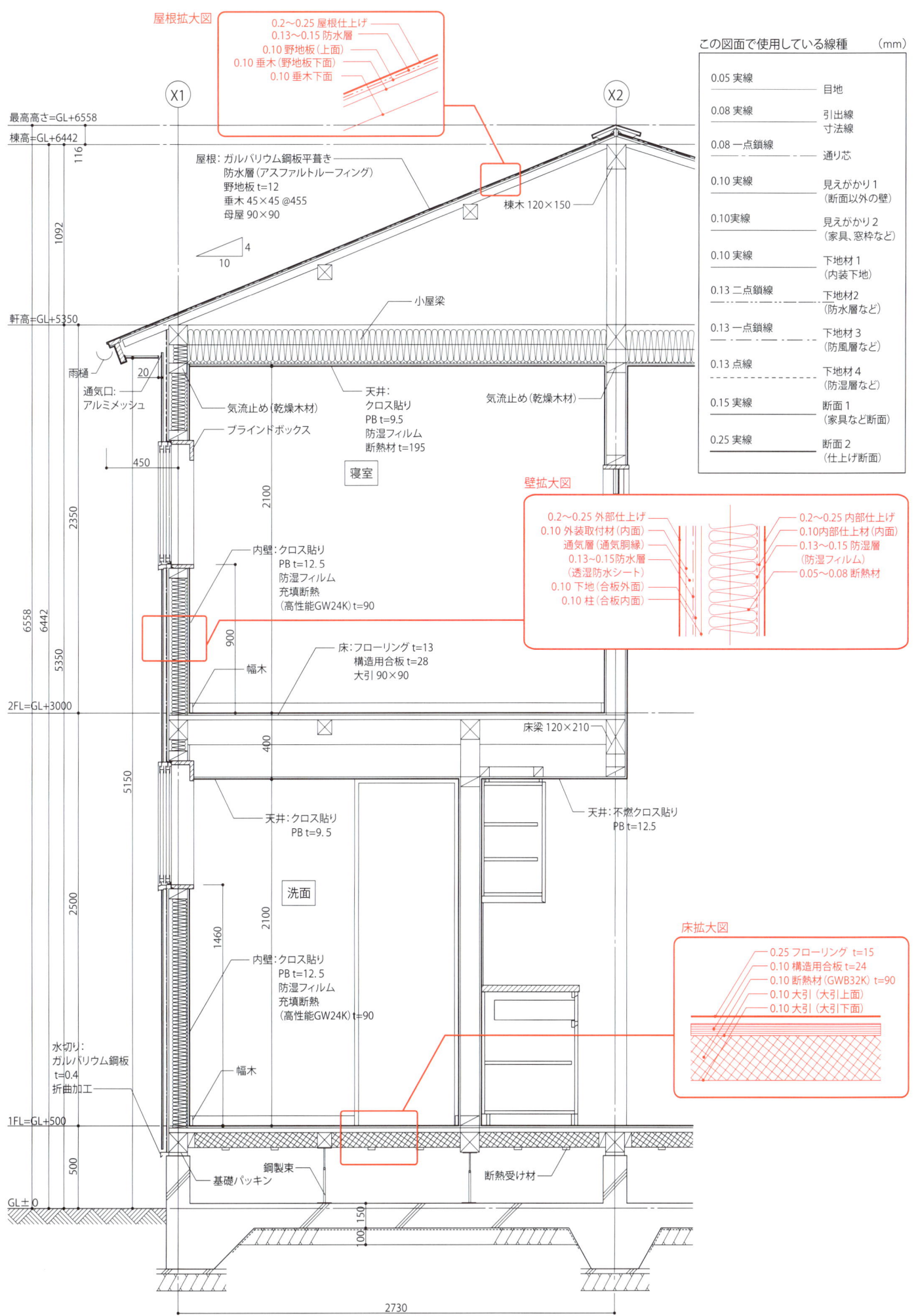

図2. 矩計図 1:30

4. 矩計図で使用される線種とハッチング

5. 文字情報と寸法

□ 文字は、材料や仕上げなどを部位別に指示する。
□ 寸法は、「空間の大きさを示す寸法」「部位の高さ」「部位の出幅」を示す3種類。

1. 文字の入れ方

矩計図の文字情報は非常に重要です。材質が異なっても同じ厚みの材料を使用して同じ手順でつくる場合、線のみの表現ではまったく同じ図となるので、仕上材、型式、塗装などを文字で表現する必要があります（図1）。

①文字情報に示す内容は、「材料」「仕上材（塗装も含む）」「材料の厚み」「材の施工間隔」「加工の概要」などで、描く順にもルールがあります。
②文字情報には、共通する記号やアルファベットで示されるものがあります（表1）。
③記号の後ろに示される数値は、厚み、部材の大きさ、型番、施工間隔などを示す重要な情報です。
④設計事務所により、表記の仕方にはバリエーションがあります（図2）。
⑤引出線の描き方にもバリエーションがあります（図3）。
⑥記号表記、引出線は一つの図面で統一した表現を用います。

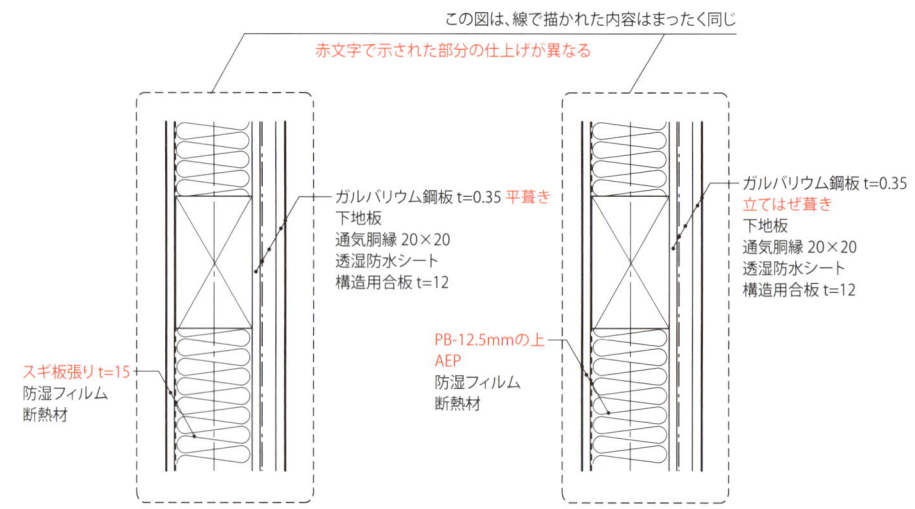

図1. 図が同じで文字情報で指示された内容が異なる例

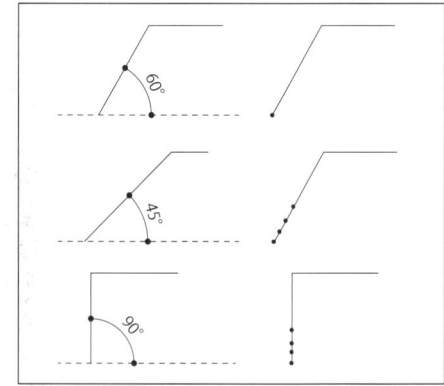

図2. 厚さ12.5mmのプラスターボードの表記例　　図3. 引出線の種類

表1. 図面に使用される記号の例

	記号	記号が示す内容
板材	PB	プラスターボード
	GB	プラスターボード（JIS 表記）（Gypsum Board の略）
	MDF	中質繊維板
	OSB	Oriented Standard Board の略
塗装の種類	SOP	合成樹脂調合ペイント
	OP	オイルペイント
	OF	オイルフィニッシュ
	OS	オイルステイン
	EP	エマルションペイント
	UC	ウレタンクリア
鋼材	St、ST	スチール　例：St-FB12×38、ST-PL12
	SUS、Sus	ステンレス　例：SUS-□パイプ、Sus鋼管φ32
	AL	アルミニウム
	PL	プレート（鋼材に使う）　例：AL-PL t=2
	FB	フラットバー（鋼材に使う）　例：St-FB12×38
その他	GW	グラスウール（断熱材）　例：GW24K t=100
	GWB	グラスウールボード（断熱材）
	CB	コンクリートブロック　例：CB塀 H=1400
	FRP	Fiber Reinforced Plastics の略　例：FRP 防水

	記号	記号が示す内容
	@	根太、大引、垂木など線材の施工ピッチ
	⑦	材料の厚み　例：⑦9.5
	t=、t-	材料の厚み　例：t=12.5
	BM	ベンチマーク
	GL	設計地盤面
	FL	階の高さ　例：1FL=GL+500
	SL	スラブ高さ（一般的には、構造体としてのRCの床）
図面記号	CH	天井高さ
	PS	パイプスペース、配管スペース
	EPS	電気設備用パイプスペース、配線スペース
	AW	アルミサッシ
	FIX	フィックス窓（開閉できない）
	SD	鋼製建具、スチールドア
	SWD	鋼製枠木製建具
	TL	トップライト
	WD	木製建具

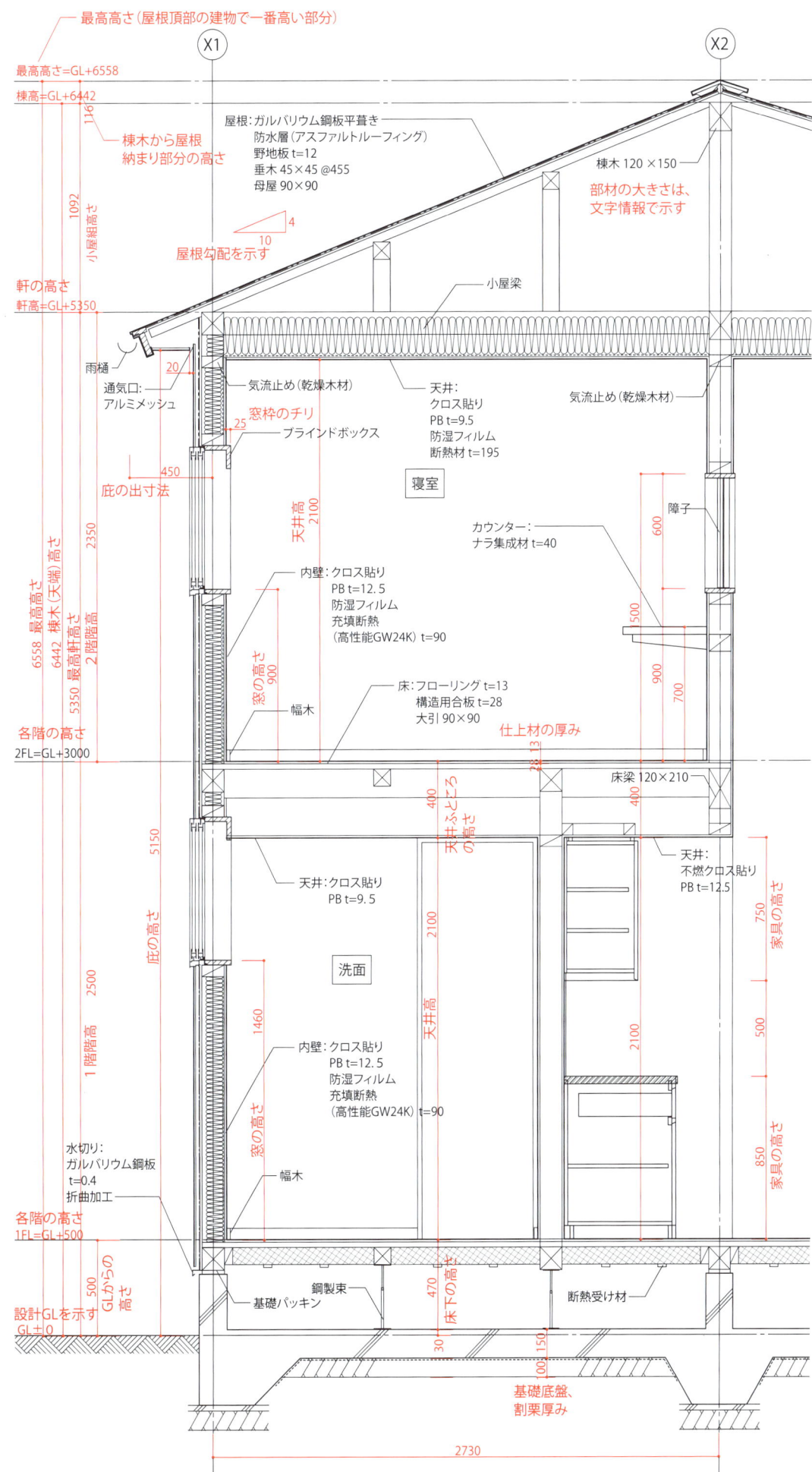

図4．寸法を入れる位置

2．寸法の入れ方

矩計図には、主に断面方向の寸法を描き込みます。描き込む寸法は大まかに以下の5種類です。

〈空間の大きさ〉

①建物各部の高さ
- 最高高さ
（建物の中で一番高い部分の高さ）
- 各階高さ（階高）
- 軒の高さ

②内部空間の高さ
- 天井高
- ふところ高さ
- 勾配天井の上下端

〈部位の高さ〉

③部位の高さ
- 手摺の高さ
- 窓の高さ
- カウンターなど家具の高さ

〈部位の出幅〉

④庇の出幅
⑤チリ、見付幅など

材料の厚み、部材の大きさなどは、文字情報として示しますので、寸法は入れません。

6. 矩計図を描く手順

□ 矩計図は、基準線⇔軸組⇔下地⇔仕上げの順に描く。
□ 設計の過程で修正・変更を恐れずに、フィードバックしながら矩計図を完成させる。

矩計図を描く基本的な手順は、「基準線」⇔「軸組」⇔「下地」⇔「仕上げ」です。⇔となっているのは、部材が相互に関係するため描く順番が前後することや、矩計図は描きながら設計を考える図面でもあるので、修正作業が生じることを示します。矩計図の修正を恐れずに断面計画に活用することが大切です。また、設計の過程で断面を変更したり、仕上材を変更することはよくあります。線の種類が多く、細かい描き込みの多い矩計図の修正は手間がかかりますが、CADのレイヤ分けなどの機能を活用して、できるだけ修正のしやすい図面を描くことも技術として重要です。

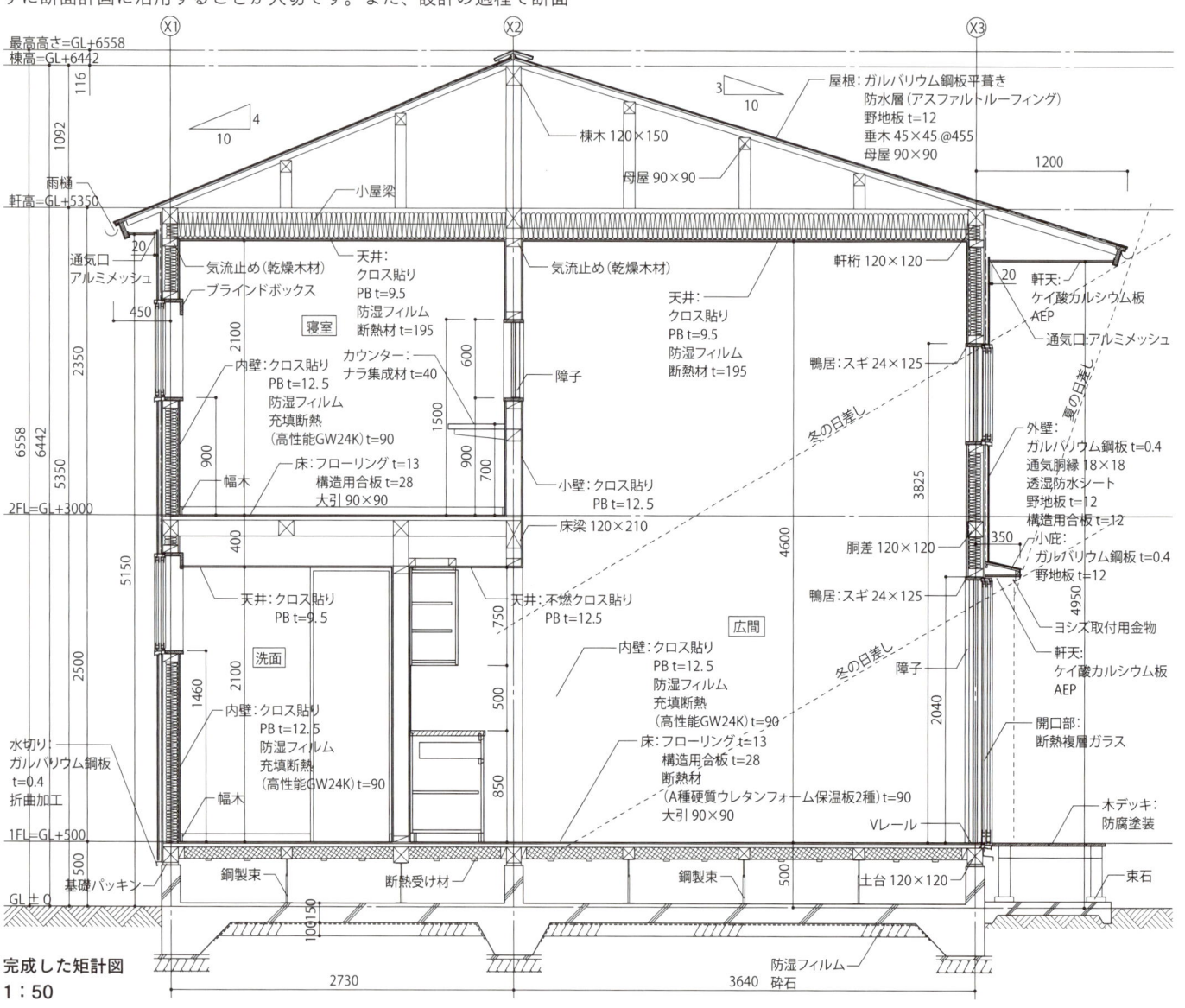

完成した矩計図 1:50

矩計図を描く準備

矩計図を描く前に、軸組図、各部材の納まり詳細図、各部材の厚みなどの情報を準備します。各種機器の仕様や寸法、外装材の留め方などはメーカーのカタログやホームページに掲載されているものを参照して、自分の設計している住宅に応用します。
また、頻繁に使用する素材などは、参考資料としてまとめてファイリングしておくと毎回調べる手間が省けます。

準備する参照図

- 軸組図
- 外壁納まり詳細図
- サッシ納まり詳細図
- 換気装置（屋根換気部材、軒裏換気部材、通気見切りなど）の納まり詳細図
- 断熱材仕様書（床断熱、外壁断熱、天井断熱の各断熱材の仕様）

1 基準の線を描く

通り芯、階高の線は、矩計図を描く際の基準となります。通り芯が決まれば、柱も決定します。
①通り芯を描く。
②各階の高さの基準線と寸法を描く（GL、1FL、2FL）。
③柱のアタリ線を描く（アタリ線とは、下地や仕上材の厚みを示す補助線のこと）。
④土台、胴差の天端の高さを、各階の床仕上げ厚、下地厚を引いて描く。

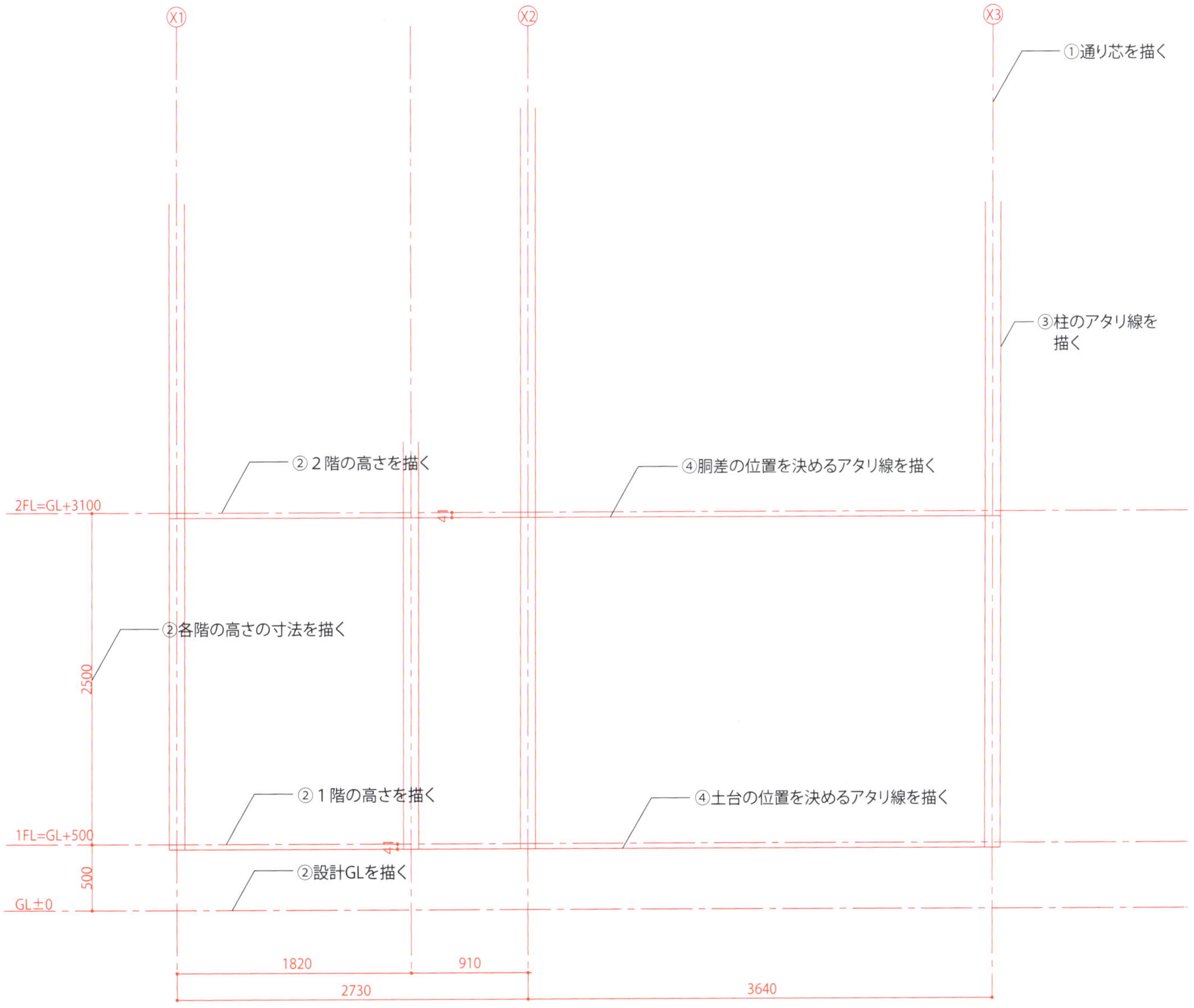

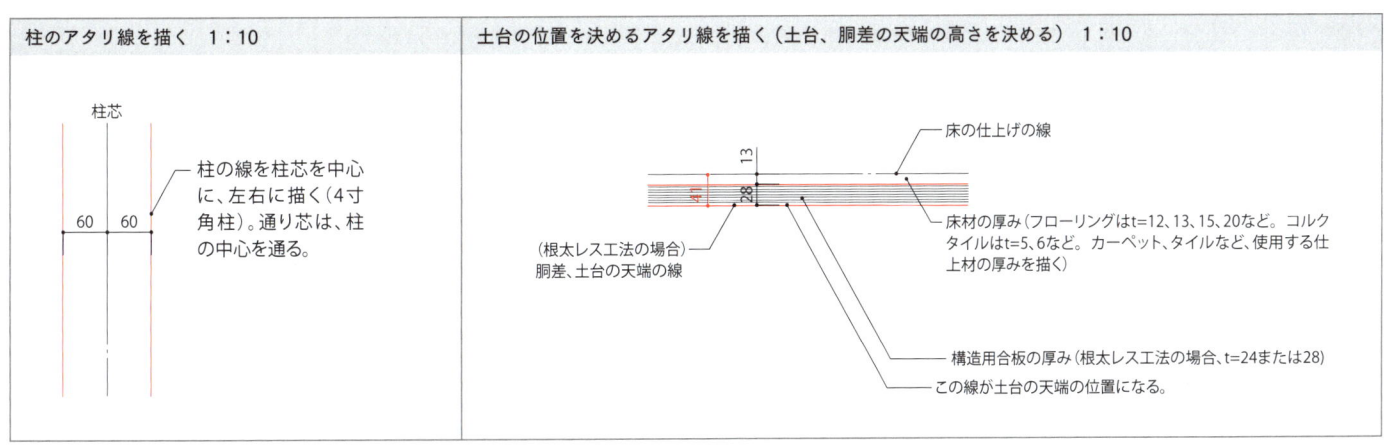

6. 矩計図を描く手順

2 水平部材を先行して描く

通り芯、横架材の高さが決まったら、軸組図を見ながら、土台、胴差などの横架材を描き、水平部材を描き込んでいく。

①一つ前のプロセスで決定した横架材の天端のレベルで、軸組図を参照して、各部材の断面を描く。

②床の仕上げの線、下地、大引を描く。

③１階天井の仕上げの線を描く。

④基礎が決まっている場合は、基礎を描く。

注１：その際、地盤調査を見て地耐力の得られる深さを確認し、地中梁の底盤の位置を決める。

注２：基礎の天端の高さは、建築基準法、施工保障などの関連法規や基準等を確認し、地盤面からの高さを決定する。

⑤２階の天井仕上線を描く。

⑥天井高さ、天井ふところの寸法を入れる。

１階床を描く　１：10

２階床を描く　１：10

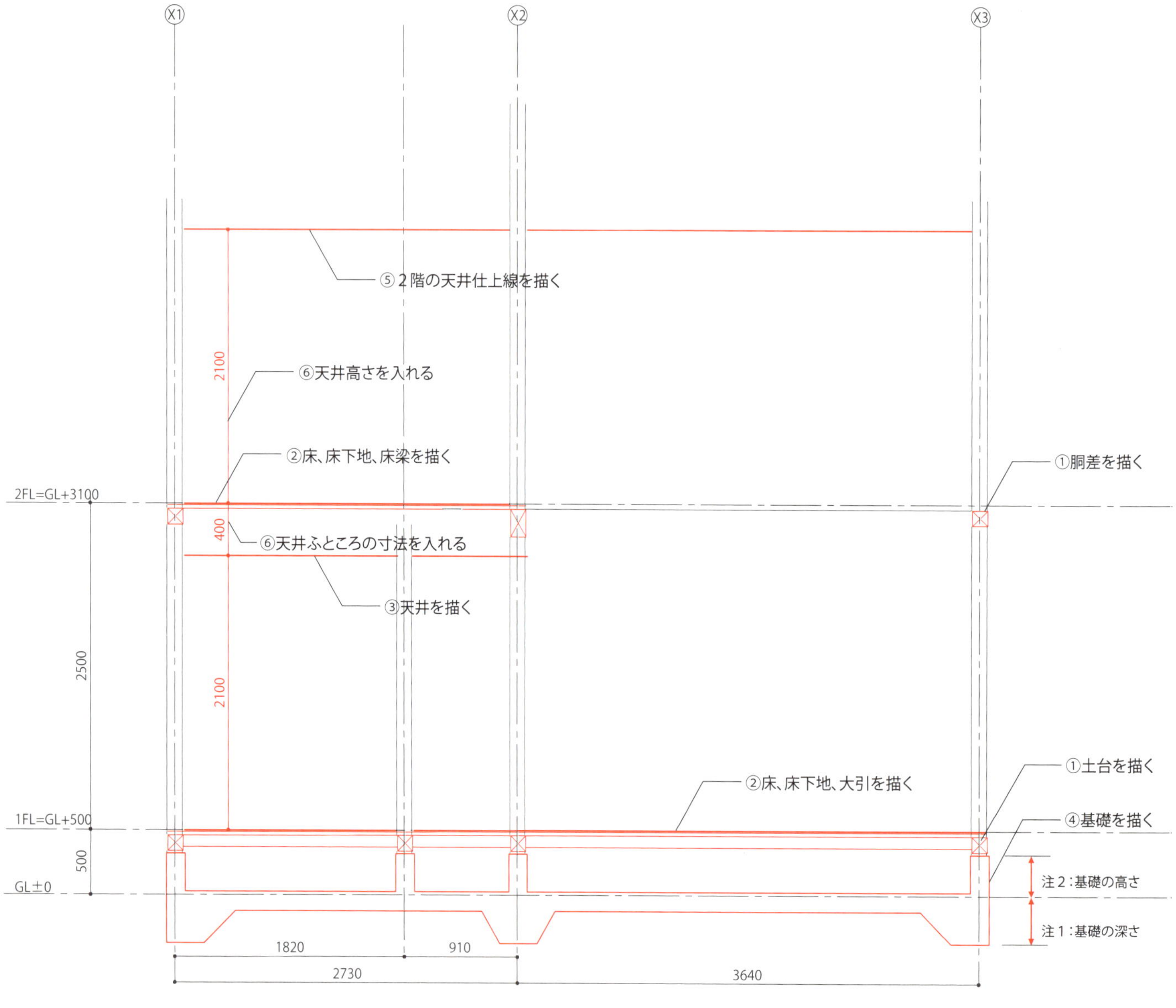

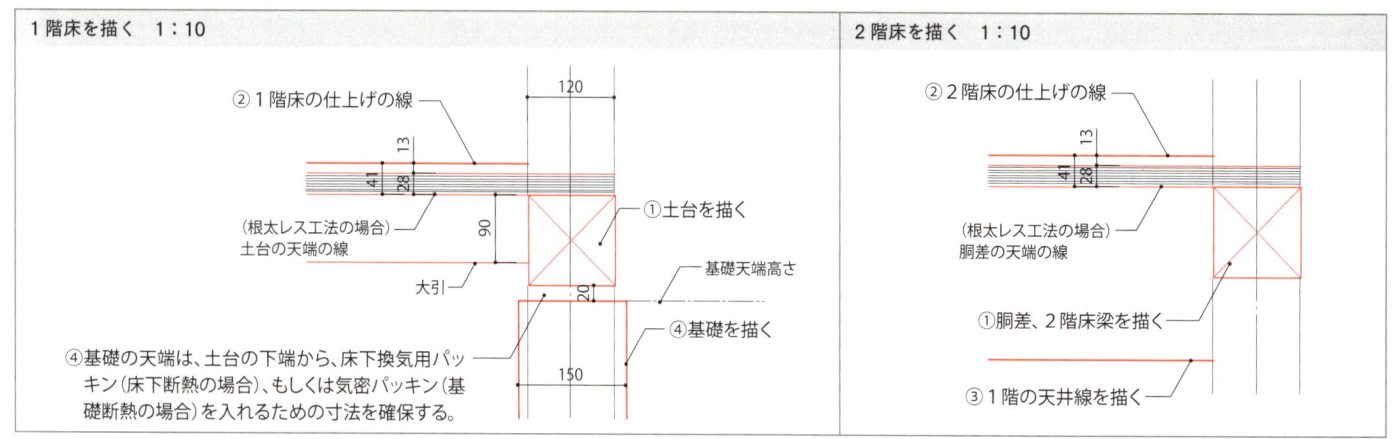

③ 壁を描く

A. 室内壁を描く（下図の囲んだ部分参照）
①柱の外側に壁の下地、仕上げの線を描く。
　注：ペンキ仕上げ、クロス貼り仕上げ、珪藻土（薄塗り）仕上げ等の場合、矩計図では厚みは表現できないので、下地の線が仕上げの線になる。

B. 外壁を描く（下図の囲んだ部分参照）
②（屋外側）柱の外側に下地の線、通気層（通気胴縁）、仕上材用下地の線、仕上げの線を描く。その際、断熱材の位置と必要な厚みを確認する。充填断熱の場合は柱間、外張り断熱の場合は、柱の外側に必要な厚み分を確保する。

③（室内側）柱の外側に下地、仕上げの線を描く。下地にペンキ仕上げ、クロス貼り仕上げ、珪藻土（薄塗り）仕上げ、吹付け仕上げ等の場合は、下地の線が仕上げの線になる（①と同様）。

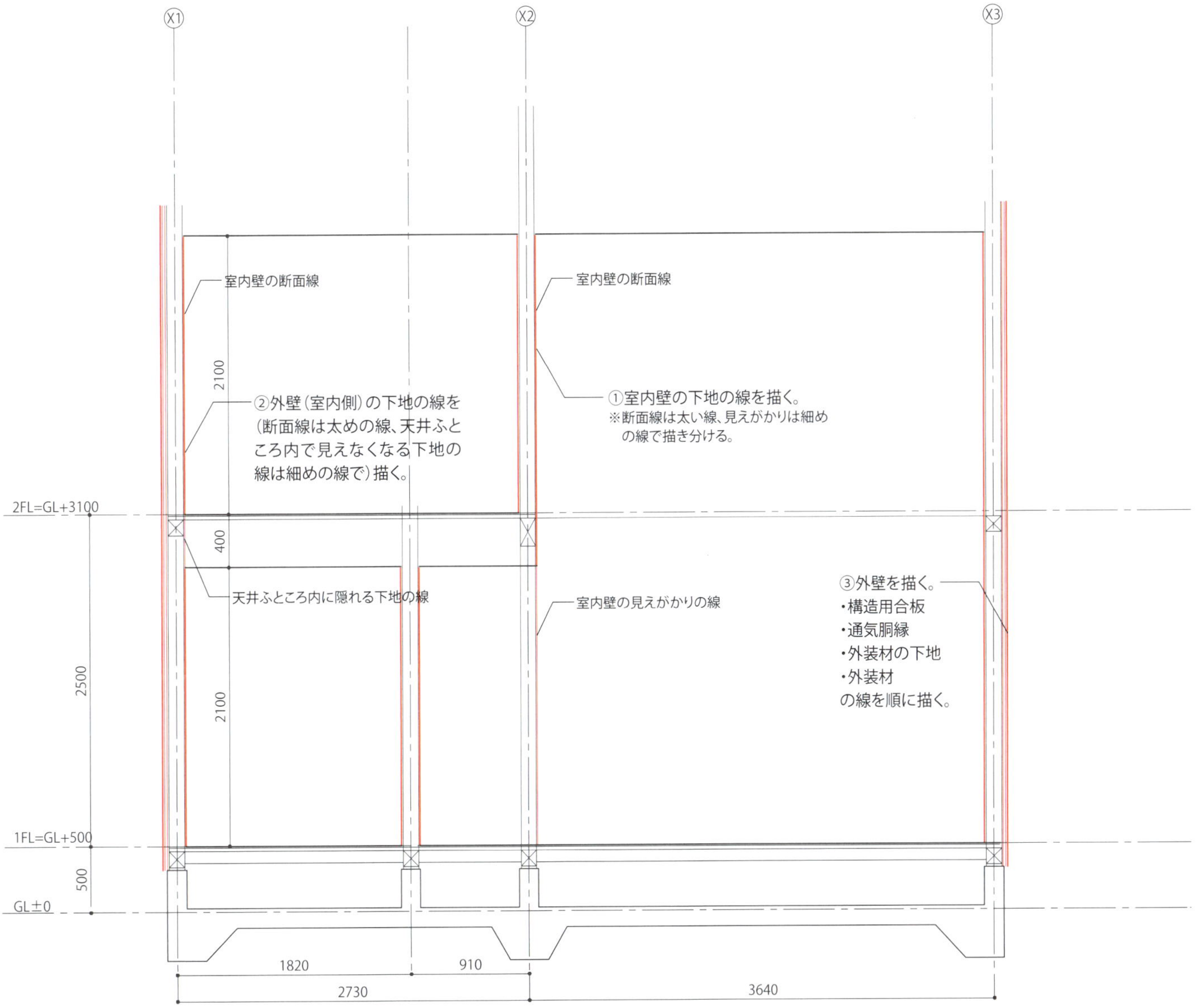

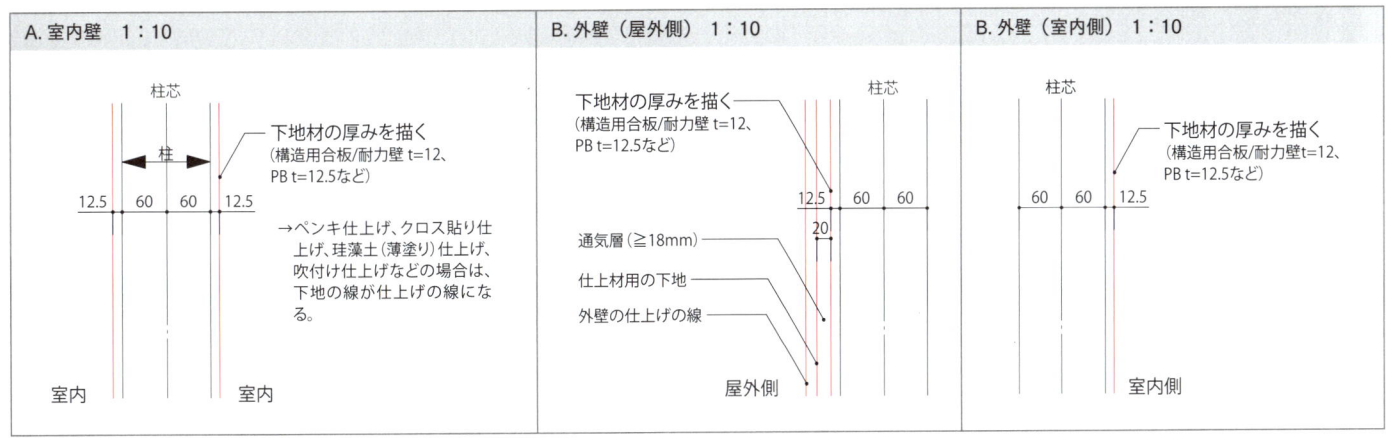

6. 矩計図を描く手順　21

④ 屋根の小屋組を描く

A. 木軸（軒桁、棟木）の高さが決まっている場合（右頁の図A）

① 最上階の天井から配管スペースなどを考慮して、軒天の高さを決める（下図注も参照）。
② 軒桁を描く（部材寸法は軸組図で確認する）。
③ 棟木を描く（棟木の高さが決まっている場合、意匠的に屋根形状が決まっている場合）。

④ 軒桁、棟木と通り芯の交点A、Bを結ぶ。これが垂木の下端の線になる。そこから垂木の寸法で線を平行に描く。これが垂木の上端の線になる。

B. 屋根勾配が決まっている場合（右頁の図B）

⑤ 最上階の天井から配管スペースなどを考慮して、軒天の高さを決め軒桁を描く（①②と同じ）。
⑥ 軒桁と通り芯の交点Aから、すでに決まっている屋根勾配の角度で垂木の下端の線を描く。棟木と通り芯の交点Bが決まる。これが棟高になる。
⑦ 垂木の上端の線を描く。

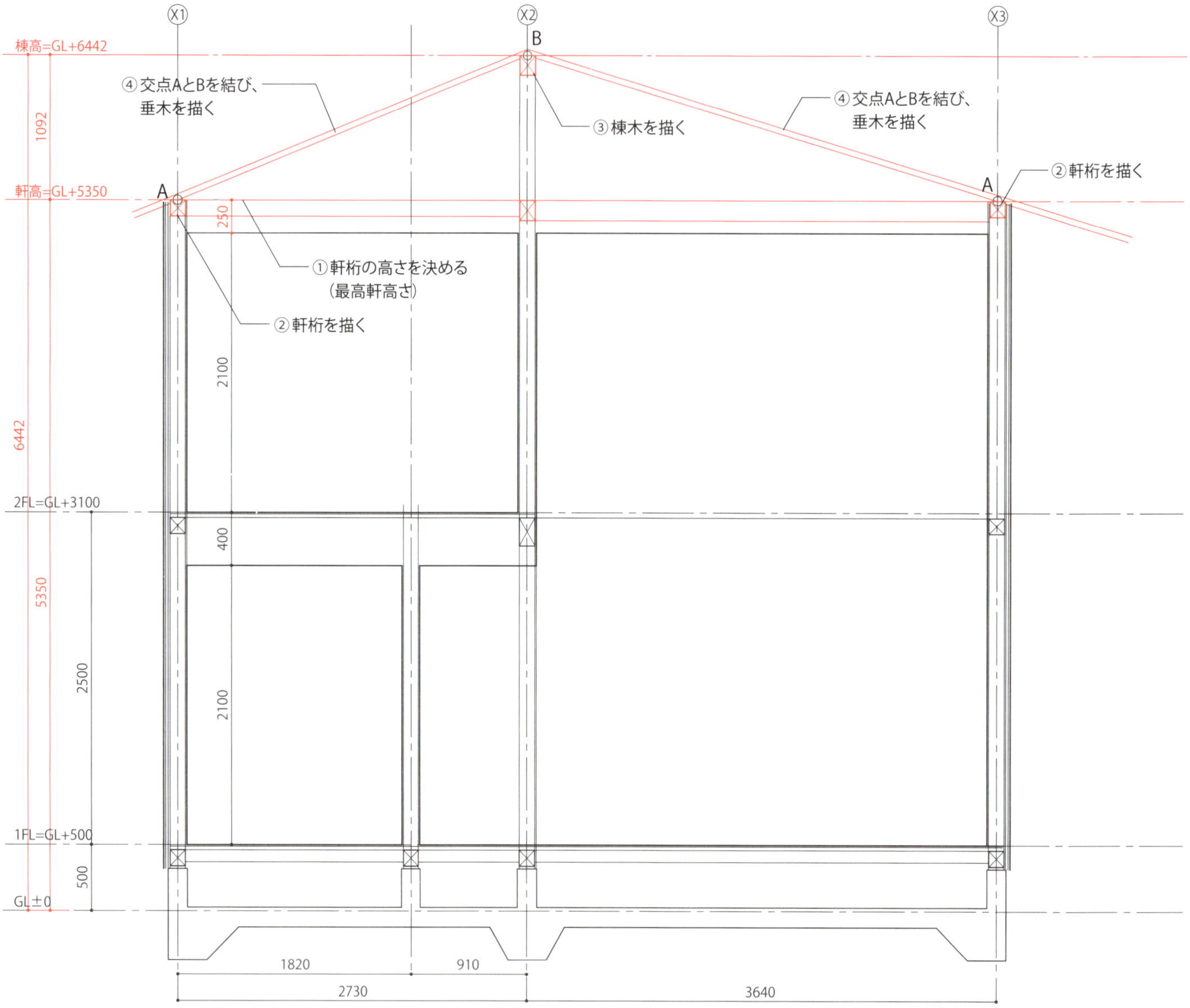

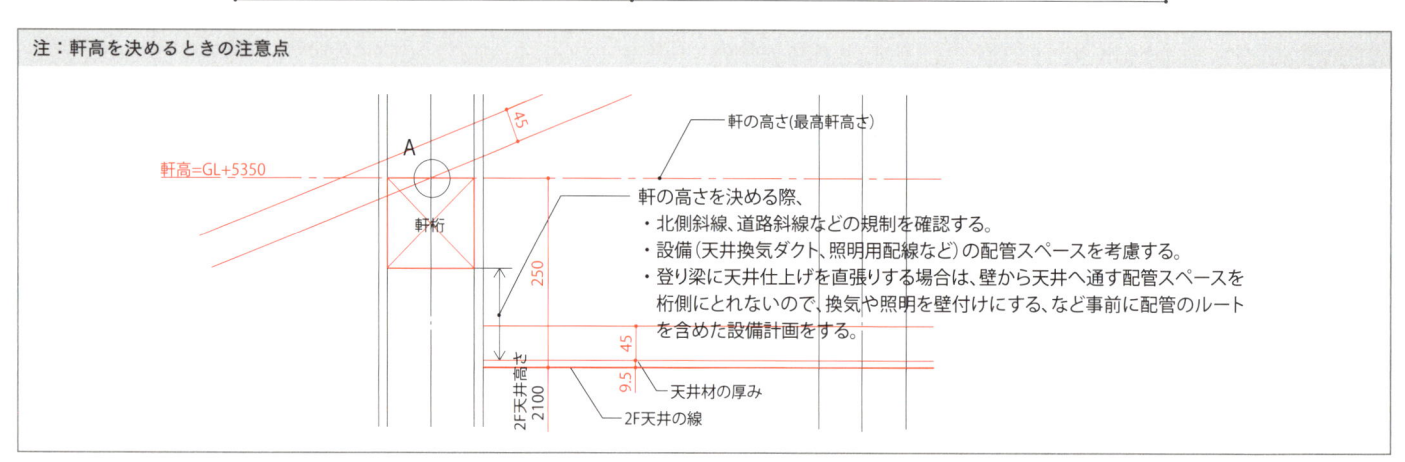

注：軒高を決めるときの注意点

軒の高さを決める際、
・北側斜線、道路斜線などの規制を確認する。
・設備（天井換気ダクト、照明用配線など）の配管スペースを考慮する。
・登り梁に天井仕上げを直張りする場合は、壁から天井へ通る配管スペースを桁側にとれないので、換気や照明を壁付けにする、など事前に配管のルートを含めた設備計画をする。

A：横架材（軒桁、棟木）の高さが決まっている場合（垂木を軒桁の中心線にあわせてかける場合） 1：10

B：屋根勾配が決まっている場合（垂木を軒桁の中心線にあわせてかける場合） 1：10

参考：高さの名称

①切妻屋根などの場合

②片流れ屋根（登り梁を架ける）の場合

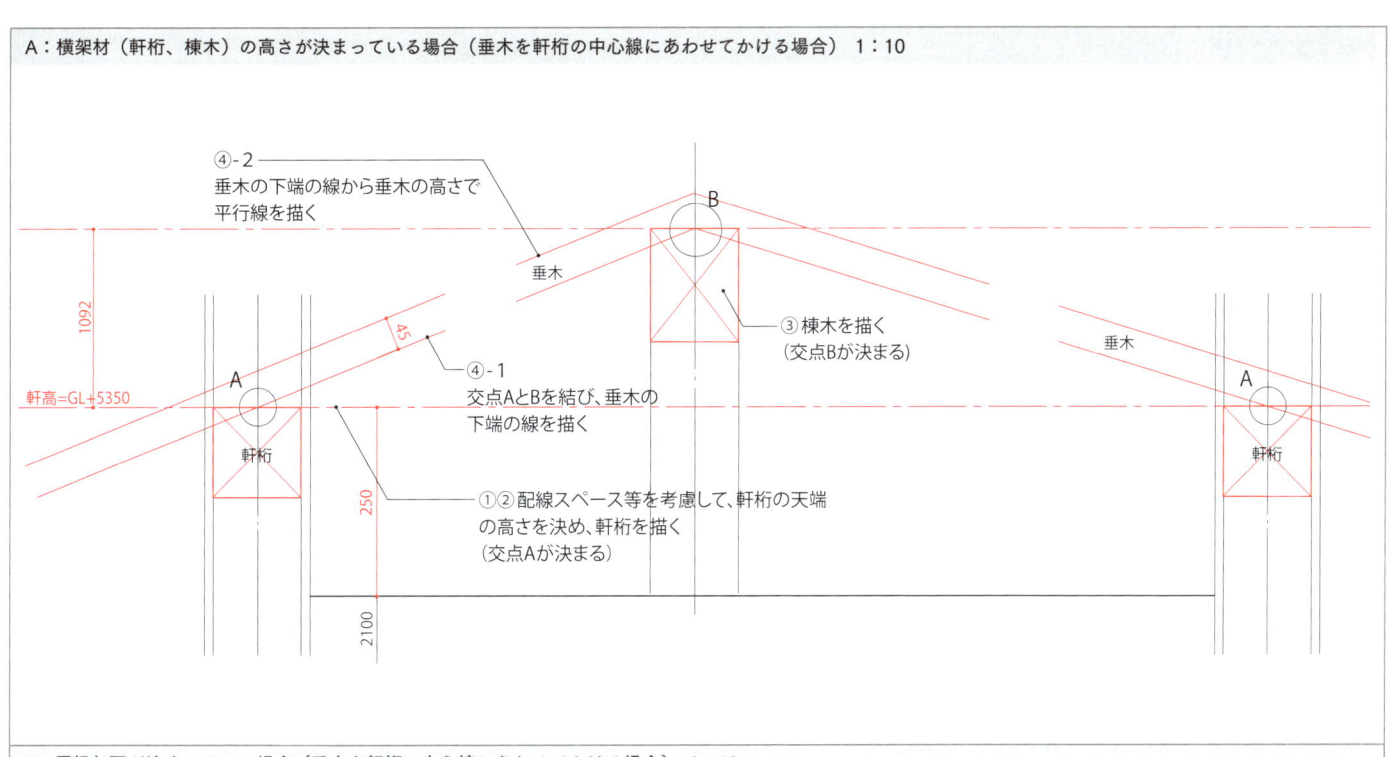

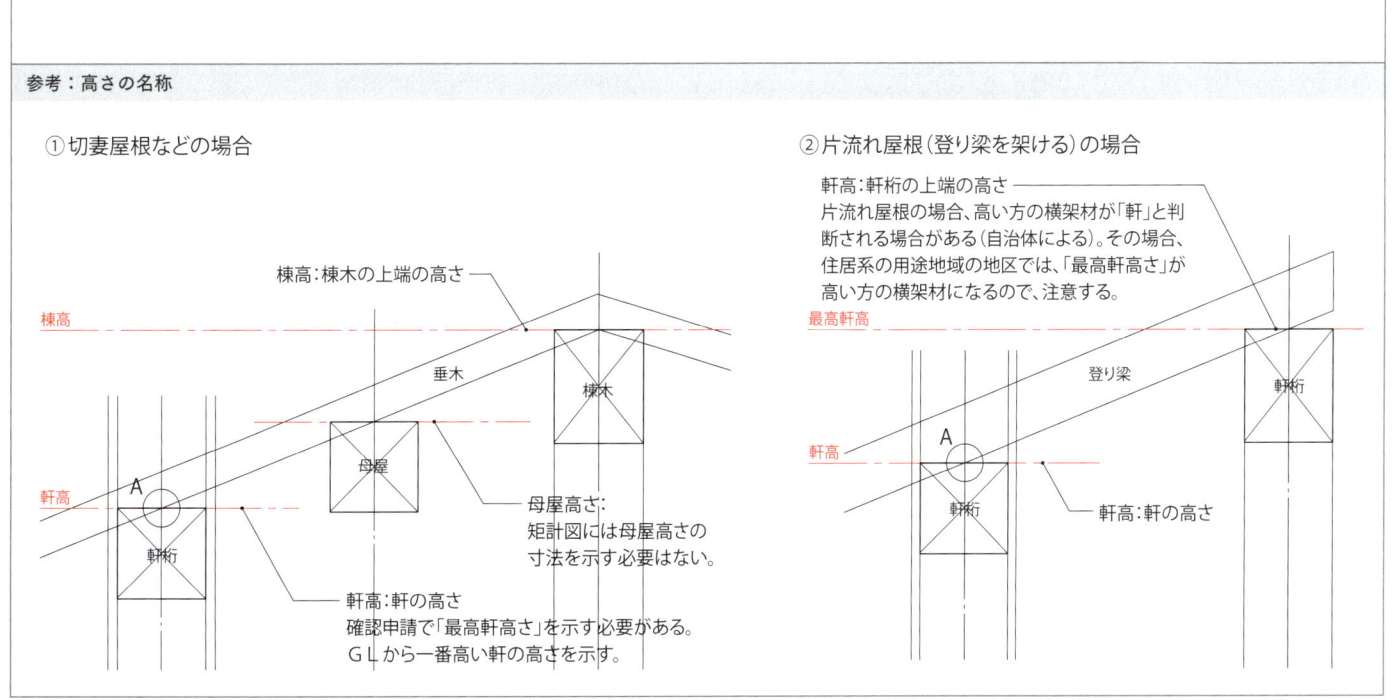

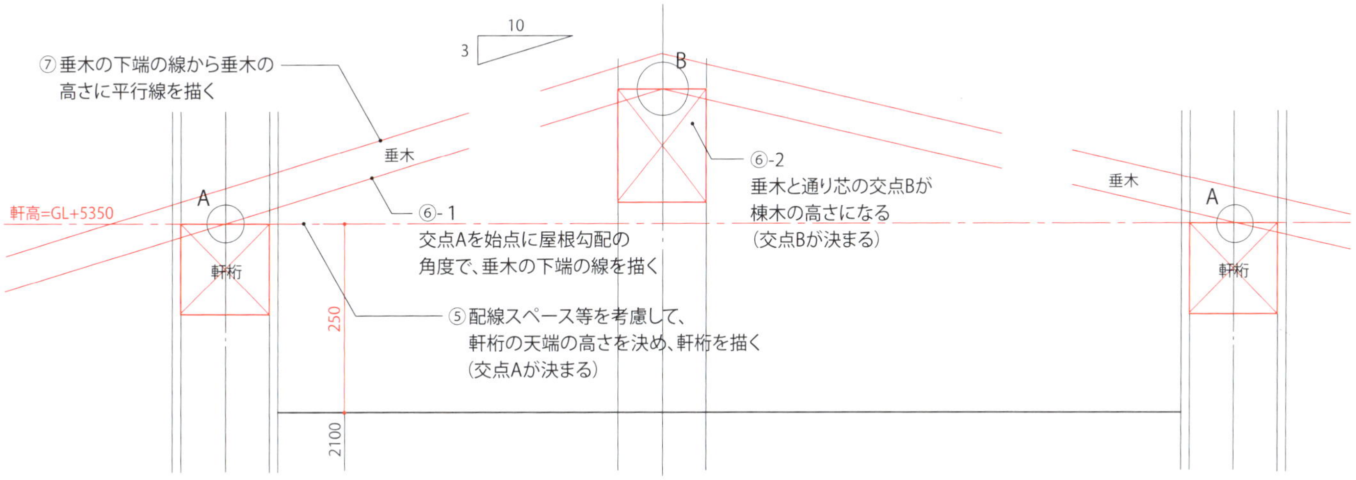

5

A. 床を仕上げる

①大引、束を描く（1 階床組）。
②２階床梁、天井材の厚みを描く。

B-1. 屋根を仕上げる（頂部）

③野地板を描く。
④防水層を描く。
⑤屋根仕上材を描く。
⑥棟換気口を描く。
⑦補助通り芯を入れ、母屋、小屋束を描く。
⑧天井材の厚みを描く。

B-2. 屋根を仕上げる（軒先部）

⑨軒天を描く。軒天の仕上線を指定の高さで描き、そこから平行に下地材の厚みで線を引く。
⑩軒裏通気口を描く。敷地の防火指定に対応した部材を選択する。
⑪軒先のディテールを描く。鼻隠しの角度、屋根材の納まりなどは住宅全体で統一する。

A. 床を仕上げる（1 階床） 1：10

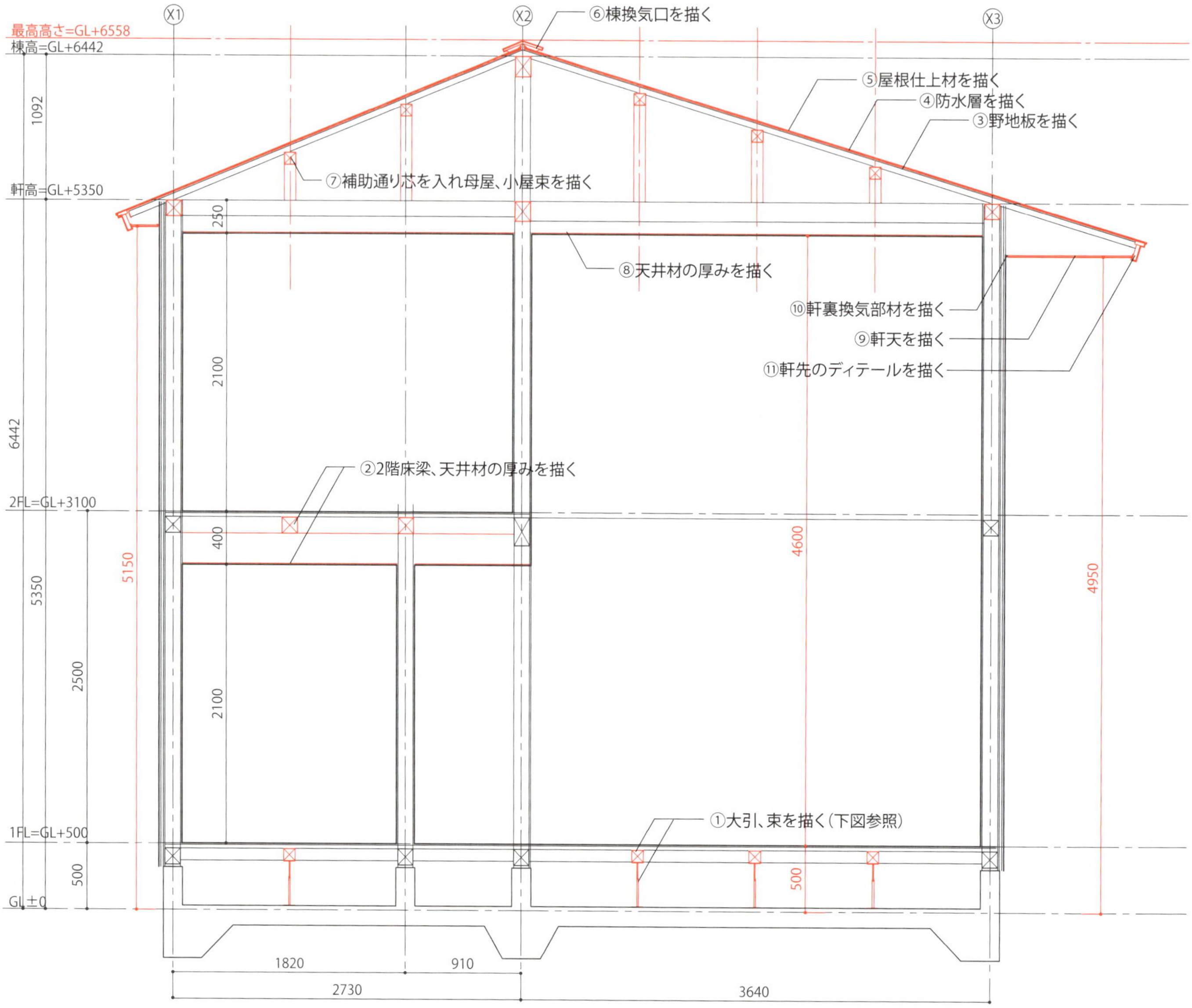

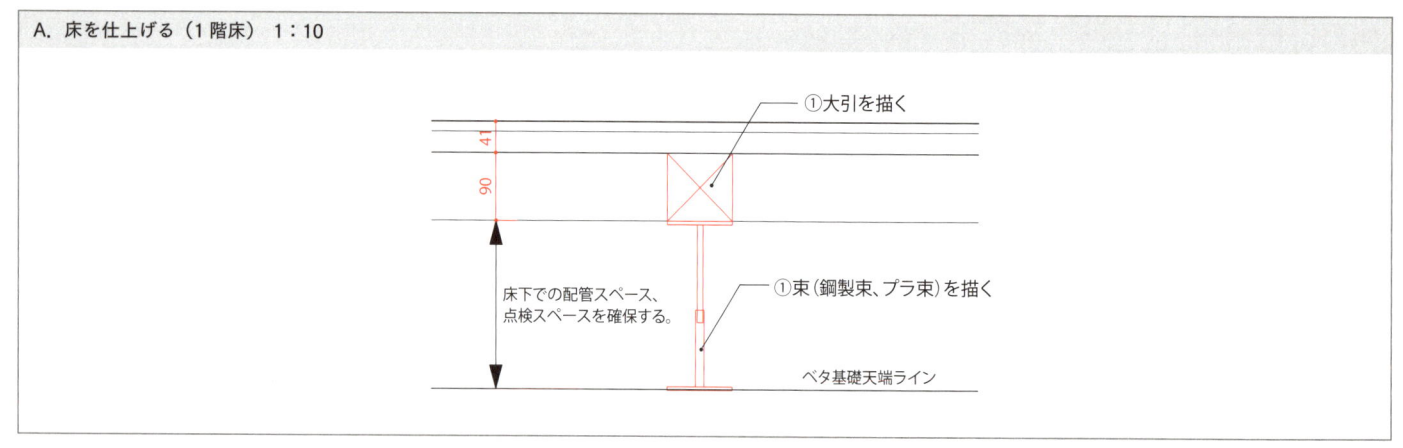

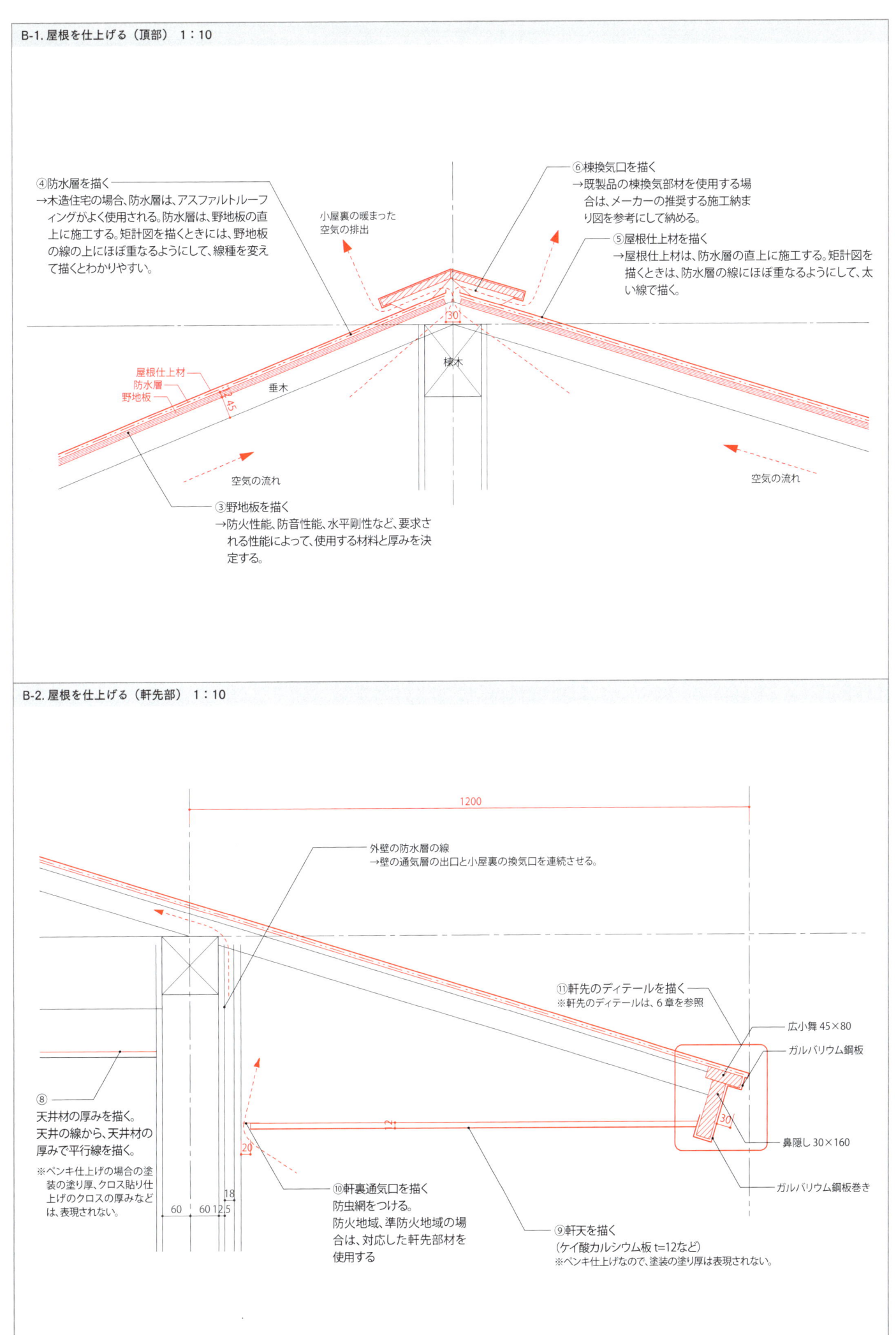

⑥ 開口部を描き、外壁を仕上げる

①使用するサッシの寸法に合わせ、開口を取り付ける高さを決める（右頁参照）。
　既製サイズのサッシを利用する場合、取付高さの決定方法としては、a. 掃出窓（下図では1階デッキ側）を使用する場合、b. 腰壁の高さを決める場合（下図では2階の開口部）、c. 垂れ壁をなくす（下図では1階の開口部）などがある。
②取り付ける高さに従い、サッシをはめ込む。その際、既製サッシの場合は、メーカーの納まり参照図を参考にしながら、外壁下地、仕上材等との関係、室内側の木枠も同時に考えて納める。
③窓台、まぐさを描く。
④開口部と重なる部分の壁の仕上線を消去して、外壁、内壁の線を仕上げる。開口部の高さ寸法を入れる。
⑤外壁の防湿層（気密層）、防水層を描く。
⑥気流止めを描く（下図の囲んだ部分参照）。
⑦アタリ線を消す（またはそのレイヤを非表示にする）。

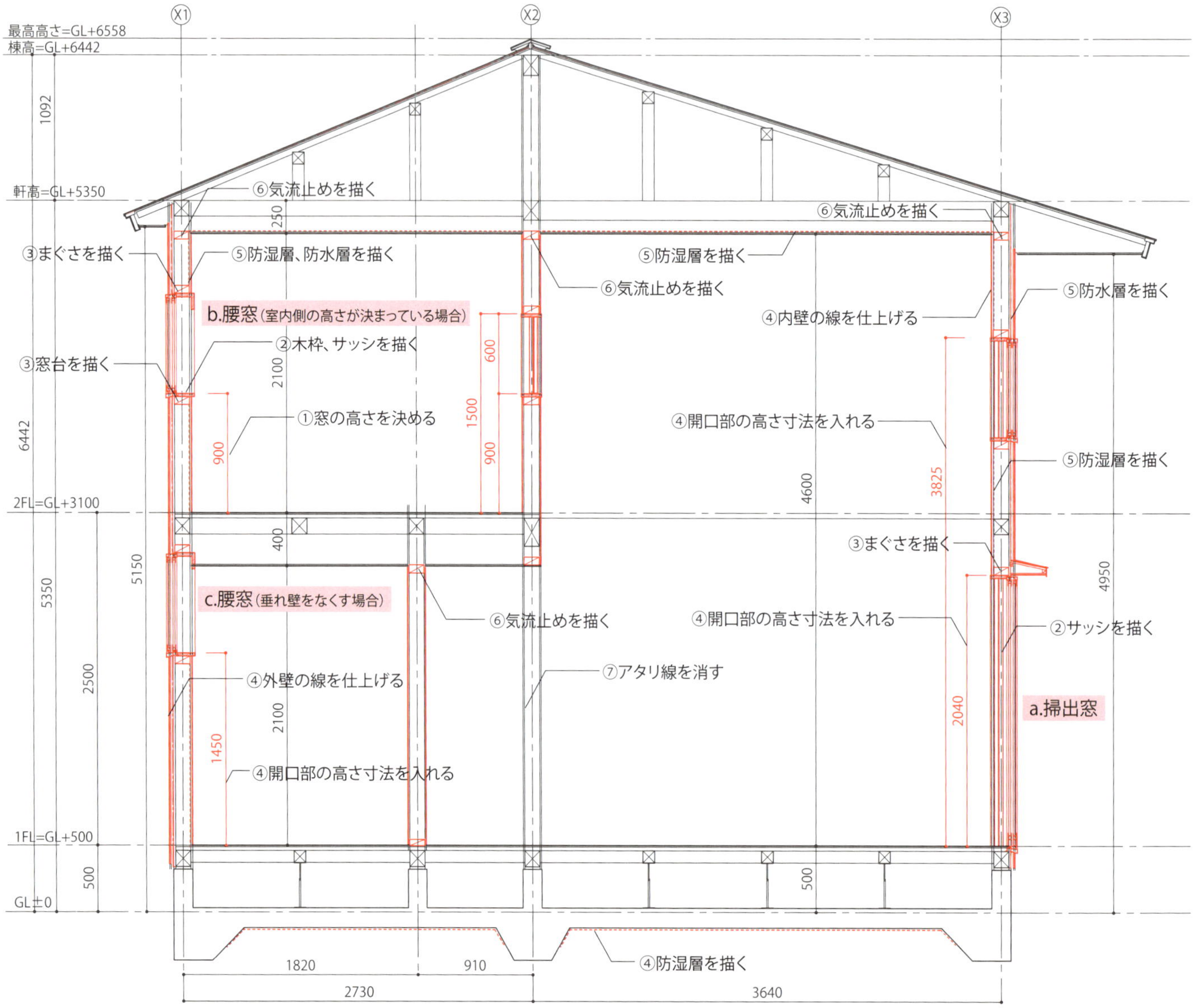

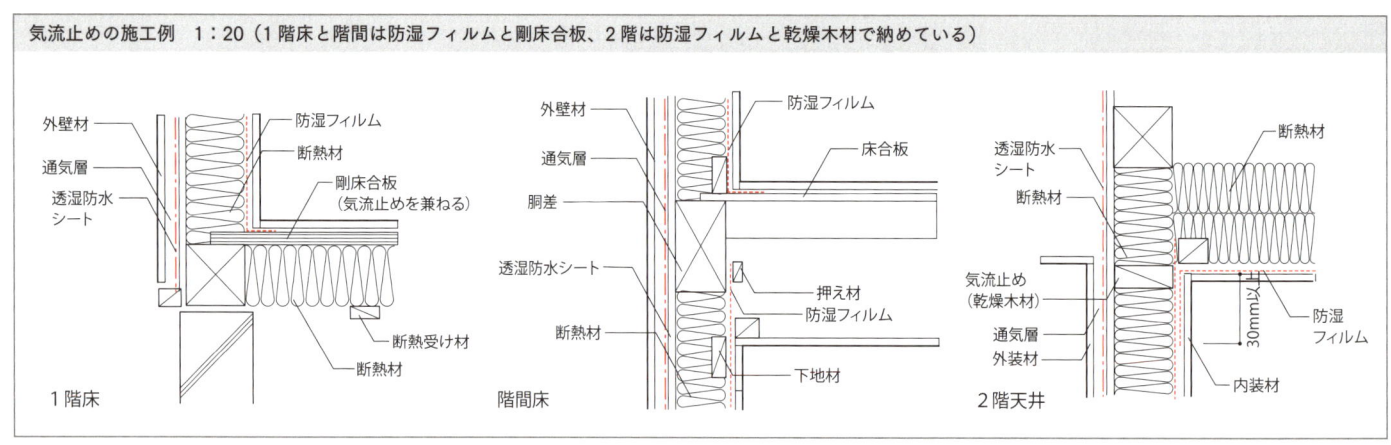

気流止めの施工例 1:20（1階床と階間は防湿フィルムと剛床合板、2階は防湿フィルムと乾燥木材で納めている）

開口部の位置の決め方　1：10

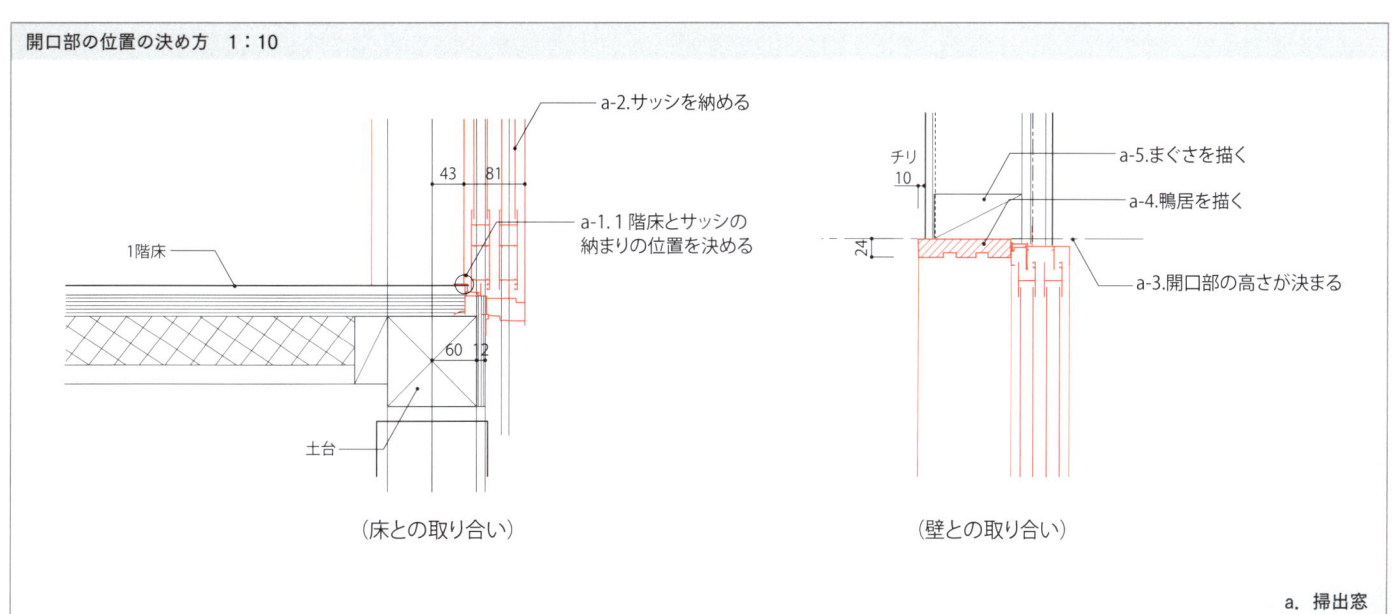

a. 掃出窓

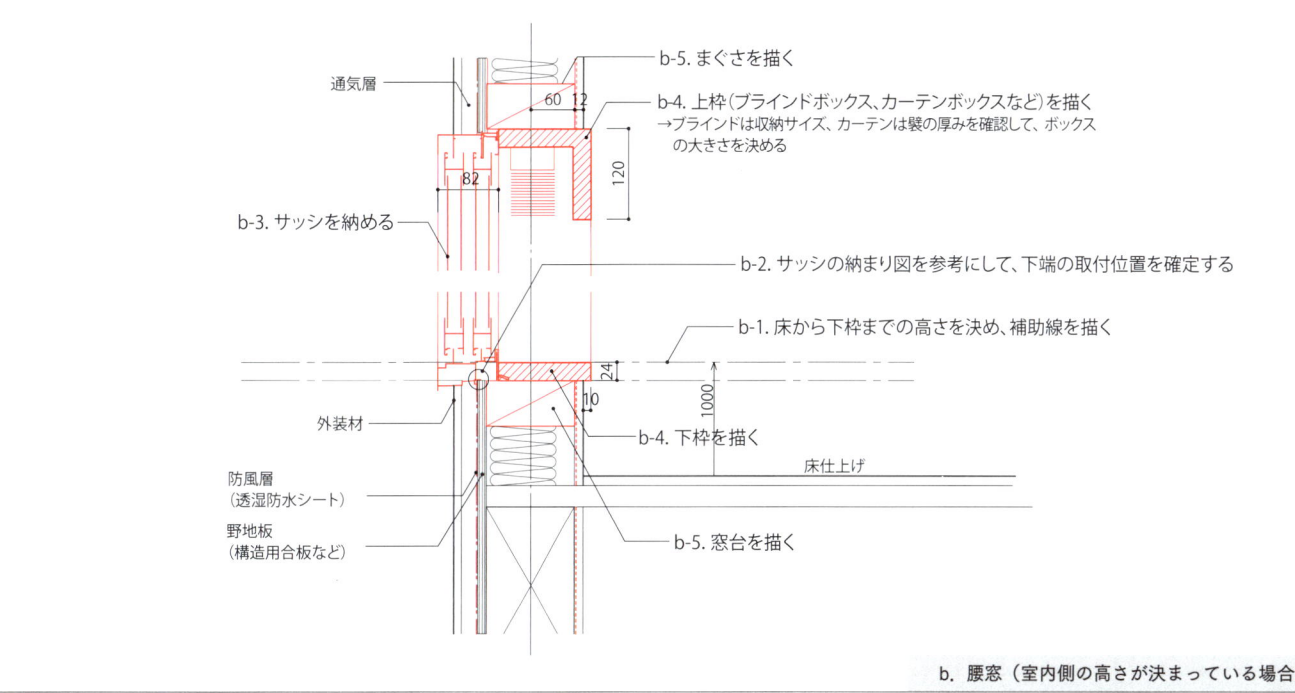

b. 腰窓（室内側の高さが決まっている場合）

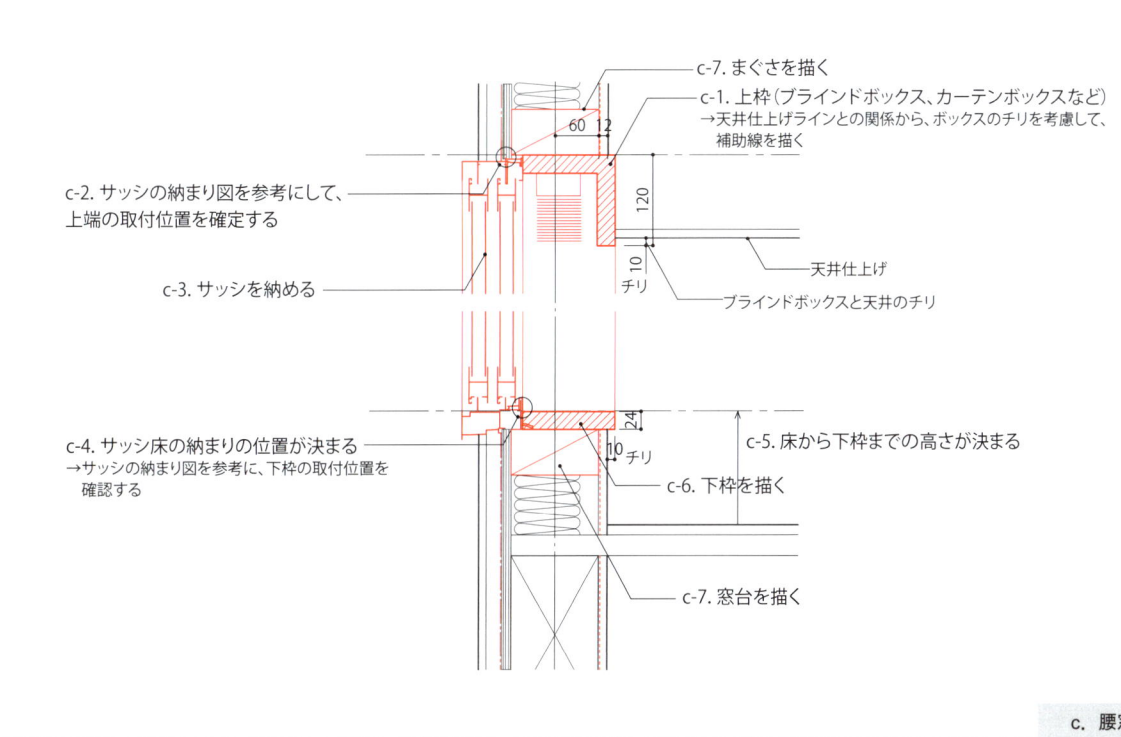

c. 腰窓（垂れ壁をなくす場合）

7

A. 造作家具、金物類などを描く

①造作家具（キッチン、本棚、クローゼットなど）を描く（下図の囲んだ部分参照）。
②金物類（手摺、水切り、雨樋など）を描く。
③見えがかりの線を描く。

B. 外構を描く

④デッキを描く。
⑤GLの線を描く。

C. 断熱材を描く

⑥断熱材の種類、設置部位、建設地に応じた厚みで断熱材を描く。

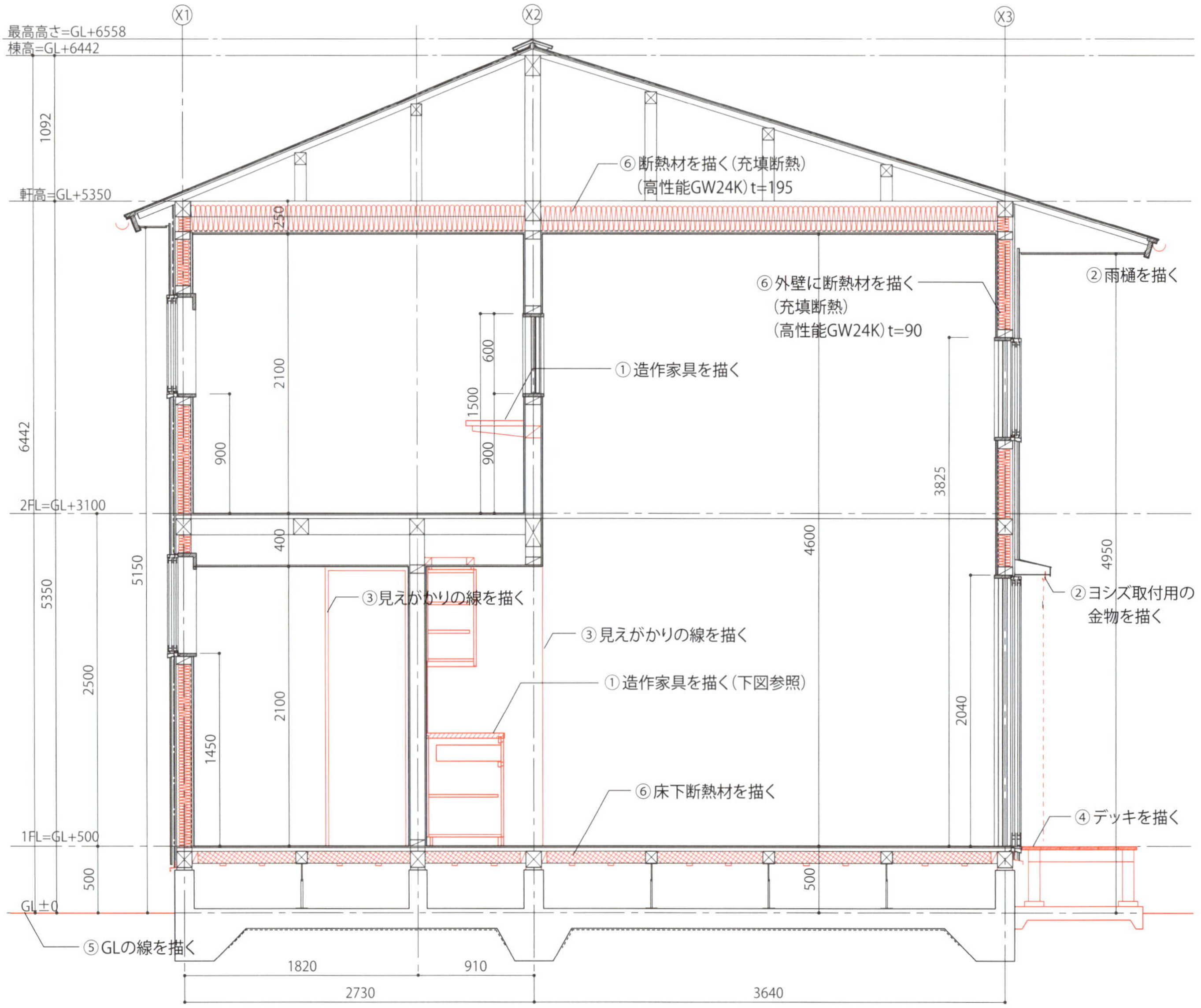

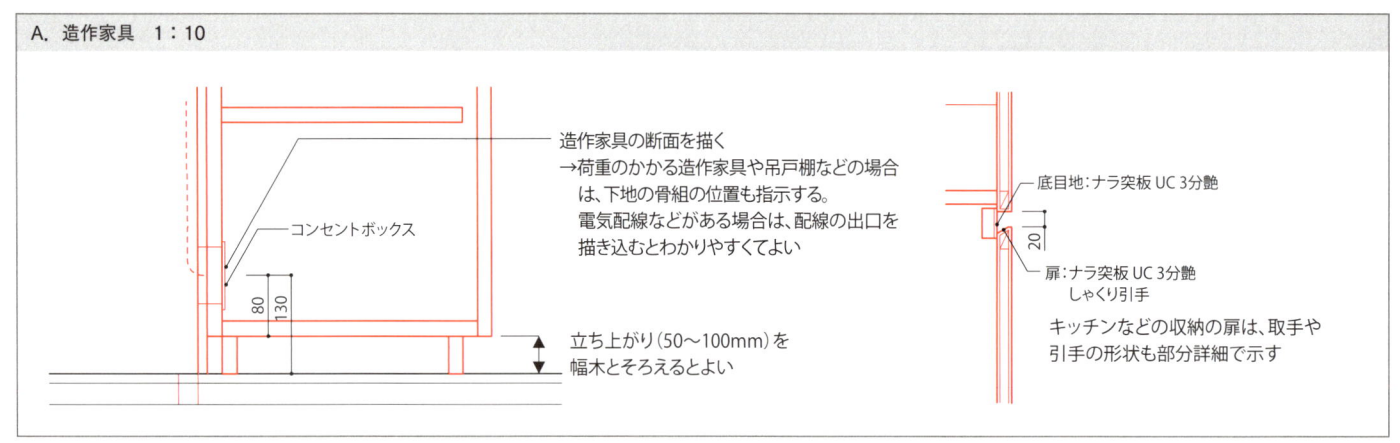

A. 造作家具　1:10

8 文字情報、室名、ハッチングを描く

①室名を入れる。文字情報が多いときは、室名を四角で囲む、フォントを太くするなど工夫して見やすくする。

②文字情報は、部位別、部材別に書く。最低でも外壁、室内壁、床、天井、屋根、軒裏などは必ず仕上材、下地材を書き込む。

③屋根勾配を描く。

④ハッチングや日差しの線を入れ、メリハリのある矩計図に仕上げる。

文字の書き方例

屋根：ガルバリウム鋼板平葺き
防水層（アスファルトルーフィング）
野地板t=12
垂木45×75（通気層を兼ねる）
母屋120×120

内壁：珪藻土
多機能ケイ酸カルシウム板t=12.5
防湿フィルム
充填断熱（高性能GW24K）t=90

床：フローリングt=13
剛床（構造用合板）t=28
断熱材（A種硬質ウレタンフォーム保温板2種）t=90
大引90×90

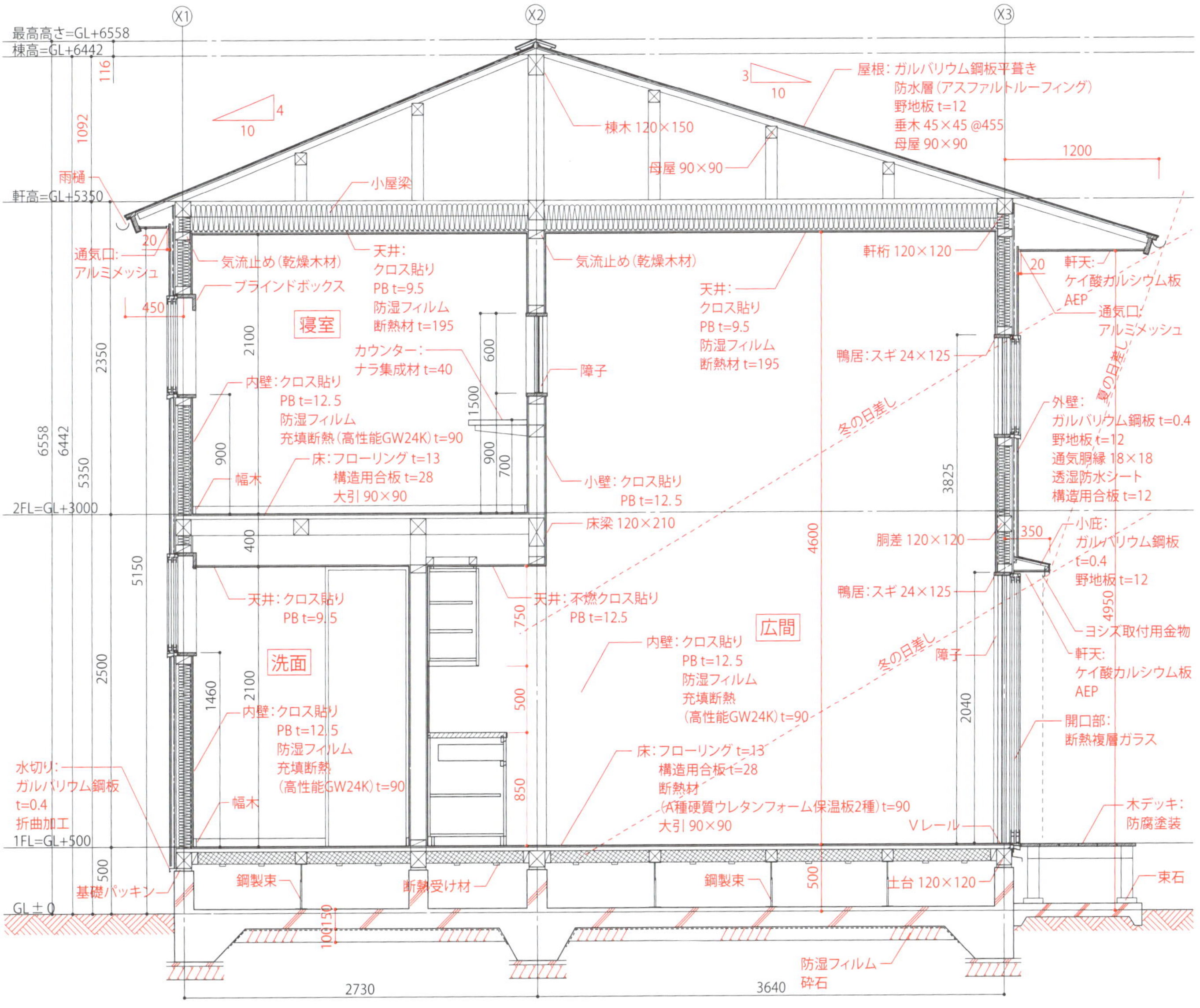

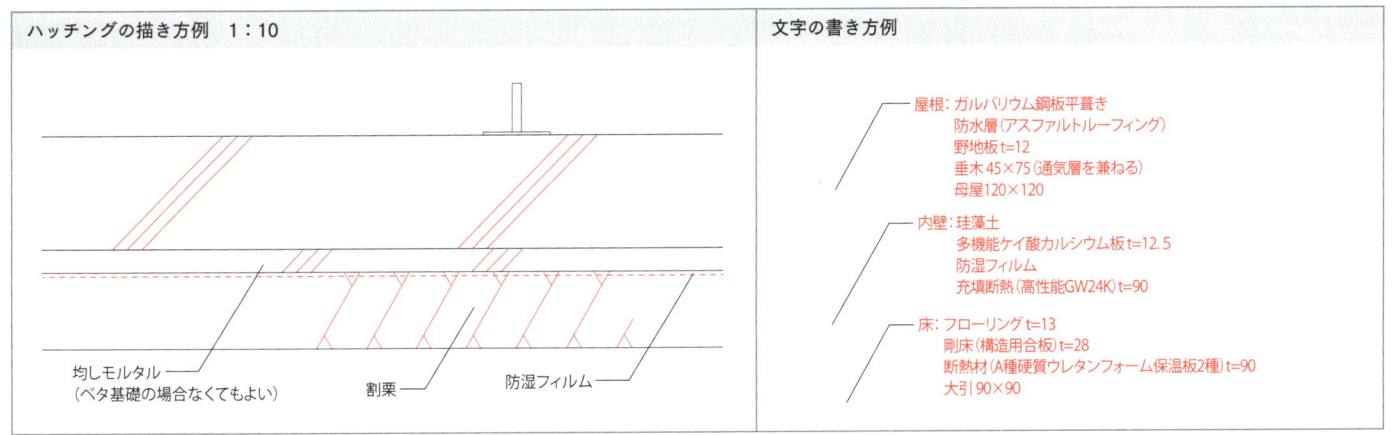

7. 矩計図のレイヤ分け

□ 部材別、線種別など、描き方に応じてレイヤを分ける。
□ レイヤ分けは、適度な分類にとどめる。
□ 線の種類は矩計図、平面図、立面図、詳細図など複数の図面にわたって統一した分類にするとよい。

矩計図は、太さと種類の異なる何種類かの線を使い分けて描きますが、何本かの線が集中する部分を修正する場合、特定の線を選択する作業は非常に煩雑になります。たとえば表1に示すように、線種によってあらかじめレイヤを分けて線種を指定します。同じ部位、部材の線を一括で管理すると、線を修正しやすくなり、他の線を間違って消してしまったりすることがなくなります。ただ、レイヤ分けは、細かくすればするほど便利になるわけではなく、別の部材を描くときにその都度レイヤを選び直さなくてはならなくなって、かえって作業が増えてしまうことがありますので、適度な分類にとどめることも大事です。

表1. 使用する線別のレイヤ分けの例

レイヤに描かれる部位、部材等	1 基準線	2 断面・仕上げ	3 軸組	4 下地材	5 シート系	6 開口部	7 家具	8 金物類	9 ハッチング
	通り芯 高さ基準線 高さ寸法 など	屋根 外壁 内壁 床 天井 基礎 見えがかり など	柱・梁 土台 大引 根太 胴差 床梁 母屋 垂木 棟梁 軒桁 など	構造用合板 野地板 下地板 窓台・まぐさ 木下地 割栗 捨てコン など	防湿フィルム (防湿・気密層) 透湿防水シート (防風層) ルーフィング (防水層) 遮熱シート など	サッシ 建具枠 建具 ブラインドボックス カーテンボックス など	造付け家具 置き家具 外構家具 など	水切金物 棟換気部材 壁通気部材 雨樋 気密部材 など	断熱材 コンクリート 木材 化粧木材 モルタル タイル 石 割栗 など

表2. 文字情報のレイヤ

10 寸法	各部位の高さ、開口部等の高さ、部材寸法、庇等の出寸法、家具等の高さ　など
11 文字	仕上材、二次部材、断熱材の種類と厚み、日差し、屋根勾配　など

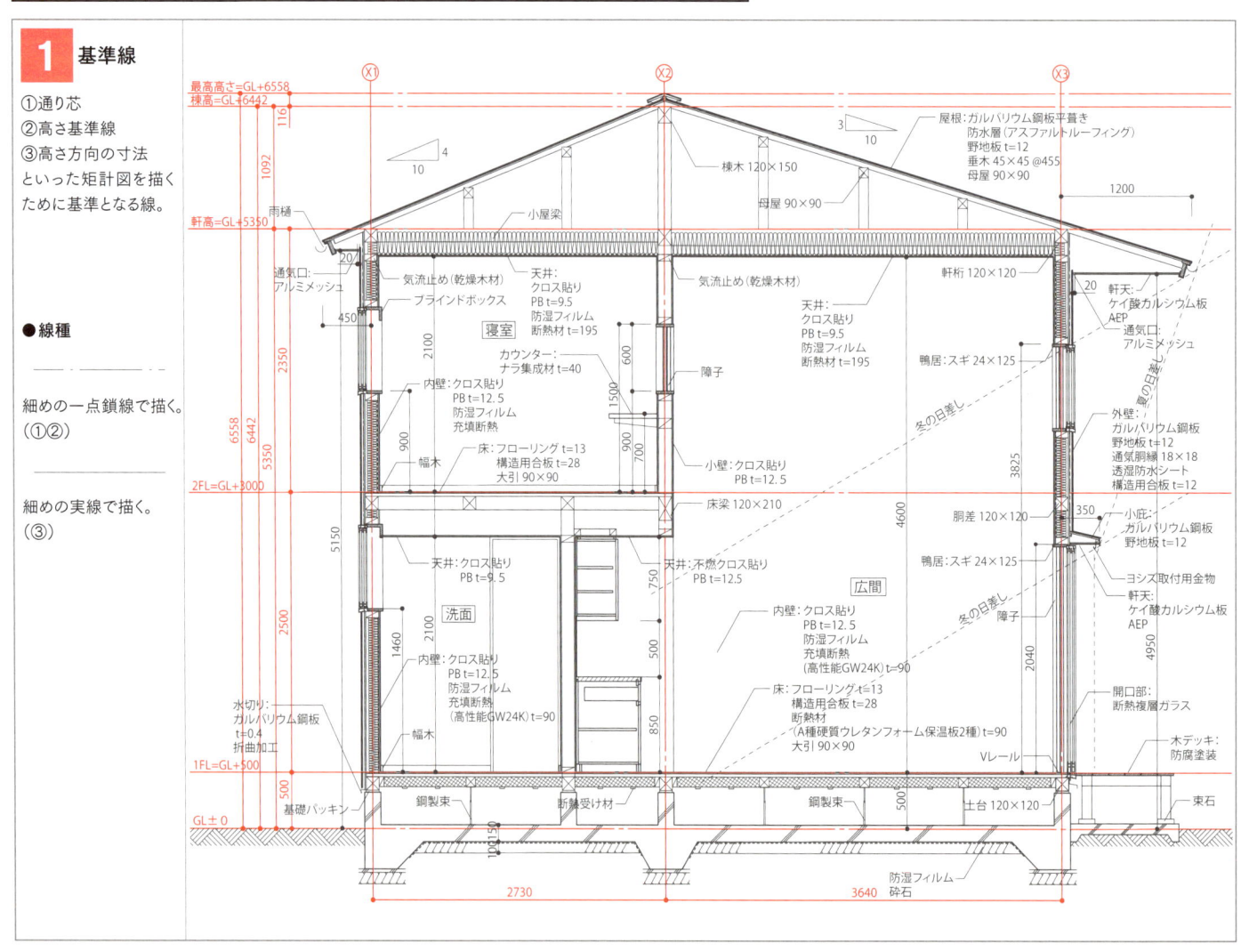

1 基準線

①通り芯
②高さ基準線
③高さ方向の寸法
といった矩計図を描くために基準となる線。

●線種

細めの一点鎖線で描く。
(①②)

細めの実線で描く。
(③)

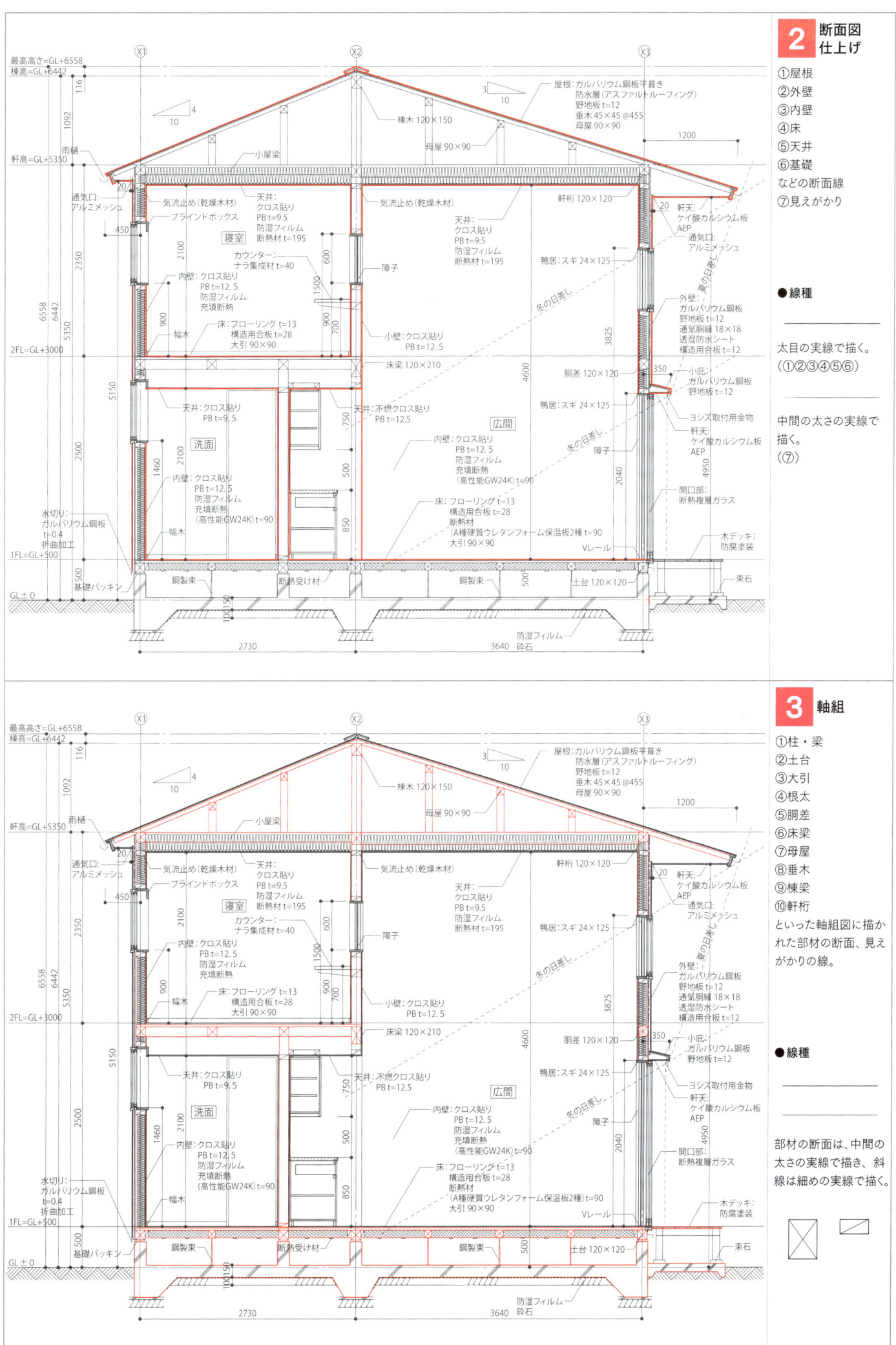

4 下地材

①構造用合板
②野地板
③下地板
④窓台・まぐさ
⑤木下地
⑥割栗
⑦捨てコン

など、各部位の下地を構成する部材の断面図、見えがかりの線。

● 線種

中間の太さの実線で描く。

5 シート系

①防湿フィルム
（防湿層）
②透湿防水シート
（防風層）
③ルーフィング
（防水層）

など、各部位の防湿層、気密層の線

実際の施工では、各下地材に直接張られる材だが、矩計図を描く際は、下地材の線から少し離して描く。

● 線種

防湿層、防風層、防水層は、点線、一点鎖線、二点鎖線などの破線の種類を使い分ける。

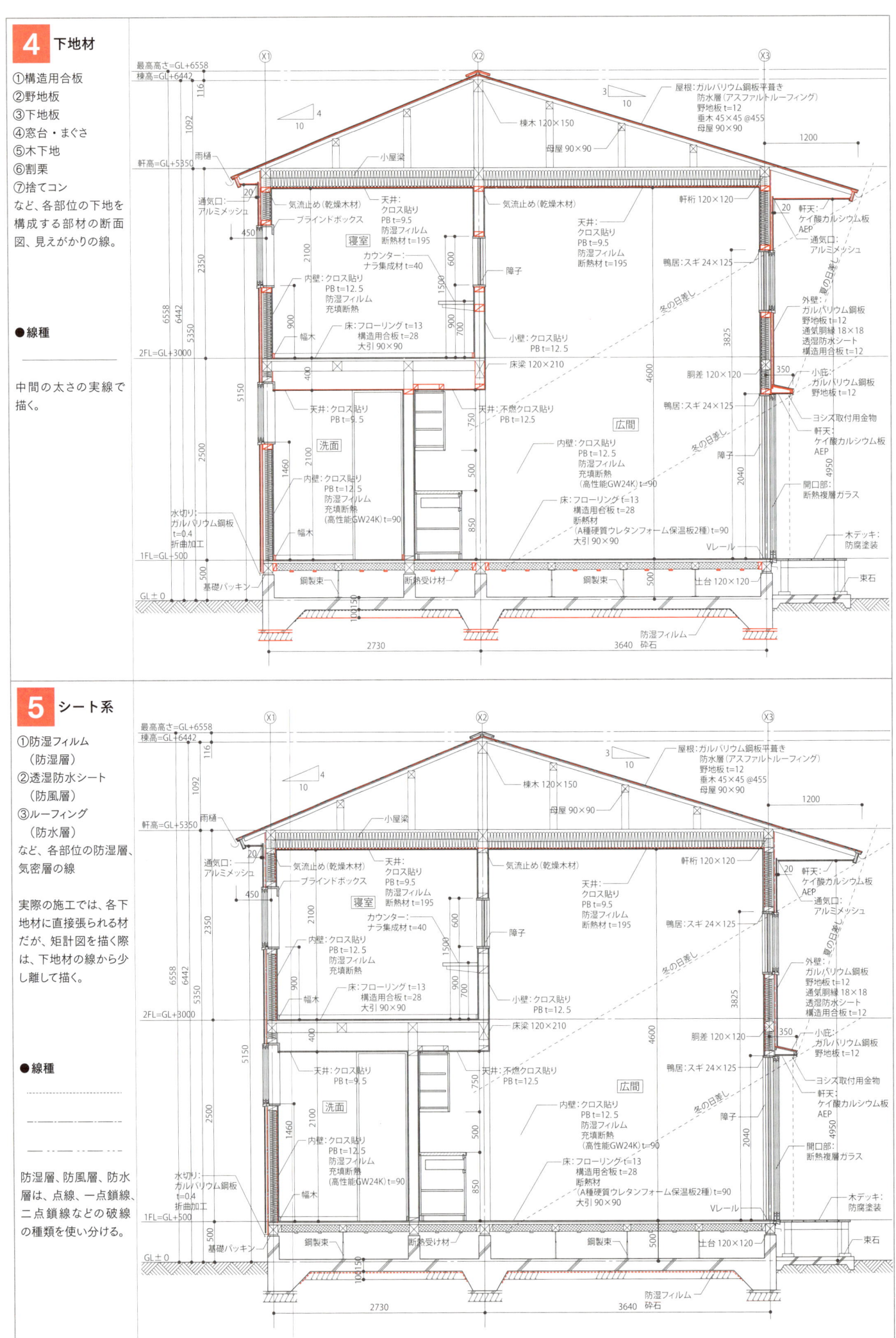

32　1章　矩計図の基本を学ぶ

6 開口部

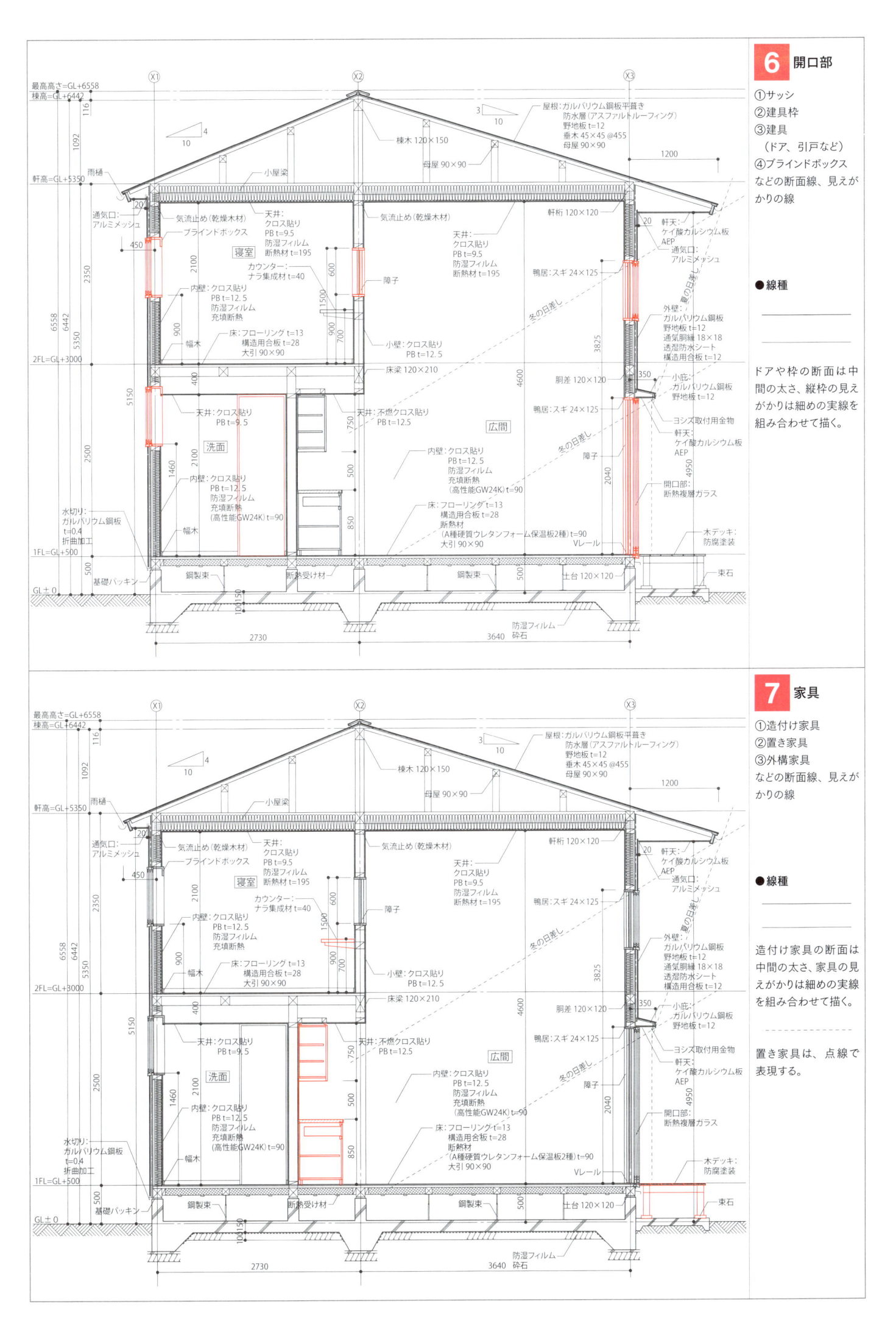

①サッシ
②建具枠
③建具
（ドア、引戸など）
④ブラインドボックス
などの断面線、見えがかりの線

● 線種

ドアや枠の断面は中間の太さ、縦枠の見えがかりは細めの実線を組み合わせて描く。

7 家具

①造付け家具
②置き家具
③外構家具
などの断面線、見えがかりの線

● 線種

造付け家具の断面は中間の太さ、家具の見えがかりは細めの実線を組み合わせて描く。

置き家具は、点線で表現する。

7. 矩計図のレイヤ分け　33

8 金物類

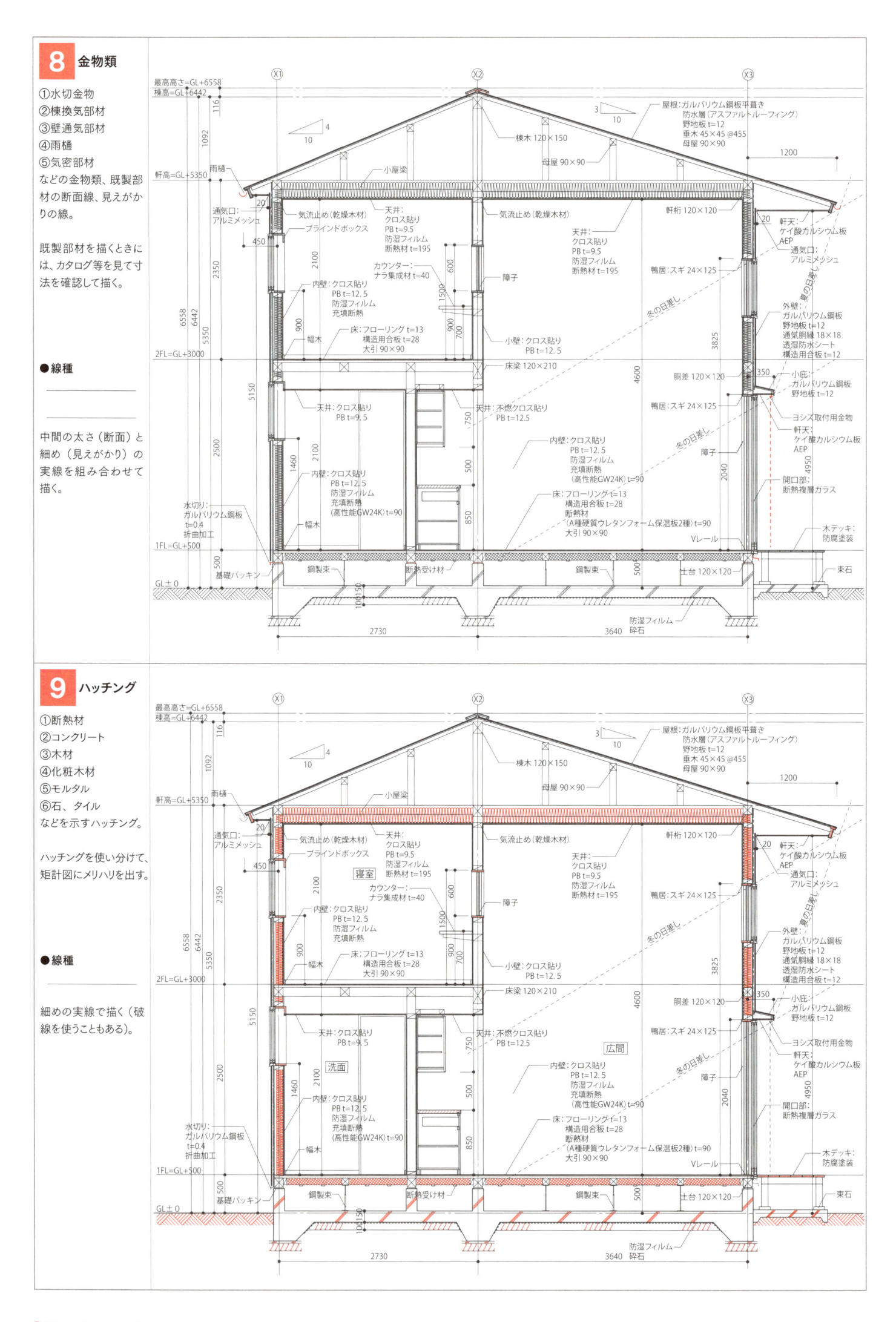

①水切金物
②棟換気部材
③壁通気部材
④雨樋
⑤気密部材

などの金物類、既製部材の断面線、見えがかりの線。

既製部材を描くときには、カタログ等を見て寸法を確認して描く。

● 線種

中間の太さ（断面）と細め（見えがかり）の実線を組み合わせて描く。

9 ハッチング

①断熱材
②コンクリート
③木材
④化粧木材
⑤モルタル
⑥石、タイル

などを示すハッチング。

ハッチングを使い分けて、矩計図にメリハリを出す。

● 線種

細めの実線で描く（破線を使うこともある）。

10 寸法

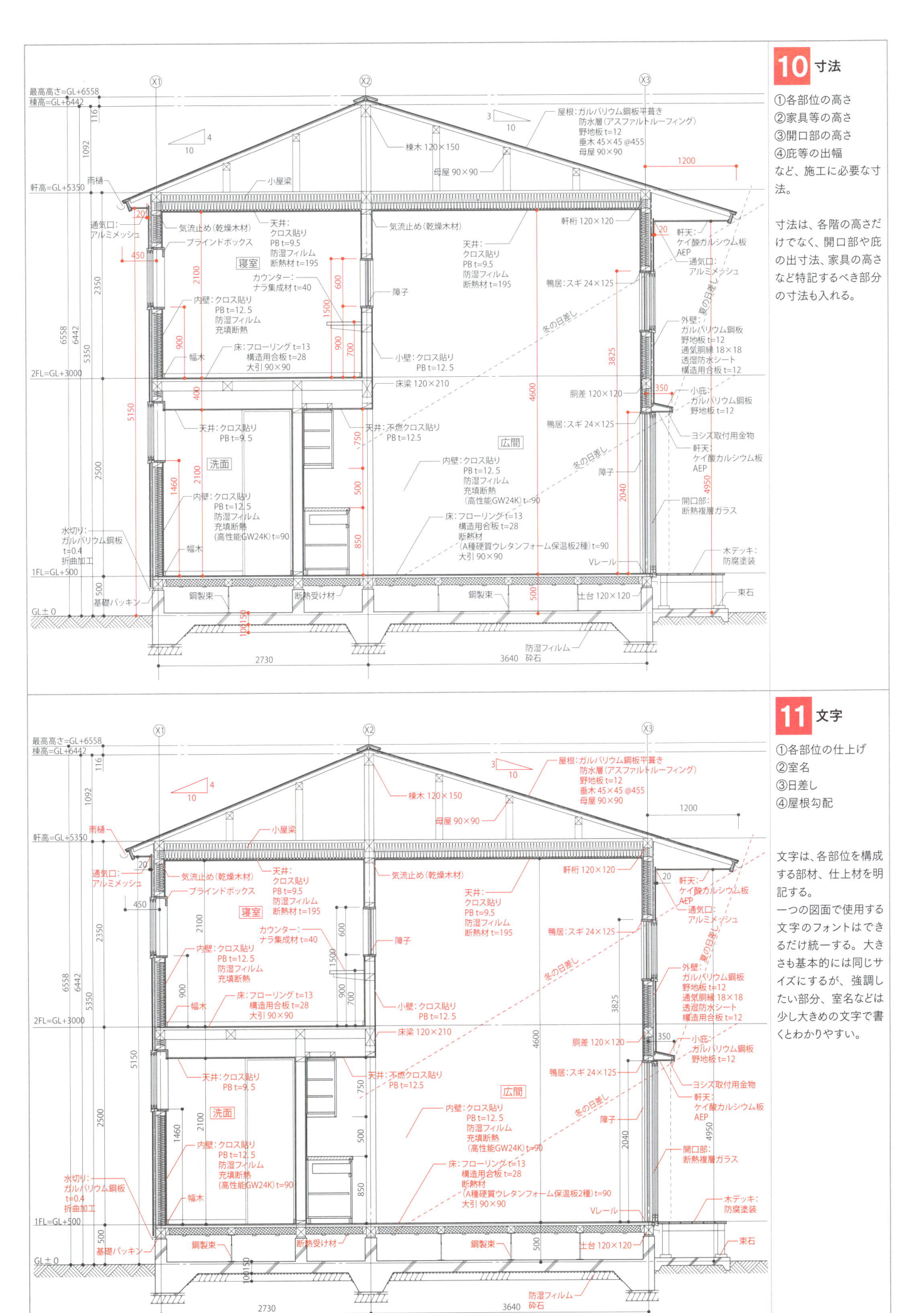

①各部位の高さ
②家具等の高さ
③開口部の高さ
④庇等の出幅

など、施工に必要な寸法。

寸法は、各階の高さだけでなく、開口部や庇の出寸法、家具の高さなど特記するべき部分の寸法も入れる。

11 文字

①各部位の仕上げ
②室名
③日差し
④屋根勾配

文字は、各部位を構成する部材、仕上材を明記する。
一つの図面で使用する文字のフォントはできるだけ統一する。大きさも基本的には同じサイズにするが、強調したい部分、室名などは少し大きめの文字で書くとわかりやすい。

7. 矩計図のレイヤ分け　35

Column ❶ 　　矩計図の使い方　その1

内観パースを重ねた奥行きのある矩計図

ここに紹介する矩計図は、矩計図の断面に空間的な奥行きを与えた内観パースを重ねて表現したものです。矩計図で描かれる断面だけでなく、各室の部材や仕上材、家具や開口部の配置などを、縦に並んだ室の関係のなかで一覧することができます。また、この住宅で繰り広げられるであろう生き生きとした生活の様子が想像されます。このような図面表現は、階をまたいだ仕上材の連続や切り替わりの検討、建築の一部となる家具のつくり方を住宅全体のなかでどのように位置づけるかなど、住宅の部分と全体を統合的に考える設計支援ツールとしても活用できます。また、このような具体的な内部空間のイメージが表現された図面は、施主や施工者と設計者が住宅のイメージを共有できる情報がつまった資料として、プレゼンテーションなどにも威力を発揮するでしょう。

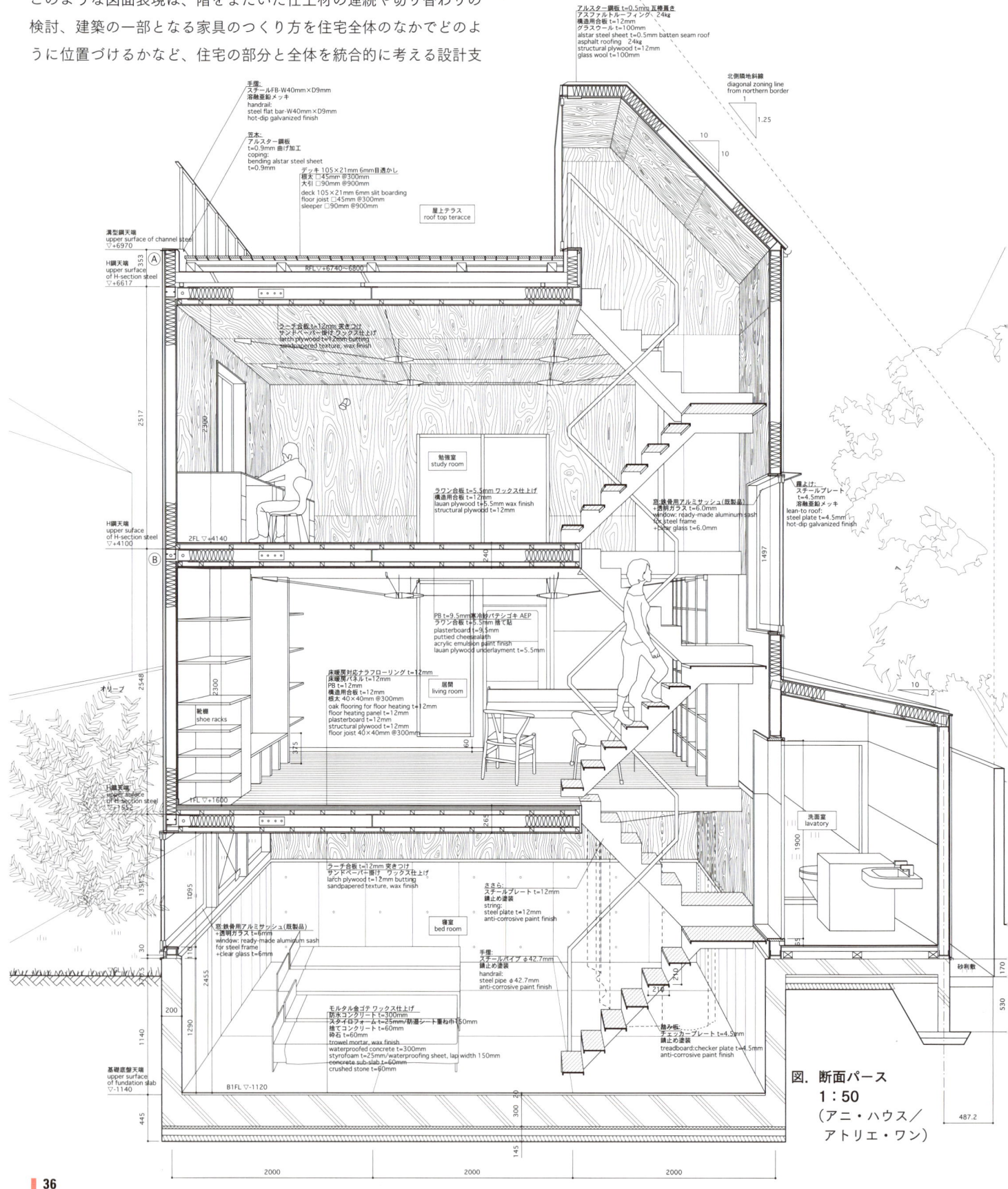

図．断面パース
1：50
（アニ・ハウス／アトリエ・ワン）

2章
外皮の構成を理解する

室内と外部を区切る屋根、壁、床は、外部の温度変化から室内を守り、快適な環境にする住宅の「外皮」です。住宅の環境性能はこの「外皮」のつくり方で大きく左右されます。「外皮」は一枚の板でつくられるのではなく、構造耐力面材、断熱材、防湿層、防水層、通気層など役割の異なる層の重なりでつくられます。近年求められる省エネルギー性能を満たしながら、多様な空間構成やデザインにも対応できる「外皮」をつくる基本的なルールを理解することが大切です。

1. 外皮の構成を理解する

☐ 屋根、壁、床の構成と各部材の役割を理解する。
☐ 外皮は、内外の「熱的境界」でもあるので、環境性能（省エネ性能）も同時に計画する。

1. 外皮を構成する部位

矩計図を描くには、まず建築を構成する部位の仕組みを理解することが重要です。各部位が何の材料でどのように組み立てられているのかを知らないと、矩計図は描けません。

屋根、外壁、床は、建築を構成する主要な部位で、これらをまとめて「外皮」と呼びます。外皮は、構造耐力を担う部材、雨水の浸入を防ぐ層、仕上げを施す下地材、通気を促す隙間をつくる部材など、役割の異なる材料が何層にも重なって構成されています。これらの何層にも重なる線が何を示しているのかを理解しなければ、矩計図は描けません。

外皮を考える際には、室内を風雨から守る役割はもちろんですが、木材の腐朽を防ぐ仕組み、「熱的境界*」を担保する仕組みを、同時に考えることが重要です（図1）。これらの仕組みは、住宅の長寿命化、省エネルギー性能を大きく左右します。

＊熱的すなわち温度的にみて外気と室内を区分する境界面のこと。

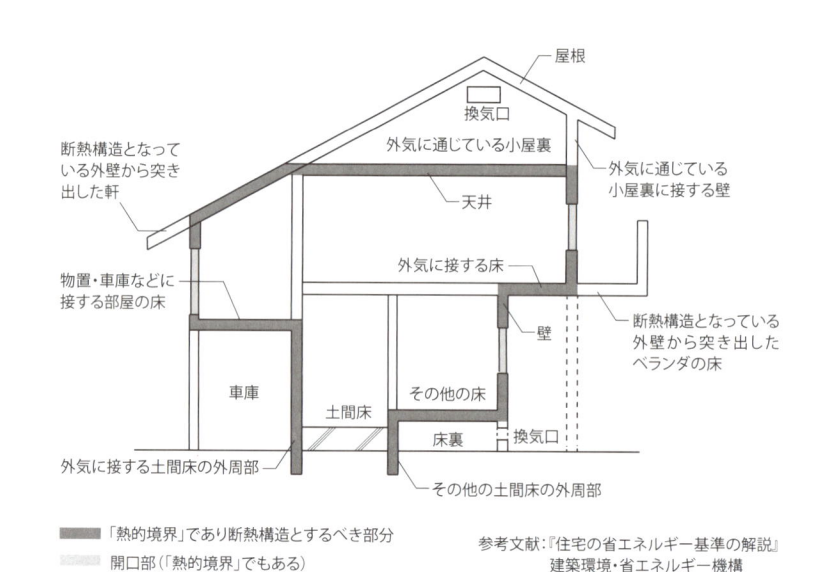

図1.「熱的境界」を形成する外皮

2. 外皮の担う環境性能
〈外皮全体は層で構成される〉

人間が衣服を重ね着して体温調節をするように、「外皮」も層を重ねることで、内外からの温度変化・湿度変化に対応して快適な温熱環境を保つ仕組みをつくります。屋根、外壁、床の各部位は、単独でその機能を満足するだけでは不十分で、建築を覆う「外皮」として、建築全体でその性能が担保される必要があります。断熱材、通気層、防湿層などは、外皮全体（外壁から小屋裏）の連続性が重要となります（写真1、2）。

〈外的作用と内的作用〉

外皮に加わる室外からの「外的作用」には、水、湿気、風、温度変化、騒音、視線などがあります。室内からの「内的作用」には、生活行為や人体から発生する水蒸気の浸入などがあります。これらの水分（湿気）が室内側の内壁を通って、壁や屋根に浸入して冷やされ、内部結露が生じます。

つまり外皮には、外からの雨水の浸入を防ぐ、外気温の変化から室内を守る、内からの水蒸気を放出し快適な温熱環境を保つ、という高度な機能が求められています。

写真1 外壁の事例
室外側透湿防水シートの上に通気胴縁を施工。胴縁で確保された隙間を空気が抜ける。

写真2 屋根の事例
屋根断熱とその上に施工された通気垂木。通気垂木の上に野地板が張られ、その上に防水層が施工される。

3. 外皮全体の多層な構成

外皮を構成する具体的な要素は、屋外側から外装仕上材、外装下地材、通気層（通気胴縁）、防風層、構造耐力材、断熱材、防湿層、内装下地材、内装仕上材などです。このように外皮は、主に面材とシート材が何重にも重なって構成されます。それぞれの層が異なる役割を担い、その順番も決まっています（図2、3）。基本的な考え方としては、室内外から壁内、小屋裏にできるだけ湿気を入れないこと、入ってしまった湿気はできるだけ排出できる仕組みにする、ということです。

また、平成25年10月に省エネ法（エネルギーの使用の合理化に関する法律）が改正され（非住宅建築物は25年4月から）、住宅の外皮に関しては、外皮全体から逃げる熱量（総熱損失量）を外皮全体の面積で割った「外皮平均熱貫流率」により評価するという基準に変更されました。外皮から逃げる熱量を低減するために、一定の熱抵抗値を満たすような外皮の構成とすることが求められます。省エネ性能は、外皮全体で担保されるものであり、住宅全体でのバランスが重要になります。

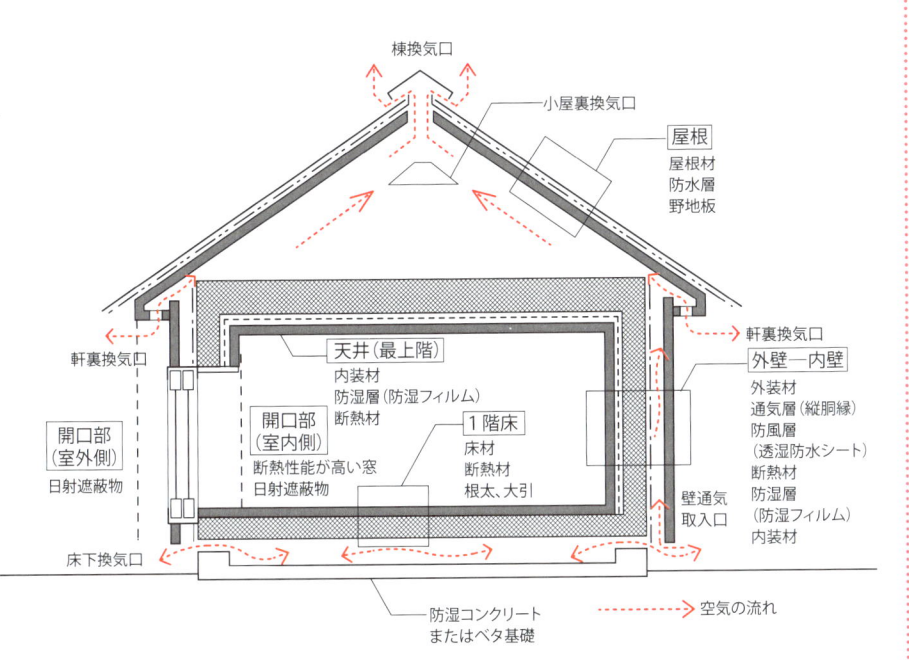

図2．環境性能を担う外皮の概念図①（天井断熱＋床下断熱の場合）

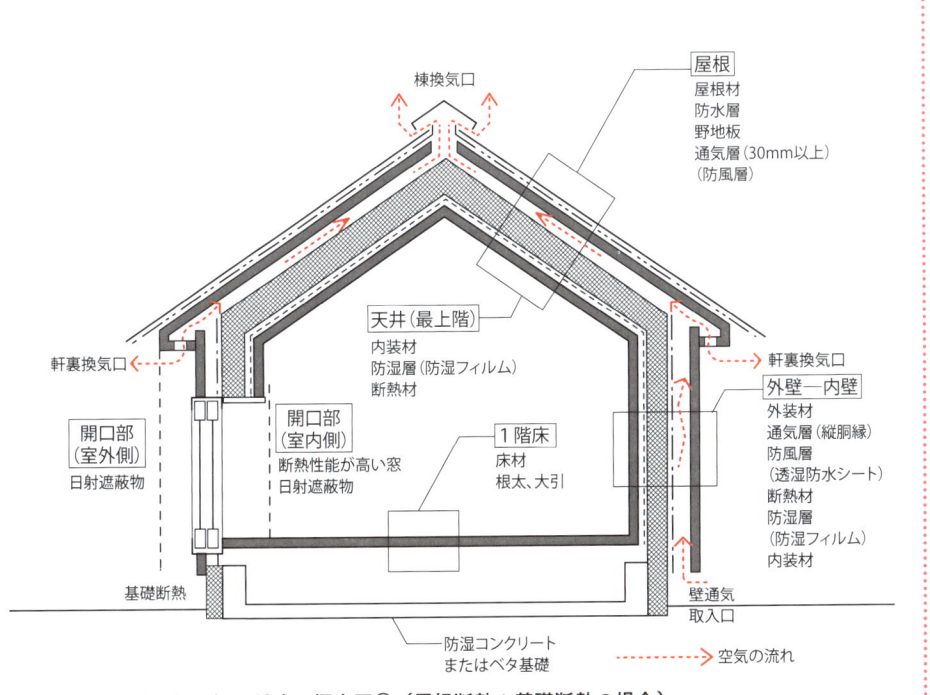

図3．環境性能を担う外皮の概念図②（屋根断熱＋基礎断熱の場合）

ポイント

環境性能を担保する「層」

①防湿層

壁内に室内からの水蒸気が流入しないように、できるだけ室内側に近いところに連続して設けます。壁内に湿気が入ると、断熱材の性能が低下したり、木材の腐食を促し、住宅全体の耐久性が低くなります。
一般的には防湿フィルムを柱と内装材の間に隙間なく張ることで防湿層は形成されます。防湿層は、床、壁、天井に連続して設けます。また、防湿層は気密層を兼ねることも多く、防湿と気密をしっかり施工することで、断熱材の性能を十分生かすことができます。

②通気層

小屋裏や壁内の暖められた空気、湿度の高い空気を放出し、室内を適度な環境に保ち、壁内の構造材などの腐食を防ぎます。通気の排出口を外壁上端、軒裏、小屋裏や棟頂部に設けます。壁下端部や軒裏に設けられた流入口から外気を取り込み、自然風による外気圧や壁内の温度差によって、通気が促されます。しかし出口がないと、気流は壁内に滞留してしまい、通気層としての役割を果たすことができません。また通気層を確保する通気胴縁、通気垂木はできるだけ空気の流れを妨げない方向に施工します。

③防風層

何らかの理由で外装材の継目などから外壁に浸入した水分が室内に浸入するのを防ぎます。防風層は「透湿防水シート」でつくります。透湿防水シートは、雨水を通さず、室内からの湿気を外に排出する機能のあるものを選びます。

④防水層

屋根やベランダの防水を担う層を指します。雨水が入ると野地板、垂木などが腐り、屋根の機能を果たさなくなります。

2. 断熱計画は住宅全体で考える

□ 構法とデザイン、部位に適した断熱材を選択する。
□ 断熱材の性能は、一長一短。性能の特徴（断熱材の素材、施工性、断熱材の熱抵抗値など総合的な性能）を理解して使用する。
□ 断熱性能は、外皮全体からの熱損失を抑えるように計画する。

1. 屋根の断熱

屋根の断熱は、天井のすぐ上に断熱材を敷き込む「天井断熱」と、屋根の下に断熱材を敷く「屋根断熱」があります（図1）。フラットな天井の場合、一般的には天井断熱とします。屋根断熱は、勾配天井や内部空間を確保したい場合、登り梁を室内に見せたい場合などに選択する断熱方法です。屋根断熱の場合は屋根を薄く見せたい場合が多く、ボード状断熱材が選択される傾向があります。外壁や開口部の断熱性能を上げて屋根の断熱性能を下げるケースもありますが、屋根は夏の日射を直接受けるので、できれば避けたほうがよい方法です。小屋裏換気、屋根通気と同時に計画します。

図1. 天井断熱と屋根断熱の基本構成

2. 外壁の断熱

外壁の代表的な断熱手法は「充填断熱」と「外張断熱」です（図2）。

〈充填断熱〉
柱や梁といった構造材、間柱などの間に断熱材を充填する断熱方法です。戸建住宅では、最も一般的で、住宅デザインなどへの制約も少なく、比較的安価で断熱できます。
ただし、気流止めの設置、防湿層の連続性の確保など断熱の効果を損なわないための留意点があり、施工にも注意が必要です。

〈外張断熱〉
柱や梁といった構造体の外側を断熱材で覆う断熱方法です。ボード状断熱材を使うことが一般的です。形状がシンプルな住宅に適し、その反対に、形状が複雑な場合、施工手間がかかります。都市部の狭小住宅では、外壁が厚くなってしまうのが難点です。その他、充填断熱と外張断熱を組み合わせた、より断熱性の高い方法もあります。

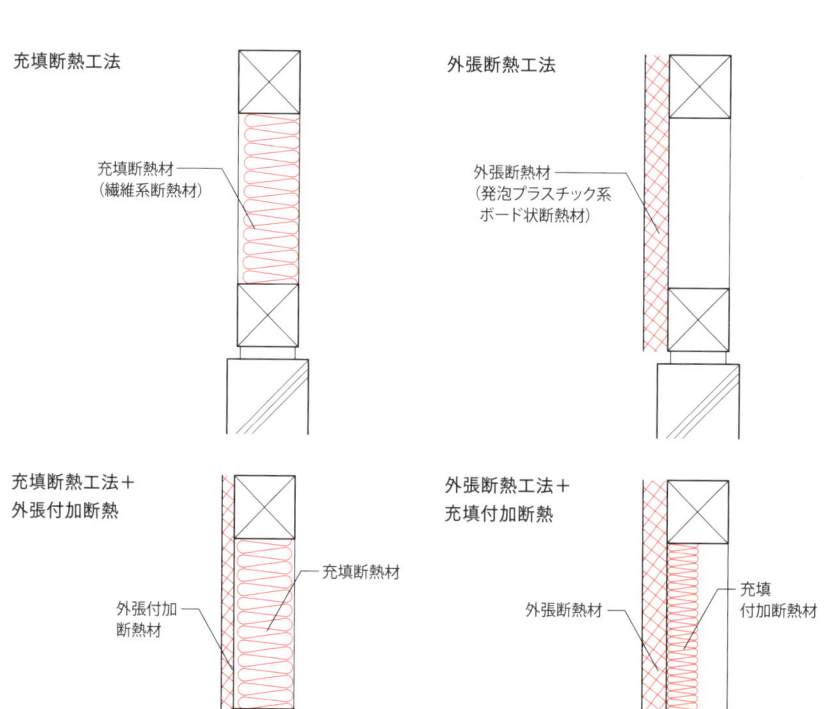

図2. 充填断熱と外張断熱の基本構成

3. 床下の断熱

床下の断熱は、床のすぐ下に断熱材を敷き込む「床下断熱」と、基礎の立ち上がり周囲を断熱材で囲む「基礎断熱」があります（図3）。床下断熱は床下は外気と通気し、基礎断熱は床下は室内と同じ環境とみなします。「床下断熱」の場合は、経年による断熱材のへたれに注意が必要です。「基礎断熱」の場合は、床下空間の空気の質（湿気、カビなど）の管理、防蟻対策に注意が必要です。

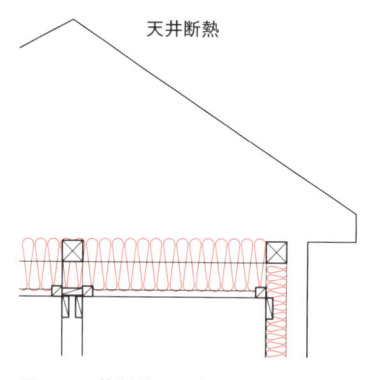

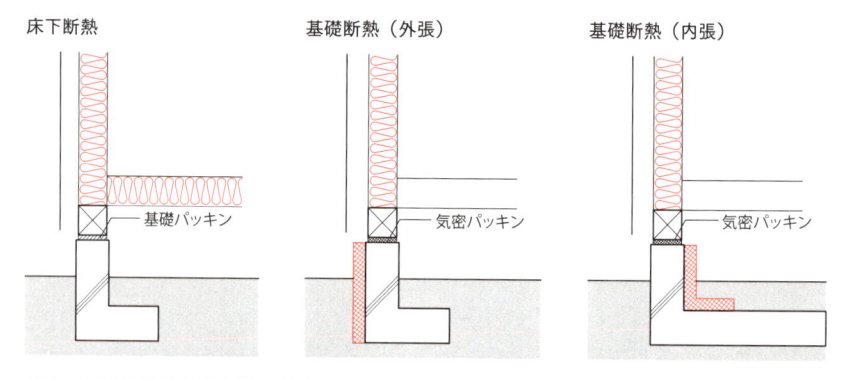

図3. 床下断熱と基礎断熱の基本構成

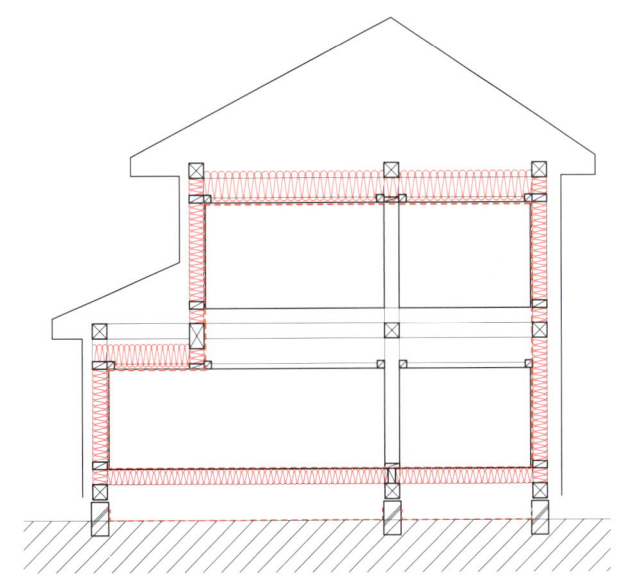

図4．床下断熱＋外壁充填断熱＋天井断熱

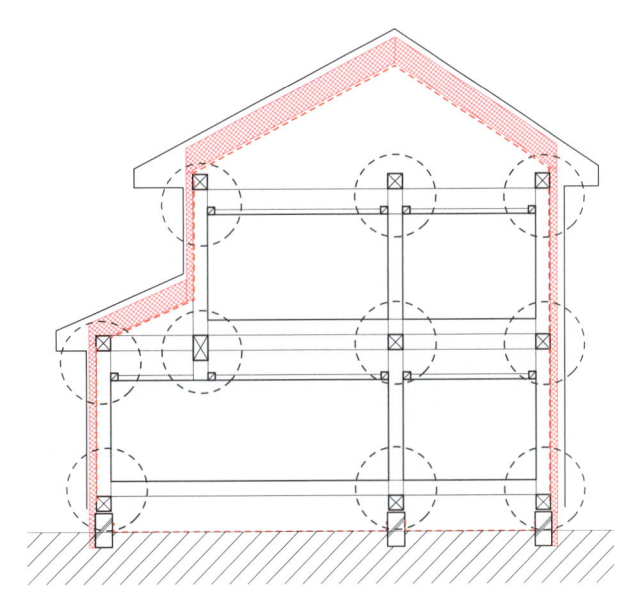

図5．基礎断熱＋外壁外張断熱＋屋根断熱

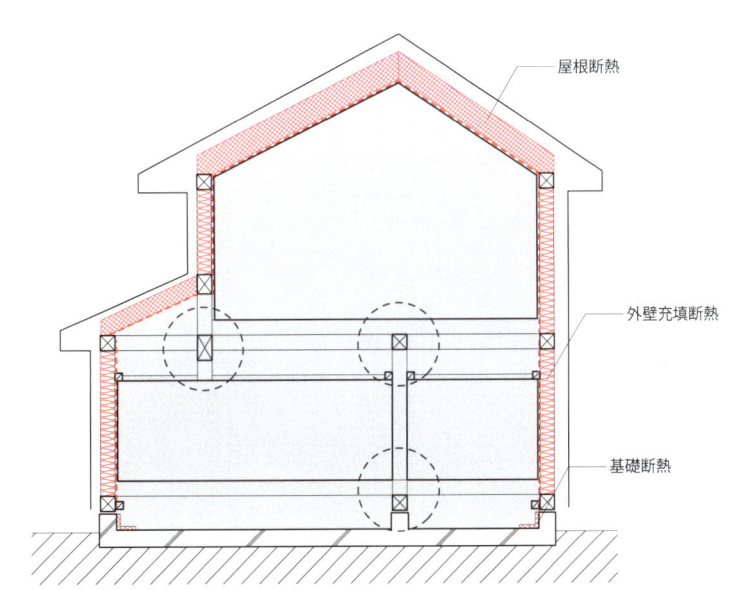

図6．基礎断熱＋外壁充填断熱＋屋根断熱

凡例：
- 気流止めの措置が必要ない箇所
- 温熱環境が同じ条件とみなす範囲
- 防湿層を設ける範囲

4．断熱の全体計画

断熱の全体計画は、地域性や気候、住宅の平面計画や断面計画、施主の断熱性への要望などに配慮しながら、断熱方法を選択します。

部分的に性能を上げたり、施工の手間を省くために、部位別に断熱方法を変えることは断熱計画において有効な手段の一つです。

〈床下断熱＋外壁充填断熱＋天井断熱〉

図4の断熱計画では、床下、外壁内、天井裏に断熱材を入れ、室内をすっぽり断熱材でくるみます。木造住宅では比較的安価で、最も一般的な断熱計画です。断熱材も自然素材系や発泡プラスチック系、リサイクル材料などほぼすべての断熱材がこの方法で施工できます。

この断熱計画の場合、床下からの熱気や冷気が室内に入り込んだり、室内の暖められた空気が小屋裏に逃げないように、間仕切りの上下に「気流止め」が必要になります。また、壁内に室内からの湿気が入り込まないよう防湿層を設けます。

〈基礎断熱＋外壁外張断熱＋屋根断熱〉

図5の断熱計画は、壁の外、屋根の下、基礎の周囲に断熱材を敷き込むことで、外気からの熱の影響を遮断し、床下や小屋裏、壁内も室内と一体的な温熱環境とみなす断熱方法です。この方法は、真壁構造がやりやすい、「気流止め」が不要、室内側の照明、コンセントボックス等の施工がやりやすい、などのメリットがあります。一方、複雑な形状には向かない、断熱材の選択肢が限られるなどのデメリットもあります。

〈基礎断熱＋外壁充填断熱＋屋根断熱〉

図6の断熱計画は、充填断熱と屋根断熱の組み合わせです。最上階の内部空間を高く確保したい場合、梁を意匠的に室内から見せたい場合などはこの方法を選択します。計画に応じて部分的に断熱材を補強することもできます。内部空間の計画に応じて断熱方法を選択するために、部位や形状に適した断熱材を選択することが肝要です。一つの住宅の中で、数種類の断熱材を使い分けることになるので、施工方法、防湿層、気密層との取り合いなどに注意が必要になります。

参考文献：『住宅の省エネルギー基準の解説』建築環境・省エネルギー機構

3. 通気層の役割と通気ルートの確保

□ 外壁、小屋裏（屋根通気）は空気の入口、出口を設け、連続した空気の流れをつくることが大事。
□ 通気層の役割は、壁内の木材の乾燥（長寿命化）と室内の温度上昇の低減（日射遮蔽）。
□ 通気ルートは下地材の施工に注意する。

通気層の機能には、大きく分けて二つあります。
一つは、壁の中の湿度を下げ（乾燥させ）、木材の腐食を防いで、住宅の耐久性を高めることです。
もう一つは、日射遮蔽機能として、夏期に壁内にたまった暖かい空気を排出することです。

1. 通気層の連続性

外壁下端の通気層入口から「外気風圧による壁内空気の押し上げ」、日射や外気温による「壁内、小屋裏内の温度上昇」、小屋裏換気口や棟換気口からの暖まった空気の排出、という自然な空気の流れが促進されるように、通気層の連続性を確認することが重要です（図1、図2）。

2. 外壁取付下地材への配慮
　　（通気ルートの確保）

通気層は、通気胴縁をつけて、外壁上端、軒裏、小屋裏から湿気を含んだ空気を排出します。
その際、外壁材を取り付ける方向によって、通気胴縁の向きが決まります。
外壁材を横向きに取り付ける場合は、通気胴縁は縦方向に取り付けます。左官仕上げや吹付材で仕上げる場合も、通気胴縁は縦方向に取り付けるほうがよいでしょう（図3）。
外壁材を縦向きに取り付ける場合は、通気胴縁は横方向に取り付けられますが、その場合は、通気が妨げられないように、胴縁を一定の間隔をあけて取り付けます。
屋根の通気層は30mm以上（たとえば、30×30、40×40の正割材）（図2）壁の通気層は18mm以上（たとえば18×18の正割材）で確保します（図3、図4）。

参考文献：『住宅の省エネルギー基準の解説』
　　　　　建築環境・省エネルギー機構

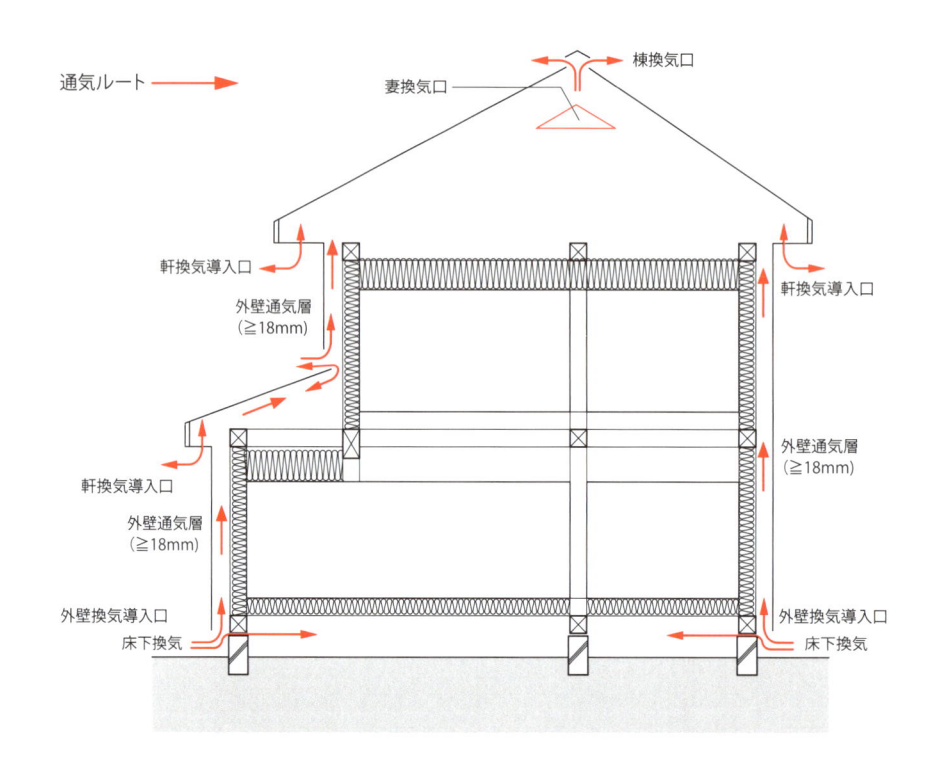

①床下断熱＋内張断熱＋天井断熱

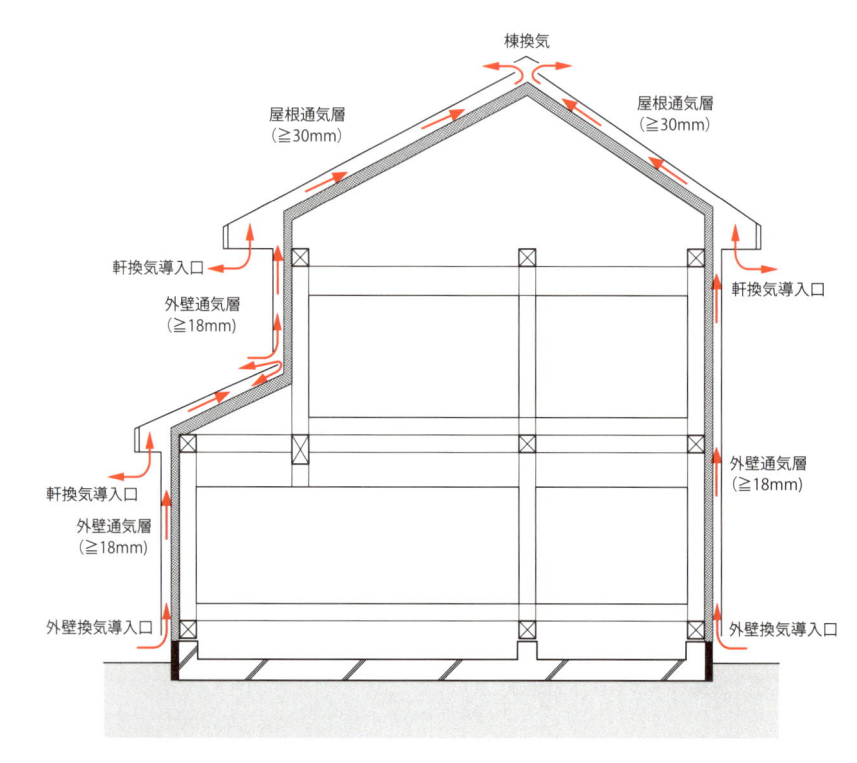

②基礎断熱＋外張断熱＋屋根断熱

図1．通気層は連続させる

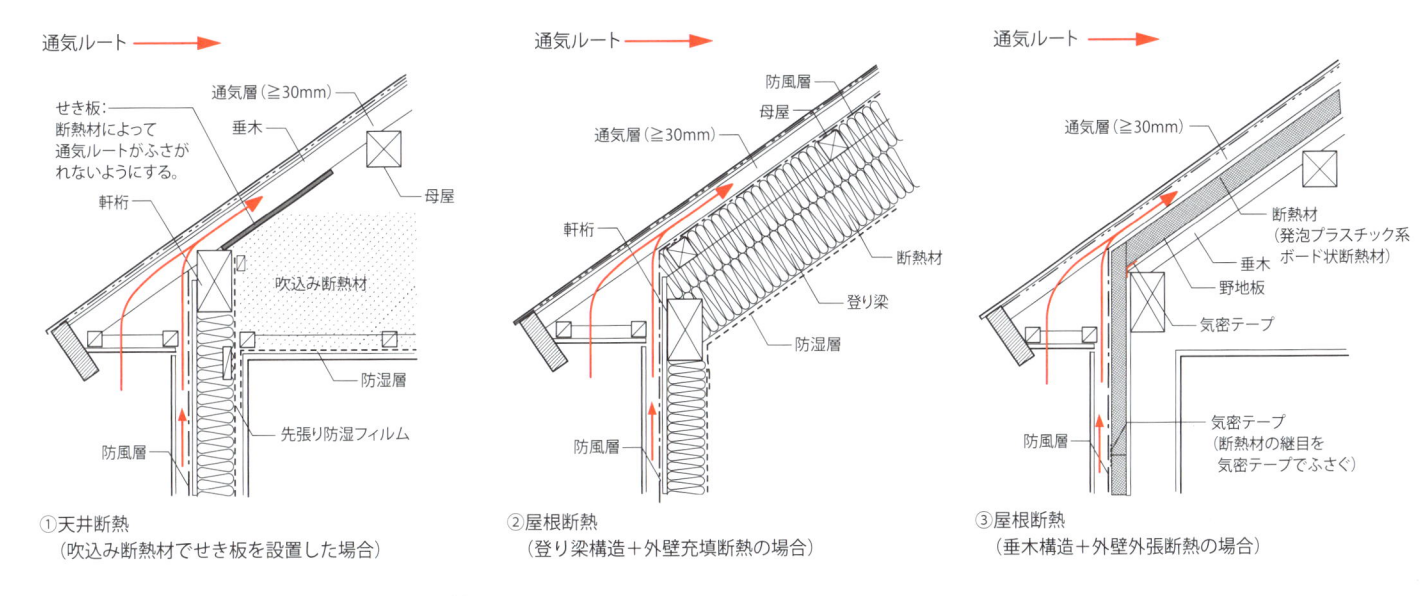

①天井断熱
（吹込み断熱材でせき板を設置した場合）

②屋根断熱
（登り梁構造＋外壁充填断熱の場合）

③屋根断熱
（垂木構造＋外壁外張断熱の場合）

図2．小屋裏の換気導入口確保、通気ルート確保

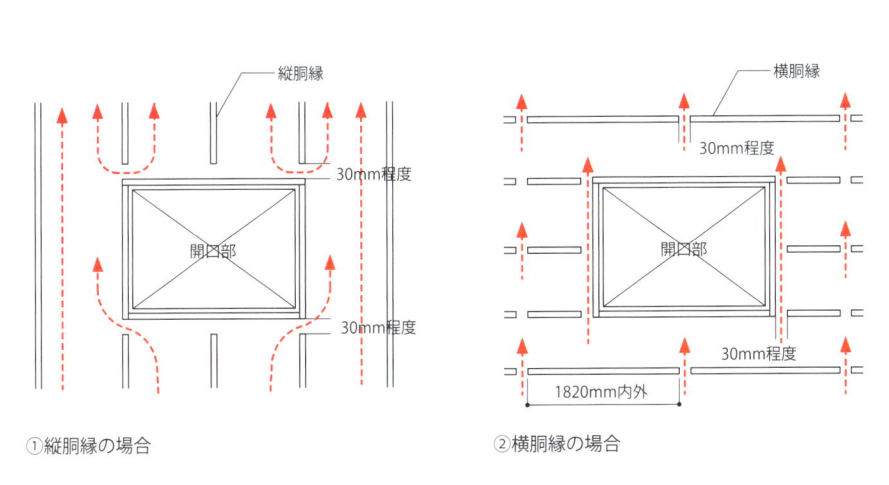

①縦胴縁の場合

②横胴縁の場合

図3．胴縁と通気経路（壁の場合）

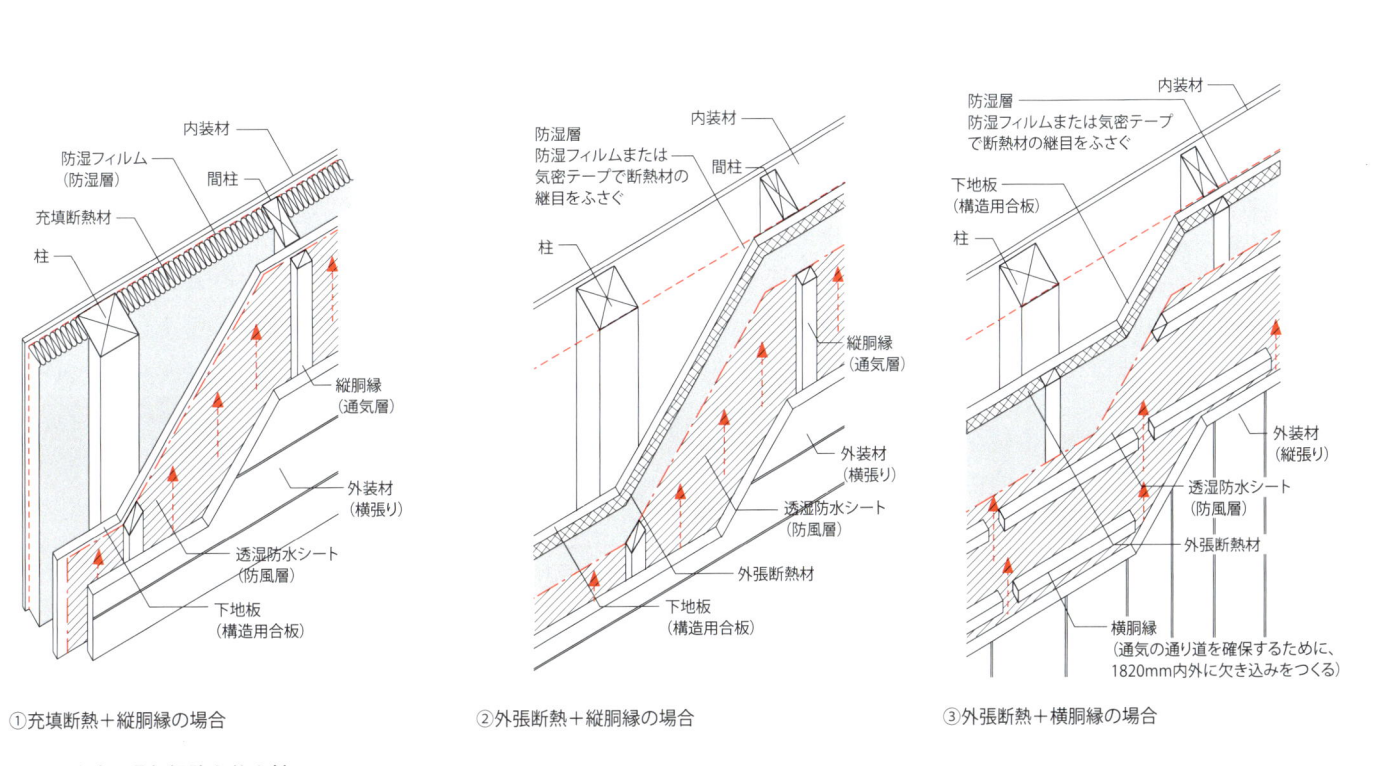

①充填断熱＋縦胴縁の場合

②外張断熱＋縦胴縁の場合

③外張断熱＋横胴縁の場合

図4．外壁の通気経路と仕上材

3．通気層の役割と通気ルートの確保　43

4. 防湿層と気流止めは同時に考える（充填断熱の場合）

☐ 充填断熱の場合は、湿気を絶対に室外に出さないつもりで納まりに配慮する。
☐ 防湿層は気流止めを兼ねられるが、その逆はだめ。防湿層は「面」でつくる。気流止めは「線」でつくる。

1. 壁内に生じる湿気と「防湿層」

「充填断熱」の場合、壁内には室内で発生した水蒸気の浸入を防ぐため、室内部を覆う部分に連続して「防湿層」を施します（図1）。

「防湿層」は、「防湿フィルム」「合板」、防湿シートと断熱材が一体化した「耳付袋状断熱材」などで形成できます。それぞれ施工に留意点があります。フィルムや合板のつなぎ目、端部などから湿気が壁内に入り込まないようにするために、二次部材や気密テープで要所を留め、連続した「防湿層」をつくることが肝心です。

発泡スチロール系断熱材を使用する場合は、断熱材自身が防湿層の役割を兼ねることができますが、断熱材の継目は気密テープなどでふさぐ必要があります。

2. 壁内に生じる空気の流れと「気流止め」

軸組工法の住宅の場合、外壁や間仕切壁と小屋裏、床下の間に隙間が生じ、そこに空気の流れが発生して、床下の冷たい空気が壁内に入ったり、室内の暖まった空気が壁を通して小屋裏に逃げてしまいます。そこで、壁と小屋裏、床下の間に「気流止め」を施工することが重要です（図2）。

〈「気流止め」の施工方法〉
①「防湿フィルム」と押え材で留める、②桟木（乾燥木材）で留める、③床下地合板や内装下地合板などの面材で留める、④専用部材を使用する、などの方法があります（図3）。

3. 防湿層と気流止めの納まり

基本的な納まりを図3〜5に示します。

> **ポイント**
> 気流止めを施工しないと、たとえ高断熱を施しても、冷たい空気が床下から入ってきたり、暖かい空気が小屋裏に逃げてしまい、断熱効果が下がってしまいます。

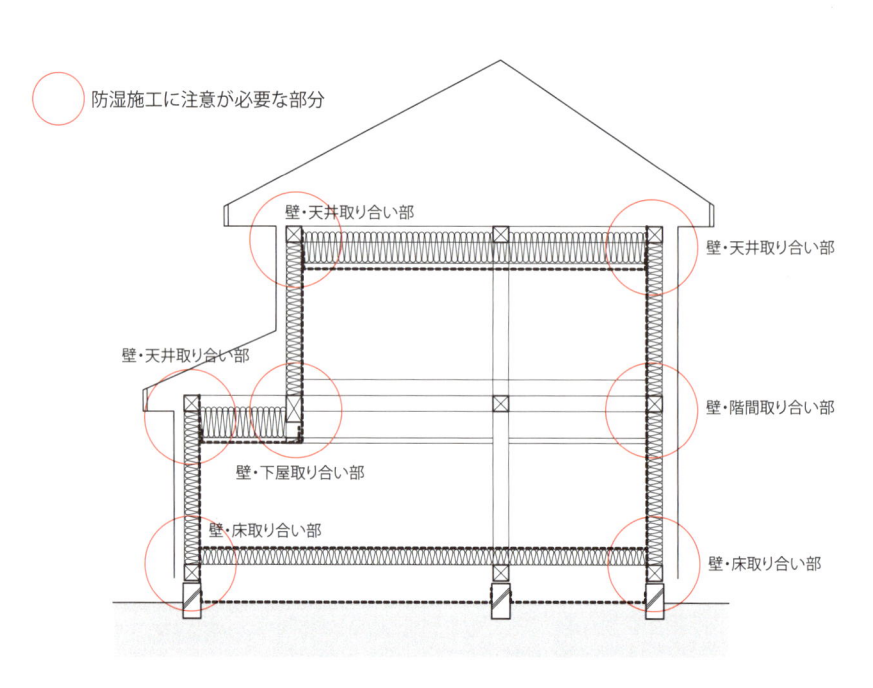

図1．「防湿層」を連続して施す範囲：床（充填断熱）＋外壁（充填断熱）＋屋根（天井断熱）

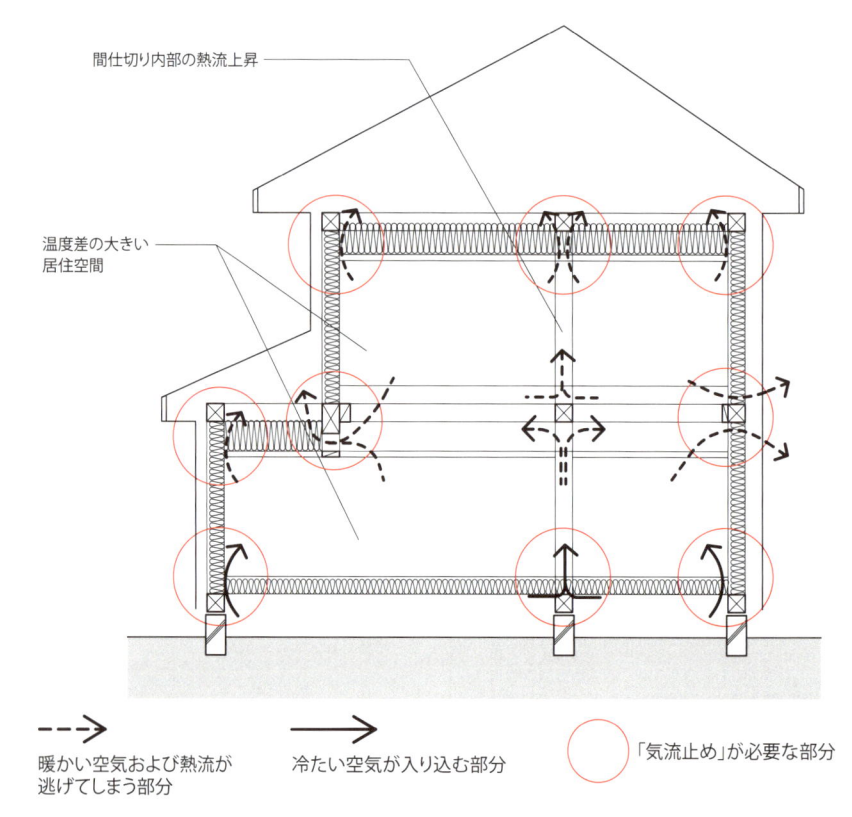

図2．気流止めを措置する部分：床（充填断熱）＋外壁（充填断熱）＋屋根（天井断熱）

図3. 防湿層端部の基本的な処理（シート状防湿層）

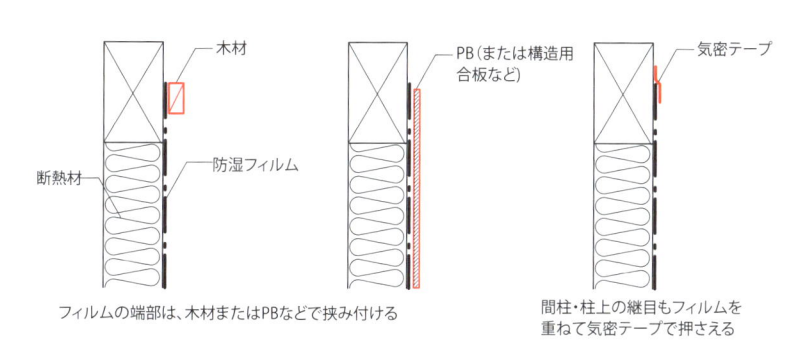

写真1 防湿フィルムの施工例

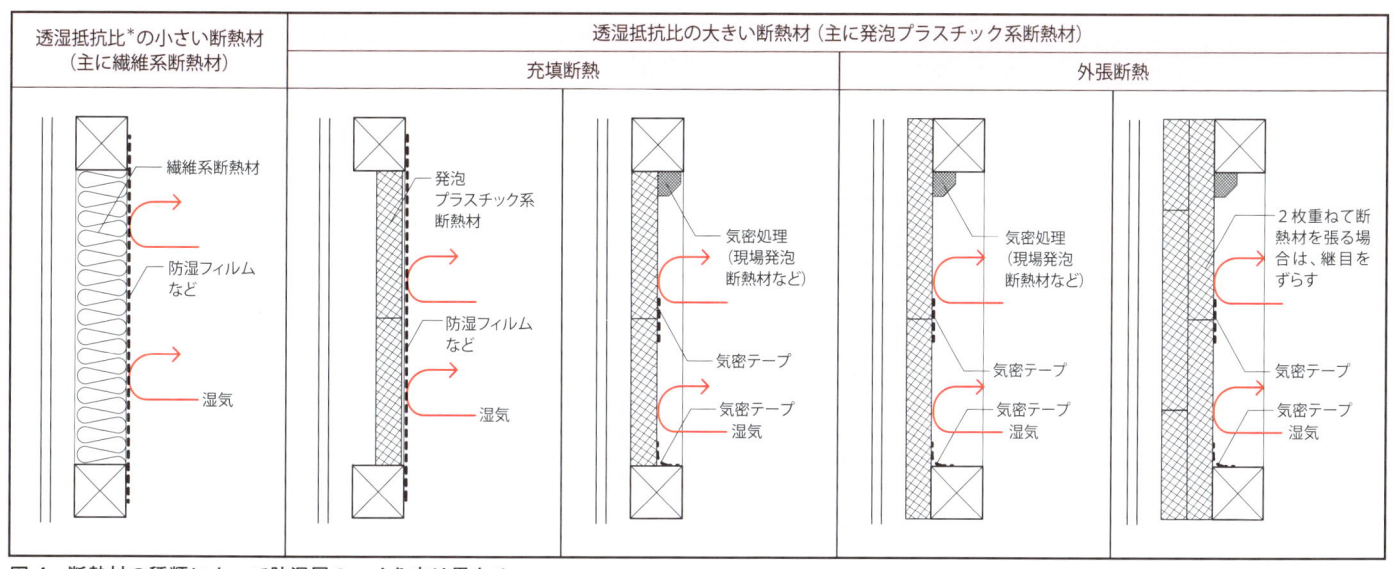

図4. 断熱材の種類によって防湿層のつくり方は異なる
透湿抵抗比の小さい断熱材を使用する場合は、必ず防湿層を施工する。透湿抵抗比の大きい断熱材は、防湿フィルムで覆う手法のほかにも選択肢がある（右の3例）。
＊透湿抵抗比：値が大きいほど室内側は湿気を通しにくく、室外側は湿気を放出しやすい。

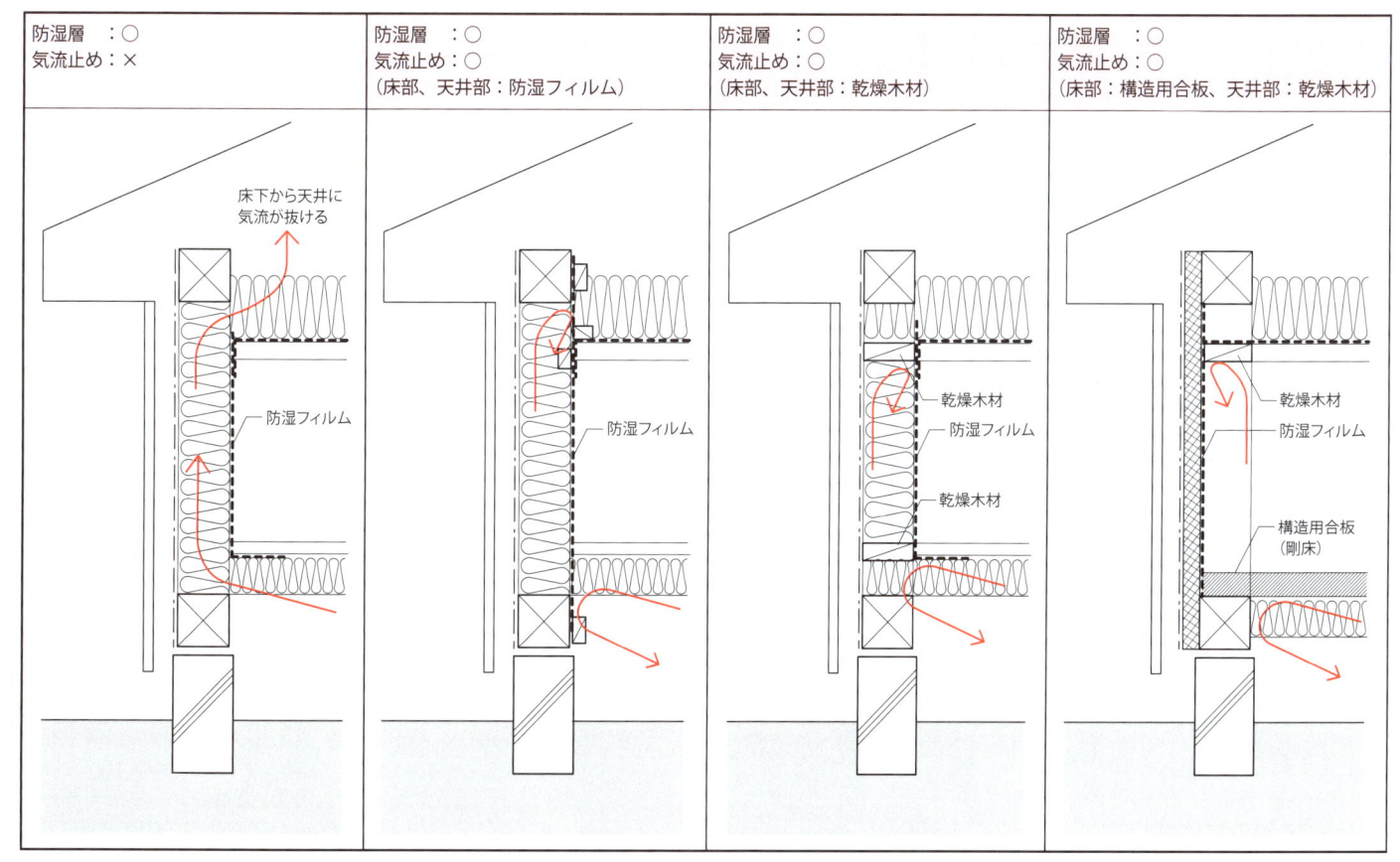

図5.「防湿層」と「気流止め」の関係

4. 防湿層と気流止めは同時に考える（充填断熱の場合）　45

5. 屋根の構成

□ 屋根の役割は、雨や日射といった外部の自然状況から家を守る役割、もう一つは、内外の温度、湿度調節を担う緩衝空間としての役割。
□ 天井断熱と屋根断熱はデザインで使い分ける。

1. 小屋裏の断熱と排気

〈断熱材の位置と屋根の構成〉

小屋裏の断熱材の位置は、大きく分けて、天井のすぐ上に断熱材を敷く「天井断熱」と、屋根材の下に断熱材を敷く「屋根断熱」の二つがあります。

フラットな天井の場合、一般的には「天井断熱」を施工します（図1）。

内部空間を広くとりたい場合、勾配天井や垂木、登り梁などを意匠的に表現したい場合は、「屋根断熱」を選択します（図2）。

「天井断熱」の場合は、「繊維系断熱材」を使用するのが一般的です。天井のすぐ上に施工するため、天井の吊木、照明器具、電気配線などを避けて断熱材を施工しますが、欠損部分がないよう、十分配慮します。

「屋根断熱」の場合は、「繊維系断熱材」、「プラスチック系断熱材」の双方を使用しますが、断熱材の種類によって必要な厚みが大きく異なるので、天井高さとの調整、屋根の見付幅の調整など意匠的な部分との関係に考慮して計画します。

〈小屋裏換気〉

天井断熱の場合は、棟換気口、小屋裏換気口を設け、小屋裏の空気を外部へ排出できるようにします。屋根断熱の場合は、断熱材の上に通気層（30mm以上）を確保し、棟換気口を設けることで、室内で発生した湿気を放出し、かつ、外部から室内への放熱を抑制することができます。この際、通気を妨げないように、通気垂木の配置は縦方向に納めるように屋根材の葺き方に工夫が求められます。

登り梁を架ける場合は、登り梁を室内にあらわすかあらわさないかによって断熱材の位置が変わりますが、通気層は断熱材の上に確保します。

いずれの場合も、外壁の通気層と連続した通気ルートを確保することで、通気の効果が上がります。

参考文献：
『自立循環型住宅への設計ガイドライン』
建築環境・省エネルギー機構

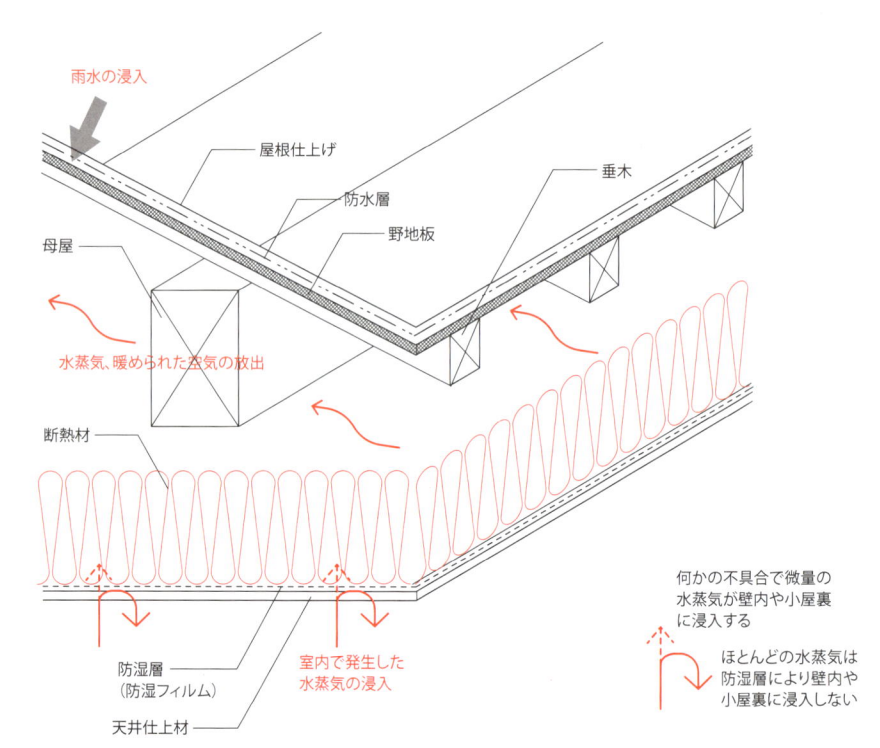

図1. 天井断熱の場合

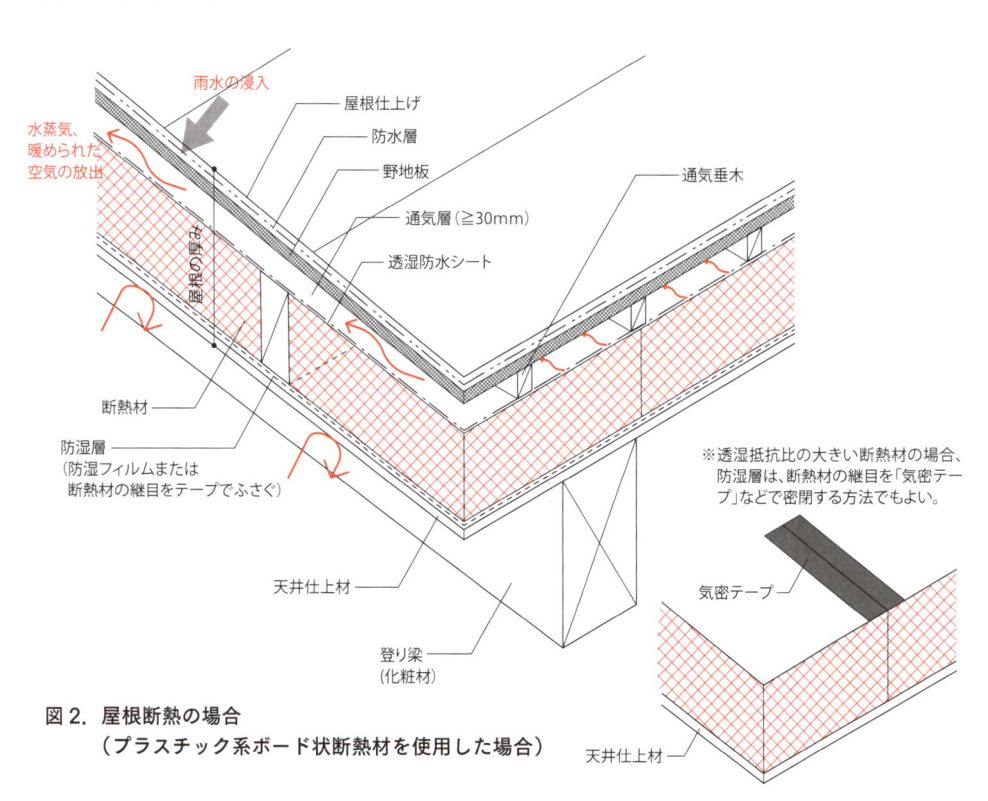

図2. 屋根断熱の場合
（プラスチック系ボード状断熱材を使用した場合）

> **ポイント**
> 屋根断熱の場合、埋め込み式ダウンライトは断熱欠損や、防水層が万が一切れた場合の雨水の浸入などが懸念されるため、なるべく避けて照明計画をしましょう。

2. 小屋組と断熱材の組み合わせ

最上階に天井を張り、その上に断熱材を敷き込む「天井断熱」と、勾配天井で登り梁や垂木間に断熱材を挟む「屋根断熱」では、断熱材の選び方が異なります。天井断熱の場合は、小屋裏に余裕があるので、断熱材を厚く敷くことができます（図3）。一方、屋根断熱で、意匠上屋根を薄くしたい場合は、薄く納まる断熱材を選択します。その場合でも、屋根は直接日射を受ける面なので、むやみに断熱材を薄くすることは避けたほうがよいでしょう。

屋根全体の熱抵抗の計算方法は、省エネルギー関連の資料を参照してください。

①天井断熱の場合（繊維系断熱材敷込み）	②天井断熱の場合（ファイバー系断熱材吹込み）
断熱材：高性能グラスウール 16K （t=180mm、熱伝導率 λ =0.038） 断熱材の熱抵抗値 R=d（厚み*）÷ λ（熱伝導）=0.18 ÷ 0.038=4.74 (m²・K／W)	断熱材：吹込み用セルロースファイバー （t=170mm、熱伝導率 λ =0.037） 断熱材の熱抵抗値 R=d（厚み*）÷ λ（熱伝導率）=0.17 ÷ 0.037=4.59 (m²・K／W)
③屋根断熱の場合（繊維系断熱材敷込み）	④屋根断熱の場合（ボード状断熱材敷込み）
断熱材：高性能グラスウールボード 16K （t=180mm、熱伝導率 λ =0.038） 断熱材の熱抵抗値 R=d（厚み*）÷ λ（熱伝導率）=0.18 ÷ 0.038=4.74 (m²・K／W)	断熱材：A種フェノールフォーム保温板 1種2号 （t=90mm、熱伝導率 λ =0.019） 断熱材の熱抵抗値 R=d（厚み*）÷ λ（熱伝導率）=0.09 ÷ 0.019=4.74 (m²・K／W)

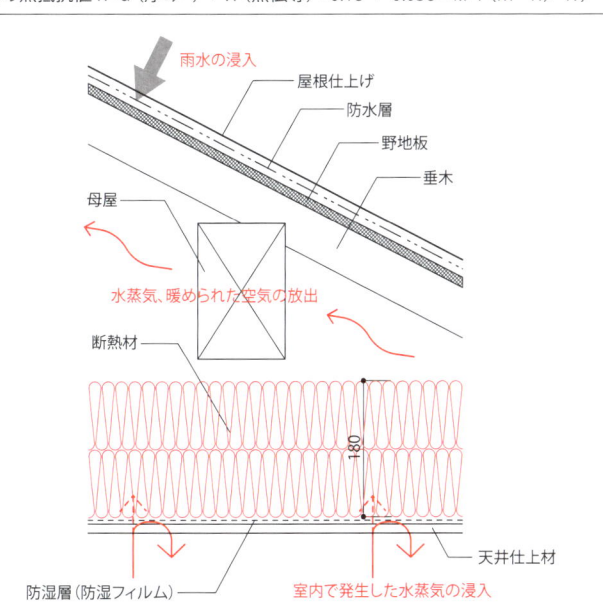

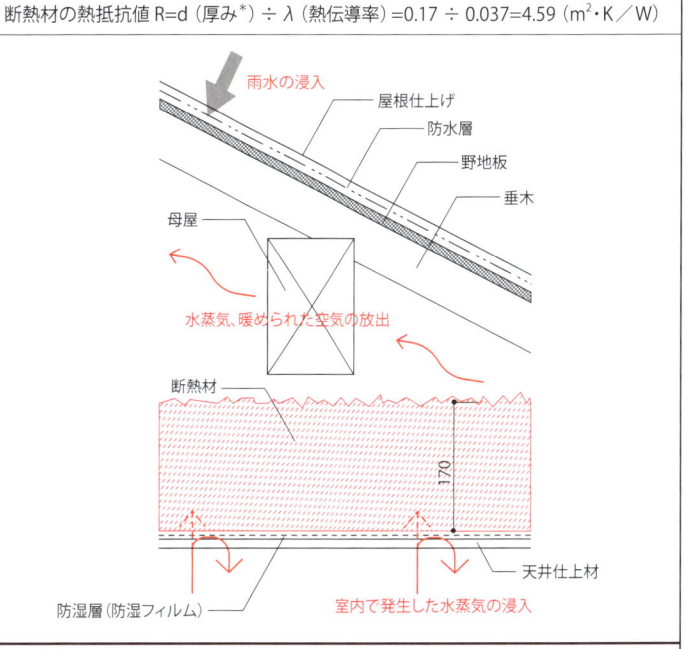

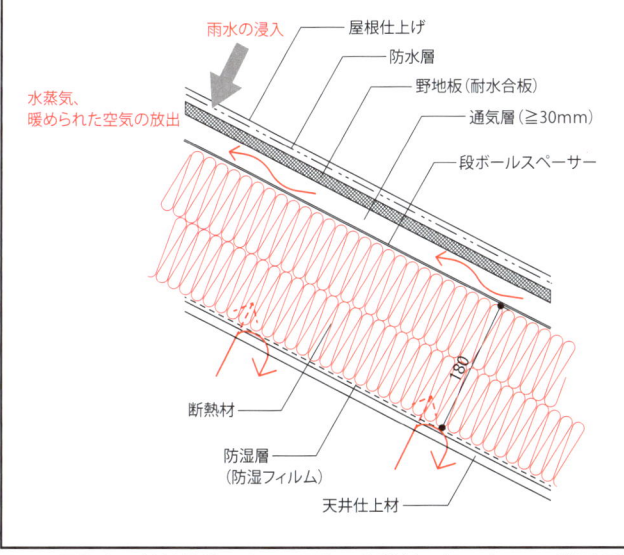

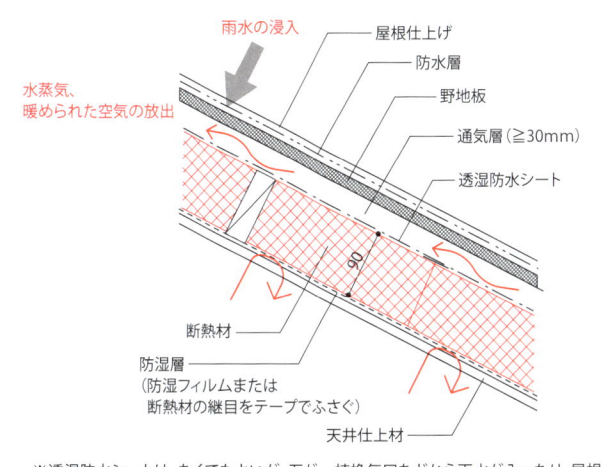

図3．同程度の熱抵抗値となる小屋組と断熱材の組み合わせ（構法別）
（屋根の熱貫流率が少し低くなる場合は、開口部、外壁、床下の熱抵抗値を上げて住宅全体から逃げる熱を抑えてください。）
＊断熱材の厚みの単位は、メートル（m）で計算します。

ポイント

屋根の構成の基本的な考え方

①小屋裏は空気の温度差を利用した自然換気が誘導できる空間です。小屋裏換気または屋根下通気は、木材の乾燥、夏期の熱気の排出などの点から必ず設けましょう。

②室内からの湿気ができるだけ入らないように、天井裏に防湿層（ポリエチレンシートなど）を設けます。

③最上階の間仕切壁上部には、気流止めを設け、室内の暖められた空気が小屋裏へ抜けるのを防ぎます（45頁参照）。

6. 外壁の構成

□ 壁の厚みは、構法や仕上げの種類で変わる。
□ 室内側と室外側では、壁をつくる部材の構成、各部材の担うべき役割が異なることを理解する。

1. 断熱材の位置と外壁の厚み

外壁の断熱は、断熱材を入れる位置により「充填断熱」と「外張断熱」があります。「充填断熱」は壁内に断熱材を充填する方法で、「外張断熱」は外部側の野地板の外に断熱材を張る方法です。住宅全体の計画に応じ、また使用できる断熱材の種類や施工部位への適正を考慮して、全体の断熱計画をします。
省エネルギー関連の法規や基準に従って、建設地の地域に適した断熱材の種類と厚みを決めます。

ポイント

外壁の厚み

「外壁」の厚さは、「断熱材」の位置と厚さ、仕上材と下地の組み方で決まります。また、充填断熱か外張断熱かにより、壁厚は大きく異なってきます（図1、2）。それに伴い、サッシや枠まわり等の納まりも断熱や気密の仕方により決定します。

断熱材の種類と厚み

「断熱材」の種類は、グラスウール、セルロースファイバーなどの「繊維系」と発泡プラスチックなどの「ボード系」に分かれます。「充填断熱」の場合は、間柱や筋かい、配線などに追従しやすい「繊維系」の断熱材が使用されやすく、「外張断熱」の場合は、ボード系の断熱材が使用されるのが一般的です。
原材料もさまざまで、自然素材や石油系、また近年ではリサイクル材料からつくられるものもあります。住宅全体の計画にふさわしい断熱材を選択することが求められます。

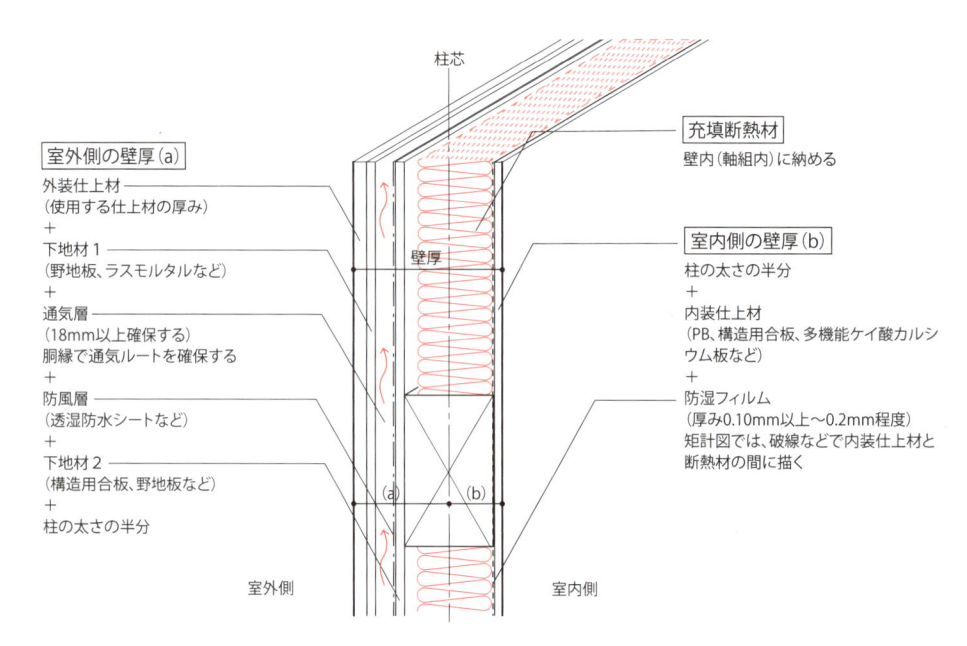

・壁の厚み＝通り芯から外壁側の厚み（a）＋通り芯から内壁側の厚み（b）
・通り芯から外壁側の厚み（a）＝外装仕上材の厚み＋下地材1の厚み＋通気層（18mm以上）＋ 0.1~0.5mm（透湿防水シート）＋下地材2（構造用合板など）＋柱の太さの半分
・通り芯から内壁側の厚み（b）＝柱の太さの半分＋ 0.1~0.2mm（防湿フィルム）＋内装材の厚み＋ 0.1 ～ 5mm程度（ペンキ、クロス、漆喰など）

図1．壁厚の決定（充填断熱の場合）

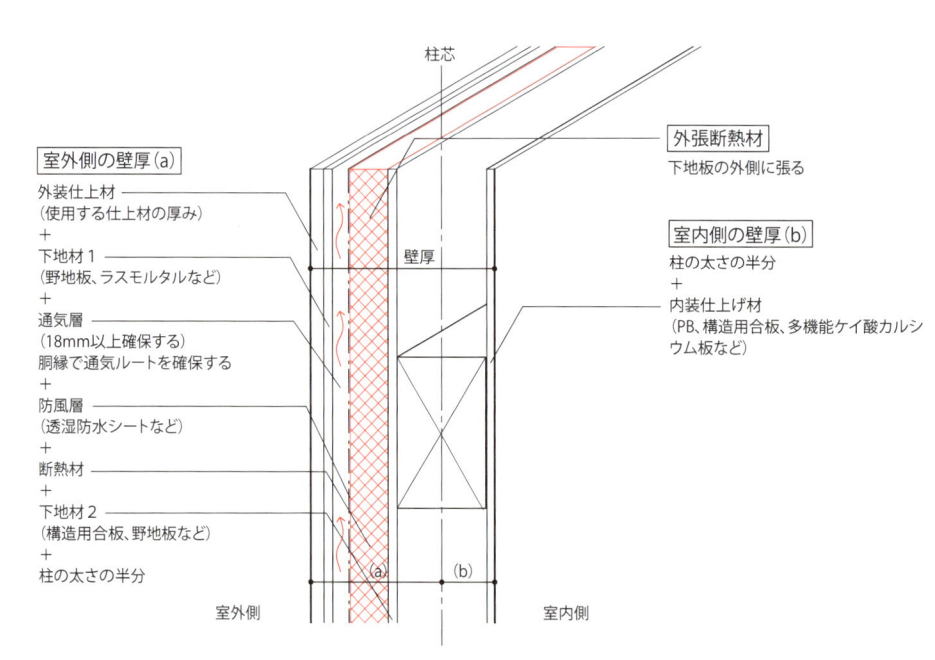

・壁の厚み＝通り芯から外壁側の厚み（a）＋通り芯から内壁側の厚み（b）
・通り芯から外壁側の厚み（a）＝外装仕上材の厚み＋下地材1の厚み＋通気層（18mm以上）＋ 0.1~0.5mm（透湿防水シート）＋断熱材の厚み＋下地材2（構造用合板など）＋柱の太さの半分
・通り芯から内壁側の厚み（b）＝柱の太さの半分＋内装材の厚み＋ 0.1 ～ 5mm程度（ペンキ、クロス、漆喰など）

図2．壁厚の決定（外張断熱の場合）

2. 構法別に適した外壁を構成する

壁のつくり方には、柱や梁といった構造材を仕上材で覆う「大壁」と、柱や梁を室内に見せる「真壁」があり、構法別に断熱材の組み合わせ例を図示しました。図3の①〜④はほぼ同等の熱抵抗値（R=㎡・K／W）になるような熱伝導率（λ=W／m・K）の断熱材を組み合わせてあります。ここで示したのは断熱材の熱抵抗だけで、実際の外壁全体の熱抵抗値は使用する内装材や外装材などの熱抵抗値をあわせたものになります（計算方法は、省エネルギー関連の資料を参照してください）。

一般に、薄く納まる断熱材ほどコストが割高です。デザインと構法、コストを総合的に考えて、断熱材の種類と施工する位置を判断してください。

①大壁＋充填断熱（繊維系断熱材）の場合

断熱材：グラスウール16K
（t=100mm、熱伝導率 λ=0.045）
断熱材の熱抵抗値 R= d（厚み*）÷λ（熱伝導率）= 0.1÷0.045 = 2.22（m²・K／W）

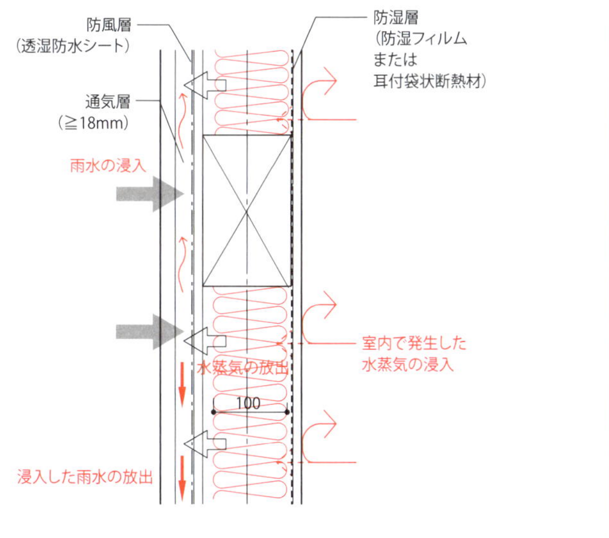

②真壁＋充填断熱（繊維系断熱材）の場合

断熱材：グラスウール32K
（t=75mm、熱伝導率 λ=0.036）
断熱材の熱抵抗値 R= d（厚み*）÷λ（熱伝導率）= 0.075÷0.036 = 2.08（m²・K／W）

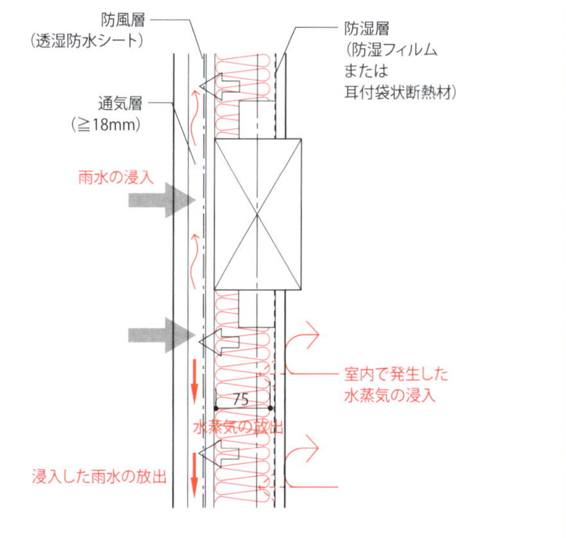

③大壁＋外張断熱（ボード状断熱材）の場合

断熱材：A種フェノールフォーム保温板1種2号
（t=45mm、熱伝導率 λ=0.020）
断熱材の熱抵抗値 R= d（厚み*）÷λ（熱伝導率）= 0.045÷0.020 = 2.25（m²・K／W）

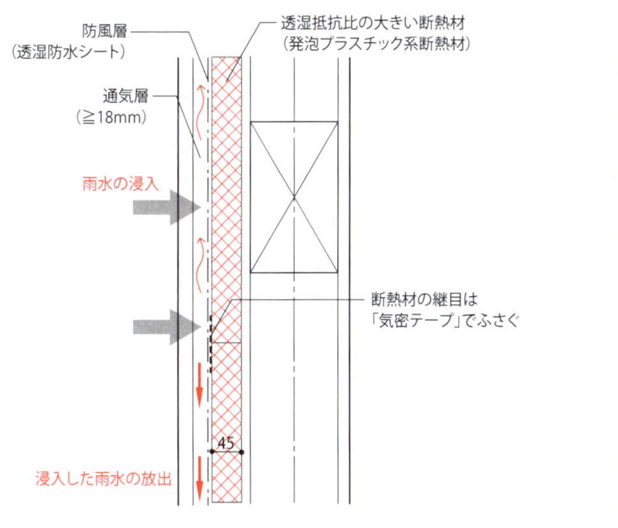

④真壁＋外張断熱（ボード状断熱材）の場合

断熱材：A種押出法ポリスチレンフォーム保温板3種
（t=60mm、熱伝導率 λ=0.028）
断熱材の熱抵抗値 R= d（厚み*）÷λ（熱伝導率）= 0.060÷0.028 = 2.14（m²・K／W）

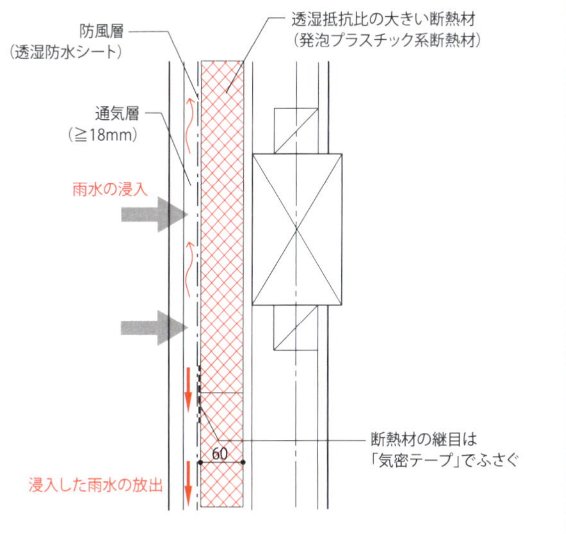

図3．同程度の熱抵抗値となる断熱材の組み合わせ（構法別）
（壁の熱貫流率が少し低くなる場合は、屋根、開口部、床の熱抵抗値を上げて住宅全体から逃げる熱を抑えてください）
＊断熱材の厚みの単位は、メートル（m）で計算します。

ポイント

外壁の担う環境性能の基本的な考え方

①室内側ほど湿気を通りにくくします。
　→対策：防湿フィルム、構造用合板などを張ります。
②室外側は湿気が抜けやすくします。
　→対策：通気層を設けます。また、外部からの雨水の浸入を防ぎ、室内からの湿気を放出する透湿防水シートを張ります。
③透湿抵抗比の小さい断熱材（主に繊維系断熱材）を使用する場合は、「防湿層」を必ずセットで施工します。

7. 床下の構成

□ 床組と基礎まわりは一体的に考える。
□ 基礎天端の高さは、床組の工法と断熱材の位置により決まる。

1. 床下断熱と基礎断熱

床は、住宅の部位のなかで人が直接触れる部位です。特に冬期は足元の冷えを軽減する意味でも断熱材の施工は重要です。

床下からの外気の熱の出入りを抑えるために、床のすぐ下に断熱材を敷き込む「床下断熱」と、基礎の外周部に断熱材を張る「基礎断熱」があります。

①床下断熱
根太間または大引間に断熱材を挟み込む方法です（図1）。断熱材は根太や大引の同等の高さとすると施工性が上がります。床下断熱の場合は、土台と基礎の間もしくは基礎に設けた通気口から自然通気を取り込み、床下の湿気を外に放出します。

根太間、大引間のどこに断熱材を入れるか、根太工法にするか剛床とするか、などによって床から基礎天端までの高さが変わります。また、経年変化により断熱材が垂れないよう注意します。

②基礎断熱
基礎の立ち上がり外周部の外側または内側に断熱材を張り、床下空間は室内と同じ環境とみなす断熱方法です（図2）。床下と室内を同じ空気環境にするために、1階床に通気口を設けて、室内の空気と床下の空気が循環するように計画します。床下に空気だまりができて、カビなどが発生しないように管理します。また、防蟻の点からは、基礎の内側に施工するほうがよいですが、使用する断熱材の選択、施工方法などとともに工務店とよく相談してください。

③床暖房と断熱材
近年は、床暖房を敷設するケースも増えています。床下に断熱材を入れることで、下面への床暖房の放熱ロスを軽減することができます。床暖房パネルの下に断熱材を敷くことを忘れないようにしましょう。

> **ポイント**
>
> **土間床とピロティ**
> 土間床とピロティの床にも断熱材を入れます。特にピロティの床は「外気に接する床」なので、相応の厚みの断熱材を必ず施工する必要があります。

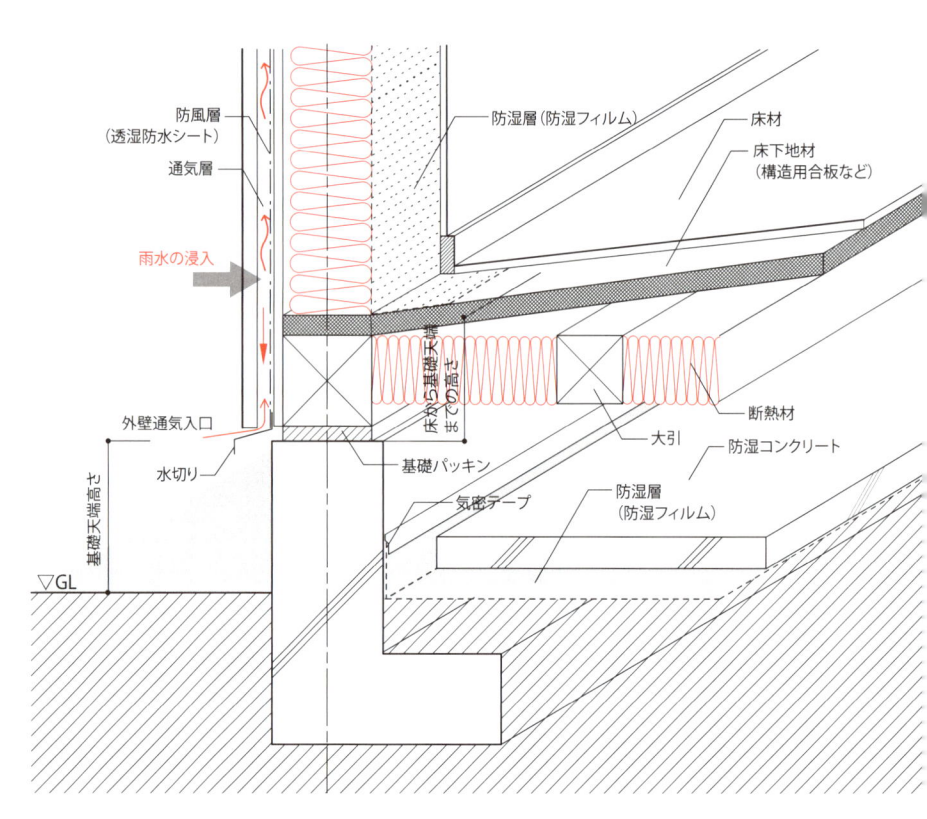

図1. 床下断熱の場合（剛床納まり）

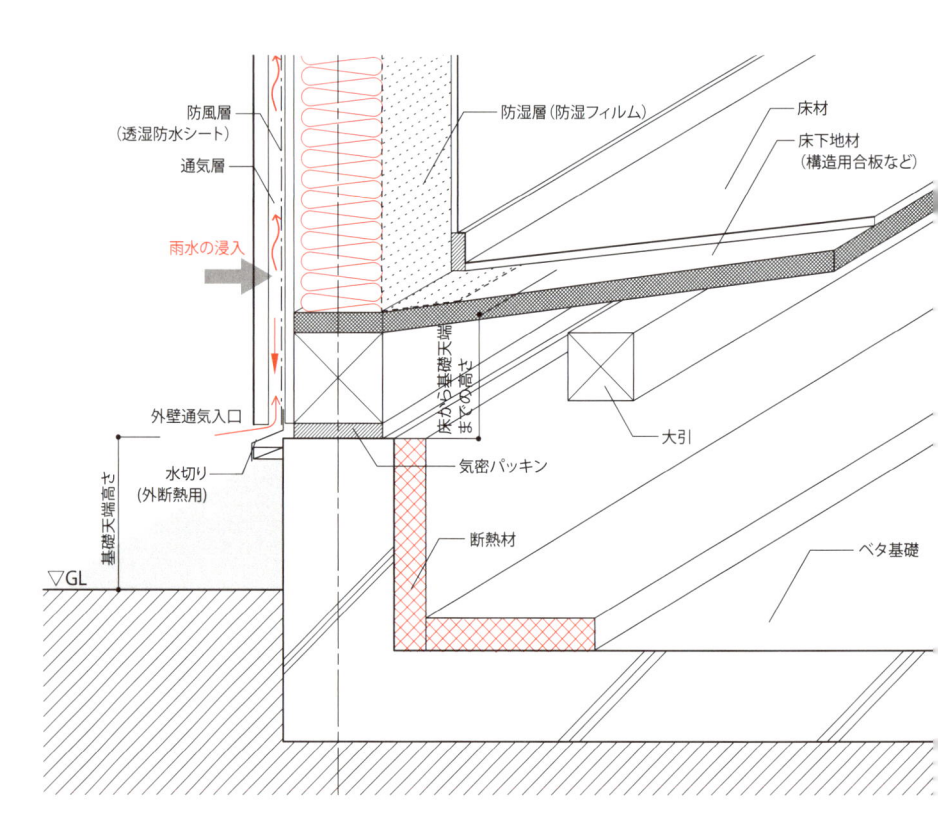

図2. 基礎断熱の場合（剛床納まり）

2. 床と基礎と断熱材の組み合わせで決まる床の構成

床にはさまざまな組み方があります。剛床（根太レス）工法と根太工法、床下断熱と基礎断熱、布基礎とベタ基礎などの組み合わせにより床の組み方が決まります。ここでは、これらの代表的な組み合わせを図3に示します。床下に入れる断熱材の厚みは施工性を考慮して、大引、根太のサイズにおさまるものを選びます。

床全体、基礎の熱抵抗の計算方法は、省エネルギー関連の資料を参照してください。

① 1階床の構成（剛床工法＋布基礎＋床下大引間断熱）

断熱材：グラスウールボード24K
（t=80mm、熱伝導率 λ=0.036）
断熱材の熱抵抗値 R=d（厚み*）÷λ（熱伝導率）＝0.08÷0.036＝2.22（m²·K／W）

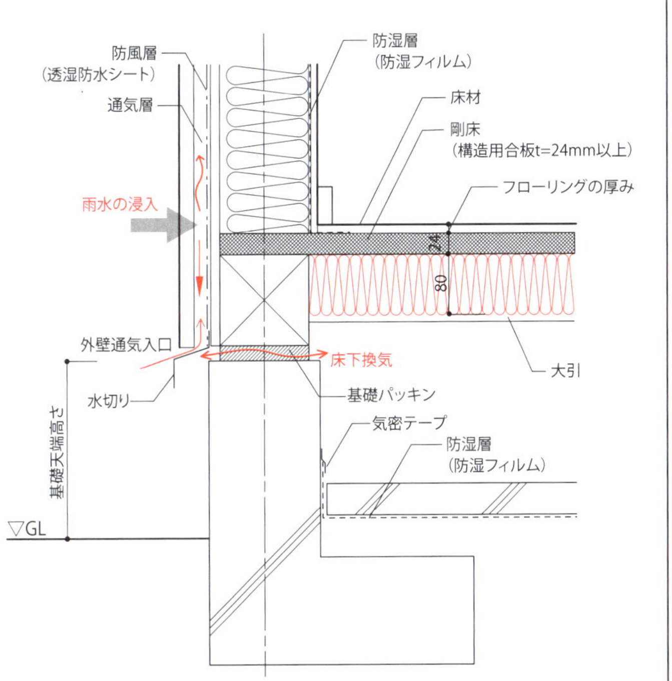

② 1階床の構成（根太工法＋ベタ基礎＋床下根太間断熱）

断熱材：A種フェノールフォーム保温板1種2号
（t=45mm、熱伝導率 λ=0.019）
断熱材の熱抵抗値 R=d（厚み*）÷λ（熱伝導率）＝0.045÷0.019＝2.37（m²·K／W）

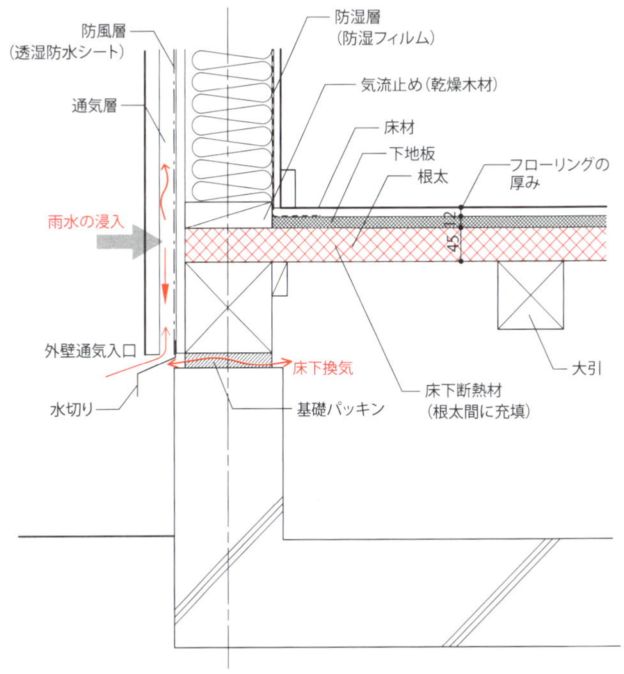

③ 1階床の構成（剛床工法＋ベタ基礎＋内張基礎断熱）

断熱材：A種押出法ポリスチレンフォーム保温板3種
（t=50mm、熱伝導率 λ=0.028）
断熱材の熱抵抗値 R=d（厚み*）÷λ（熱伝導率）＝0.05÷0.028＝1.79（m²·K／W）

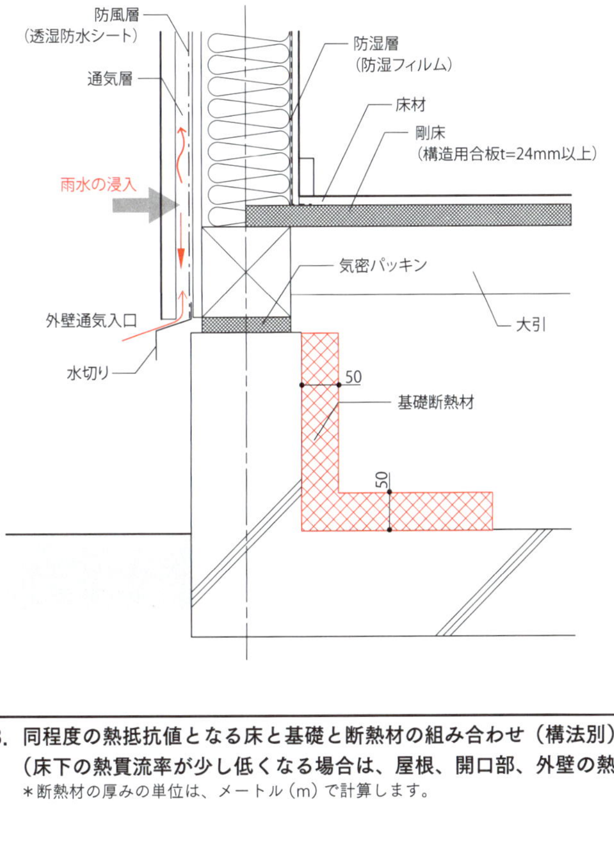

④ 1階床の構成（根太工法＋布基礎＋外張り基礎断熱）

断熱材：A種フェノールフォーム保温板1種2号
（t=40mm、熱伝導率 λ=0.019）
断熱材の熱抵抗値 R=d（厚み*）÷λ（熱伝導率）＝0.040÷0.019＝2.11（m²·K／W）

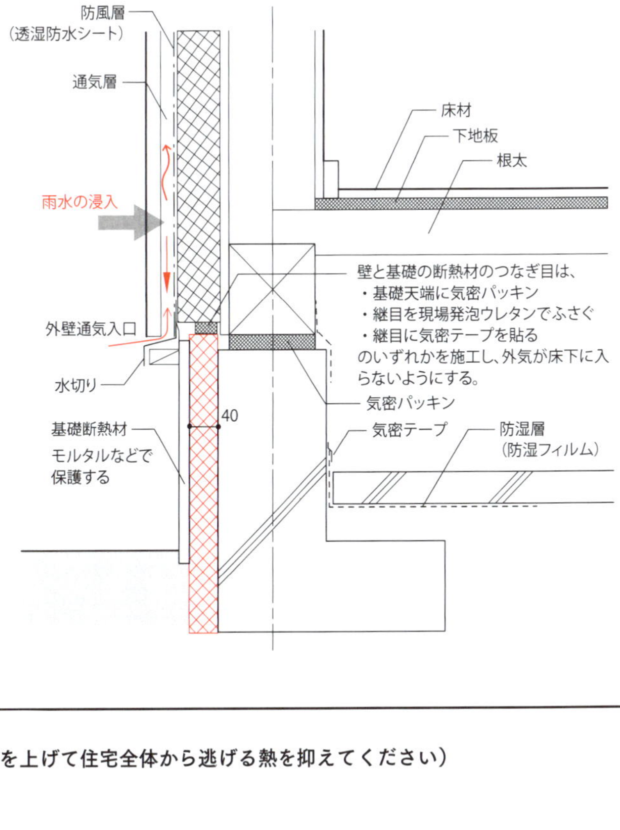

図3．同程度の熱抵抗値となる床と基礎と断熱材の組み合わせ（構法別）
（床下の熱貫流率が少し低くなる場合は、屋根、開口部、外壁の熱抵抗値を上げて住宅全体から逃げる熱を抑えてください）
＊断熱材の厚みの単位は、メートル（m）で計算します。

Column ❷ 矩計図の使い方 その2
環境性能の計画、プレゼンテーションに使う

住宅の環境性能の計画についても、矩計図は役立ちます。矩計図では、断面図では表現しきれない細かい仕様を示したり、壁内や小屋裏、床下などの見えない部分の性能を示すことができます。断熱材の選択や防湿層、気密層、通気層など壁のなかの見えない部分の計画や、通風や昼光、日射熱の取得など自然エネルギーをできるだけ取り込めるような計画についても矩計図で検討します。

住宅の風通しや日当たりなどは、平面図で考えるだけでなく、空気の流れや日射の角度などを断面図や矩計図を使って具体的に確認することが重要です。熱い空気は上昇するので自然な通風・換気を促すように窓の配置を計画したり、夏の日射を室内に入れないような庇の長さを検討する図面として、矩計図を活用することができます。また、風の流れや日差しのラインなどを描き加えれば、住宅全体の環境性能のイメージを施主に説明するプレゼンテーションの資料にもなります。

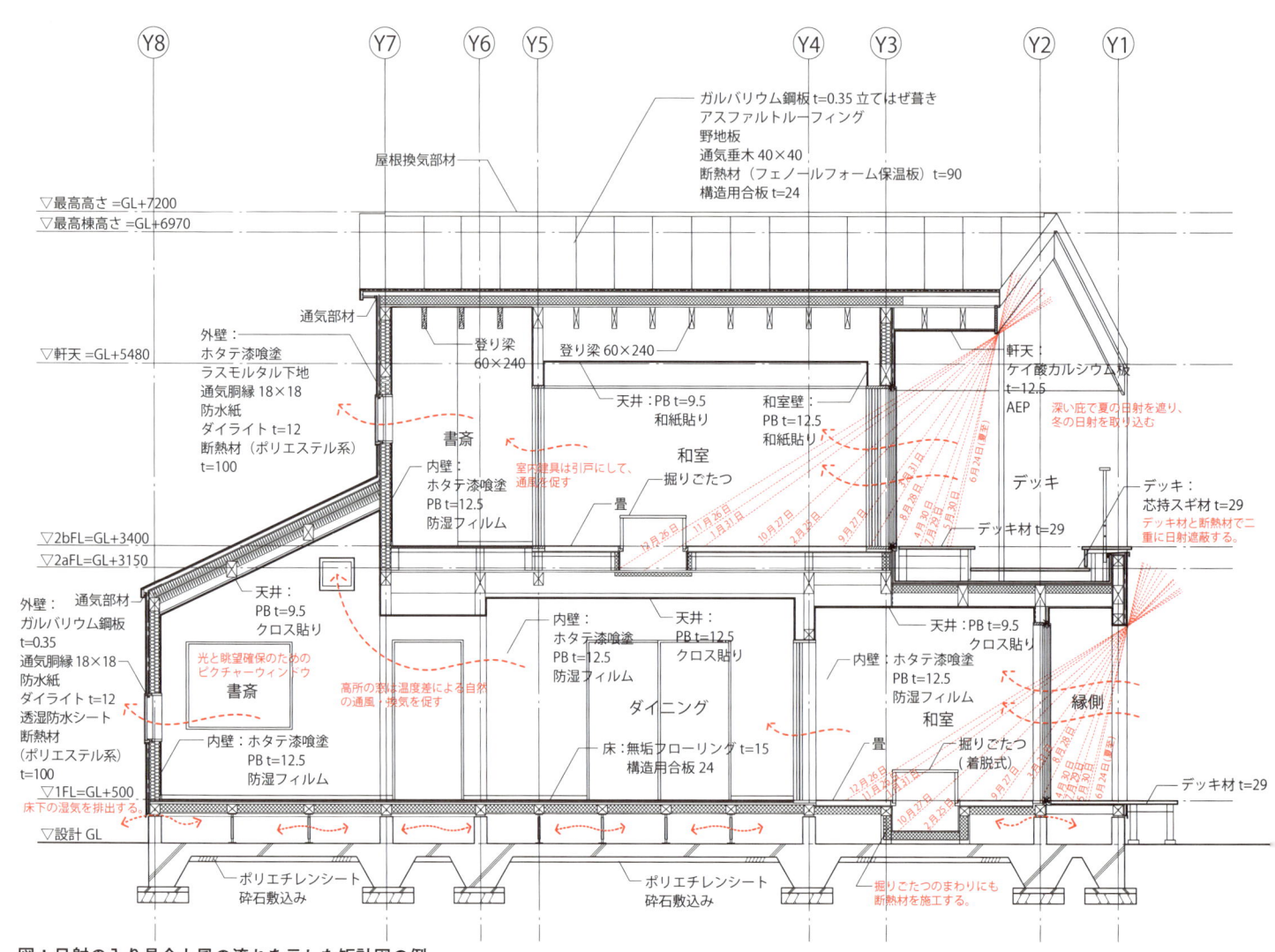

図：日射の入り具合と風の流れを示した矩計図の例

写真1．2階デッキにかかる深い軒
大開口部にかかる深い庇が日射をコントロールする

写真2．書斎
光と眺望を得るピクチャーウィンドウと通風を促す縦すべり窓

3章
矩計図のパターンをつかむ

矩計図は、部分から全体まで住宅全体の断面を見渡す総合的な図面です。また、上下に重なる室の架構、素材や部材寸法などの「つくるための情報」をあわせて示すため、情報量の多い図面となります。そこには設計者、施工者が共有すべき情報が適切に描かれていることが重要です。どこを描き、どのように描けばよいのか、本章では複雑に見える矩計図を解体して項目別に解説しました。伝えるべき情報と描き方のルールを学んで、空間の仕組みを考える矩計図を描けるようになりましょう。

矩計図のダイヤグラムを読む

□ 矩計図は、標準的な納まり部分、断面構成の複雑な部分を描くのがよい。ダイヤグラムを理解すればどこを描くべきか判断できる。
□ 矩計図の断面構成をダイヤグラムで考えれば、注意して描くべき部分もわかる。

1. 矩計図をダイヤグラムで考える

矩計図には、住宅全体を横断した断面を描く場合と、開口部や水まわりを含む特徴的な断面を取り上げて描く場合がありますが、矩計図は、1：20、1：30などの縮尺で、住宅全体の断面を描くのが望ましいです。その理由は、住宅全体の矩計図には、全体の断面構成、高さ調整、仕上材などの選択、配管・配線ルートの確認など、住宅全体に通じて計画するべき点がすべて含まれているからです。

しかし、仕上材の納まりや部材の寸法などの多種多様の情報や施工方法を理解し、住宅全体の矩計図を総合的にまとめて仕上げるのは、実務初心者にとって至難の業です。

一方、特徴的な断面だけを描いた矩計図は「棒矩計図」（略して「棒矩（ぼうかな）」）といわれます。本書の目標の一つは、住宅全体の矩計図を描けるようになることですが、本章ではまず初めに、矩計図を2つの棒矩計図に分解することで矩計図の仕組みを理解するところからスタートします。

まず、図1の左図のように、矩計図をシンプルなダイヤグラムとして考えてみます。この矩計図のダイヤグラムをよく見てみると、図1の右図に示すように、「開口部に面した外壁側」と「水まわりに面した外壁側」と、「その間をつなぐ部分」、というように大まかに分割できることがわかります。つまり、矩計図は2つの棒矩計図の組み合わせとみることができ、一見複雑に見える構成も整理されます。設計している住宅の断面全体を一度にとらえようとするのではなく、ここに示すように一度分解して考えてみると、描くべき部分、描くべき情報が整理されます。

矩計図の仕組みを理解してしまえば、住宅全体の矩計図を難なく描けるようになる日ももうすぐです。

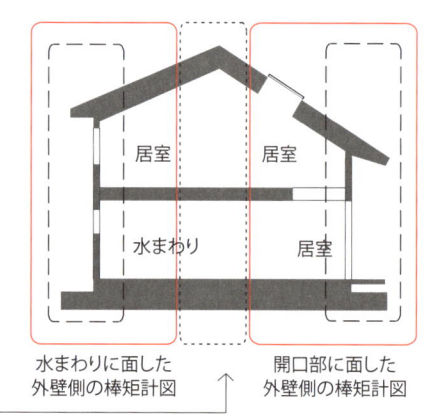

図1. 矩計図と棒矩計図の関係

2. 矩計図ダイヤグラムの見方、使い方

次に棒矩計図の構成を考えてみます。棒矩においても上下の室の配置、外部空間とのつながり、水まわり（浴室・洗面など）の位置など、垂直方向、水平方向の各室の関係やつながりに応じて、さまざまな断面の構成がつくられますが、本書では、「上下階ともに一般居室」の断面構成の事例を「基本構成A」とし、その構成に水まわ

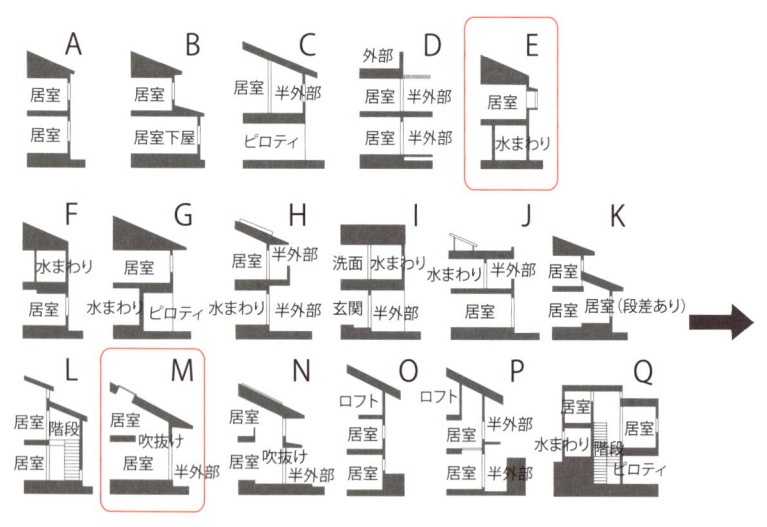

図2. Aを基本とする17の断面構成のダイヤグラム
（具体的な事例は58〜79ページを参照）

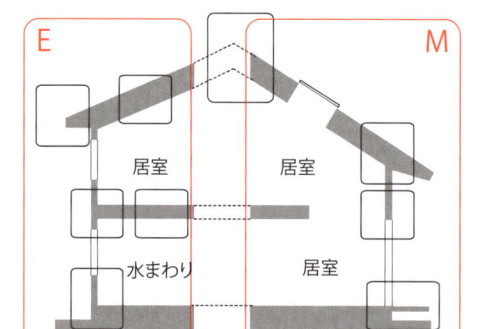

図3. ダイヤグラムの組み合わせ

17の断面構成から参照した矩計図と、6章の部分詳細を参照して組み合わせ、住宅全体の矩計図が完成します。

り、吹抜け、半外部空間などの住宅に不可欠な用途や住空間を豊かにする要素を組み合わせて、断面構成のダイヤグラムをAからQの17の事例に整理しています（図2）。これらのダイヤグラムの具体的な矩計図は58〜79ページに掲載しています。また、これらのAからQの棒矩計を、図3のように組み合わせると、住宅全体の矩計図を考えることができます。

3.「基本構成A」の仕様別のバリエーション

次に、「断面図」と「矩計図」の表現の差について考えてみましょう。一般的に、1：100程度の縮尺の断面図では仕上げや構法などの違いはほとんど表現できませんが、矩計図では、各仕様の部材寸法と具体的な納まりに応じて表現します。

矩計図には、断面構成に合った構法の選択、逆に採用する構法が決まっている場合は、それに適した断面の構成や仕上げを選択して矩計図に反映します。また断熱や気密の仕様などは、意匠性を損なわずに、住宅全体での性能を満たす納まりで矩計図を描く必要があります。

そこで本章では、断面図と矩計図で表現されるべき内容の違いを理解していただくために、まずはじめに水まわりなどを含まない1、2階ともに居室の断面構成である「基本構成A」（図4）において、構法や仕上げの違いによる4つのバリエーションを示します。具体的な図は59〜62ページに示しますが、図5には外壁の部分を抜き出しました。構法や仕上げが異なっても1：100の断面図では同じ図として表現されますが、矩計図では、壁厚や柱梁の見え方、屋根の納まりなど、その違いは明確に表現されることを理解してください。

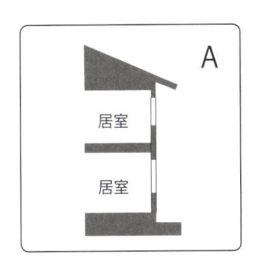

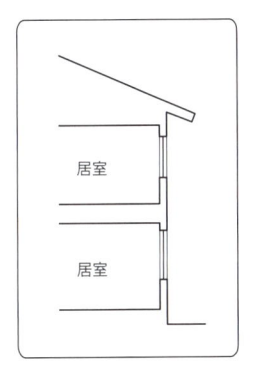

図4.「基本構成A」のダイヤグラムと断面図

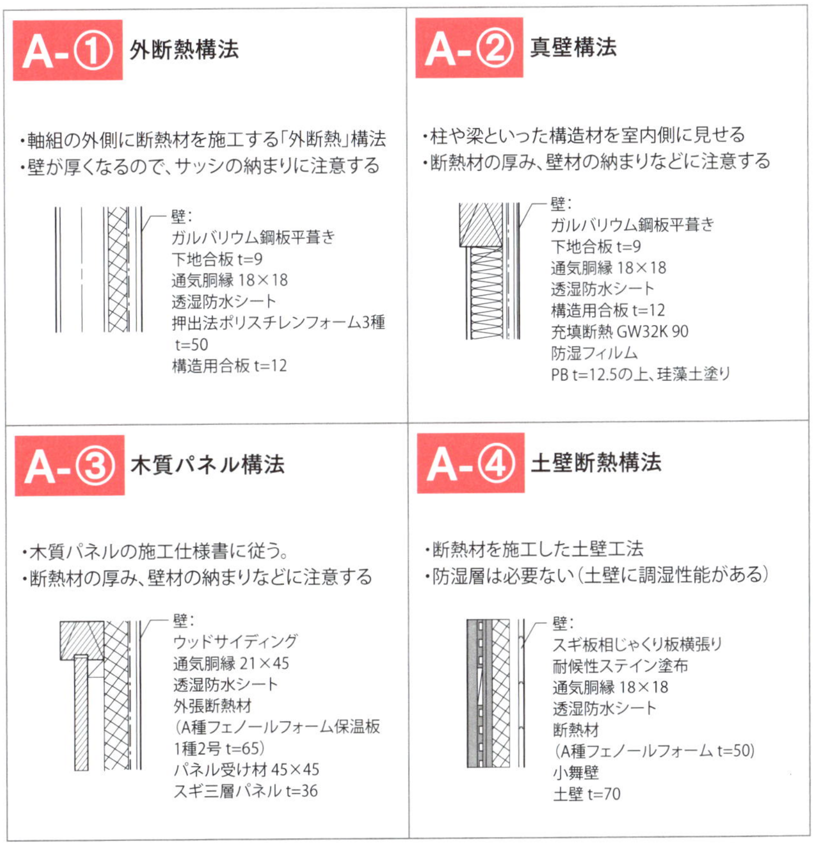

図5. 構法、仕上げなどの仕様の違いによる「基本構成A」のバリエーション（図は壁の部分を比べたもの）

> **ポイント**
>
> 図5には外壁の仕様の違いを示しましたが、屋根、外壁、床、基礎といった外皮を構成する部位の断熱の仕様は、建設地の地域、求められる性能によって決定します。基本的には、住宅全体から室外へ逃げる熱量をできるだけ抑えるような断熱計画が求められます。また、採用する構法、住まい方や空間構成などに応じて、特定の部位に断熱を補強して部分的に断熱性能を補完するなどして、住宅全体の外皮の性能を満たすことも可能です。断面構成と断熱計画は連動して考えることが重要です。断熱材は、材料、性能、コストなどのバランスを考えて、グラスウールやセルロースファイバーなどの繊維系（一般的には透湿抵抗比が小さい断熱材）、ポリスチレンフォームやフェノールフォーム保温板などのボード系（一般的には透湿抵抗比が大きい断熱材）を使用部位別に断熱材の特性に応じて使い分けます。詳細は、2章を参照してください。

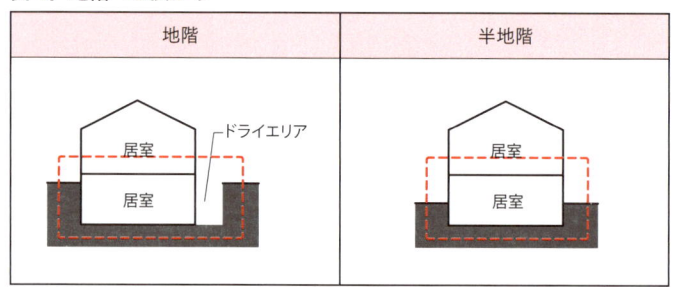

4. 17の断面構成のダイヤグラム

ここでは、図2に示した矩計図の17事例の断面構成のダイヤグラムを整理した考え方を説明します。実際の住宅には、本書で示されている事例以外にもさまざまな構成がつくり出されていますが、本章では、一般的な住宅に必要とされる用途や、断面を考えるうえで特に配慮が必要な部分、住空間を豊かにする空間的な要素を取り上げ、それらを組み合わせて代表的な断面構成を提示しています。室内空間の要素として、「水まわり」（表1）と「吹抜け」（表2）、屋外と関係する要素として、「外部空間」（表3）と「地階」（表4）を取り上げ、それらの有無や他室との関係により断面のバリエーションを導いています。

以下に、これらの要素による空間の変化に対し、矩計図を描く際に配慮する点を説明します。

〈水まわりの位置〉（表1、表5-b）

水まわりの位置は、断面計画では細心の注意が必要になる部分です。防水処理、浴槽の荷重対策、浴室の断熱、排水計画など、配慮すべき点が多くあります。また、水まわりが1階の場合と2階以上にある場合では注意する点も異なります。特に、2階以上に水まわりをつくる場合は、防水処理に細心の注意を払う必要があります。

〈吹抜けによるつながり〉（表2、表5-c）

吹抜けは、上下階をつなぎ、変化に富んだ開放的な空間をつくる手法の一つです。光を階下まで落とすことができたり、温度差を利用した通風・換気ルートをつくることができるといった環境的な利点もあります。一方で吹抜けを組み込んだ計画では、暖冷房の気積が大きくなるため住宅全体での断熱計画、上下階の素材の連続の仕方、光の届く距離を考慮した照明計画など配慮する点も多くなります。

〈外部空間の連続性〉（表3、表5-a、b、c）

縁側や濡れ縁、ベランダなどさまざまな外部空間を設けることは住空間を豊かにする一つの手段です。外周部に室内領域の延長として濡れ縁や縁側などを設けることは、日本の住宅に古くから取り入れられてきました。このような外部空間・半外部空間は、段階的に内外をつなぐ緩衝空間であり、温熱環境のバッファーゾーンとして、省エネルギーの観点からも今後一層重要な住空間の一部となると思われます。このような外部空間を設ける際には、防水、断熱、素材の選択などに注意が必要です。

〈地階への広がり〉（表4、表5-c）

容積率緩和などの法的な緩和措置もあり、地階を計画することは内部空間を最大限確保する手段として、住宅密集地に建つ狭小住宅では有効です。
地階のRC造と地上の木造の断面的な区分をしっかり計画するべきです。また、地階が住宅全体のなかで分断されないような断面を計画し、地階への採光、換気も連動できるような断面構成が求められます。

以上の分類に基づく具体的な矩計図は、58〜79ページに1：30の縮尺で掲載しました（Qのみ1：40）。それぞれ注意すべきポイントとともに、各部仕上げも1：15で載せています。
仕上げや納まりは、なるべく癖のない応用可能なものとなるよう努めましたので、設計の際の参考としてください。
ここに示す矩計図のバリエーションを理解すれば、ここに示されていない断面構成の矩計図を描く際にも、どこを描き、どこに注意して描けばよいのかという設計の実践力が備わってくるはずです。矩計図を楽しく描けるようになればしめたものです。

表1. 水まわりの位置

1階に水まわり（浴室、洗面など）がある	2階に水まわり（浴室、洗面など）がある

表2. 吹抜けによるつながり

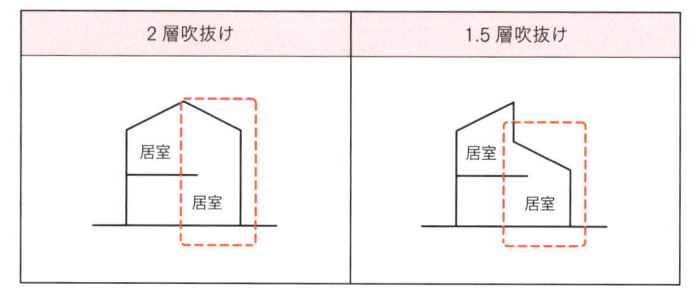

2層吹抜け	1.5層吹抜け

表3. 外部空間の連続性

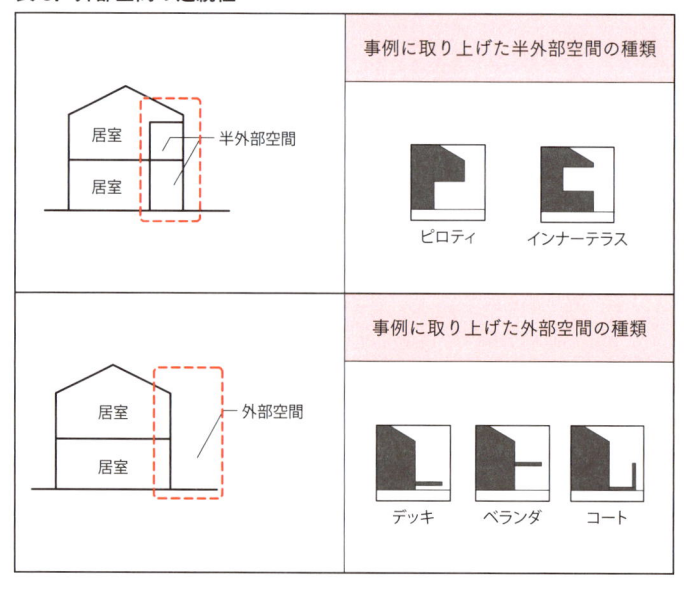

事例に取り上げた半外部空間の種類：ピロティ、インナーテラス

事例に取り上げた外部空間の種類：デッキ、ベランダ、コート

表4. 地階への広がり

地階	半地階

表5. 17の断面構成のグルーピング

表5-a. 水まわり、吹抜けがない断面構成（A〜C：勾配屋根、D：陸屋根）

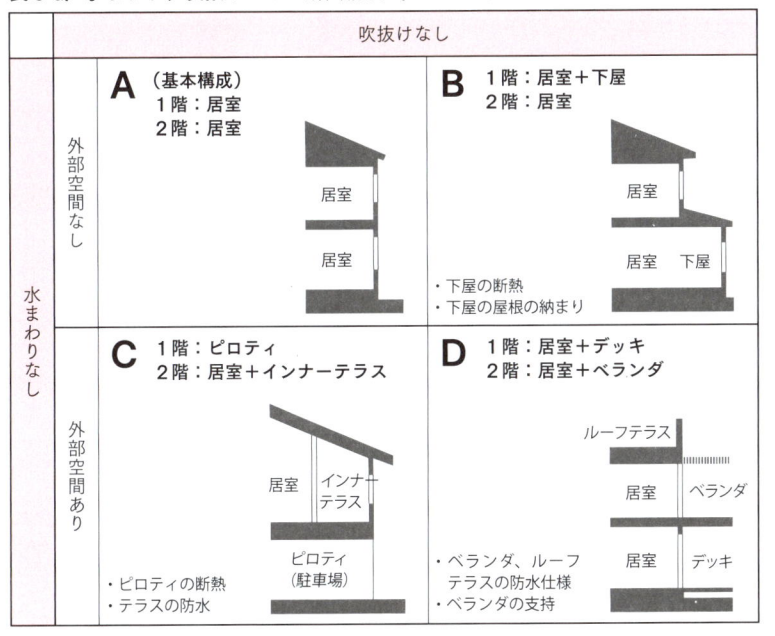

		吹抜けなし	
水まわりなし	外部空間なし	**A**（基本構成） 1階：居室 2階：居室	**B** 1階：居室＋下屋 2階：居室 ・下屋の断熱 ・下屋の屋根の納まり
	外部空間あり	**C** 1階：ピロティ 2階：居室＋インナーテラス ・ピロティの断熱 ・テラスの防水	**D** 1階：居室＋デッキ 2階：居室＋ベランダ ・ベランダ、ルーフテラスの防水仕様 ・ベランダの支持

※イタリック文字は屋外の要素
※17の断面のダイヤグラムをもとにする58〜79ページの事例は、温暖地（6地域、旧Ⅳb地域）に建設される木造住宅を対象に、平成11年度基準の断熱仕様で矩計図を描いています。

表5-b. 水まわりがあり、吹抜けがない断面構成（E〜I：勾配屋根、J：陸屋根）

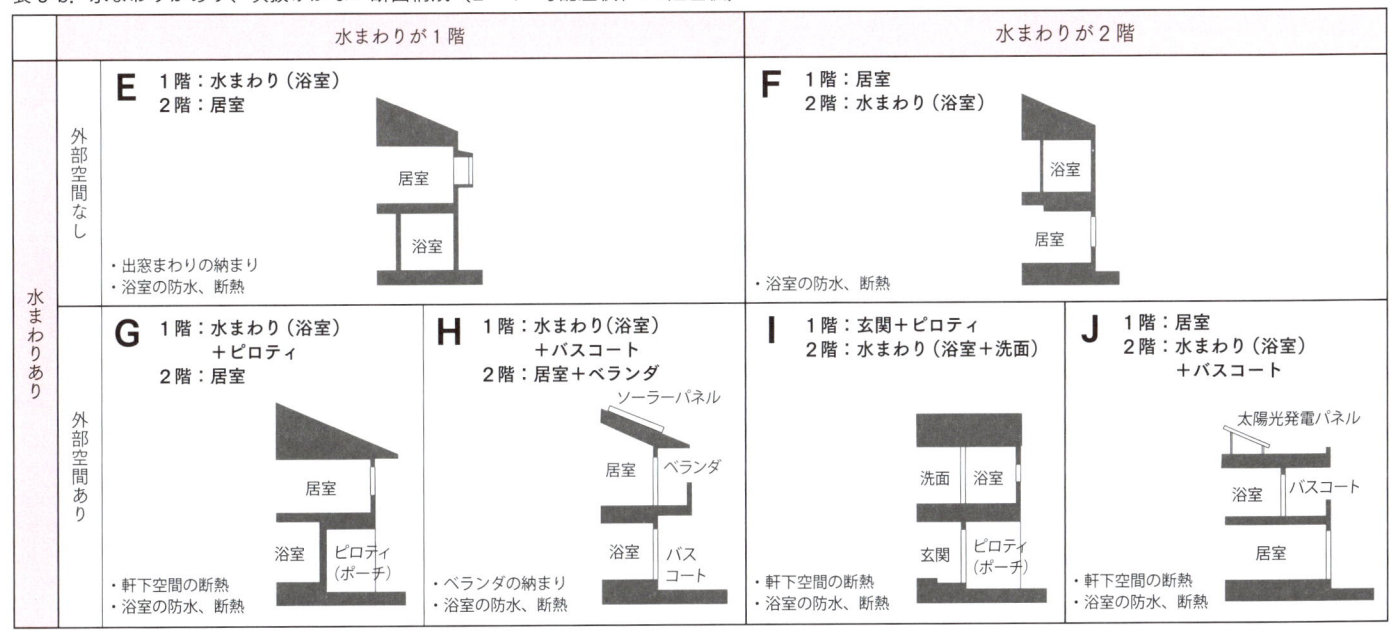

		水まわりが1階		水まわりが2階	
水まわりあり	外部空間なし	**E** 1階：水まわり（浴室） 2階：居室 ・出窓まわりの納まり ・浴室の防水、断熱		**F** 1階：居室 2階：水まわり（浴室） ・浴室の防水、断熱	
	外部空間あり	**G** 1階：水まわり（浴室） ＋ピロティ 2階：居室 ・軒下空間の断熱 ・浴室の防水	**H** 1階：水まわり（浴室） ＋バスコート 2階：居室＋ベランダ ・ベランダの納まり ・浴室の防水、断熱	**I** 1階：玄関＋ピロティ 2階：水まわり（浴室＋洗面） ・軒下空間の断熱 ・浴室の防水、断熱	**J** 1階：居室 2階：水まわり（浴室） ＋バスコート ・軒下空間の断熱 ・浴室の防水、断熱

表5-c. 吹抜けがある断面構成（K〜Q：勾配屋根）

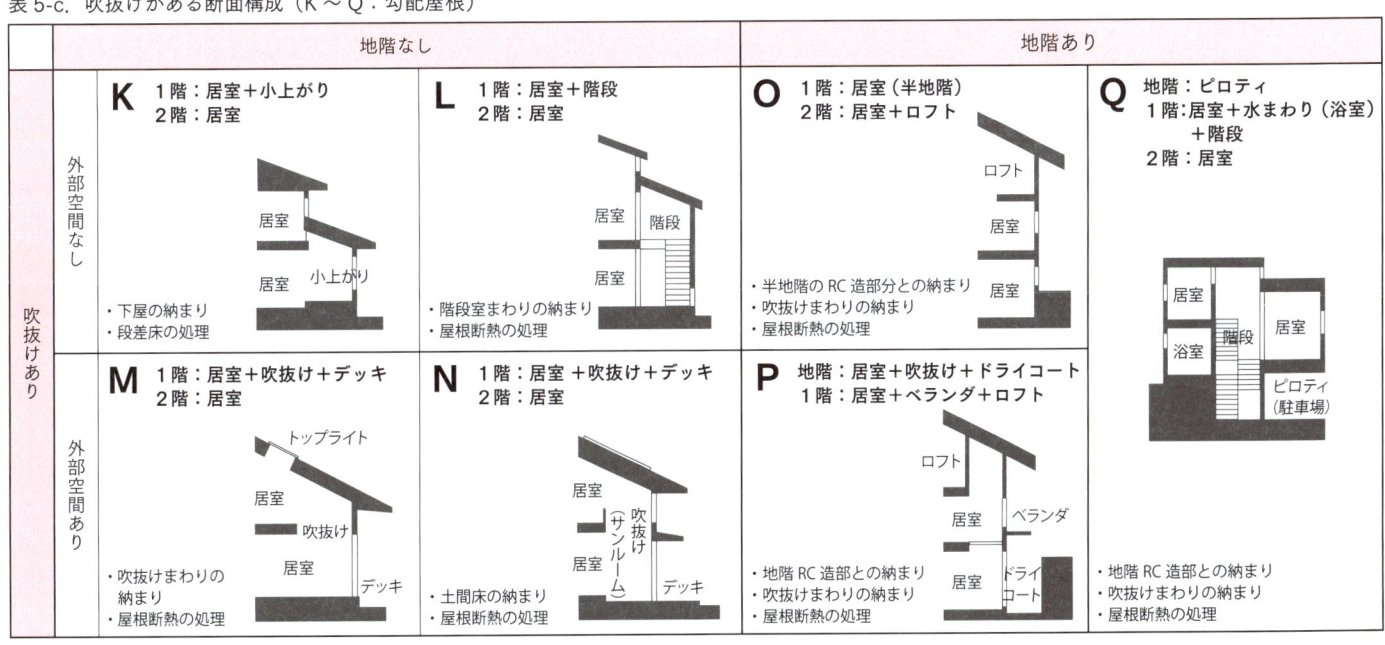

		地階なし		地階あり	
吹抜けあり	外部空間なし	**K** 1階：居室＋小上がり 2階：居室 ・下屋の納まり ・段差床の処理	**L** 1階：居室＋階段 2階：居室 ・階段室まわりの納まり ・屋根断熱の処理	**O** 1階：居室（半地階） 2階：居室＋ロフト ・半地階のRC造部分との納まり ・吹抜けまわりの納まり ・屋根断熱の処理	**Q** 地階：ピロティ 1階：居室＋水まわり（浴室） ＋階段 2階：居室
	外部空間あり	**M** 1階：居室＋吹抜け＋デッキ 2階：居室 ・吹抜けまわりの納まり ・屋根断熱の処理	**N** 1階：居室＋吹抜け＋デッキ 2階：居室 ・土間床の納まり ・屋根断熱の処理	**P** 地階：居室＋吹抜け＋ドライコート 1階：居室＋ベランダ＋ロフト ・地階RC造部との納まり ・吹抜けまわりの納まり ・屋根断熱の処理	・地階RC造部との納まり ・吹抜けまわりの納まり ・屋根断熱の処理

A
1階：居室
2階：居室
屋根：勾配屋根

断面構成ダイヤグラム（基本構成A）

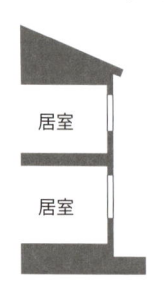

居室
居室

ポイント

- 1階、2階ともに居室の基本的な断面構成。
- 1階床、2階床ともに剛床の根太レス構法。
- 石膏ボード下地にクロス貼りのシンプルな仕上げ。
- 断熱欠損、防湿層の連続性に注意する。
- 軒の出が小さい場合は、各窓に小庇を付けると、多少の雨でも風を通すことができる。

各部仕上げ 1：15

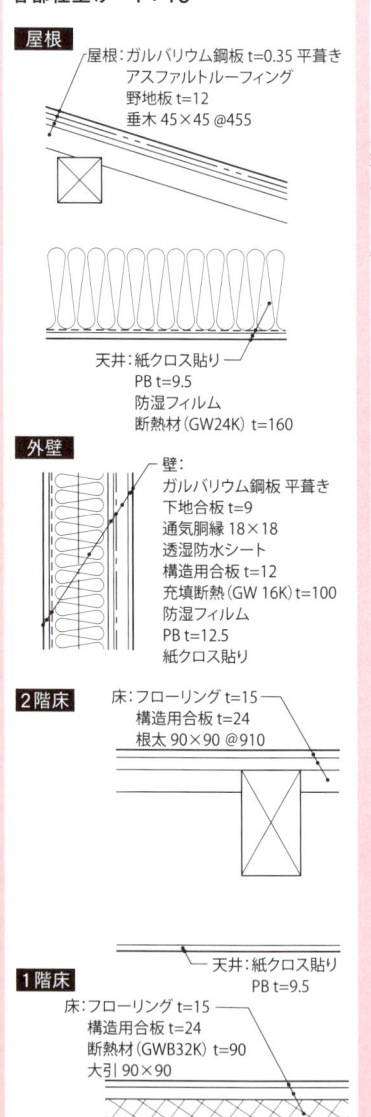

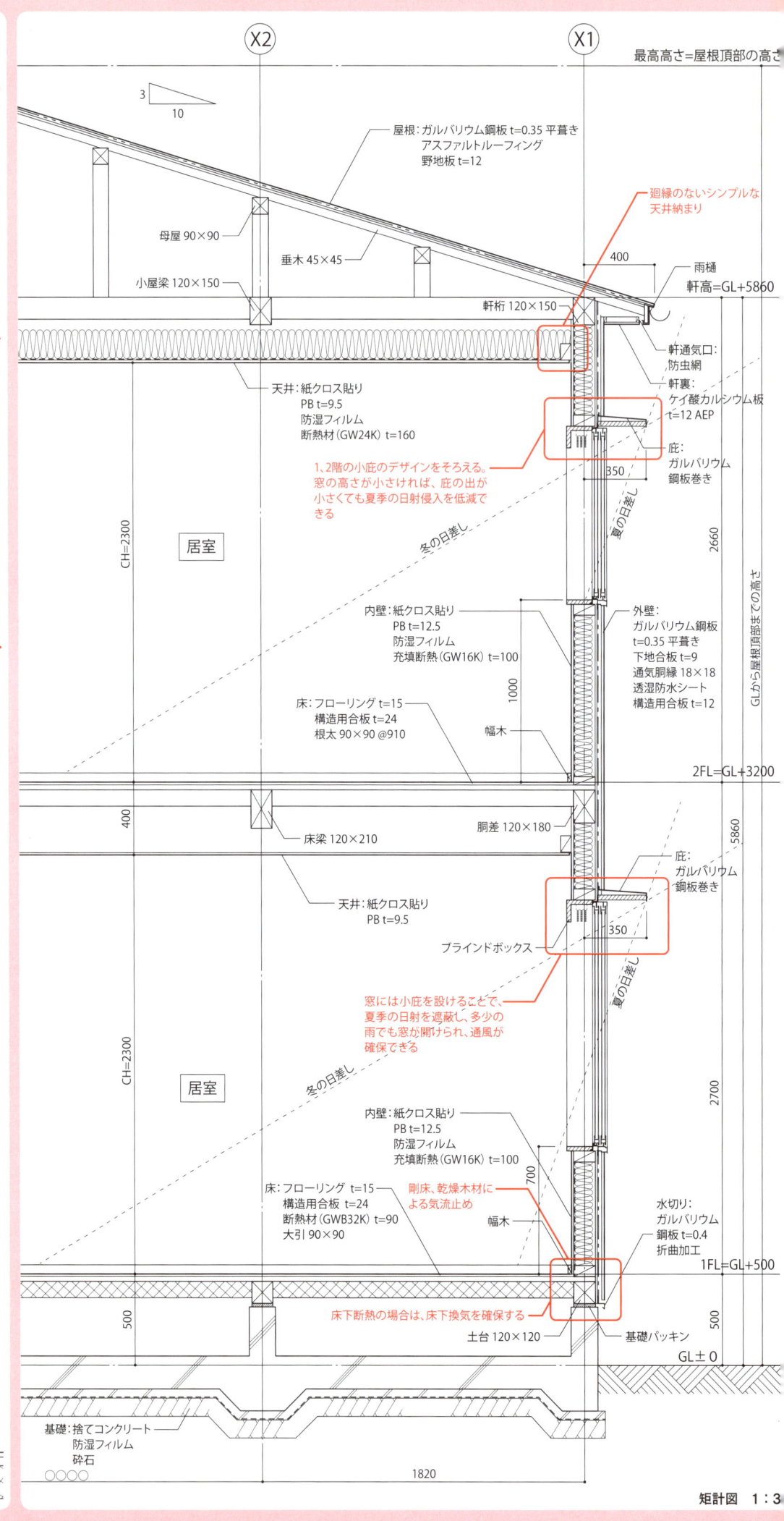

屋根
屋根：ガルバリウム鋼板 t=0.35 平葺き
アスファルトルーフィング
野地板 t=12
垂木 45×45 @455

天井：紙クロス貼り
PB t=9.5
防湿フィルム
断熱材(GW24K) t=160

外壁
壁：
ガルバリウム鋼板 平葺き
下地合板 t=9
通気胴縁 18×18
透湿防水シート
構造用合板 t=12
充填断熱(GW 16K) t=100
防湿フィルム
PB t=12.5
紙クロス貼り

2階床
床：フローリング t=15
構造用合板 t=24
根太 90×90 @910

1階床
天井：紙クロス貼り
PB t=9.5
床：フローリング t=15
構造用合板 t=24
断熱材(GWB32K) t=90
大引 90×90

最高高さ=屋根頂部の高さ

屋根：ガルバリウム鋼板 t=0.35 平葺き
アスファルトルーフィング
野地板 t=12

3/10

母屋 90×90
垂木 45×45
小屋梁 120×150
軒桁 120×150

廻縁のないシンプルな天井納まり

400
雨樋
軒高=GL+5860

軒通気口：
防虫網

軒裏：
ケイ酸カルシウム板
t=12 AEP

天井：紙クロス貼り
PB t=9.5
防湿フィルム
断熱材(GW24K) t=160

1、2階の小庇のデザインをそろえる。窓の高さが小さければ、庇の出が小さくても夏季の日射侵入を低減できる

庇：
ガルバリウム
鋼板巻き

350

CH=2300
居室

冬の日差し
夏の日差し

内壁：紙クロス貼り
PB t=12.5
防湿フィルム
充填断熱(GW16K) t=100

外壁：
ガルバリウム鋼板
t=0.35 平葺き
下地合板 t=9
通気胴縁 18×18
透湿防水シート
構造用合板 t=12

床：フローリング t=15
構造用合板 t=24
根太 90×90 @910

幅木

1000
2660

2FL=GL+3200

400
床梁 120×210
胴差 120×180

天井：紙クロス貼り
PB t=9.5

庇：
ガルバリウム
鋼板巻き

ブラインドボックス
350

窓には小庇を設けることで、夏季の日射を遮蔽し、多少の雨でも窓が開けられ、通風が確保できる

CH=2300
居室

冬の日差し
夏の日差し

内壁：紙クロス貼り
PB t=12.5
防湿フィルム
充填断熱(GW16K) t=100

床：フローリング t=15
構造用合板 t=24
断熱材(GWB32K) t=90
大引 90×90

剛床、乾燥木材による気流止め

幅木

水切り：
ガルバリウム
鋼板 t=0.4
折曲加工

700
2700
5860

1FL=GL+500

床下断熱の場合は、床下換気を確保する
土台 120×120
基礎パッキン

500
GL±0

基礎：捨てコンクリート
防湿フィルム
砕石

1820

X2 X1

矩計図 1：30

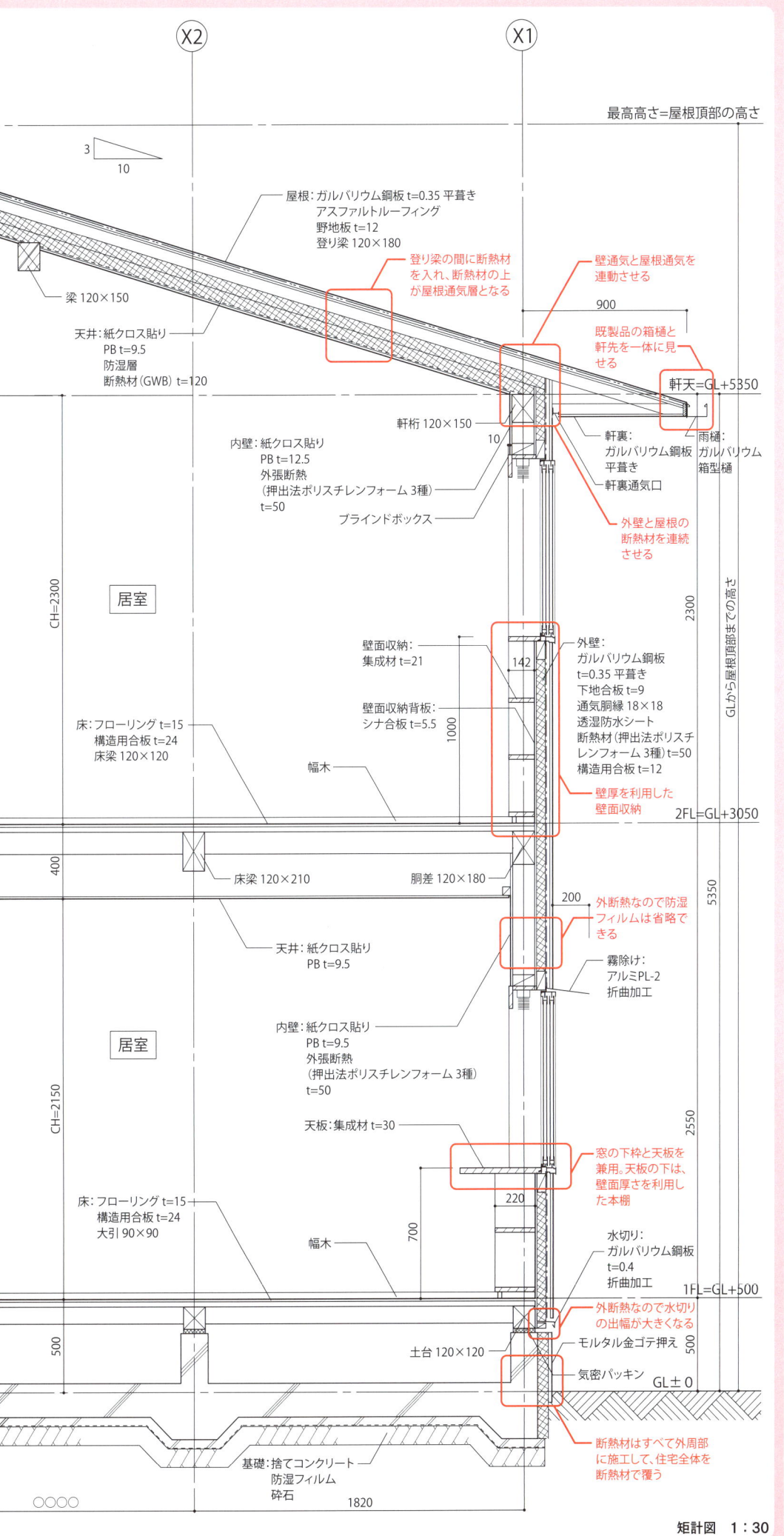

A-1 外断熱構法

断面構成ダイヤグラム（基本構成 A）

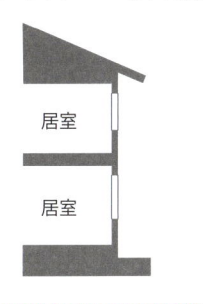

居室
居室

ポイント

- 屋根、壁、基礎にボード状の断熱材を施工し、断熱材で住宅全体を覆う外断熱工法。
- シンプルな形状に向くが、外壁に凹凸が多い場合は手間がかかる。
- 壁の防湿フィルムは省略できる。
- 壁厚を利用して、本棚などをつくることができる。
- 1階床下と室内を同じ環境にするために、1階床下にガラリを設ける。

各部仕上げ 1：15

屋根
屋根：
ガルバリウム鋼板 t=0.35 平葺き
アスファルトルーフィング
野地板 t=12
登り梁 120×180

天井：
紙クロス貼り
PB t=9.5
防湿層
断熱材(GWB) t=120

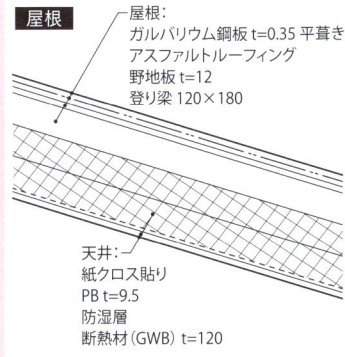

外壁
外壁：
ガルバリウム鋼板 平葺き
下地合板 t=9
通気胴縁 18×18
透湿防水シート
断熱材（押出法ポリスチレンフォーム 3種）t=50
構造用合板 t=12

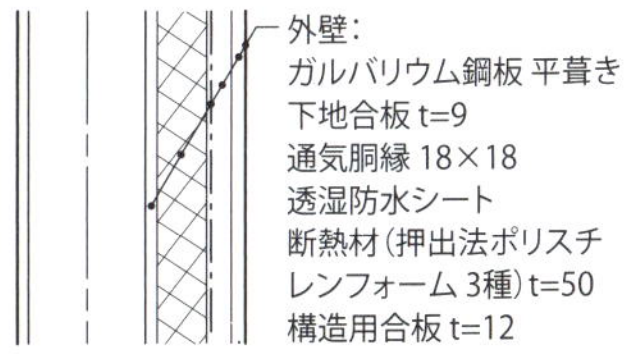

2階床
床：フローリング t=15
構造用合板 t=24
床梁 120×120

床梁 120×210

天井：紙クロス貼り
PB t=9.5

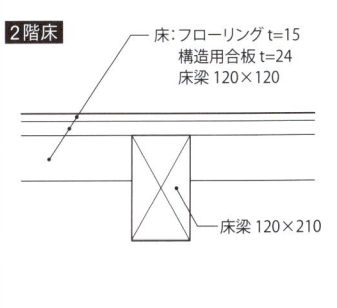

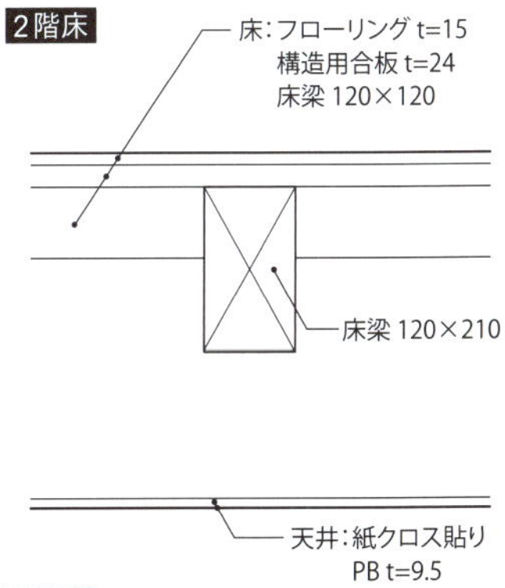

1階床
床：フローリング t=15
構造用合板 t=24
大引 90×90

矩計図 1：30

【矩計図の注記】

- 屋根：ガルバリウム鋼板 t=0.35 平葺き／アスファルトルーフィング／野地板 t=12／登り梁 120×180
- 梁 120×150
- 天井：紙クロス貼り／PB t=9.5／防湿層／断熱材(GWB) t=120
- 登り梁の間に断熱材を入れ、断熱材の上が屋根通気層となる
- 壁通気と屋根通気を連動させる
- 既製品の箱樋と軒先を一体に見せる
- 軒天=GL+5350
- 軒桁 120×150
- 軒裏：ガルバリウム鋼板 平葺き
- 雨樋：ガルバリウム箱型樋
- 軒裏通気口
- 内壁：紙クロス貼り／PB t=12.5／外張断熱（押出法ポリスチレンフォーム 3種）t=50
- ブラインドボックス
- 外壁と屋根の断熱材を連続させる
- 壁面収納：集成材 t=21
- 壁面収納背板：シナ合板 t=5.5
- 外壁：ガルバリウム鋼板 t=0.35 平葺き／下地合板 t=9／通気胴縁 18×18／透湿防水シート／断熱材（押出法ポリスチレンフォーム 3種）t=50／構造用合板 t=12
- 壁厚を利用した壁面収納
- 床：フローリング t=15／構造用合板 t=24／床梁 120×120
- 幅木
- 2FL=GL+3050
- 床梁 120×210
- 胴差 120×180
- 外断熱なので防湿フィルムは省略できる
- 天井：紙クロス貼り／PB t=9.5
- 霧除け：アルミPL-2 折曲加工
- 内壁：紙クロス貼り／PB t=9.5／外張断熱（押出法ポリスチレンフォーム 3種）t=50
- 天板：集成材 t=30
- 窓の下枠と天板を兼用。天板の下は、壁面厚さを利用した本棚
- 床：フローリング t=15／構造用合板 t=24／大引 90×90
- 幅木
- 水切り：ガルバリウム鋼板 t=0.4 折曲加工
- 1FL=GL+500
- 外断熱なので水切りの出幅が大きくなる
- 土台 120×120
- モルタル金ゴテ押え
- 気密パッキン
- GL±0
- 基礎：捨てコンクリート／防湿フィルム／砕石
- 断熱材はすべて外周部に施工して、住宅全体を断熱材で覆う

CH=2300、CH=2150
最高高さ=屋根頂部の高さ
GLから屋根頂部までの高さ 5350
2300／2550／500／400／1820／900／142／1000／200／220／700／10

A～D 水まわりなし・吹抜けなし　59

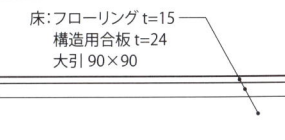

A-2 真壁構法

断面構成ダイヤグラム（基本構成A）

居室
居室

ポイント

- 柱・梁、垂木を見せる真壁構法。
- 真壁構法の場合、外壁の断熱材の厚みを確保しにくいので、高性能の断熱材を選択する。
- 梁や窓の枠まわりなど、木部の見せ方を検討する。

各部仕上げ　1:15

屋根
屋根：
ガルバリウム鋼板 平葺き
アスファルトルーフィング
野地板 t=12
通気垂木 30×45
シージングボード t=12
断熱材 t=100
防湿層

天井：
ラーチ合板 t=12
垂木 120×120

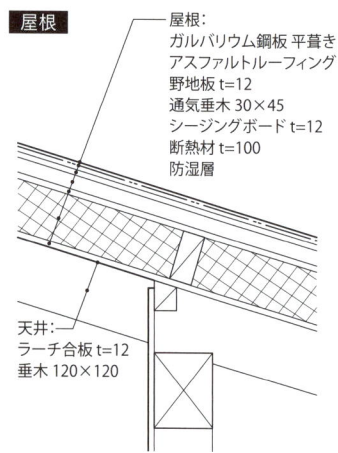

外壁
壁：
ガルバリウム鋼板 平葺き
下地合板 t=9
通気胴縁 18×18
透湿防水シート
構造用合板 t=12
充填断熱（グラスウール32K）t=90
防湿フィルム
PB t=12.5
珪藻土塗り

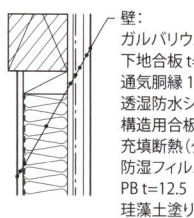

2階床
床：フローリング t=15
構造用合板 t=28
根太 45×45

床梁 120×210

天井：和紙貼り
PB t=9.5

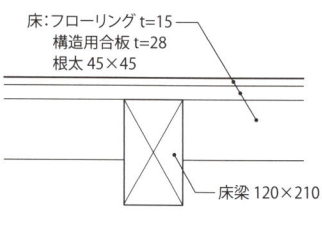

1階床
床：無垢フローリング t=15
構造用合板 t=28
大引 90×90

最高高さ=屋根頂部の高さ

屋根：ガルバリウム鋼板 t=0.40 平葺き
アスファルトルーフィング
野地板 t=12
通気垂木 30×45
シージングボード t=12
断熱材 t=100
防湿層

登り梁の梁せいの間に天井材を張り、その間に断熱材を入れ、断熱材の上に野地板を張り、その上が屋根通気層となる。断熱材の上の野地板はなくてもよい

天井：
ラーチ合板 t=12
垂木 120×120
小屋梁 120×150

通気口：
母屋欠き込み

軒天＝
GL+5350

小壁：和紙貼り
PB t=12.5

天井：和紙貼り
PB t=9.5

軒桁 120×150

軒天：
ケイ酸カルシウム板
t=12 EP

軒通気口：
防虫網

半丸雨樋

障子

内壁：珪藻土塗り
PB t=12.5
（継目はジョイントテープ貼り、パテ処理）
防湿フィルム
充填断熱（グラスウール32K）t=90

床：無垢フローリング t=15
構造用合板 t=12
根太 45×45（配線スペース）

外壁：
ガルバリウム鋼板
t=0.35 平葺き
下地合板 t=9
通気胴縁 18×18
透湿防水シート
構造用合板 t=12

2階の床組を1階にあらわした納まり。床組材の方向を意匠的にそろえるとよい

2FL=GL+3050

床梁 120×210

天井：和紙貼り
PB t=9.5

胴差 120×180

内壁：珪藻土塗り
PB t=12.5
（継目はジョイントテープ貼り、パテ処理）
防湿フィルム
充填断熱（グラスウール32K）t=90

床：無垢フローリング t=15
構造用合板 t=28
大引 90×90

幅木

窓の上枠とベンチを兼用。夏期には足元から通気をとり、上部の窓と温度差換気を促す

ベンチ：
スギ 40×120

水切り：
ガルバリウム鋼板
t=0.35
折曲加工

1FL=GL+500

気密パッキン

基礎断熱を基礎内側に施工。気密パッキンで床下に外部からの湿気が入るのを防ぐ

基礎：捨てコンクリート
防湿フィルム
砕石

基礎断熱
（押出法ポリスチレンフォーム 2種）
t=50

GL±0

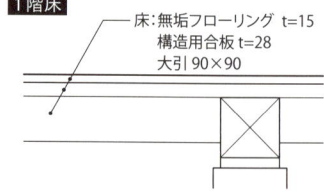

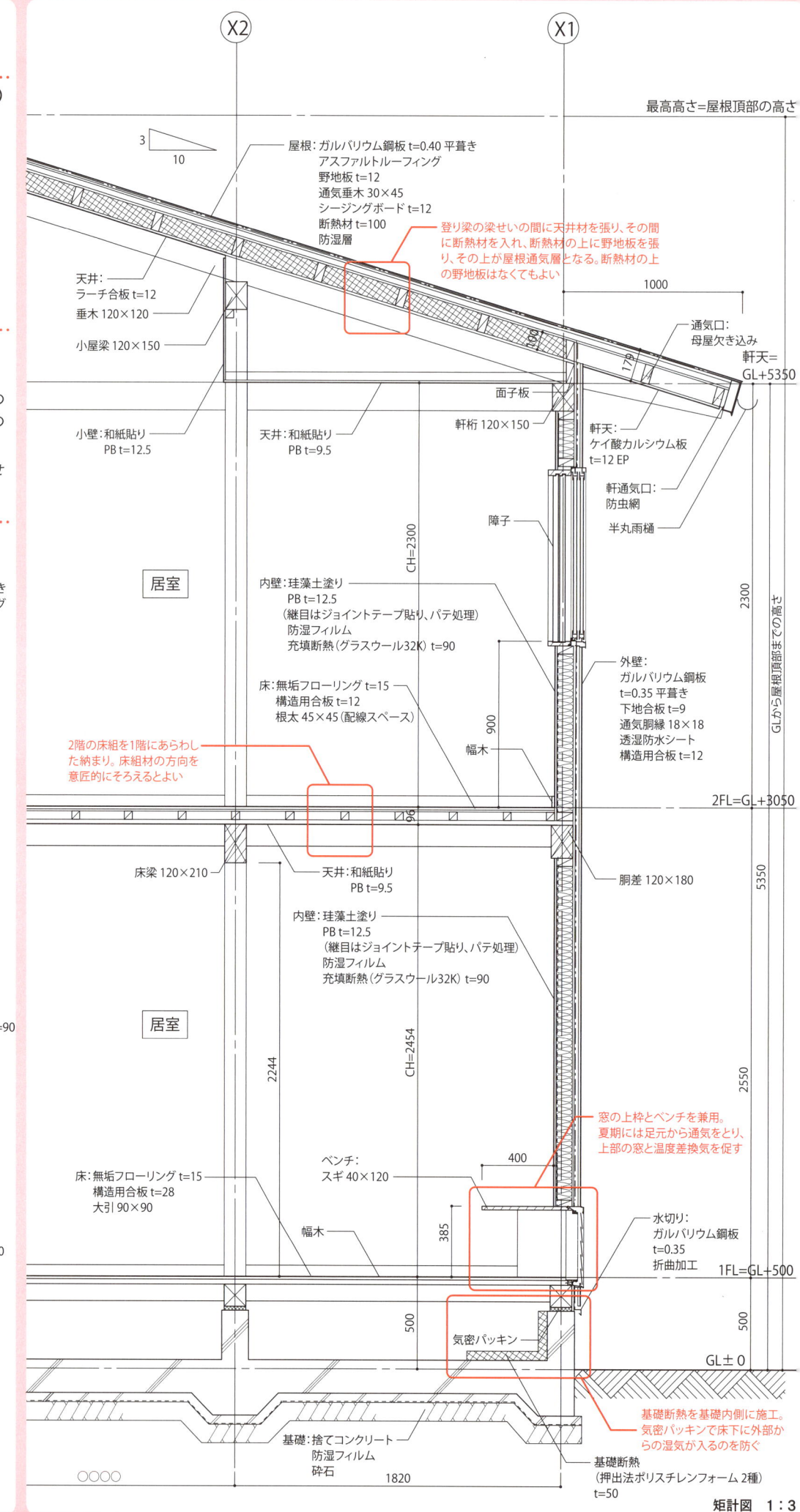

矩計図　1:3

A-3 木質パネル構法

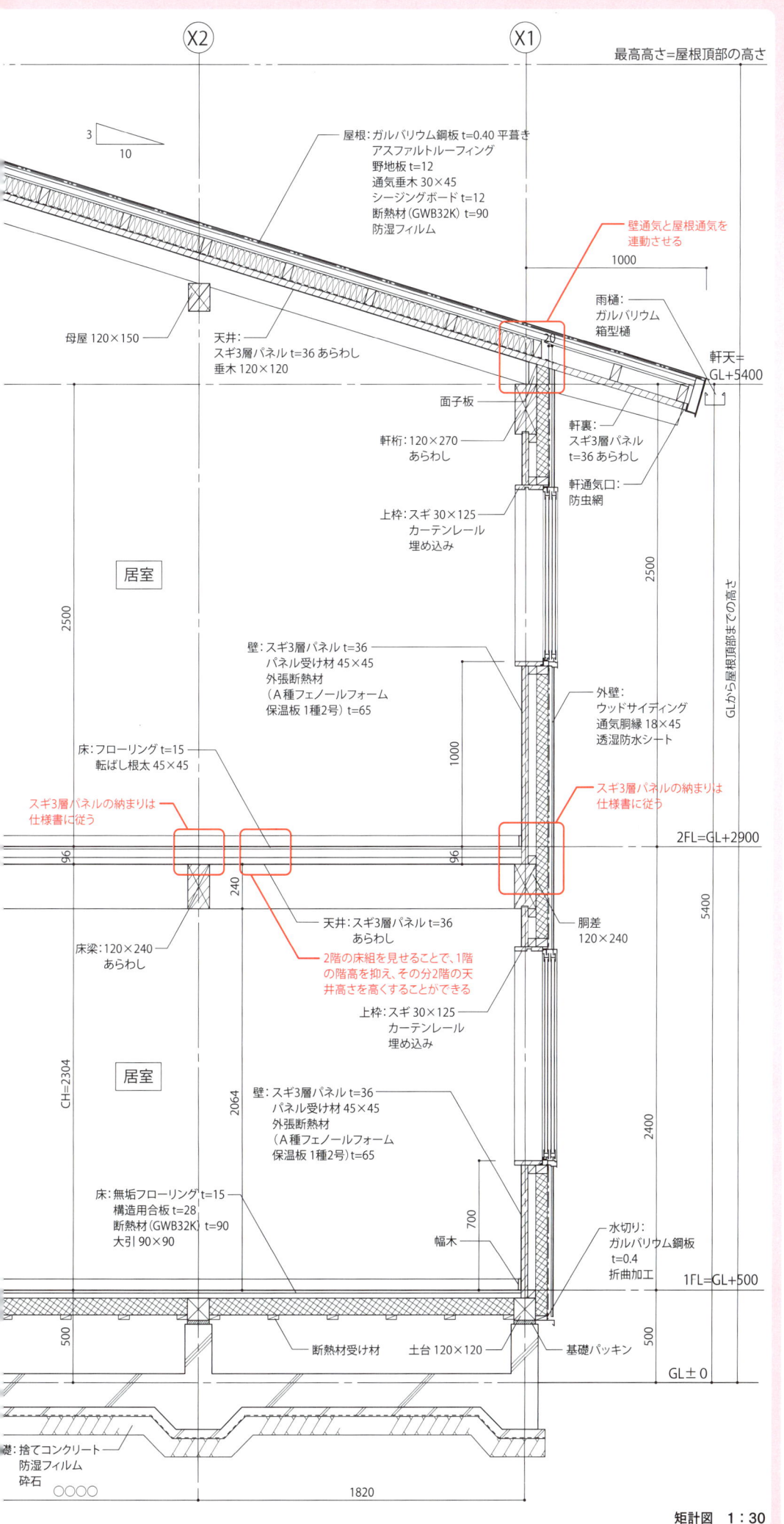

断面構成ダイヤグラム（基本構成 A）

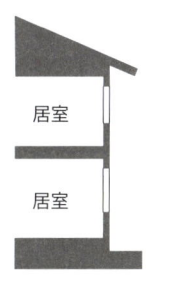

居室
居室

ポイント
- スギ3層パネルで剛性を確保する構法。スギ3層パネルは、構造材と仕上材を兼用できる。
- 構造と意匠が一体化した明快なつくり。
- パネルの納まりは仕様書に従う。
- 断熱性能の確保には高性能の断熱材が適している。

各部仕上げ　1：15

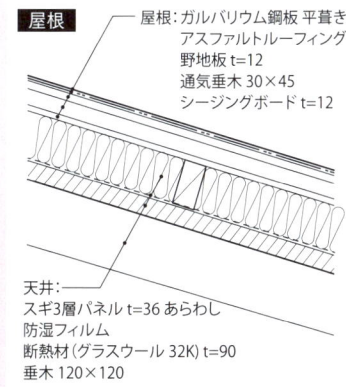

屋根
屋根：ガルバリウム鋼板 平葺き
アスファルトルーフィング
野地板 t=12
通気垂木 30×45
シージングボード t=12

天井：
スギ3層パネル t=36 あらわし
防湿フィルム
断熱材（グラスウール 32K）t=90
垂木 120×120

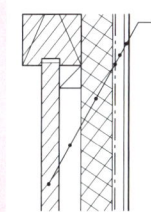

外壁
壁：ウッドサイディング
通気胴縁 18×45
透湿防水シート
外張断熱材
（A種フェノールフォーム
保温板1種2号）t=65
パネル受け材 45×45
スギ3層パネル t=36

2階床
床：フローリング t=15
転ばし根太 45×45

天井：スギ3層パネル
t=36
あらわし

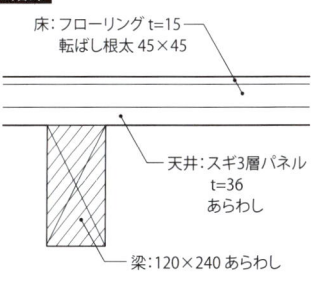

梁：120×240 あらわし

1階床
床：無垢フローリング t=15
構造用合板 t=28
断熱材（GWB32K）t=90
大引 90×90

矩計図　1：30

最高高さ＝屋根頂部の高さ

勾配 3/10

屋根：ガルバリウム鋼板 t=0.40 平葺き
アスファルトルーフィング
野地板 t=12
通気垂木 30×45
シージングボード t=12
断熱材（GWB32K）t=90
防湿フィルム

壁通気と屋根通気を連動させる

母屋 120×150

天井：
スギ3層パネル t=36 あらわし
垂木 120×120

雨樋：ガルバリウム箱型樋

軒天＝GL+5400

面子板

軒桁：120×270 あらわし

軒裏：スギ3層パネル t=36 あらわし

軒通気口：防虫網

上枠：スギ 30×125
カーテンレール埋め込み

居室

壁：スギ3層パネル t=36
パネル受け材 45×45
外張断熱材
（A種フェノールフォーム
保温板 1種2号）t=65

外壁：
ウッドサイディング
通気胴縁 18×45
透湿防水シート

床：フローリング t=15
転ばし根太 45×45

スギ3層パネルの納まりは仕様書に従う

スギ3層パネルの納まりは仕様書に従う

2FL=GL+2900

床梁：120×240 あらわし

天井：スギ3層パネル t=36 あらわし

胴差 120×240

2階の床組を見せることで、1階の階高を抑え、その分2階の天井高さを高くすることができる

上枠：スギ 30×125
カーテンレール埋め込み

居室
CH=2304

壁：スギ3層パネル t=36
パネル受け材 45×45
外張断熱材
（A種フェノールフォーム
保温板 1種2号）t=65

幅木

水切り：
ガルバリウム鋼板
t=0.4
折曲加工

床：無垢フローリング t=15
構造用合板 t=28
断熱材（GWB32K）t=90
大引 90×90

1FL=GL+500

断熱材受け材　土台 120×120　基礎パッキン
GL±0

基礎：捨てコンクリート
防湿フィルム
砕石

1820

A-④ 土壁断熱構法

断面構成ダイヤグラム（基本構成 A）

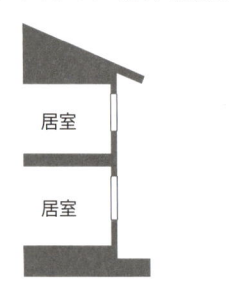

ポイント
- 断熱材を屋外側に施工した土壁断熱構法。
- 室内側は土壁の質感や性能を生かし、屋外側は外皮性能に配慮した外壁の構成となる。
- 外壁の断熱性能の不足分を、屋根と開口部の断熱性能を上げることで、住宅全体の断熱性を確保する。

各部仕上げ　1：15

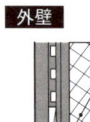

屋根
- 屋根：ガルバリウム鋼板 平葺き
- アスファルトルーフィング
- 野地板 t=12
- 垂木 45×45 @455
- 天井：紙クロス貼り
  PB t=9.5
  防湿フィルム
  断熱材（HGW32K）t=300

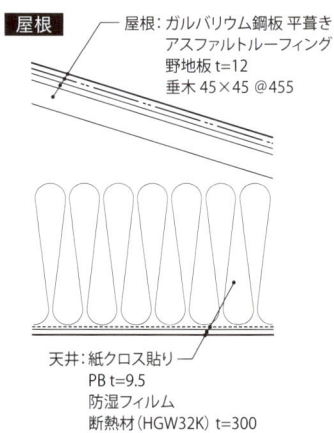

外壁
- 壁：スギ板相じゃくり板横張り
  耐候性ステイン塗布
  通気胴縁 18×18
  透湿防水シート
  断熱材 t=50
  （A種フェノールフォーム）
  小舞壁
  土壁 t=70

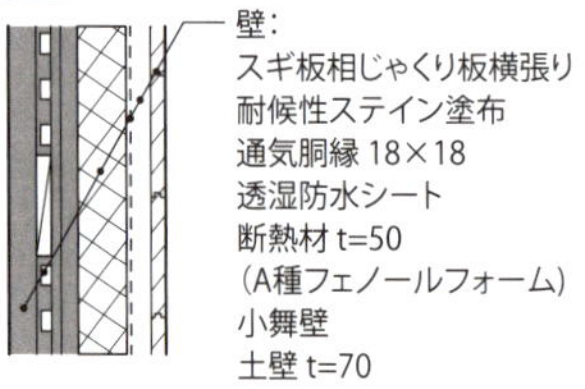

2階床
- 床：フローリング t=15
  構造用合板 t=12
  根太 45×45
- 天井：紙クロス貼り
  PB t=9.5

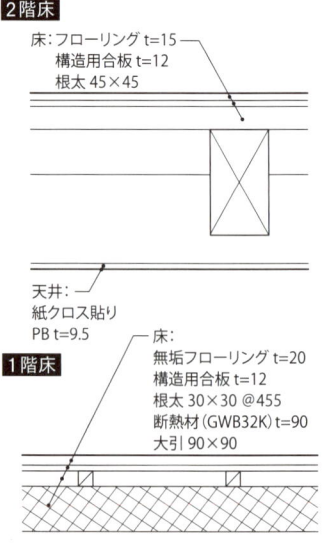

1階床
- 床：無垢フローリング t=20
  構造用合板 t=12
  根太 30×30 @455
  断熱材（GWB32K）t=90
  大引 90×90

（図中注記）

- 最高高さ＝屋根頂部の高さ
- 屋根：ガルバリウム鋼板 t=0.40 平葺き アスファルトルーフィング 野地板 t=12 垂木 45×45 @455
- 母屋 120×120
- 軒桁 120×180
- 雨樋
- 軒高＝GL+5860
- 軒通気口：防虫網
- 軒裏：ケイ酸カルシウム板 t=12 AEP
- 屋根の断熱材を厚くして住宅全体の断熱性能を担保する
- 天井：紙クロス貼り PB t=9.5 防湿フィルム 断熱材（HGW32K）t=300
- 土壁は梁下まで施工する
- 障子
- 障子を付け、断熱性能を向上させる
- 居室 CH=2300
- 内壁：土壁 t=70 小舞壁
- 外壁：スギ板相じゃくり板横張り 耐候性ステイン塗布 通気胴縁 18×18 透湿防水シート 断熱材（A種フェノールフォーム）t=50
- 床：フローリング t=15 構造用合板 t=12 根太 45×45
- 幅木
- 土壁の外側に断熱材を施工し、断熱性能を確保する
- 2FL=GL+3200
- 床梁 120×180
- 胴差 120×180
- 天井：紙クロス貼り PB t=9.5
- 上枠：スギ 30×120
- 土壁は胴差上（2階床）、胴差下（1階天井）まで施工する
- 障子
- 居室 CH=2300
- 下枠：スギ 30×120
- 内壁：土壁 t=70 小舞壁
- 床：無垢フローリング t=20 構造用合板 t=12 根太 30×30 @455 断熱材（GWB32K）t=90 大引 90×90
- 水切り：ガルバリウム鋼板 t=0.40 折曲加工
- 幅木
- 1FL=GL+500
- 断熱材受け材
- 基礎パッキン
- GL±0
- 基礎：捨てコンクリート 防湿フィルム 砕石
- 1820
- GLから屋根頂部までの高さ
- 2660 / 1000 / 400 / 2700 / 700 / 500 / 5860

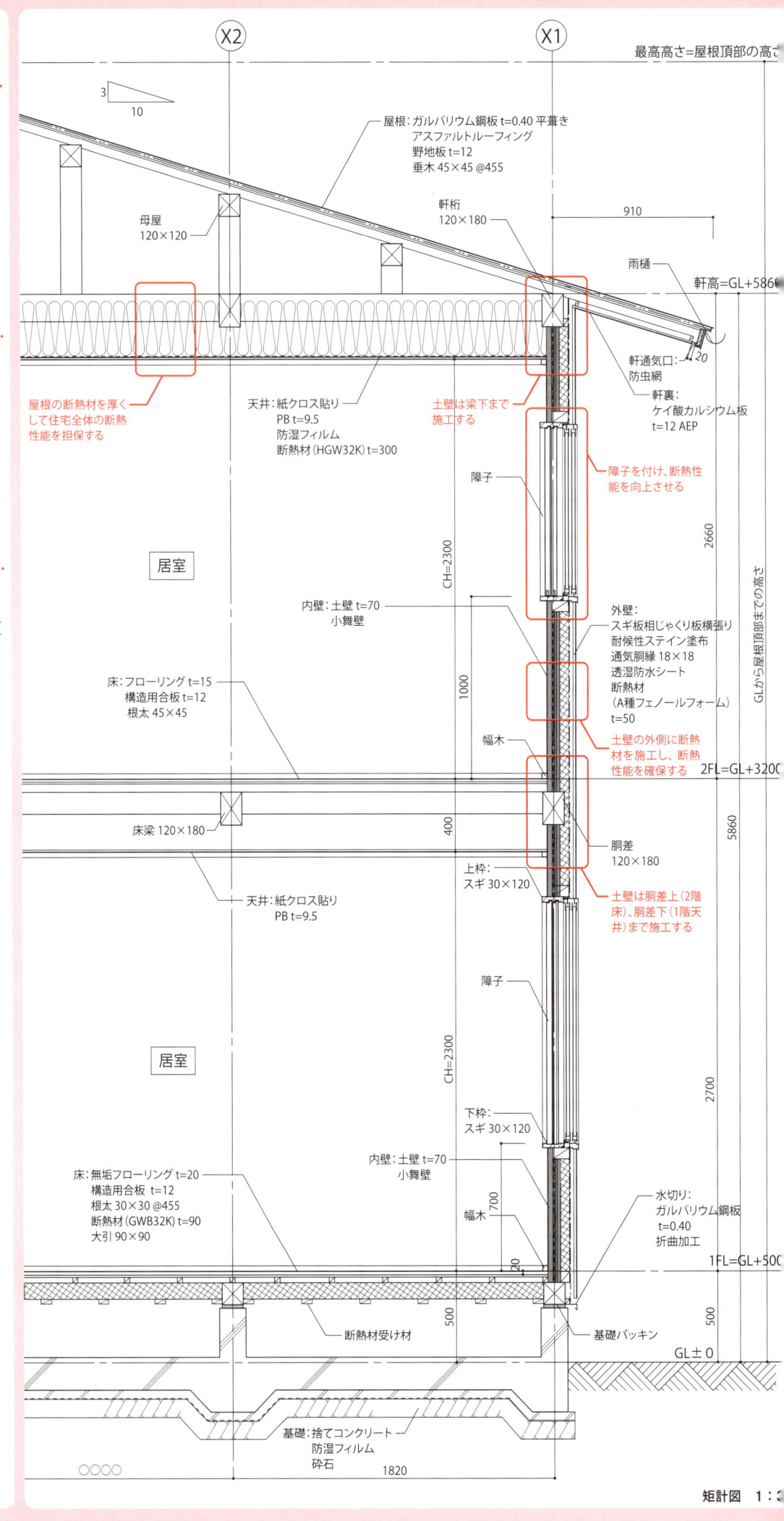

矩計図　1：30

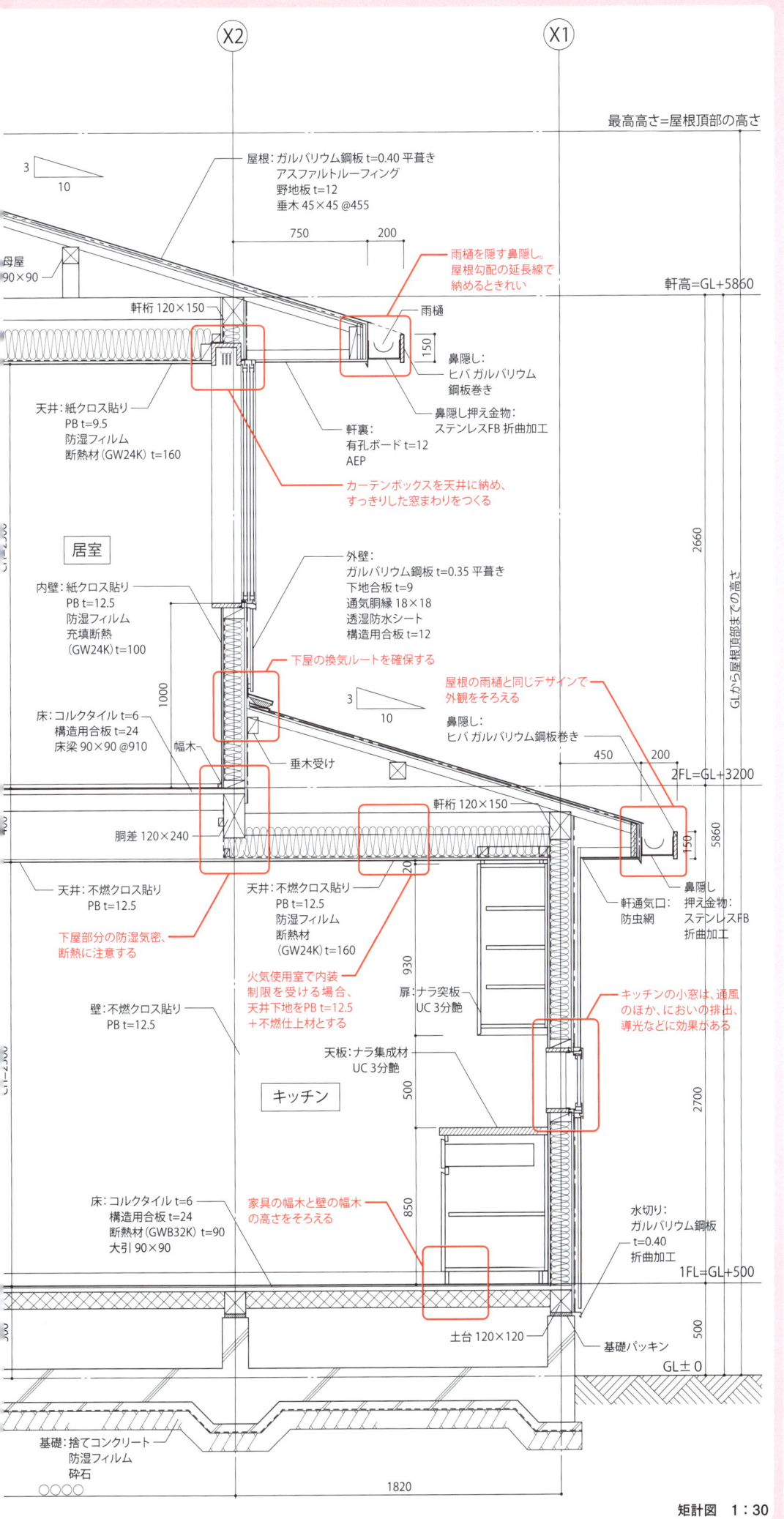

B

1階：居室＋下屋
2階：居室
屋根：勾配屋根

断面構成ダイヤグラム（基本構成A）

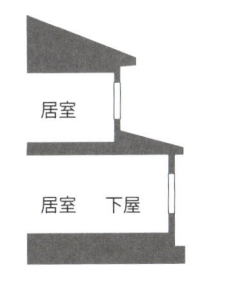

居室
居室　下屋

ポイント

- 1階の下屋部分の断熱、防湿処理、軒裏換気を忘れずに考える。
- 2階の屋根と下屋の屋根の鼻先のデザインをそろえる。
- 雨樋は鼻隠しで隠す。
- 矩計図にキッチンの断面も描き、配線ルートなどを計画する。
- キッチンに小窓をつけて熱い空気を逃がし、反対側の窓との通風を図る（この矩計図では、反対側の窓は描かれていない）。

各部仕上げ　1：15

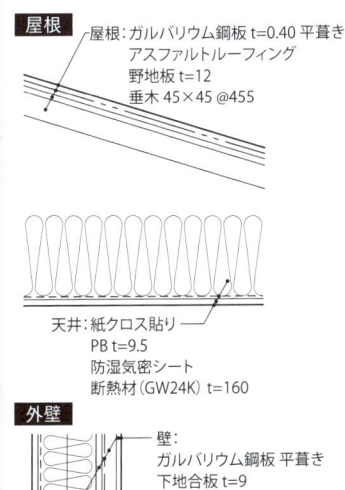

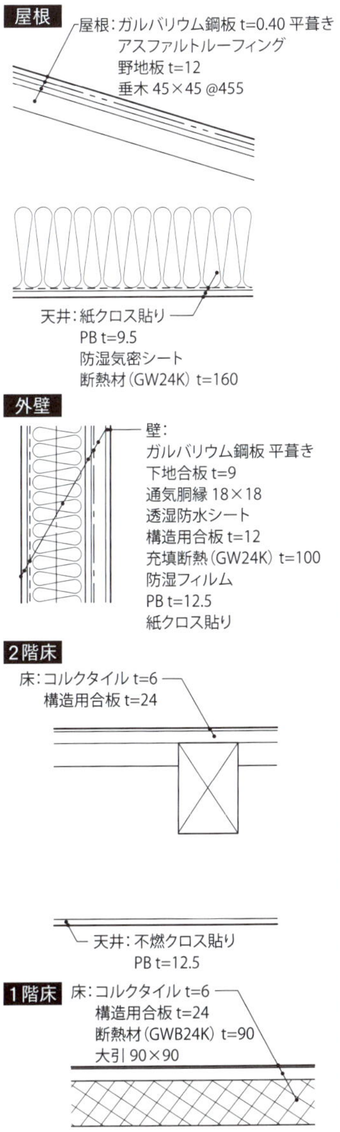

屋根
屋根：ガルバリウム鋼板 t=0.40 平葺き
アスファルトルーフィング
野地板 t=12
垂木 45×45 @455

天井：紙クロス貼り
PB t=9.5
防湿気密シート
断熱材（GW24K）t=160

外壁
壁：
ガルバリウム鋼板 平葺き
下地合板 t=9
通気胴縁 18×18
透湿防水シート
構造用合板 t=12
充填断熱（GW24K）t=100
防湿フィルム
PB t=12.5
紙クロス貼り

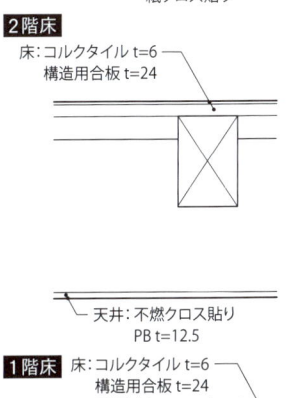

2階床
床：コルクタイル t=6
構造用合板 t=24

天井：不燃クロス貼り
PB t=12.5

1階床
床：コルクタイル t=6
構造用合板 t=24
断熱材（GWB24K）t=90
大引 90×90

矩計図の注記（左側図面）

- 屋根：ガルバリウム鋼板 t=0.40 平葺き／アスファルトルーフィング／野地板 t=12／垂木 45×45 @455
- 母屋 90×90
- 軒桁 120×150
- 雨樋を隠す鼻隠し。屋根勾配の延長線で納めるときれい
- 鼻隠し：ヒバ ガルバリウム鋼板巻き
- 鼻隠し押え金物：ステンレスFB 折曲加工
- 天井：紙クロス貼り／PB t=9.5／防湿フィルム／断熱材（GW24K）t=160
- 軒裏：有孔ボード t=12／AEP
- カーテンボックスを天井に納め、すっきりした窓まわりをつくる
- 最高高さ＝屋根頂部の高さ
- 軒高＝GL+5860
- 居室
- 内壁：紙クロス貼り／PB t=12.5／防湿フィルム／充填断熱（GW24K）t=100
- 外壁：ガルバリウム鋼板 t=0.35 平葺き／下地合板 t=9／通気胴縁 18×18／透湿防水シート／構造用合板 t=12
- 床：コルクタイル t=6／構造用合板 t=24／床梁 90×90 @910
- 下屋の換気ルートを確保する
- 幅木
- 垂木受け
- 屋根の雨樋と同じデザインで外観をそろえる
- 鼻隠し：ヒバ ガルバリウム鋼板巻き
- 2FL=GL+3200
- 胴差 120×240
- 軒桁 120×150
- 天井：不燃クロス貼り／PB t=12.5
- 天井：不燃クロス貼り／PB t=12.5／防湿フィルム／断熱材（GW24K）t=160
- 下屋部分の防湿気密、断熱に注意する
- 火気使用室で内装制限を受ける場合、天井下地をPB t=12.5＋不燃仕上材とする
- 軒通気口：防虫網
- 扉：ナラ突板 UC 3分艶
- 天板：ナラ集成材 UC 3分艶
- 壁：不燃クロス貼り／PB t=12.5
- キッチン
- キッチンの小窓は、通風のほか、においの排出、導光などに効果がある
- 家具の幅木と壁の幅木の高さをそろえる
- 床：コルクタイル t=6／構造用合板 t=24／断熱材（GWB32K）t=90／大引 90×90
- 水切り：ガルバリウム鋼板 t=0.40 折曲加工
- 1FL=GL+500
- 土台 120×120
- 基礎パッキン
- GL±0
- 基礎：捨てコンクリート／防湿フィルム／砕石

矩計図　1：30

A～D 水まわりなし・吹抜けなし

C

- 1階：ピロティ
- 2階：居室 ＋インナーテラス
- 屋根：勾配屋根

断面構成ダイヤグラム

居室｜インナーテラス
ピロティ（駐車場）

ポイント

- 1階を駐車場とし、2階に居住スペースを設ける。
- 2階は大屋根で覆い、インナーテラスまで軒裏を連続させて外部との一体感を演出する。
- 2階床下の断熱材を忘れずに施工する。

各部仕上げ 1:15

屋根
屋根：ガルバリウム鋼板 平葺き
アスファルトルーフィング
野地板 t=12
通気垂木 30×30
防湿層
断熱材 t=100
登り梁 60×240
天井：スギ2層パネル t=24
面戸板

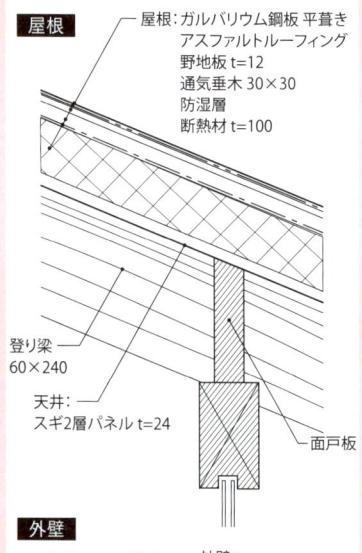

外壁
外壁：リシン吹付け
セメントボード
通気胴縁 18×18
透湿防水シート
構造用合板 t=12（柱）
構造用合板 t=12
通気胴縁 20×20
セメントボード
リシン吹付け

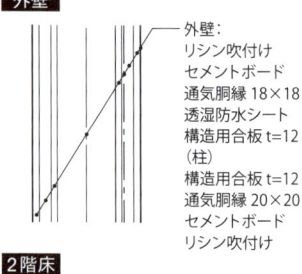

2階床
無垢フローリング t=15
構造用合板 t=12
根太 45×45
床梁 120×120
断熱材 t=115(45+70)

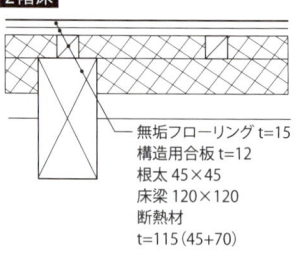

1階床
ピロティ床：モルタル金ゴテ均し

最高高さ＝屋根頂部の高さ

屋根：ガルバリウム鋼板 t=0.40 平葺き
アスファルトルーフィング
野地板 t=12
通気垂木 30×30
防湿層
断熱材 t=100

勾配 4/10

登り梁 60×240
天井：スギ2層パネル t=24
軒桁 120×210
面戸板
天井：スギ2層パネル t=24

FIXペアガラス
押縁 30×30
木枠 170×30
サッシカバー 60×30
軒桁 120×180
鼻隠し：スギ2層パネル t=24
軒天：スギ2層パネル t=24

内壁：漆喰塗り
ラス下地
構造用合板 t=12
防湿フィルム
充填断熱（グラスウール24K）t=100

居室　障子　**インナーテラス**

外壁：リシン吹付け
セメントボード
通気胴縁 18×18
透湿防水シート
構造用合板 t=12

笠木
外壁：リシン吹付け
セメントボード
通気胴縁 18×18
透湿防水シート
構造用合板 t=12

床：無垢フローリング t=15
構造用合板 t=12
根太 45×45
床梁 120×120
断熱材 t=115(45+70)

テラス床：
カラーモルタル 金ゴテ押え
防水層
耐水合板 t=12
根太 45×45（勾配用）
床梁 90×90

水切り：アルミ L-40×40
水切り：アルミ L-45×45

床梁 120×240
軒天：ケイ酸カルシウム板 t=15 AEP
外壁：リシン吹付け
セメントボード
通気胴縁 18×18
透湿防水シート
構造用合板 t=12

駐車場　CH=2100

ピロティ床：モルタル金ゴテ均し
水勾配 1/80〜1/100

軒高＝GL+5686
軒高＝GL+4983
2FL=GL+2550
PFL=GL+50
GL±0

寸法：240、2250、450、1100、910、5686、4983、2550、1820

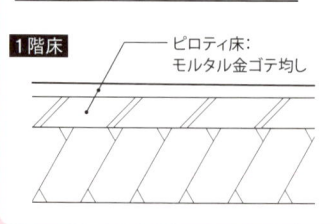

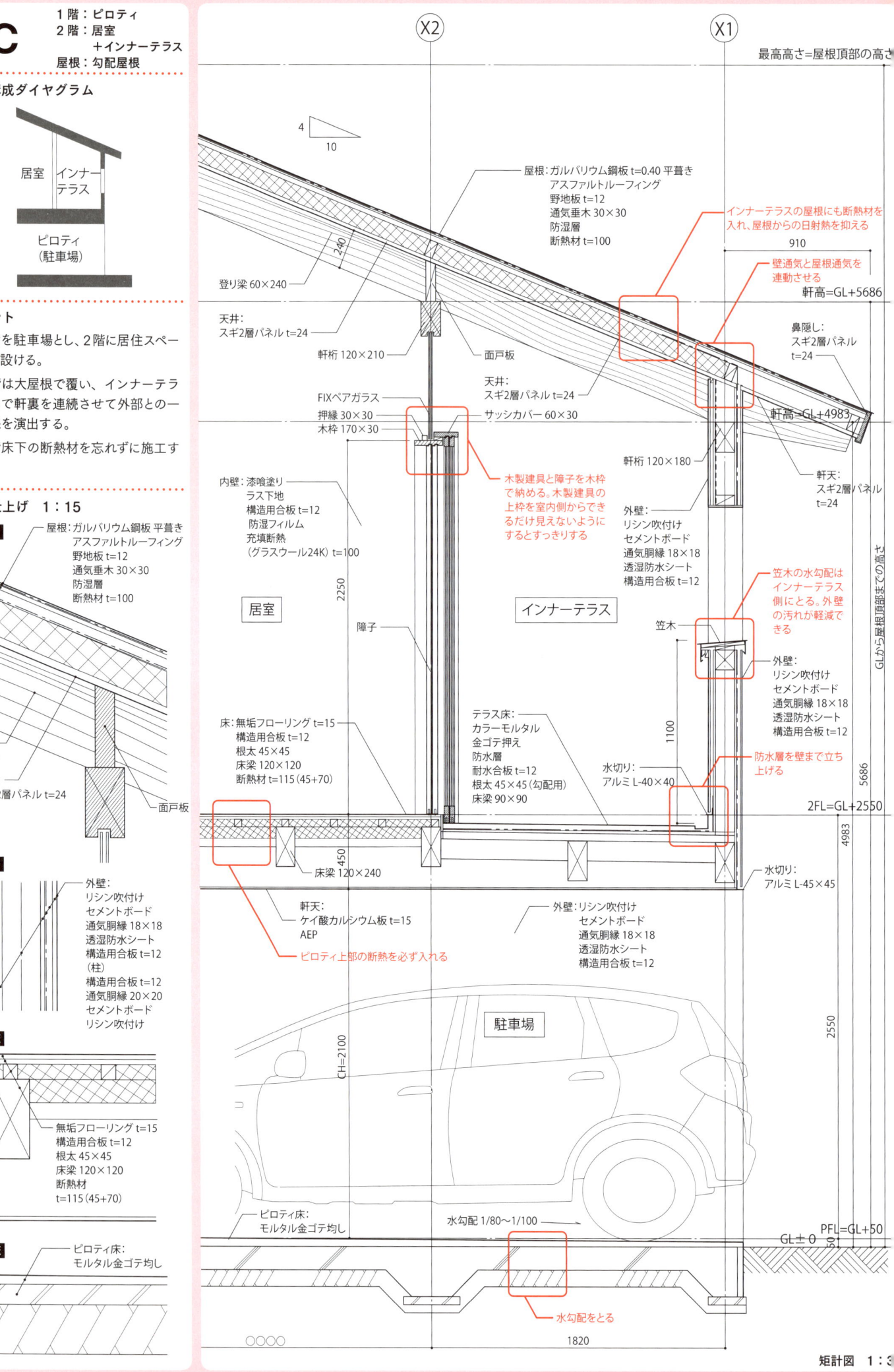

矩計図 1:3

赤字注記

- インナーテラスの屋根にも断熱材を入れ、屋根からの日射熱を抑える
- 壁通気と屋根通気を連動させる
- 木製建具と障子を木枠で納める。木製建具の上枠を室内側からできるだけ見えないようにするとすっきりする
- 笠木の水勾配はインナーテラス側にとる。外壁の汚れが軽減できる
- 防水層を壁まで立ち上げる
- ピロティ上部の断熱を必ず入れる
- 水勾配をとる

GLから屋根頂部までの高さ

64　3章 矩計図のパターンをつかむ

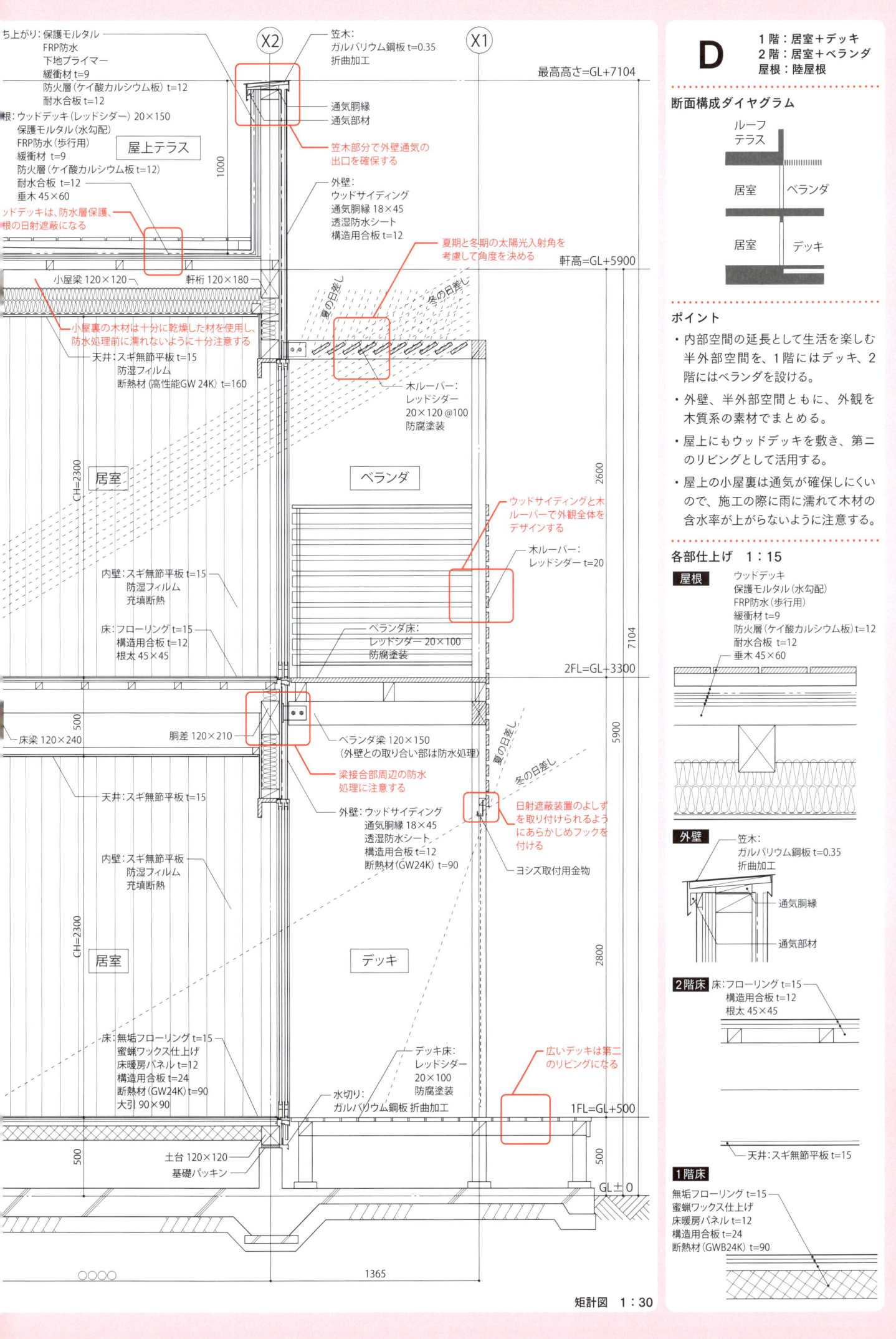

D

1階：居室＋デッキ
2階：居室＋ベランダ
屋根：陸屋根

断面構成ダイヤグラム

ポイント

- 内部空間の延長として生活を楽しむ半外部空間を、1階にはデッキ、2階にはベランダを設ける。
- 外壁、半外部空間ともに、外観を木質系の素材でまとめる。
- 屋上にもウッドデッキを敷き、第二のリビングとして活用する。
- 屋上の小屋裏は通気が確保しにくいので、施工の際に雨に濡れて木材の含水率が上がらないように注意する。

各部仕上げ 1:15

屋根
ウッドデッキ
保護モルタル（水勾配）
FRP防水（歩行用）
緩衝材 t=9
防火層（ケイ酸カルシウム板）t=12
耐水合板 t=12
垂木 45×60

外壁
笠木：ガルバリウム鋼板 t=0.35 折曲加工
通気胴縁
通気部材

2階床
床：フローリング t=15
構造用合板 t=12
根太 45×45

天井：スギ無節平板 t=15

1階床
無垢フローリング t=15
蜜蝋ワックス仕上げ
床暖房パネル t=12
構造用合板 t=24
断熱材（GWB24K）t=90

矩計図 1:30

立ち上がり：保護モルタル
FRP防水
下地プライマー
緩衝材 t=9
防火層（ケイ酸カルシウム板）t=12
耐水合板 t=12

屋根：ウッドデッキ（レッドシダー）20×150
保護モルタル（水勾配）
FRP防水（歩行用）
緩衝材 t=9
防火層（ケイ酸カルシウム板 t=12）
耐水合板 t=12
垂木 45×60

ウッドデッキは、防水層保護、屋根の日射遮蔽になる

屋上テラス

笠木：ガルバリウム鋼板 t=0.35 折曲加工
通気胴縁
通気部材

笠木部分で外壁通気の出口を確保する

外壁：
ウッドサイディング
通気胴縁 18×45
透湿防水シート
構造用合板 t=12

夏期と冬期の太陽光入射角を考慮して角度を決める

最高高さ=GL+7104

小屋裏の木材は十分に乾燥した材を使用し、防水処理前に濡れないように十分注意する

小屋梁 120×120
軒桁 120×180

軒高=GL+5900

天井：スギ無節平板 t=15
防湿フィルム
断熱材（高性能GW 24K）t=160

夏の日差し
冬の日差し

木ルーバー：
レッドシダー
20×120 @100
防腐塗装

居室
CH=2300

内壁：スギ無節平板 t=15
防湿フィルム
充填断熱

床：フローリング t=15
構造用合板 t=12
根太 45×45

ベランダ

ウッドサイディングと木ルーバーで外観全体をデザインする

木ルーバー：
レッドシダー t=20

ベランダ床：
レッドシダー 20×100
防腐塗装

2FL=GL+3300

床梁 120×240
胴差 120×210

ベランダ梁 120×150
（外壁との取り合い部は防水処理）

梁接合部周辺の防水処理に注意する

天井：スギ無節平板 t=15

内壁：スギ無節平板 t=15
防湿フィルム
充填断熱

外壁：ウッドサイディング
通気胴縁 18×45
透湿防水シート
構造用合板 t=12
断熱材（GW24K）t=90

日射遮蔽装置のよしずを取り付けられるようにあらかじめフックを付ける

ヨシズ取付用金物

居室
CH=2300

デッキ

夏の日差し
冬の日差し

床：無垢フローリング t=15
蜜蝋ワックス仕上げ
床暖房パネル t=12
構造用合板 t=24
断熱材（GW24K）t=90
大引 90×90

デッキ床：
レッドシダー
20×100
防腐塗装

広いデッキは第二のリビングになる

水切り：
ガルバリウム鋼板 折曲加工

1FL=GL+500

土台 120×120
基礎パッキン

GL±0

1365

A～D 水まわりなし・吹抜けなし

E

1階：水まわり（浴室）
2階：居室
屋根：勾配屋根

断面構成ダイヤグラム

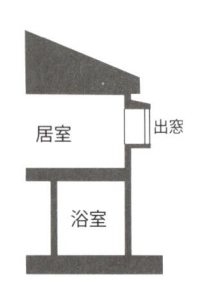

居室　出窓
浴室

ポイント

- 天井と壁を珪藻土塗り、床を無垢フローリングの自然素材で室内を仕上げる。天井に左官材料を塗る場合は石膏ボードの厚みに注意する。
- 2階の出窓の高さを下げ、ベンチとして利用する。
- 出窓部分の断熱、浴室のユニットバスの基礎まわりにも断熱材を忘れずに入れる。

各部仕上げ　1:15

屋根
屋根：ガルバリウム鋼板 t=0.35 平葺き
アスファルトルーフィング
野地板 t=12
垂木 45×45 @455

天井：珪藻土塗り
PB t=12.5
防湿フィルム
断熱材（GW16K）t=180

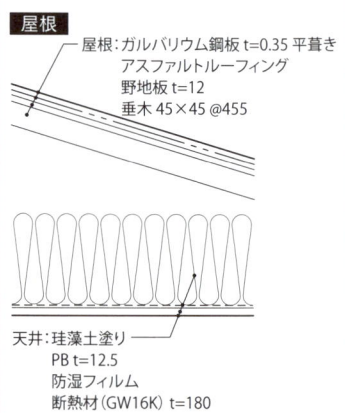

外壁
壁：
ガルバリウム鋼板 平葺き
下地合板 t=9
通気胴縁 18×18
透湿防水シート
構造用合板 t=12
充填断熱（グラスウール16K）
防湿フィルム
PB t=12.5
珪藻土塗り

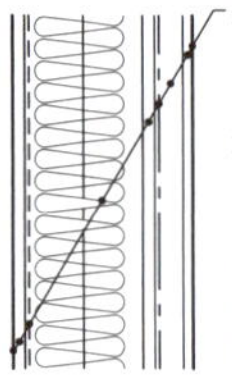

2階床
床：無垢フローリング t=15
構造用合板 t=24
床梁 90×90 @910

天井：珪藻土塗り
PB t=12.5

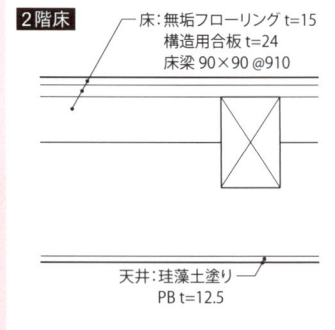

1階床
床：無垢フローリング t=15
構造用合板 t=24
断熱材（HGWB24K）t=90
大引 90×90

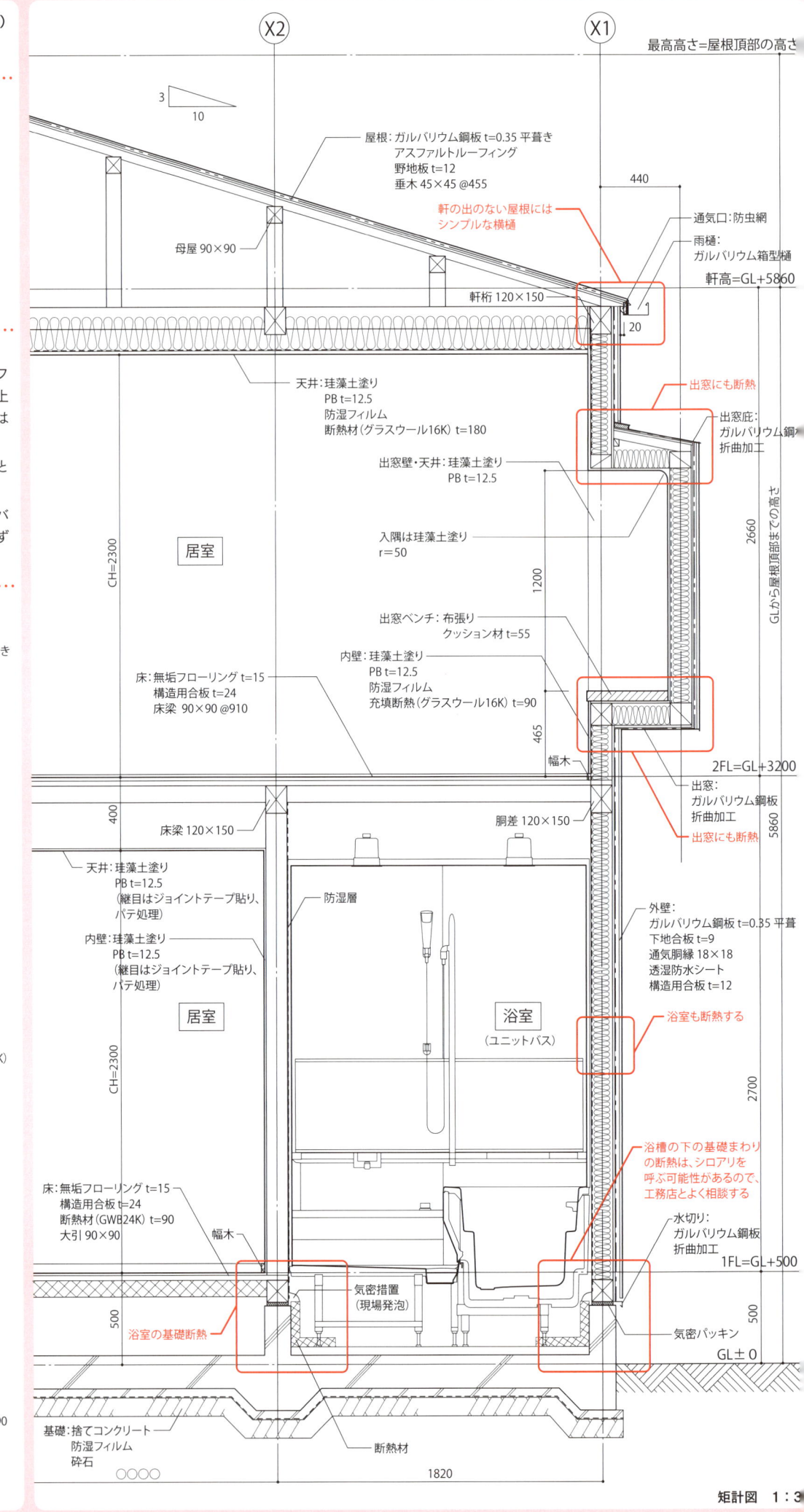

X2　X1

最高高さ＝屋根頂部の高さ

3/10

屋根：ガルバリウム鋼板 t=0.35 平葺き
アスファルトルーフィング
野地板 t=12
垂木 45×45 @455

440

軒の出のない屋根にはシンプルな横樋

通気口：防虫網

雨樋：ガルバリウム箱型樋

軒高＝GL+5860

母屋 90×90

軒桁 120×150

20

天井：珪藻土塗り
PB t=12.5
防湿フィルム
断熱材（グラスウール16K）t=180

出窓にも断熱

出窓庇：ガルバリウム鋼板折曲加工

出窓壁・天井：珪藻土塗り
PB t=12.5

入隅は珪藻土塗り
r=50

居室
CH=2300

2660

出窓ベンチ：布張り
クッション材 t=55

1200

床：無垢フローリング t=15
構造用合板 t=24
床梁 90×90 @910

内壁：珪藻土塗り
PB t=12.5
防湿フィルム
充填断熱（グラスウール16K）t=90

465

幅木

2FL＝GL+3200

出窓：ガルバリウム鋼板折曲加工

出窓にも断熱

400

床梁 120×150

胴差 120×150

5860

天井：珪藻土塗り
PB t=12.5
（継目はジョイントテープ貼り、パテ処理）

防湿層

外壁：ガルバリウム鋼板 t=0.35 平葺き
下地合板 t=9
通気胴縁 18×18
透湿防水シート
構造用合板 t=12

内壁：珪藻土塗り
PB t=12.5
（継目はジョイントテープ貼り、パテ処理）

居室
CH=2300

浴室
（ユニットバス）

浴室も断熱する

2700

床：無垢フローリング t=15
構造用合板 t=24
断熱材（GWB24K）t=90
大引 90×90

幅木

気密措置
（現場発泡）

浴槽の下の基礎まわりの断熱は、シロアリを呼ぶ可能性があるので、工務店とよく相談する

水切り：ガルバリウム鋼板折曲加工

1FL＝GL+500

浴室の基礎断熱

気密パッキン

500

GL±0

基礎：捨てコンクリート
防湿フィルム
砕石

断熱材

1820

矩計図　1:3

66　3章　矩計図のパターンをつかむ

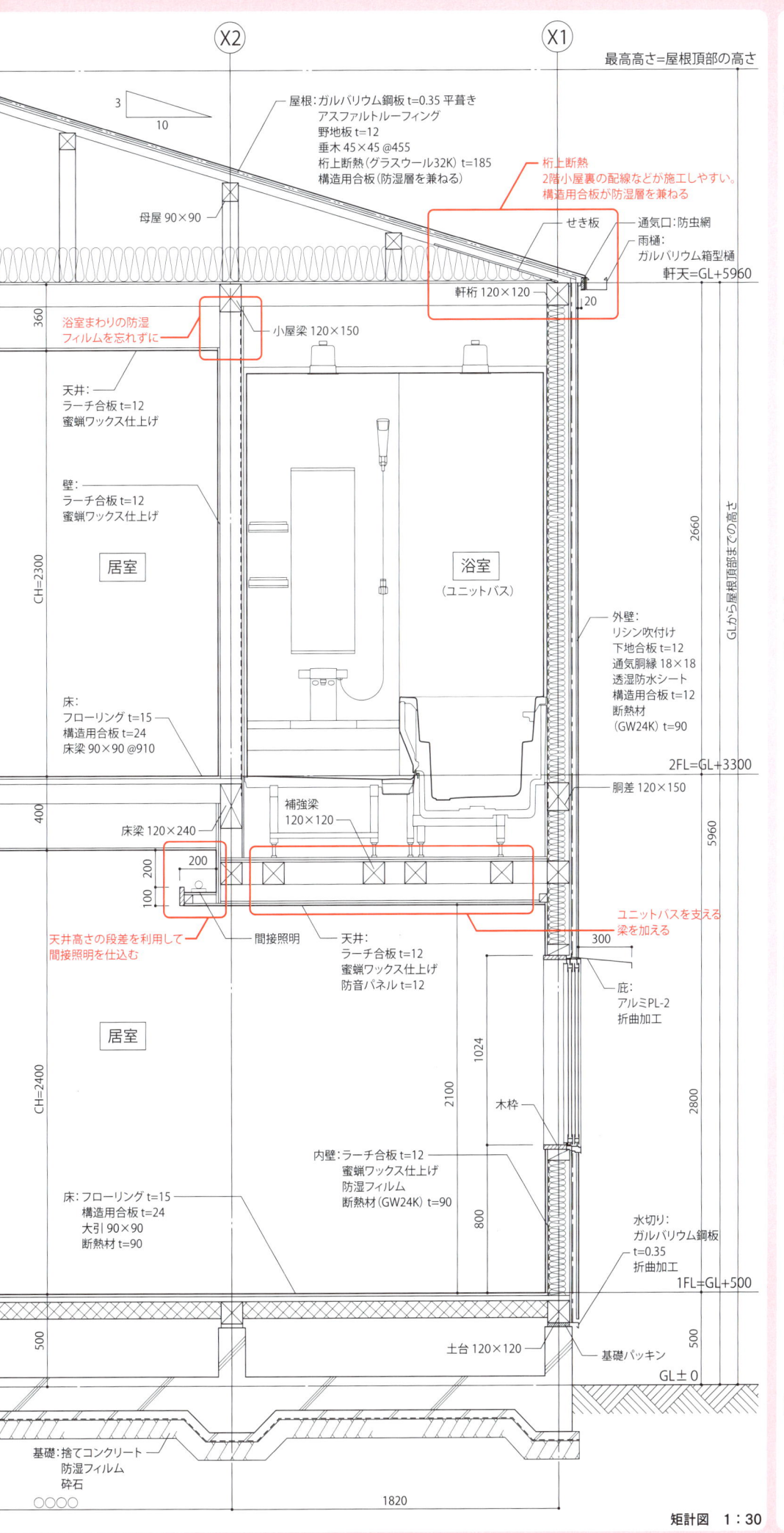

F

1階：居室
2階：水まわり（浴室）
屋根：勾配屋根

断面構成ダイヤグラム

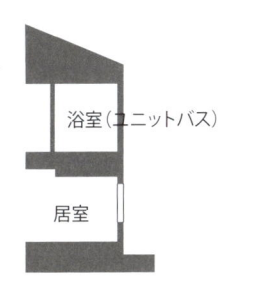

ポイント

- 2階に浴室を設置する場合は、1階への防水処理に注意し、また荷重を考慮して床梁を増やす。
- 1階と2階の階間が小さく、ユニットバスの階下の天井を下げる必要がある場合は、間接照明を設置するなど断面を工夫する。
- 浴室下を防音パネルなどで仕切ると階下への浴室の音を軽減できる。

各部仕上げ　1：15

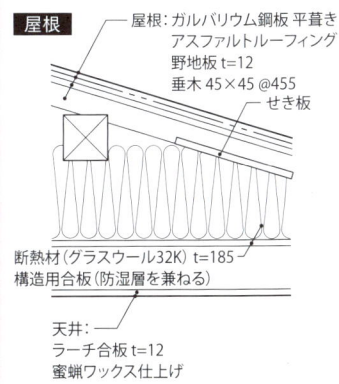

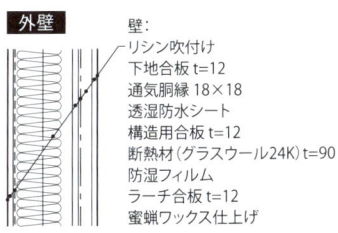

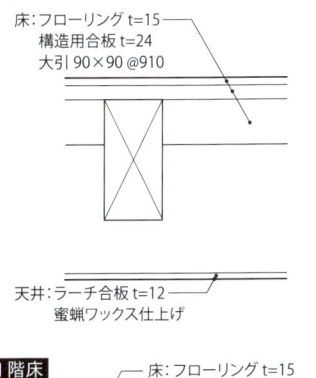

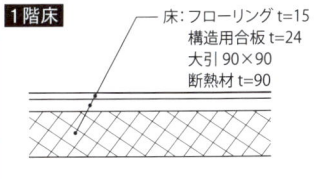

屋根
屋根：ガルバリウム鋼板 平葺き
アスファルトルーフィング
野地板 t=12
垂木 45×45 @455
せき板
断熱材（グラスウール32K）t=185
構造用合板（防湿層を兼ねる）
天井：
ラーチ合板 t=12
蜜蝋ワックス仕上げ

外壁
壁：リシン吹付け
下地合板 t=12
通気胴縁 18×18
透湿防水シート
構造用合板 t=12
断熱材（グラスウール24K）t=90
防湿フィルム
ラーチ合板 t=12
蜜蝋ワックス仕上げ

2階床
床：フローリング t=15
構造用合板 t=24
大引 90×90 @910

天井：ラーチ合板 t=12
蜜蝋ワックス仕上げ

1階床
床：フローリング t=15
構造用合板 t=24
大引 90×90
断熱材 t=90

矩計図　1：30

最高高さ＝屋根頂部の高さ

屋根：ガルバリウム鋼板 t=0.35 平葺き
アスファルトルーフィング
野地板 t=12
垂木 45×45 @455
桁上断熱（グラスウール32K）t=185
構造用合板（防湿層を兼ねる）

桁上断熱
2階小屋裏の配線などが施工しやすい。
構造用合板が防湿層を兼ねる

母屋 90×90
せき板
通気口：防虫網
雨樋：ガルバリウム箱型樋
軒天＝GL+5960
軒桁 120×120

浴室まわりの防湿フィルムを忘れずに

小屋梁 120×150

天井：
ラーチ合板 t=12
蜜蝋ワックス仕上げ

壁：
ラーチ合板 t=12
蜜蝋ワックス仕上げ

居室　CH=2300

浴室（ユニットバス）

外壁：
リシン吹付け
下地合板 t=12
通気胴縁 18×18
透湿防水シート
構造用合板 t=12
断熱材（GW24K）t=90

2FL=GL+3300
胴差 120×150

床：
フローリング t=15
構造用合板 t=24
床梁 90×90 @910

床梁 120×240
補強梁 120×120

ユニットバスを支える梁を加える

天井高さの段差を利用して間接照明を仕込む

間接照明
天井：
ラーチ合板 t=12
蜜蝋ワックス仕上げ
防音パネル t=12

庇：アルミPL-2 折曲加工

居室　CH=2400

木枠

内壁：ラーチ合板 t=12
蜜蝋ワックス仕上げ
防湿フィルム
断熱材（GW24K）t=90

床：
フローリング t=15
構造用合板 t=24
大引 90×90
断熱材 t=90

水切り：ガルバリウム鋼板 t=0.35 折曲加工

1FL=GL+500

土台 120×120
基礎パッキン
GL±0

基礎：捨てコンクリート
防湿フィルム
砕石

1820

E〜J 水まわりあり・吹抜けなし

G

1階：水まわり（浴室）＋ピロティ
2階：居室
屋根：勾配屋根

断面構成ダイヤグラム

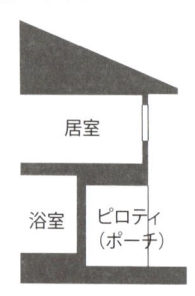

居室／浴室／ピロティ（ポーチ）

ポイント

- 1階ピロティ（ポーチ）上に書斎を設ける。和室と並ぶ書斎で、ピロティ上の空間にも余裕があるので、座卓式の書斎とし、勾配天井にすることで雰囲気を変えている。
- ピロティ上の断熱を忘れずに入れないと、座卓の足元が冷える。
- 浴室の基礎まわりの断熱も必ず施工する。

各部仕上げ　1：15

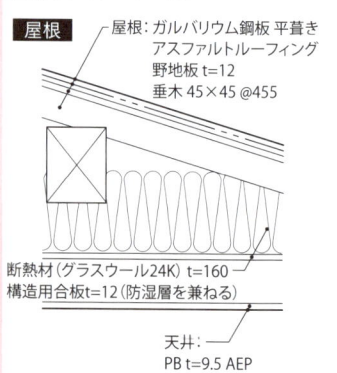

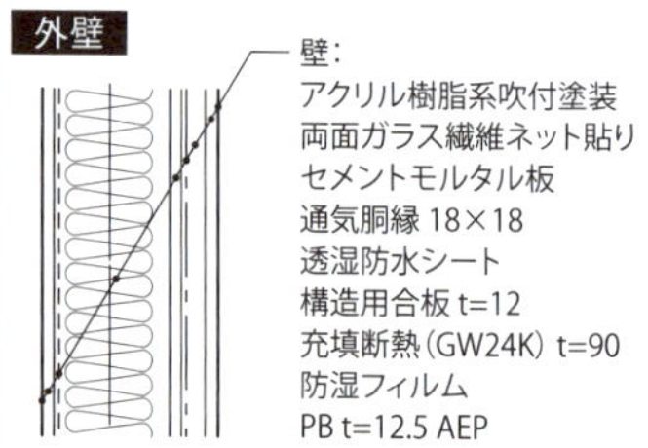

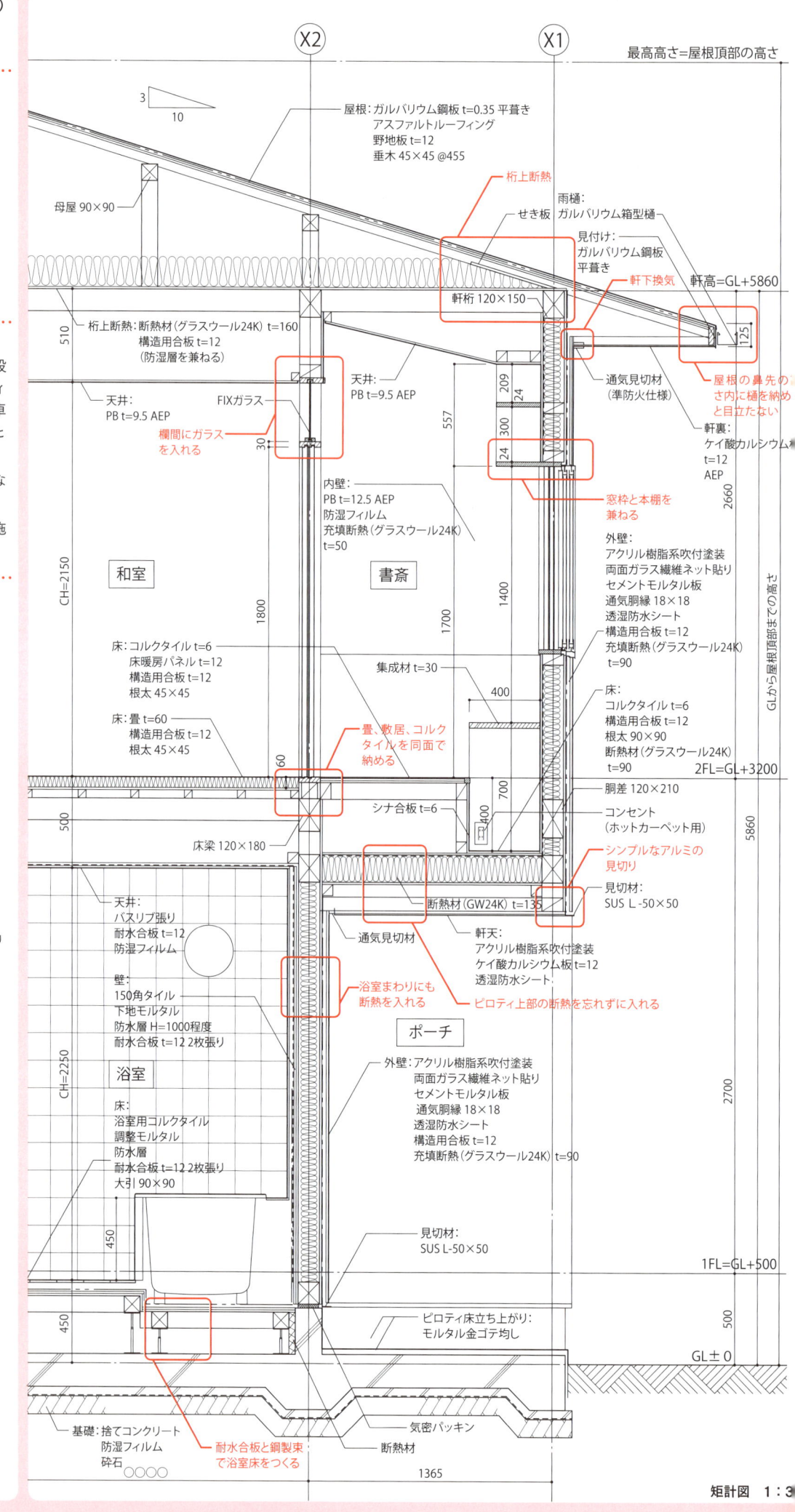

屋根
屋根：ガルバリウム鋼板 平葺き
アスファルトルーフィング
野地板 t=12
垂木 45×45 @455
断熱材（グラスウール24K）t=160
構造用合板t=12（防湿層を兼ねる）
天井：PB t=9.5 AEP

外壁
壁：アクリル樹脂系吹付塗装
両面ガラス繊維ネット貼り
セメントモルタル板
通気胴縁 18×18
透湿防水シート
構造用合板 t=12
充填断熱（GW24K）t=90
防湿フィルム
PB t=12.5 AEP

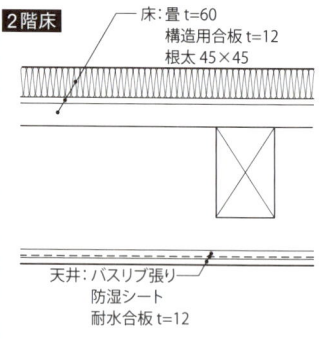

2階床
床：畳 t=60
構造用合板 t=12
根太 45×45
天井：バスリブ張り
防湿シート
耐水合板 t=12

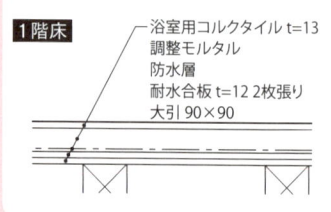

1階床
浴室用コルクタイル t=13
調整モルタル
防水層
耐水合板 t=12 2枚張り
大引 90×90

屋根：ガルバリウム鋼板 t=0.35 平葺き
アスファルトルーフィング
野地板 t=12
垂木 45×45 @455

最高高さ=屋根頂部の高さ

母屋 90×90

桁上断熱
せき板
見付け：ガルバリウム鋼板 平葺き
軒桁 120×150

雨樋：ガルバリウム箱型樋

軒下換気
通気見切材（準防火仕様）

軒高=GL+5860

屋根の鼻先の高さ内に樋を納めると目立たない

軒裏：ケイ酸カルシウム板 t=12 AEP

桁上断熱：断熱材（グラスウール24K）t=160
構造用合板 t=12（防湿層を兼ねる）

天井：PB t=9.5 AEP

FIXガラス

欄間にガラスを入れる

内壁：PB t=12.5 AEP
防湿フィルム
充填断熱（グラスウール24K）t=50

窓枠と本棚を兼ねる

外壁：アクリル樹脂系吹付塗装
両面ガラス繊維ネット貼り
セメントモルタル板
通気胴縁 18×18
透湿防水シート
構造用合板 t=12
充填断熱（グラスウール24K）t=90

和室　CH=2150

書斎

床：コルクタイル t=6
床暖房パネル t=12
構造用合板 t=12
根太 45×45

集成材 t=30

床：畳 t=60
構造用合板 t=12
根太 45×45

畳、敷居、コルクタイルを同面で納める

床：コルクタイル t=6
構造用合板 t=12
根太 90×90
断熱材（グラスウール24K）t=90

胴差 120×210

シナ合板 t=6

2FL=GL+3200

床梁 120×180

コンセント（ホットカーペット用）

断熱材（GW24K）t=135

シンプルなアルミの見切り
見切材：SUS L-50×50

天井：バスリブ張り
耐水合板 t=12
防湿フィルム

通気見切材

軒天：アクリル樹脂系吹付塗装
ケイ酸カルシウム板 t=12
透湿防水シート

壁：150角タイル
下地モルタル
防水層 H=1000程度
耐水合板 t=12 2枚張り

浴室まわりにも断熱を入れる

ピロティ上部の断熱を忘れずに入れる

浴室　CH=2250

ポーチ

床：浴室用コルクタイル
調整モルタル
防水層
耐水合板 t=12 2枚張り
大引 90×90

外壁：アクリル樹脂系吹付塗装
両面ガラス繊維ネット貼り
セメントモルタル板
通気胴縁 18×18
透湿防水シート
構造用合板 t=12
充填断熱（グラスウール24K）t=90

見切材：SUS L-50×50

ピロティ床立ち上がり：モルタル金ゴテ均し

1FL=GL+500

基礎：捨てコンクリート
防湿フィルム
砕石

耐水合板と鋼製束で浴室床をつくる

気密パッキン

断熱材

GL±0

1365

矩計図　1：30

3章　矩計図のパターンをつかむ

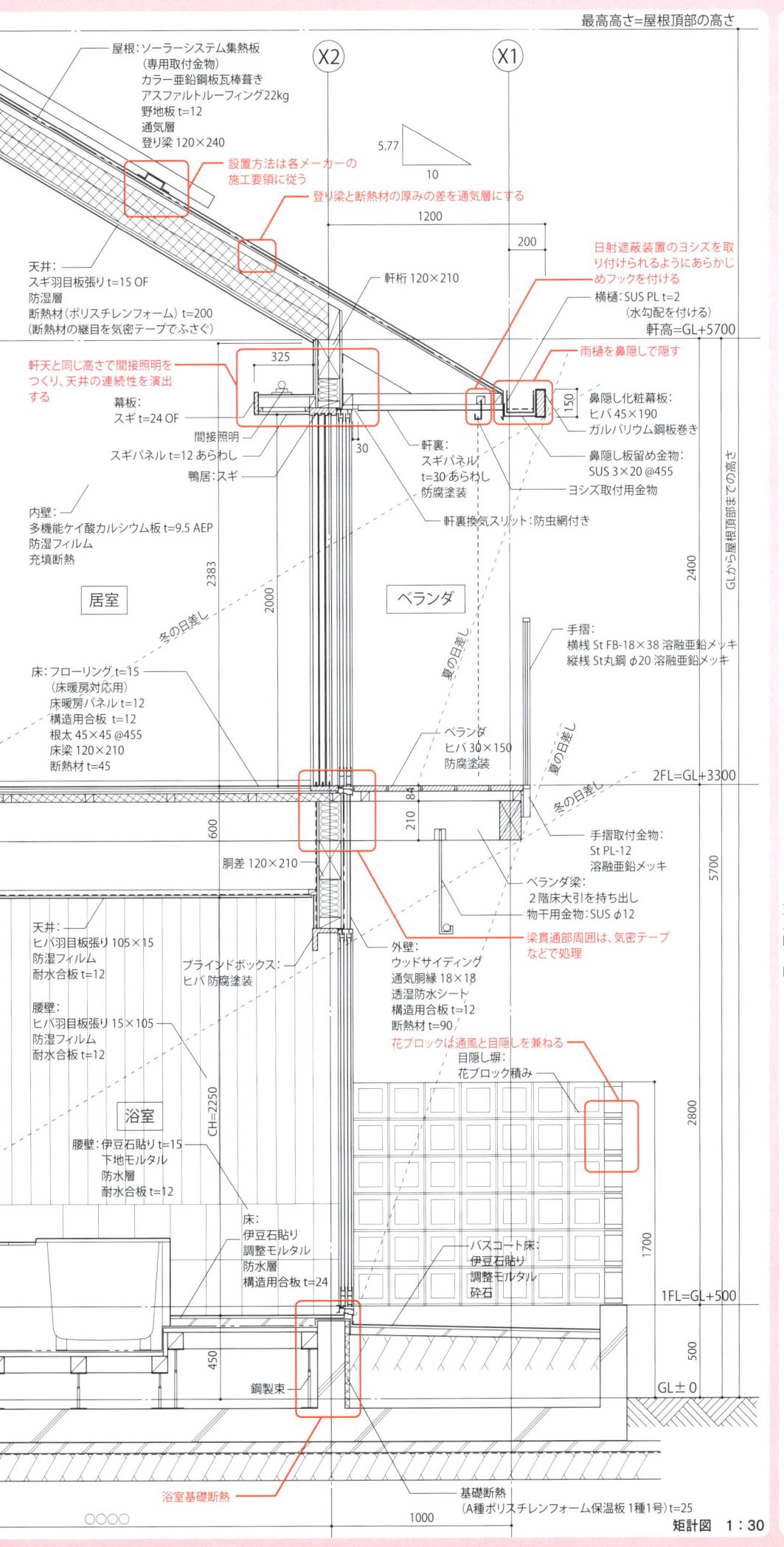

H
1階：水まわり（浴室）＋バスコート
2階：居室＋ベランダ
屋根：勾配屋根

断面構成ダイヤグラム

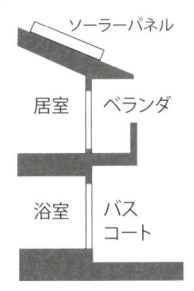

ソーラーパネル
居室／ベランダ
浴室／バスコート

ポイント

- 1階の浴室から延長したバスコート、2階の居室から連続したベランダを設け、室内から外部への開放性を確保する。
- 1階、2階ともに床の素材を連続させ、視覚的な広がりを演出する。
- 2階のベランダは、床梁を片持梁で張り出し、1階に柱を落とさない。必要に応じて、屋根の梁から吊ることもある。床梁が外壁を貫通する部分は防水処理を丁寧に行う。

各部仕上げ 1:15

屋根
カラー亜鉛鋼板 瓦棒葺き
アスファルトルーフィング 22kg
野地板 t=12
通気層
登り梁 120×240

天井：
スギ羽目板張り t=15 OF
防湿層
（断熱材の継目を気密テープでふさぐ）
断熱材（ポリスチレンフォーム）t=200

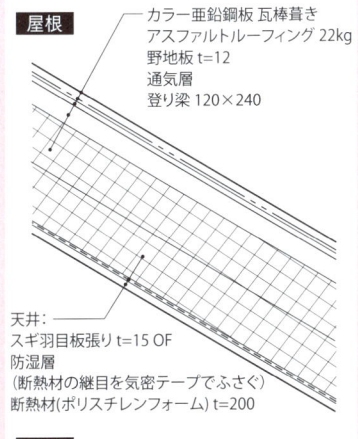

外壁
壁：
ウッドサイディング
通気胴縁 18×18
透湿防水シート
構造用合板 t=12
充填断熱 t=90
防湿フィルム
多機能ケイ酸カルシウム板 t=9.5 AEP

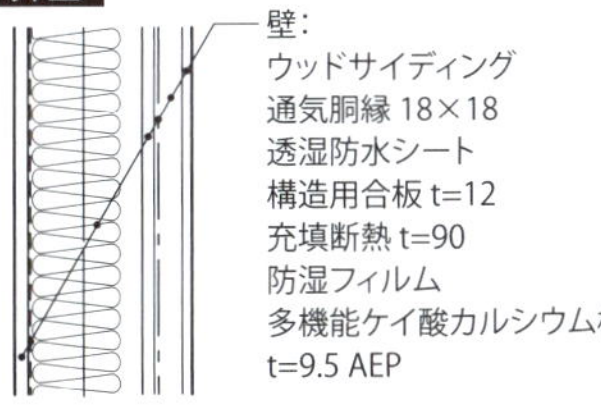

2階床
フローリング（床暖房対応）t=15
床暖房パネル t=12
構造用合板 t=12
根太 45×45 @455
断熱材 t=45

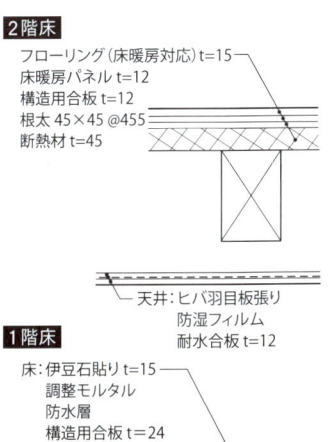

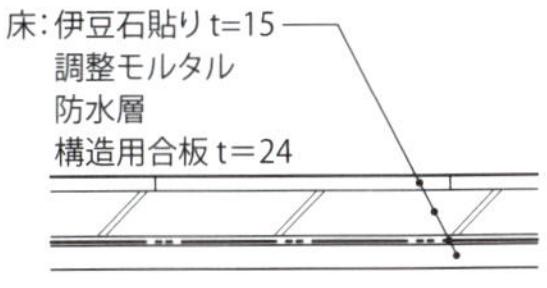

1階床
天井：ヒバ羽目板張り
防湿フィルム
耐水合板 t=12

床：伊豆石貼り t=15
調整モルタル
防水層
構造用合板 t=24

矩計図 1:30

最高高さ＝屋根頂部の高さ

屋根：ソーラーシステム集熱板（専用取付金物）
カラー亜鉛鋼板瓦棒葺き
アスファルトルーフィング22kg
野地板 t=12
通気層
登り梁 120×240

設置方法は各メーカーの施工要領に従う
登り梁と断熱材の厚みの差を通気層にする

天井：
スギ羽目板張り t=15 OF
防湿層
断熱材（ポリスチレンフォーム）t=200
（断熱材の継目を気密テープでふさぐ）

軒桁 120×210

日射遮蔽装置のヨシズを取り付けられるようにあらかじめフックを付ける

横樋：SUS PL t=2（水勾配を付ける）
軒高=GL+5700

雨樋を鼻隠しで隠す

軒天と同じ高さで間接照明をつくり、天井の連続性を演出する

幕板：スギ t=24 OF
間接照明

鼻隠し化粧幕板：
ヒバ 45×190
ガルバリウム鋼板巻き

鼻隠し板留め金物：
SUS 3×20 @455

軒裏：
スギパネル t=30 あらわし
防腐塗装

ヨシズ取付用金物

スギパネル t=12 あらわし
鴨居：スギ

軒裏換気スリット：防虫網付き

内壁：
多機能ケイ酸カルシウム板 t=9.5 AEP
防湿フィルム
充填断熱

[居室]　[ベランダ]

冬の日差し／夏の日差し

床：フローリング t=15
（床暖房対応用）
床暖房パネル t=12
構造用合板 t=12
根太 45×45 @455
床梁 120×210
断熱材 t=45

手摺：
横桟 St FB-18×38 溶融亜鉛メッキ
縦桟 St 丸鋼 φ20 溶融亜鉛メッキ

ベランダ：
ヒバ 30×150
防腐塗装

2FL=GL+3300

手摺取付金物：
St PL-12
溶融亜鉛メッキ

ベランダ梁：
2階床大引を持ち出し
物干金物：SUS φ12

梁貫通部周囲は、気密テープなどで処理

胴差 120×210

天井：
ヒバ羽目板張り 105×15
防湿フィルム
耐水合板 t=12

ブラインドボックス：
ヒバ 防腐塗装

外壁：
ウッドサイディング
通気胴縁 18×18
透湿防水シート
構造用合板 t=12
断熱材 t=90

腰壁：
ヒバ羽目板張り 15×105
防湿フィルム
耐水合板 t=12

目隠し塀：
花ブロック積み

花ブロックは通風と目隠しを兼ねる

CH=2250

[浴室]

腰壁：伊豆石貼り t=15
下地モルタル
防水層
耐水合板 t=12

床：
伊豆石貼り
調整モルタル
防水層
構造用合板 t=24

バスコート床：
伊豆石貼り
調整モルタル
砕石

1FL=GL+500

鋼製束

浴室基礎断熱

基礎断熱
（A種ポリスチレンフォーム保温板1種1号）t=25

GL±0

E～J 水まわりあり・吹抜けなし

I

1階：玄関＋ピロティ
2階：水まわり
　　　（浴室＋洗面）
屋根：勾配屋根

断面構成ダイヤグラム

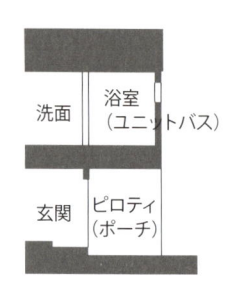

洗面	浴室 （ユニットバス）
玄関	ピロティ （ポーチ）

ポイント

- 1階ピロティ（ポーチ）上に浴室を設ける。ハーフユニットバスを利用し、腰壁より上部は好みの素材で仕上げる。また浴室と洗面室は勾配天井で、開放感のある水まわりになる。
- 浴室下にも断熱材を施工する。
- 玄関の土間コンクリートにも断熱材を入れる。この場合は、基礎の立ち上がりに断熱材を入れて熱的境界をつくる。

各部仕上げ　1：15

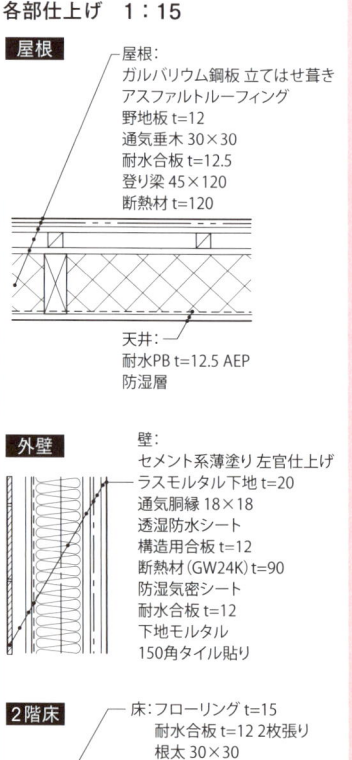

屋根
屋根：
ガルバリウム鋼板 立てはぜ葺き
アスファルトルーフィング
野地板 t=12
通気垂木 30×30
耐水合板 t=12.5
登り梁 45×120
断熱材 t=120

天井：
耐水PB t=12.5 AEP
防湿層

外壁
壁：
セメント系薄塗り 左官仕上げ
ラスモルタル下地 t=20
通気胴縁 18×18
透湿防水シート
構造用合板 t=12
断熱材（GW24K）t=90
防湿気密シート
耐水合板 t=12
下地モルタル
150角タイル貼り

2階床
床：フローリング t=15
耐水合板 t=12 2枚張り
根太 30×30

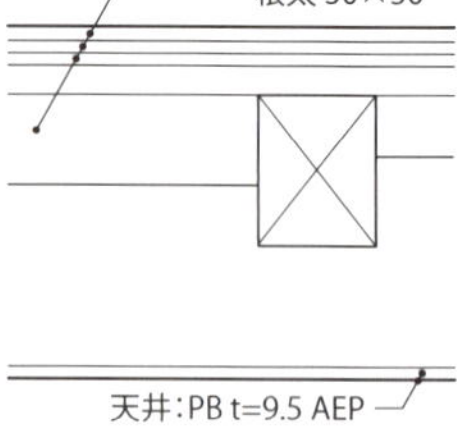

天井：PB t=9.5 AEP

1階床
床：タイル t=15
下地モルタル t=20
シンダーコンクリート
砕石敷込転圧

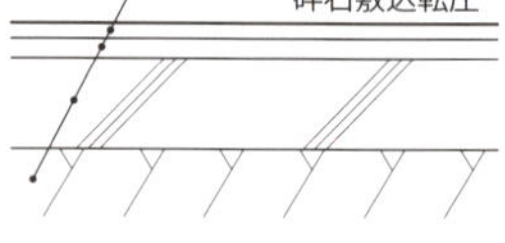

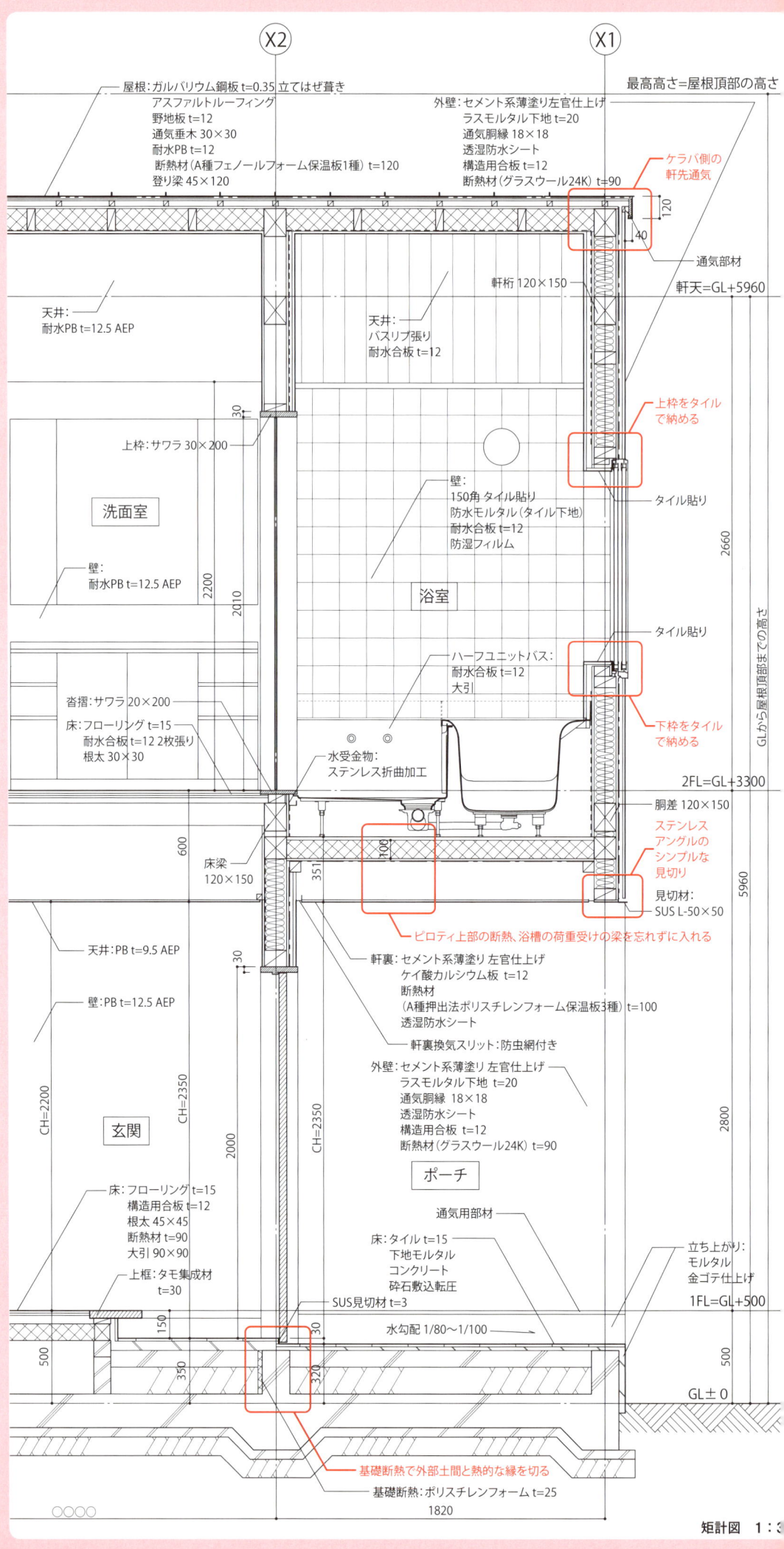

屋根：ガルバリウム鋼板 t=0.35 立てはぜ葺き
アスファルトルーフィング
野地板 t=12
通気垂木 30×30
耐水PB t=12
断熱材（A種フェノールフォーム保温板1種）t=120
登り梁 45×120

外壁：セメント系薄塗り左官仕上げ
ラスモルタル下地 t=20
通気胴縁 18×18
透湿防水シート
構造用合板 t=12
断熱材（グラスウール24K）t=90

最高高さ＝屋根頂部の高さ

ケラバ側の軒先通気

通気部材

軒天＝GL+5960

天井：
耐水PB t=12.5 AEP

軒桁 120×150

天井：
バスリブ張り
耐水合板 t=12

上枠：サワラ 30×200

上枠をタイルで納める

壁：
150角 タイル貼り
防水モルタル（タイル下地）
耐水合板 t=12
防湿フィルム

タイル貼り

洗面室

壁：
耐水PB t=12.5 AEP

浴室

タイル貼り

ハーフユニットバス：
耐水合板 t=12
大引

沓摺：サワラ 20×200
床：フローリング t=15
耐水合板 t=12 2枚張り
根太 30×30

水受金物：
ステンレス折曲加工

下枠をタイルで納める

2FL=GL+3300

胴差 120×150

ステンレスアングルのシンプルな見切り

床梁
120×150

見切材：
SUS L-50×50

ピロティ上部の断熱、浴槽の荷重受けの梁を忘れずに入れる

天井：PB t=9.5 AEP

壁：PB t=12.5 AEP

軒裏：セメント系薄塗り 左官仕上げ
ケイ酸カルシウム板 t=12
断熱材
（A種押出法ポリスチレンフォーム保温板3種）t=100
透湿防水シート

軒裏換気スリット：防虫網付き

外壁：セメント系薄塗り 左官仕上げ
ラスモルタル下地 t=20
通気胴縁 18×18
透湿防水シート
構造用合板 t=12
断熱材（グラスウール24K）t=90

玄関

ポーチ

床：フローリング t=15
構造用合板 t=12
根太 45×45
断熱材 t=90
大引 90×90

上框：タモ集成材 t=30

通気用部材

床：タイル t=15
下地モルタル
コンクリート
砕石敷込転圧

SUS見切材 t=3

水勾配 1/80〜1/100

立ち上がり：
モルタル
金ゴテ仕上げ

1FL=GL+500

基礎断熱で外部土間と熱的な縁を切る

基礎断熱：ポリスチレンフォーム t=25

GL±0

矩計図 1：3

70　3章　矩計図のパターンをつかむ

J

1階：居室
2階：水まわり（浴室）＋バスコート
屋根：陸屋根

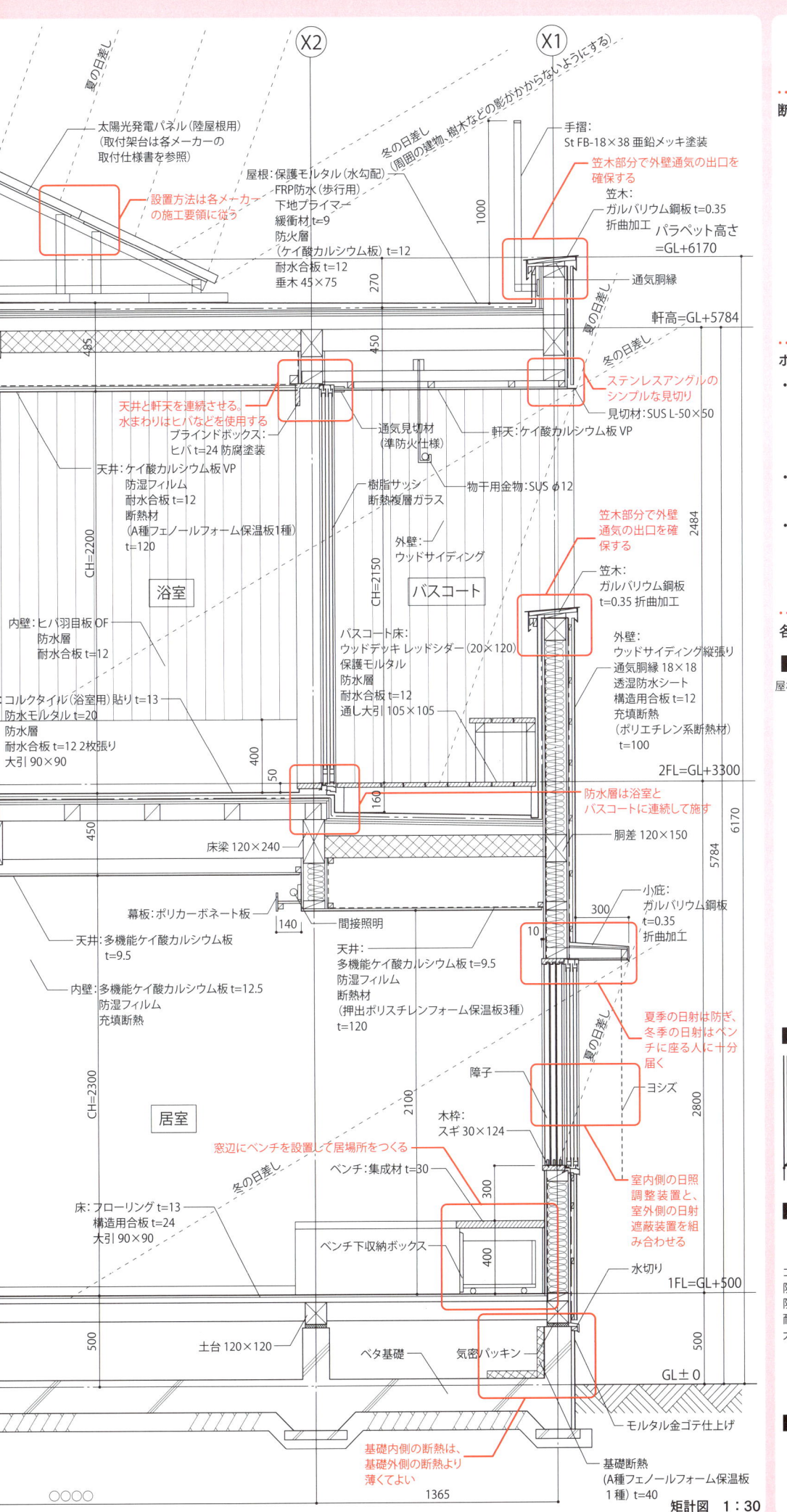

断面構成ダイヤグラム

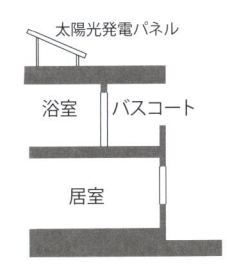

太陽光発電パネル
浴室　バスコート
居室

ポイント

- 2階に浴室と連続するバスコートを設ける。バスコートの下の1階の天井を下げ、ベンチを設けた窓辺を演出する。
- 浴室とバスコートの防水を連続して施工する。
- 陸屋根上に太陽光発電パネルを設置する。手摺などで発電パネルに影がかからないように位置を検討する。

各部仕上げ　1:15

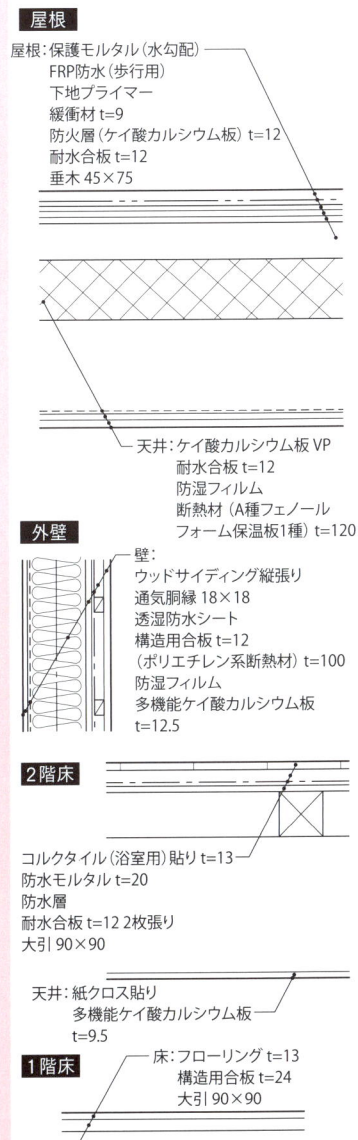

屋根

屋根：保護モルタル（水勾配）
FRP防水（歩行用）
下地プライマー
緩衝材 t=9
防火層（ケイ酸カルシウム板）t=12
耐水合板 t=12
垂木 45×75

天井：ケイ酸カルシウム板 VP
耐水合板 t=12
防湿フィルム
断熱材（A種フェノールフォーム保温板1種）t=120

外壁

壁：ウッドサイディング縦張り
通気胴縁 18×18
透湿防水シート
構造用合板 t=12
（ポリエチレン系断熱材）t=100
防湿フィルム
多機能ケイ酸カルシウム板 t=12.5

2階床

コルクタイル（浴室用）貼 t=13
防水モルタル t=20
防水層
耐水合板 t=12 2枚張り
大引 90×90

天井：紙クロス貼り
多機能ケイ酸カルシウム板 t=9.5

1階床

床：フローリング t=13
構造用合板 t=24
大引 90×90

矩計図　1:30

図中の注記

- 太陽光発電パネル（陸屋根用）（取付架台は各メーカーの取付仕様書を参照）
- 設置方法は各メーカーの施工要領に従う
- 夏の日差し
- 冬の日差し（周囲の建物、樹木などの影がかからないようにする）
- 手摺：St FB-18×38 亜鉛メッキ塗装
- 笠木部分で外壁通気の出口を確保する
- 笠木：ガルバリウム鋼板 t=0.35 折曲加工
- パラペット高さ＝GL+6170
- 屋根：保護モルタル（水勾配）
  FRP防水（歩行用）
  下地プライマー
  緩衝材 t=9
  防火層（ケイ酸カルシウム板）t=12
  耐水合板 t=12
  垂木 45×75
- 通気胴縁
- 軒高＝GL+5784
- ステンレスアングルのシンプルな見切り
- 見切材：SUS L-50×50
- 軒天：ケイ酸カルシウム板 VP
- 天井と軒天を連続させる。水まわりはヒバなどを使用する
- ブラインドボックス：ヒバ t=24 防腐塗装
- 通気見切材（準防火仕様）
- 樹脂サッシ 断熱複層ガラス
- 物干用金物：SUS φ12
- 天井：ケイ酸カルシウム板 VP
  防湿フィルム
  耐水合板 t=12
  断熱材（A種フェノールフォーム保温板1種）t=120
- 浴室　CH=2200
- バスコート　CH=2150
- 外壁：ウッドサイディング
- 笠木部分で外壁通気の出口を確保する
- 笠木：ガルバリウム鋼板 t=0.35 折曲加工
- 外壁：ウッドサイディング縦張り
  通気胴縁 18×18
  透湿防水シート
  構造用合板 t=12
  充填断熱（ポリエチレン系断熱材）t=100
- バスコート床：ウッドデッキ レッドシダー（20×120）
  保護モルタル
  防水層
  耐水合板 t=12
  通し大引 105×105
- 内壁：ヒバ羽目板 OF
  防水層
  耐水合板 t=12
- コルクタイル（浴室用）貼 t=13
  防水モルタル t=20
  防水層
  耐水合板 t=12 2枚張り
  大引 90×90
- 防水層は浴室とバスコートに連続して施す
- 2FL=GL+3300
- 床梁 120×240
- 胴差 120×150
- 幕板：ポリカーボネート板
- 間接照明
- 天井：多機能ケイ酸カルシウム板 t=9.5
- 内壁：多機能ケイ酸カルシウム板 t=12.5
  防湿フィルム
  充填断熱
- 天井：多機能ケイ酸カルシウム板 t=9.5
  防湿フィルム
  断熱材（押出ポリスチレンフォーム保温板3種）t=120
- 小庇：ガルバリウム鋼板 t=0.35 折曲加工
- 夏季の日射は防ぎ、冬季の日射はベンチに座る人に十分届く
- 障子
- ヨシズ
- 木枠：スギ 30×124
- 室内側の日照調整装置と、室外側の日射遮蔽装置を組み合わせる
- 窓辺にベンチを設置して居場所をつくる
- ベンチ：集成材 t=30
- 居室　CH=2300
- 床：フローリング t=13
  構造用合板 t=24
  大引 90×90
- ベンチ下収納ボックス
- 水切り
- 1FL=GL+500
- 土台 120×120
- ベタ基礎
- 気密パッキン
- モルタル金コテ仕上げ
- GL±0
- 基礎内側の断熱は、基礎外側の断熱より薄くてよい
- 基礎断熱（A種フェノールフォーム保温板1種）t=40

E～J 水まわりあり・吹抜けなし　71

K

1階：居室＋小上がり
2階：居室
屋根：勾配屋根

断面構成ダイヤグラム

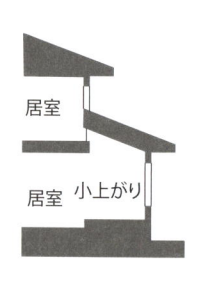

居室
居室　小上がり

ポイント

- 1階の小上がりに段差を設け、2階と空間的に連続させ、縦方向の広がりを演出する。
- 真壁の場合、断熱材の厚みが確保しにくいので、高性能の断熱材を選ぶ。
- 外壁材を縦目地で張る場合は、下地は横胴縁となる。外壁通気の確保に注意する（矩計図では文字で指示する）。
- 床暖房の下には断熱材を入れる。

各部仕上げ　1:15

屋根
屋根：ガルバリウム鋼板 平葺き
アスファルトルーフィング
野地板 t=12
垂木 45×45 @455

天井：
漆喰塗り
石膏ラスボード t=12.5
防湿フィルム
断熱材（高性能グラスウール24K）t=160

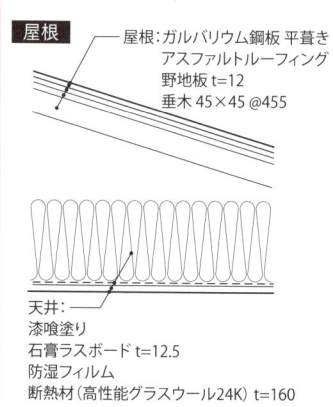

外壁
壁：
スギ板本実張 t=25
通気胴縁 18×45
透湿防水シート
構造用合板 t=12
充填断熱（高性能GW24K）t=90
防湿フィルム
石膏ラスボード t=12.5
漆喰塗り

2階床
床：
無垢板張り t=20
構造用合板 t=12
根太 45×45

強化ガラス
押縁
ガラス受け材

天井：
漆喰塗り
石膏ラスボード t=12.5

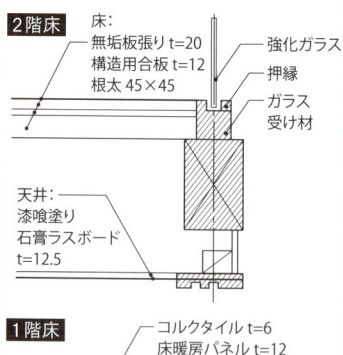

1階床
コルクタイル t=6
床暖房パネル t=12
構造用合板 t=24
断熱材（GWB24K）t=30
大引 90×90

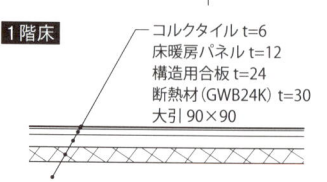

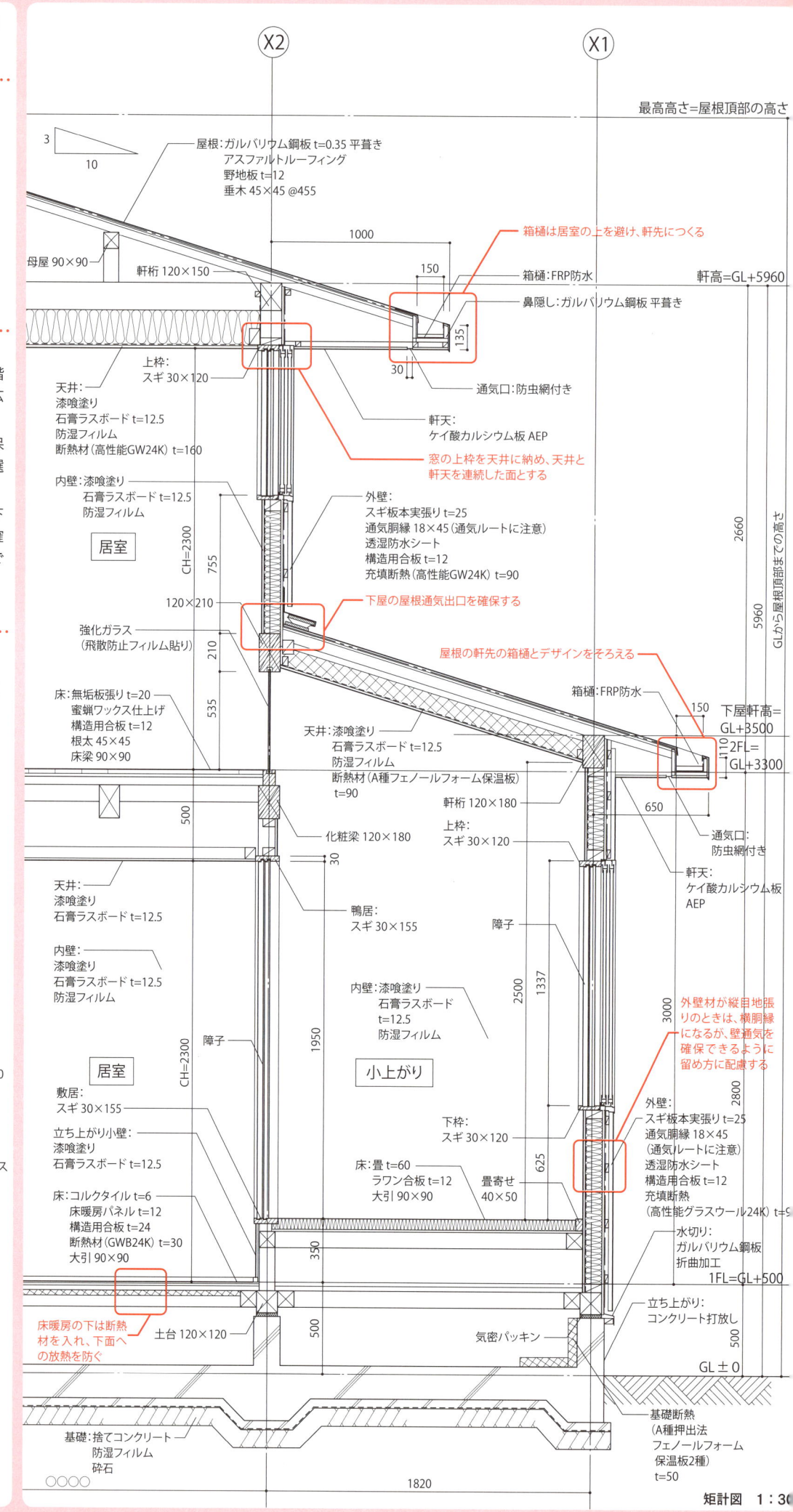

矩計図　1:30

最高高さ＝屋根頂部の高さ

屋根：ガルバリウム鋼板 t=0.35 平葺き
アスファルトルーフィング
野地板 t=12
垂木 45×45 @455

母屋 90×90
軒桁 120×150

箱樋は居室の上を避け、軒先につくる

箱樋：FRP防水
鼻隠し：ガルバリウム鋼板 平葺き
軒高＝GL+5960

上枠：スギ 30×120

通気口：防虫網付き

天井：
漆喰塗り
石膏ラスボード t=12.5
防湿フィルム
断熱材（高性能GW24K）t=160

軒天：ケイ酸カルシウム板 AEP

窓の上枠を天井に納め、天井と軒天を連続した面とする

内壁：漆喰塗り
石膏ラスボード t=12.5
防湿フィルム

外壁：
スギ板本実張り t=25
通気胴縁 18×45（通気ルートに注意）
透湿防水シート
構造用合板 t=12
充填断熱（高性能GW24K）t=90

居室　CH=2300

強化ガラス（飛散防止フィルム貼り）

下屋の屋根通気出口を確保する

床：無垢板張り t=20
蜜蝋ワックス仕上げ
構造用合板 t=12
根太 45×45
床梁 90×90

屋根の軒先の箱樋とデザインをそろえる

天井：漆喰塗り
石膏ラスボード t=12.5
防湿フィルム
断熱材（A種フェノールフォーム保温板）t=90

箱樋：FRP防水
下屋軒高＝GL+3500
2FL＝GL+3300

化粧梁 120×180

軒桁 120×180
上枠：スギ 30×120

通気口：防虫網付き

軒天：ケイ酸カルシウム板 AEP

鴨居：スギ 30×155

障子

内壁：漆喰塗り
石膏ラスボード t=12.5
防湿フィルム

天井：漆喰塗り
石膏ラスボード t=12.5
防湿フィルム

内壁：漆喰塗り
石膏ラスボード t=12.5
防湿フィルム

居室　CH=2300

敷居：スギ 30×155

立ち上がり小壁：漆喰塗り
石膏ラスボード t=12.5

床：コルクタイル t=6
床暖房パネル t=12
構造用合板 t=24
断熱材（GWB24K）t=30
大引 90×90

小上がり

下枠：スギ 30×120

床：畳 t=60
ラワン合板 t=12
大引 90×90

畳寄せ 40×50

外壁材が縦目地張りのときは、横胴縁になるが、壁通気を確保できるように留め方に配慮する

外壁：
スギ板本実張り t=25
通気胴縁 18×45
（通気ルートに注意）
透湿防水シート
構造用合板 t=12
充填断熱
（高性能グラスウール24K）t=90

床暖房の下は断熱材を入れ、下面への放熱を防ぐ

土台 120×120

気密パッキン

水切り：ガルバリウム鋼板 折曲加工
1FL＝GL+500

立ち上がり：コンクリート打放し

基礎：捨てコンクリート
防湿フィルム
砕石

基礎断熱
（A種押出法 フェノールフォーム保温板2種）t=50

GL±0

1820

矩計図　1:30

主な記載事項（図面注記）

- 最高高さ=屋根頂部の高さ
- 屋根:ガルバリウム鋼板 t=0.35 立てはぜ葺き
  アスファルトルーフィング
  野地板 t=12
  通気垂木 30×30
  垂木 45×90
  断熱材（A種フェノールフォーム保温板1種2号）t=90
- 面戸板 t=45
- 壁、屋根 通気連動口（防虫網）
- 壁通気と屋根通気を連動させる
- 軒高=GL+6476
- 木あらわし
- 軒桁 120×180
- 鼻隠し 30×220
- 雨樋
- 通気口：防虫網付き
- 軒裏：スギ3層パネル t=30 保護塗装
- 下屋の屋根通気出口を確保する
- 壁：珪藻土塗り PB t=12.5（継目はジョイントテープ貼り）防湿フィルム
- 梁 120×180
- 垂木あらわし
- 天井：スギパネル t=30 防湿フィルム 断熱材（A種フェノールフォーム保温板1種2号）t=90
- 軒桁 120×180
- 軒裏：スギ3層パネル t=30 保護塗装
- 軒高=GL+5000
- 通気口：防虫網付き
- 内壁：珪藻土塗り PB t=12.5（継目はジョイントテープ貼り）防湿フィルム
- 手摺：スギ 60×60
- 外壁：リシン吹付け セメントボード 通気胴縁 18×45 透湿防水シート 構造用合板 t=12 充填断熱（高性能グラスウール）t=90
- St FB-12×32 OP
- 2FL=GL+3000
- フローリング t=13 構造用合板 t=24 根太 60×105
- 押縁：スギ 21×45
- 胴差 120×180
- 天井：紙クロス貼り PB t=9.5
- 壁：珪藻土塗り PB t=12.5（継目はジョイントテープ貼り）防湿フィルム
- 居室 CH=2100
- フローリング（床暖房（対応）用）t=13
  床暖房パネル t=12
  構造用合板 t=12
  断熱材（硬質ウレタンフォーム）t=45
  根太 45×45
  大引 90×90
- ステンレスVレール
- 床：フローリング t=13 捨て張り合板 t=12 構造用合板 t=12 根太 40×45 大引 90×90
- 地窓は床を明るくする。また高窓と連動して温度差換気を促す
- 水切り：ガルバリウム鋼板 t=0.35 折曲加工
- 1FL=GL+500
- 土台 120×120
- 気密パッキン
- GL±0
- 床暖房の下には断熱材を入れ、下面への放熱を防ぐ
- 基礎断熱（A種押出法ポリスチレンフォーム2種）t=60（外気に接する土間床外周部）
- 基礎：捨てコンクリート 防湿フィルム 砕石
- 1820
- 冬の日差し／夏の日差し

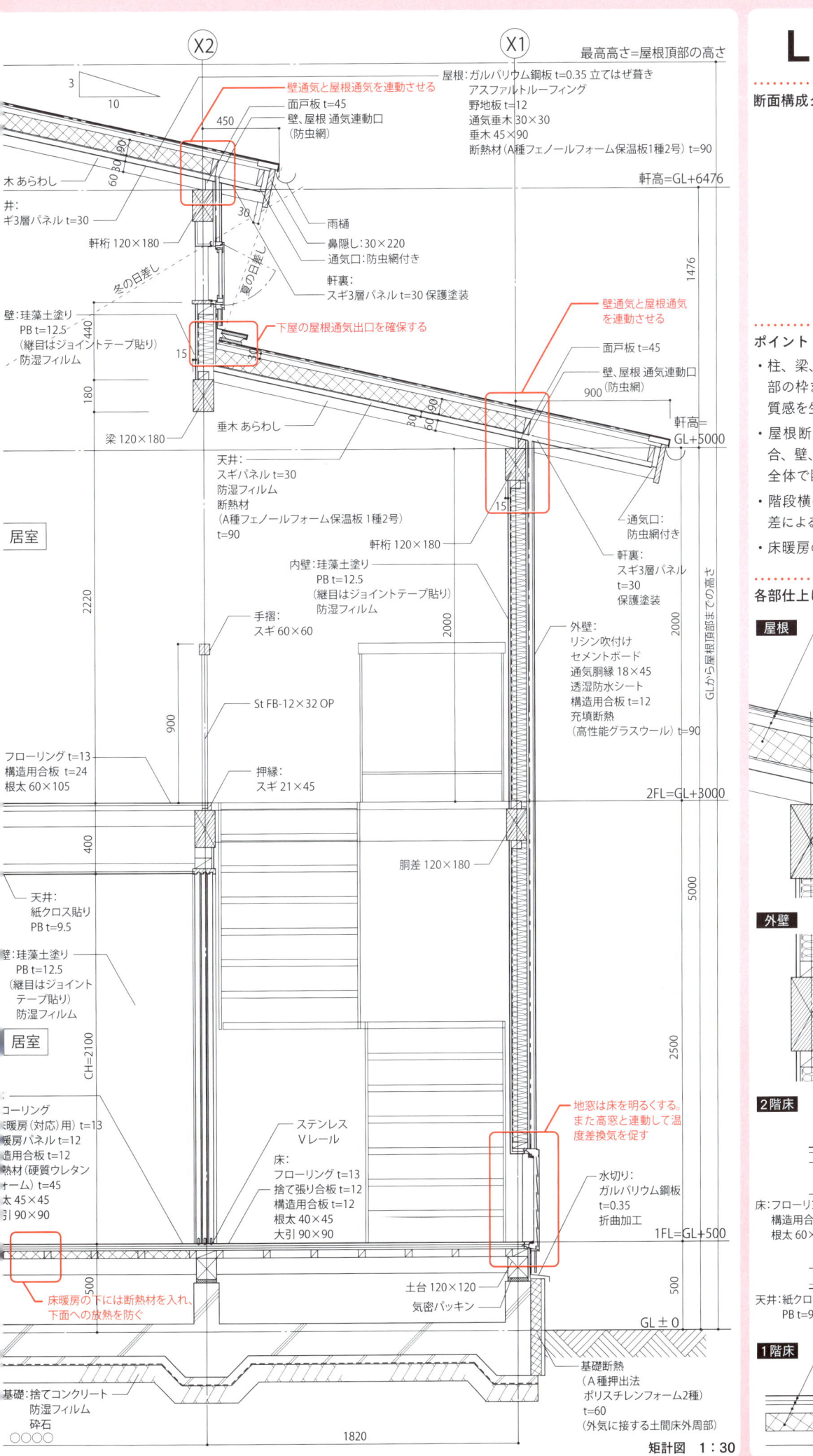

L

1階：居室+階段
2階：居室
屋根：勾配屋根

断面構成ダイヤグラム

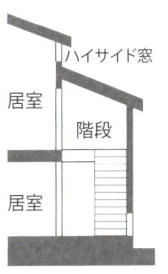

ハイサイド窓／居室／階段／居室

ポイント

- 柱、梁、垂木を見せる真壁で、開口部の枠まわり、階段手摺なども木の質感を生かして空間全体をまとめる。
- 屋根断熱の厚みが確保しにくい場合、壁、開口部の断熱性能を上げ、全体で断熱性を確保する。
- 階段横の地窓と2階の高窓で温度差による自然の通気を促す。
- 床暖房の下には断熱材を入れる。

各部仕上げ　1:15

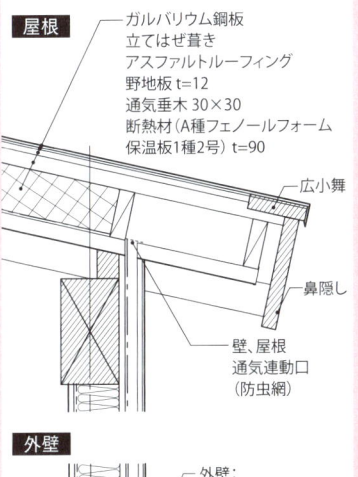

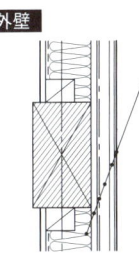

屋根
- ガルバリウム鋼板 立てはぜ葺き
- アスファルトルーフィング
- 野地板 t=12
- 通気垂木 30×30
- 断熱材（A種フェノールフォーム保温板1種2号）t=90
- 広小舞
- 鼻隠し
- 壁、屋根 通気連動口（防虫網）

外壁
- リシン吹付け
- セメントボード
- 通気胴縁 18×45
- 透湿防水シート
- 構造用合板 t=12
- 充填断熱（高性能GW）t=90

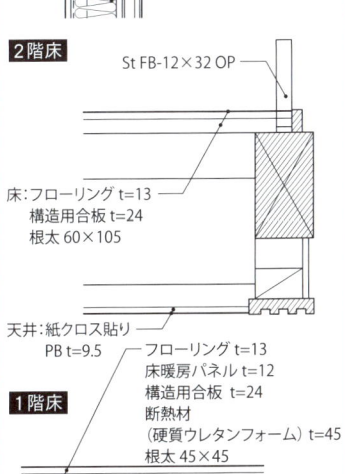

2階床
- St FB-12×32 OP
- 床：フローリング t=13 構造用合板 t=24 根太 60×105
- 天井：紙クロス貼り PB t=9.5

1階床
- フローリング t=13
- 床暖房パネル t=12
- 構造用合板 t=24
- 断熱材（硬質ウレタンフォーム）t=45
- 根太 45×45

K～Q 吹抜けあり

M

1階：居室＋吹抜け＋デッキ
2階：居室
屋根：勾配屋根

断面構成ダイヤグラム

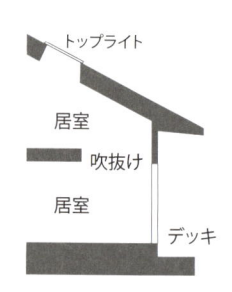

トップライト
居室
吹抜け
居室
デッキ

ポイント

- 登り梁をかけた大屋根で1階と2階を覆い、内部は吹抜けで一体化する。
- トップライトで2階の居室に光を導く。
- 室内壁は珪藻土を全面に塗り、継目のない仕上げとする。
- 深めの庇は外観の軒先の高さを抑え、屋根を大きく見せると同時に、日射をコントロールする役割も果たす。

各部仕上げ 1:15

屋根
屋根：ガルバリウム鋼板 平葺き
アスファルトルーフィング
通気垂木 30×30
野地板 t=12
登り梁 90×180

天井：
珪藻土塗り
PB t=12.5
(継目はジョイントテープ貼り、パテ処理)
防湿層
(防湿フィルムまたは断熱材の継目を気密テープ貼り)
断熱材(A種硬質ウレタンフォーム保温板1種) t=180

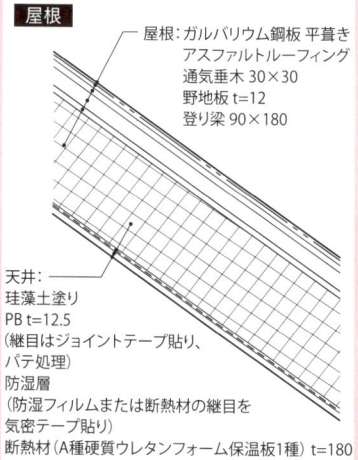

外壁
壁：
ウッドサイディング
通気胴縁 18×18
透湿防水シート
構造用合板 t=12
充填断熱 t=90
防湿フィルム
PB t=12.5
珪藻土塗り

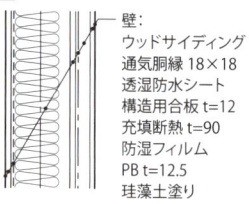

2階床
床：
フローリング t=15
剛床(構造用合板) t=24

天井：珪藻土塗り
PB t=12.5

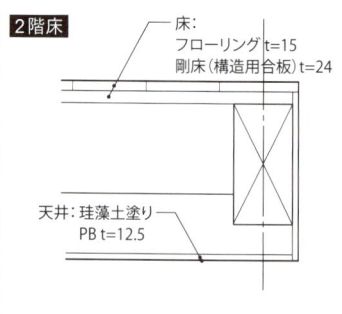

1階床
無垢フローリング t=15
床暖房パネル t=12
構造用合板 t=24
床下断熱材(GWB24K) t=90
大引 90×90

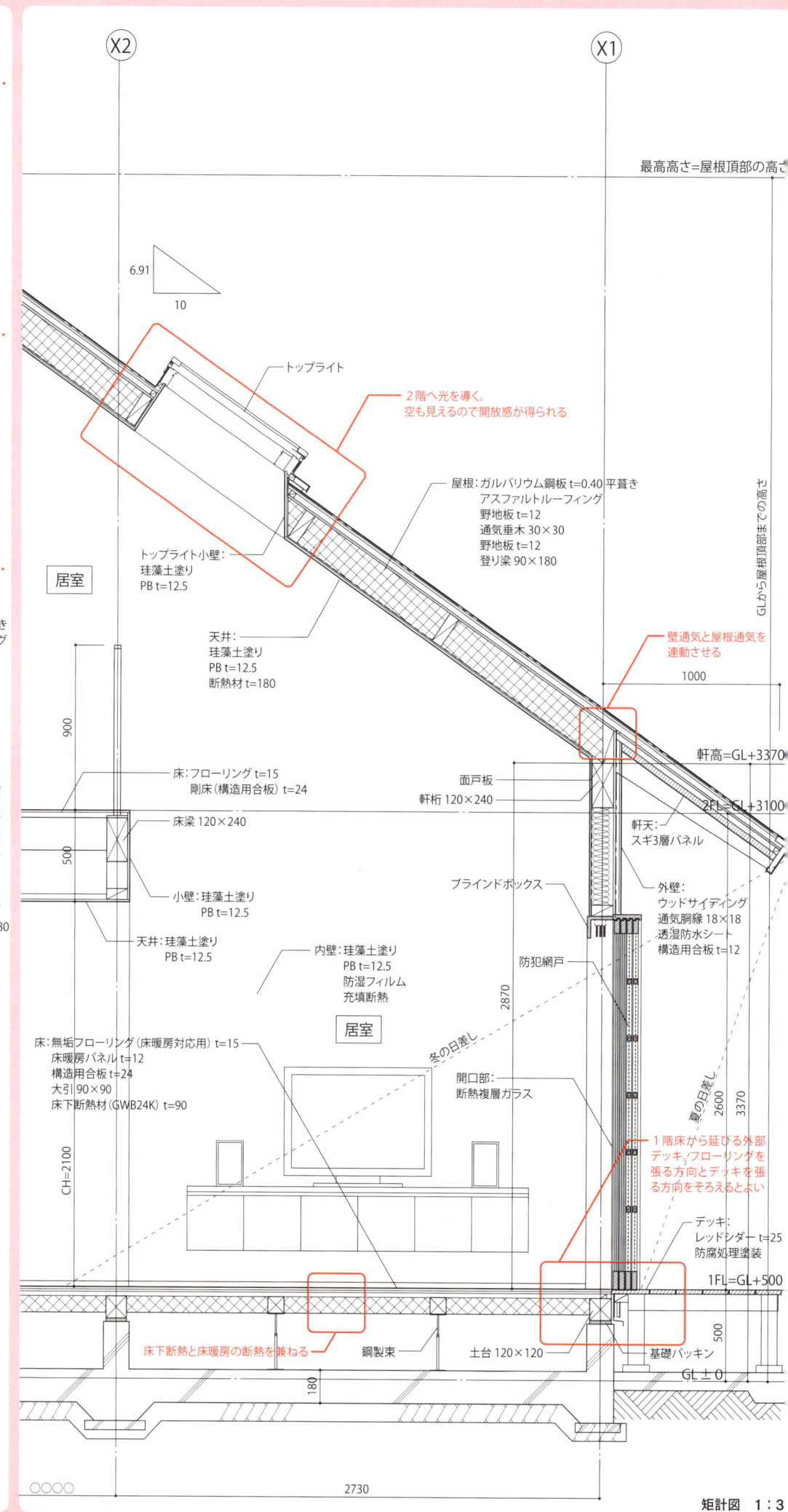

X2 / X1

最高高さ＝屋根頂部の高さ

6.91 / 10

トップライト

2階へ光を導く。
空も見えるので開放感が得られる

屋根：ガルバリウム鋼板 t=0.40 平葺き
アスファルトルーフィング
野地板 t=12
通気垂木 30×30
野地板 t=12
登り梁 90×180

トップライト小壁：
珪藻土塗り
PB t=12.5

居室

天井：
珪藻土塗り
PB t=12.5
断熱材 t=180

壁通気と屋根通気を連動させる

床：フローリング t=15
剛床(構造用合板) t=24

900

床梁 120×240

500

小壁：珪藻土塗り
PB t=12.5

天井：珪藻土塗り
PB t=12.5

面戸板
軒桁 120×240

軒高＝GL+3370
2FL＝GL+3100

軒天：
スギ3層パネル

内壁：珪藻土塗り
PB t=12.5
防湿フィルム
充填断熱

ブラインドボックス

外壁：
ウッドサイディング
通気胴縁 18×18
透湿防水シート
構造用合板 t=12

防犯網戸

居室

床：無垢フローリング(床暖房対応用) t=15
床暖房パネル t=12
構造用合板 t=24
大引 90×90
床下断熱材(GWB24K) t=90

CH=2100

冬の日差し
夏の日差し

開口部：
断熱複層ガラス

2870
2600
3370

1階床から延びる外部デッキ。フローリングを張る方向とデッキを張る方向をそろえるとよい

デッキ：
レッドシダー t=25
防腐処理塗装

1FL＝GL+500

500

床下断熱と床暖房の断熱を兼ねる

鋼製束
土台 120×120
基礎パッキン

180

GL±0

2730

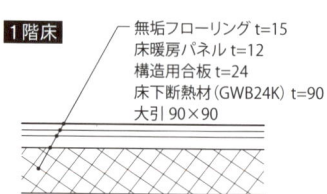

矩計図 1:3

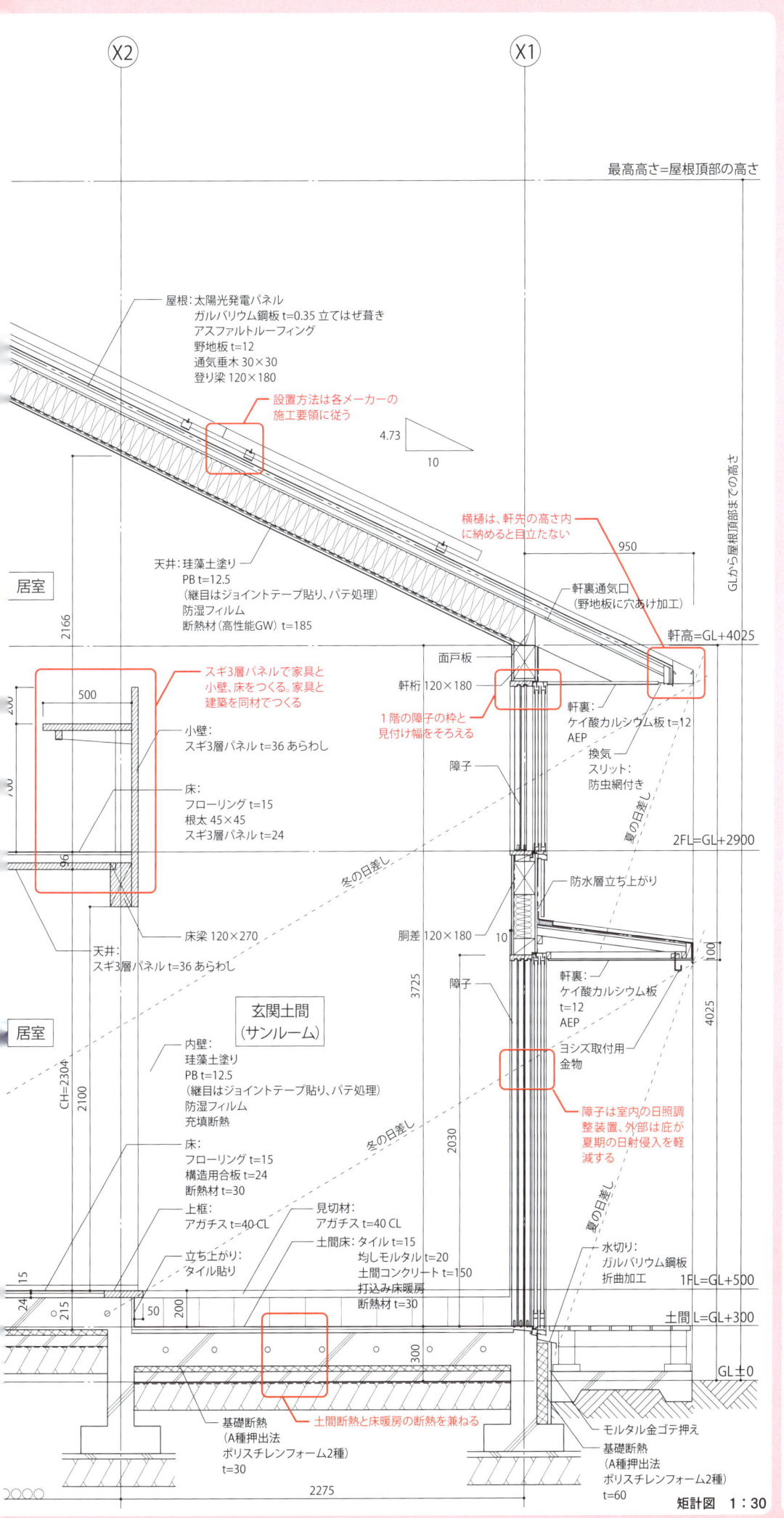

N

1階：居室＋吹抜け＋デッキ
2階：居室
屋根：勾配屋根

断面構成ダイヤグラム

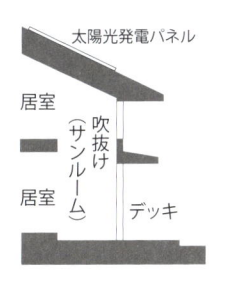

太陽光発電パネル
居室
吹抜け（サンルーム）
居室
デッキ

ポイント

・玄関を土間として広く確保し、熱容量の大きいタイルを敷き、昼間は太陽からの熱をため、夜間から明け方は土間コンクリートに打ち込んだ床暖房で空間全体を暖める。
・1階の天井はスギの3層パネルで、素地を見せた仕上げ。根太間で配線ルートを確保する。
・吹抜けに面した小壁、家具もスギ3層パネルでつくる。
・玄関土間から連続するデッキの庇には、夏季にヨシズなどの日射を遮蔽する外部スクリーンを取り付けられる金物をあらかじめつける。

各部仕上げ　1：15

屋根

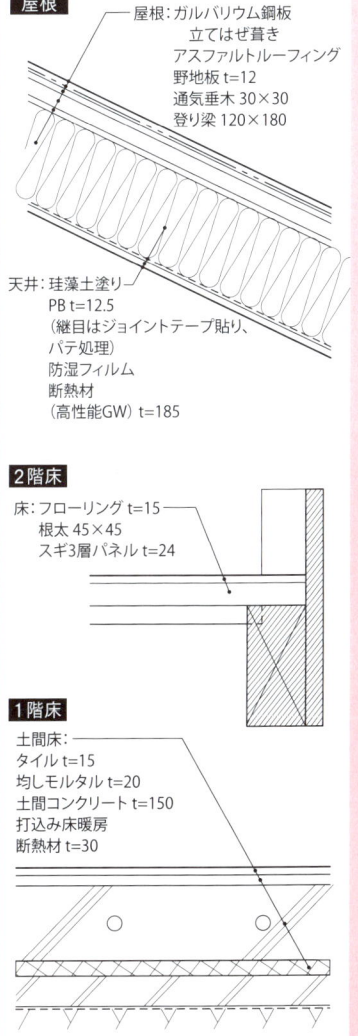

屋根：ガルバリウム鋼板
立てはぜ葺き
アスファルトルーフィング
野地板 t=12
通気垂木 30×30
登り梁 120×180

天井：珪藻土塗り
PB t=12.5
（継目はジョイントテープ貼り、パテ処理）
防湿フィルム
断熱材（高性能GW）t=185

2階床

床：フローリング t=15
根太 45×45
スギ3層パネル t=24

1階床

土間床：
タイル t=15
均しモルタル t=20
土間コンクリート t=150
打込み床暖房
断熱材 t=30

矩計図　1：30

屋根：太陽光発電パネル
ガルバリウム鋼板 t=0.35 立てはぜ葺き
アスファルトルーフィング
野地板 t=12
通気垂木 30×30
登り梁 120×180

設置方法は各メーカーの施工要領に従う

横樋は、軒先の高さ内に納めると目立たない

天井：珪藻土塗り
PB t=12.5
（継目はジョイントテープ貼り、パテ処理）
防湿フィルム
断熱材（高性能GW）t=185

スギ3層パネルで家具と小壁、床をつくる。家具と建築を同材でつくる

小壁：スギ3層パネル t=36 あらわし

床：フローリング t=15
根太 45×45
スギ3層パネル t=24

床梁 120×270

天井：スギ3層パネル t=36 あらわし

軒裏通気口（野地板に穴あけ加工）

面戸板
軒桁 120×180

1階の障子の枠と見付け幅をそろえる

軒裏：
ケイ酸カルシウム板 t=12
AEP

換気スリット：防虫網付き

障子

防水層立ち上がり
胴差 120×180

軒裏：
ケイ酸カルシウム板 t=12
AEP

ヨシズ取付用金物

障子は室内の日照調整装置、外部は庇が夏期の日射侵入を軽減する

水切り：
ガルバリウム鋼板
折曲加工

玄関土間（サンルーム）

内壁：
珪藻土塗り
PB t=12.5
（継目はジョイントテープ貼り、パテ処理）
防湿フィルム
充填断熱

床：
フローリング t=15
構造用合板 t=24
断熱材 t=30

上框：アガチス t=40・CL

見切材：アガチス t=40 CL

土間床：タイル t=15
均しモルタル t=20
土間コンクリート t=150
打込み床暖房
断熱材 t=30

立ち上がり：タイル貼り

基礎断熱
（A種押出法ポリスチレンフォーム2種）t=30

土間断熱と床暖房の断熱を兼ねる

モルタル金ゴテ押え

基礎断熱
（A種押出法ポリスチレンフォーム2種）t=60

最高高さ=屋根頂部の高さ
軒高=GL+4025
2FL=GL+2900
1FL=GL+500
土間 L=GL+300
GL±0

O

1階：居室（半地階）
2階：居室＋ロフト
屋根：勾配屋根

断面構成ダイヤグラム

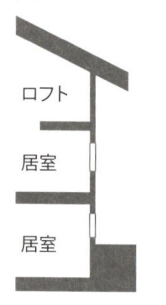

ロフト
居室
居室

ポイント

・基礎を深くした半地下階の上に、2層設ける。
・上部2層は、建物全体の高さを抑えるために、構造用合板とスギ3層パネルで構成し階高を抑え、天井ふところを設けない。
・地下RC部と外壁の厚みの調整もあり、付加断熱を施工する。

各部仕上げ 1:15

屋根
屋根：ガルバリウム鋼板 t=0.35 平葺き
アスファルトルーフィング
ケイ酸カルシウム板 t=12
通気垂木 30×30
母屋 60×120
断熱材 t=120
防湿層

登り梁：マツ 60×120 @910

天井：ラーチ合板 蜜蝋ワックス仕上げ

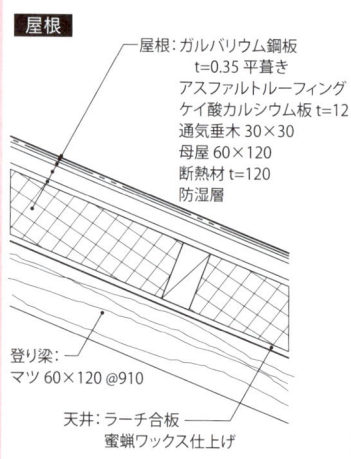

外壁
外壁：セメント系薄塗り 左官仕上げ
セメントボード t=12
通気胴縁 18×18
断熱材 t=60
透湿防水シート
構造用合板 t=12
充填補助断熱

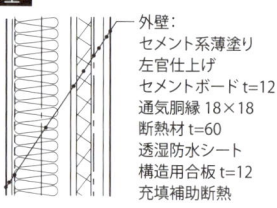

2階床
床：フローリング t=15
構造用合板 t=24
大引 120×120

天井：ラーチ合板 あらわし

床梁 120×210 あらわし

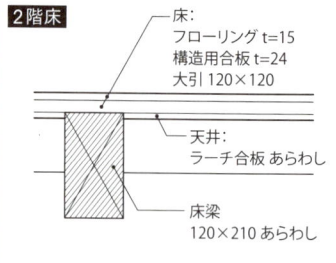

1階床
床：フローリング t=15
合板 t=12
根太 50×50
断熱材 t=50
土間コンクリート

最高高さ=GL+6355

屋根：ガルバリウム鋼板 t=0.35 平葺き
アスファルトルーフィング
ケイ酸カルシウム板 t=12
通気垂木 30×30
母屋 60×120
断熱材 t=120
防湿フィルム
（または継目を気密テープ貼り）

4 / 10

壁通気と屋根通気を連動させる

天井：ラーチ合板 蜜蝋ワックス仕上げ

登り梁：マツ 60×120 @910

鼻隠しを2段階にして、軒先を太く見せない

軒高=GL+4840

面戸板 t=60
軒桁 120×180
軒天：スギ3層パネル t=30 あらわし
鼻隠し：ヒバ防腐塗装

雨樋
鼻隠し：ヒバ ガルバリウム鋼板巻き
通気口

ロフト

手摺：スギ板 25×150
ロフト床：スギ板 25×150
床梁 120×180

胴差 120×150

2FL=GL+3600

充填断熱＋付加断熱の断熱仕様。吹抜けのある空間では、上下の温度ムラが軽減できる

内壁：セメント系薄塗り 左官仕上げ
PB t=12.5

居室

CH=2000

外壁：セメント系薄塗り 左官仕上げ
セメントボード t=12
通気胴縁 18×18
断熱材 t=60
（フェノールフォーム保温板2種2号）
透湿防水シート
構造用合板 t=12
充填補助断熱

床梁 120×180

床：フローリング t=15
構造用合板 t=24
大引 120×120

1FL=GL+1400

半地下部分RC壁の基礎断熱と壁厚をそろえる

天井：ラーチ合板 あらわし
床梁 120×210 あらわし

見切材：SUS L-50×50

内壁：ラーチ合板 あらわし 蜜蝋ワックス仕上げ

居室

CH=2349

外気に接するRC基礎と地中部分では断熱材の厚みが異なる。また雨の跳ね上がりを考慮し、GLからの立ち上がりは150mm以上確保する

立ち上がり：モルタル金ゴテ押え

GL±0

床：フローリング t=15
合板 t=12
根太 50×50
断熱材（A種押出法ポリスチレンフォーム保温板）t=50
土間コンクリート

内壁：コンクリート打放し

基礎断熱：A種押出法ポリスチレンフォーム保温板 t=60（外気に接する土間床の外周部）

地階床にも断熱材を忘れずに入れる

基礎断熱：A種押出法ポリスチレンフォーム保温板2種 t=20（外気に接しない土間床の外周部）

BFL=GL−1000

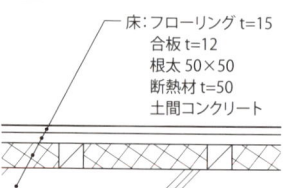

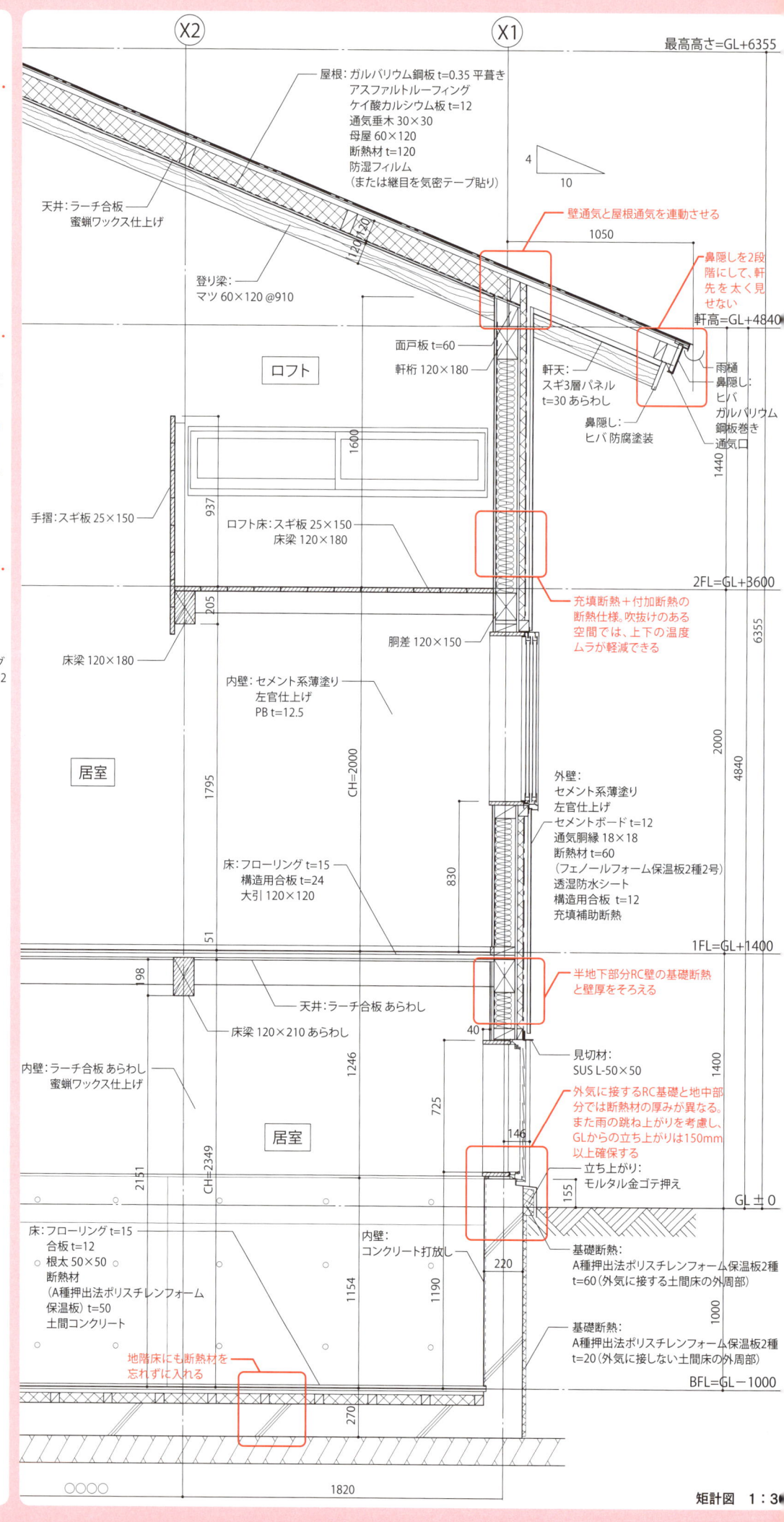

矩計図 1:30

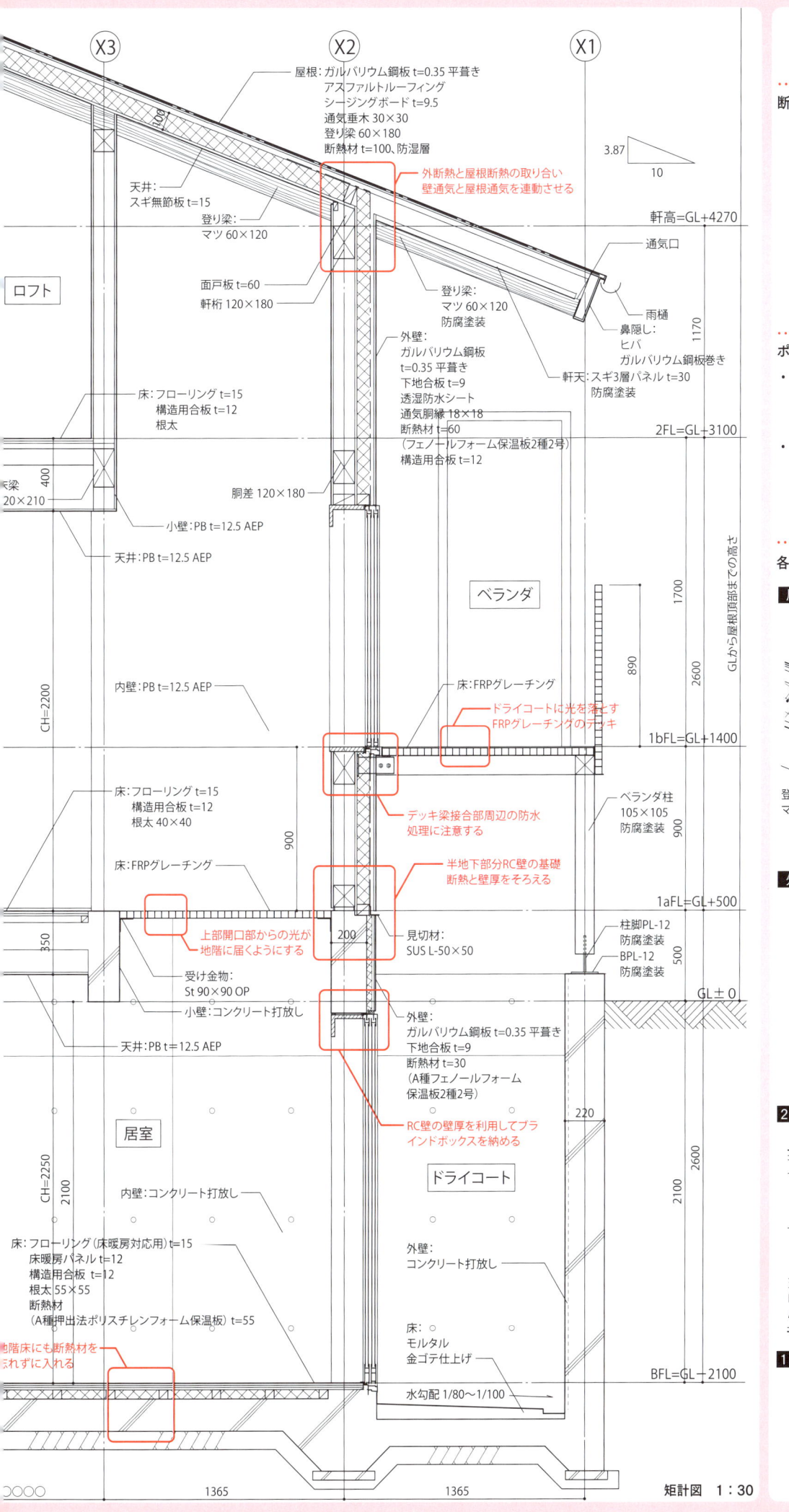

P

地階：居室＋吹抜け＋ドライコート
1階：居室＋ベランダ＋ロフト
屋根：勾配屋根

断面構成ダイヤグラム

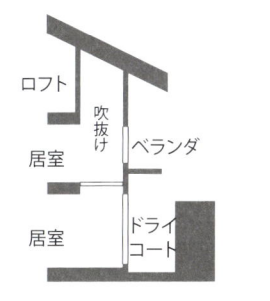

ロフト
吹抜け
居室　ベランダ
居室　ドライコート

ポイント

・地階の居室を吹き抜けで地上とつなぎ、1階居室の窓からの光が地下室にも届くようにする。
・ドライコート上部にスキップフロアでレベルの違うデッキを設け、吹抜けまわりに異なるレベルの空間的なつながりを演出する。

各部仕上げ　1:15

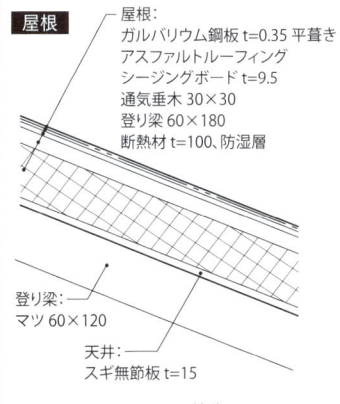

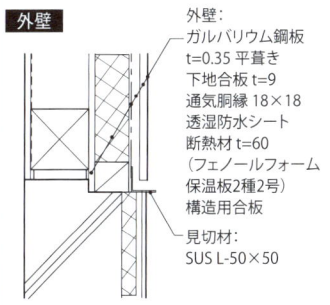

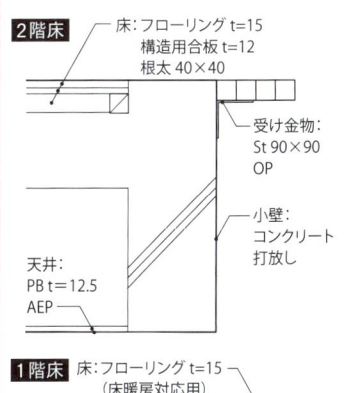

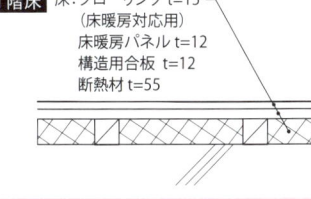

屋根

屋根：
ガルバリウム鋼板 t=0.35 平葺き
アスファルトルーフィング
シージングボード t=9.5
通気垂木 30×30
登り梁 60×180
断熱材 t=100、防湿層

登り梁：
マツ 60×120

天井：
スギ無節板 t=15

外壁

外壁：
ガルバリウム鋼板
t=0.35 平葺き
下地合板 t=9
通気胴縁 18×18
透湿防水シート
断熱材 t=60
（フェノールフォーム保温板2種2号）
構造用合板

見切材：
SUS L-50×50

2階床

床：フローリング t=15
構造用合板 t=12
根太 40×40

受け金物：
St 90×90 OP

小壁：
コンクリート打放し

天井：
PB t=12.5 AEP

1階床

床：フローリング t=15
（床暖房対応用）
床暖房パネル t=12
構造用合板 t=12
断熱材 t=55

矩計図　1:30

屋根部
屋根：ガルバリウム鋼板 t=0.35 平葺き
アスファルトルーフィング
シージングボード t=9.5
通気垂木 30×30
登り梁 60×180
断熱材 t=100、防湿層

天井：スギ無節板 t=15
登り梁：マツ 60×120
面戸板 t=60
軒桁 120×180

外断熱と屋根断熱の取り合い 壁通気と屋根通気を連動させる

登り梁：マツ 60×120 防腐塗装

外壁：
ガルバリウム鋼板 t=0.35 平葺き
下地合板 t=9
透湿防水シート
通気胴縁 18×18
断熱材 t=60
（フェノールフォーム保温板2種2号）
構造用合板

通気口
軒高=GL+4270
鼻隠し：ヒバ ガルバリウム鋼板巻き
軒天：スギ3層パネル t=30 防腐塗装
雨樋
勾配 3.87/10

2FL=GL+3100

胴差 120×180

小壁：PB t=12.5 AEP
天井：PB t=12.5 AEP

ロフト部
床：フローリング t=15
構造用合板 t=12
根太

床梁 20×210

ベランダ部
CH=2200
内壁：PB t=12.5 AEP
床：FRPグレーチング

ドライコートに光を落とす FRPグレーチングのデッキ

1bFL=GL+1400
ベランダ柱 105×105 防腐塗装

床：フローリング t=15
構造用合板 t=12
根太 40×40

デッキ梁接合部周辺の防水処理に注意する

床：FRPグレーチング

半地下部分RC壁の基礎断熱と壁厚をそろえる

1aFL=GL+500
柱脚PL-12 防腐塗装
BPL-12 防腐塗装

上部開口部からの光が地階に届くようにする

受け金物：St 90×90 OP
見切材：SUS L-50×50
小壁：コンクリート打放し
天井：PB t=12.5 AEP

GL±0

外壁：
ガルバリウム鋼板 t=0.35 平葺き
下地合板 t=9
断熱材 t=30
（A種フェノールフォーム保温板2種2号）

RC壁の壁厚を利用してブラインドボックスを納める

居室（地階）
CH=2250
内壁：コンクリート打放し
床：フローリング（床暖房対応用） t=15
床暖房パネル t=12
構造用合板 t=12
根太 55×55
断熱材（A種押出法ポリスチレンフォーム保温板） t=55

地階床にも断熱材を忘れずに入れる

ドライコート
外壁：コンクリート打放し
床：モルタル 金ゴテ仕上げ
水勾配 1/80〜1/100

BFL=GL-2100

GLから屋根頂部までの高さ
1170, 2600, 1700, 890, 900, 900, 500, 2100, 2600, 220

1365 / 1365

X3　X2　X1

ロフト　ベランダ　居室　ドライコート

K〜Q 吹抜けあり　77

Q
- 地階：ピロティ
- 1階：居室＋水まわり（浴室）＋階段
- 2階：居室
- 屋根：勾配屋根

断面構成ダイヤグラム

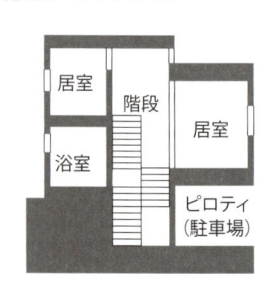

```
居室 │ 階段
─────┤     ┌─────
浴室 │     │ 居室
     │     ├─────
            │ ピロティ
            │（駐車場）
```

ポイント

- 高低差のある敷地条件を生かし、階段で各室をスキップフロアでつなぐ。駐車場の上は天井の高い広間として開放感のある居室とする。
- 2階の床までをコンクリートでつくり、その上に木造の架構をのせる混構造、屋根は登り梁をあらわし全体的な一体感を演出する。

各部仕上げ 1:15

屋根
- 屋根：
  - ガルバリウム鋼板 t=0.35 平葺き
  - アスファルトルーフィング（22kg）
  - 吸音パネル（雨音防止用）
  - 野地板 t=12
  - 通気垂木 30×30
  - 母屋 45×90
  - 断熱材 t=90
- （断熱材の継目は気密テープでふさぐ）

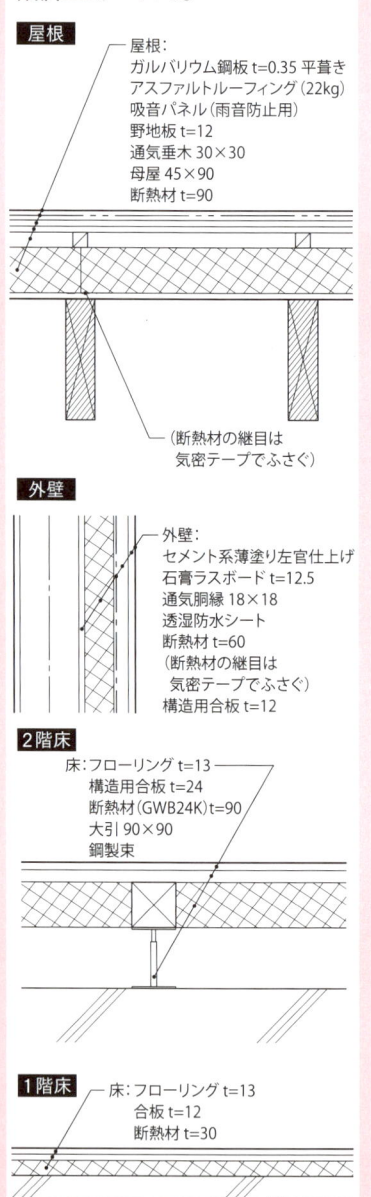

外壁
- 外壁：
  - セメント系薄塗り左官仕上げ
  - 石膏ラスボード t=12.5
  - 通気胴縁 18×18
  - 透湿防水シート
  - 断熱材 t=60
  - （断熱材の継目は気密テープでふさぐ）
  - 構造用合板 t=12

2階床
- 床：フローリング t=13
- 構造用合板 t=24
- 断熱材（GWB24K）t=90
- 大引 90×90
- 鋼製束

1階床
- 床：フローリング t=13
- 合板 t=12
- 断熱材 t=30

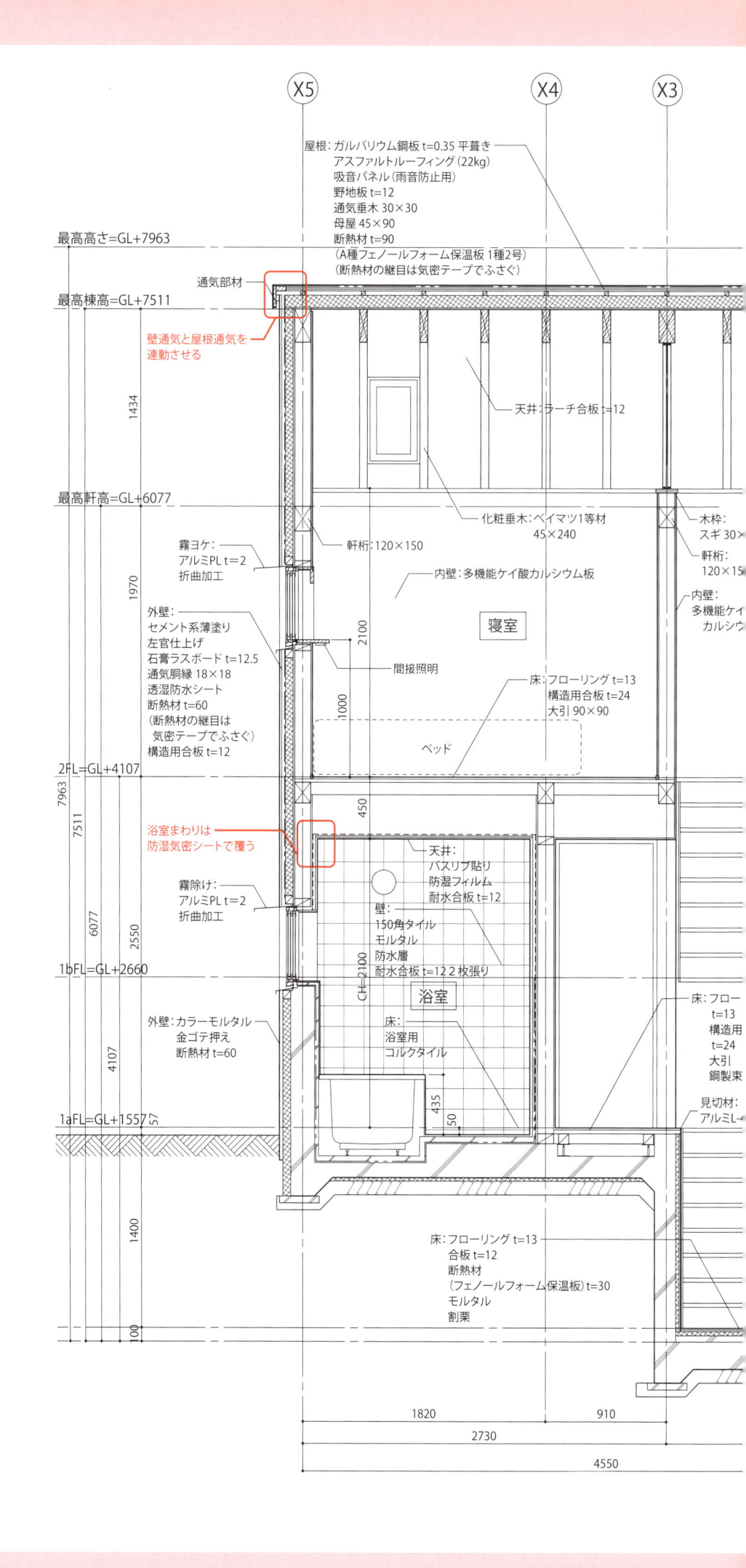

断面詳細図

屋根：ガルバリウム鋼板 t=0.35 平葺き
アスファルトルーフィング（22kg）
吸音パネル（雨音防止用）
野地板 t=12
通気垂木 30×30
母屋 45×90
断熱材 t=90
（A種フェノールフォーム保温板 1種2号）
（断熱材の継目は気密テープでふさぐ）

通気部材

壁通気と屋根通気を連動させる

最高高さ=GL+7963
最高棟高=GL+7511
最高軒高=GL+6077
2FL=GL+4107
1bFL=GL+2660
1aFL=GL+1557

天井：ラーチ合板 t=12
化粧垂木：ベイマツ1等材 45×240
軒桁 120×150
内壁：多機能ケイ酸カルシウム板
間接照明
木枠：スギ 30×
軒桁 120×15
内壁：多機能ケイ酸カルシウム

寝室
ベッド

床：フローリング t=13
構造用合板 t=24
大引 90×90

霧ヨケ：アルミPL t=2 折曲加工

外壁：セメント系薄塗り左官仕上げ
石膏ラスボード t=12.5
通気胴縁 18×18
透湿防水シート
断熱材 t=60
（断熱材の継目は気密テープでふさぐ）
構造用合板 t=12

浴室まわりは防湿気密シートで覆う

霧除け：アルミPL t=2 折曲加工

浴室 CH=2100
天井：バスリブ貼り 防湿フィルム 耐水合板 t=12
壁：150角タイル モルタル 防水層 耐水合板 t=12.2枚張り
床：浴室用コルクタイル

外壁：カラーモルタル 金ゴテ押え
断熱材 t=60

床：フローリング t=13
構造用合板 t=24
大引 鋼製束
見切材 アルミL

床：フローリング t=13
合板 t=12
断熱材（フェノールフォーム保温板）t=30
モルタル
割栗

寸法：1820　910　2730　4550

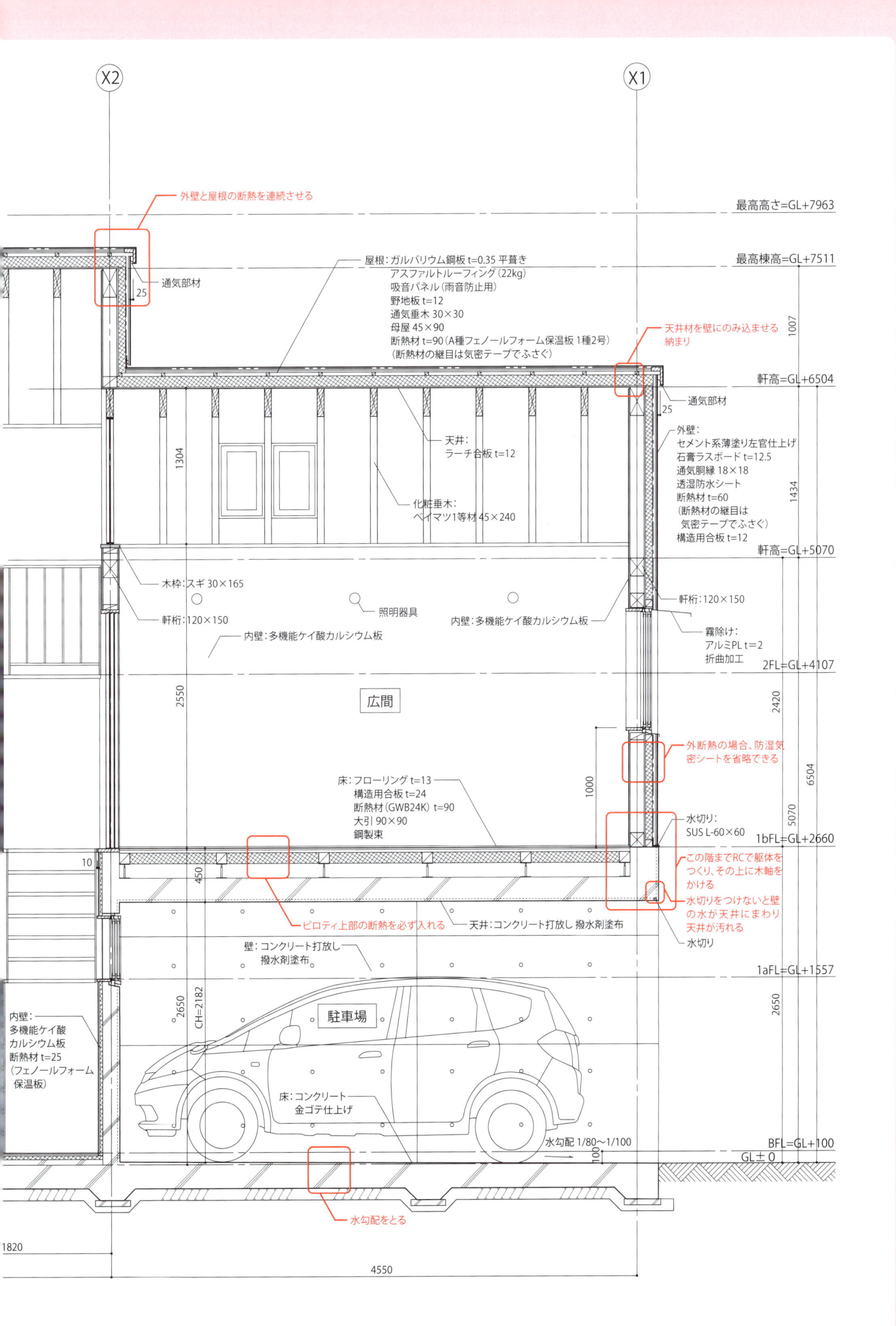

矩計図　1：40

K〜Q 吹抜けあり

注記（赤字コメント）
- 外壁と屋根の断熱を連続させる
- 天井材を壁にのみ込ませる納まり
- 外断熱の場合、防湿気密シートを省略できる
- この階までRCで躯体をつくり、その上に木軸をかける
- 水切りをつけないと壁の水が天井にまわり天井が汚れる
- ピロティ上部の断熱を必ず入れる
- 水勾配をとる

仕上げ・部材表記

屋根：
- ガルバリウム鋼板 t=0.35 平葺き
- アスファルトルーフィング（22kg）
- 吸音パネル（雨音防止用）
- 野地板 t=12
- 通気垂木 30×30
- 母屋 45×90
- 断熱材 t=90（A種フェノールフォーム保温板 1種2号）
- （断熱材の継目は気密テープでふさぐ）

天井： ラーチ合板 t=12

化粧垂木： ベイマツ1等材 45×240

木枠： スギ 30×165

軒桁： 120×150

内壁： 多機能ケイ酸カルシウム板

外壁：
- セメント系薄塗り左官仕上げ
- 石膏ラスボード t=12.5
- 通気胴縁 18×18
- 透湿防水シート
- 断熱材 t=60
- （断熱材の継目は気密テープでふさぐ）
- 構造用合板 t=12

霧除け： アルミPL t=2 折曲加工

通気部材

床：
- フローリング t=13
- 構造用合板 t=24
- 断熱材（GWB24K）t=90
- 大引 90×90
- 鋼製束

水切り： SUS L-60×60

内壁：
- 多機能ケイ酸カルシウム板
- 断熱材 t=25（フェノールフォーム保温板）

壁： コンクリート打放し 撥水剤塗布

天井： コンクリート打放し 撥水剤塗布

床： コンクリート 金ゴテ仕上げ

水勾配 1/80〜1/100

照明器具

広間

駐車場

高さ寸法
- 最高高さ = GL+7963
- 最高棟高 = GL+7511
- 軒高 = GL+6504
- 軒高 = GL+5070
- 2FL = GL+4107
- 1bFL = GL+2660
- 1aFL = GL+1557
- BFL = GL+100
- GL±0

CH=2182

Column ③　　　　　木材の基礎情報　その1

部位別の主な適用樹種

木材は、樹種によって曲げや圧縮、せん断などの強度の違い、耐久性の違いなどがあるので、使用する木材の性質を理解し、適材適所で使うことが肝心です。特に、水まわりや土台などには、耐久性のある木材を使用します。

近年では、国内の林業を守る、自然素材志向、製材・運搬課程でのCO₂削減など、国産材の使用にこだわる設計者や工務店も増えています。

また、家具や内装仕上材に使用される木材は、樹種の木目を生かし、風合いのある仕上げにすることができます。木目を生かす場合は、木目の風合いを消さない塗料を使います。塗装の艶、木目の目つぶしの程度などは、塗装見本を作成してもらい、好みの仕上がりに調整します。

表．樹種別の材質と適用部位　　　　　　　　　　　　　　　　　　　　　　　　　　　　　　◎：最適　○：適

分類		樹種	気乾比重	曲げヤング率 (10³kgf/cm²)	耐久性	塗装性	土台	柱	梁・桁垂木	板類	下地	敷居鴨居	造作	床板	建具	家具
国産材	針葉樹	スギ	0.38	80	中	中	○	◎	○	◎	○	○(鴨居)	◎	○	◎	○
		ヒノキ	0.41	90	大	良	◎	◎	○	◎	○	◎	◎	◎	◎	◎
		ヒバ	0.41	90	大	中	◎	○				○	◎	○	○	○
		アカマツ	0.53	115	中	中		○	◎	○	○		○	◎	○	○
		クロマツ	0.57	100	小	中		○	◎							
		ツガ	0.51	80	小	良		◎					○	○	◎	
		サワラ	0.34	60	大	中				◎						
	広葉樹	ケヤキ	0.62	120	大	良	◎	○	◎				○	◎	○	◎
		ヤマザクラ	0.60	120	中	中						○(敷居)	○	◎	○	◎
		ミズナラ	0.67	105	中	良					○		○	◎	○	◎
		クリ	0.55	90	大	中	◎	○						◎		
		ヤチダモ	0.65	110	中	注意				○		○(敷居)	○	◎	○	◎
		シナノキ	0.48	90	極小	良				◎						○
北米材	針葉樹	ベイヒ	0.47	80	大	中	◎	○	○	○		○	○	◎	○	○
		ベイヒバ	0.51	100	大	注意	◎	○								
		ベイスギ	0.37	80	大	注意				◎		○(鴨居)				
		ベイマツ	0.55	130	中	注意		○	◎	◎	○		○			
		ベイツガ	0.46	105	小	中								◎		
南洋材	広葉樹(針葉樹)	レッドラワン	042〜0.60	115	中	注意				○			○		○	
		チーク	0.57〜0.69	125	極大	中						○	○	◎	○	◎
		アガチス	0.44〜0.52	115	小	中					○		○			

各指標の評価は、目安であり、産地や材質、保管状態などによって性能に幅があるので、必ず工務店、木材店に相談してください。

参考文献：
「木材と木造住宅のQ&A」日本住宅・木材技術センター編、丸善
「木のデザイン辞典」建築知識別冊、エクスナレッジ
「木造住宅〈私家版〉仕様書」エクスナレッジ

写真1：チークの床材
色の濃いチークの床材を張った住宅。白い壁や家具が映える。

写真2：ベイマツの梁とタモ集成材のキッチン
大屋根の登り梁と天井はベイマツ、キッチンと手すりはタモ集成材を使用。白いホタテ漆喰の壁と木材の木肌はなじみがよい。

4章
ゾーンのつくり方を知る

水まわりやキッチンなどは矩計図では、その断面の一部しか示すことができません。これらのゾーンを好みの設備や造作家具を組み込んでつくる場合、重要な断面をいくつか描いて、壁や床の仕上材別の下地や防水処理、ガラスの納まりや家具の割付け、設備器具の取付位置などの寸法を指示し、注意が必要な納まりの詳細図も描きます。ユニットバスやシステムキッチンに頼らずに、個々の計画に合ったオリジナルのキッチンや水まわりがデザインできます。ここでは、現代の都市型住宅に求められる生活を想定して、各ゾーンの提案をしています。

1. 浴室の詳細図

□ 浴室は、浴槽の下にも断熱材を忘れずに入れる。
□ 2階の浴室は、階下への防水処理に注意する。

〈浴室まわりの断熱を忘れないようにする〉

浴室の断熱施工は、ヒートショックなどの健康への悪影響を低減する、浴槽のお湯が冷めにくくなり給湯負荷を削減する、といった面から非常に重要です。断熱材で覆われたユニットバスや浴槽を選択するのがよいですが、浴槽によっては断熱材が施されていないものもあります。その場合は、基礎断熱を施工するのが望ましいですが、防蟻の点からは施工に注意が必要です。湿気が床下に漏れないように気密処理をしっかりする、基礎立ち上がり打継ぎに止水板を入れる、防蟻処理のしてある断熱材を使用する、など施工会社とよく相談することが大事です。

また、脱衣をする洗面室の断熱も必ず施工します。

> **ポイント**
> ①断熱されていない浴槽を使用する場合は、基礎断熱を施工し、床上の壁に施工された断熱材と連続した断熱層をつくって浴室全体を断熱します（図1）。
> ②断熱材で覆われているユニットバスを使用する場合は、バスユニットと仕上材の継目を「気密テープ」で押さえ、浴室内の気密が保たれるように施工します（図2）。また、床下の通気を確保します。
> ③ユニットバスを採用しない場合、基礎の立ち上がりの内側または外側に基礎断熱を施工し、防水層はその上から施工します（図3）。また、浴槽自体を発泡ウレタンで覆ってしまうという方法もありますが、これは浴槽メーカーに事前に確認して下さい。

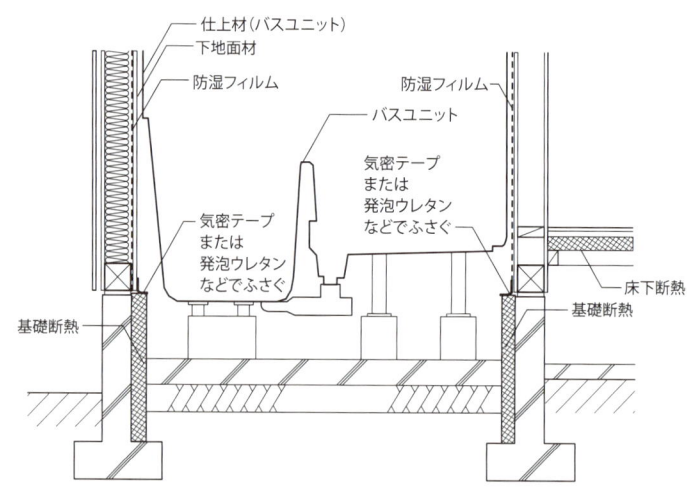

図1．ユニットバス（断熱層なし）を組み込む場合

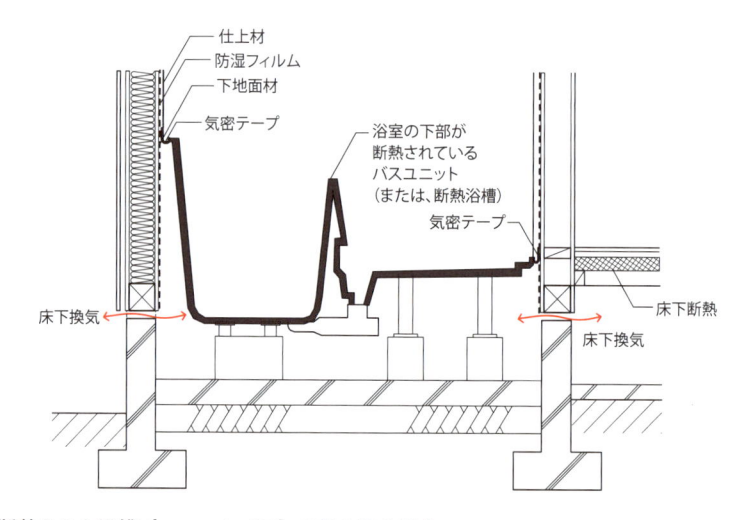

図2．断熱された浴槽（ユニットバス）を組み込む場合

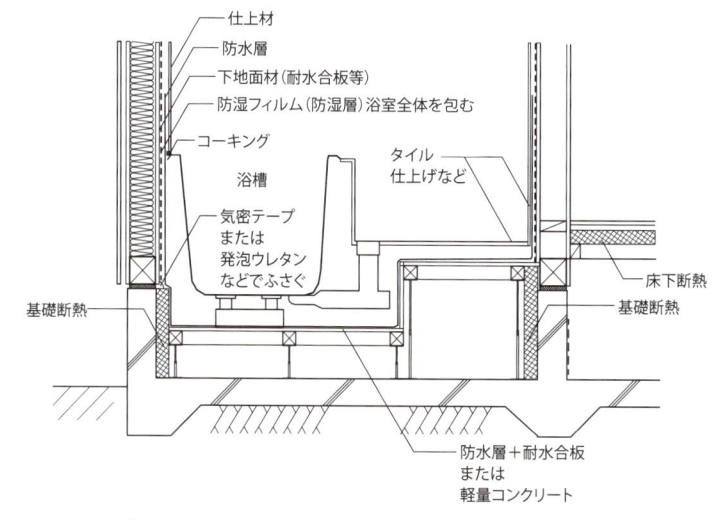

図3．ユニットバスを使用しない場合

参考文献：
「住宅の省エネルギー基準の解説書」
建築環境・省エネルギー機構（図1、2）

1. 狭さの中に光と広がりを演出する浴室

平面図 1:100

仕様
床、腰壁：ハーフユニットバス
壁（腰壁上）：モザイクタイル貼り
勾配天井：バスリブ
洗面天井：耐水PB t=12.5 AEP
入口扉：ハーフユニット用浴室ドア

〈計画上の配慮点〉

- 浴室にはできるだけ窓を付け、採光と換気に配慮する。人が入れないような小窓であれば、夜間や外出中にも換気ができる。
- 2階に浴室をつくる場合は、防水に配慮してハーフユニットを使い、腰壁より上は好みの仕上材で施工できる。
- 暖まった空気は上部にたまるので、換気扇はできるだけ上部に付ける。

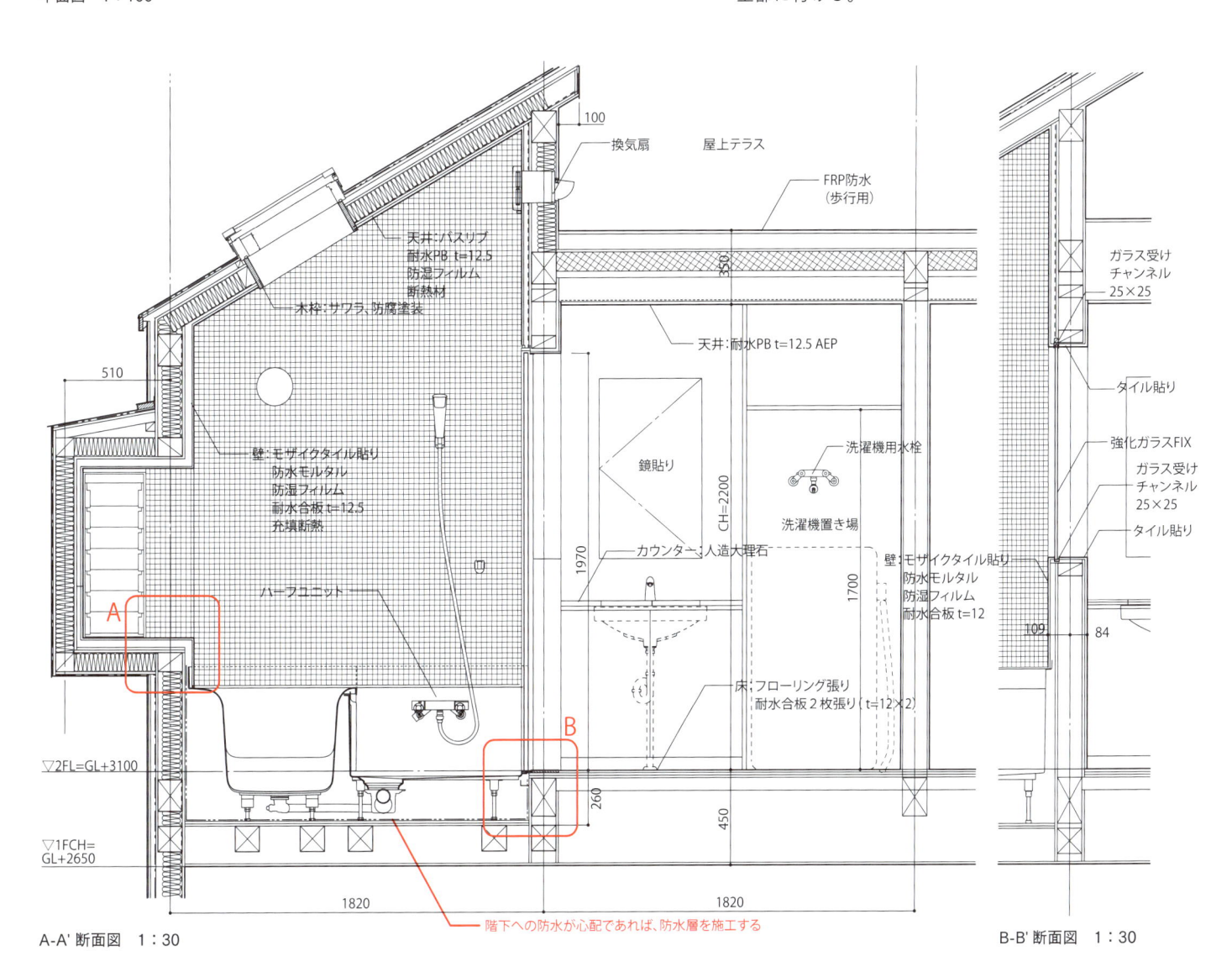

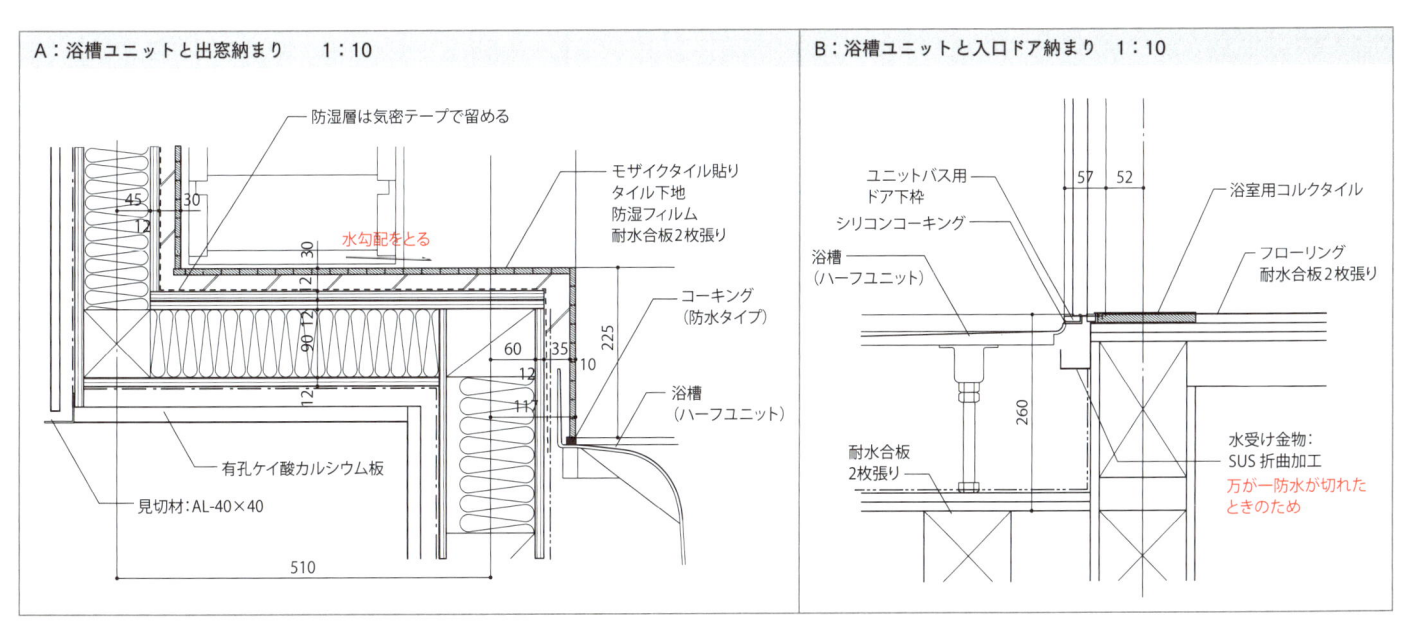

A-A'断面図 1:30

換気扇
屋上テラス
FRP防水（歩行用）
天井：バスリブ
耐水PB t=12.5
防湿フィルム
断熱材
木枠：サワラ、防腐塗装
天井：耐水PB t=12.5 AEP
ガラス受けチャンネル 25×25
タイル貼り
壁：モザイクタイル貼り
防水モルタル
防湿フィルム
耐水合板 t=12.5
充填断熱
鏡貼り
CH=2200
洗濯機用水栓
洗濯機置き場
強化ガラスFIX
ガラス受けチャンネル 25×25
タイル貼り
カウンター：人造大理石
壁：モザイクタイル貼り
防水モルタル
防湿フィルム
耐水合板 t=12
ハーフユニット
床：フローリング張り
耐水合板2枚張り（t=12×2）
▽2FL=GL+3100
▽1FCH=GL+2650

階下への防水が心配であれば、防水層を施工する

B-B'断面図 1:30

A：浴槽ユニットと出窓納まり 1:10

防湿層は気密テープで留める
モザイクタイル貼り
タイル下地
防湿フィルム
耐水合板2枚張り
水勾配をとる
コーキング（防水タイプ）
浴槽（ハーフユニット）
有孔ケイ酸カルシウム板
見切材：AL-40×40

B：浴槽ユニットと入口ドア納まり 1:10

ユニットバス用ドア下枠
シリコンコーキング
浴槽（ハーフユニット）
浴室用コルクタイル
フローリング
耐水合板2枚張り
耐水合板2枚張り
水受け金物：SUS折曲加工
万が一防水が切れたときのため

2. 洗面と浴室が一体になった水まわり

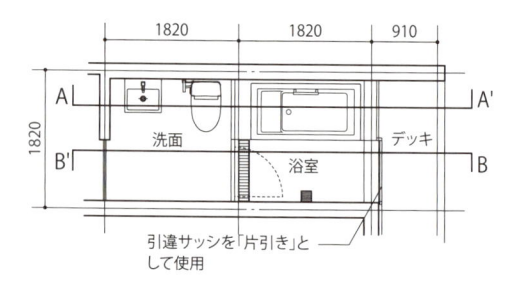

平面図　1:100

仕様
床：コルクタイル（浴室用）
腰壁：150角タイル貼り
壁（腰壁上）：ヒバ羽目板張りOF
天井：ヒバ羽目板張りOF
テラス軒裏：ヒバ羽目板　防腐塗装
テラス床：レッドシダー　防腐塗装
入口扉：強化ガラスドア

〈計画上の配慮点〉

- 浴室と洗面室デッキの壁と天井を同一素材で仕上げ、空間的な広がりを演出する。
- 浴室の外周は基礎断熱を施工する。
- 浴室と洗面の段差を小さくする場合は、浴室の入口にも排水溝を設ける。
- 外部に面した浴室の場合、ブラインドなど視線を遮るものを設置する。

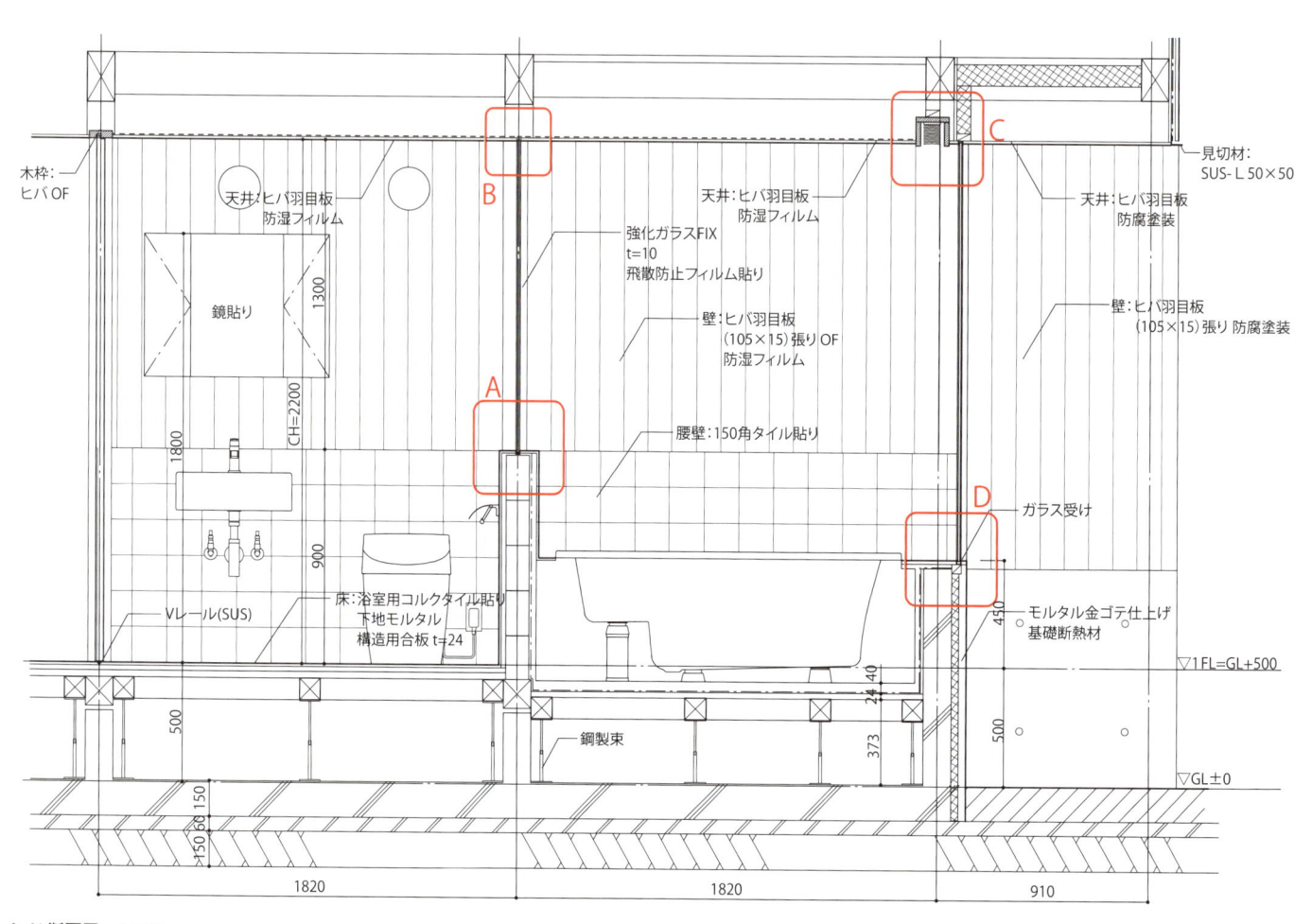

A-A' 断面図　1:30

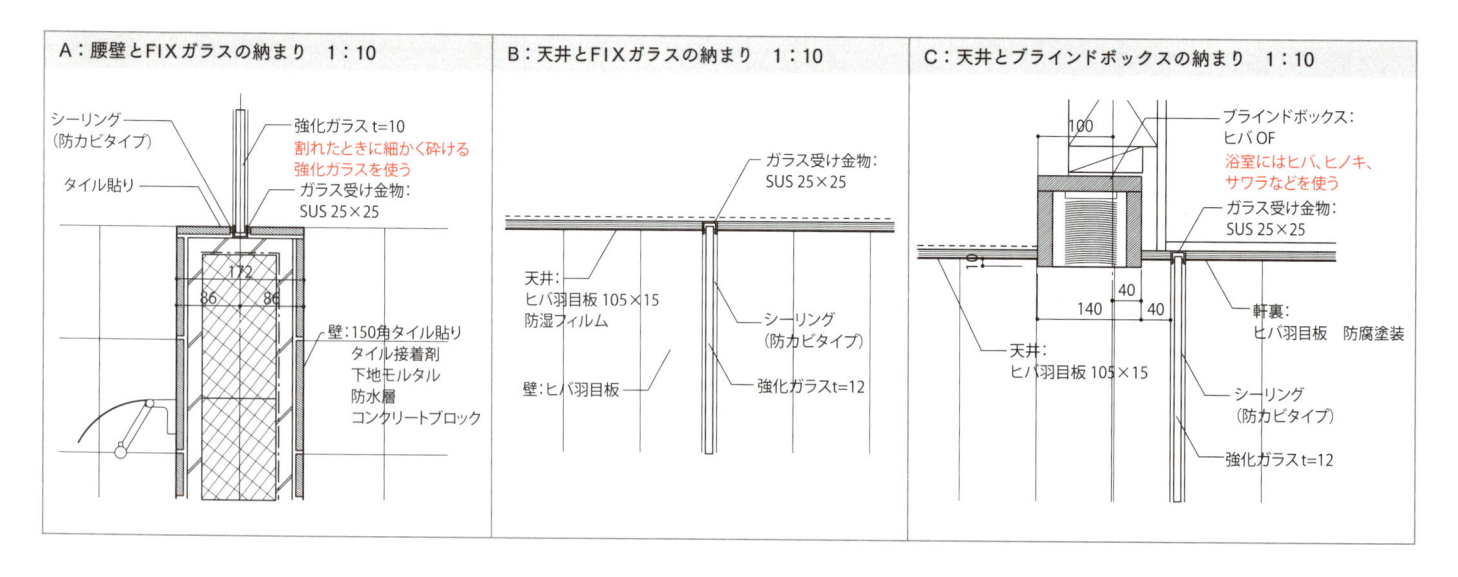

木枠：ヒバOF
天井：ヒバ羽目板　防湿フィルム
鏡貼り
CH=2200
Vレール(SUS)
床：浴室用コルクタイル貼り　下地モルタル　構造用合板 t=24
鋼製束
強化ガラスFIX t=10　飛散防止フィルム貼り
壁：ヒバ羽目板（105×15）張りOF　防湿フィルム
腰壁：150角タイル貼り
見切材：SUS-L 50×50
天井：ヒバ羽目板　防湿フィルム
天井：ヒバ羽目板　防腐塗装
壁：ヒバ羽目板（105×15）張り 防腐塗装
ガラス受け
モルタル金ゴテ仕上げ　基礎断熱材
▽1FL=GL+500
▽GL±0

A：腰壁とFIXガラスの納まり　1:10

シーリング（防カビタイプ）
タイル貼り
強化ガラス t=10　割れたときに細かく砕ける強化ガラスを使う
ガラス受け金物：SUS 25×25
壁：150角タイル貼り　タイル接着剤　下地モルタル　防水層　コンクリートブロック

B：天井とFIXガラスの納まり　1:10

ガラス受け金物：SUS 25×25
天井：ヒバ羽目板 105×15　防湿フィルム
シーリング（防カビタイプ）
強化ガラス t=12
壁：ヒバ羽目板

C：天井とブラインドボックスの納まり　1:10

ブラインドボックス：ヒバOF
浴室にはヒバ、ヒノキ、サワラなどを使う
ガラス受け金物：SUS 25×25
軒裏：ヒバ羽目板　防腐塗装
天井：ヒバ羽目板 105×15
シーリング（防カビタイプ）
強化ガラス t=12

G：羽目板とタイル目地の納まり 1:10	H：浴室入口ドア（床部） 1:10	I：強化ガラス仕切り（床部） 1:10

G部詳細:
- ヒバ羽目板 105×15
- 防湿フィルム
- 耐水合板 t=12
- シーリング（防カビタイプ）
- 防湿シートの上に防水層を重ねる
- 150角タイル
- 防水層
- 耐水合板 t=12

H部詳細:
- 強化ガラスドア
- コルクタイル（浴室用）貼り
- フローリング
- 水勾配 1/50～1/100

I部詳細:
- 強化ガラスFIX
- シーリング（防カビタイプ）
- コルクタイル（浴室用）貼り
- フローリング
- ガラス受け金物 SUS 25×25
- 水勾配 1/50～1/100
- 防水層は洗面側の床下まで伸ばす

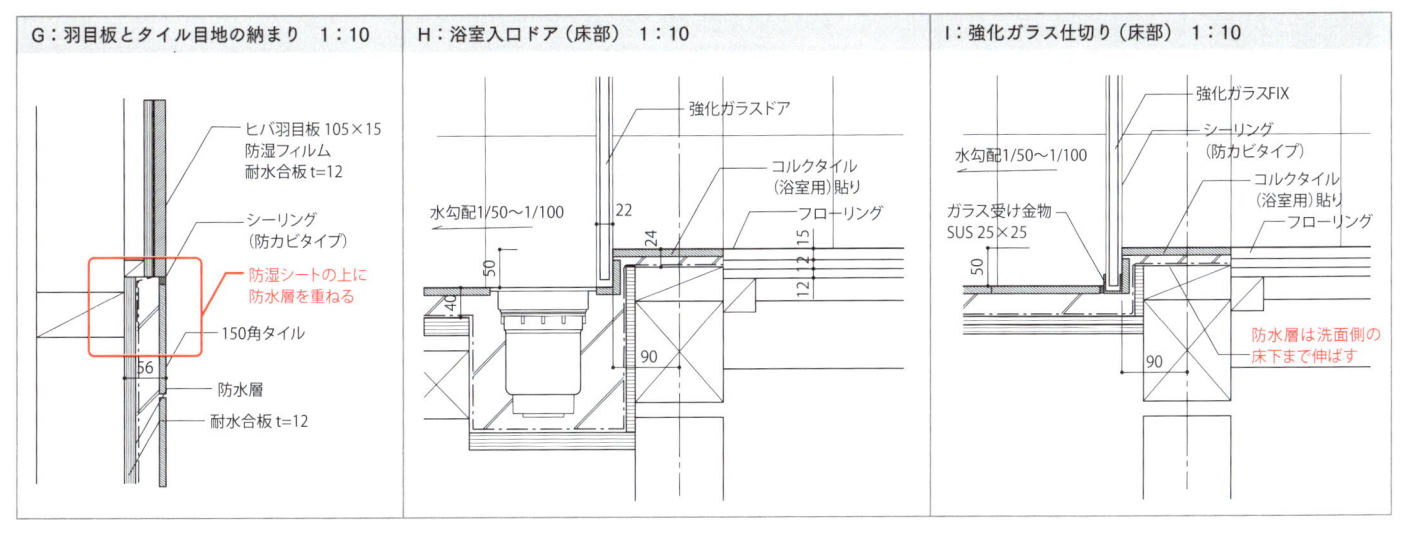

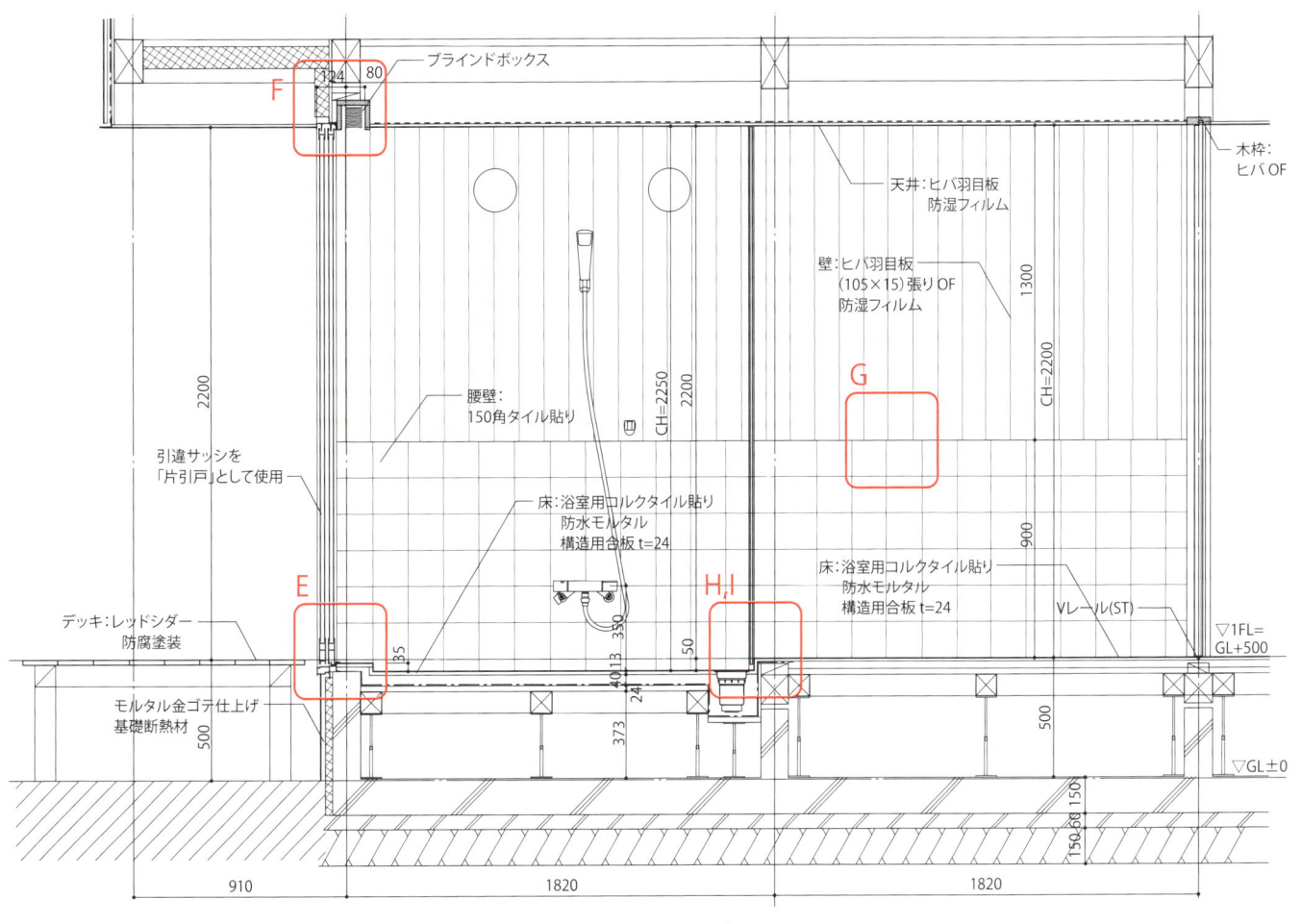

B-B'断面図 1:30

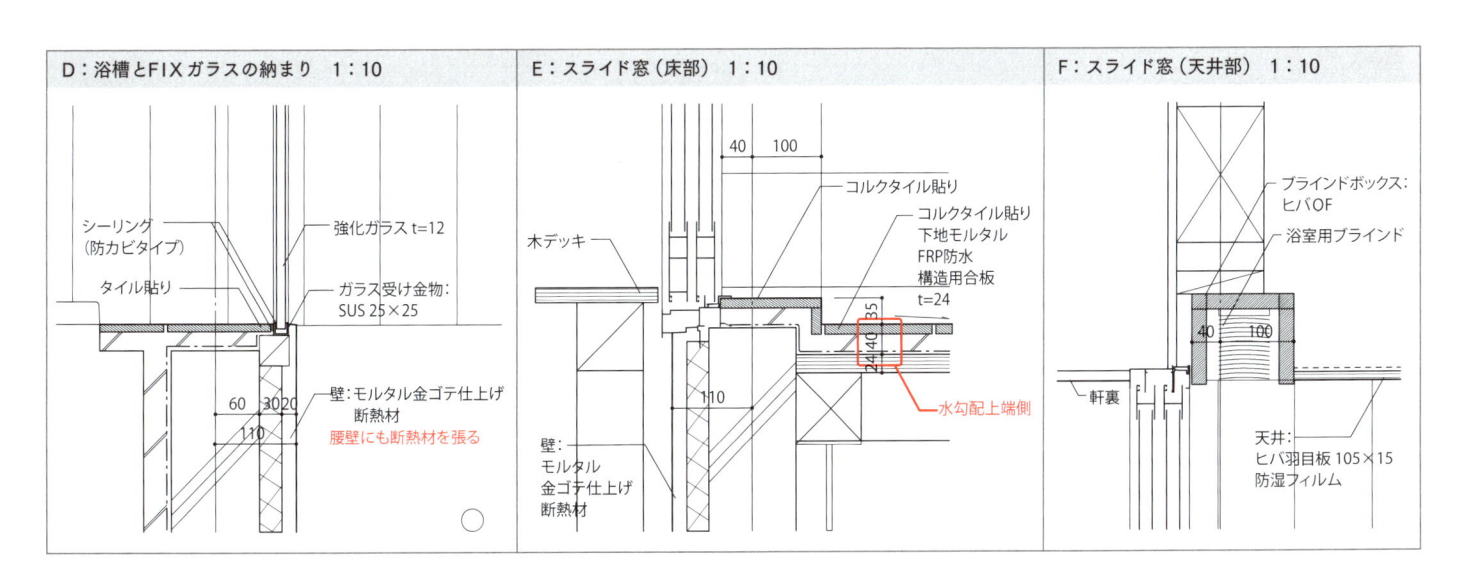

- ブラインドボックス
- 木枠：ヒバ OF
- 天井：ヒバ羽目板 防湿フィルム
- 壁：ヒバ羽目板（105×15）張り OF 防湿フィルム
- 腰壁：150角タイル貼り
- 引違サッシを「片引戸」として使用
- 床：浴室用コルクタイル貼り 防水モルタル 構造用合板 t=24
- 床：浴室用コルクタイル貼り 防水モルタル 構造用合板 t=24
- Vレール（ST）
- デッキ：レッドシダー 防腐塗装
- モルタル金ゴテ仕上げ 基礎断熱材
- CH=2250
- CH=2200
- ▽1FL=GL+500
- ▽GL±0

D：浴槽とFIXガラスの納まり 1:10	E：スライド窓（床部） 1:10	F：スライド窓（天井部） 1:10

D部詳細:
- シーリング（防カビタイプ）
- 強化ガラス t=12
- タイル貼り
- ガラス受け金物：SUS 25×25
- 壁：モルタル金ゴテ仕上げ 断熱材
- 腰壁にも断熱材を張る

E部詳細:
- 木デッキ
- コルクタイル貼り
- コルクタイル貼り 下地モルタル FRP防水 構造用合板 t=24
- 壁：モルタル金ゴテ仕上げ 断熱材
- 水勾配上端側

F部詳細:
- ブラインドボックス：ヒバ OF
- 浴室用ブラインド
- 軒裏
- 天井：ヒバ羽目板 105×15 防湿フィルム

1. 浴室の詳細図

2. キッチンの詳細図

□ 内装制限のかかるキッチンでは、下地、仕上材に注意する。
□ 扉をしゃくり引手にする場合は、手がかけられるよう扉同士の隙間の寸法に気を付ける。

1. コンパクトな対面型キッチン

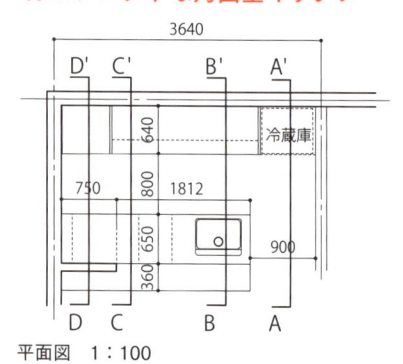

平面図 1:100

仕様
カウンター天板（シンク側）：
　人造大理石
カウンター天板（吊戸棚側）：
　ナラ集成材
扉：ナラ突板 UC3分艶、
　しゃくり引手

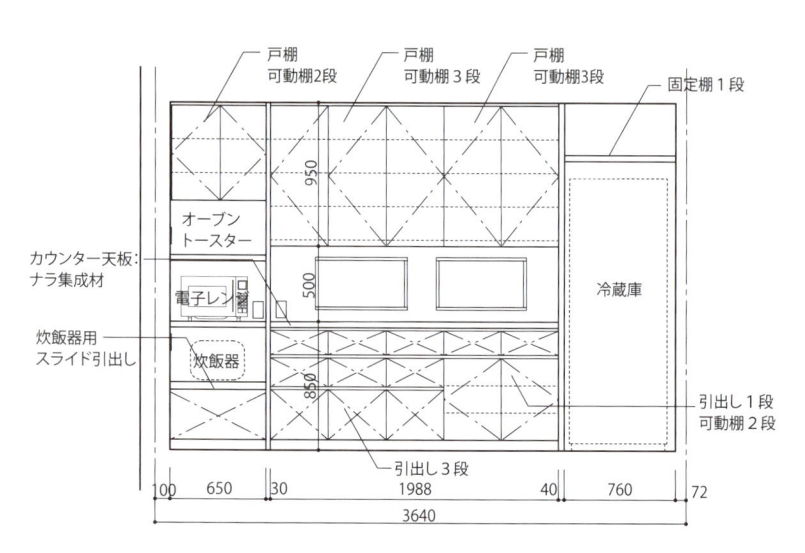

〈計画上の配慮点〉

- カウンターの天板はシンク側は水、熱に強い人造大理石、配膳スペース側は温かみのあるナラ集成材とした例。ただし、木材を使用する場合は、水気を吸いにくい塗装（ガラス塗装、ウレタン塗装など）を塗布する。塗装は表面だけでなく、裏面も塗装して、反りを防止する。
- 扉をしゃくり引手にする場合は、手がかけられるよう扉同士のすきまの寸法に気を付ける。
- 内装制限のかかるキッチンでは、下地、仕上材に注意する。

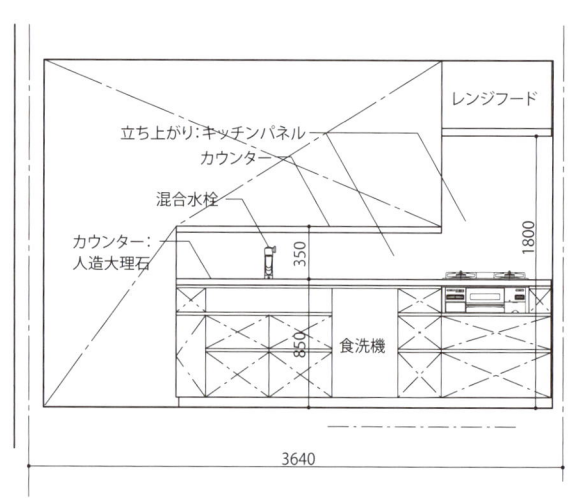

背面側展開図 1:50

シンク・ガス台側展開図 1:50

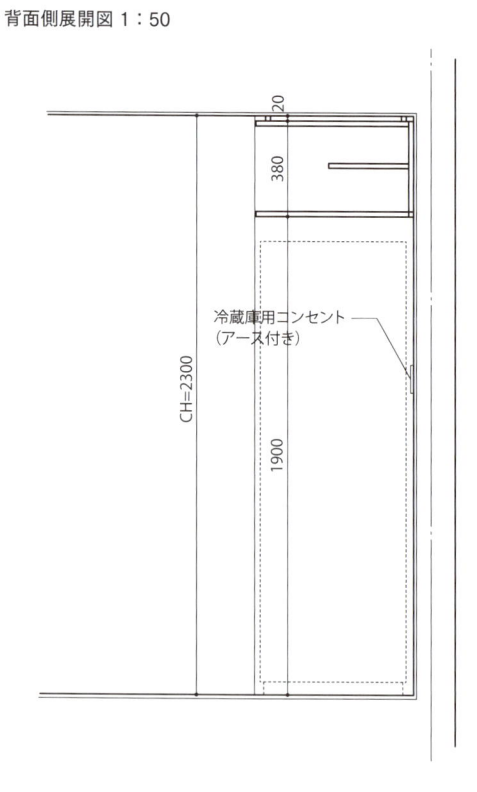

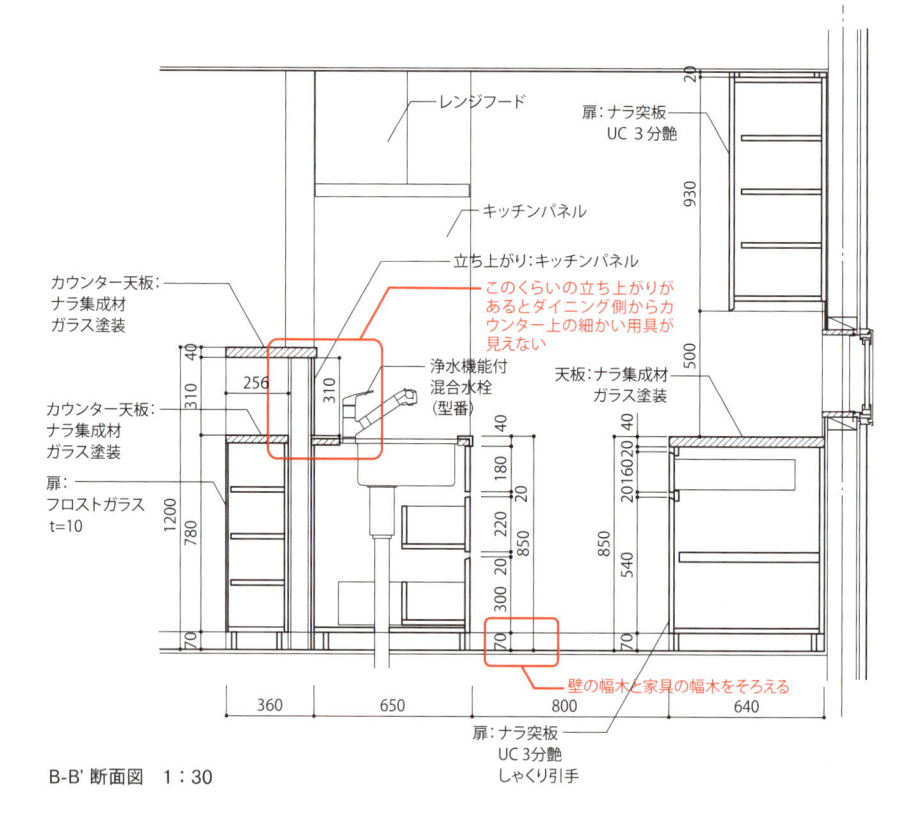

A-A' 断面図 1:30

B-B' 断面図 1:30

このくらいの立ち上がりがあるとダイニング側からカウンター上の細かい用具が見えない

壁の幅木と家具の幅木をそろえる

86　4章　ゾーンのつくり方を知る

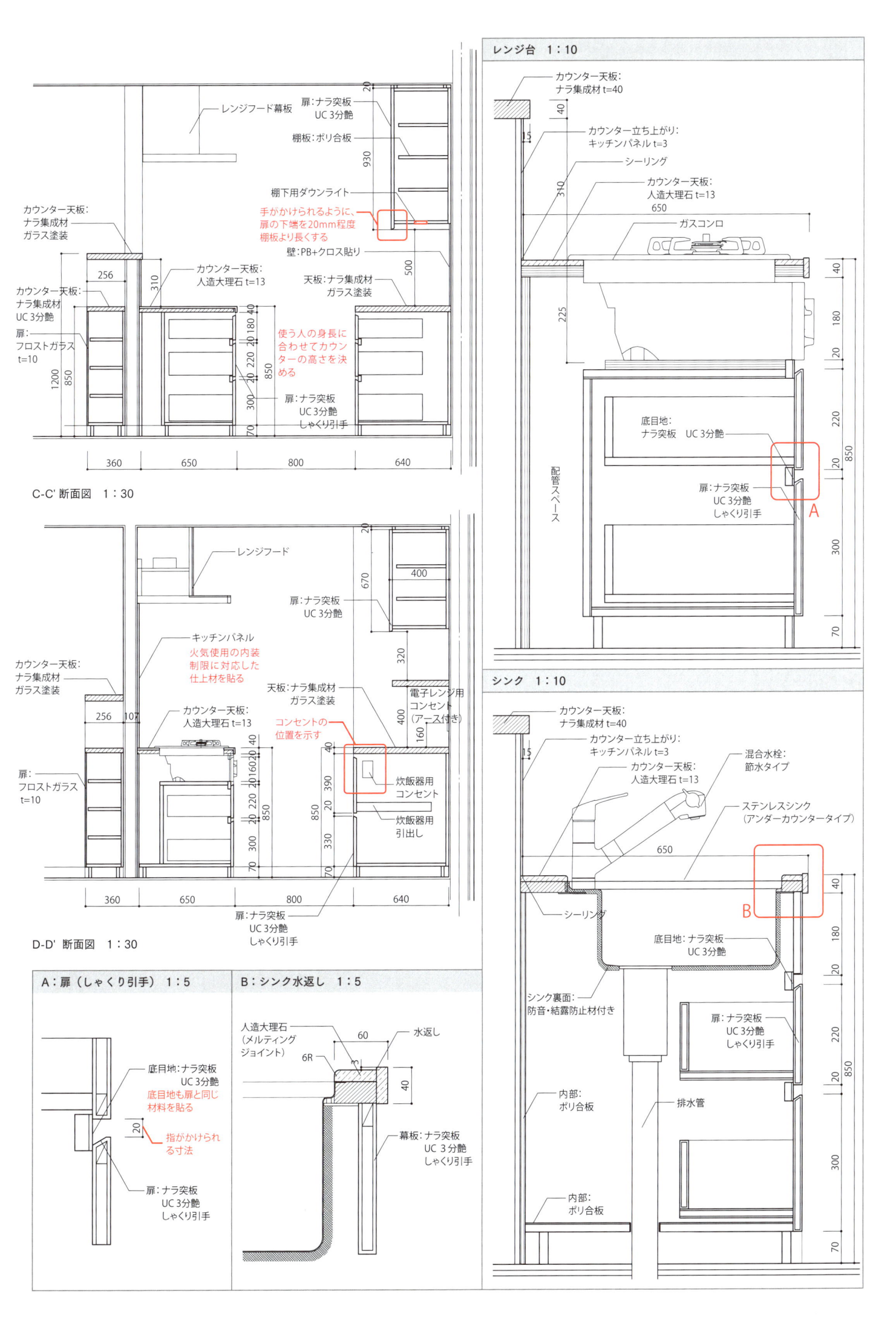

キッチンの詳細図

C-C' 断面図　1:30

- レンジフード幕板
- 扉：ナラ突板 UC 3分艶
- 棚板：ポリ合板
- 棚下用ダウンライト
- 手がかけられるように、扉の下端を20mm程度棚板より長くする
- 壁：PB+クロス貼り
- カウンター天板：ナラ集成材 ガラス塗装
- カウンター天板：人造大理石 t=13
- 天板：ナラ集成材 ガラス塗装
- 扉：フロストガラス t=10
- 使う人の身長に合わせてカウンターの高さを決める
- 扉：ナラ突板 UC 3分艶 しゃくり引手

寸法：256／310／930／500／180／40／20／220／850／20／300／70／1200／850
横：360／650／800／640

D-D' 断面図　1:30

- レンジフード
- 扉：ナラ突板 UC 3分艶
- キッチンパネル
- 火気使用の内装制限に対応した仕上材を貼る
- カウンター天板：ナラ集成材 ガラス塗装
- 天板：ナラ集成材 ガラス塗装
- カウンター天板：人造大理石 t=13
- 電子レンジ用コンセント（アース付き）
- コンセントの位置を示す
- 炊飯器用コンセント
- 炊飯器用引出し
- 扉：フロストガラス t=10
- 扉：ナラ突板 UC 3分艶 しゃくり引手

寸法：256／107／670／400／320／400／160／40／220／390／850／20／330／70／300
横：360／650／800／640

A：扉（しゃくり引手）　1:5

- 底目地：ナラ突板 UC 3分艶
- 底目地も扉と同じ材料を貼る
- 指がかけられる寸法（20）
- 扉：ナラ突板 UC 3分艶 しゃくり引手

B：シンク水返し　1:5

- 人造大理石（メルティングジョイント）
- 水返し
- 6R
- 60／40
- 幕板：ナラ突板 UC 3分艶 しゃくり引手

レンジ台　1:10

- カウンター天板：ナラ集成材 t=40
- カウンター立ち上がり：キッチンパネル t=3
- シーリング
- カウンター天板：人造大理石 t=13
- ガスコンロ
- 底目地：ナラ突板 UC 3分艶
- 扉：ナラ突板 UC 3分艶 しゃくり引手
- 配管スペース

寸法：40／15／310／650／40／180／20／220／850／300／70／225

A

シンク　1:10

- カウンター天板：ナラ集成材 t=40
- カウンター立ち上がり：キッチンパネル t=3
- 混合水栓：節水タイプ
- カウンター天板：人造大理石 t=13
- ステンレスシンク（アンダーカウンタータイプ）
- シーリング
- 底目地：ナラ突板 UC 3分艶
- シンク裏面：防音・結露防止材付き
- 扉：ナラ突板 UC 3分艶 しゃくり引手
- 内部：ポリ合板
- 排水管
- 内部：ポリ合板

寸法：40／15／310／650／40／180／20／220／850／300／70

B

2. 回遊できる配膳台のあるキッチン

平面図 1：100

仕様
カウンター天板（シンク側）：ステンレス HL
作業台天板：御影石 t=25
扉：メープル練付けフラッシュ UC1 分艶
引手：アルミ L 25 × 25

〈計画上の配慮点〉
- カウンターの天板は、水掛かりのシンク側は機能的なステンレス、作業台は御影石。
- 吊戸棚部分は、壁に補強材をあらかじめ入れる。
- スイッチ、コンセントの位置も指示する。
- キッチンカウンターと配膳台の高さをそろえると作業がしやすい。
- カウンター高さは、使う人の身長に合わせて調整する。

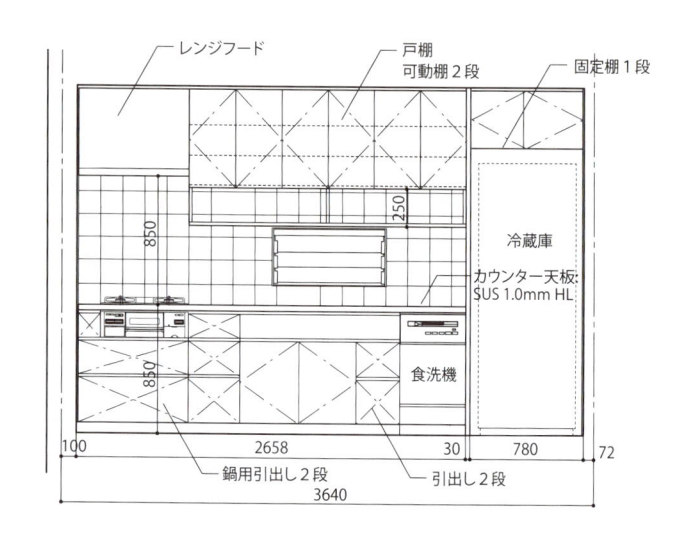

シンク・ガス台側展開図 1：50

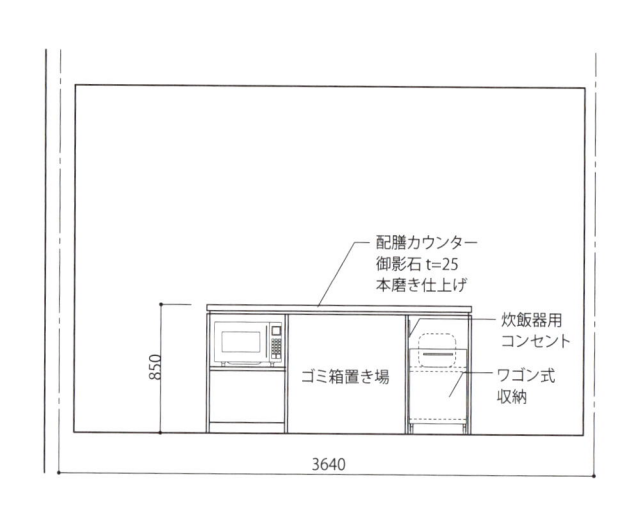

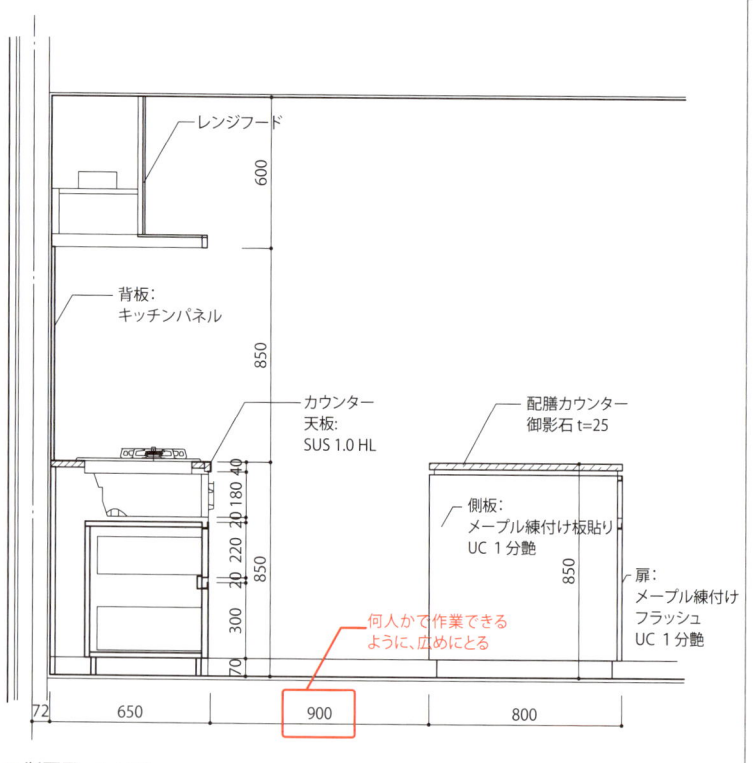

配膳台側展開図 1：50

A-A' 断面図 1：30

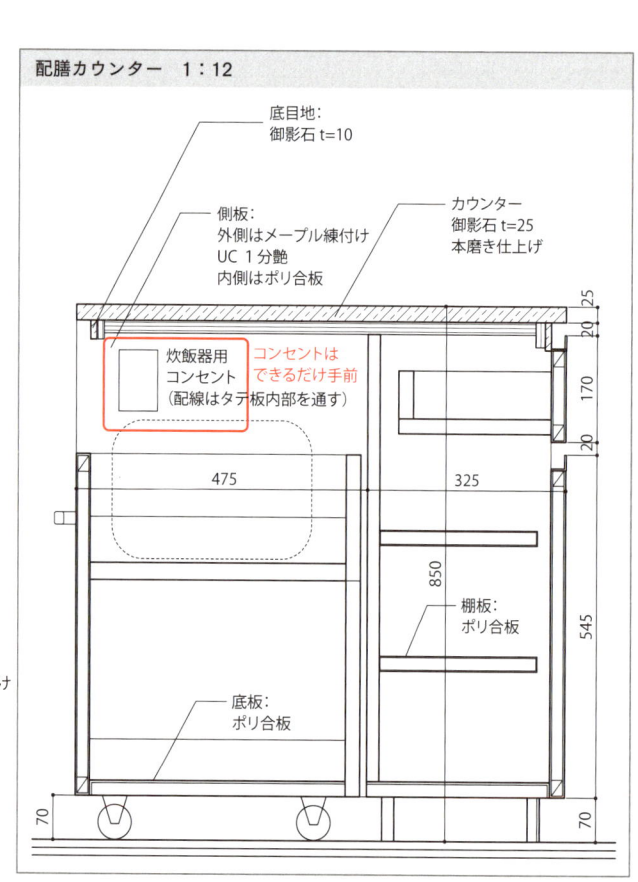

何人かで作業できるように、広めにとる

配膳カウンター 1：12

コンセントはできるだけ手前
（配線はタテ板内部を通す）

88　4章　ゾーンのつくり方を知る

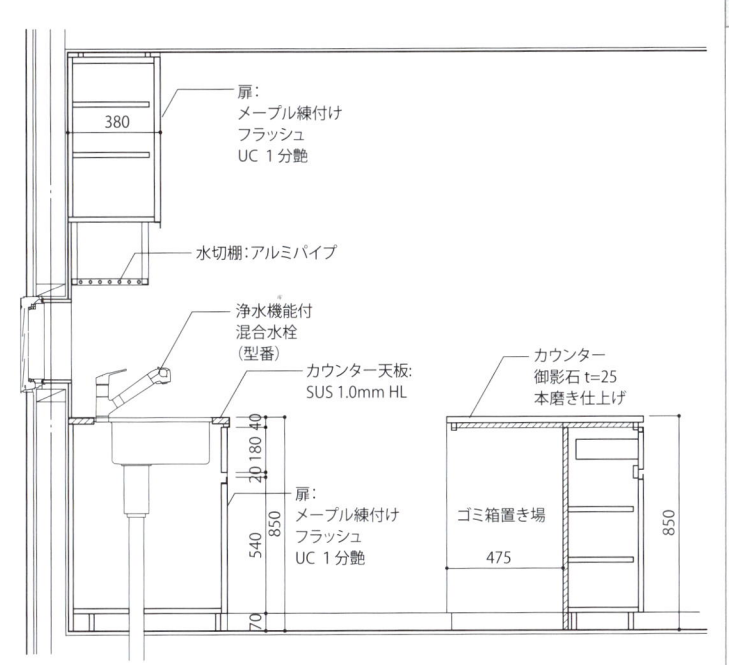

B-B' 断面図 1：30

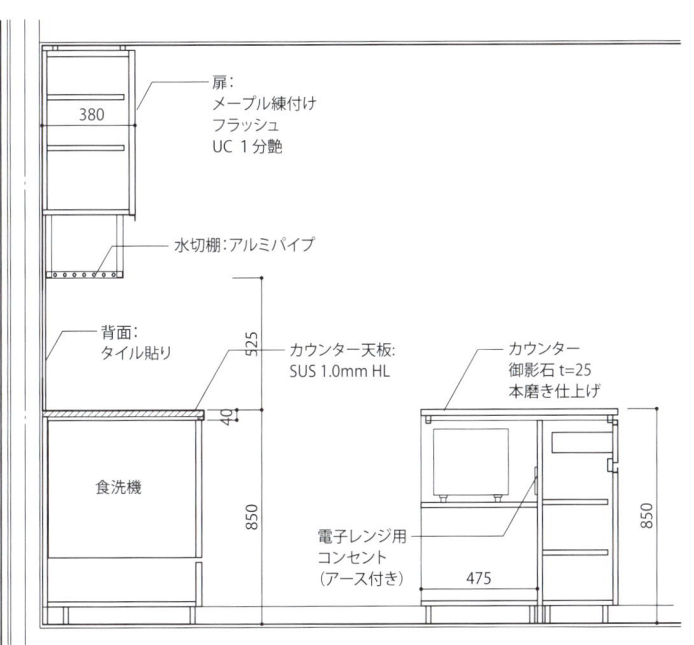

- 扉：メープル練付け フラッシュ UC 1分艶
- 水切棚：アルミパイプ
- 浄水機能付 混合水栓（型番）
- カウンター天板：SUS 1.0mm HL
- カウンター 御影石 t=25 本磨き仕上げ
- ゴミ箱置き場
- 扉：メープル練付け フラッシュ UC 1分艶

C-C' 断面図 1：30

- 扉：メープル練付け フラッシュ UC 1分艶
- 水切棚：アルミパイプ
- 背面：タイル貼り
- カウンター天板：SUS 1.0mm HL
- カウンター 御影石 t=25 本磨き仕上げ
- 食洗機
- 電子レンジ用コンセント（アース付き）

吊戸棚 1：12

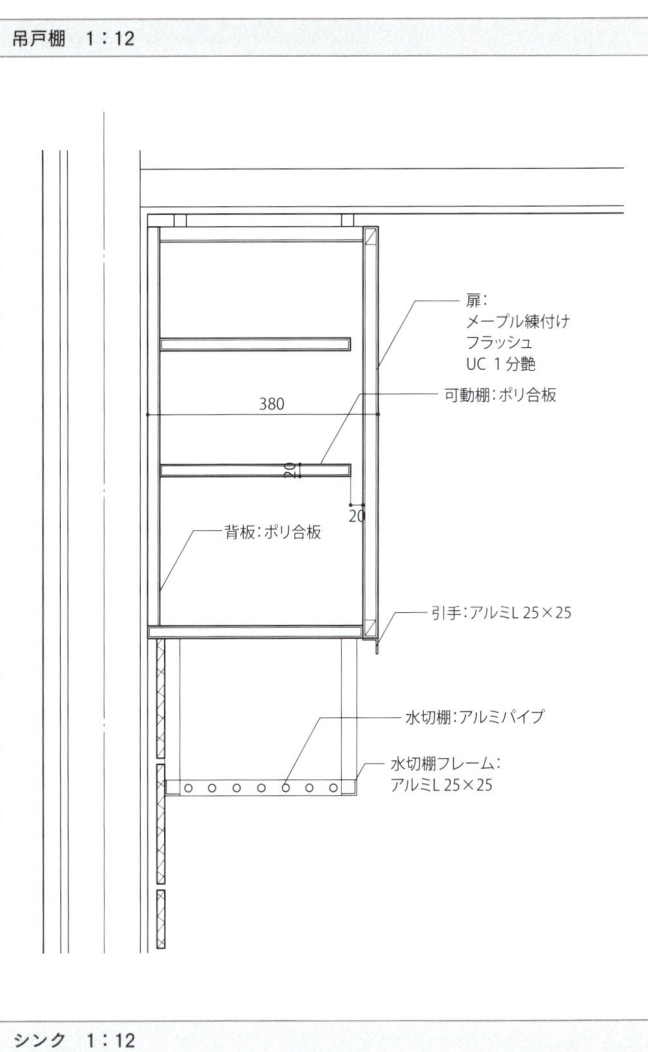

- 扉：メープル練付け フラッシュ UC 1分艶
- 可動棚：ポリ合板
- 背板：ポリ合板
- 引手：アルミL 25×25
- 水切棚：アルミパイプ
- 水切棚フレーム：アルミL 25×25

シンク 1：12

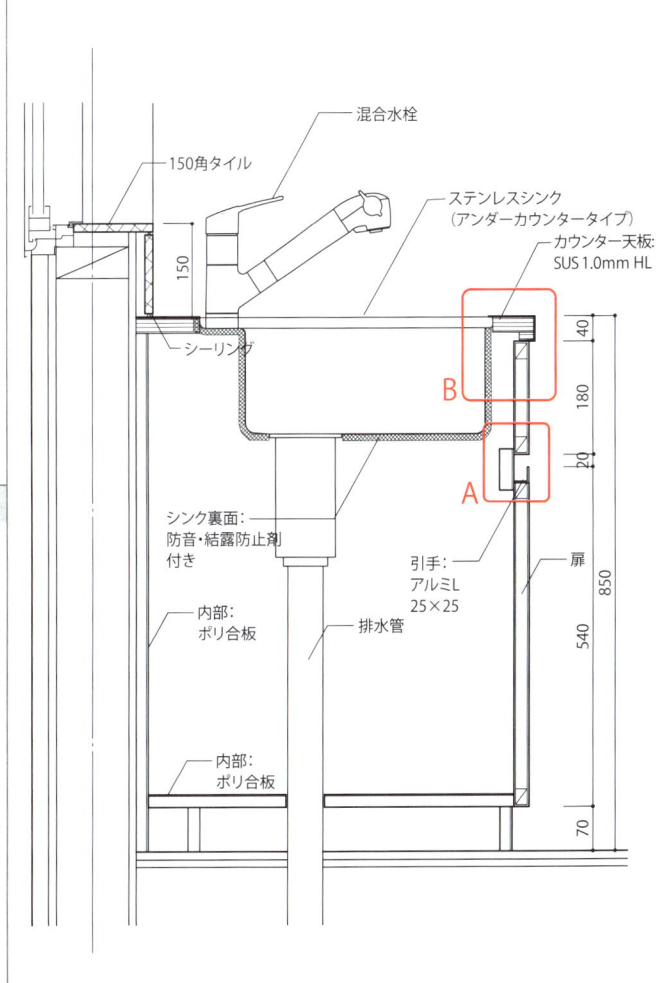

- 150角タイル
- 混合水栓
- ステンレスシンク（アンダーカウンタータイプ）
- カウンター天板：SUS 1.0mm HL
- シーリング
- シンク裏面：防音・結露防止剤付き
- 内部：ポリ合板
- 排水管
- 内部：ポリ合板
- 引手：アルミL 25×25
- 扉

A：シンク下部扉（しゃくり引手）1：5

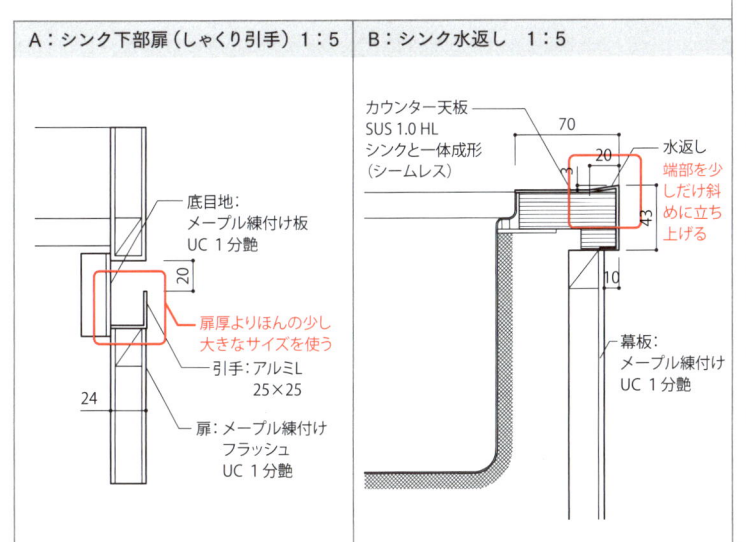

- 底目地：メープル練付け板 UC 1分艶
- 引手：アルミL 25×25
- 扉：メープル練付け フラッシュ UC 1分艶
- 扉厚よりほんの少し大きなサイズを使う

B：シンク水返し 1：5

- カウンター天板 SUS 1.0 HL シンクと一体成形（シームレス）
- 水返し 端部を少しだけ斜めに立ち上げる
- 幕板：メープル練付け UC 1分艶

2. キッチンの詳細図　89

3. 玄関の詳細図

□ 付加価値のある玄関は、住空間を豊かにする。
□ アプローチから自然に玄関に上がれるよう連続的に段差を処理する。
□ 土間部分の断熱処理を忘れないようにする。

〈玄関土間の断熱を忘れないようにする〉

玄関土間は直接外気に接する部分ではありませんが、土間コンクリートを介した熱の移動を防ぐ必要があります。一般床の断熱を床下断熱とするのか、基礎周囲を断熱する基礎断熱とするのかにより、土間床に入れる断熱材の位置が変わります。

また、土間床に施工する断熱材は、プラスチック系のボード状の透湿性の小さい断熱材を施工します。

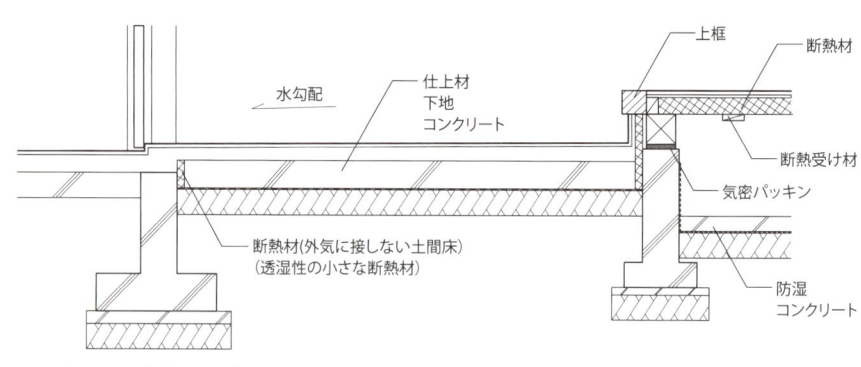

図1. 玄関土間基礎断熱（一般床：床下断熱の場合）

図2. 玄関土間下断熱（一般床：床下断熱の場合）

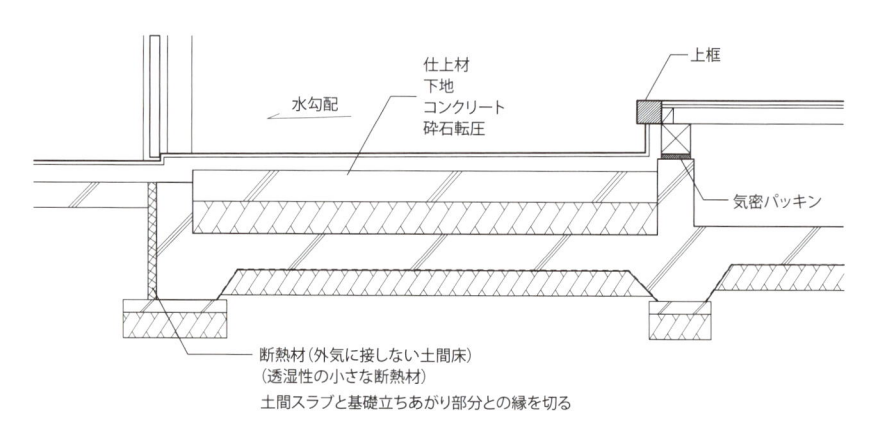

図3. 玄関土間基礎断熱（一般床：基礎断熱の場合）

ポイント

図1と図2は、一般床の床下に断熱材を施工する床下断熱の場合です。床下は熱的には外気と同じ環境となりますので、土間の立ち上がり、または土間下に断熱材を施工し、熱が逃げるのを防ぎます。図3の基礎断熱の場合は、床下は熱的には室内と同じ環境とみなしますので、玄関ドアを境に土間スラブと基礎の立ち上がりとの間に断熱材を入れて、外部との熱的な縁を切ります（写真1）。

写真1. 玄関の土間スラブ下と基礎の立ち上がりに断熱材を敷き込んでいる

写真2. 「外気に面さない土間床」に必要な断熱材の厚みをチェック

参考文献：
「自立循環型住宅への設計ガイドライン」
建築環境・省エネルギー機構

1. 軒下ポーチのある玄関

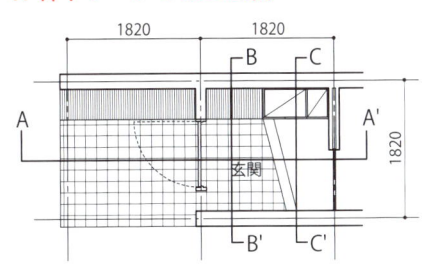

平面図　1:100

仕様
床（ポーチとも）：150角タイル貼り
壁（室内）：PB t=12.5 AEP
外壁：セメント系薄塗り左官仕上げ
天井：PB t=9.5 AEP
ポーチ軒裏：ケイ酸カルシウム板 AEP
入口扉：木製建具（エアタイト付）

〈計画上の配慮点〉
- 軒下の玄関ポーチに連続するベンチを設けることで、広がりのある玄関を演出できる。
- 玄関土間の下にも断熱材を入れる。
- 室内の温熱環境を保つためにも、玄関と室内の間に引戸を設けるとよい。
- 玄関ドアの気密性に注意する。

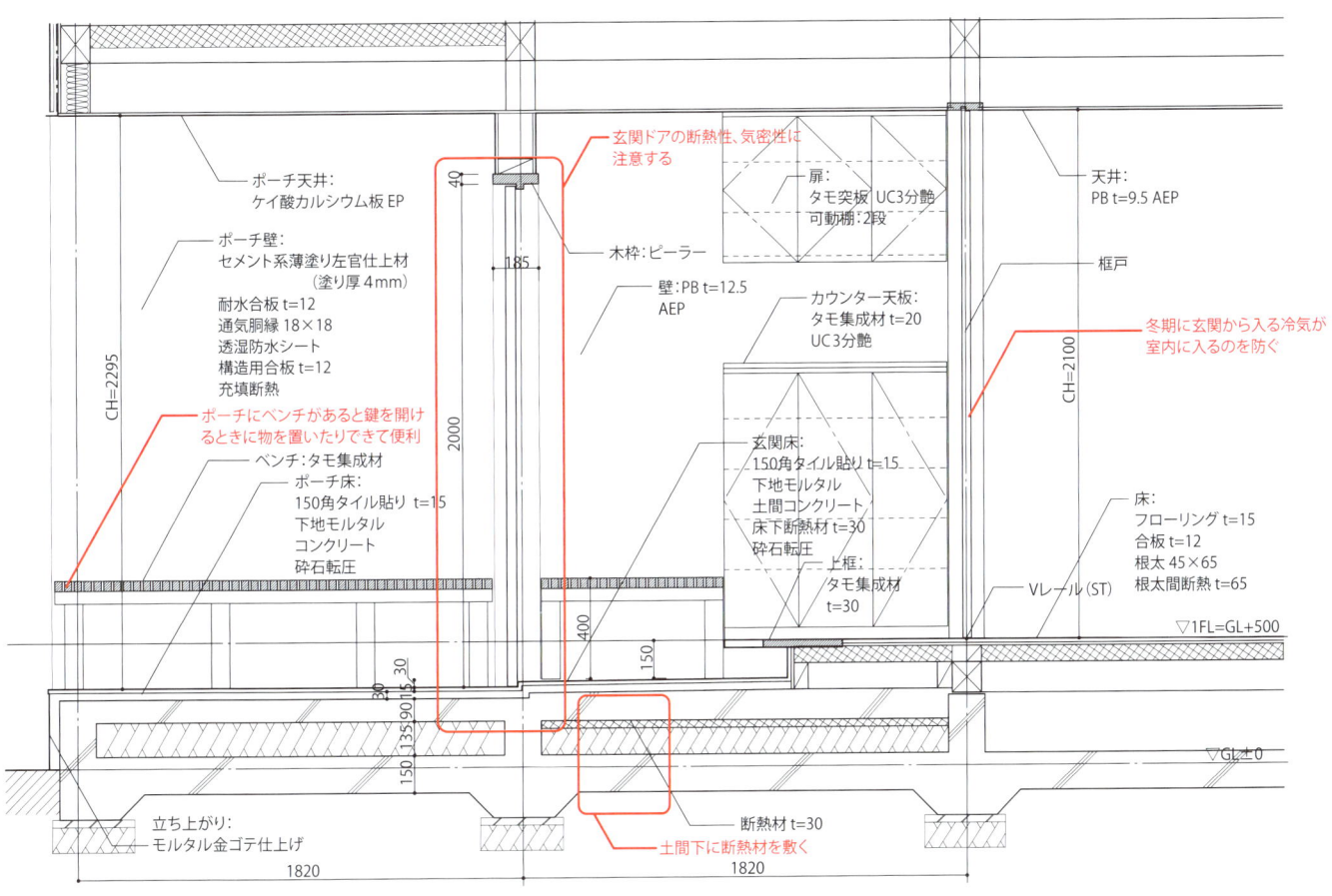

A-A' 断面図　1:30

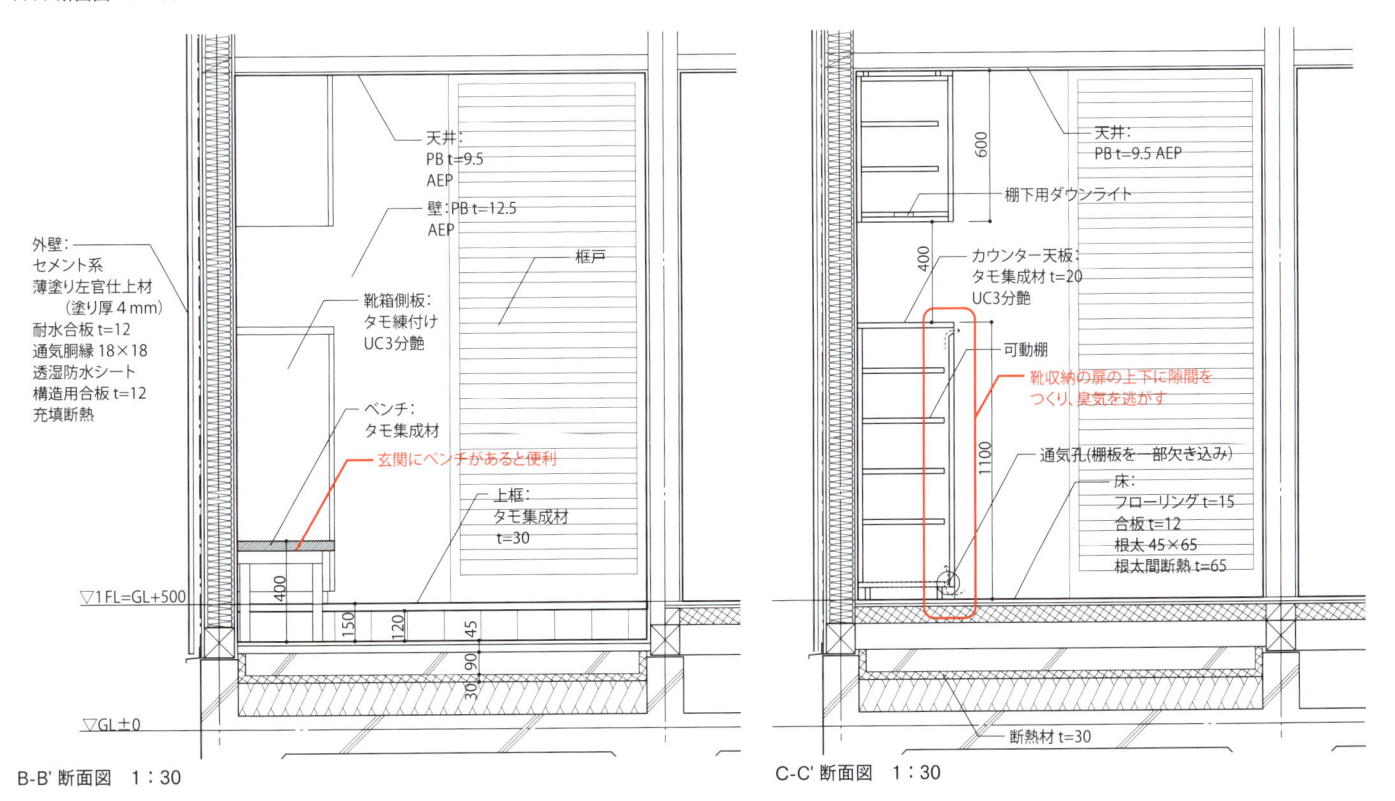

- ポーチ天井：ケイ酸カルシウム板 EP
- ポーチ壁：セメント系薄塗り左官仕上材（塗り厚4mm）／耐水合板 t=12／通気胴縁 18×18／透湿防水シート／構造用合板 t=12／充填断熱
- 玄関ドアの断熱性、気密性は注意する
- 木枠：ピーラー
- 壁：PB t=12.5 AEP
- 扉：タモ突板 UC3分艶／可動棚：2段
- カウンター天板：タモ集成材 t=20 UC3分艶
- 天井：PB t=9.5 AEP
- 框戸
- 冬期に玄関から入る冷気が室内に入るのを防ぐ
- ポーチにベンチがあると鍵を開けるときに物を置いたりできて便利
- ベンチ：タモ集成材
- ポーチ床：150角タイル貼り t=15／下地モルタル／コンクリート／砕石転圧
- 玄関床：150角タイル貼り t=15／下地モルタル／土間コンクリート／床下断熱材 t=30／砕石転圧
- 上框：タモ集成材 t=30
- 床：フローリング t=15／合板 t=12／根太 45×65／根太間断熱材 t=65
- Vレール(ST)
- ▽1FL=GL+500
- 立ち上がり：モルタル金ゴテ仕上げ
- 断熱材 t=30
- 土間下に断熱材を敷く
- ▽GL±0
- CH=2295
- CH=2100

B-B' 断面図　1:30

- 外壁：セメント系薄塗り左官仕上材（塗り厚4mm）／耐水合板 t=12／通気胴縁 18×18／透湿防水シート／構造用合板 t=12／充填断熱
- 天井：PB t=9.5 AEP
- 壁：PB t=12.5 AEP
- 框戸
- 靴箱側板：タモ練付け UC3分艶
- ベンチ：タモ集成材
- 玄関にベンチがあると便利
- 上框：タモ集成材 t=30
- ▽1FL=GL+500
- ▽GL±0

C-C' 断面図　1:30

- 天井：PB t=9.5 AEP
- 棚下用ダウンライト
- カウンター天板：タモ集成材 t=20 UC3分艶
- 可動棚
- 靴収納の扉の上下に隙間をつくり、臭気を逃がす
- 通気孔(棚板を一部欠き込み)
- 床：フローリング t=15／合板 t=12／根太 45×65／根太間断熱材 t=65
- 断熱材 t=30

2. 小さな談話スペースのある土間玄関

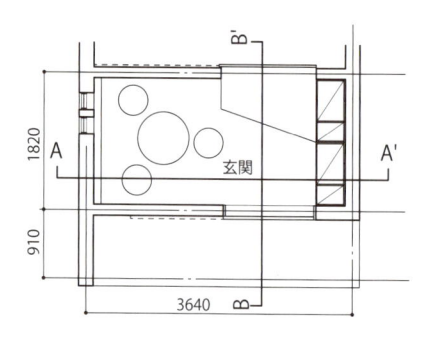

平面図 1：100

仕様
玄関土間、ポーチ床：豆砂利洗い出し
外壁：セメント系薄塗り左官仕上げ
内壁、天井：PB t=12.5 セメント系薄塗り左官仕上げ
1階床：フローリング t=12
玄関扉：木製建具
上框：ナラ集成材

〈計画上の配慮点〉
- 玄関引戸と室内へ入る框戸を直線上に並べて、動線部分と談話スペースを分けることで、小さいながらも落ち着いたスペースをつくることができる。
- 窓の下枠を幅広板で仕上げると飾り棚にもなる。
- 傘の収納スペースを棚の中につくると、傘立てが必要なくなり、すっきりする。

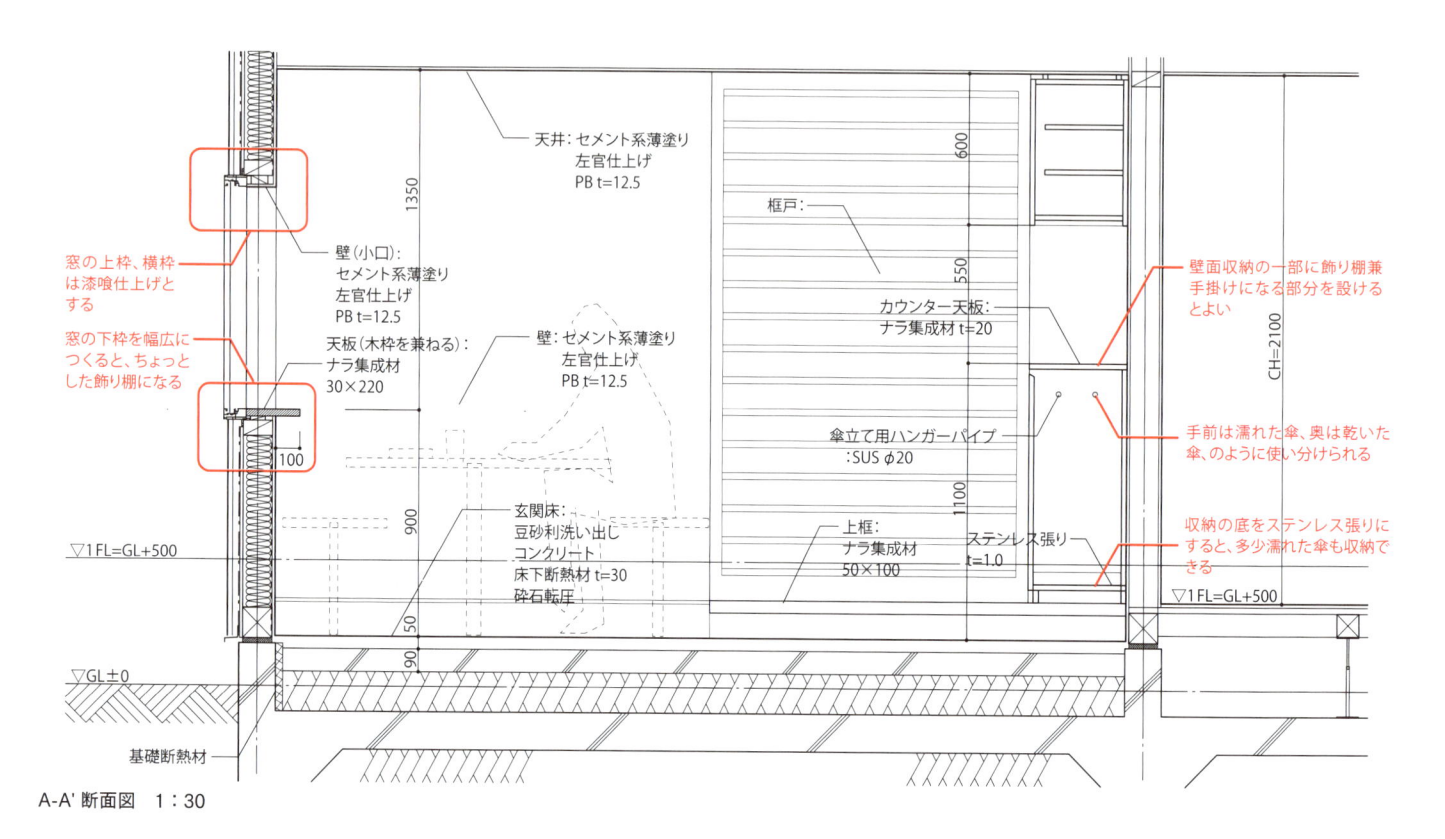

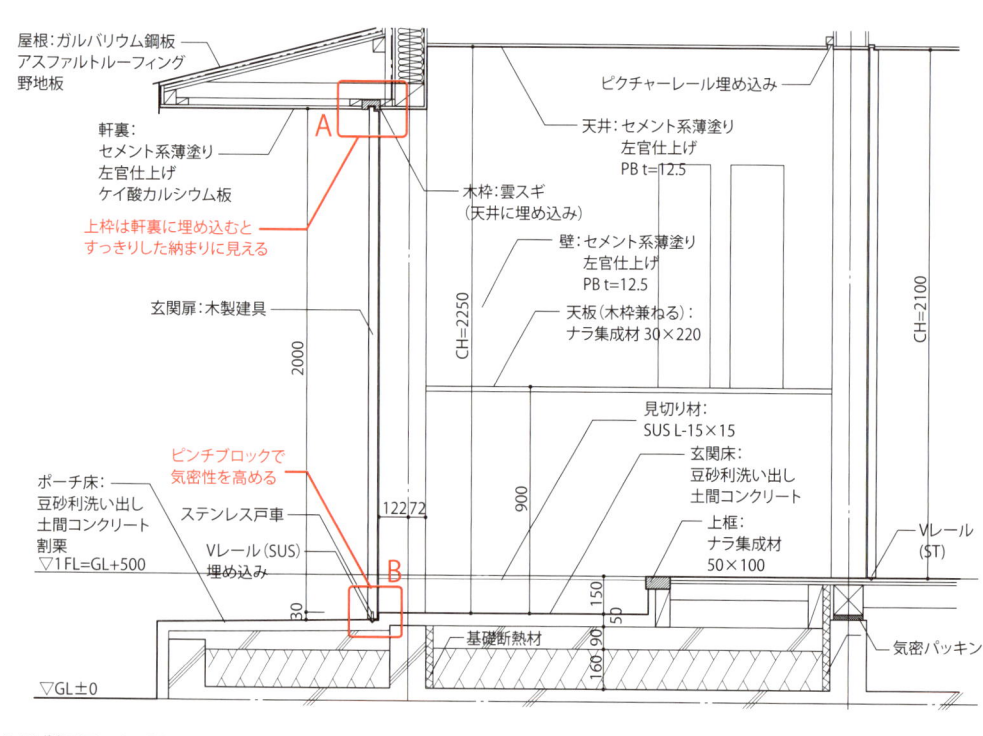

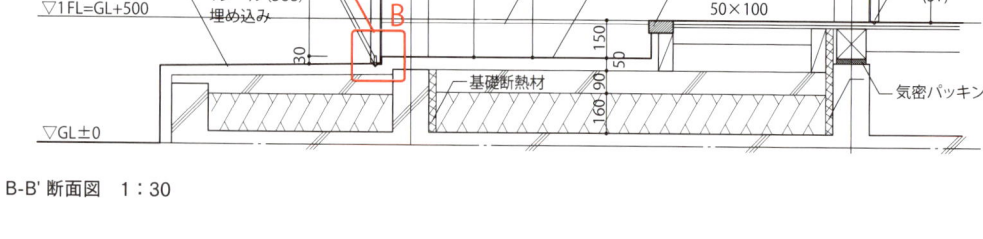

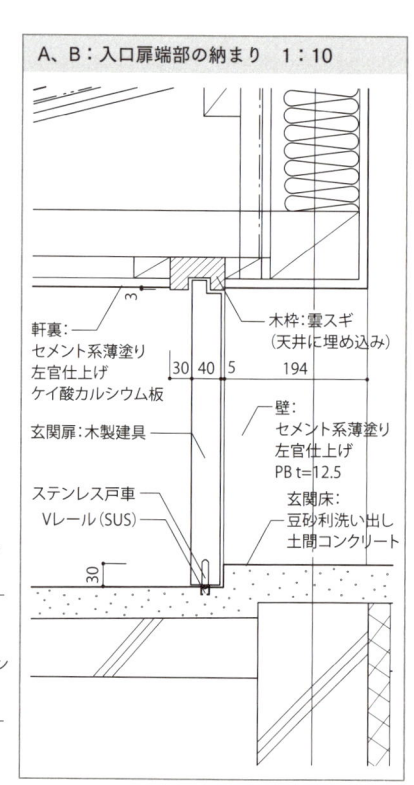

A-A' 断面図 1：30

- 窓の上枠、横枠は漆喰仕上げとする
- 窓の下枠を幅広につくると、ちょっとした飾り棚になる
- 壁面収納の一部に飾り棚兼手掛けになる部分を設けるとよい
- 手前は濡れた傘、奥は乾いた傘、のように使い分けられる
- 収納の底をステンレス張りにすると、多少濡れた傘も収納できる

B-B' 断面図 1：30

- 上枠は軒裏に埋め込むとすっきりした納まりに見える
- ピンチブロックで気密性を高める

A、B：入口扉端部の納まり 1：10

4章 ゾーンのつくり方を知る

3. サンルームを兼ねる土間玄関

〈計画上の配慮点〉

- 南面した玄関でサンルームを兼ねるので、夏期の日射遮蔽を考え、庇を設け、グリーンカーテンをしつらえられるようにする。
- 土間床は、蓄熱に適した厚みのあるレンガタイルを敷き込んで冬の日射をため、蓄熱した熱を逃がさないようにサッシの内側に建具を入れて開口部の断熱性を高める。

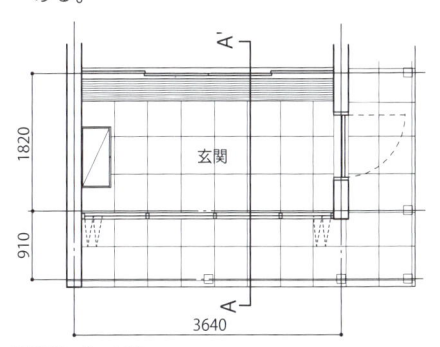

平面図 1：100

仕様
玄関土間：レンガタイル
外壁：ガルバリウム鋼板立てはぜ葺き
内壁、天井：PB＋漆喰金ゴテ仕上げ
1階床：無垢フローリング t=15
玄関扉：木製建具
上框：タモ集成材

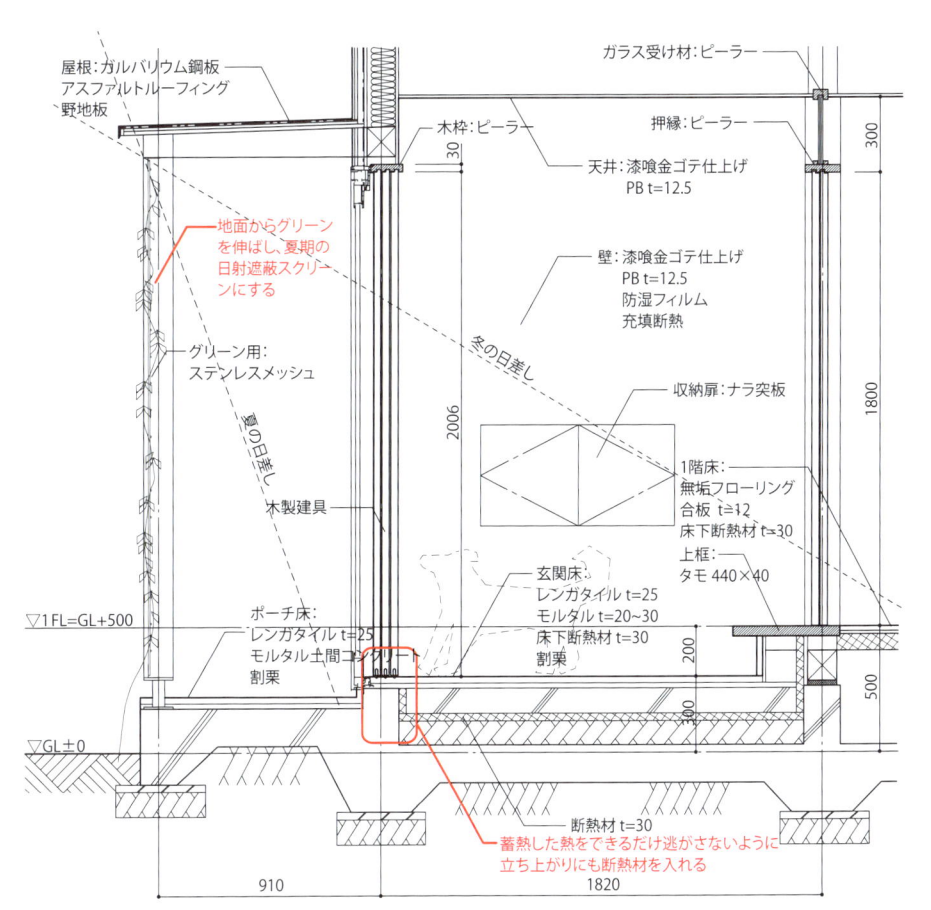

A-A'断面図 1：30

主な記載：
- 屋根：ガルバリウム鋼板 アスファルトルーフィング 野地板
- ガラス受け材：ピーラー
- 木枠：ピーラー
- 押縁：ピーラー
- 天井：漆喰金ゴテ仕上げ PB t=12.5
- 壁：漆喰金ゴテ仕上げ PB t=12.5 防湿フィルム 充填断熱
- グリーン用：ステンレスメッシュ
- 木製建具
- 収納扉：ナラ突板
- 1階床：無垢フローリング 合板 t=12 床下断熱材 t=30
- 上框：タモ 440×40
- 玄関床：レンガタイル t=25 モルタル t=20～30 床下断熱材 t=30 割栗
- ポーチ床：レンガタイル t=25 モルタル土間コンクリート 割栗
- 断熱材 t=30
- 地面からグリーンを伸ばし、夏期の日射遮蔽スクリーンにする
- 蓄熱した熱をできるだけ逃がさないように立ち上がりにも断熱材を入れる

4. リビングイン玄関

〈計画上の配慮点〉

- リビングに直接入る玄関なので、玄関から直接室内が見えないように、収納やフロストガラスなどの仕切りを工夫して、外部からの視線をコントロールする。
- 玄関ドアの気密性を確保する。
- 玄関の外に庇を付ける。

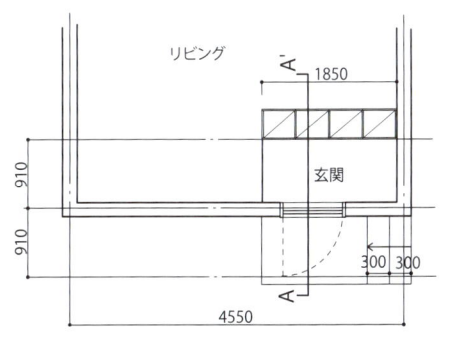

平面図 1：100

仕様
玄関土間：モルタル金ゴテ押え
外壁：ガルバリウム鋼板立てはぜ葺き
内壁、天井：PB t=9.5 AEP
1階床：フローリング t=15
玄関扉：木製建具
上框：St-FB t=12 OP

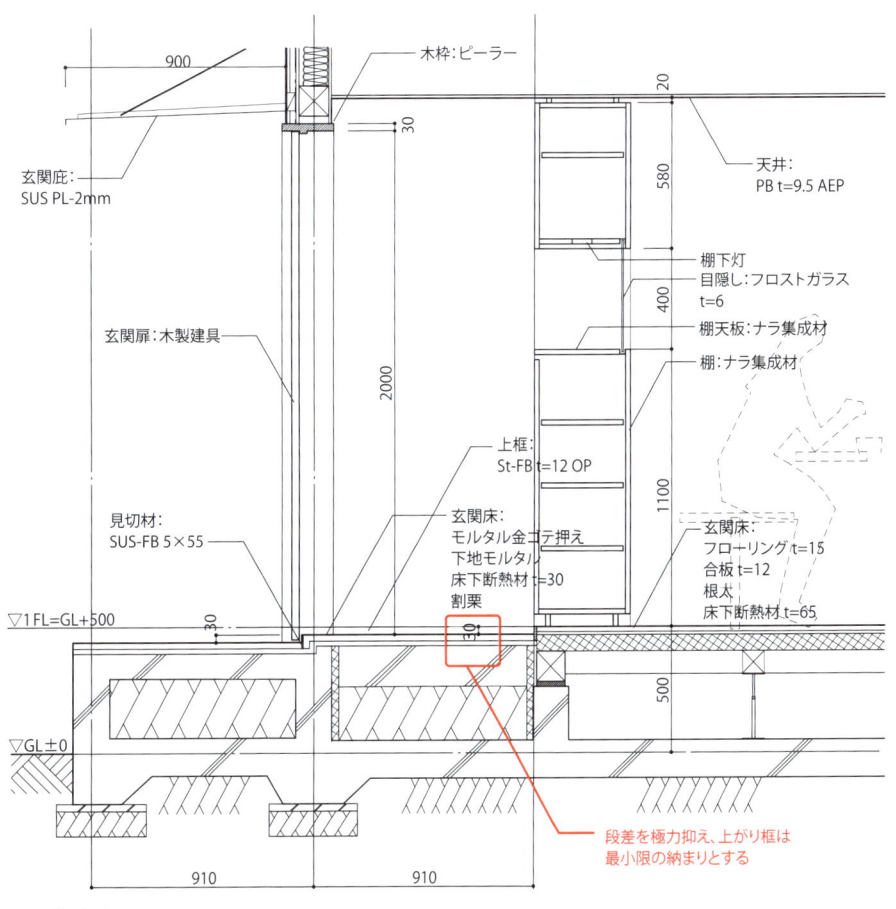

A-A'断面図 1：30

主な記載：
- 玄関庇：SUS PL-2mm
- 木枠：ピーラー
- 玄関扉：木製建具
- 見切材：SUS-FB 5×55
- 天井：PB t=9.5 AEP
- 棚下灯
- 目隠し：フロストガラス t=6
- 棚板：ナラ集成材
- 棚：ナラ集成材
- 上框：St-FB t=12 OP
- 玄関床：モルタル金ゴテ押え 下地モルタル 床下断熱材 t=30 割栗
- 玄関床：フローリング t=15 合板 t=12 根太 床下断熱材 t=65
- 段差を極力抑え、上がり框は最小限の納まりとする

3. 玄関の詳細図　93

Column 4　木材の基礎情報　その2
木材の流通寸法

木材は、流通の過程で製材され、卸売業者、小売業者を通じて工務店に流通します。一般に木造住宅で使用する木材は、流通している規格寸法の材を使用するのが、コスト監理の面でも重要です。規格寸法は、尺寸による寸法が主流でしたが、現在はメーターモジュールのものも多くあります。使用する部位に応じた規格寸法の木材を使い分けられるようにします。また、厚板、平割などの材で規格寸法では対応できない場合は、厚みは規格寸法を使い、幅は必要寸法にカットして使う、ということになります。また、規格寸法の材を長さいっぱい使うことで、材料の無駄、廃棄物の軽減につながります。

図1. 製材の区分け

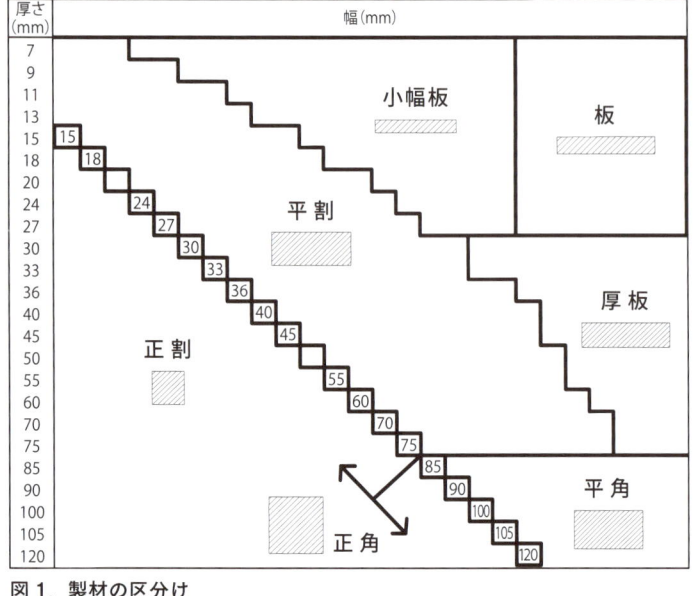

表1. 部位別に一般的に用いられる部材寸法の例

部位		寸法
柱	正角	105×105、120×120
梁	平角	105×150、105×180、105×240
		120×150、120×180、120×240、120×300
母屋	正角	90×90、105×105
垂木	正割	45×45、60×60
	平割	30×45、45×60
通気垂木	正割	18×18、30×30、40×40
大引	正角	90×90、100×100、105×105
根太	正割	30×30、45×45

表2. 針葉樹の製材の標準寸法（JAS）

参考:「木のデザイン図鑑」エクスナレッジ

5章 空間エレメントの部分詳細

住宅内部での活動を支える空間のエレメントとして、本章では「造作家具・収納」「階段」の詳細図を解説します。いずれも、建築空間の一部として施工されるものです。生活の各シーンに応じた機能と納まり、そして住宅本体との取り合いを理解することが、建築空間との調和を実現します。

これらの部位には、とりわけ人の行為や動作寸法等が、直接的に反映されるばかりでなく、住み手独自の生活習慣をも汲み取った計画が求められます。それらのつくり込みによって、生活にフィットした居住空間をめざしてみては。

1. 造作家具・収納の詳細図

- □ 造作家具の基本的な仕組みを理解する。
- □ 家具・大工工事の特性を生かす。
- □ 空間内の一部として計画する。

〈造作家具のメリット〉

あえて造作家具を住宅に造り付けるメリットには、第一にスペースの有効活用が挙げられます。当初の計画段階から、各ゾーン、各室に必要な要素を盛り込むことで、スペースの面からロスの少ない住空間を形成することができます。これは、生活上の行為や動作、収納量などの機能的な側面ばかりでなく、住宅内に居場所を定着させるための止まり木のような役割も担います。いずれの場合も、将来に向けた具体的な生活を想定して、柔軟に対応できる計画の立案が重要となります。

〈家具工事、大工工事、それぞれの違いを理解する〉

造作家具は、製作・施工方法の面から「家具工事」と「大工工事」とに大別できます。

家具工事は、工場などであらかじめ製作したパーツを現場に設置する方法です。そのため、精密な加工精度や多様な仕上材の選択肢、美麗な塗装などの仕上がりを期待することができます。しかし、現場の誤差を見込んだ製作となるため、必ず調整代（台輪、支輪、フィラーなど）を考慮する必要があります。

一方の大工工事では、現場の大工が建築工事と一体的に施工を行います。現場を直接に採寸しながら施工するため、調整代を省略することもでき、住宅内の部位を利用した納め方や、壁一面に造り付けたりなど、見えがかり上、空間に溶け込むデザインに有効な方法といえます。また、家具工事と比べてコストを抑えることも可能です。しかし、大工が扱うことのできる材料や加工方法が限定されたり、加工精度も家具工事には及ばないといったデメリットもあります。大工工事による造作家具の主な材料には、両面が仕上げてある既製のパネル材（ランバーコア合板、積層合板、集成材、積層クロスパネルなど）が用いられます。フラッシュパネルを用いた収納扉や引出しの製作・取付けは、建具工事に含めることで対応します。

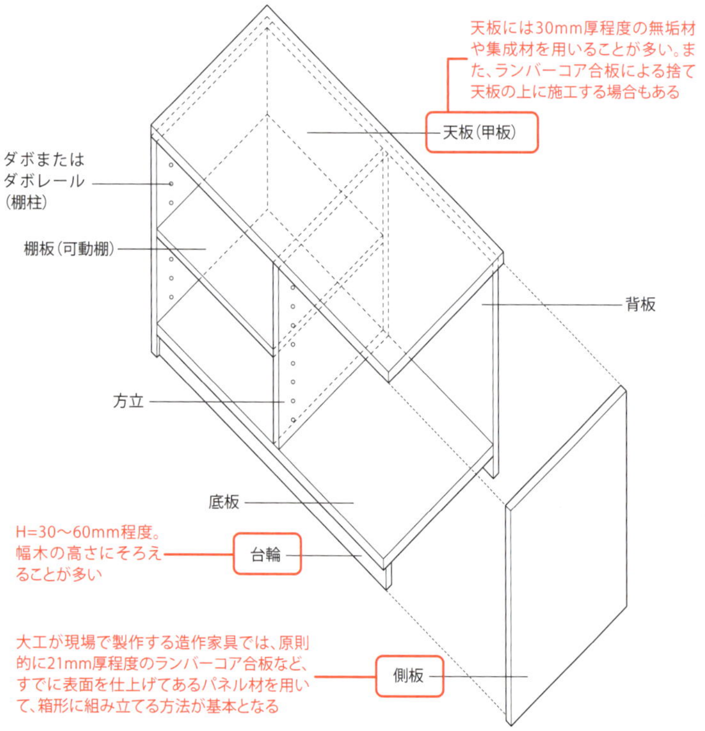

図1. 造作家具の基本構成

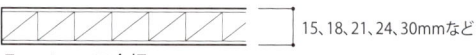

図2. 造作家具に用いる主なパネル材

ランバーコア合板 — 15、18、21、24、30mmなど
ブロック状の中芯のため、反りにくく加工しやすい。表面材にはシナやポリエステル樹脂が多く用いられる。

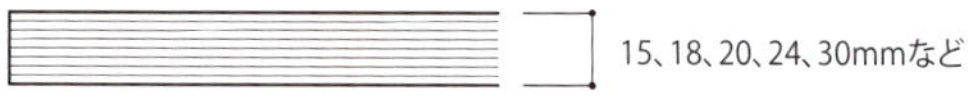

積層合板（プライウッド） — 15、18、20、24、30mmなど
同一材を積層したものと、異なる樹種を交互に張り重ねたものがあり、ともに木口の模様が美しい。

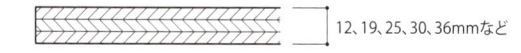

積層クロスパネル — 12、19、25、30、36mmなど
4〜13mm程度の無垢材または集成材を、繊維方向を直交に積層接着したパネル材。

MDF — 2.5、5.5、9、12、15、18、21、24mmなど
繊維状の木材をボードに成形した製品で、独特の柔らかい質感が特徴。ビスがきかない点に注意を要する。

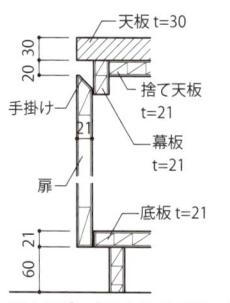

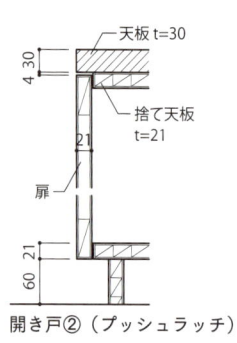

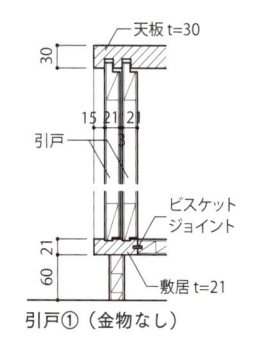

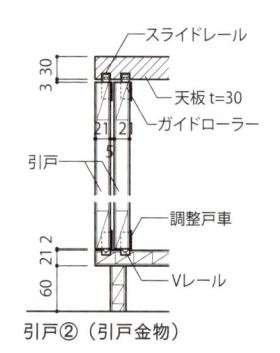

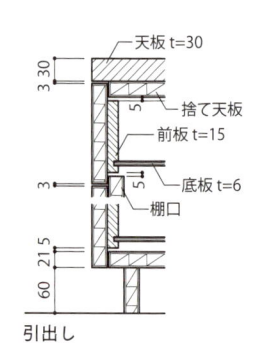

図3. 造作家具の主な開口部 1:10

開き戸①（扉上部が手掛け）　開き戸②（プッシュラッチ）　引戸①（金物なし）　引戸②（引戸金物）　引出し

リビングの造作家具・収納

1. 小上がりと窓際のベンチ

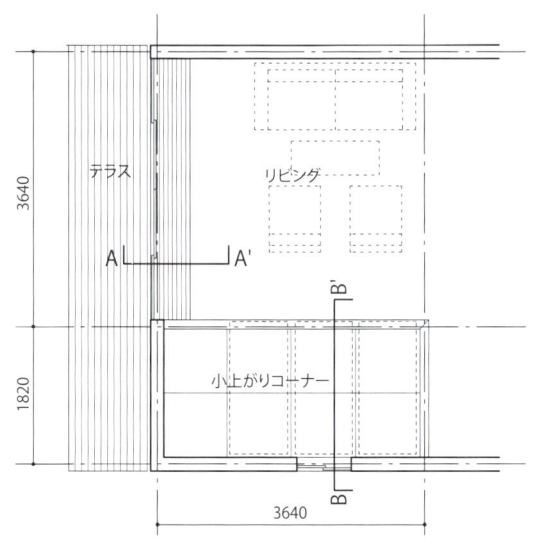

下の左図は、掃出窓の下枠立ち上がりを、窓際のベンチに見立てた例。外部テラスへの連続性を加味して、デッキ床レベルもサッシ下枠レベルに近づけている。2階バルコニーで適用すれば、横架材レベルを下げずに、防水立ち上がりを確保しつつ、内部からの連続感を出すことも可能。ベンチの奥行きを確保した下部には、キャスター付収納を設けている。下の右図は、リビングの一隅に小上がりコーナーを設け、その下をキャスター付収納とした例。

仕様
床：無垢フローリング t=15
小上がり床：無垢フローリング t=15
壁：PB t=12.5 クロス貼り
天井：PB t=9.5 クロス貼り
開口部：アルミサッシ
窓台天板：集成材 t=30

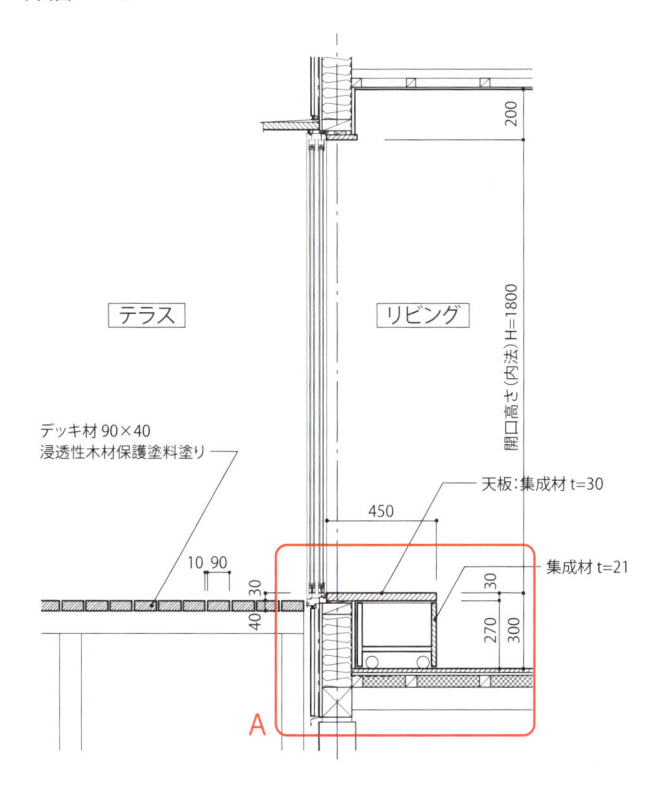

平面図 1：100

窓際のベンチ収納
A-A' 断面図 1：30

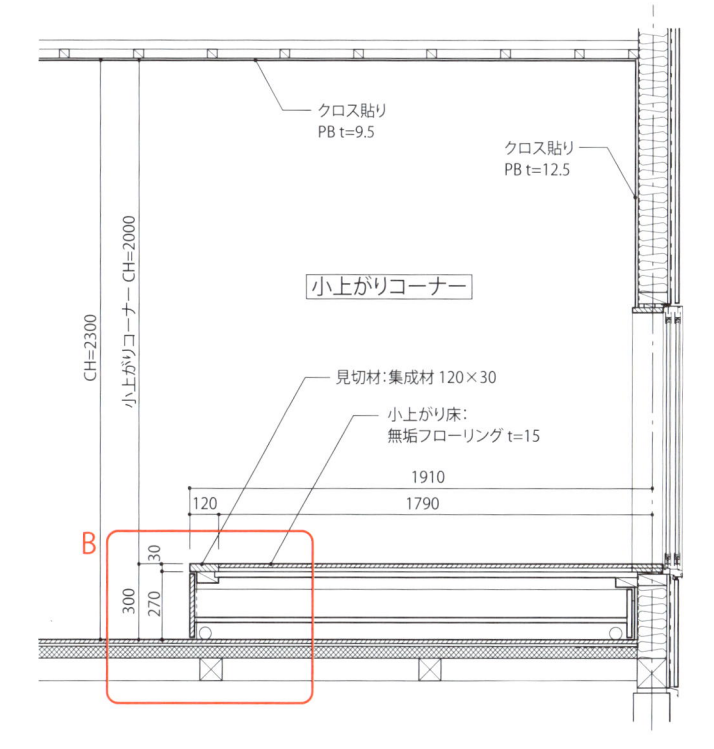

小上がりと床下収納
B-B' 断面図 1：30

A：ベンチ 1：10

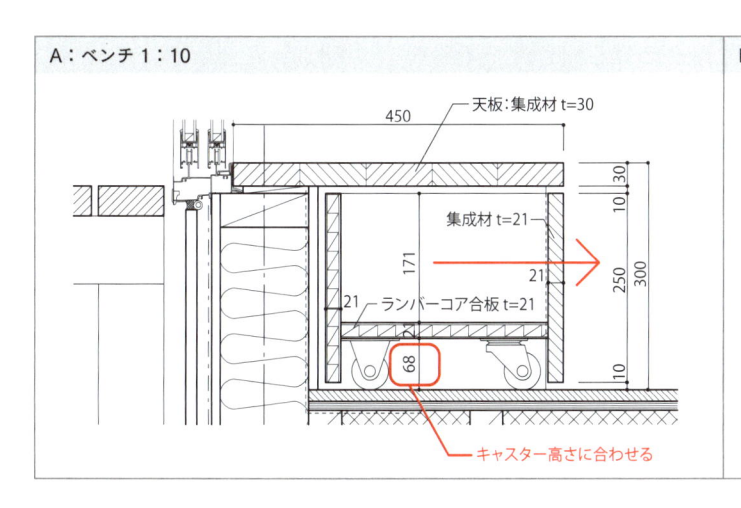

B：小上がり 1：10

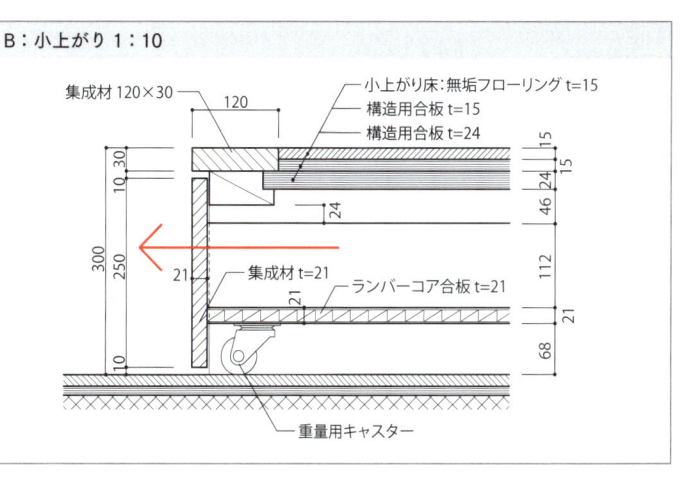

1. 造作家具・収納の詳細図　97

2. オーディオ機器を納める壁面収納

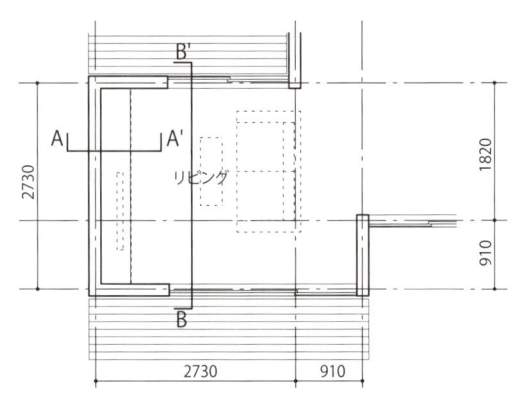

リビングに壁面収納を設けた例。テレビをはじめ、オーディオ機器が集中するため、想定される機器の寸法や、配線ルート、コンセントの数や位置、機器の熱を逃がす排気孔などについて考慮する。また、棚内の機器をリモコン操作する場合には、扉面材に透過性の材料を選択する必要がある。

仕様
床：無垢フローリング t=15
壁：PB t=12.5 クロス貼り
天井：PB t=9.5 クロス貼り
天板：集成材 t=30
収納扉：化粧合板フラッシュ t=21
可動棚：ランバーコア合板 t=21

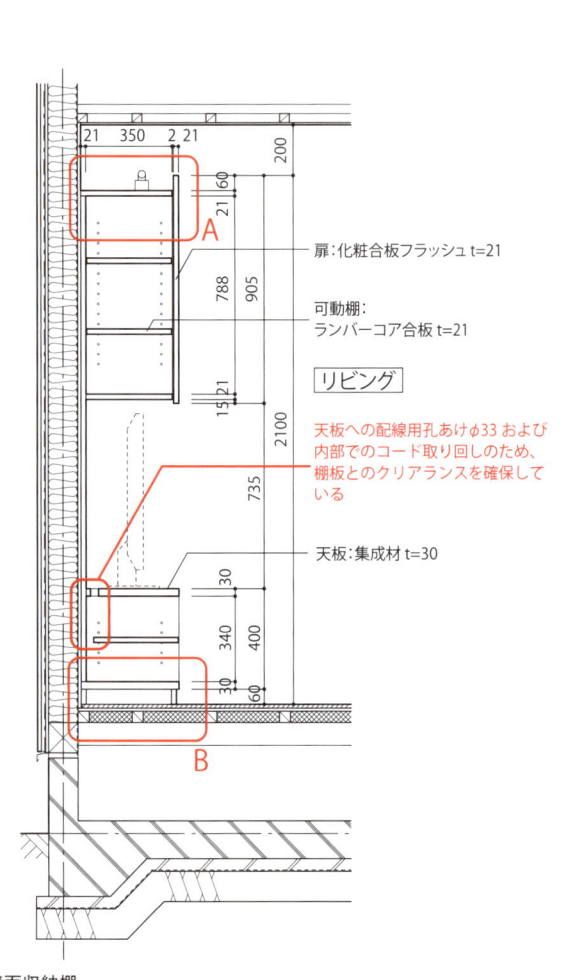

キープラン 1：100

天板への配線用孔あけφ33 および内部でのコード取り回しのため、棚板とのクリアランスを確保している

壁面収納棚
A-A' 断面図 1：30

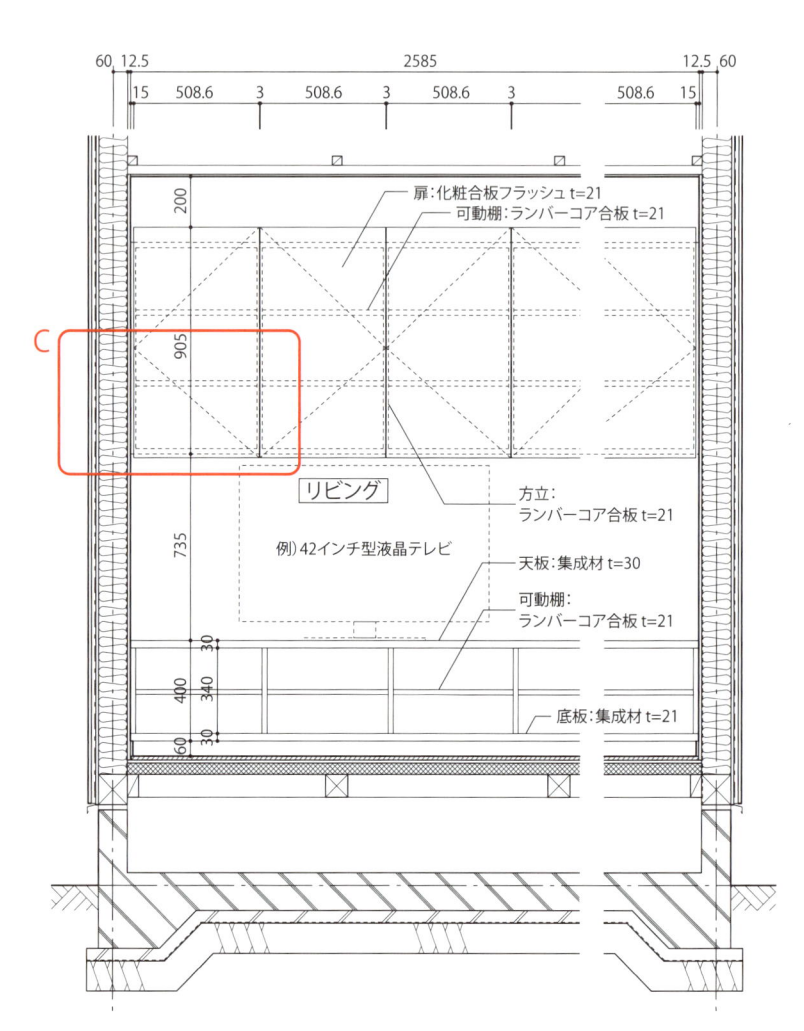

B-B' 断面図 1：30

A：扉と天板周辺の納まり 1：10

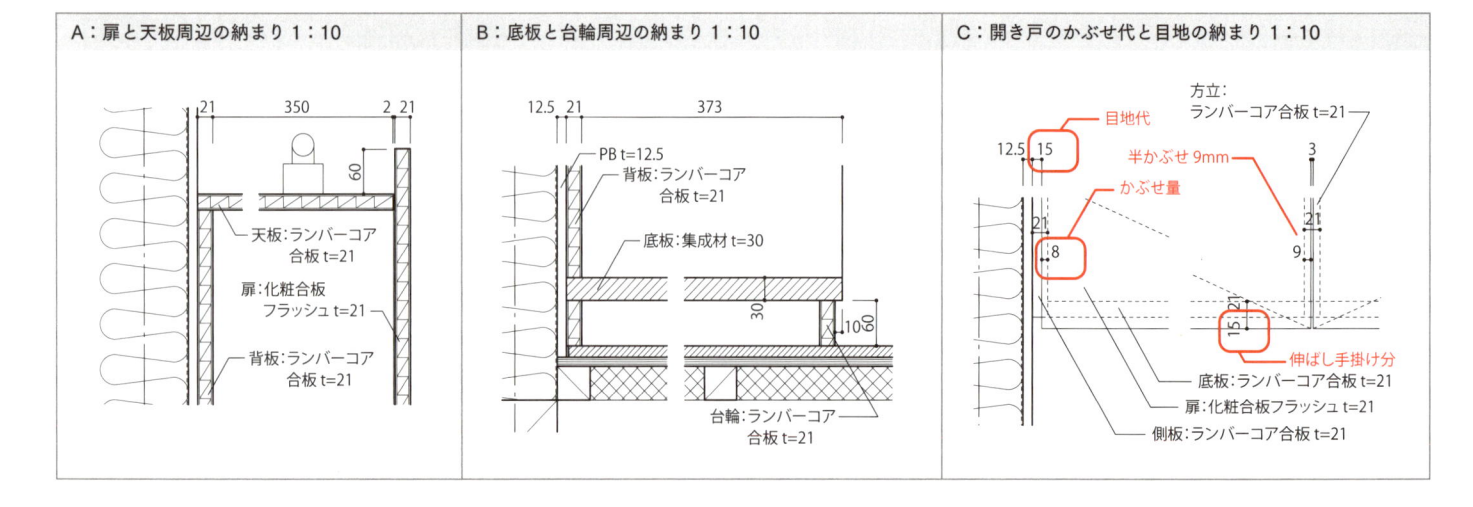

B：底板と台輪周辺の納まり 1：10

C：開き戸のかぶせ代と目地の納まり 1：10

目地代
半かぶせ 9mm
かぶせ量
伸ばし手掛け分

3. リビングの書斎コーナー

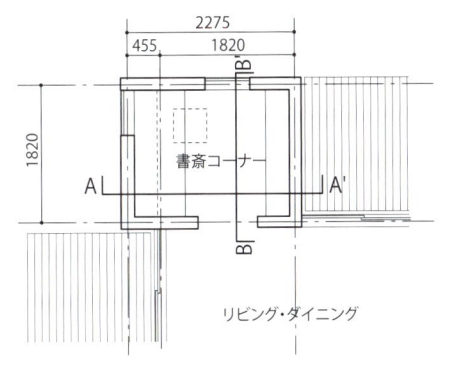

リビングの一隅を、アルコーブ的な書斎コーナーとした例。前面には造付けテーブルと吊戸棚、背面には天井高さいっぱいに書棚を配して、作業スペースと収納量を確保している。パソコンと周辺機器の使用を想定する場合は、モニタサイズ（特に大型液晶モニタの高さ）や、ケーブル類の取り回し（天板に配線用の孔あけ加工など）、コンセント位置などを考慮する必要がある。

仕様
床：無垢フローリング t=15
壁：PB t=12.5 クロス貼り
天井：PB t=9.5 クロス貼り
天板・底板：ランバーコア合板 t=21
扉：化粧合板フラッシュ t=21
方立：ランバーコア合板 t=24
固定棚：ランバーコア合板 t=30
可動棚：ランバーコア合板 t=21

平面図 1：100

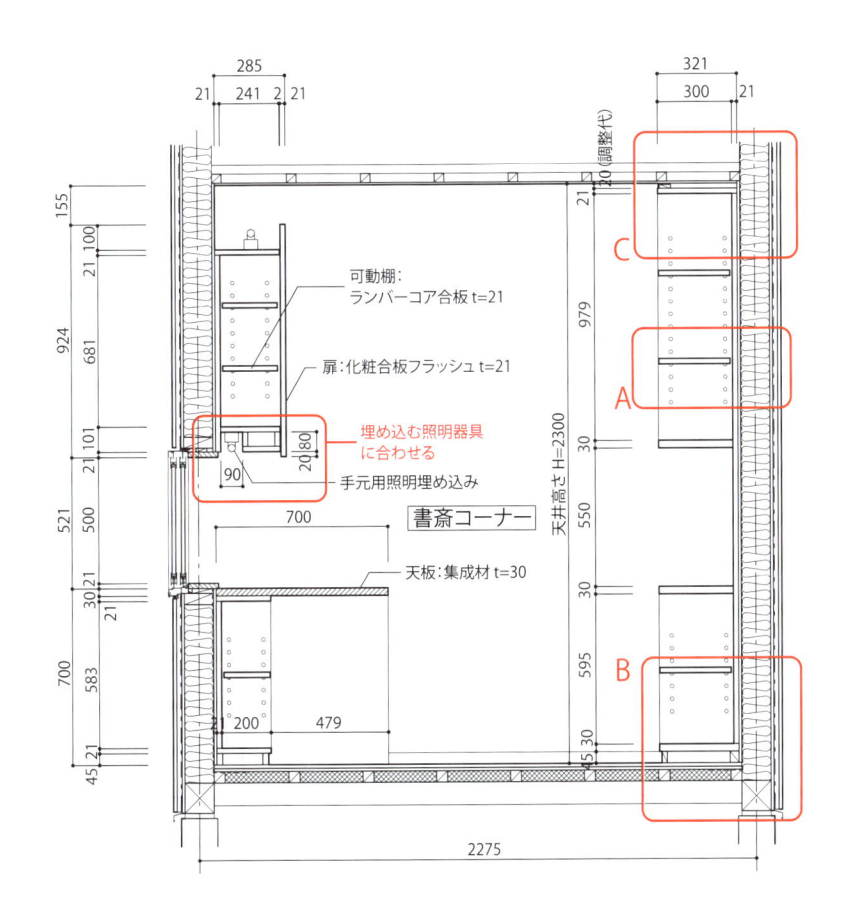

A-A'断面図 1：30

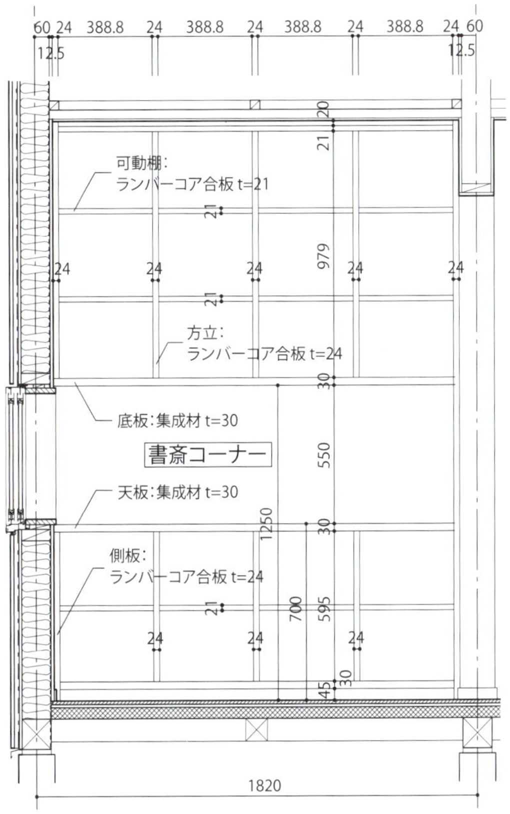

B-B'断面図 1：30

A：ダボ穴と棚板の納まり 1：10

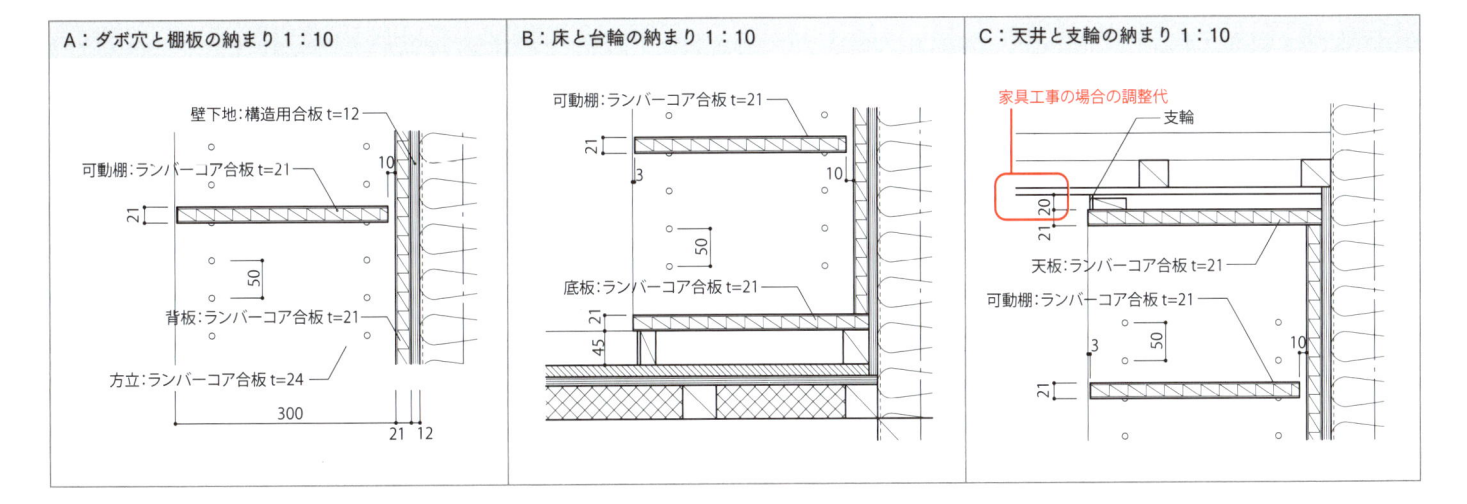

B：床と台輪の納まり 1：10

C：天井と支輪の納まり 1：10

1. 造作家具・収納の詳細図　99

ダイニングの造作家具・収納

掘り床および土間との取り合い

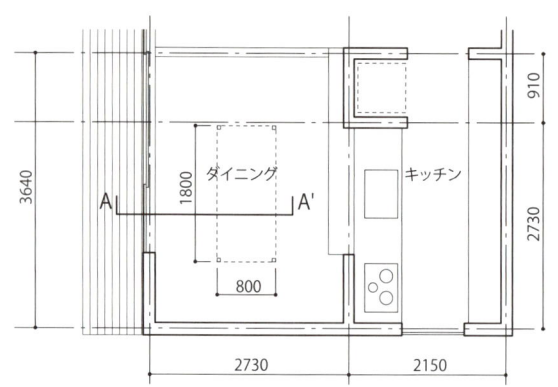

下の左図は、ダイニングテーブルを掘り床とした例。床下のコンクリート耐圧版と接する部分は底冷えするため、必ず断熱材を施すこと。

下の右図は、土間床とのレベル差が生じる部分にダイニングテーブルを設けて、上床の縁を腰掛けに見立てた例。

仕様
床：無垢フローリング t=15、
　　本畳 t=60
壁：PB t=12.5 クロス貼り
天板：集成材 t=30

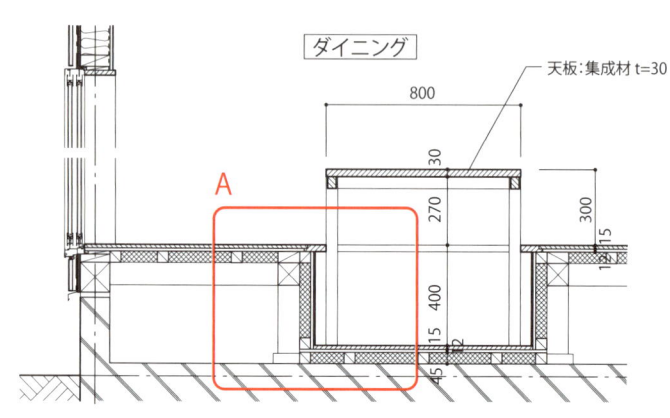

平面図 1：100

掘り床（フローリング）
A-A' 断面図 1：30

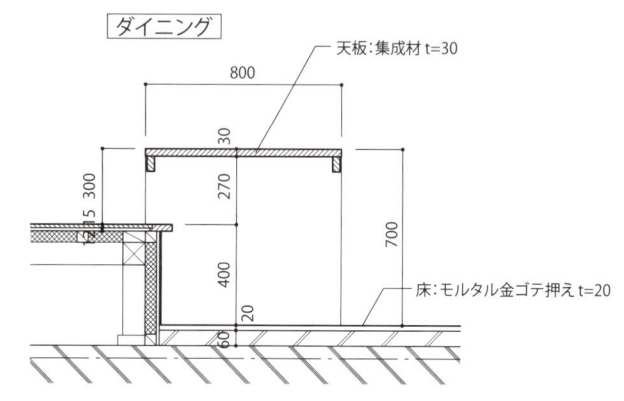

段差をテーブルで連続させる（フローリング）
断面図 1：30

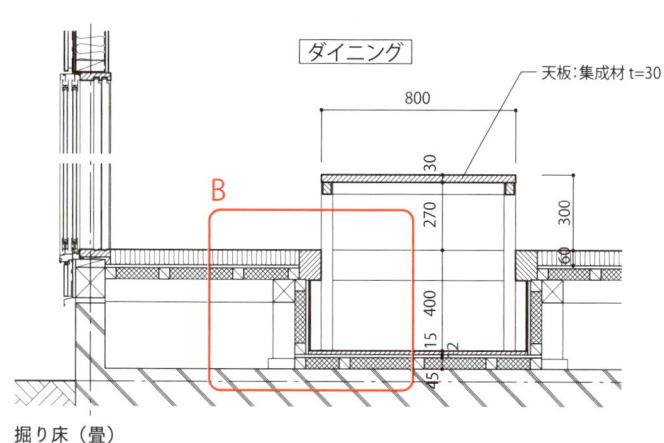

掘り床（畳）
A-A' 断面図 1：30

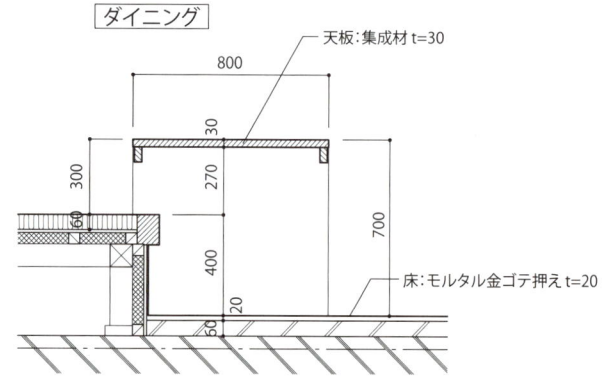

段差をテーブルで連続させる（畳）
断面図 1：30

A：掘り床（フローリング） 1：10

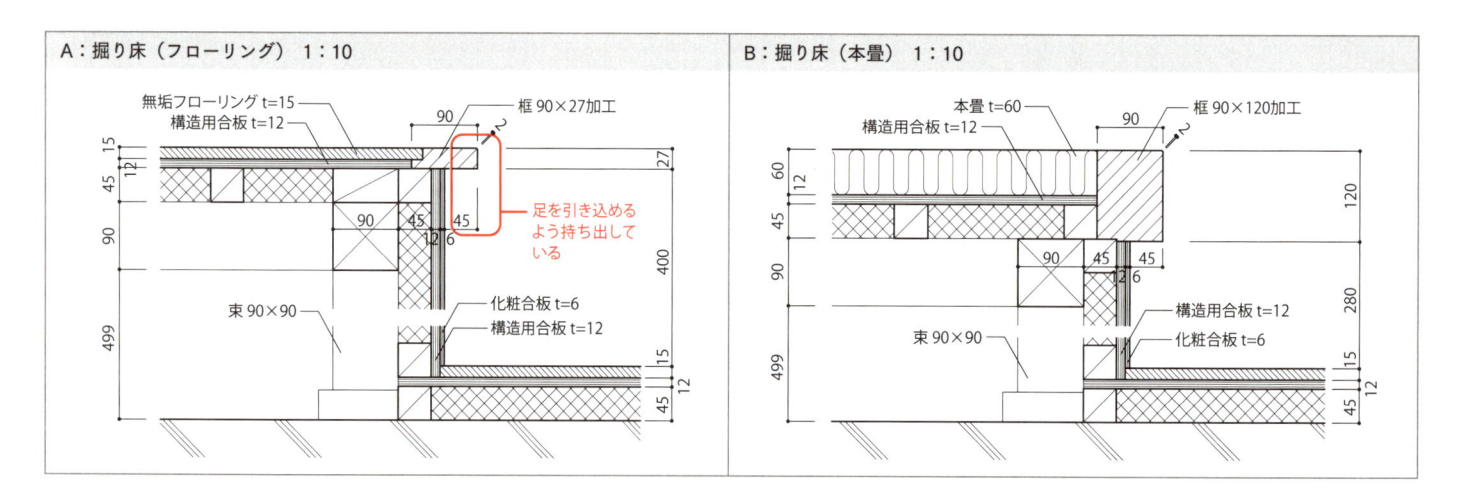

足を引き込めるよう持ち出している

B：掘り床（本畳） 1：10

100　5章　空間エレメントの部分詳細

寝室の造作家具・収納

1. 洋室に設けたクローゼット

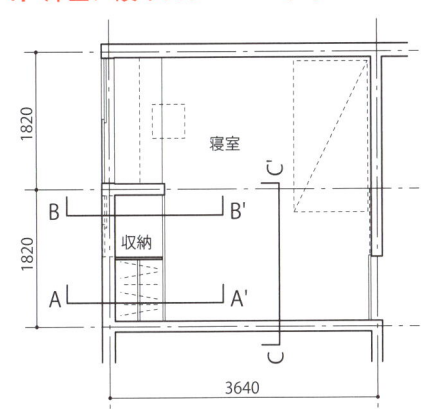

平面図 1:100

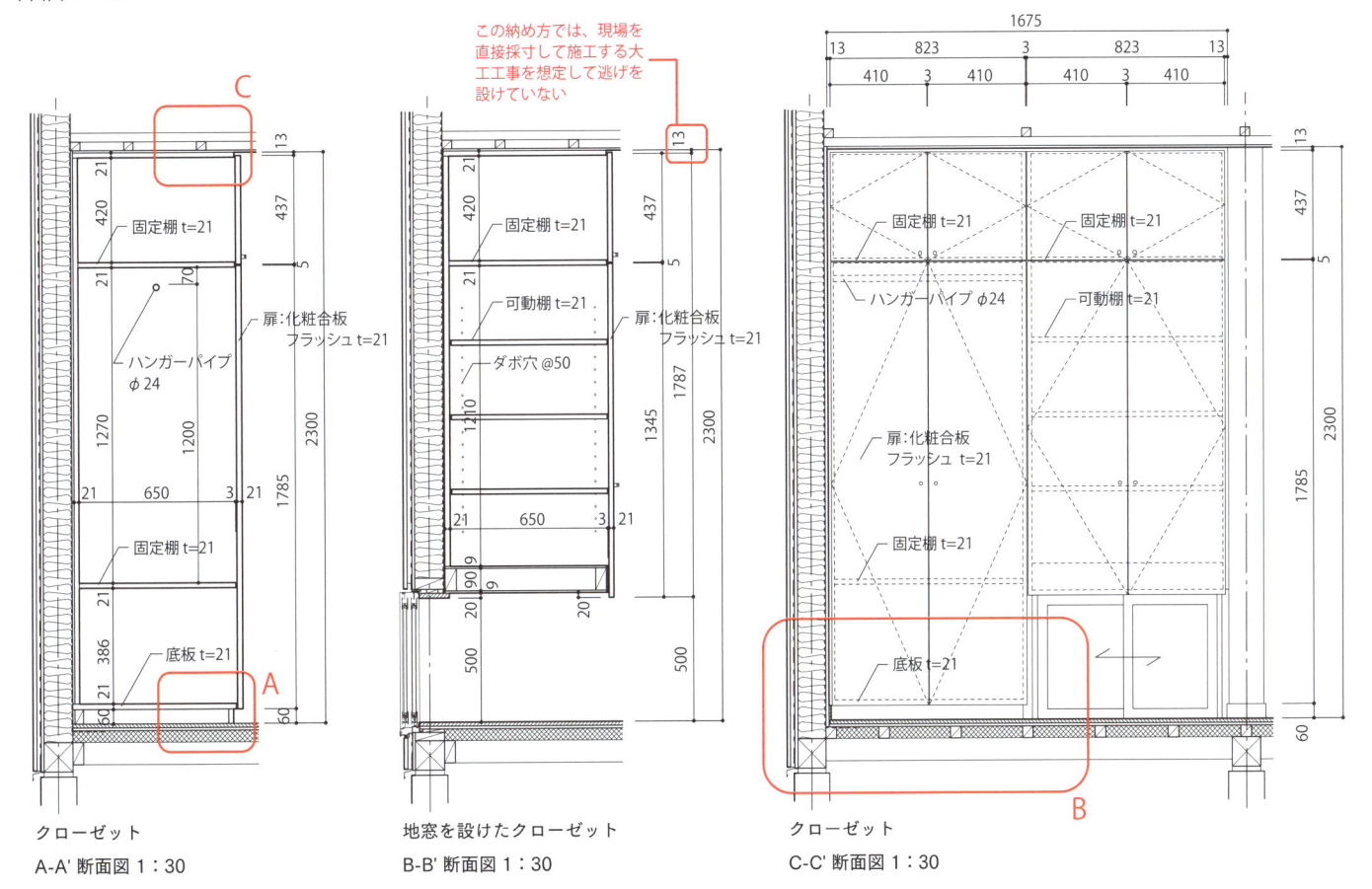

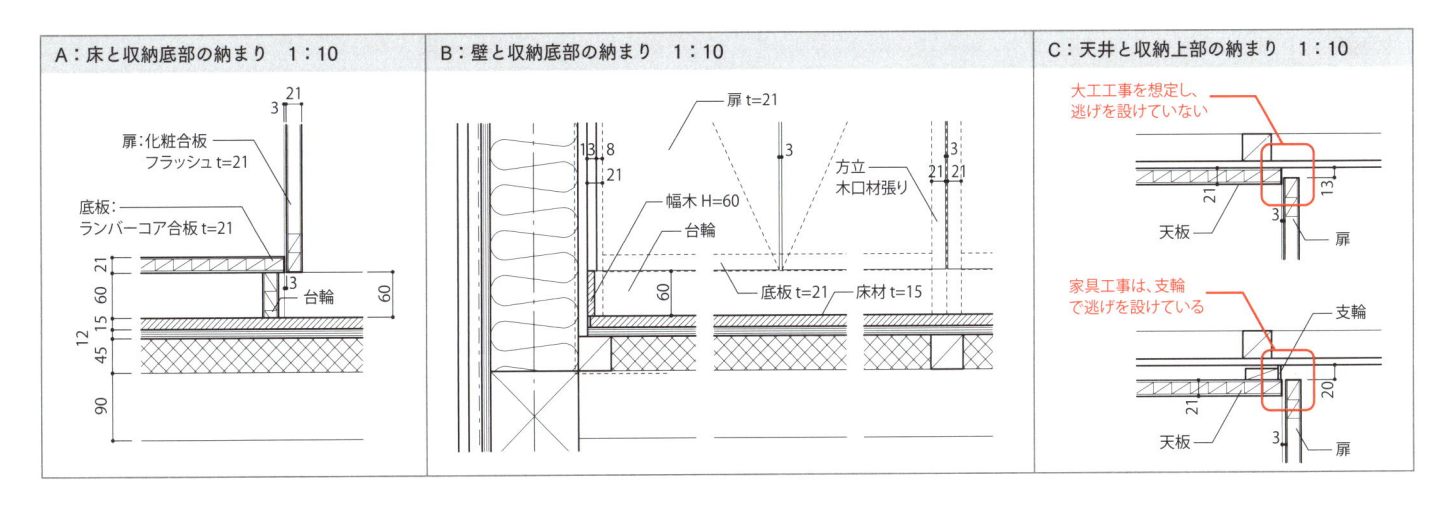

洋室の壁面に造り付けた、クローゼットの例である。衣類の収納方法は、生活者のくせが出る部分なので、十分なリサーチを行いたい。特にハンガーパイプ部分は、シャツやジャケット類、パンツ、ワンピース、ロングコートなどによって、高さ方向の必要寸法が異なるので注意を要する。

仕様
床：無垢フローリング t=15
壁：PB t=12.5 クロス貼り
天井：PB t=9.5 クロス貼り
天板・底板：集成材 t=21
扉：化粧合板フラッシュ t=21
方立：ランバーコア合板 t=21
固定棚：ランバーコア合板 t=21
可動棚：ランバーコア合板 t=21

この納め方では、現場を直接採寸して施工する大工工事を想定して逃げを設けていない

クローゼット
A-A' 断面図 1:30

地窓を設けたクローゼット
B-B' 断面図 1:30

クローゼット
C-C' 断面図 1:30

A：床と収納底部の納まり 1:10

B：壁と収納底部の納まり 1:10

C：天井と収納上部の納まり 1:10

大工工事を想定し、逃げを設けていない

家具工事は、支輪で逃げを設けている

1. 造作家具・収納の詳細図　**101**

2. 和室に設けた押入れ

平面図 1：100

標準的な押入れの例である。湿気がこもりやすい箇所であるため、外皮に接する場合は、通常の居室同様に、必ず断熱・防湿対策を施すこと。中段の棚高さは、床から600～750mm程度、鴨居高さは1750mmを標準とする。

仕様
床：本畳 t=60
壁：PB t=12.5 クロス貼り
天井：PB t=9.5 クロス貼り
押入れ床：ラワン合板 t=12
押入れ壁：ラワン合板 t=6
棚板：ラワン合板 t=12

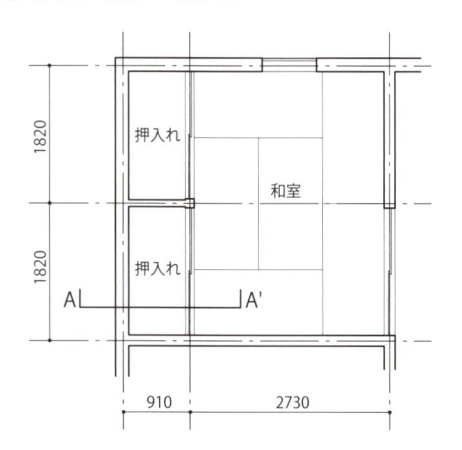

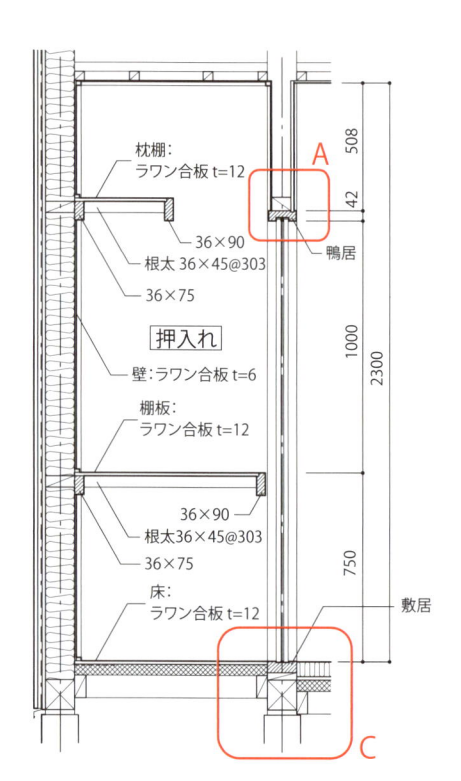

枕棚を設けた押入れ
A-A' 断面図 1：30

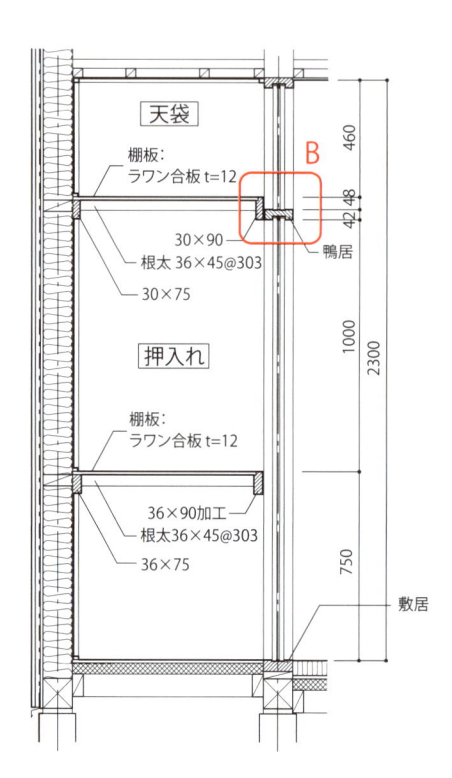

天袋を設けた押入れ
A-A' 断面図 1：30

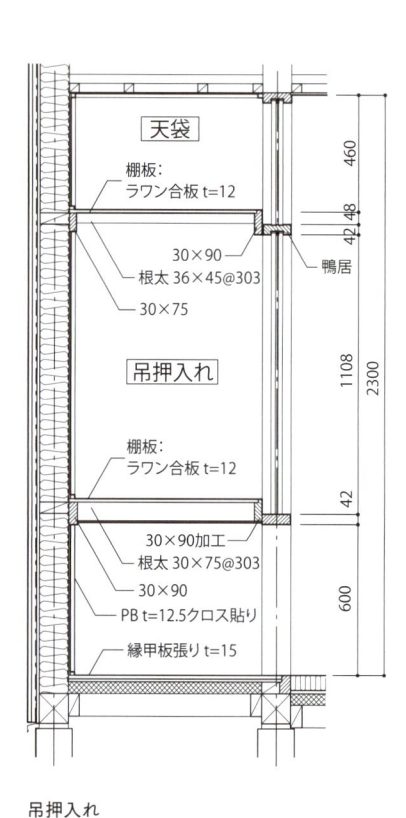

吊押入れ
A-A' 断面図 1：30

A：鴨居 1：10

B：鴨居（欄間付き）1：10

C：敷居 1：10

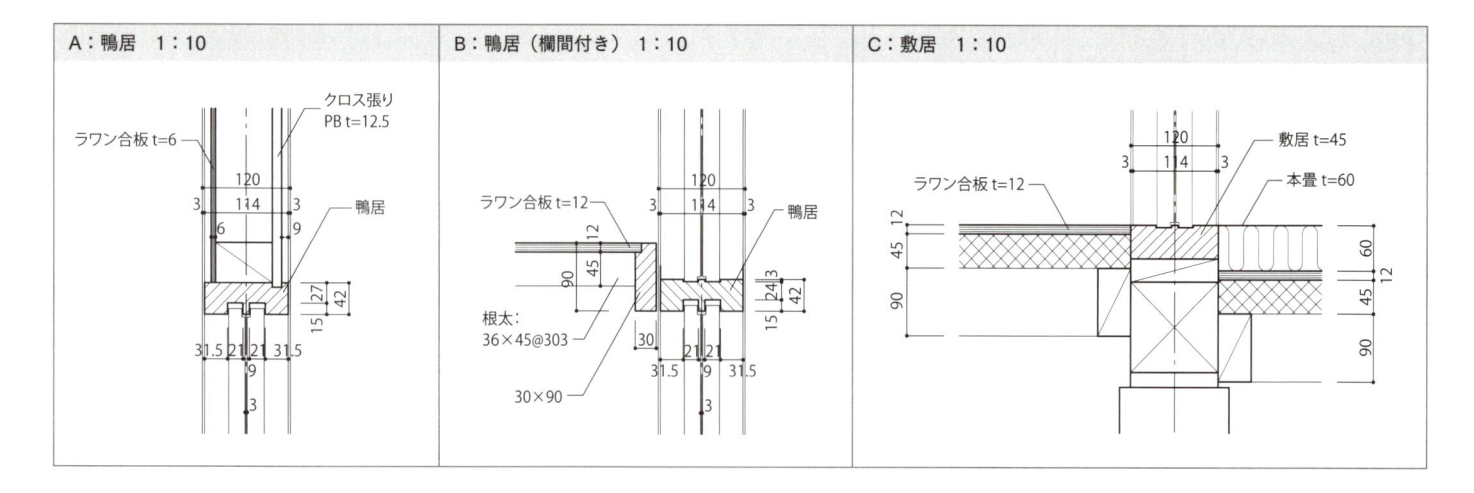

ワークスペースの造作家具・収納

吹抜けに面した造作テーブルと収納棚

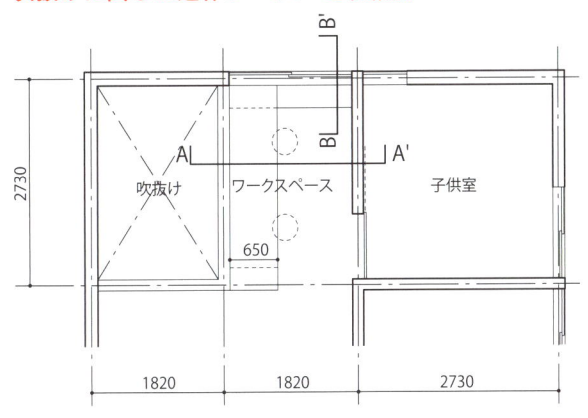

吹抜けに面した上階の廊下を拡張して、共用のワークスペースとした例。吹抜けに向かって机を造り付け、その下部と側面にオープンな収納棚を設けている。

下の右図は、吹抜けに面した腰壁を飾り棚とした例。下階に向けた陳列とするため、棚板は強化ガラス、上階から物品の出し入れが行えるよう、けんどん式の背板とした。

仕様
床：無垢フローリング t=15
壁：PB t=12.5 クロス貼り
天井：PB t=9.5 クロス貼り
テーブル天板：集成材 t=36
棚天板：集成材 t=30
方立：ランバーコア合板 t=24
底板：ランバーコア合板 t=30
可動棚：ランバーコア合板 t=21

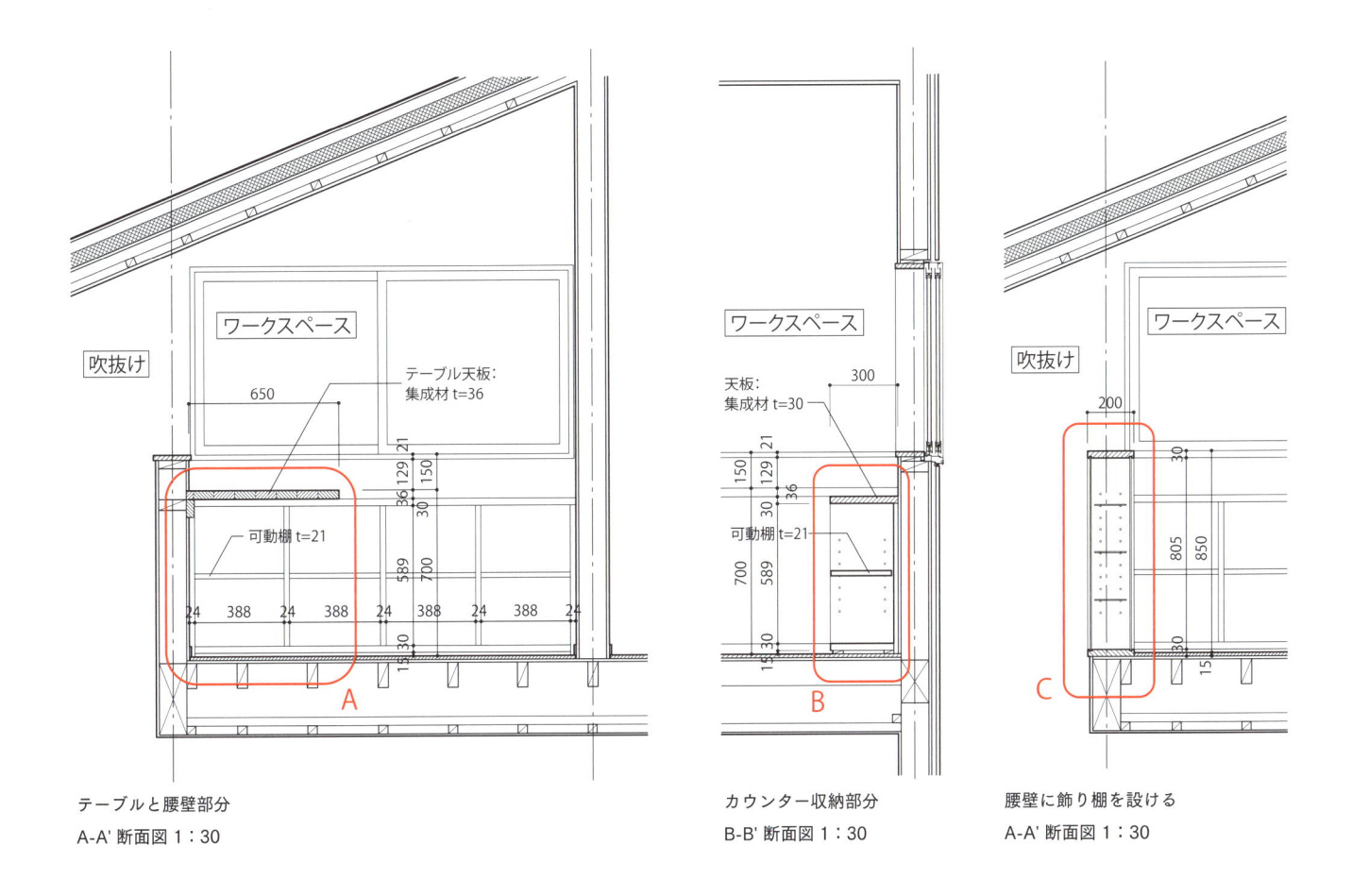

平面図 1：100

テーブルと腰壁部分
A-A' 断面図 1：30

カウンター収納部分
B-B' 断面図 1：30

腰壁に飾り棚を設ける
A-A' 断面図 1：30

A：テーブル天板 1：10

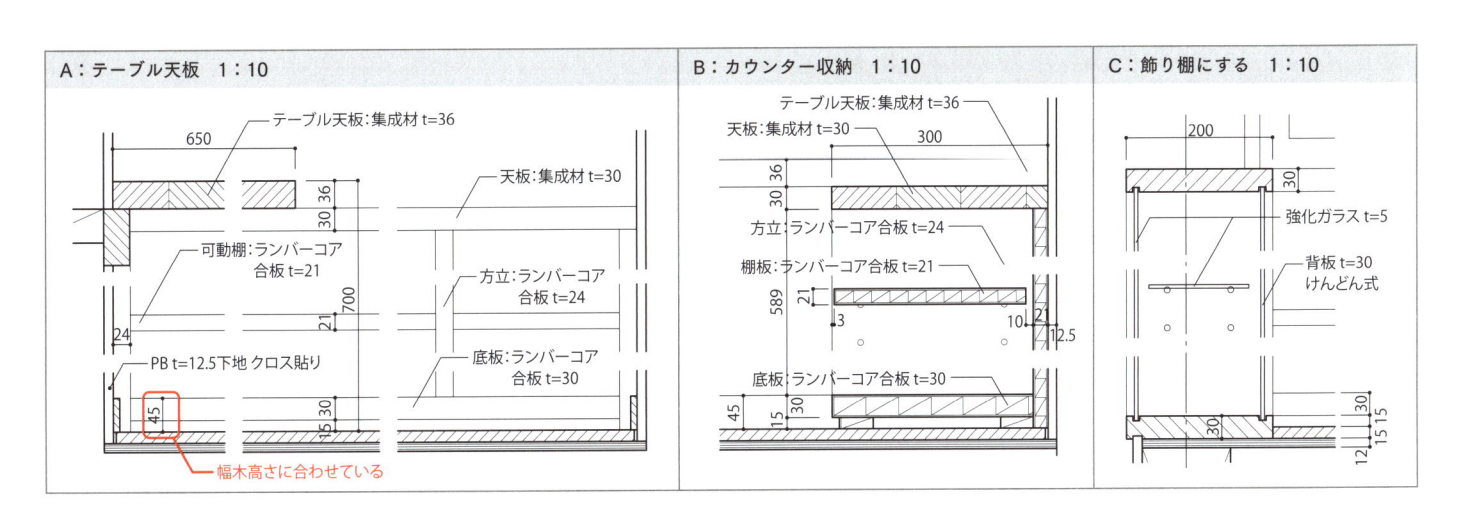

幅木高さに合わせている

B：カウンター収納 1：10

C：飾り棚にする 1：10

1. 造作家具・収納の詳細図

洗面所の造作家具・収納

洗面カウンターと壁面収納

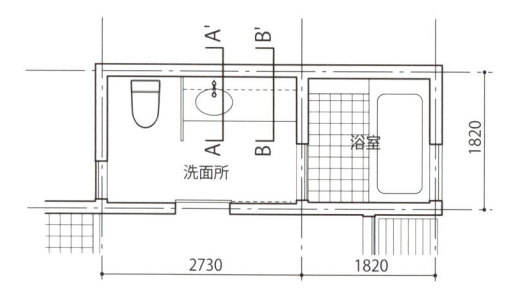

洗面カウンターと、鏡張りの壁面収納を組み合わせた例である。カウンター高さは750〜800mm程度を基本に、身長に合わせた調整を必要とする。スツールなどを用いた椅座位での利用を想定するならば、洗面器下部に250mm程度のニースペースを確保する。

壁面収納では、鏡張り扉の召し合わせ部が、洗面器のセンターにこないよう扉の割付けを行う。

仕様
床：無垢フローリング t=15
壁：PB t=12.5 クロス貼り
天井：PB t=9.5 クロス貼り
カウンター天板：人工大理石 t=12
カウンター扉：化粧合板フラッシュ t=21
壁面収納扉：化粧合板フラッシュ t=21 の上、鏡張り t=5

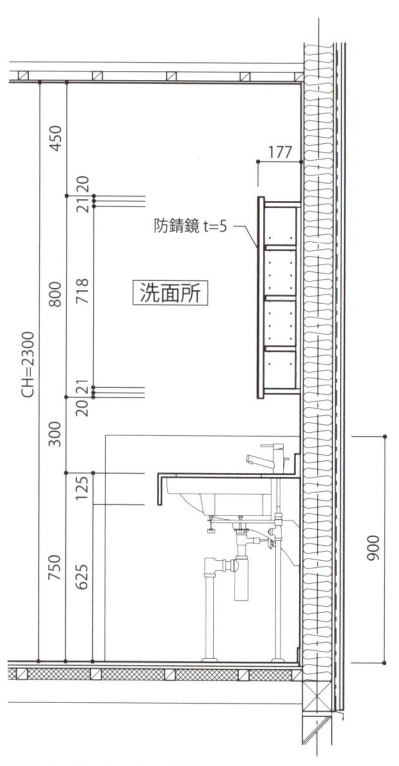

平面図 1:100

既製品のカウンターを用いる
A-A'断面図 1:30

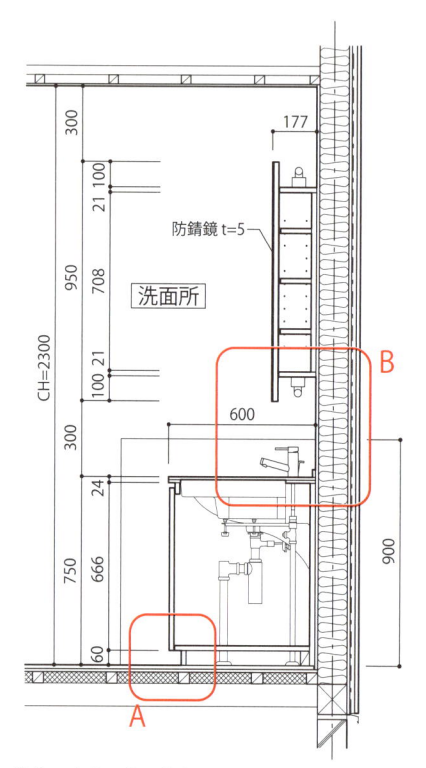

造作のカウンターとする
A-A'断面図 1:30

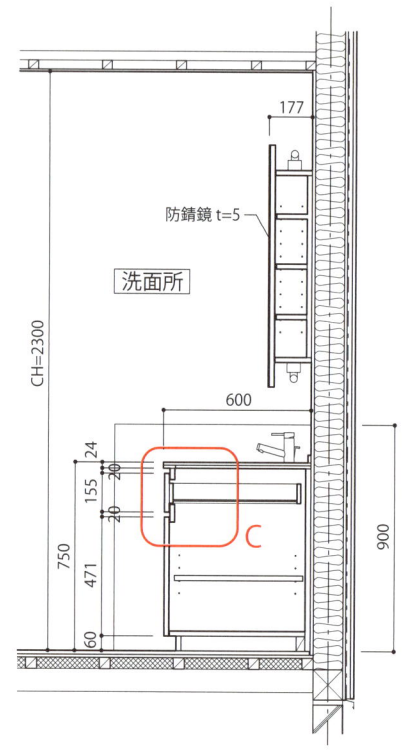

カウンター下を造作収納とする
B-B'断面図 1:30

A：床と台輪の納まり 1:10
洗面台やキッチンでは、つま先が入るように台輪を下げる

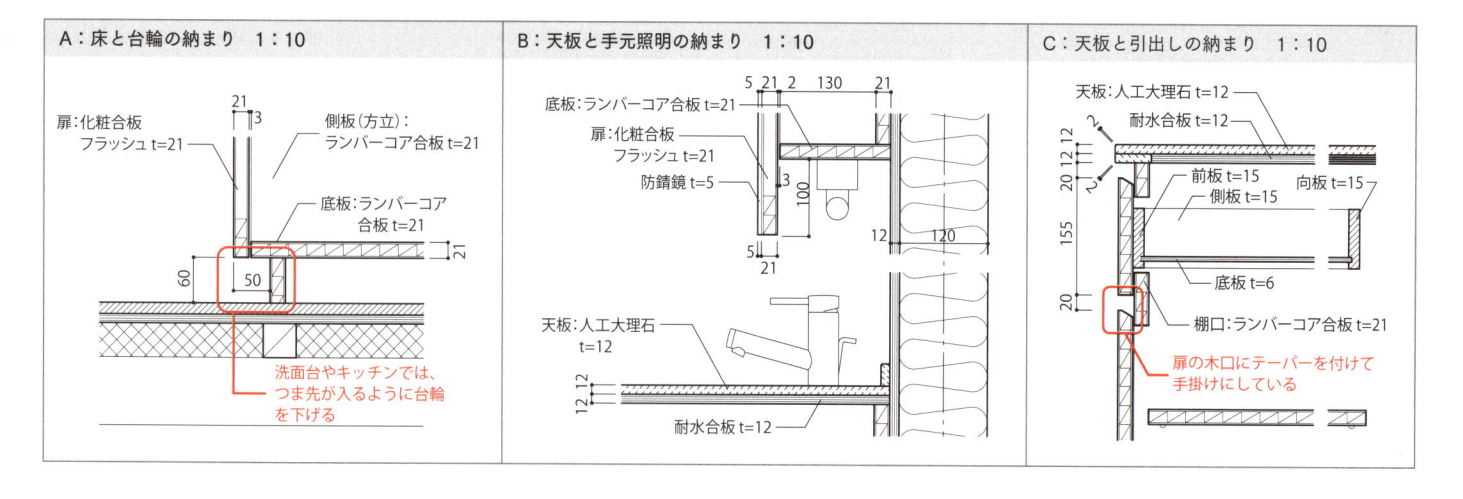

B：天板と手元照明の納まり 1:10

C：天板と引出しの納まり 1:10
扉の木口にテーパーを付けて手掛けにしている

玄関の造作家具・収納

1. 玄関の下足入れ

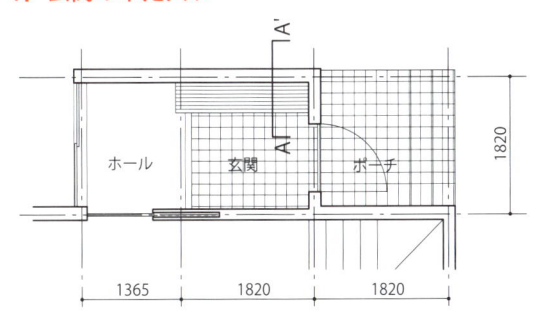

平面図 1：100

玄関に造り付けた壁面収納の例である。履物の効率的な収納方法といった機能だけでなく、プランの特徴を生かしながら、高さを抑えたカウンター式としたり、下部に地窓を設ける、間接照明を組み込むなど、居場所としての空間的な魅力もあわせて考慮したい。

仕様
床：磁器質タイル貼り t=10.5
壁：PB t=12.5 クロス貼り
天井：PB t=9.5 クロス貼り
甲板：集成材 t=30
収納扉：化粧合板フラッシュ t=21
可動棚：ランバーコア合板 t=15

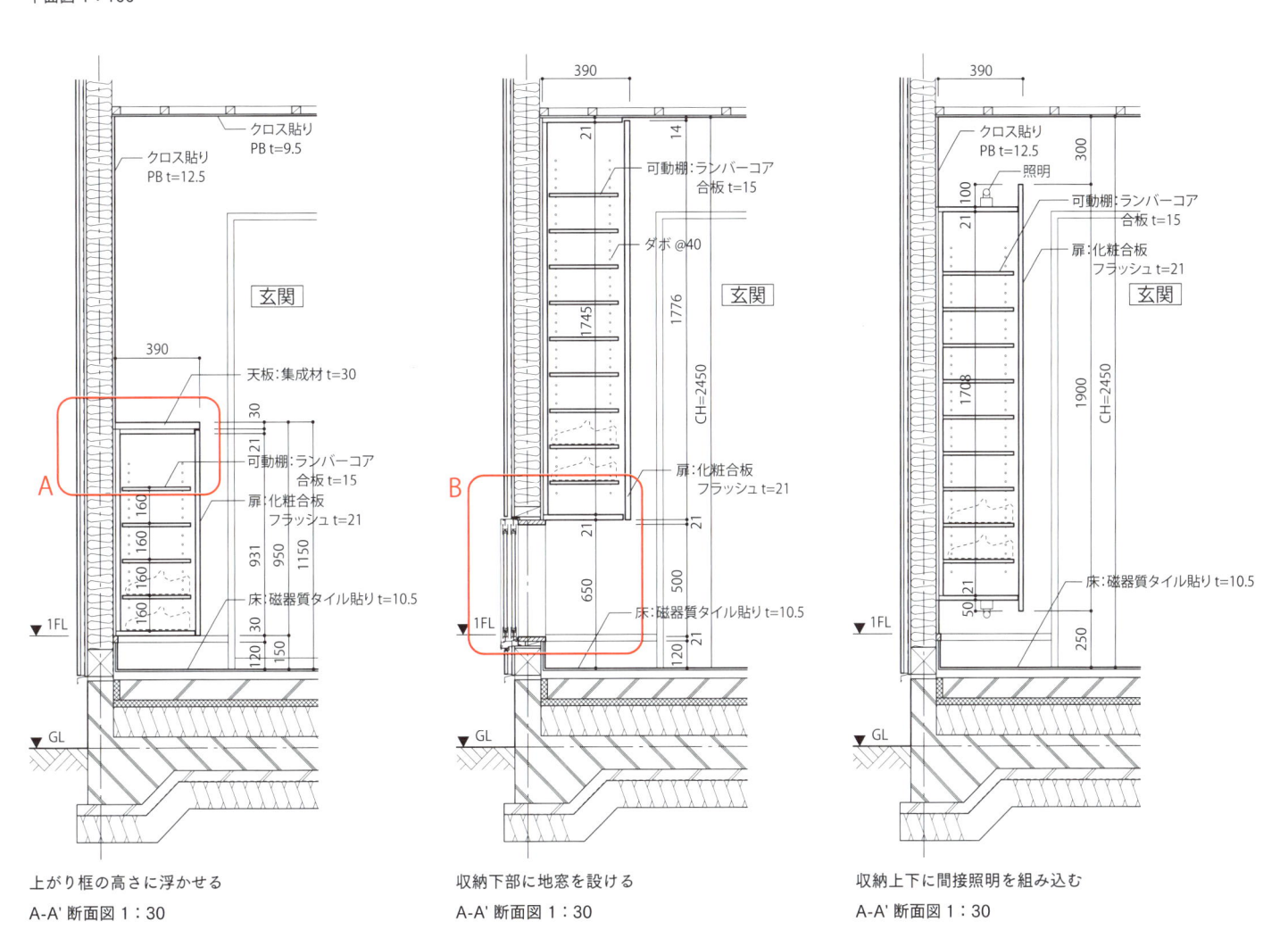

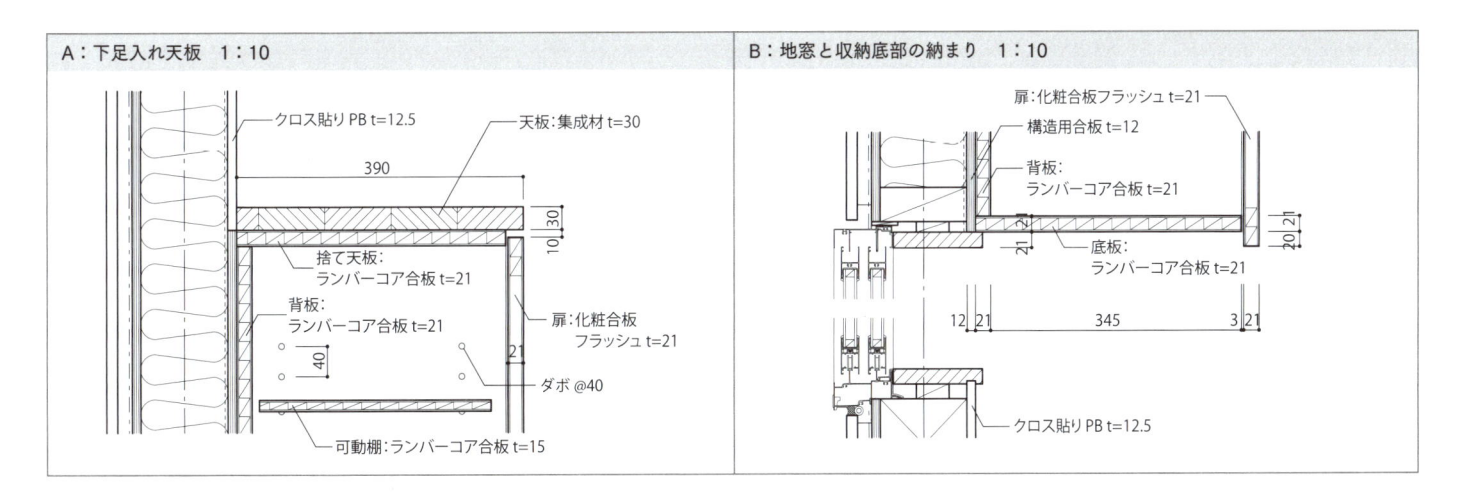

上がり框の高さに浮かせる
A-A' 断面図 1：30

収納下部に地窓を設ける
A-A' 断面図 1：30

収納上下に間接照明を組み込む
A-A' 断面図 1：30

A：下足入れ天板 1：10

B：地窓と収納底部の納まり 1：10

1. 造作家具・収納の詳細図　105

2．玄関脇のストックルーム

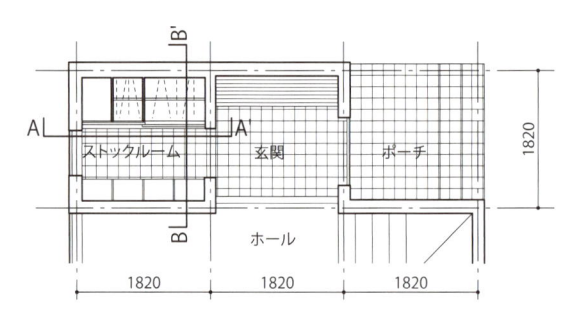

玄関まわりに収納しておきたい物は、履物だけでなく、傘や上着をはじめ意外に多い。下図は、屋外での活動に使用するものなどをまとめて収納できる、玄関土間の一部としてのストックルームの例である。ハンガーパイプやオープン棚など、各々の物の収納方法に適した計画としたい。

仕様
床：磁器質タイル貼り t=10.5
壁：PB t=12.5 クロス貼り
天井：PB t=9.5 クロス貼り
固定棚：ランバーコア合板 t=30
可動棚：ランバーコア合板 t=21,24

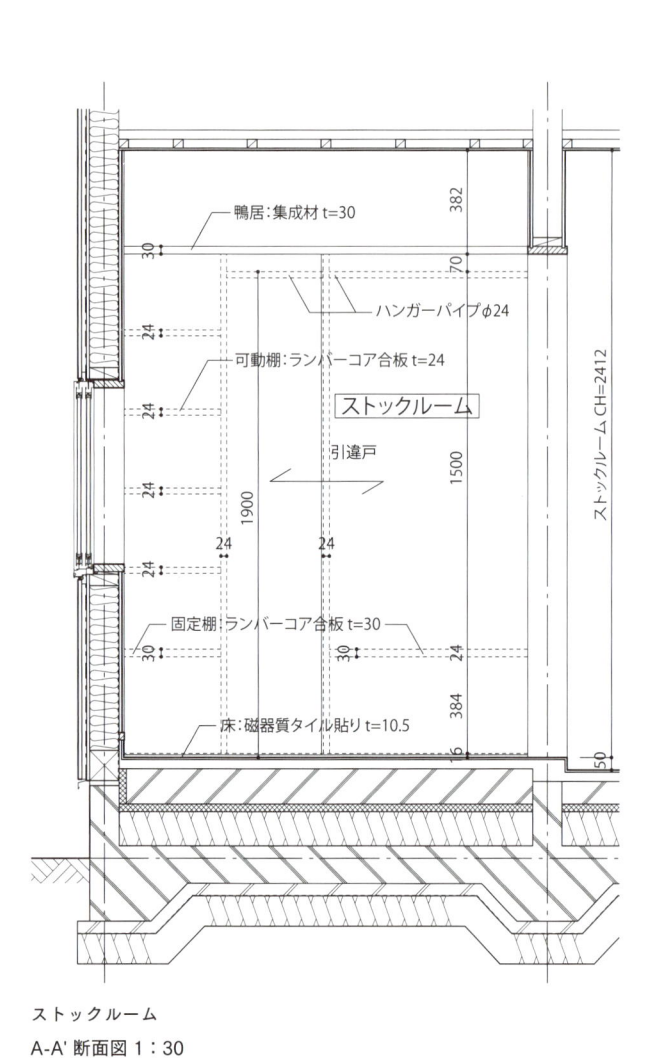

平面図 1：100

ストックルーム
A-A'断面図 1：30

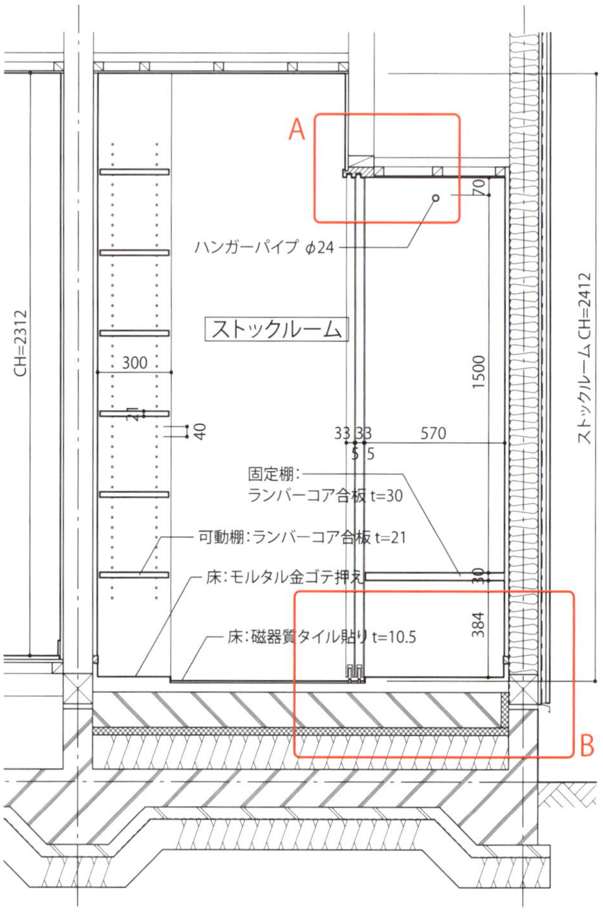

ストックルーム
B-B'断面図 1：30

A：収納上部 1：10

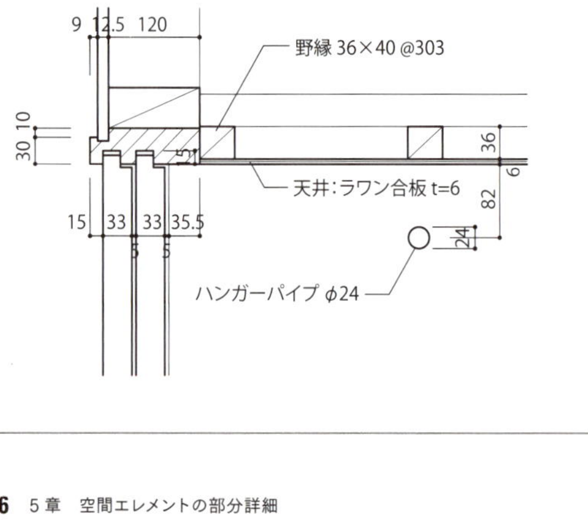

B：収納下部 1：10

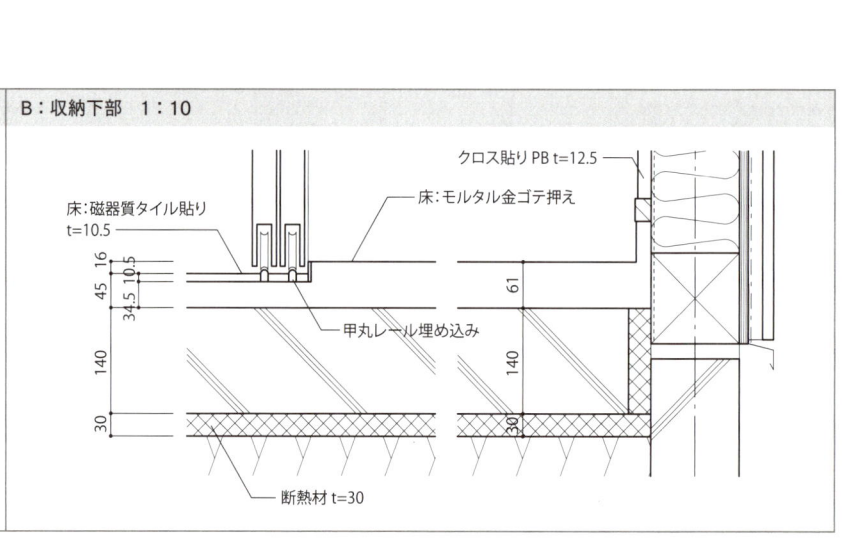

2. 階段の詳細図

- □ 階段の基本構成を理解する。
- □ 空間内での位置づけを意識した形式の選択。
- □ 手摺も階段デザインの一部。

木造住宅に設置される階段の種類は、桁材を用いる形式、柱・間柱に留めた段板支持材を用いる形式、その他箱階段や螺旋階段などに大別できます。

なかでも桁材を用いる形式は、木造階段・鉄骨階段を問わず数多く採用されています。これらの特徴は、「側桁」「ささら桁」「力桁」などの桁材を上階へ向けて斜めに架け渡し、「段板（踏板）」を支持する点です。「側桁階段」は、段板の両端を側桁で挟み込む、最もポピュラーな階段形式です。「ささら桁階段」は段状に加工された桁材の上部に段板を設置するため、空間内にシンプルに納めることができます。

また段板支持材を用いる形式は、壁面自体で段板を支持できるため、折れ曲がり・折り返しなどの屈曲した平面計画に適した階段形式といえます。

階段計画上のポイントには、昇降しやすい寸法、強度の確保、視覚的効果や機能の複合化などが挙げられます。

建築基準法では、階段各部の寸法が規定されていますが、昇降しやすさの面から、「蹴上げ」および「踏面」寸法のバランス、手摺の高さや幅など、設計者各自の経験則と居住者の特徴との摺り合わせによる寸法計画が必要となります。

強度の面では、側桁階段を例に挙げると、側桁の上下を「受け梁」「受け土台」に「羽子板ボルト」等で緊結することや、段板の側桁への固定方法等に注意を要します。

また階段の形式によって、階段の見え方は大きく異なります。「建物に溶け込ませたい」「軽快に見せたい」「存在感を出したい」等、手摺の支持方法と合わせ、空間内での見せ方の検討が重要です。

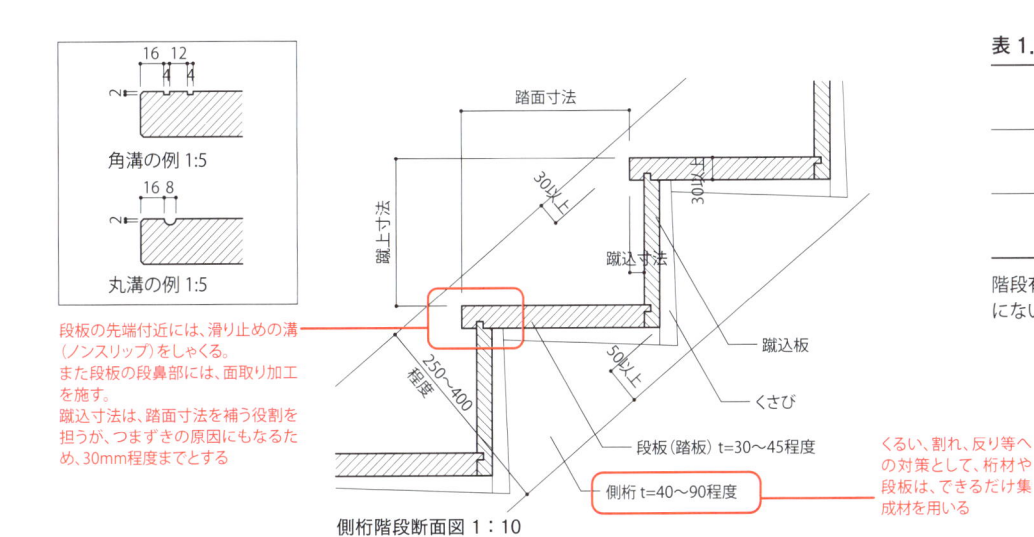

表1．住宅の階段での法的基準

蹴上げ	230mm 以下
踏面	150mm 以上
階段幅	750mm 以上

階段有効幅の算定上、手摺の出幅が100mmを限度にないものとみなして階段幅を算定できる。

図1．木造階段の基本構成（側桁階段）

階段の上りやすさは、法的な基準とは別の尺度で考える必要がある。
一例として、下記の式は蹴上げと踏面のバランスを示すものである。

蹴上げ×2＋踏面＝600〜630程度
例）→蹴上げ195mm×2＋踏面230mm＝620

図2．バランスのとれた階段寸法

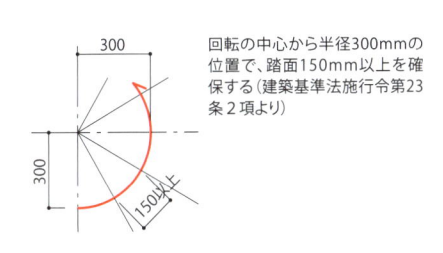

回転の中心から半径300mmの位置で、踏面150mm以上を確保する（建築基準法施行令第23条2項より）

図3．廻り階段の法的な基準寸法

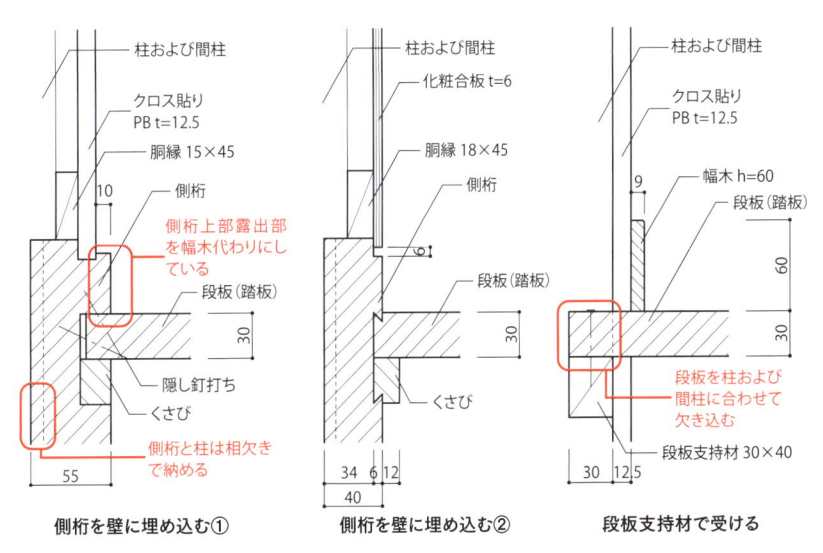

図4．段板および側桁と内壁の取り合い 1：5

階段の詳細図

1．木製側桁階段

標準的な木製側桁階段の例である。都市部での幾分タイトな計画を想定し、階段下部の不整形なスペースに収納庫を設けている。木製の手摺は、スチール製アングル材を介して壁に直付けしている。

仕様

階高：2750mm
段数：14段
蹴上げ：196.4mm
踏面：230mm
蹴込み：20mm
側桁：集成材 40×350mm
段板：集成材 t=36mm
蹴込板：集成材 t=9mm
手摺：集成材 40×90mm

平面図 1:30

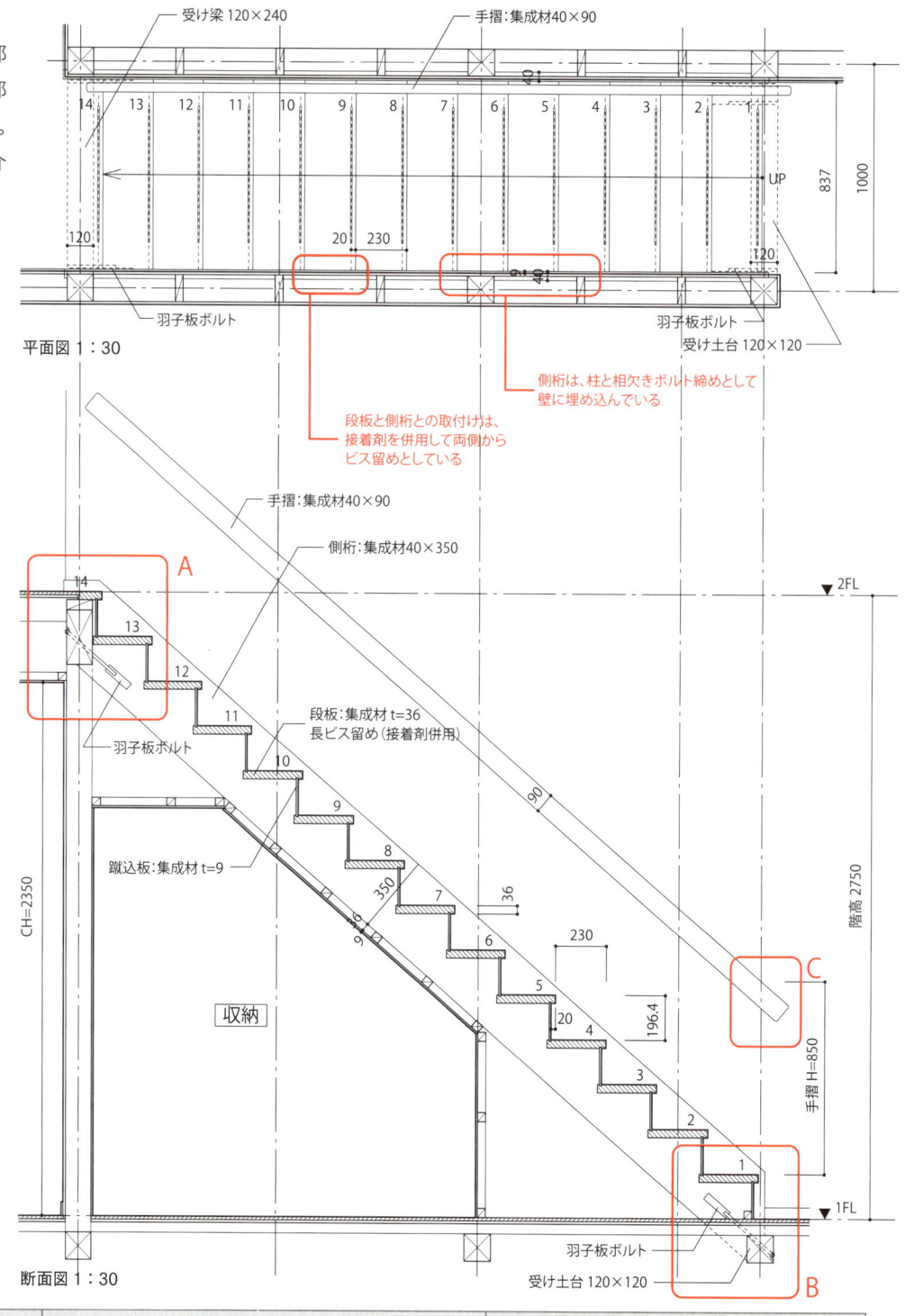

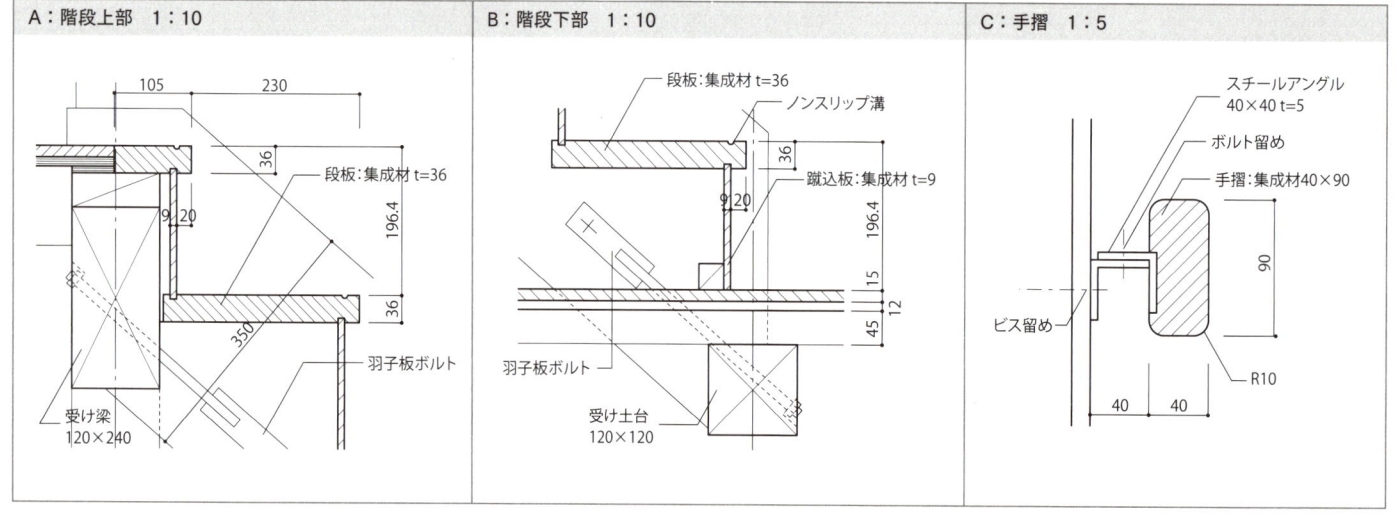

側桁は、柱と相欠きボルト締めとして壁に埋め込んでいる

段板と側桁との取付けは、接着剤を併用して両側からビス留めとしている

断面図 1:30

A：階段上部 1:10

B：階段下部 1:10

C：手摺 1:5

108　5章　空間エレメントの部分詳細

2. 木製透かし階段（側桁階段）

木製側桁階段を、上部に吹き抜けた空間に計画した例である。吹抜けの開放性に合わせ、階段自体にも透過性をもたせた透かし階段とした。
一方で、木の有する重量感・安定感を重視して、手摺はやや存在感のあるものとした。

仕様
階高：2750mm
段数：14段
蹴上げ：196.4mm
踏面：230mm
蹴込み：30mm
側桁：集成材 60×300mm
段板：集成材 t=36mm
手摺：集成材 40×90mm
手摺子：集成材 40×40mm

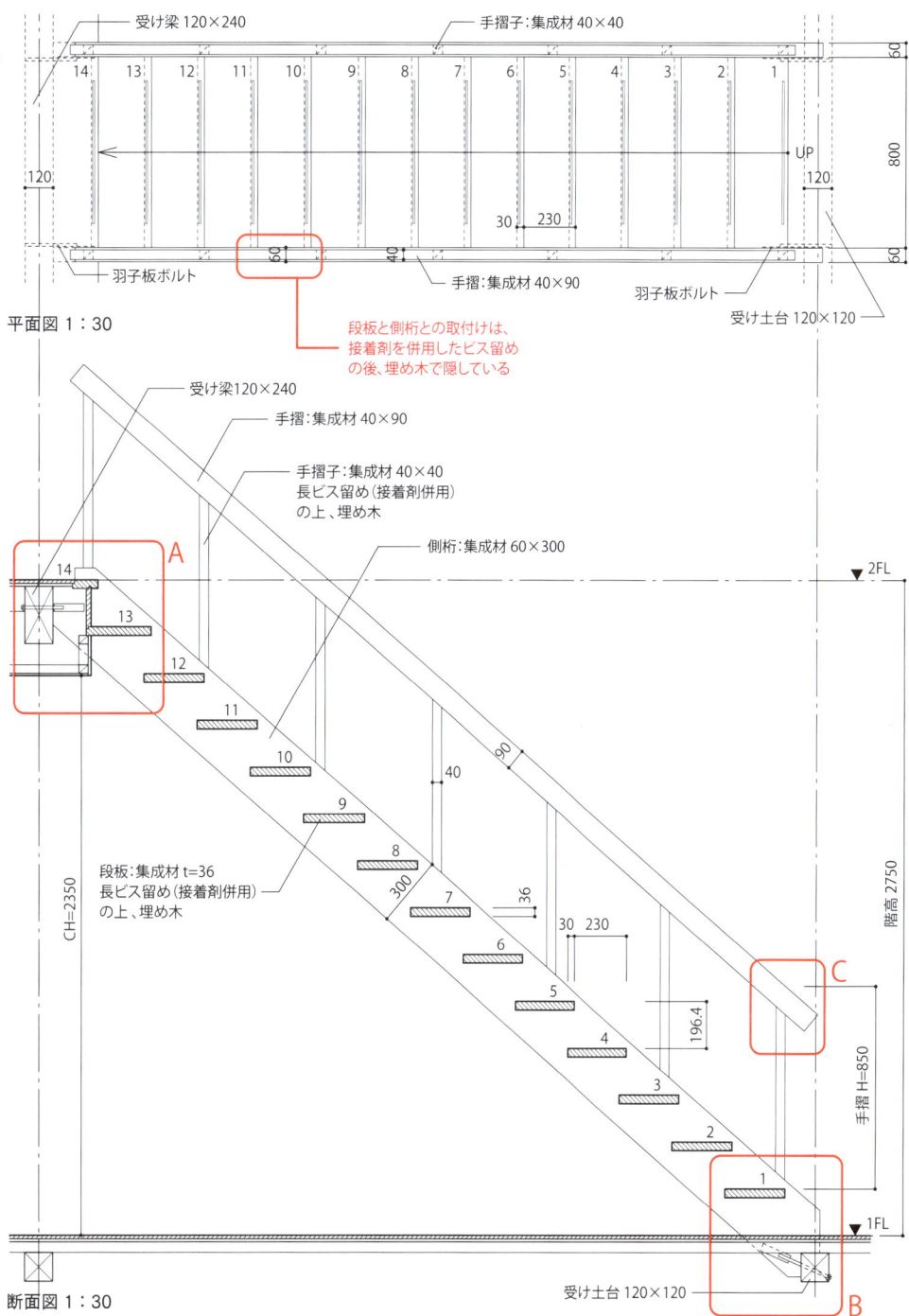

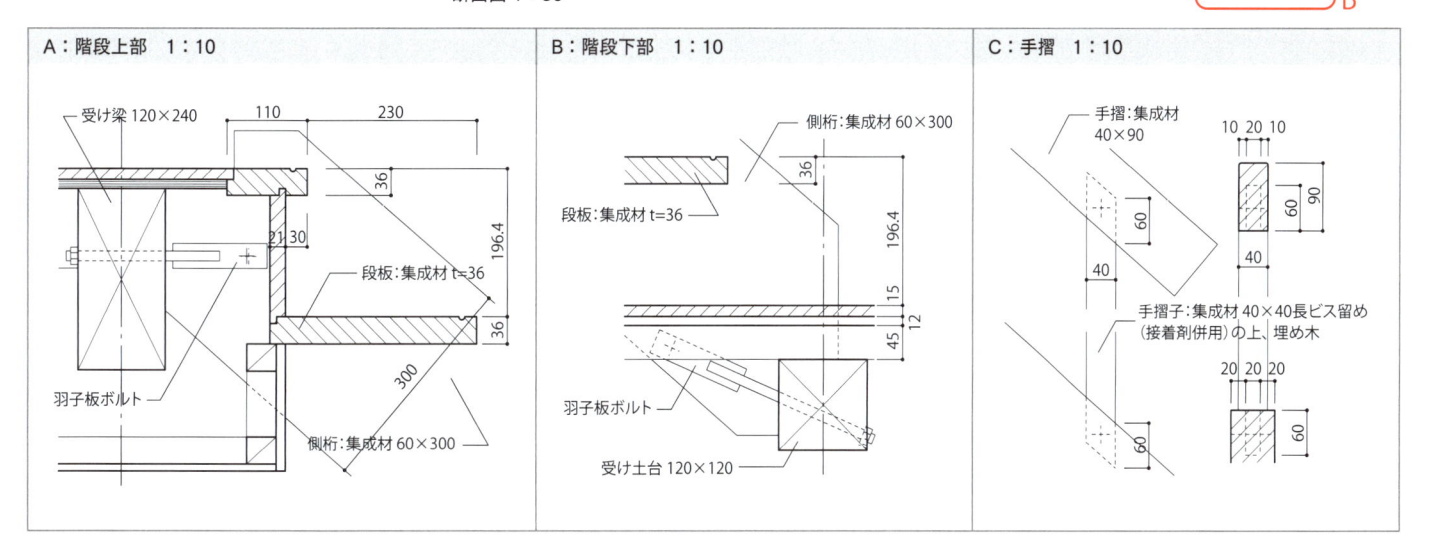

平面図 1：30

段板と側桁との取付けは、接着剤を併用したビス留めの後、埋め木で隠している

断面図 1：30

A：階段上部 1：10

B：階段下部 1：10

C：手摺 1：10

2. 階段の詳細図　109

3. 木製ささら桁階段

本図は、木製のささら桁を用いた、蹴込板のない階段の例である。側桁階段と比較すると、段板をささら桁よりも勝たせた分、軽快さが増す。

手摺は、より繊細にスチールパイプの手摺子で支持する形式とした。

仕様
階高：2750mm
段数：14段
蹴上げ：196.4mm
踏面：230mm
蹴込み：20mm
ささら桁：集成材 60×330mm
段板：集成材 t=36mm
手摺：集成材 35×60mm
手摺子：スチールパイプφ16mm OP

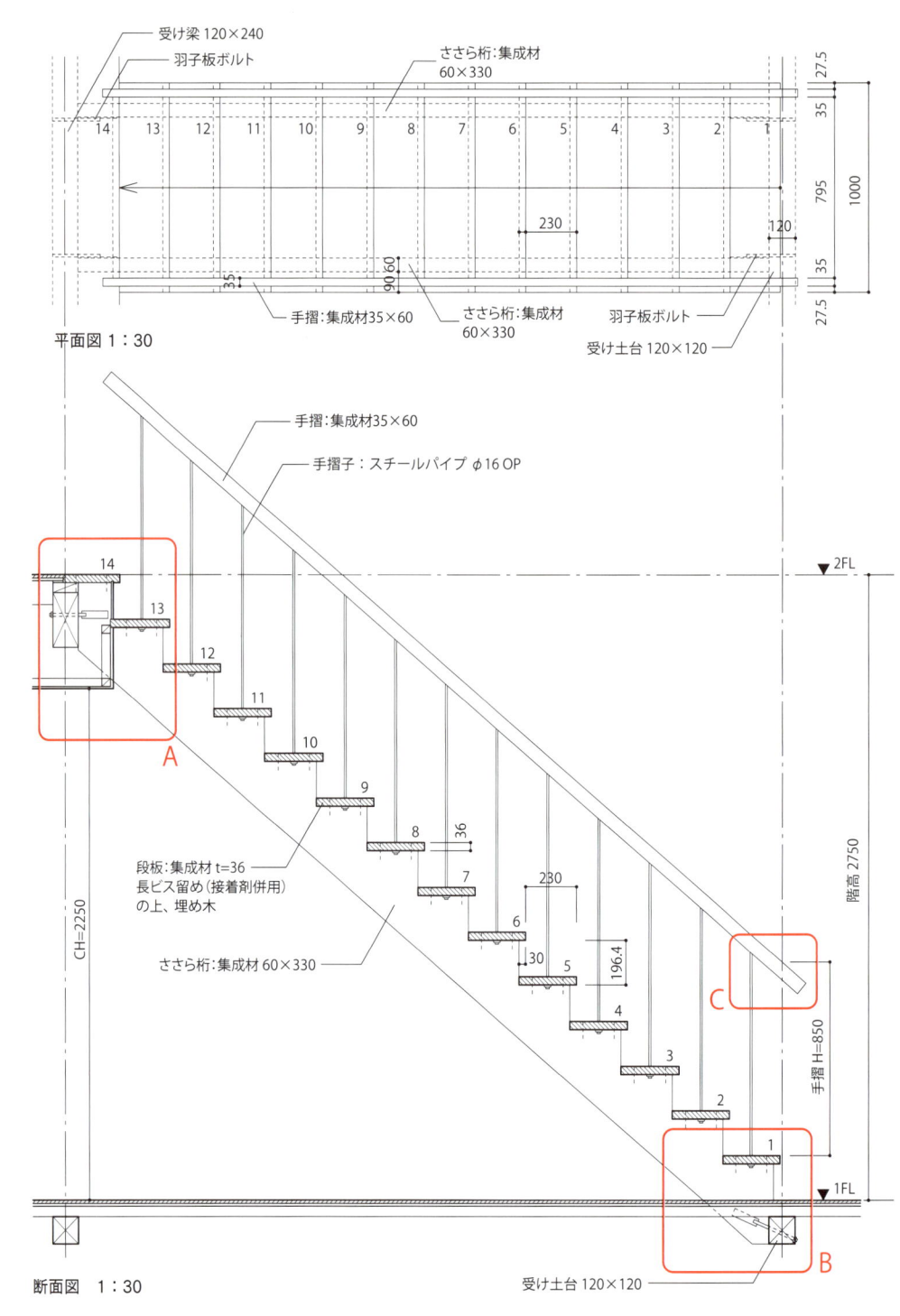

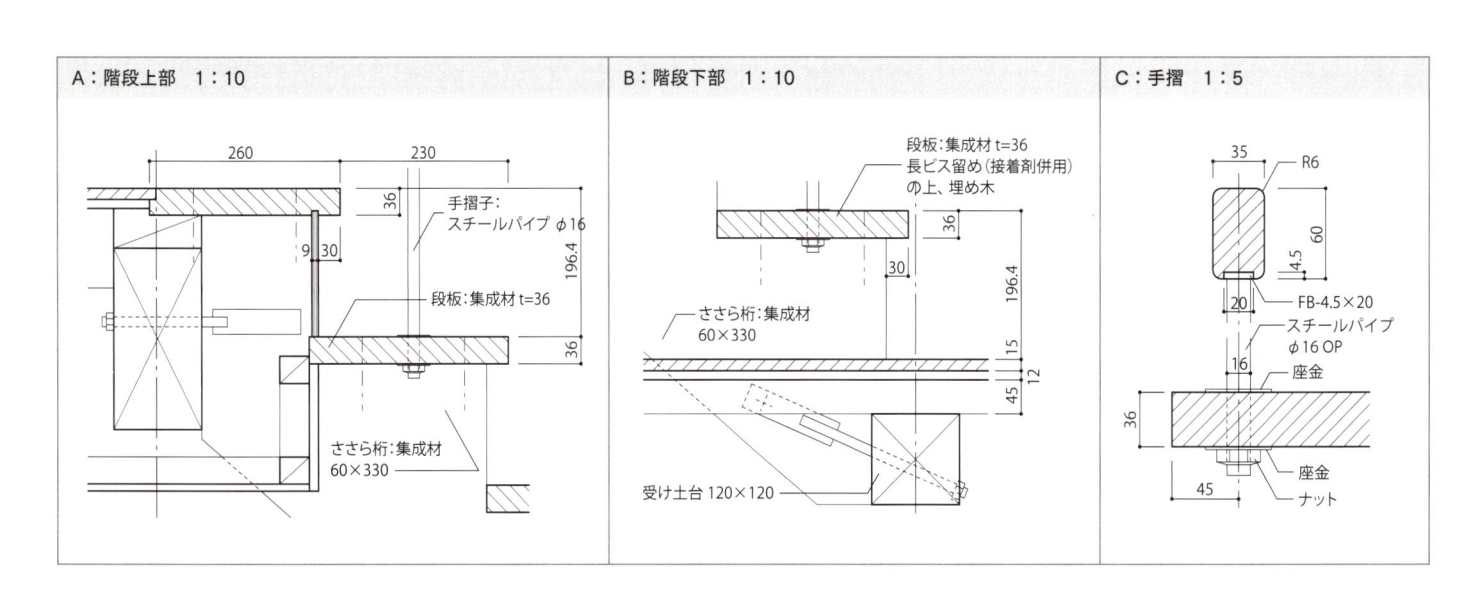

平面図 1：30

断面図 1：30

A：階段上部 1：10

B：階段下部 1：10

C：手摺 1：5

110　5章　空間エレメントの部分詳細

4. 木製廻り階段

都市部等での狭小な計画を想定し、廻り階段を1坪に納めた例である。段板の支持方法は、柱および間柱に架け渡した段板支持材を用いることを想定している。手摺は、周囲の壁面に金物で直付けしている。階段下のスペースは、収納庫として利用可能である。

仕様

階高：2600mm
段数：13段
蹴上げ：200mm
踏面：210mm
蹴込み：20mm
段板：集成材 t=30mm
段板支持材：30×40mm
蹴込板：集成材 t=9mm
手摺：集成材 t=30mm

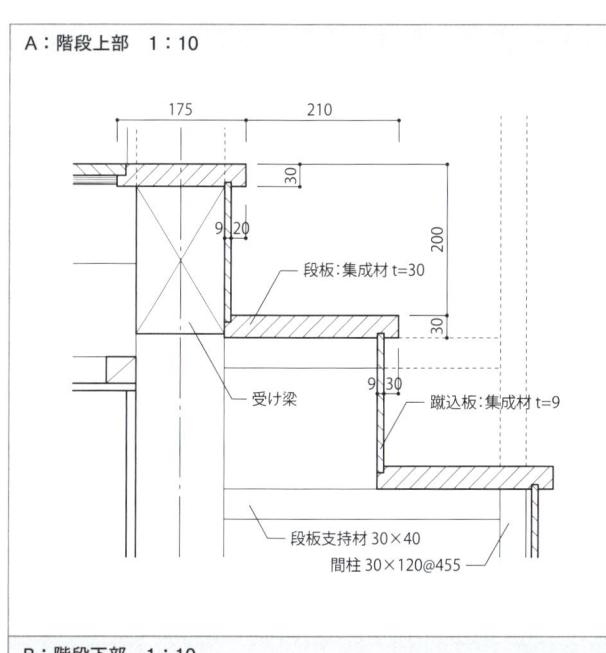

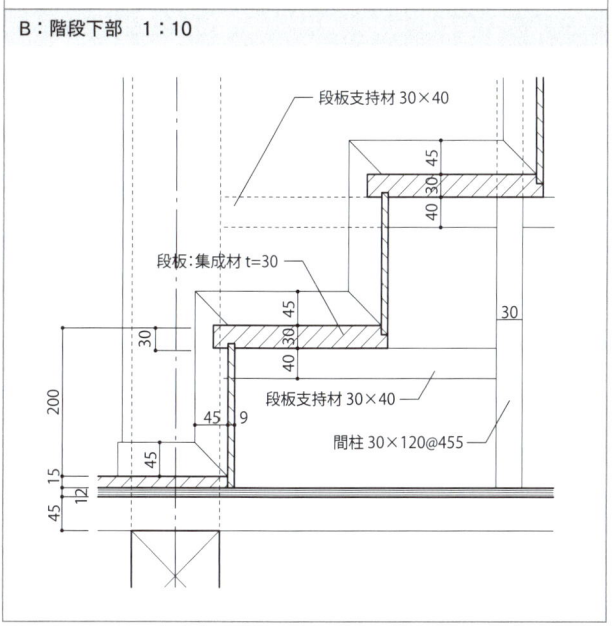

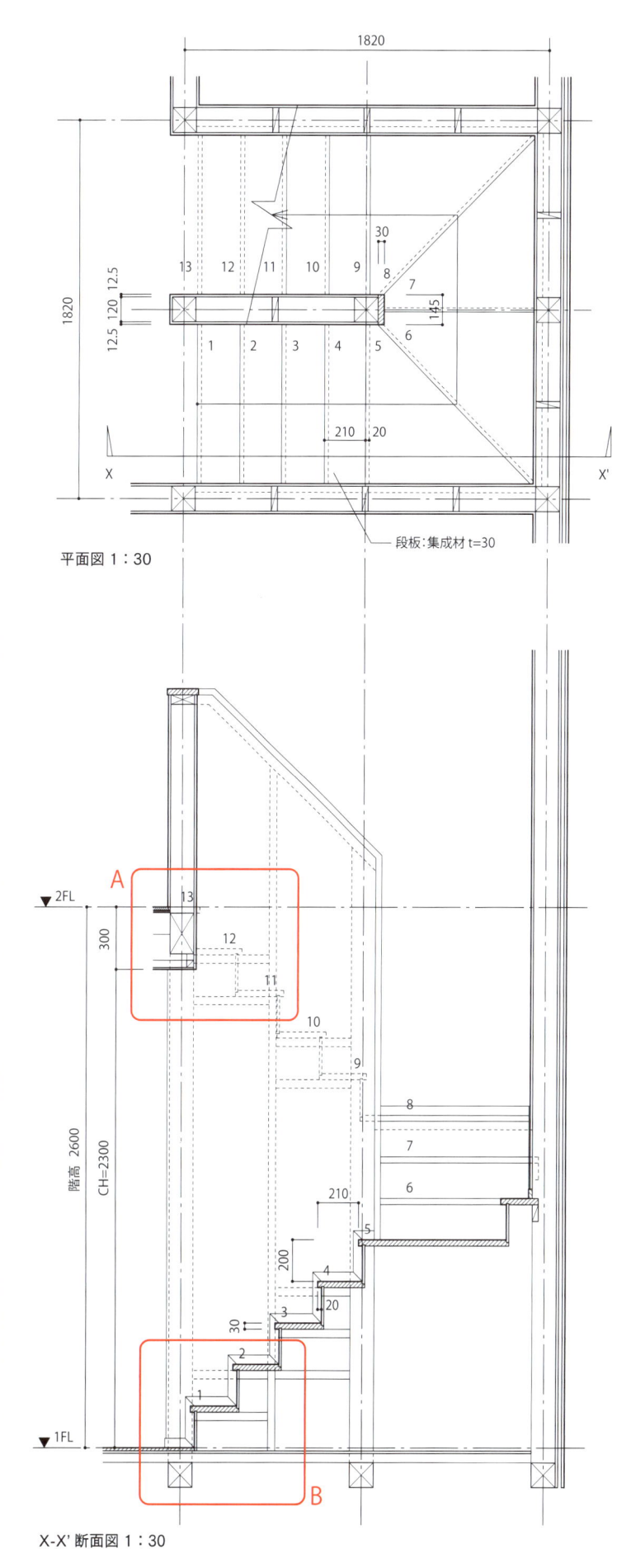

A：階段上部 1：10

B：階段下部 1：10

平面図 1：30

X-X' 断面図 1：30

2. 階段の詳細図

5. 鉄骨側桁階段

鉄骨の側桁を用いた階段の例である。木製階段と比べ、視覚的にシャープに見せることができる。

段板は、裏面を欠き込み、側桁に設置したプレートでビス留めしている。

木製の手摺とフラットバーの手摺子により、握りやすさと軽快感を両立させている。

仕様

- 階高：2750mm
- 段数：14段
- 蹴上げ：196.4mm
- 踏面：230mm
- 蹴込み：20mm
- 側桁：スチールプレート 16×250mm OP
- 段板：集成材 t=36mm
- 手摺：集成材 45×45mm
- 手摺子：FB-12×25 OP

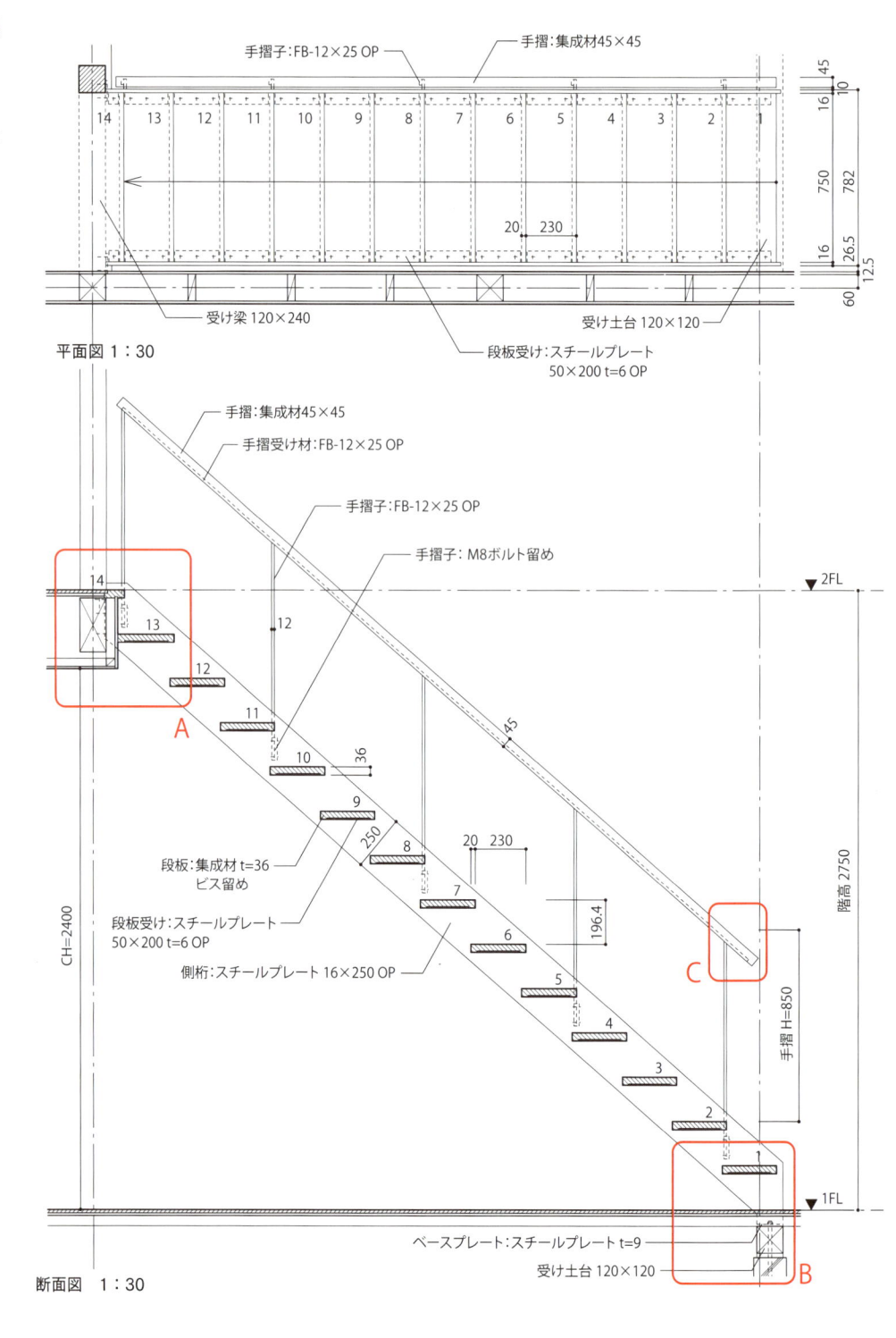

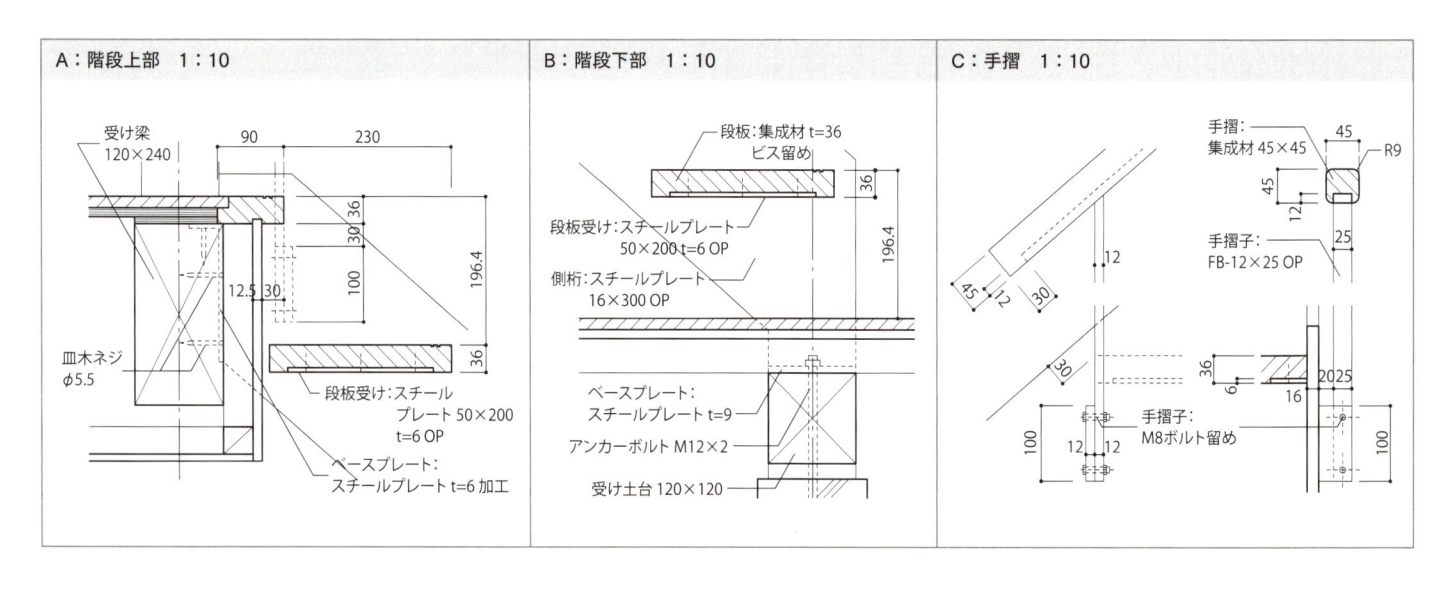

平面図 1:30

断面図 1:30

A：階段上部 1:10

B：階段下部 1:10

C：手摺 1:10

6. 鉄骨ささら桁階段

鉄骨側桁よりも、さらに軽快さを出した、稲妻形の鉄骨ささら桁による階段の例である。

木製の段板は、両端部裏面を欠き込み、段板受けにビス留めしている。

手摺および手摺子をともに38mm幅のフラットバーで制作することで、シンプルかつシャープさを強調している。

仕様

階高：2750mm
段数：14段
蹴上げ：196.4mm
踏面：230mm
蹴込み：30mm
ささら桁：スチールプレート t=19mm OP
段板：集成材 t=36mm
手摺：FB-12×38 OP
手摺子：FB-12×38 OP

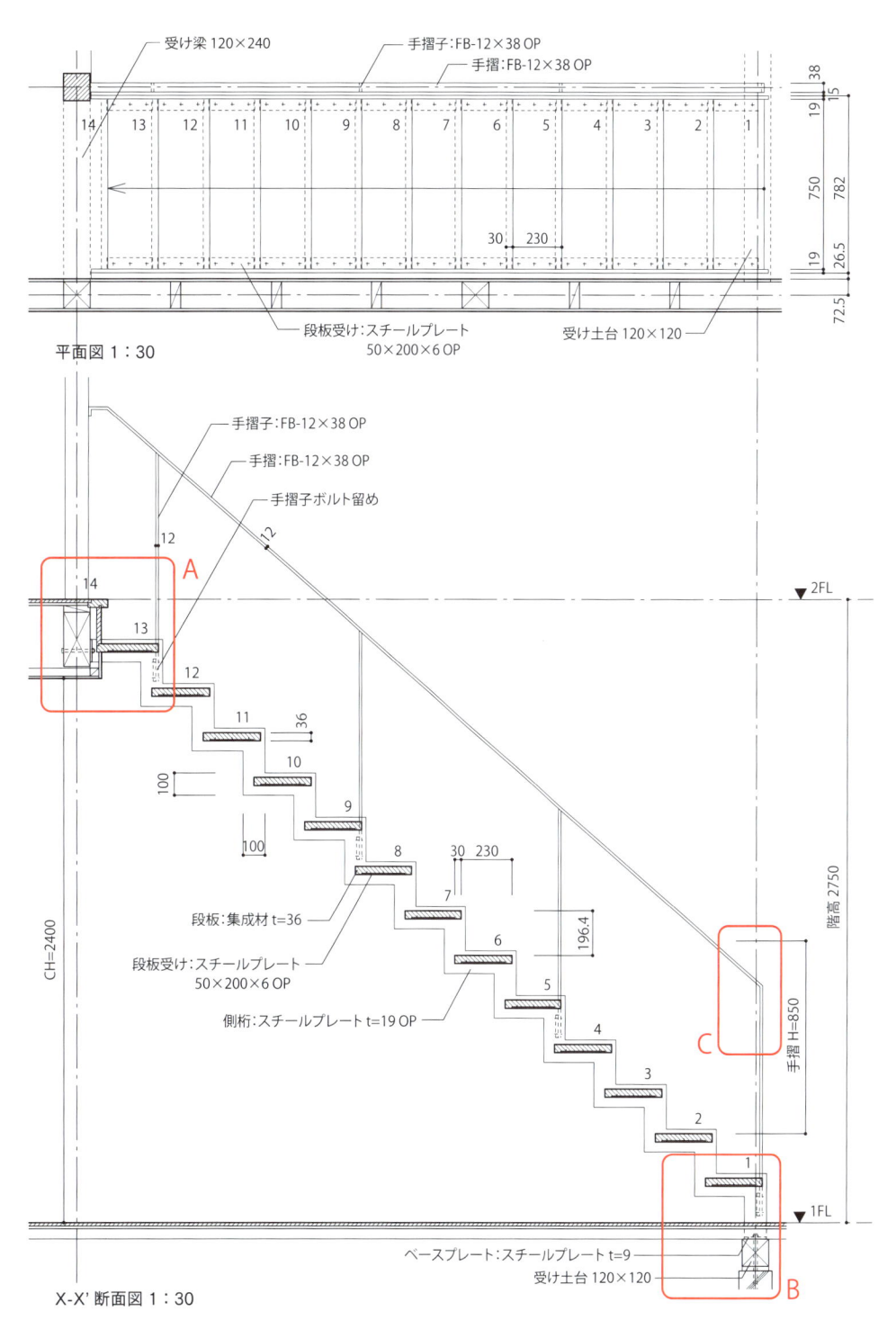

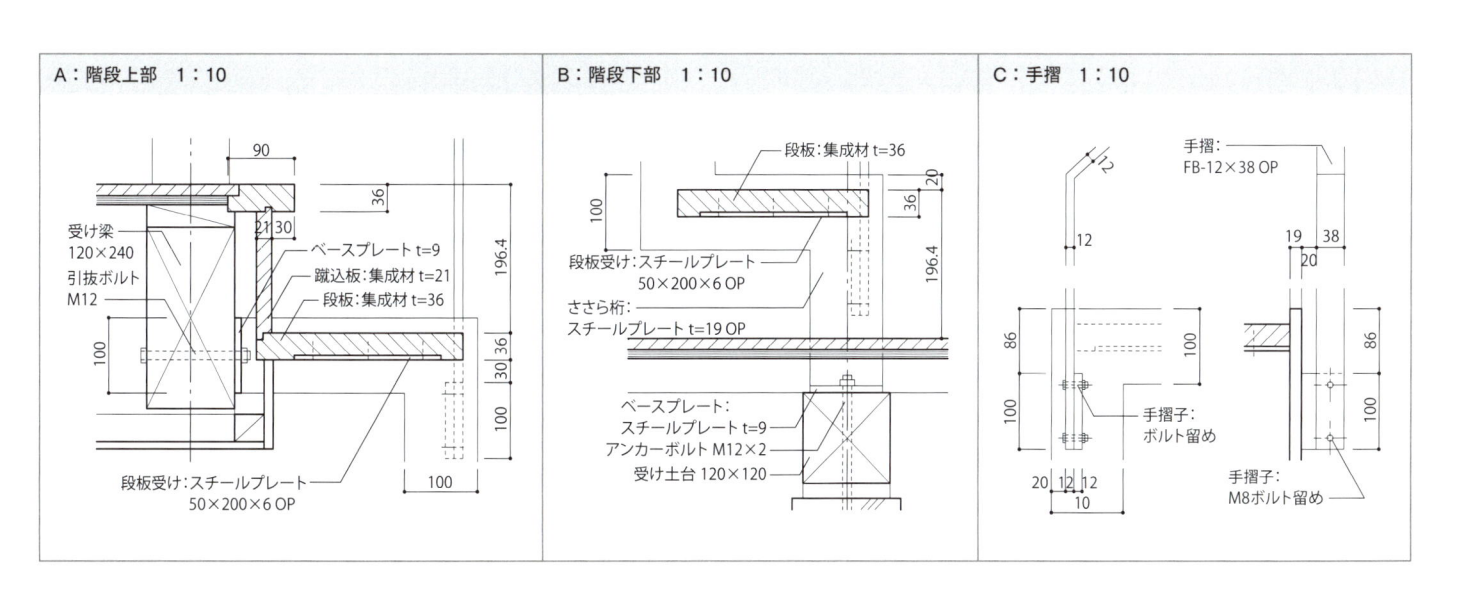

平面図 1：30

X-X'断面図 1：30

A：階段上部 1：10

B：階段下部 1：10

C：手摺 1：10

2. 階段の詳細図　113

Column ⑤ 既製部材の使い方 その1
既製部材をうまく使う

建築の市場では、さまざまな既製品の部材が流通しています。建築のすべてが既製品でできているといっても過言ではないくらい、現在の建築市場は既製部材であふれています。一般に既製品は、建築法規や消防法、施工のしやすさ、性能の安全性などを優先してつくられていることが多く、使い方に気をつけないとせっかくのデザインが台無しになってしまうことがありますが、コストダウン、施工性の向上などが期待できます。シンプルなデザインの既製品を選んで、納まりを工夫し、適材適所で選択して使用すればよいのです。ここでは、換気口、雨樋、庇、幅木、水切りなど、細部を納める既製部材の一部をご紹介します。

既製品の紹介部位

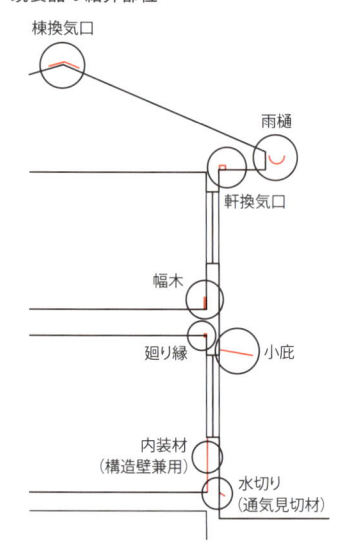

- 棟換気口
- 雨樋
- 軒換気口
- 幅木
- 廻り縁 — 小庇
- 内装材（構造壁兼用）
- 水切り（通気見切材）

製品を選ぶ際の注意点

■棟換気口
勾配によっては、防水性能が保障されていない製品があるので、適用勾配を確認します。

■雨樋
軒先の見付幅に納まる大きさのものを選ぶと、比較的目立ちません。また、屋根の色、外壁の色と同系色のものを選びます。

■軒換気口
垂直に使用する製品、水平に使用する製品など、納まりを確認します。防火性能が要求される地域では、防火仕様のものを選びます。

■小庇
日射遮蔽部材として、さまざまな形状のものが製作されています。開口部の面する方位を確認して、適した製品を選択します。

■廻り縁、幅木
仕上材の厚みに適した製品を選びます。

■水切り
外張断熱の場合は、専用の製品を選びます。外壁の通気層の入口を妨げないように注意して納めます。

■そのまま仕上げとして使用できる内装材
耐力壁としての性能をもつもの、調湿作用のあるものなど、さまざまな製品が出ており、素地を生かせる商品はコストダウンも図れます。

既製品の例

部位	製品
棟換気口	 棟掃気ガラリ「New テッペン」（耐候性ポリプロピレン製）／ジェイベック（株）／ 棟まどS形（ガルバリウム鋼板製）／（株）タニタハウジングウェア／ 片棟S形（ガルバリウム鋼板製）／（株）タニタハウジングウェア
雨樋	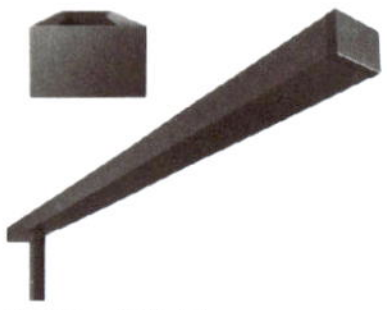 HACO／H6号（ガルバリウム鋼板製）／（株）タニタハウジングウェア／ 半丸（105,120）スタンダード（ガルバリウム鋼板製）／（株）タニタハウジングウェア／ サーフェスケアFS-I型（硬質塩化ビニル樹脂＋亜鉛処理スチール芯）／パナソニック（株）／ アイアン丸／パナソニック（株）
軒換気口	「デハイリー」（耐候性ポリプロピレン＋3次元不織布）／ジェイベック（株）／ 躯体換気材「イーヴスベンツ」（ポリプロピレン製）／日本住環境（株）／ 防火用通気ガラリ「ファイバー」（亜鉛合金めっき鋼板＋3次元不織布＋加熱膨張材）／ジェイベック（株）
小庇	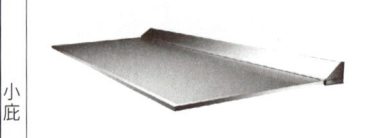 アルフィンアルポリック庇／（株）共和／ アルミ形材製ルーバー庇「SUNシリーズ」／インターライト（株）／ アルミ形材製軽量庇「FINシリーズ」／インターライト（株）
廻り縁・幅木	 クロス廻り縁（樹脂製）／フクビ化学工業（株）／ albase／森田アルミ工業（株）
仕上げとして使用できる内装材	 Jパネル／協同組合レングス／ モイス（多機能珪酸カルシウム板）／三菱マテリアル建材（株）
水切り	アルミ合金製土台水切り／三洋工業／ 防鼠付通気水切り（ガルバリウム製）／城東テクノ（株）

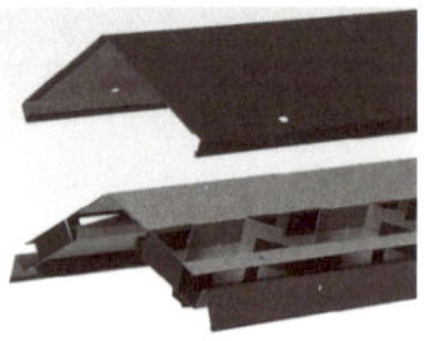

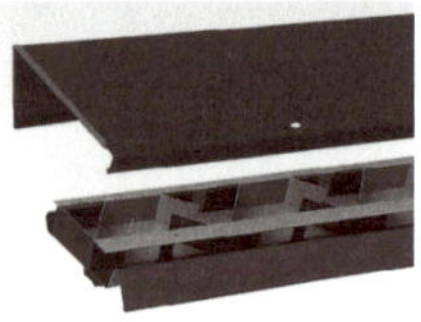

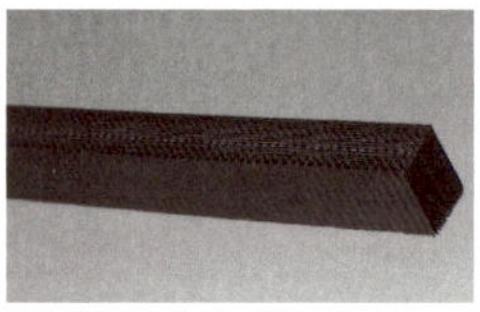

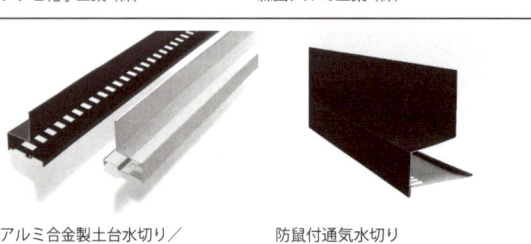

6章
各部の部分詳細

矩計図の仕上げ段階にあたり、木造在来工法における各部位の詳細図を紹介します。納まりを検討すべき部位と、そこでの仕上げおよび下地の構成は、事例を挙げればきりがありません。

ここでは、代表的な部位について、それぞれに要求される性能や機能、施工性、視覚的効果などを踏まえ、できるだけ基本的な組み合わせの詳細図を掲載しました。本書の読者にとって、設計するうえでのデータベースとなるだけでなく、今後、創意工夫していくための基礎となることを期待しています。

1. 基礎の納まり

- □ 地耐力に合わせた基礎形式を選定する。
- □ プランに応じた基礎の配置を検討する。
- □ 断熱層は上部構造と切れ目なくつなげる。

基礎は、建物にかかる荷重や応力などを、地盤に適切に伝達することが求められる部位です。

一般的な木造在来構法における基礎の形式は、主に布基礎、ベタ基礎、杭基礎に大別できます。これらの基礎形式は、地盤の地耐力に応じて選択する必要があります（平12建告1347号）。

〈布基礎とベタ基礎〉

布基礎は、地耐力が30kN/㎡以上ある、硬めの地盤で採用可能な形式です。逆T字型の断面形状をもち、ベタ基礎と比べて底盤部分の接地面積が少ない分、接地圧は大きくなります。そのため、建築物の重量を、底盤の接地面積で除した数値が、地耐力以下となるような計画を必要とします。底盤は、切れ目なく格子状に連続させ、半島状にならないように注意を要します。

ベタ基礎は、地耐力が20kN/㎡以上の、比較的軟らかめの地盤で採用する形式です。基礎の底盤（耐圧盤）の接地面積が、布基礎と比較して多く確保できるため、接地圧も小さくなります。

〈構造的な注意〉

いずれの基礎形式（もしくは構造形式）においても、基礎とその上部構造を緊結することが重要です。木造在来構法では、基礎の立ち上がり上部に水平に接地された土台を、アンカーボルトによって固定します。その際、アンカーボルトの埋め込み深さや、継手部分での設置の仕方、設置するピッチに注意が必要です。

そのほか、基礎の計画における注意点は、断面形状における立ち上がり部分の厚さ、立ち上がり高さ、根入れ深さ、底盤（耐圧盤）厚さ、スラブスパン（ベタ基礎）などが挙げられます。また、鉄筋の配筋の計画は、特に鉄筋のかぶり厚さ、コーナー部分および開口部での定着長さやフック、補強筋などに配慮が必要です。

表1. 基礎の構造形式と地耐力

	20kN/㎡未満	20kN/㎡以上 30kN/㎡未満	30kN/㎡以上
布基礎	×	×	○
杭基礎	○	○	○
ベタ基礎	×	○	○

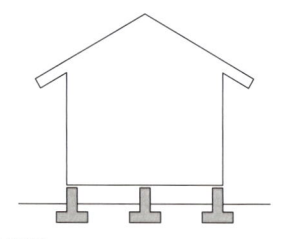

布基礎
良好な地盤で採用される形式。地中からの湿気は、防湿コンクリートを打って対応する。立ち上がり部分の幅は120mm以上、高さは300mm以上、底面の幅は構造種別により告示で規定されている。

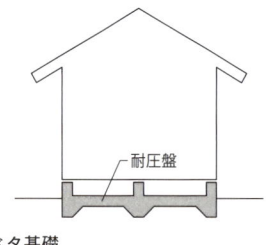

ベタ基礎
比較的良好な地盤で採用される形式で、耐圧版全体で建物の荷重を地盤へ伝達する。立ち上がり部分の幅は120mm以上、高さは300mm以上、耐圧版の厚さは120mm以上とする。

図1. 布基礎とベタ基礎の断面形状

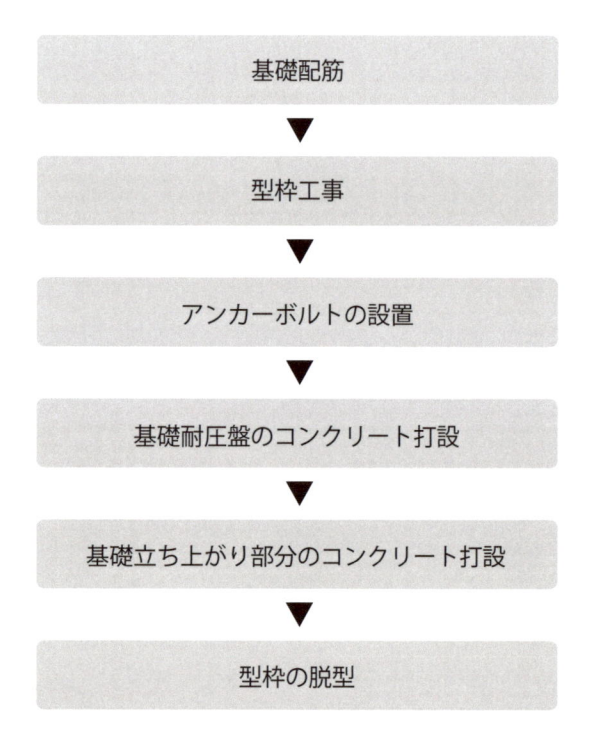

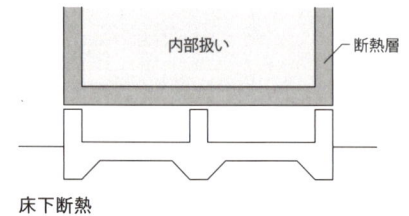

基礎配筋
▼
型枠工事
▼
アンカーボルトの設置
▼
基礎耐圧盤のコンクリート打設
▼
基礎立ち上がり部分のコンクリート打設
▼
型枠の脱型

図2. 基礎の施工フロー

床下断熱
建物の床下地に断熱を施し、床下空間は通気を確保して外部の扱いとする方法。

内張基礎断熱
基礎の立ち上がり内側に断熱を施し、床下は気密パッキンにより内部扱いとする方法。

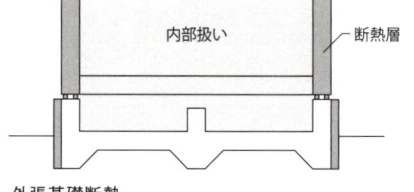

外張基礎断熱
基礎の立ち上がり外側に断熱を施し、基礎内断熱同様に床下は内部扱いとする方法。

図3. 基礎の断熱方式（ベタ基礎の場合）

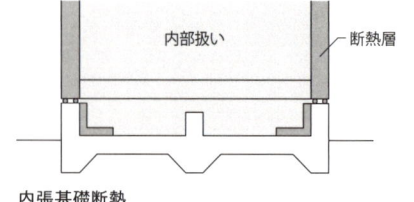

基礎伏図との対応関係（ベタ基礎）

1:50

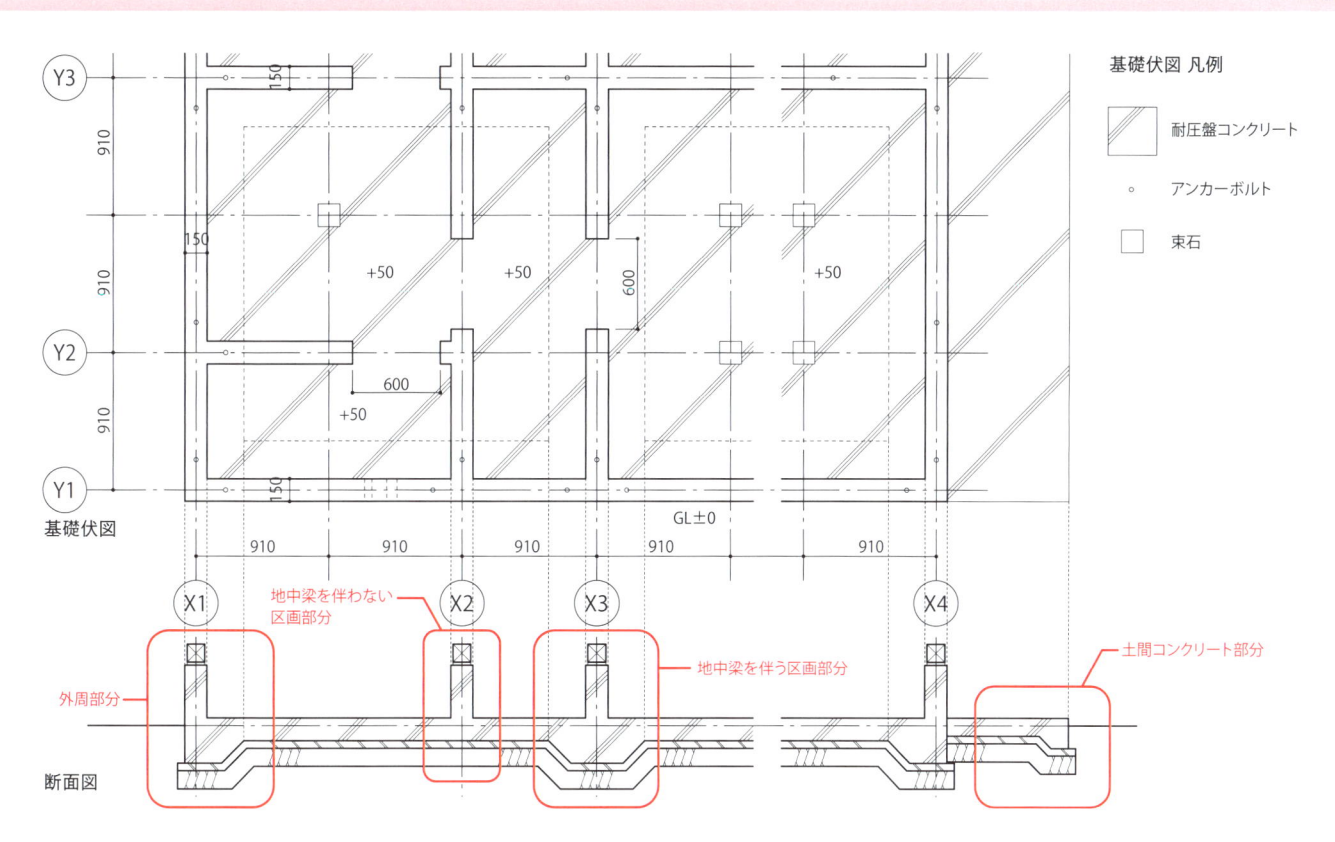

基礎伏図 凡例
- 耐圧盤コンクリート
- アンカーボルト
- 束石

基礎伏図

断面図

外周部分 / 地中梁を伴わない区画部分 / 地中梁を伴う区画部分 / 土間コンクリート部分

ベタ基礎の納まり

断面図 1:15

1. 地中梁を伴う区画部分

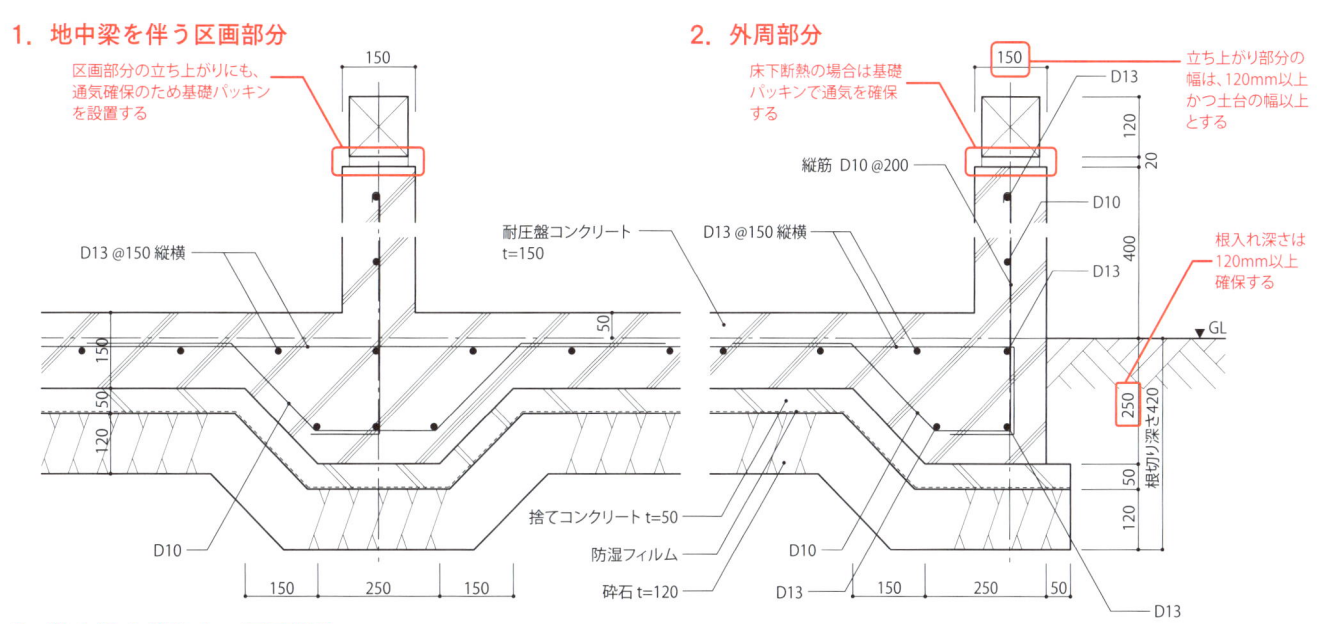

区画部分の立ち上がりにも、通気確保のため基礎パッキンを設置する

耐圧盤コンクリート t=150
D13 @150 縦横
捨てコンクリート t=50
防湿フィルム
砕石 t=120
D10

2. 外周部分

床下断熱の場合は基礎パッキンで通気を確保する

立ち上がり部分の幅は、120mm以上かつ土台の幅以上とする

縦筋 D10 @200
D13 @150 縦横
D10
D13

根入れ深さは120mm以上確保する

根切り深さ420

3. 地中梁を伴わない区画部分

基礎パッキン
耐圧盤コンクリート t=150

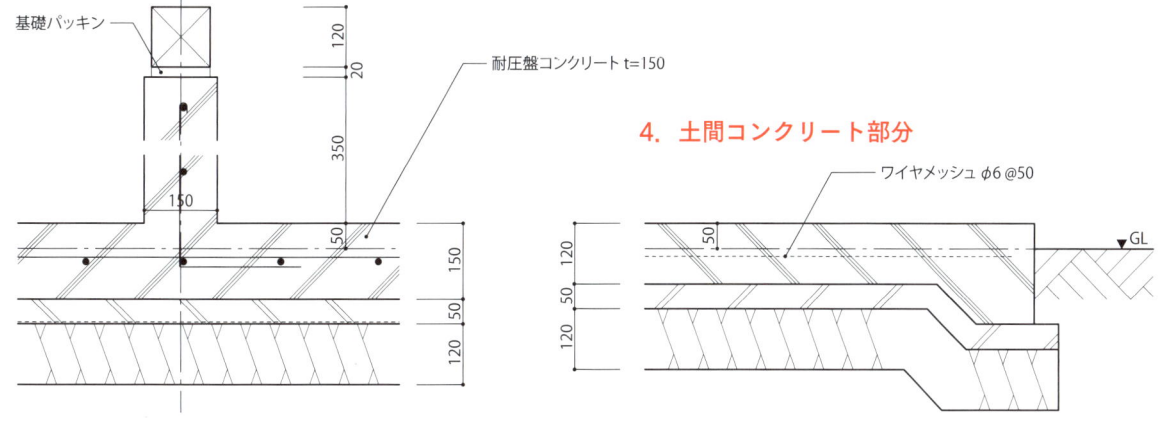

4. 土間コンクリート部分

ワイヤメッシュ φ6 @50

1. 基礎の納まり　117

布基礎の納まり

断面図 1：15

地盤の長期に生ずる力に 対する許容応力度（kN/㎡）	30 以上 50 未満	50 以上 70 未満	70 以上
平屋	300mm	240mm	180mm
2 階建て	450mm	360mm	240mm
その他	600mm	450mm	300mm

平12年建設省告示第1347号による布基礎底盤の幅

布基礎の底盤幅は、平12建告1347による

アンカーボルト埋め込み深さ

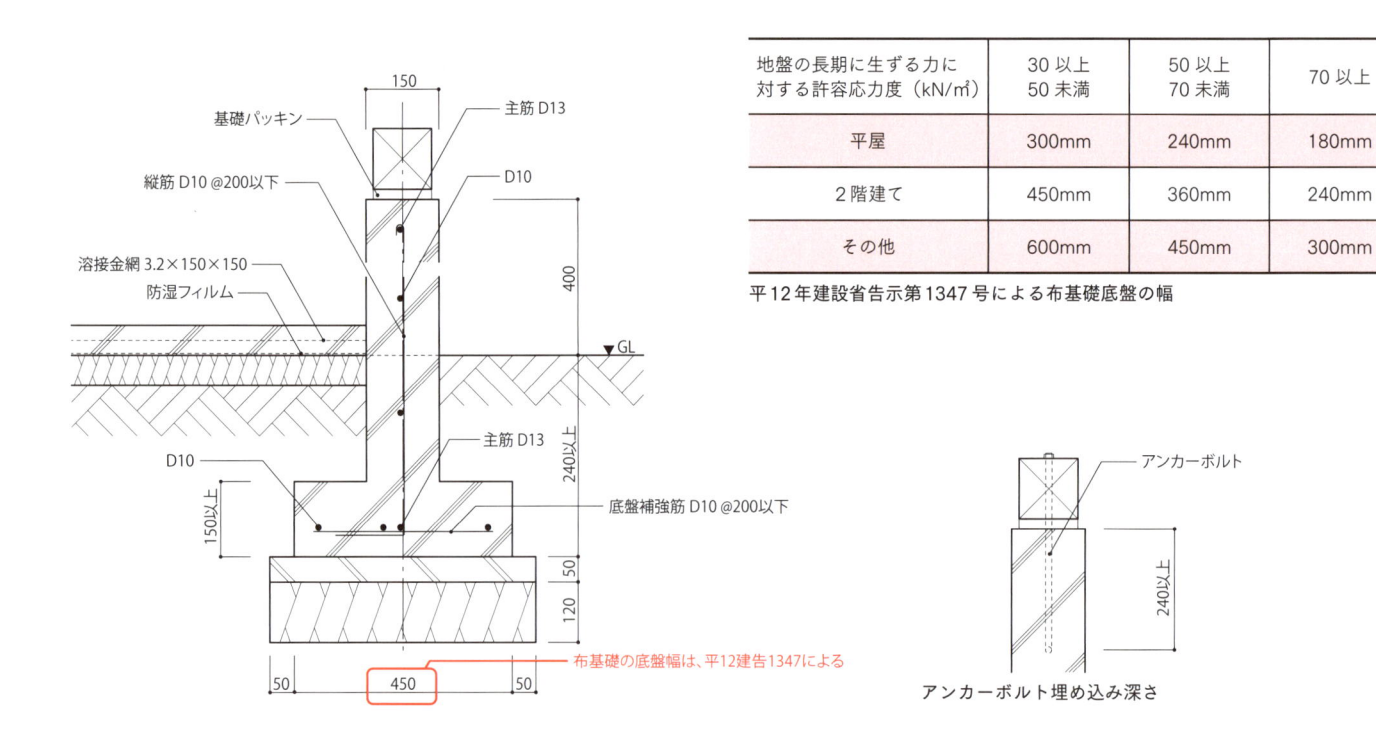

基礎の開口まわり

断面図 1：15

1．ベタ基礎の人通口まわり

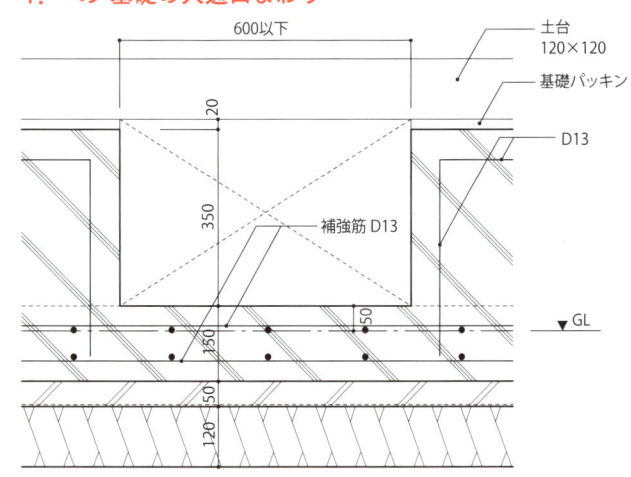

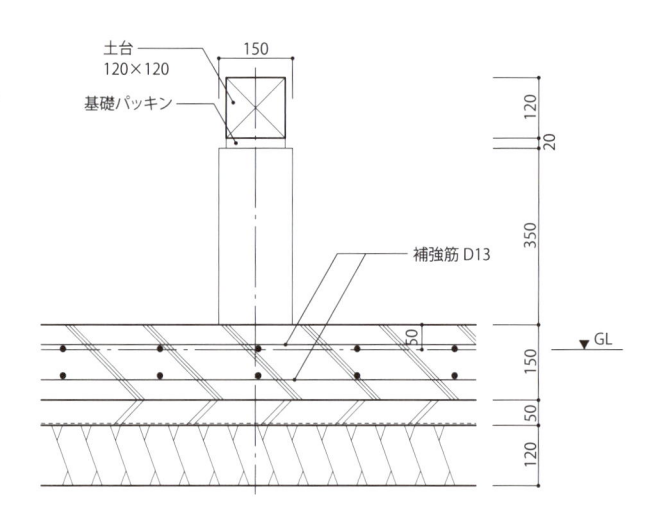

2．ベタ基礎の設備配管まわり

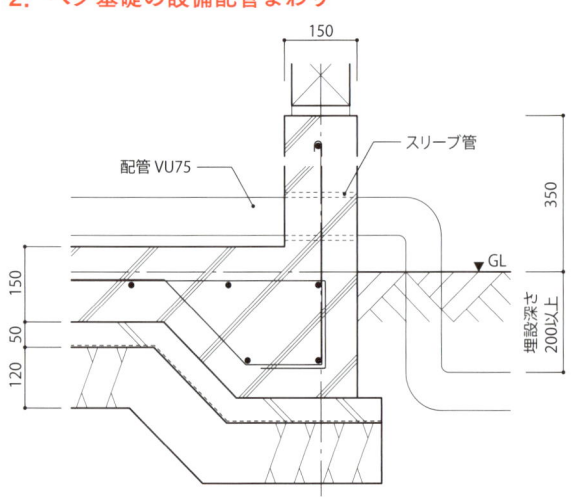

3．さや管を用いたベタ基礎の埋め込み配管

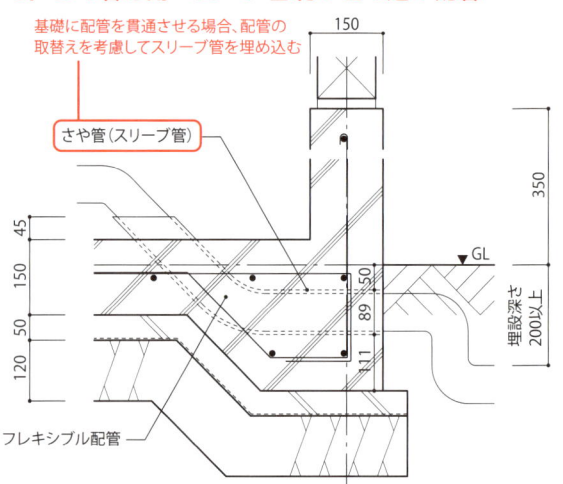

基礎に配管を貫通させる場合、配管の取替えを考慮してスリーブ管を埋め込む

さや管（スリーブ管）

118　6章　各部の部分詳細

内張基礎断熱の納まり

断面図 1:15

充填断熱（外壁）との組み合わせ

布基礎

- 透湿防水シート
- 通気胴縁 18×45 @455
- 気密パッキン
- 押出法ポリスチレンフォーム t=50
- 防湿フィルム

ベタ基礎

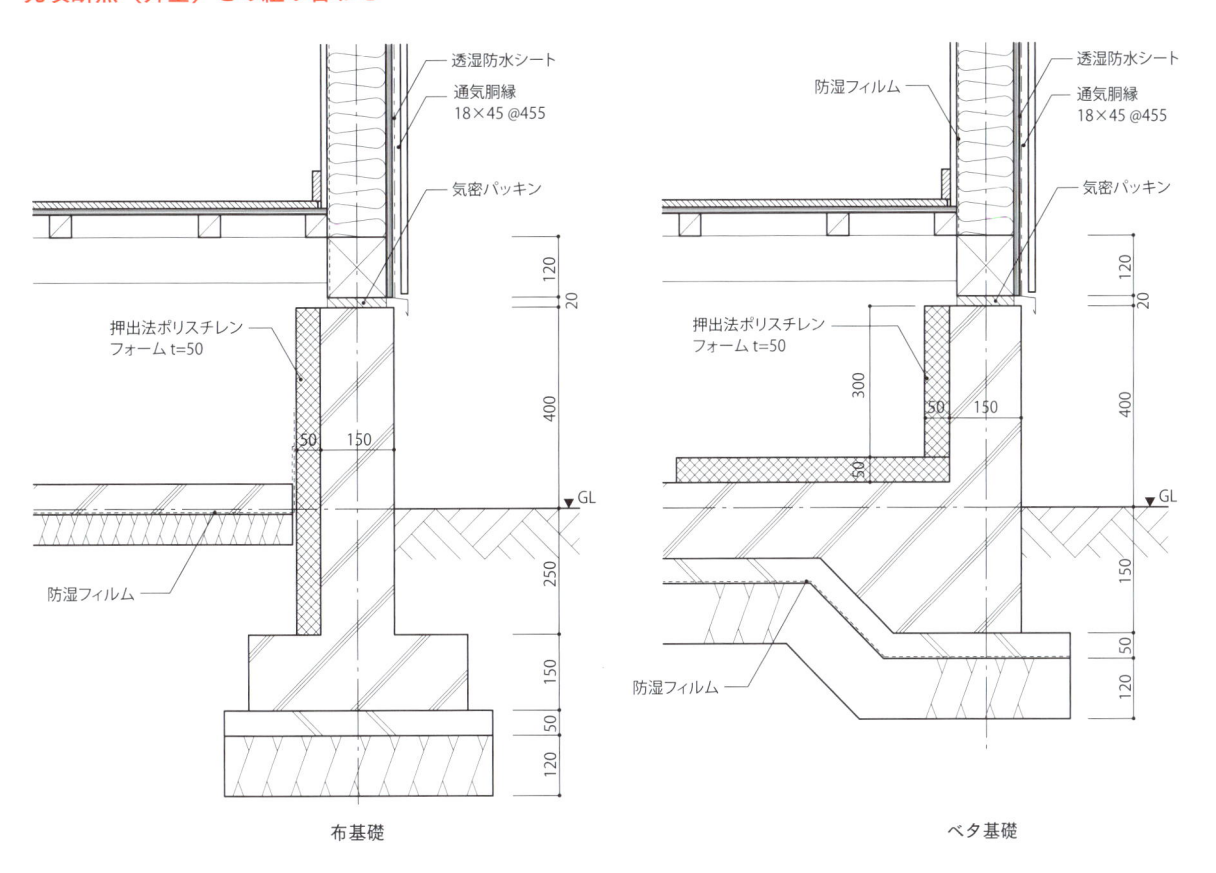

- 防湿フィルム
- 透湿防水シート
- 通気胴縁 18×45 @455
- 気密パッキン
- 押出法ポリスチレンフォーム t=50
- 防湿フィルム

外張基礎断熱の納まり

断面図 1:15

1. 充填断熱（外壁）との組み合わせ

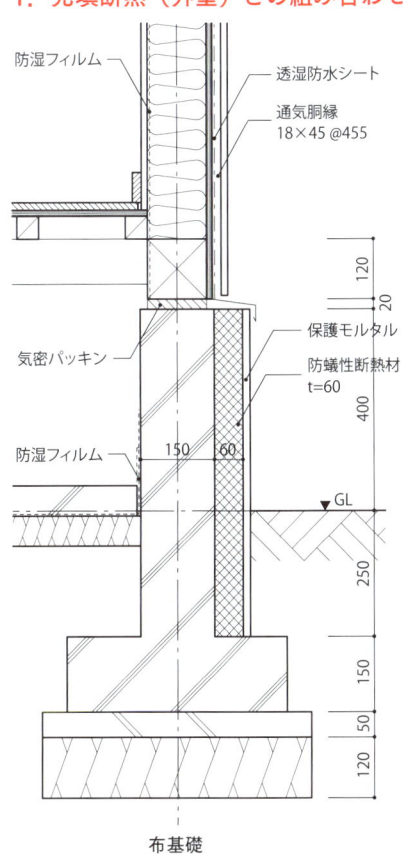

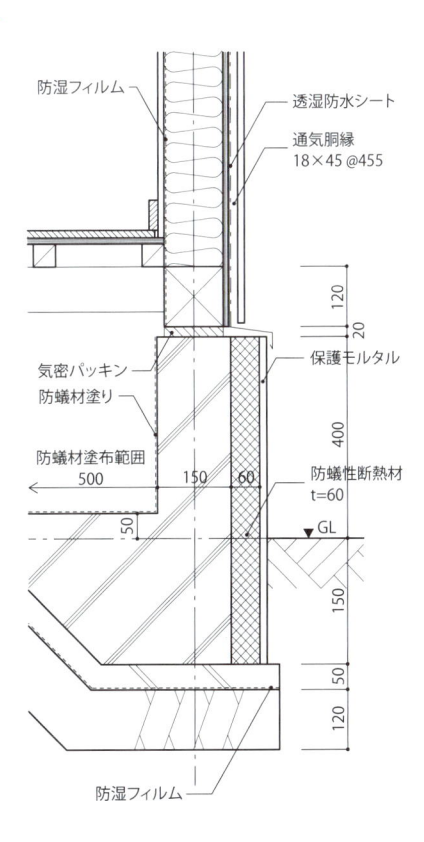

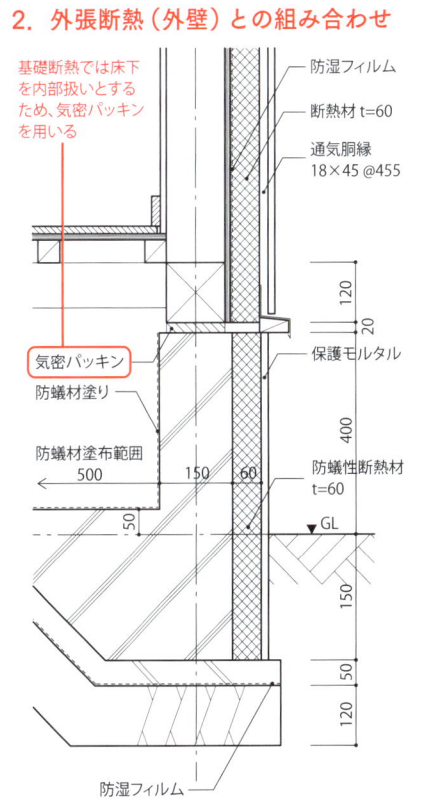

布基礎

- 防湿フィルム
- 透湿防水シート
- 通気胴縁 18×45 @455
- 保護モルタル
- 防蟻性断熱材 t=60
- 気密パッキン
- 防湿フィルム

ベタ基礎

- 防湿フィルム
- 透湿防水シート
- 通気胴縁 18×45 @455
- 保護モルタル
- 気密パッキン
- 防蟻材塗り
- 防蟻材塗布範囲 500
- 防蟻性断熱材 t=60
- 防湿フィルム

2. 外張断熱（外壁）との組み合わせ

- 防湿フィルム
- 断熱材 t=60
- 通気胴縁 18×45 @455
- 保護モルタル
- 気密パッキン
- 防蟻材塗り
- 防蟻材塗布範囲 500
- 防蟻性断熱材 t=60
- 防湿フィルム

基礎断熱では床下を内部扱いとするため、気密パッキンを用いる

1. 基礎の納まり

2. 屋根の納まり

□ 屋根勾配に適した屋根葺材を選定する。
□ 断熱と通気ルートを確保する。
□ 取り合い部分での雨仕舞いに注意する。

本項では、一般的な木造住宅に見られる勾配屋根を基本に紹介します（バルコニーなどでの防水床は「9. 外部床の納まり」を参照）。

〈屋根葺材〉

屋根葺材の選定にあたっては、屋根形状や屋根勾配から、適切な材料および工法を採用することが基本となります。屋根には、風雨をしのぐだけでなく、断熱性・遮音性などの性能も求められます。また、海岸近くでは塩害、多雪地域では雪の処理など、地域の風土によって要求される性能は異なります。

近年用いられている主な屋根葺材には、金属板葺き、スレート葺き、瓦葺きなどがあり、各々の屋根葺材や、葺き方に適した屋根勾配の範囲があります。

〈断熱方式〉

屋根を断熱方式で大別すると、天井断熱と屋根断熱があり、屋根の下地構成は、これらの断熱方式によって異なります。

天井断熱は、天井の上部に断熱材を設置して、その上の小屋裏を外気の流入するエリアととらえる方式です。下地の構成としては、主に垂木に野地板を張り、上面に防水のためのアスファルトルーフィングなどを敷いたうえで、屋根葺材を葺きます。

屋根断熱は、屋根勾配に沿って断熱層を設ける方式で、断熱材と屋根葺材の間に通気層を確保します。屋根断熱の下地構成としては各種の方法がありますが、共通する構成としては、断熱層の外側に通気垂木で通気層を確保したうえで、野地板を張り、アルファルトルーフィングなどを敷き込み、屋根葺材を葺きます。

〈その他、屋根のポイントとなる部位〉

屋根まわりのポイントとなる部位には、軒先、棟、谷、隅棟、軒天井、けらば、樋、外壁との取り合い部分などがあります。いずれの部位においても、雨仕舞い・断熱層の連続性・通気ルートの確保などが重要となります。

表1. 屋根葺材と屋根勾配

スレート葺き		
	天然スレート葺き	スレート＝天然鉱物である玄昌石（粘板岩）を薄く割った石板で葺く工法。 屋根勾配：4/10以上
	化粧スレート葺き	セメントと繊維材料を主原料として成形した化粧（人造）スレートで葺く工法。 屋根勾配：3/10以上
瓦葺き		瓦は粘土を成形した後、窯で焼成してつくる伝統的な屋根葺材。和形瓦（J形）が最もポピュラー。 屋根勾配：4/10～7/10
金属板葺き		
	瓦棒葺き	屋根勾配の方向に沿って、瓦棒心木を継手とした葺き方で雨仕舞いに優れる。 屋根勾配：5/100～1/10以上
	立てはぜ葺き	屋根勾配の方向に沿って、長尺の金属板を、はぜと呼ばれる継手で接合させる葺き方。 屋根勾配：5/100以上
	平葺き	一文字葺き・菱葺きなど、四周を折り曲げた小さめの金属板を継ぎ合わせる葺き方。 屋根勾配：3/10以上
	折板葺き	角波形に折り曲げた金属板による葺き方。リブ状の形状により強度があるため、野地板が不要。 屋根勾配：3/100以上
	銅板葺き	日本で古くから用いられている金属屋根。和風住宅では瓦葺きと組み合わせた腰屋根で用いる。 屋根勾配：3/10以上（平葺き）

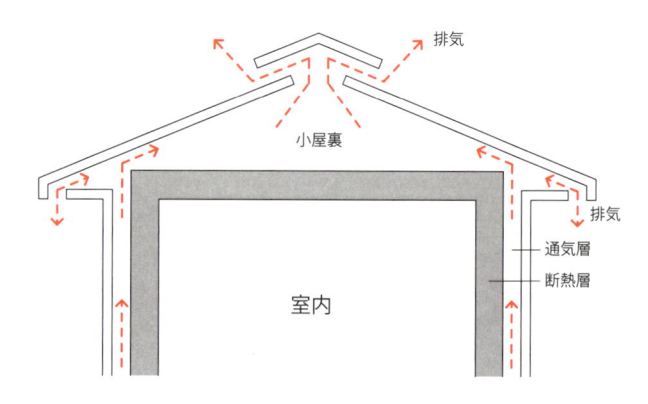

天井断熱と小屋裏換気
天井面に沿って断熱材を施工する方法。天井埋め込みの照明器具まわりで、断熱および気密層の確保に注意を要する。

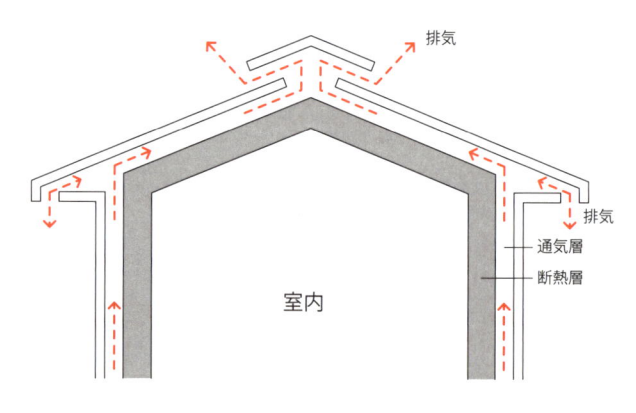

屋根断熱と屋根通気
垂木間に断熱材を充填する充填屋根断熱と、野地板の上に断熱材を外張りする外張屋根断熱がある。外壁と屋根の取り合い部分で、通気ルートと気密層を連続させる必要がある。

図1. 断熱方式と通気ルート

金属屋根の納まり

断面図 1：6

1. 棟部①（天井断熱・棟換気なし）

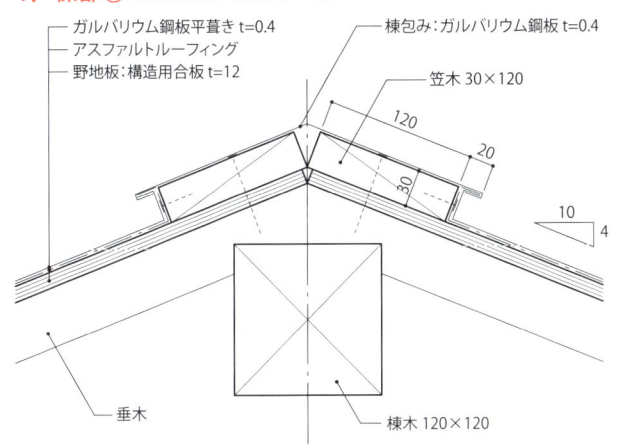

- ガルバリウム鋼板平葺き t=0.4
- アスファルトルーフィング
- 野地板：構造用合板 t=12
- 棟包み：ガルバリウム鋼板 t=0.4
- 笠木 30×120
- 垂木
- 棟木 120×120

2. 棟部②（天井断熱・棟換気なし）

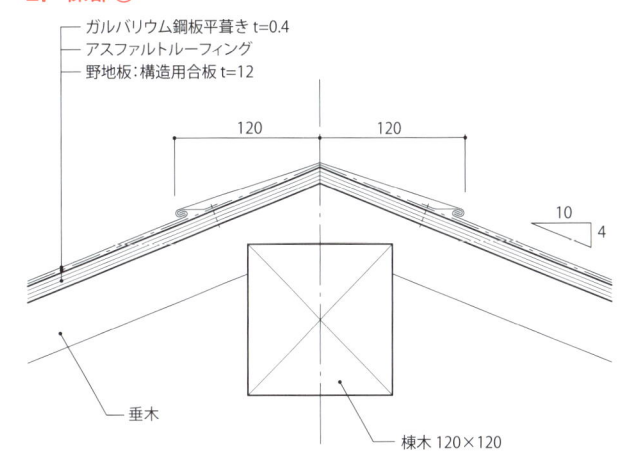

- ガルバリウム鋼板平葺き t=0.4
- アスファルトルーフィング
- 野地板：構造用合板 t=12
- 垂木
- 棟木 120×120

3. 棟部③（天井断熱・棟換気あり）

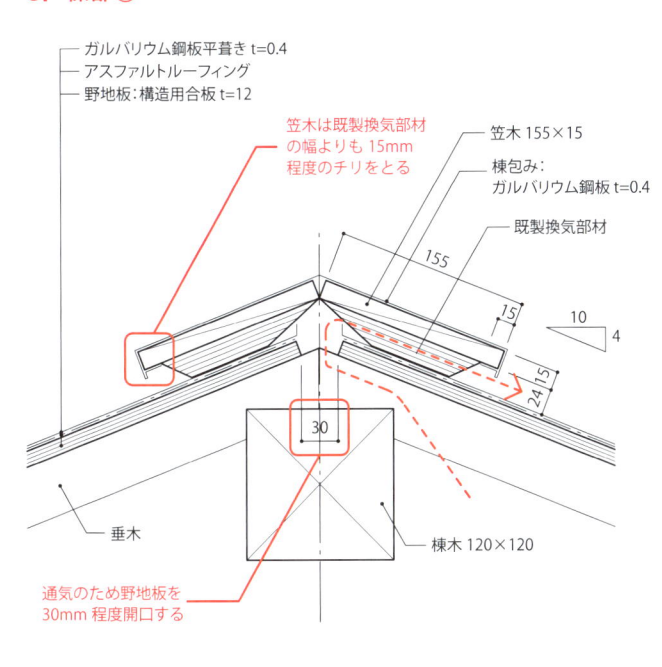

- ガルバリウム鋼板平葺き t=0.4
- アスファルトルーフィング
- 野地板：構造用合板 t=12
- 笠木は既製換気部材の幅よりも 15mm 程度のチリをとる
- 笠木 155×15
- 棟包み：ガルバリウム鋼板 t=0.4
- 既製換気部材
- 垂木
- 棟木 120×120
- 通気のため野地板を 30mm 程度開口する

4. 棟部④（屋根断熱・棟換気あり）

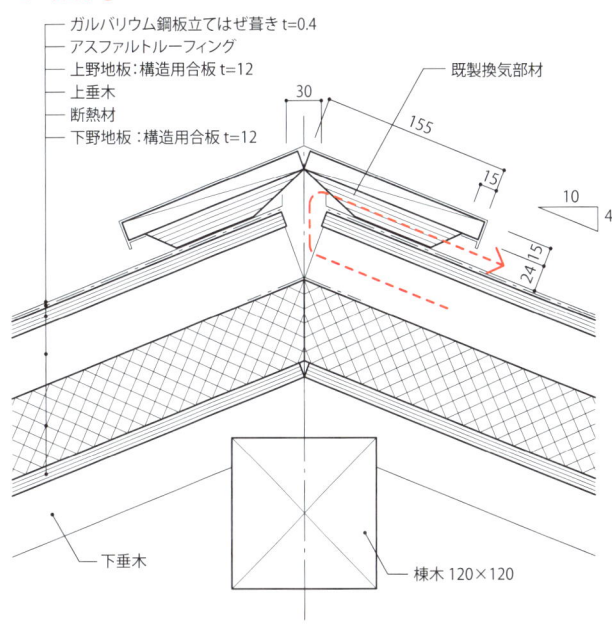

- ガルバリウム鋼板立てはぜ葺き t=0.4
- アスファルトルーフィング
- 上野地板：構造用合板 t=12
- 上垂木
- 断熱材
- 下野地板：構造用合板 t=12
- 既製換気部材
- 下垂木
- 棟木 120×120

5. 隅棟部（天井断熱）

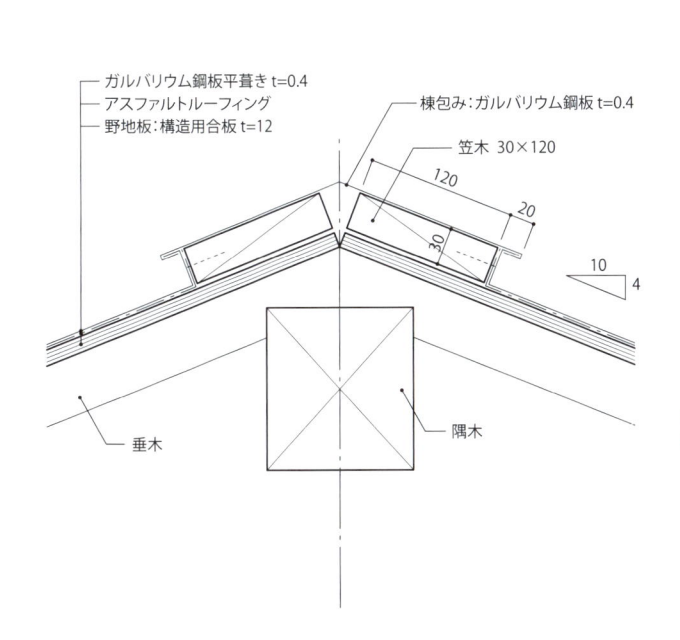

- ガルバリウム鋼板平葺き t=0.4
- アスファルトルーフィング
- 野地板：構造用合板 t=12
- 棟包み：ガルバリウム鋼板 t=0.4
- 笠木 30×120
- 垂木
- 隅木

6. 谷棟部（天井断熱）

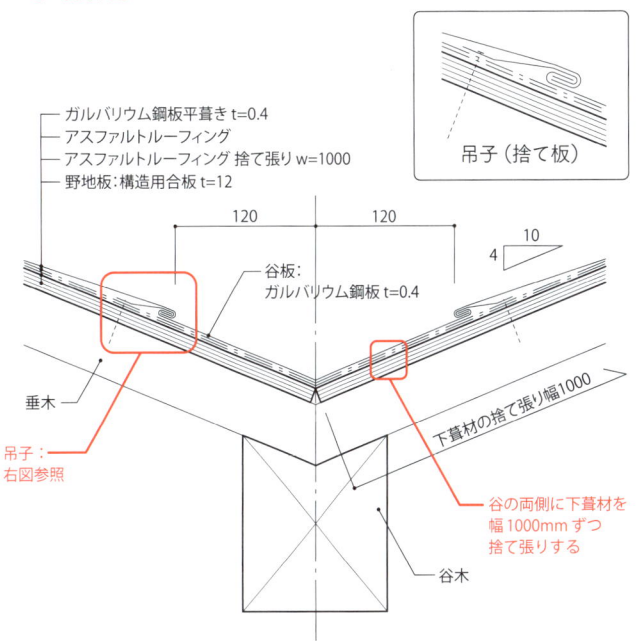

- ガルバリウム鋼板平葺き t=0.4
- アスファルトルーフィング
- アスファルトルーフィング 捨て張り w=1000
- 野地板：構造用合板 t=12
- 谷板：ガルバリウム鋼板 t=0.4
- 吊子（捨て板）
- 垂木
- 吊子：右図参照
- 下葺材の捨て張り幅1000
- 谷の両側に下葺材を幅1000mmずつ捨て張りする
- 谷木

金属屋根軒先の納まり（水下側）

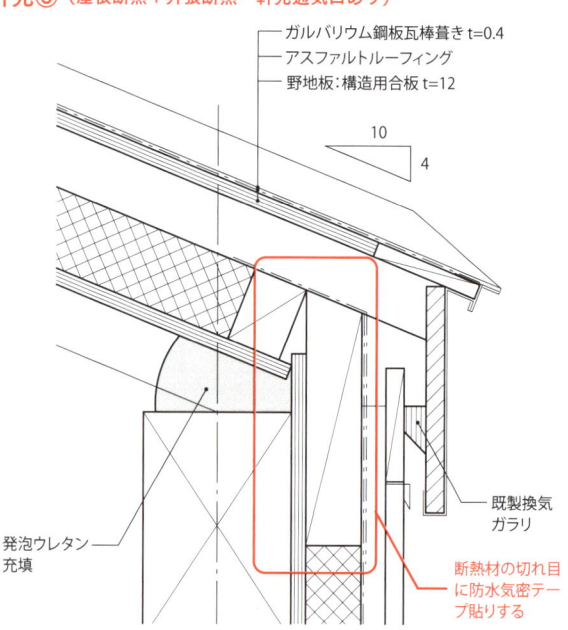

断面図 1：6

1. 軒先①（天井断熱・軒天通気口あり）

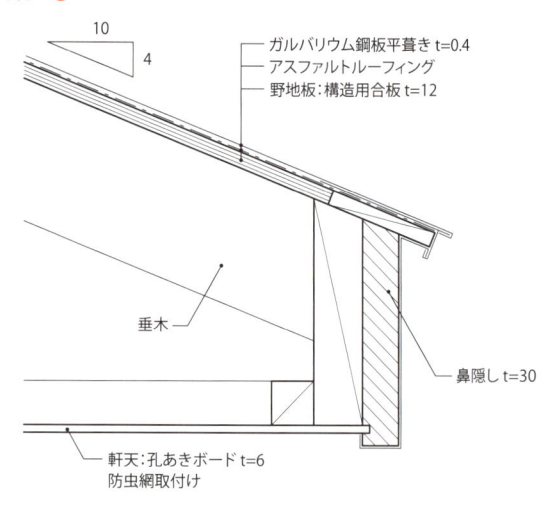

- ガルバリウム鋼板平葺き t=0.4
- アスファルトルーフィング
- 野地板：構造用合板 t=12
- 垂木
- 鼻隠し t=30
- 軒天：孔あきボード t=6 防虫網取付け

2. 軒先②（天井断熱・軒先通気口あり）

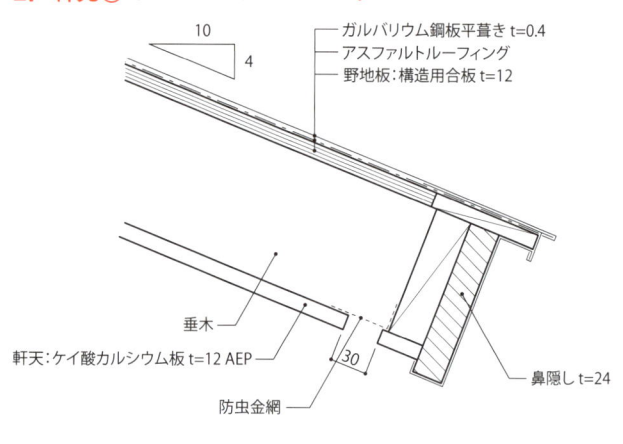

- ガルバリウム鋼板平葺き t=0.4
- アスファルトルーフィング
- 野地板：構造用合板 t=12
- 垂木
- 軒天：ケイ酸カルシウム板 t=12 AEP
- 防虫金網
- 鼻隠し t=24

3. 軒先③（天井断熱・軒先通気口あり）

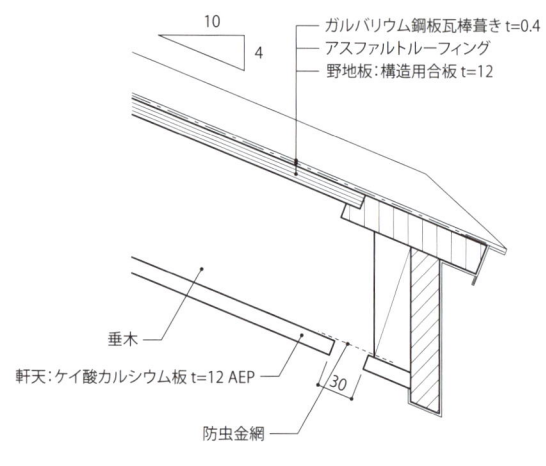

- ガルバリウム鋼板瓦棒葺き t=0.4
- アスファルトルーフィング
- 野地板：構造用合板 t=12
- 垂木
- 軒天：ケイ酸カルシウム板 t=12 AEP
- 防虫金網

4. 軒先④（天井断熱・軒先通気口なし）

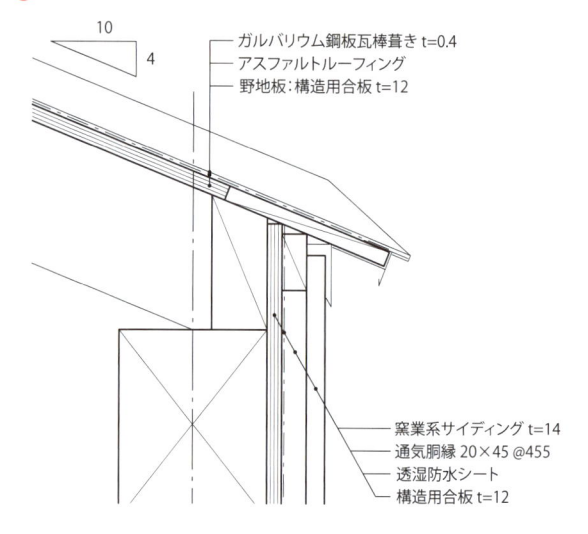

- ガルバリウム鋼板瓦棒葺き t=0.4
- アスファルトルーフィング
- 野地板：構造用合板 t=12
- 窯業系サイディング t=14
- 通気胴縁 20×45 @455
- 透湿防水シート
- 構造用合板 t=12

5. 軒先⑤（屋根断熱＋外張断熱・軒先通気口あり）

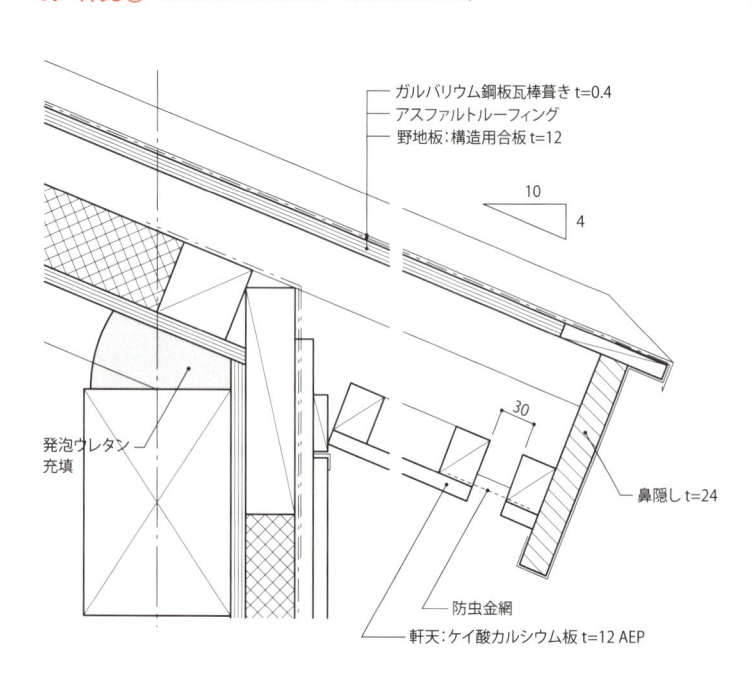

- ガルバリウム鋼板瓦棒葺き t=0.4
- アスファルトルーフィング
- 野地板：構造用合板 t=12
- 発泡ウレタン充填
- 鼻隠し t=24
- 防虫金網
- 軒天：ケイ酸カルシウム板 t=12 AEP

6. 軒先⑥（屋根断熱＋外張断熱・軒先通気口あり）

- ガルバリウム鋼板瓦棒葺き t=0.4
- アスファルトルーフィング
- 野地板：構造用合板 t=12
- 発泡ウレタン充填
- 既製換気ガラリ
- 断熱材の切れ目に防水気密テープ貼りする

金属屋根軒先の納まり（水上側）

断面図 1：6

1. 片流れ屋根の水上側軒先① （天井断熱・軒天通気口あり）

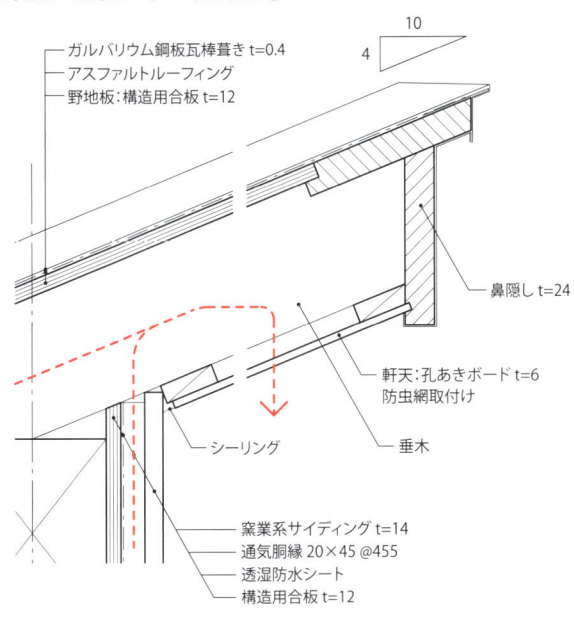

- ガルバリウム鋼板瓦棒葺き t=0.4
- アスファルトルーフィング
- 野地板：構造用合板 t=12
- 鼻隠し t=24
- 軒天：孔あきボード t=6 防虫網取付け
- 垂木
- シーリング
- 窯業系サイディング t=14
- 通気胴縁 20×45 @455
- 透湿防水シート
- 構造用合板 t=12

2. 片流れ屋根の水上側軒先② （天井断熱・軒先通気口あり）

- ガルバリウム鋼板瓦棒葺き t=0.4
- アスファルトルーフィング
- 野地板：構造用合板 t=12
- 垂木

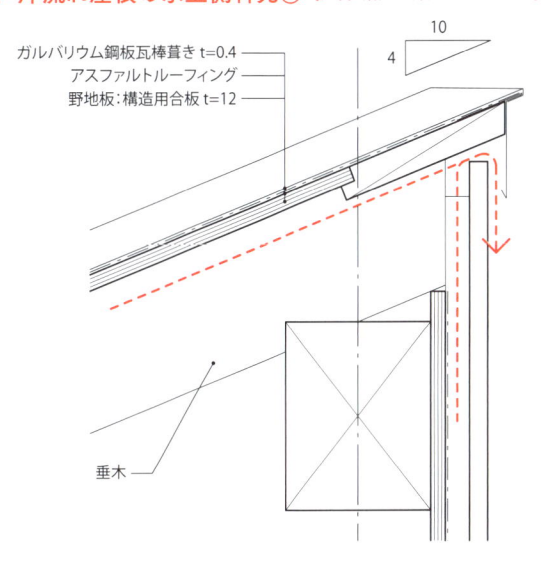

3. 片流れ屋根の水上側軒先③ （天井断熱・軒先通気口あり）

- ガルバリウム鋼板平葺き t=0.4
- アスファルトルーフィング
- 野地板：構造用合板 t=12
- 垂木
- 既製換気ガラリ

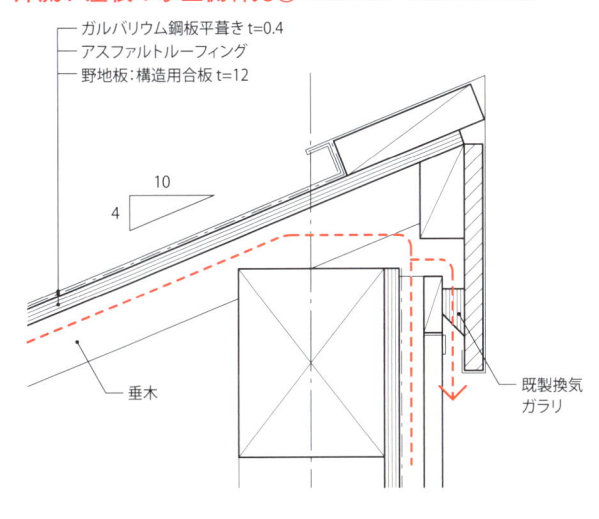

4. 片流れ屋根の水上側軒先④ （屋根断熱＋外張断熱・軒先通気口あり）

- ガルバリウム鋼板平葺き t=0.4
- アスファルトルーフィング
- 上野地板：構造用合板 t=12
- 上垂木
- 断熱材
- 下野地板：構造用合板 t=12
- 通気層
- 下垂木

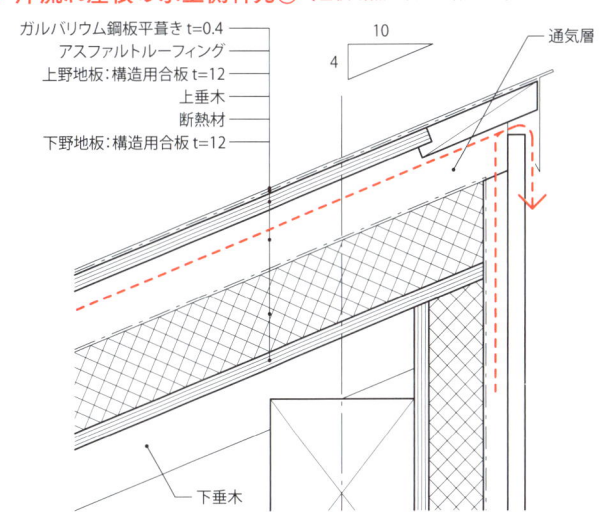

5. 片流れ屋根の水上側軒先⑤ （屋根断熱＋外張断熱・軒先通気口あり）

- ガルバリウム鋼板平葺き t=0.4
- アスファルトルーフィング
- 上野地板：構造用合板 t=12
- 上垂木
- 断熱材
- 下野地板：構造用合板 t=12
- 通気層
- 既製換気ガラリ

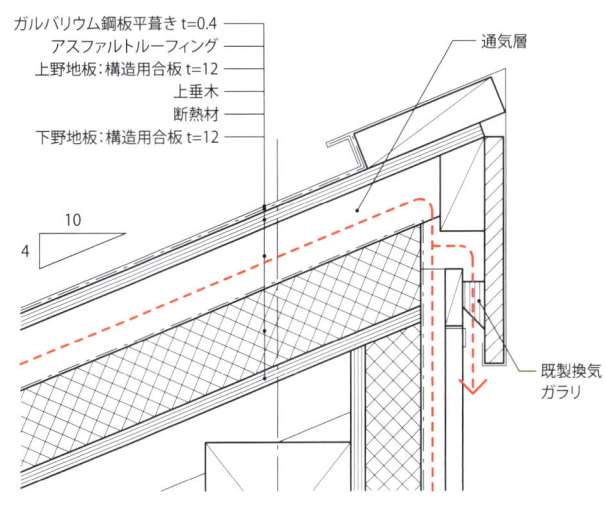

6. 片流れ屋根の水上側軒先⑥ （天井断熱・軒先通気口あり）

- ガルバリウム鋼板平葺き t=0.4
- アスファルトルーフィング
- 野地板：構造用合板 t=12
- 通気層
- 防虫金網
- 化粧野地板 t=24
- 登り梁

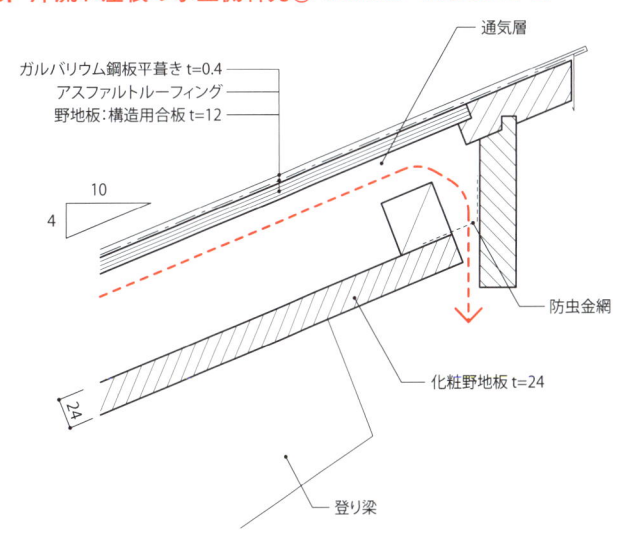

金属屋根けらばの納まり

断面図 1:6

1. けらば① (軒を出す)

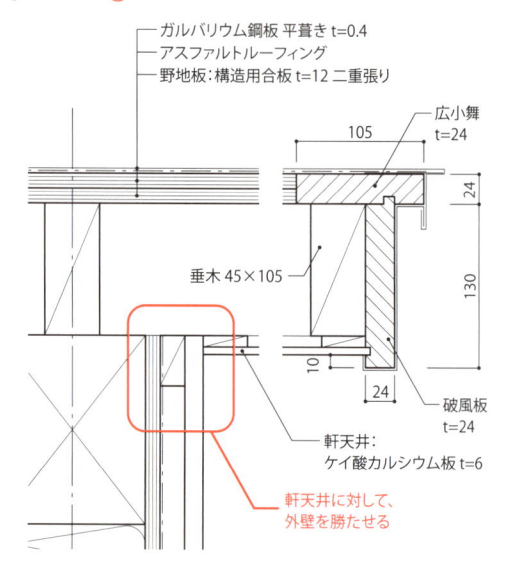

- ガルバリウム鋼板 平葺き t=0.4
- アスファルトルーフィング
- 野地板：構造用合板 t=12 二重張り
- 広小舞 t=24
- 垂木 45×105
- 破風板 t=24
- 軒天井：ケイ酸カルシウム板 t=6
- 軒天井に対して、外壁を勝たせる

2. けらば② (軒を出す)

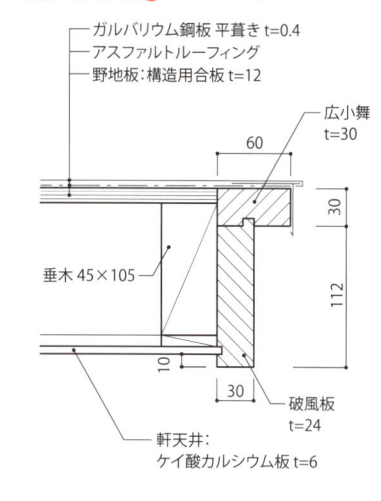

- ガルバリウム鋼板 平葺き t=0.4
- アスファルトルーフィング
- 野地板：構造用合板 t=12
- 広小舞 t=30
- 垂木 45×105
- 破風板 t=24
- 軒天井：ケイ酸カルシウム板 t=6

3. けらば③ (軒を出す)

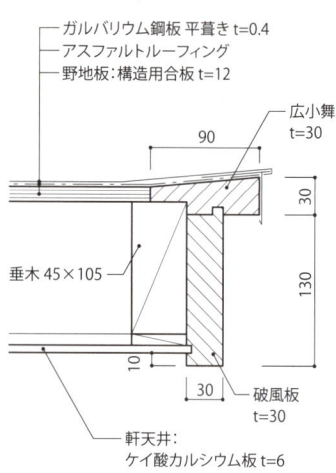

- ガルバリウム鋼板 平葺き t=0.4
- アスファルトルーフィング
- 野地板：構造用合板 t=12
- 広小舞 t=30
- 垂木 45×105
- 破風板 t=30
- 軒天井：ケイ酸カルシウム板 t=6

4. けらば④ (軒を出さない)

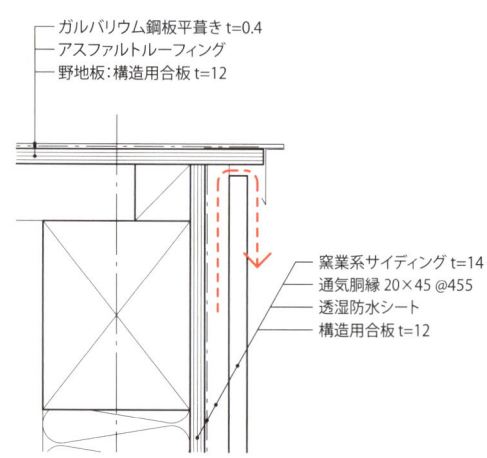

- ガルバリウム鋼板 平葺き t=0.4
- アスファルトルーフィング
- 野地板：構造用合板 t=12
- 窯業系サイディング t=14
- 通気胴縁 20×45 @455
- 透湿防水シート
- 構造用合板 t=12

5. けらば⑤ (屋根断熱+外張断熱)

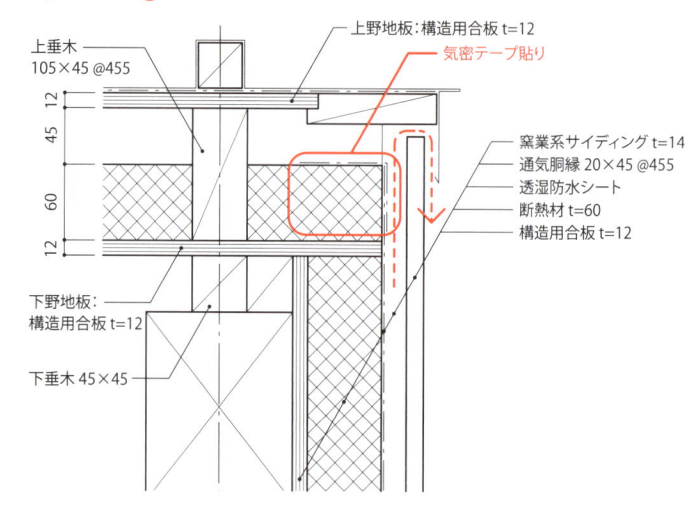

- 上野地板：構造用合板 t=12
- 上垂木 105×45 @455
- 気密テープ貼り
- 窯業系サイディング t=14
- 通気胴縁 20×45 @455
- 透湿防水シート
- 断熱材 t=60
- 構造用合板 t=12
- 下野地板：構造用合板 t=12
- 下垂木 45×45

金属屋根の下屋の取り合い他

断面図 1:6

1. 下屋と外壁の取り合い① (水上側・充填断熱)

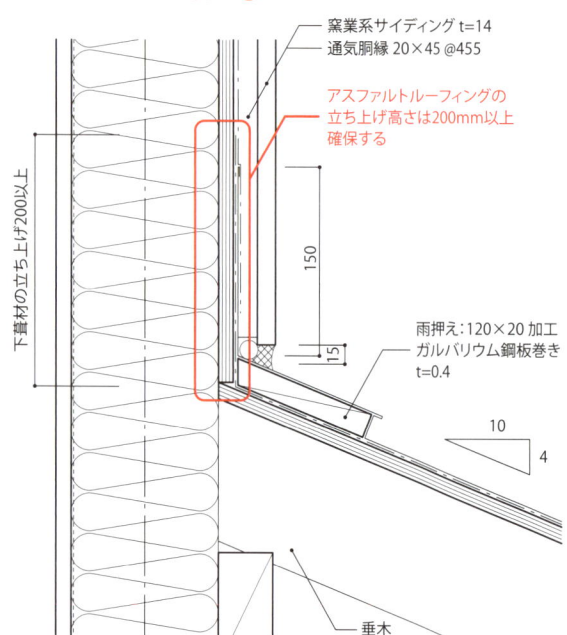

- 窯業系サイディング t=14
- 通気胴縁 20×45 @455
- アスファルトルーフィングの立ち上げ高さは200mm以上確保する
- 下葺材の立ち上げ200以上
- 雨押え：120×20 加工 ガルバリウム鋼板巻き t=0.4
- 垂木

2. 下屋と外壁の取り合い② (水上側・外張断熱)

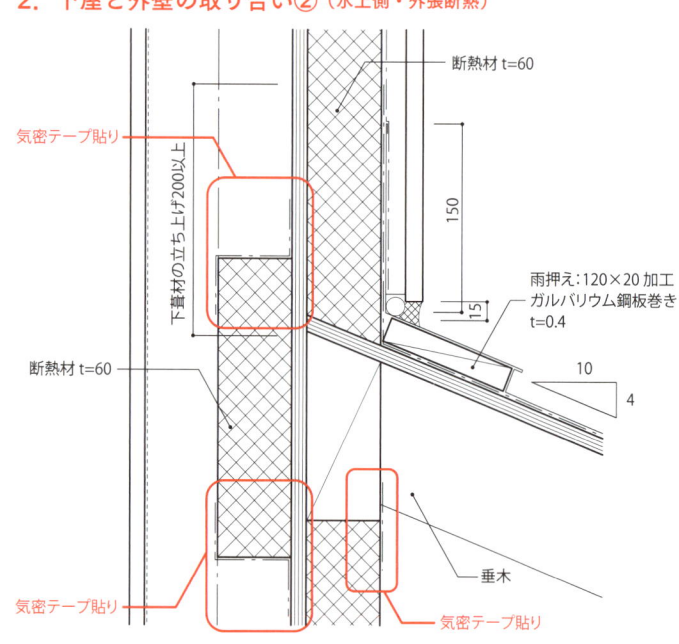

- 断熱材 t=60
- 気密テープ貼り
- 下葺材の立ち上げ200以上
- 雨押え：120×20 加工 ガルバリウム鋼板巻き t=0.4
- 断熱材 t=60
- 気密テープ貼り
- 気密テープ貼り
- 垂木

3. 下屋と外壁の取り合い③（流れ方向）

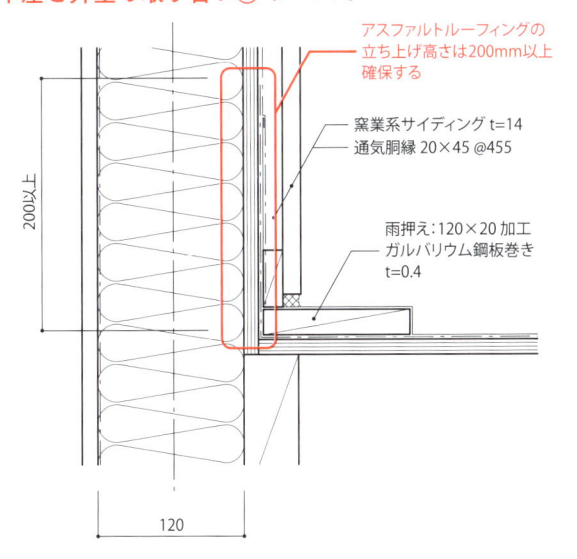

- アスファルトルーフィングの立ち上げ高さは200mm以上確保する
- 窯業系サイディング t=14
- 通気胴縁 20×45 @455
- 雨押え：120×20 加工 ガルバリウム鋼板巻き t=0.4

200以上 / 120

4. 陸屋根の立ち上がり部分

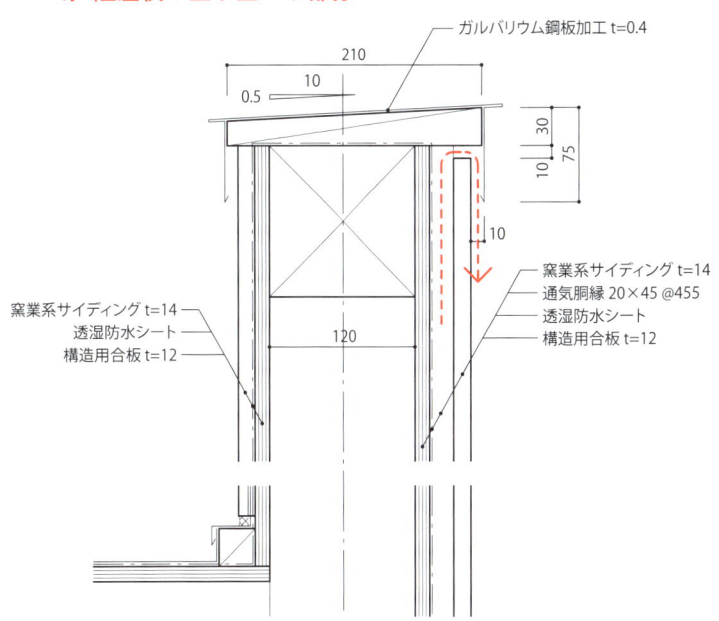

- ガルバリウム鋼板加工 t=0.4
- 窯業系サイディング t=14
- 透湿防水シート
- 構造用合板 t=12
- 窯業系サイディング t=14
- 通気胴縁 20×45 @455
- 透湿防水シート
- 構造用合板 t=12

210 / 0.5 / 10 / 30 / 75 / 10 / 10 / 120

金属屋根トップライトの納まり

断面図 1：6

既製トップライト（屋根断熱・通気層あり・勾配天井）

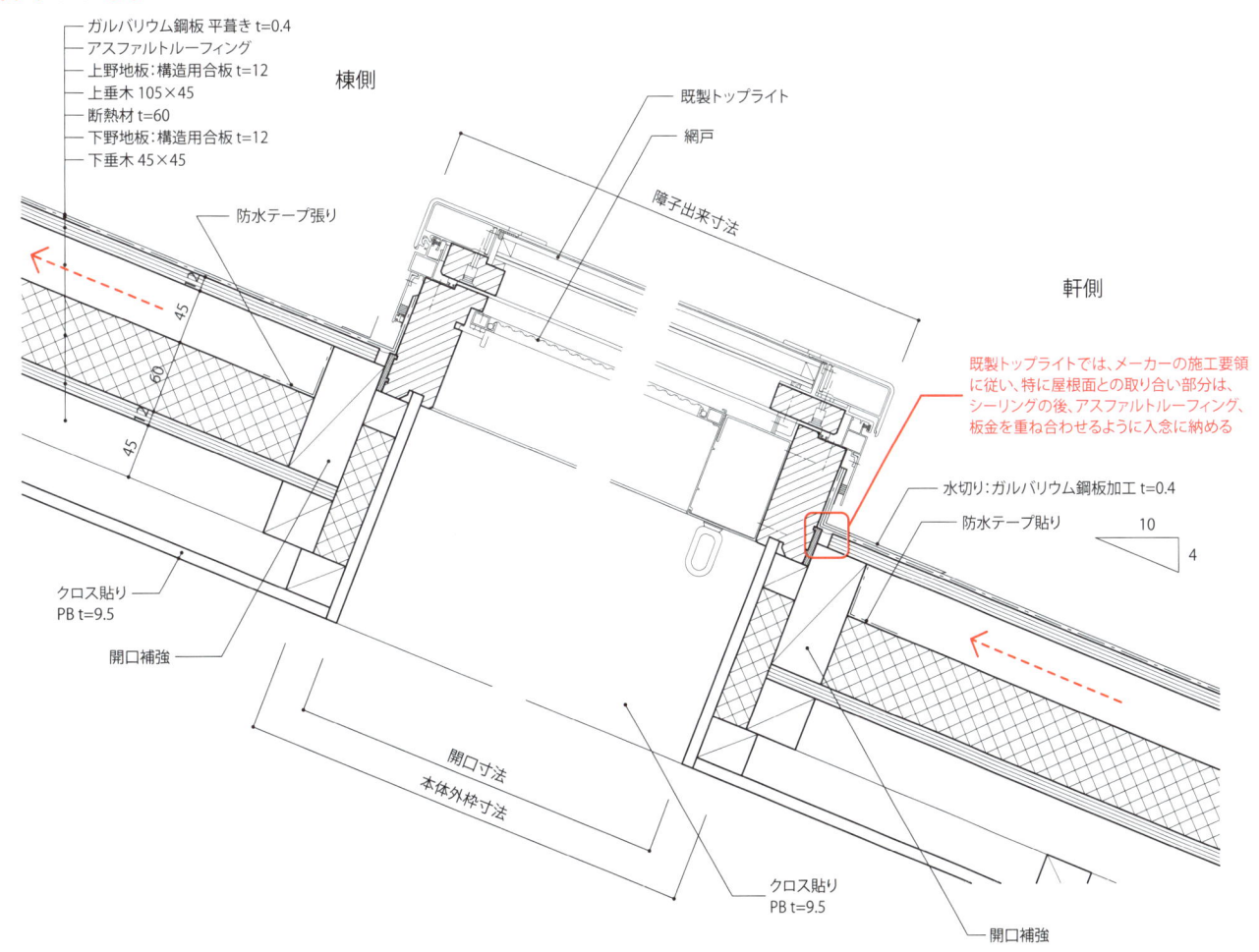

- ガルバリウム鋼板 平葺き t=0.4
- アスファルトルーフィング
- 上野地板：構造用合板 t=12
- 上垂木 105×45
- 断熱材 t=60
- 下野地板：構造用合板 t=12
- 下垂木 45×45
- 防水テープ張り
- 棟側
- 既製トップライト
- 網戸
- 障子出来寸法
- 軒側
- 既製トップライトでは、メーカーの施工要領に従い、特に屋根面との取り合い部分は、シーリングの後、アスファルトルーフィング、板金を重ね合わせるように入念に納める
- 水切り：ガルバリウム鋼板加工 t=0.4
- 防水テープ貼り
- クロス貼り PB t=9.5
- 開口補強
- 開口寸法
- 本体外枠寸法
- クロス貼り PB t=9.5
- 開口補強

2. 屋根の納まり　125

スレート屋根の納まり

断面図 1:6

1. 棟①（天井断熱・棟換気なし）

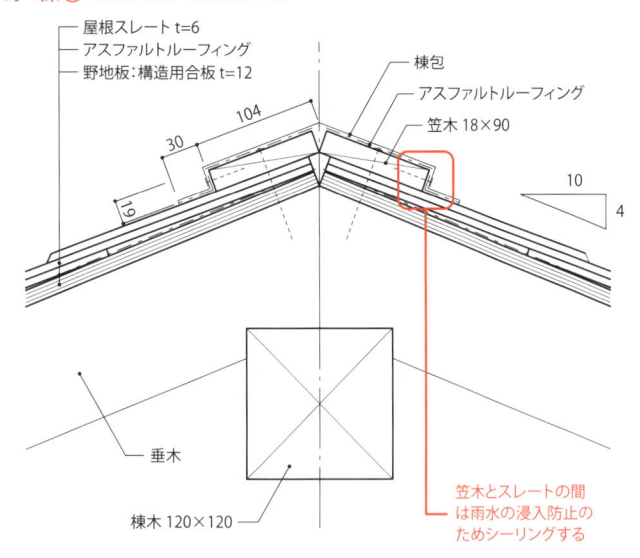

- 屋根スレート t=6
- アスファルトルーフィング
- 野地板：構造用合板 t=12
- 棟包
- アスファルトルーフィング
- 笠木 18×90
- 垂木
- 棟木 120×120

30 / 104 / 19 / 10 / 4

笠木とスレートの間は雨水の浸入防止のためシーリングする

2. 棟②（天井断熱・棟換気あり）

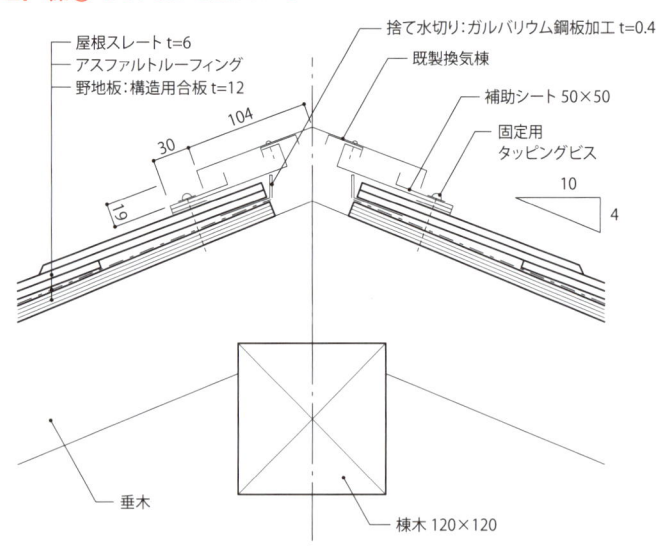

- 屋根スレート t=6
- アスファルトルーフィング
- 野地板：構造用合板 t=12
- 捨て水切り：ガルバリウム鋼板加工 t=0.4
- 既製換気棟
- 補助シート 50×50
- 固定用タッピングビス
- 垂木
- 棟木 120×120

30 / 104 / 19 / 10 / 4

3. 隅棟部（天井断熱）

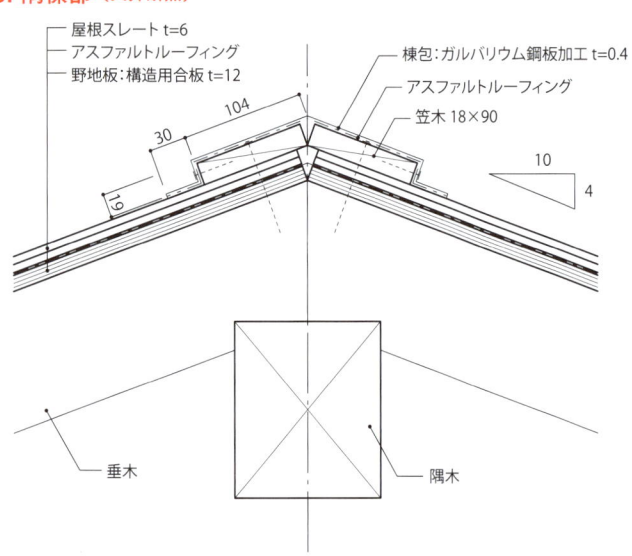

- 屋根スレート t=6
- アスファルトルーフィング
- 野地板：構造用合板 t=12
- 棟包：ガルバリウム鋼板加工 t=0.4
- アスファルトルーフィング
- 笠木 18×90
- 垂木
- 隅木

30 / 104 / 19 / 10 / 4

4. 谷部（天井断熱）

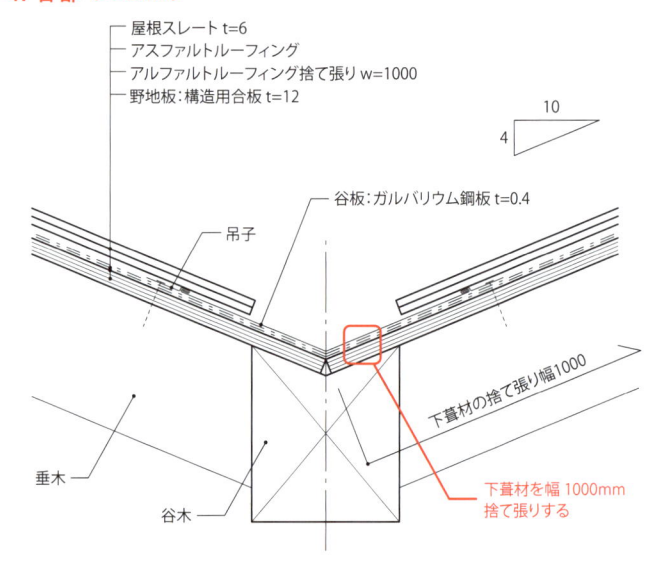

- 屋根スレート t=6
- アスファルトルーフィング
- アスファルトルーフィング捨て張り w=1000
- 野地板：構造用合板 t=12
- 吊子
- 谷板：ガルバリウム鋼板 t=0.4
- 垂木
- 谷木

10 / 4

下葺材の捨て張り幅1000

下葺材を幅 1000mm 捨て張りする

5. 軒先①（天井断熱・軒天通気口あり）

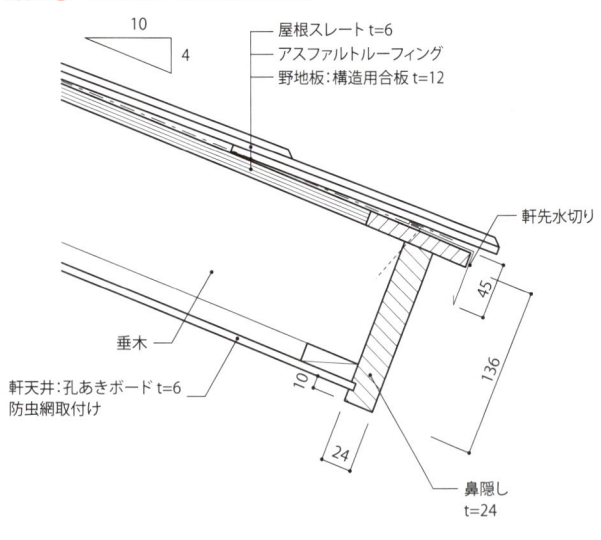

- 屋根スレート t=6
- アスファルトルーフィング
- 野地板：構造用合板 t=12
- 軒先水切り
- 垂木
- 軒天井：孔あきボード t=6　防虫網取付け
- 鼻隠し t=24

10 / 4 / 45 / 136 / 10 / 24

6. 軒先②（天井断熱・軒先通気口あり）

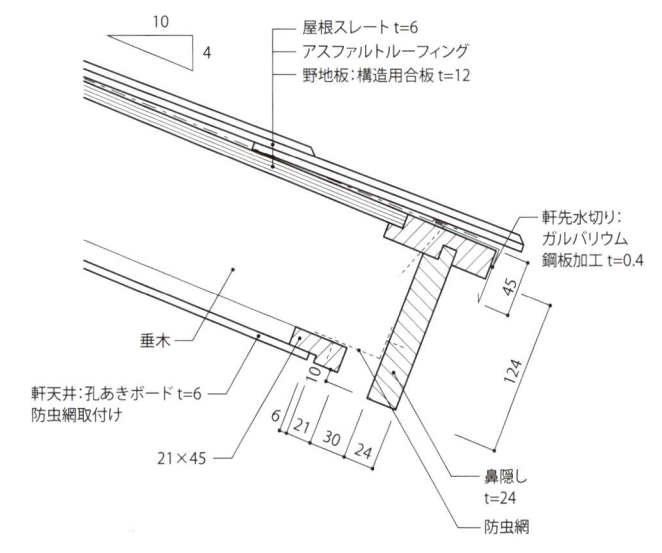

- 屋根スレート t=6
- アスファルトルーフィング
- 野地板：構造用合板 t=12
- 軒先水切り：ガルバリウム鋼板加工 t=0.4
- 垂木
- 軒天井：孔あきボード t=6　防虫網取付け
- 21×45
- 鼻隠し t=24
- 防虫網

10 / 4 / 45 / 124 / 10 / 6 / 21 / 30 / 24

7. 軒先③（天井断熱）

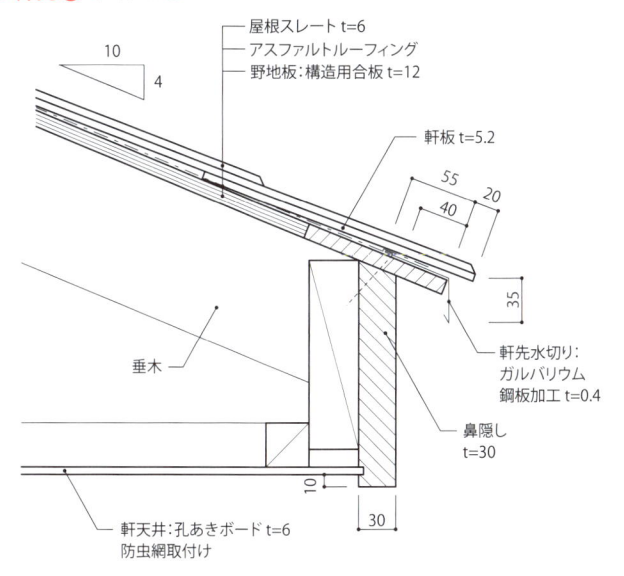

- 屋根スレート t=6
- アスファルトルーフィング
- 野地板：構造用合板 t=12
- 軒板 t=5.2
- 軒先水切り：ガルバリウム鋼板加工 t=0.4
- 鼻隠し t=30
- 垂木
- 軒天井：孔あきボード t=6 防虫網取付け

8. 片流れ屋根の棟部（天井断熱・棟換気なし）

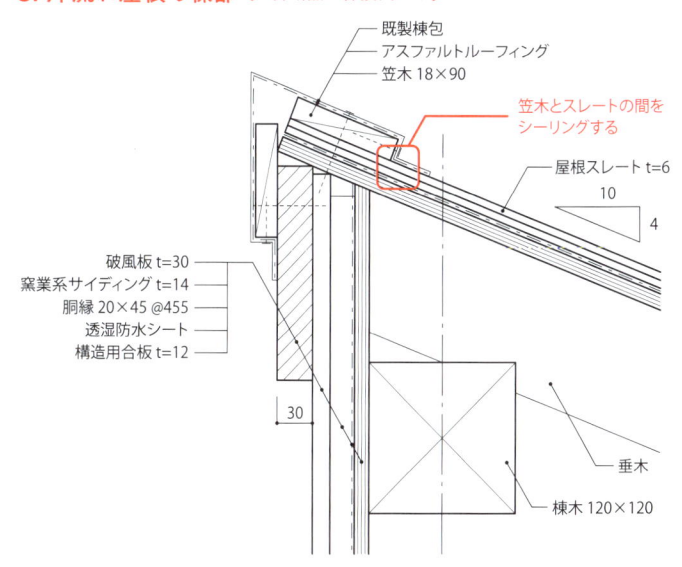

- 既製棟包
- アスファルトルーフィング
- 笠木 18×90
- 笠木とスレートの間をシーリングする
- 屋根スレート t=6
- 破風板 t=30
- 窯業系サイディング t=14
- 胴縁 20×45 @455
- 透湿防水シート
- 構造用合板 t=12
- 垂木
- 棟木 120×120

9. 水上側軒先（天井断熱）

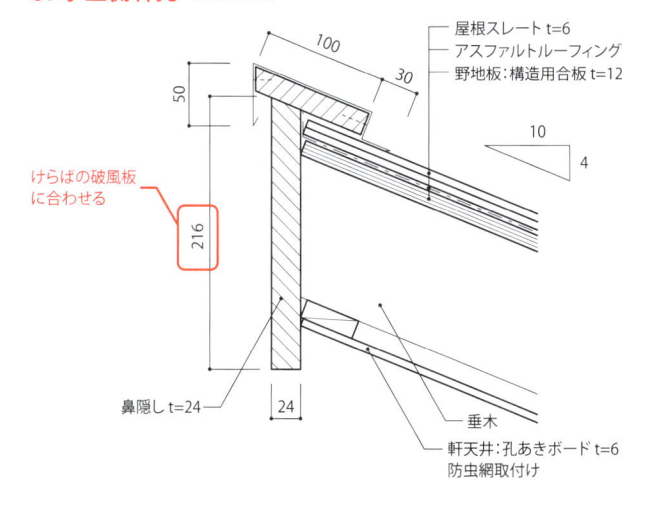

- 屋根スレート t=6
- アスファルトルーフィング
- 野地板：構造用合板 t=12
- けらばの破風板に合わせる
- 鼻隠し t=24
- 垂木
- 軒天井：孔あきボード t=6 防虫網取付け

10. けらば（天井断熱）

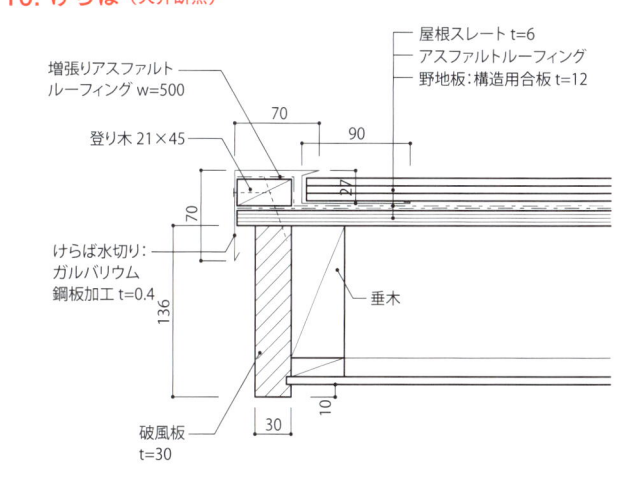

- 屋根スレート t=6
- アスファルトルーフィング
- 野地板：構造用合板 t=12
- 増張りアスファルトルーフィング w=500
- 登り木 21×45
- けらば水切り：ガルバリウム鋼板加工 t=0.4
- 垂木
- 破風板 t=30

11. 下屋と外壁の取り合い①（充填断熱・天井断熱）

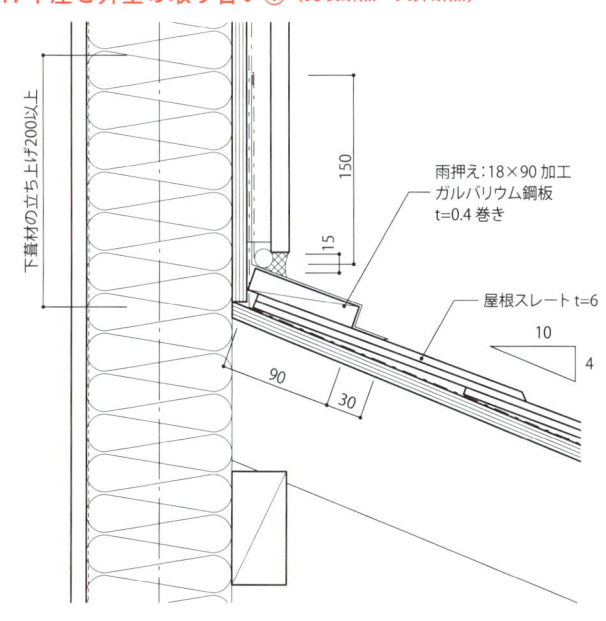

- 下葺材の立ち上げ200以上
- 雨押え：18×90 加工ガルバリウム鋼板 t=0.4 巻き
- 屋根スレート t=6

12. 下屋と外壁の取り合い②（流れ方向・天井断熱）

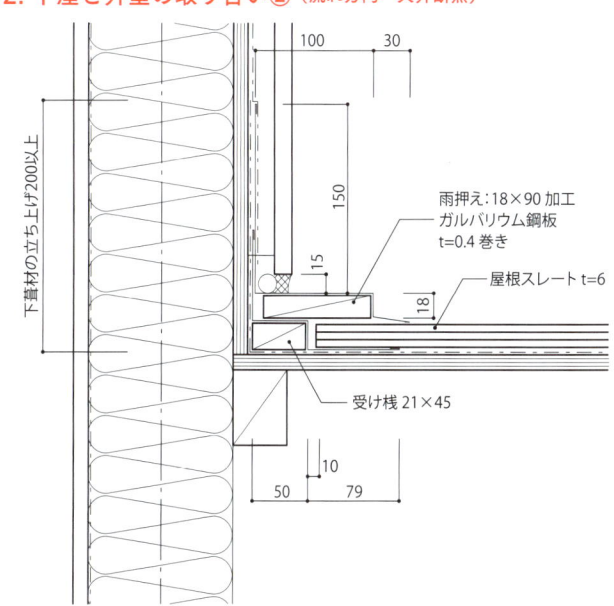

- 下葺材の立ち上げ200以上
- 雨押え：18×90 加工ガルバリウム鋼板 t=0.4 巻き
- 屋根スレート t=6
- 受け桟 21×45

2. 屋根の納まり

瓦屋根の納まり

断面図 1:10

1. 和形瓦葺屋根の基本構成

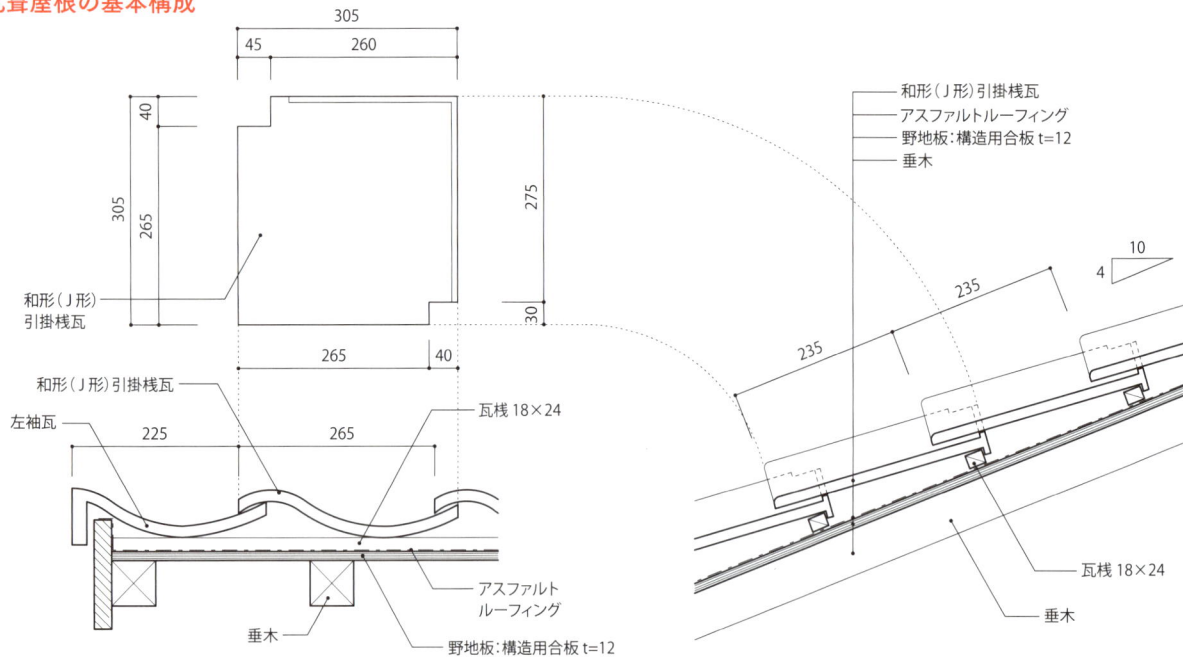

2. 棟

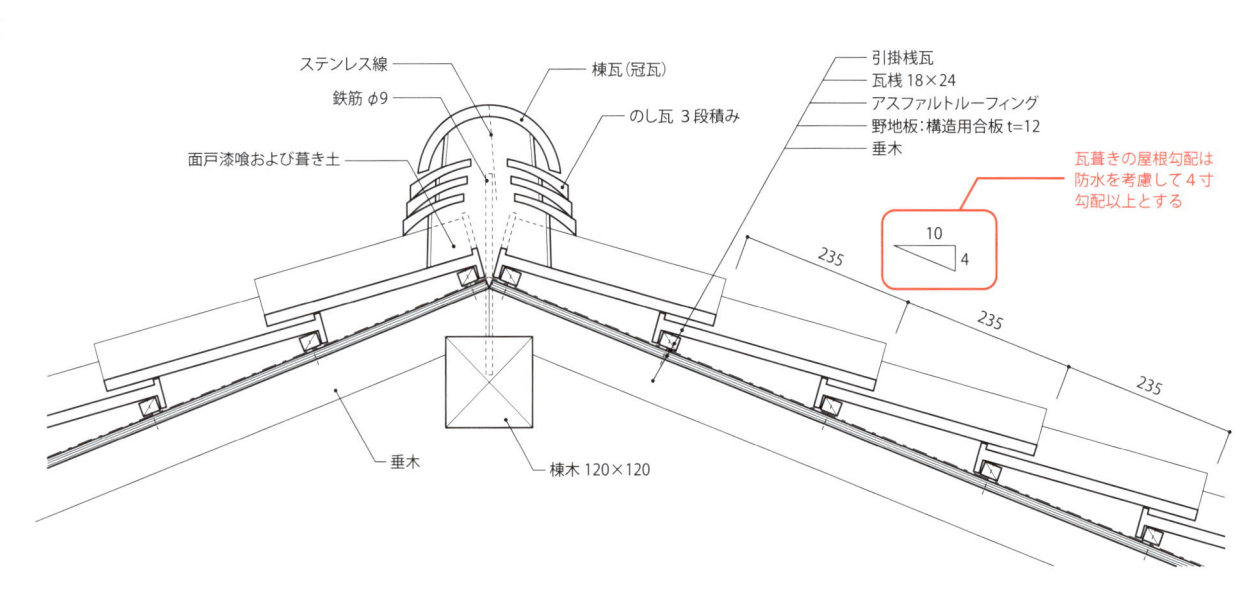

瓦葺きの屋根勾配は防水を考慮して4寸勾配以上とする

3. 片流れ屋根の棟

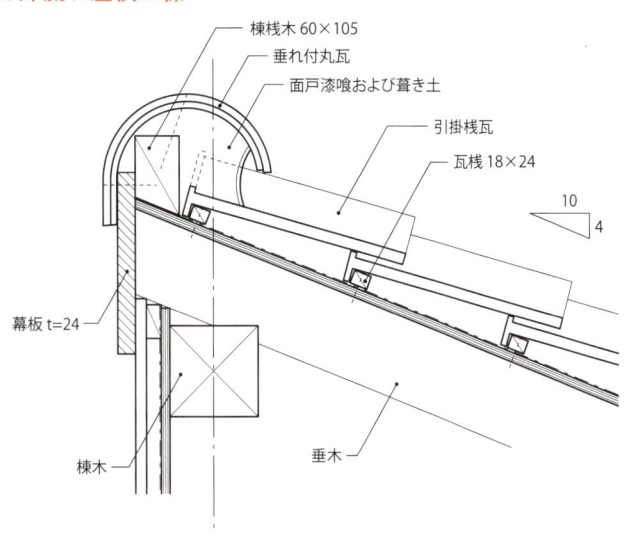

4. 谷

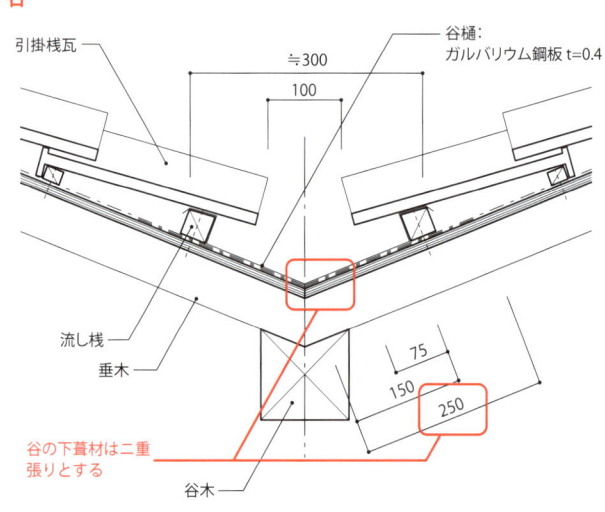

谷の下葺材は二重張りとする

5. 軒先①

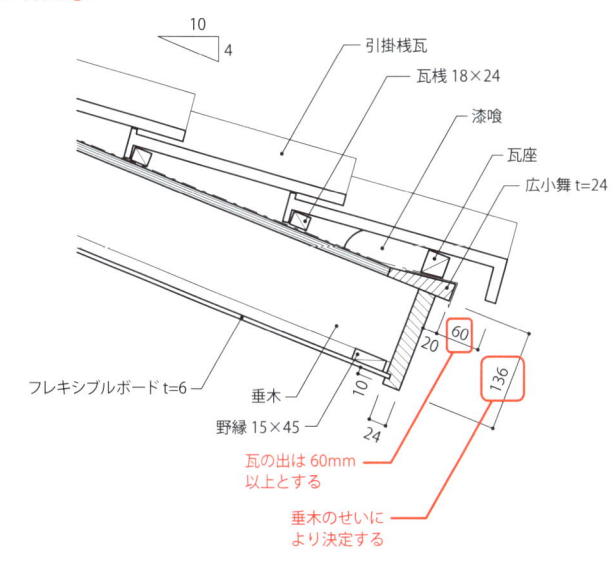

- 引掛桟瓦
- 瓦桟 18×24
- 漆喰
- 瓦座
- 広小舞 t=24
- フレキシブルボード t=6
- 垂木
- 野縁 15×45

瓦の出は60mm以上とする
垂木のせいにより決定する

6. 軒先②

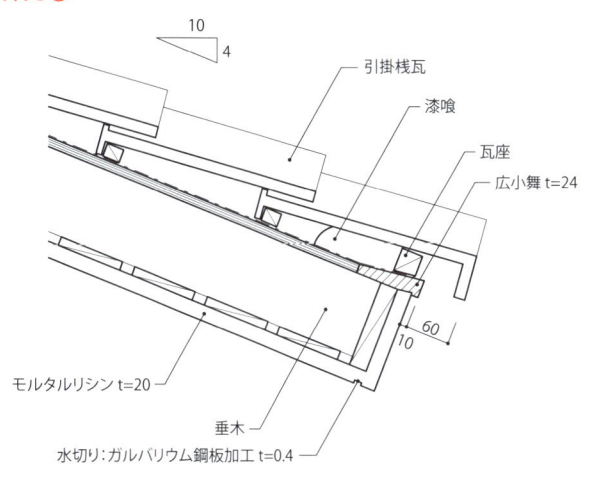

- 引掛桟瓦
- 漆喰
- 瓦座
- 広小舞 t=24
- モルタルリシン t=20
- 垂木
- 水切り：ガルバリウム鋼板加工 t=0.4

7. 軒先③（化粧垂木）

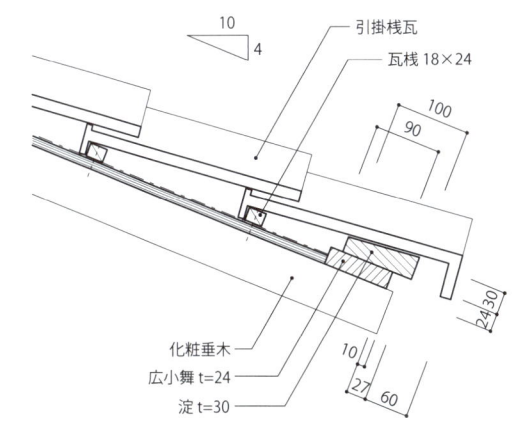

- 引掛桟瓦
- 瓦桟 18×24
- 化粧垂木
- 広小舞 t=24
- 淀 t=30

8. 軒先④（化粧垂木）

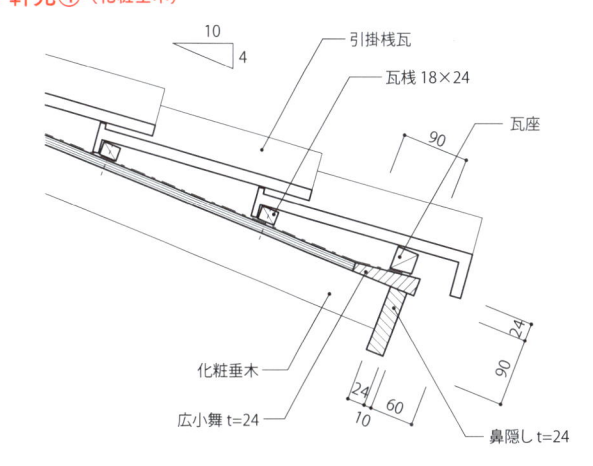

- 引掛桟瓦
- 瓦桟 18×24
- 瓦座
- 化粧垂木
- 広小舞 t=24
- 鼻隠し t=24

9. 銅板葺きと軒先の取り合い

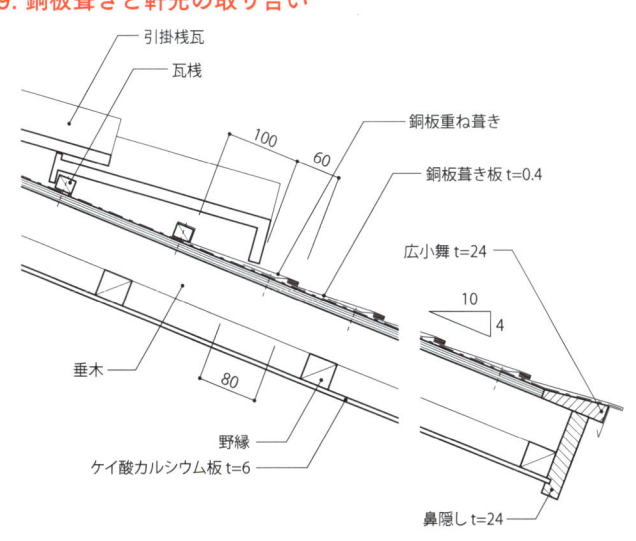

- 引掛桟瓦
- 瓦桟
- 銅板重ね葺き
- 銅板葺き板 t=0.4
- 広小舞 t=24
- 垂木
- 野縁
- ケイ酸カルシウム板 t=6
- 鼻隠し t=24

10. 銅板葺きとけらばの取り合い

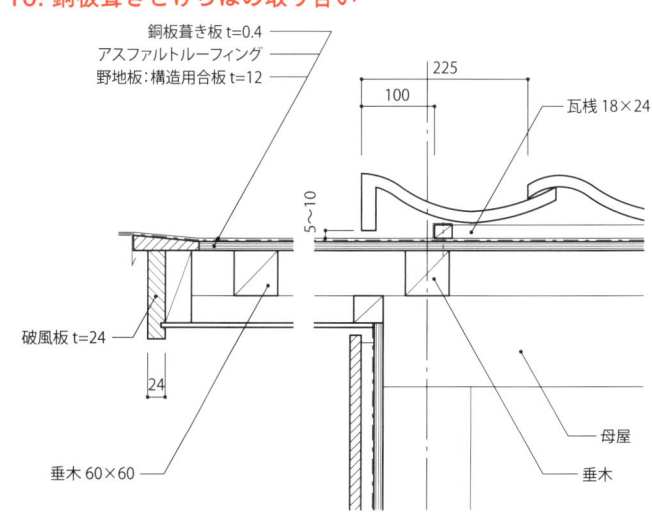

- 銅板葺き板 t=0.4
- アスファルトルーフィング
- 野地板：構造用合板 t=12
- 瓦桟 18×24
- 破風板 t=24
- 垂木 60×60
- 母屋
- 垂木

2. 屋根の納まり

11. けらば①（化粧垂木）

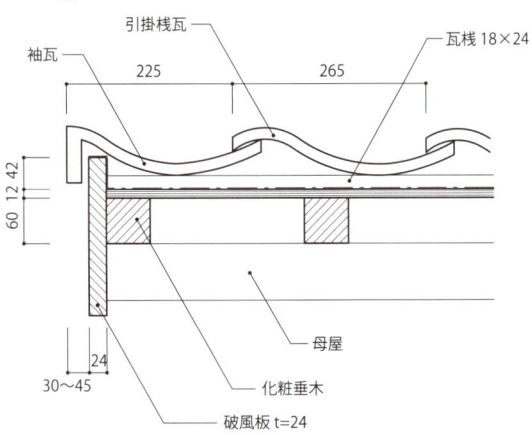

- 袖瓦
- 引掛桟瓦
- 瓦桟 18×24
- 母屋
- 化粧垂木
- 破風板 t=24

12. けらば②

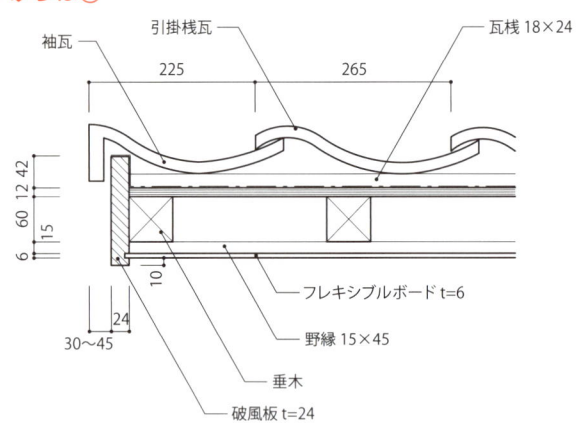

- 袖瓦
- 引掛桟瓦
- 瓦桟 18×24
- フレキシブルボード t=6
- 野縁 15×45
- 垂木
- 破風板 t=24

13. 水上側外壁との取り合い①

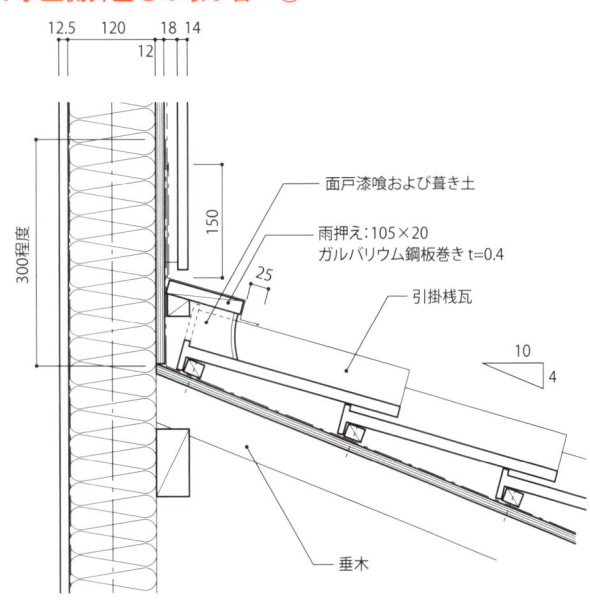

- 面戸漆喰および葺き土
- 雨押え：105×20 ガルバリウム鋼板巻き t=0.4
- 引掛桟瓦
- 垂木

14. 水上側外壁との取り合い②

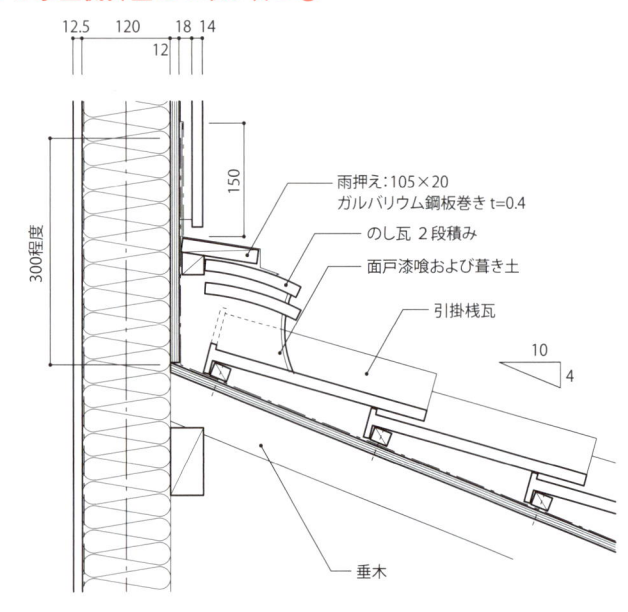

- 雨押え：105×20 ガルバリウム鋼板巻き t=0.4
- のし瓦 2段積み
- 面戸漆喰および葺き土
- 引掛桟瓦
- 垂木

15. 勾配方向の外壁との取り合い①

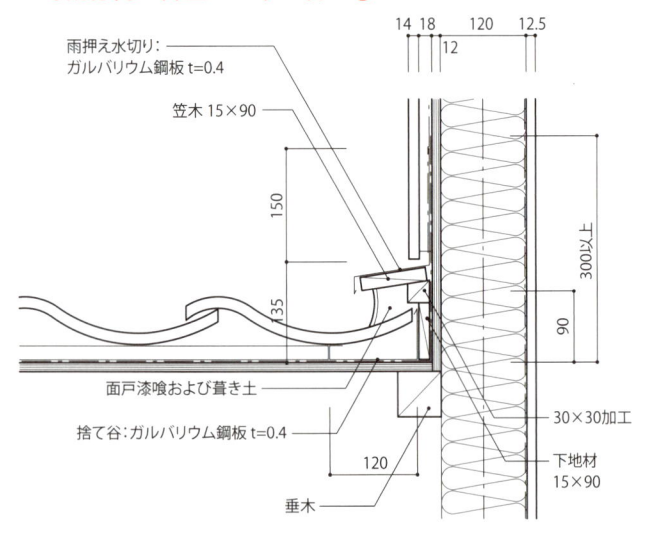

- 雨押え水切り：ガルバリウム鋼板 t=0.4
- 笠木 15×90
- 面戸漆喰および葺き土
- 捨て谷：ガルバリウム鋼板 t=0.4
- 垂木
- 30×30加工
- 下地材 15×90

16. 勾配方向の外壁との取り合い②

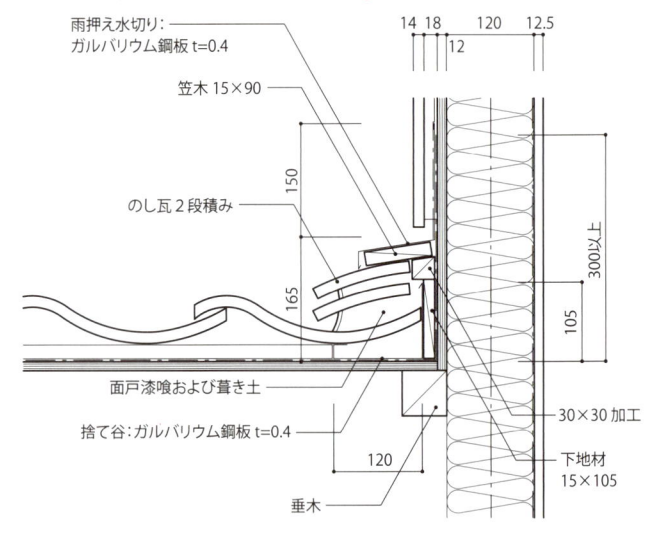

- 雨押え水切り：ガルバリウム鋼板 t=0.4
- 笠木 15×90
- のし瓦 2段積み
- 面戸漆喰および葺き土
- 捨て谷：ガルバリウム鋼板 t=0.4
- 垂木
- 30×30加工
- 下地材 15×105

樋の納まり

断面図 1：8

1. 軒樋（半丸）

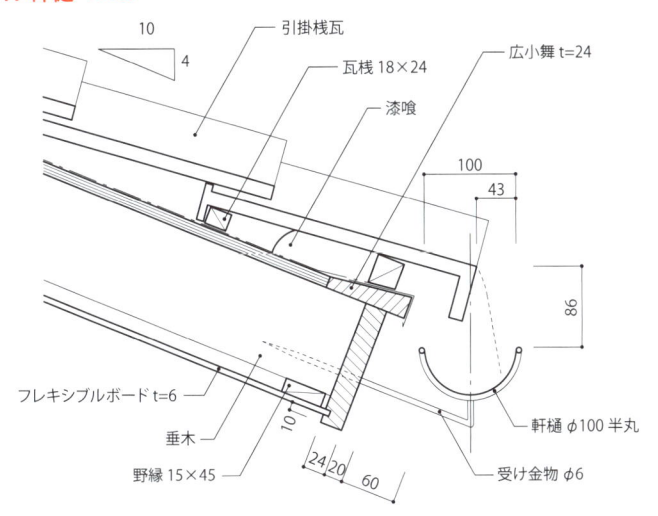

- 引掛桟瓦
- 瓦桟 18×24
- 広小舞 t=24
- 漆喰
- フレキシブルボード t=6
- 垂木
- 野縁 15×45
- 軒樋 φ100 半丸
- 受け金物 φ6

2. 既製軒樋①（半丸）

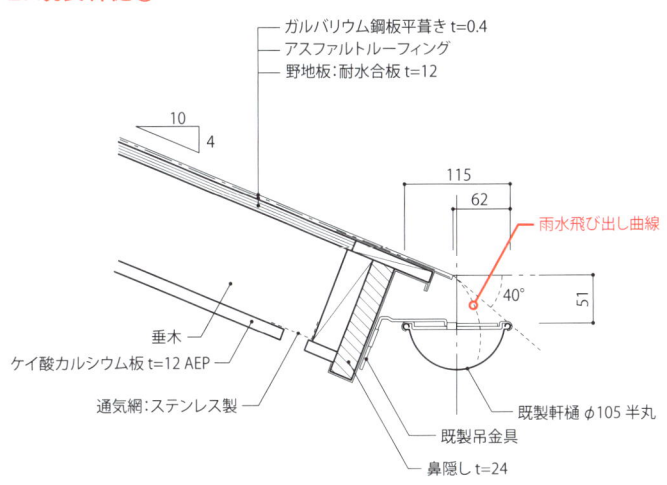

- ガルバリウム鋼板平葺き t=0.4
- アスファルトルーフィング
- 野地板：耐水合板 t=12
- 雨水飛び出し曲線
- 垂木
- ケイ酸カルシウム板 t=12 AEP
- 通気網：ステンレス製
- 既製吊金具
- 既製軒樋 φ105 半丸
- 鼻隠し t=24

3. 既製軒樋②（半丸）

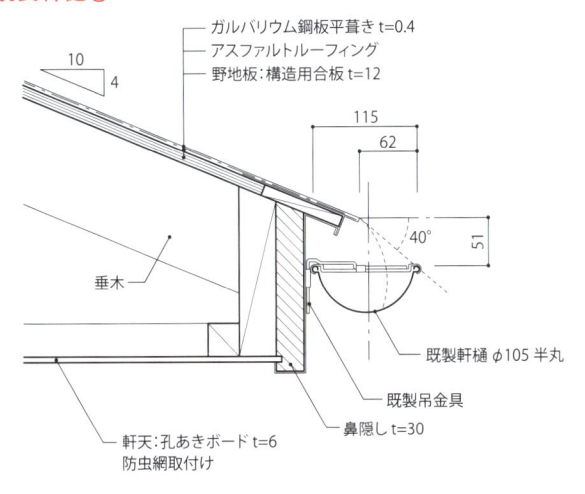

- ガルバリウム鋼板平葺き t=0.4
- アスファルトルーフィング
- 野地板：構造用合板 t=12
- 垂木
- 既製軒樋 φ105 半丸
- 既製吊金具
- 鼻隠し t=30
- 軒天：孔あきボード t=6 防虫網取付け

4. 既製軒樋③（角形）

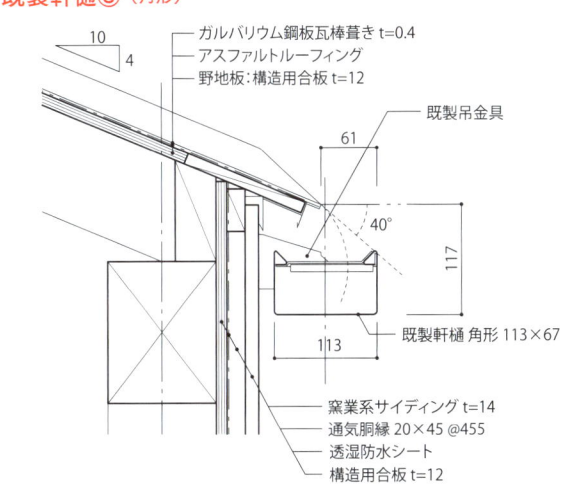

- ガルバリウム鋼板瓦棒葺き t=0.4
- アスファルトルーフィング
- 野地板：構造用合板 t=12
- 既製吊金具
- 既製軒樋 角形 113×67
- 窯業系サイディング t=14
- 通気胴縁 20×45 @455
- 透湿防水シート
- 構造用合板 t=12

5. 隠し樋①

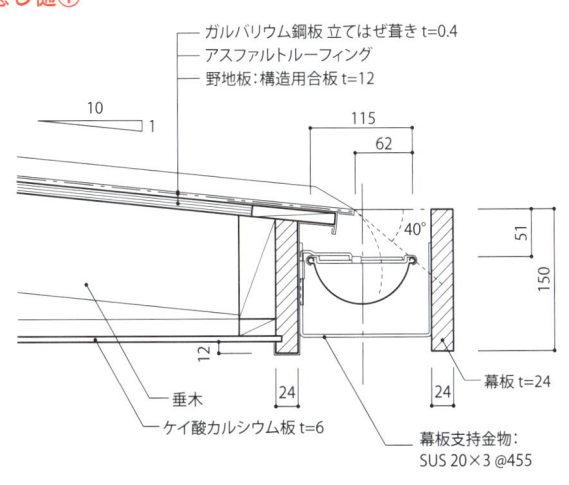

- ガルバリウム鋼板 立てはぜ葺き t=0.4
- アスファルトルーフィング
- 野地板：構造用合板 t=12
- 垂木
- ケイ酸カルシウム板 t=6
- 幕板 t=24
- 幕板支持金物：SUS 20×3 @455

6. 隠し樋②

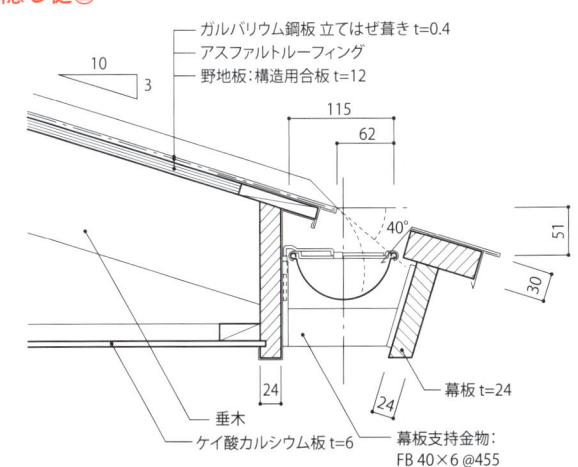

- ガルバリウム鋼板 立てはぜ葺き t=0.4
- アスファルトルーフィング
- 野地板：構造用合板 t=12
- 垂木
- ケイ酸カルシウム板 t=6
- 幕板 t=24
- 幕板支持金物：FB 40×6 @455

2. 屋根の納まり 131

3. 外壁の納まり

- □ 外皮としての層構成を理解する。
- □ 仕上げに応じた下地を選択する。
- □ 取り合い部分の通気ルートを確保する。

〈通気工法と断熱方式〉

住宅の外壁は、風雨や熱、塵埃、騒音などから住空間を守る役割をもちます。近年の木造在来構法の外壁では、多くの場合、通気工法が採用されています。これは、断熱材の外側に透湿防水シートを張り、その上に通気胴縁による通気層を設け、これを下地として仕上材を施す工法です。

また断熱方式では、壁内（つまり柱・間柱の見込寸法内）に断熱材を設置する充填断熱と、壁の外側に断熱材を設置する外張断熱とに大別することができますが、断熱層の外側に通気層を確保するという点では、どちらの断熱方式を採用しても共通の層構成をもつといえます。いずれの断熱方式を採用する場合でも、住宅全体を途切れることなく断熱層で囲むことがポイントであり、外壁と屋根および床や基礎との取り合い部分への配慮が必要となります。

〈仕上材は張り方に注意〉

外壁の仕上材には、主に窯業系サイディング、押出成形セメント板、金属系サイディング、板金系外壁材、板張り、モルタル吹付仕上げなどが多く用いられています。いずれの仕上材においても、通気工法を採用する際には、通気胴縁を下地として各々の仕上げが施されるという点が共通します。

採用する外壁仕上材で、張り方向がある場合には、これと直交する方向で通気胴縁を設置することになります。その際、外壁の下部から上部への空気の流れを妨げない配慮が必要となります。

また外壁は、基礎・開口部・屋根（屋根上面、軒天井、庇）・防水床などとの取り合い部分や、異種仕上げの見切り部分では、雨仕舞いや通気に注意します。

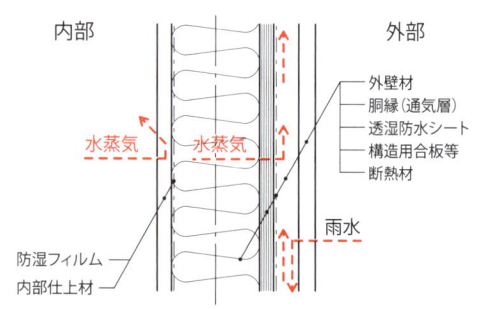

図1. 通気工法の考え方

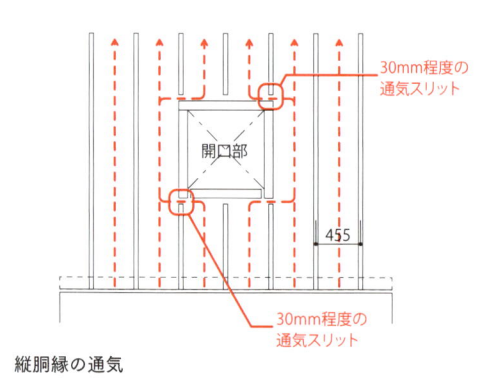

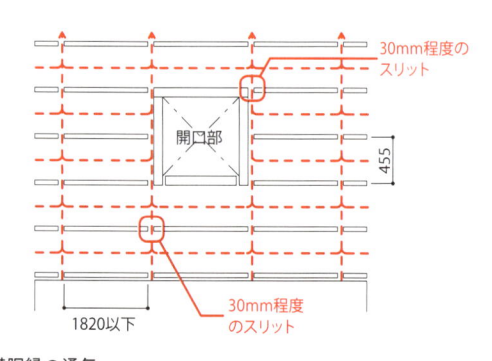

図2. 胴縁による通気ルート

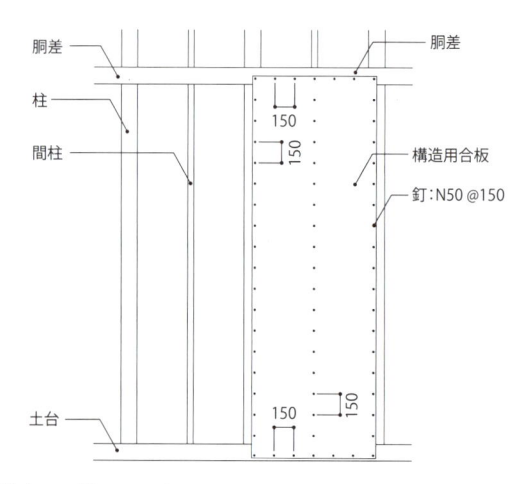

図3. 構造用面材の張り方

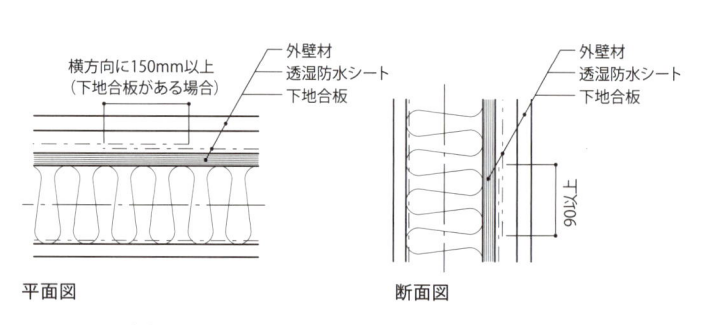

図4. 透湿防水シートの重ね代

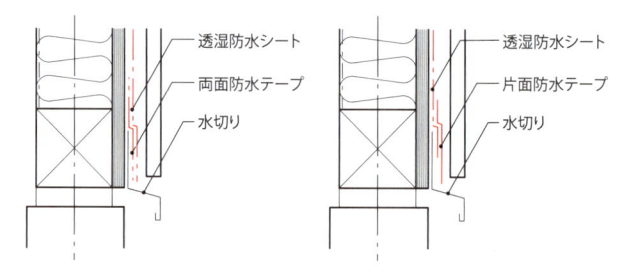

図5. 水切り部分の納め方

外壁仕上げと下地の構成

断面図 1:8

1. 窯業系サイディング／ガルバリウム鋼板／木板張り仕上げの外壁

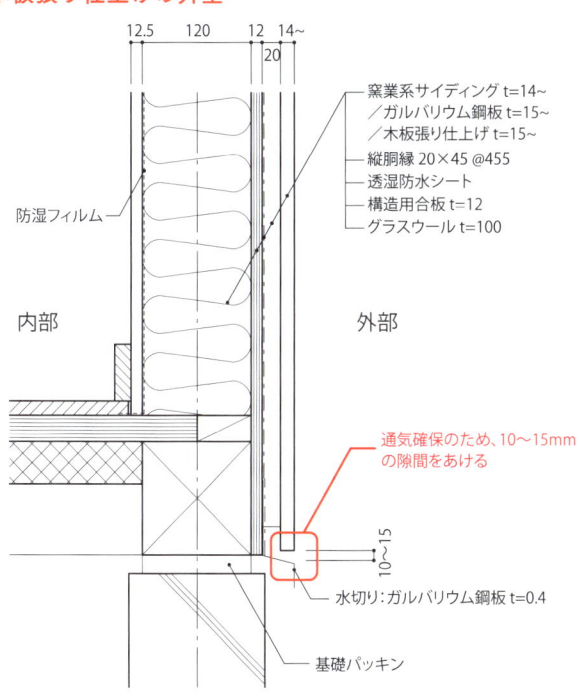

- 防湿フィルム
- 窯業系サイディング t=14～／ガルバリウム鋼板 t=15～／木板張り仕上げ t=15～
- 縦胴縁 20×45 @455
- 透湿防水シート
- 構造用合板 t=12
- グラスウール t=100
- 通気確保のため、10～15mmの隙間をあける
- 水切り：ガルバリウム鋼板 t=0.4
- 基礎パッキン

内部 / 外部

2. 左官仕上げの外壁

- 左官仕上げ t=20
- ラス下地 t=11
- 縦胴縁 15×45 @455
- 透湿防水シート
- 構造用合板 t=12
- グラスウール t=100
- 防湿フィルム
- 下端の割れ防止のため、アングルの見切りを取り付ける
- 水切り：ガルバリウム鋼板 t=0.4
- 基礎パッキン

内部 / 外部

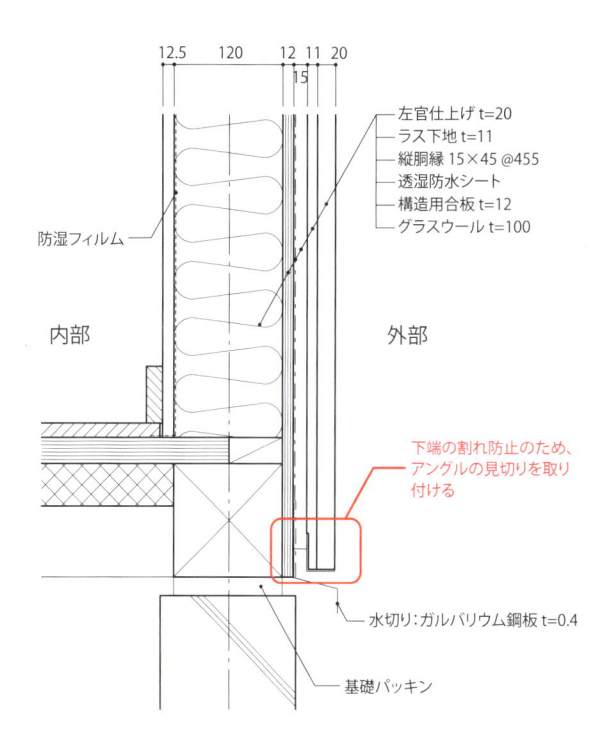

3. ガルバリウム鋼板（防火構造）の外壁

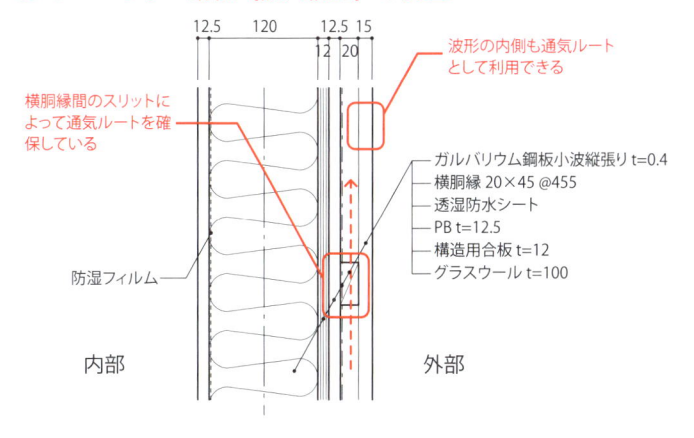

- ガルバリウム鋼板小波縦張り t=0.4
- 横胴縁 20×45 @455
- 透湿防水シート
- PB t=12.5
- 構造用合板 t=12
- グラスウール t=100
- 防湿フィルム
- 波形の内側も通気ルートとして利用できる
- 横胴縁間のスリットによって通気ルートを確保している

内部 / 外部

4. タイル仕上げ（湿式）の外壁

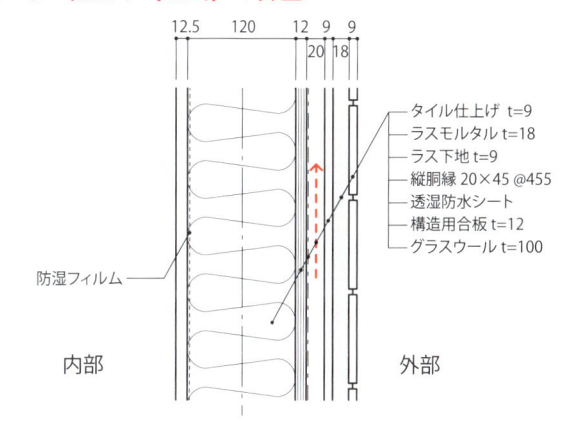

- タイル仕上げ t=9
- ラスモルタル t=18
- ラス下地 t=9
- 縦胴縁 20×45 @455
- 透湿防水シート
- 構造用合板 t=12
- グラスウール t=100
- 防湿フィルム

内部 / 外部

5. タイル仕上げ（乾式）の外壁

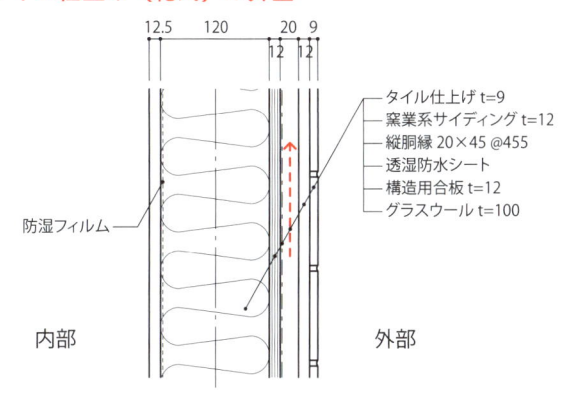

- タイル仕上げ t=9
- 窯業系サイディング t=12
- 縦胴縁 20×45 @455
- 透湿防水シート
- 構造用合板 t=12
- グラスウール t=100
- 防湿フィルム

内部 / 外部

6. 外張断熱の外壁

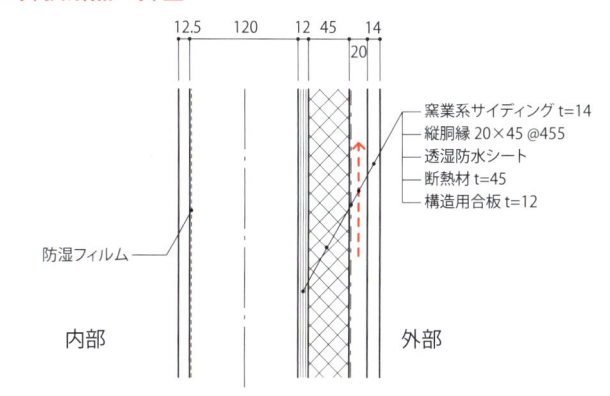

- 窯業系サイディング t=14
- 縦胴縁 20×45 @455
- 透湿防水シート
- 断熱材 t=45
- 構造用合板 t=12
- 防湿フィルム

内部 / 外部

3. 外壁の納まり　133

入隅・出隅の納まり

平面図 1:8

1. 窯業系サイディングの出隅

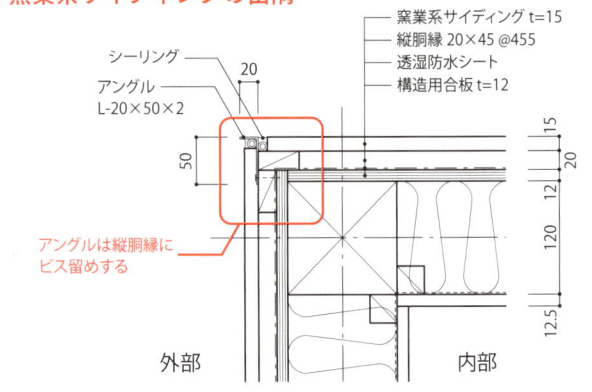

アングル×1を使う

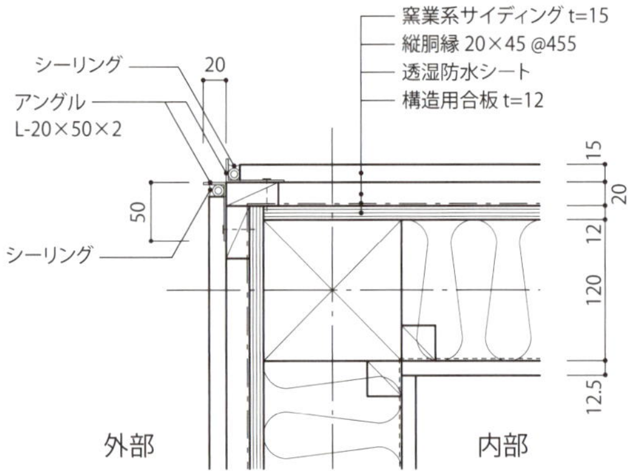

シーリング
アングル L-20×50×2
窯業系サイディング t=15
縦胴縁 20×45 @455
透湿防湿シート
構造用合板 t=12
アングルは縦胴縁にビス留めする
外部／内部

アングル×2を使う

シーリング
アングル L-20×50×2
シーリング
窯業系サイディング t=15
縦胴縁 20×45 @455
透湿防湿シート
構造用合板 t=12
外部／内部

2. ガルバリウム鋼板小波の出隅

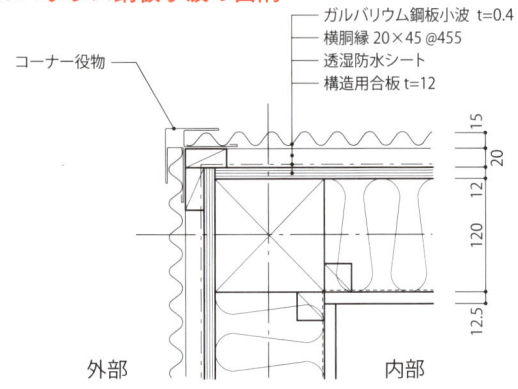

コーナー役物を使う

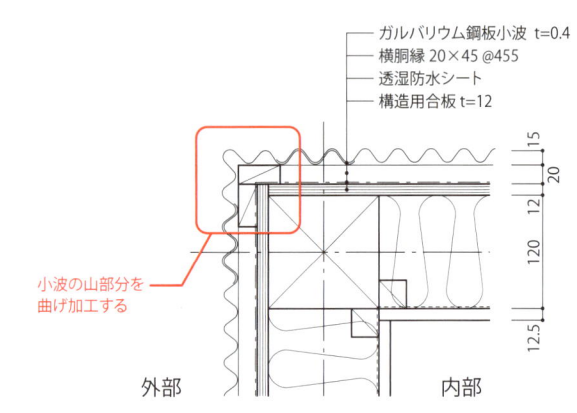

コーナー役物
ガルバリウム鋼板小波 t=0.4
横胴縁 20×45 @455
透湿防湿シート
構造用合板 t=12
外部／内部

コーナー役物を使わない場合

ガルバリウム鋼板小波 t=0.4
横胴縁 20×45 @455
透湿防湿シート
構造用合板 t=12
小波の山部分を曲げ加工する
外部／内部

3. ガルバリウム鋼板小波の入隅

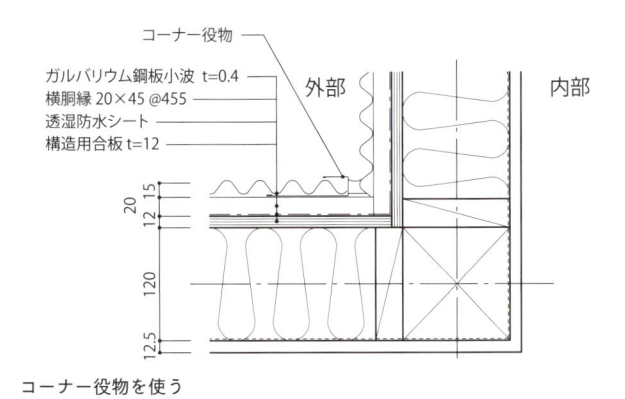

コーナー役物を使う

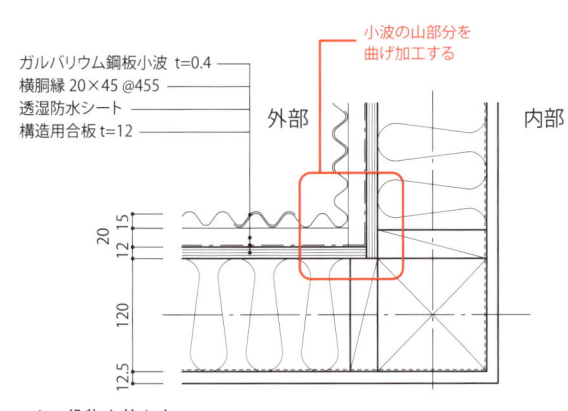

コーナー役物
ガルバリウム鋼板小波 t=0.4
横胴縁 20×45 @455
透湿防湿シート
構造用合板 t=12
外部／内部

コーナー役物を使わない

ガルバリウム鋼板小波 t=0.4
横胴縁 20×45 @455
透湿防湿シート
構造用合板 t=12
小波の山部分を曲げ加工する
外部／内部

4. ガルバリウム鋼板角波の出隅

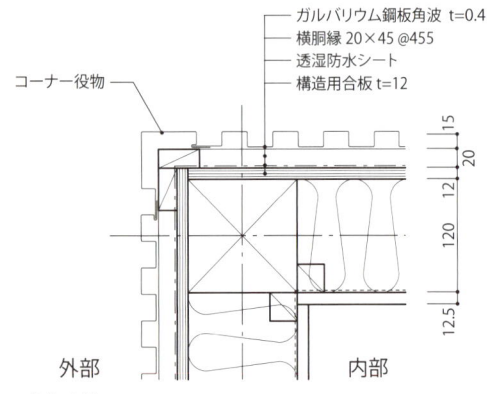

コーナー役物を使う

コーナー役物
ガルバリウム鋼板角波 t=0.4
横胴縁 20×45 @455
透湿防湿シート
構造用合板 t=12
外部／内部

5. 木板張りの出隅

木板張り t=19
横胴縁 20×45 @455
透湿防湿シート
構造用合板 t=12
雇い実
厚手の羽目板で、丁寧な仕事が可能な場合
外部／内部

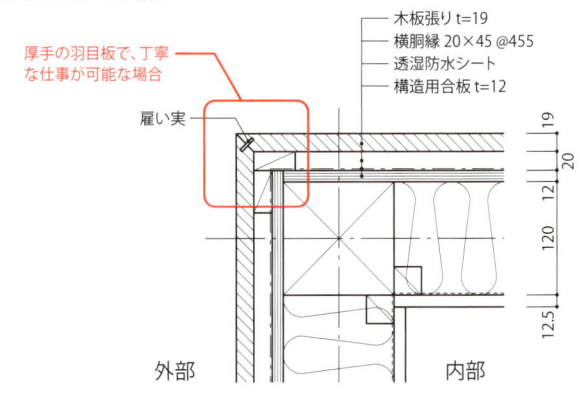

異なる外壁材の取り合い

断面図 1:8

1. ガルバリウム鋼板と木板張り①
（水切りで見切る・胴縁を通気ルートに使う）

- ガルバリウム鋼板小波縦張り t=0.4
- 横胴縁 20×45 @455
- 透湿防水シート
- 構造用合板 t=12
- グラスウール t=100

内部 / 外部
水切り
60 / 25 / 10〜15

横胴縁は30mmの通気スリットを1820mmピッチに入れ、通気を確保している。
仕上げを見切る水切りは胴縁に留めて通気を連続させている

- 木板張り t=15
- 縦胴縁 20×45 @455
- 透湿防水シート
- 構造用合板 t=12
- グラスウール t=100

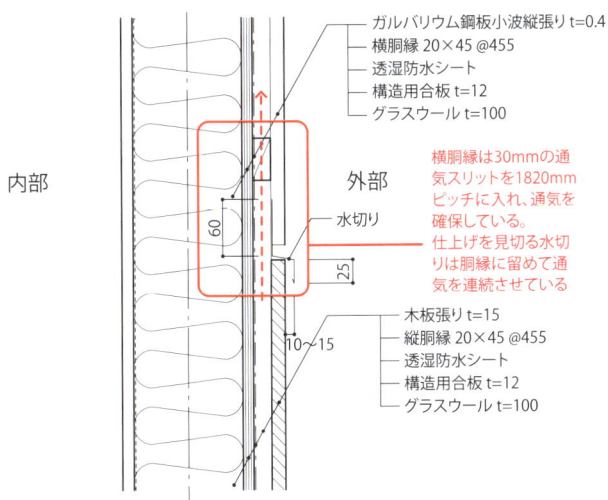

2. ガルバリウム鋼板と木板張り②
（水切りで見切る・小波の形状を通気ルートに使う）

- ガルバリウム鋼板小波縦張り t=0.4
- 横胴縁 20×45 @455
- 透湿防水シート
- 構造用合板 t=12
- グラスウール t=100

内部 / 外部
60 / 20 / 25 / 10〜15

通気ルートとして水切りと横胴縁との隙間を20mm程度確保する
水切り：ガルバリウム鋼板加工 t=0.4

- 木板張り t=15
- 縦胴縁 20×45 @455
- 透湿防水シート
- 構造用合板 t=12
- グラスウール t=100

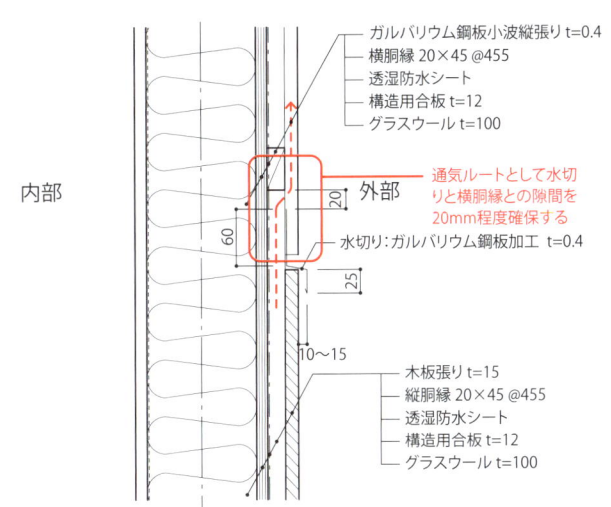

3. ガルバリウム鋼板と左官仕上げ①
（水切りで見切る・胴縁を通気ルートに使う）

- ガルバリウム鋼板小波縦張り t=0.4
- 横胴縁 20×45 @455
- 透湿防水シート
- 構造用合板 t=12
- グラスウール t=100

内部 / 外部
水切り：ガルバリウム鋼板加工 t=0.4

- 左官仕上げ t=20
- ラス下地 t=9
- 縦胴縁 20×45 @455
- 透湿防水シート
- 構造用合板 t=12
- グラスウール t=100

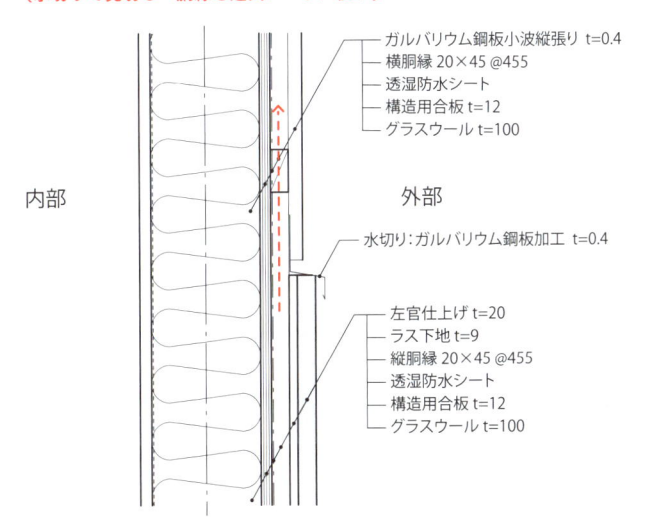

4. ガルバリウム鋼板と左官仕上げ②
（水切りで見切る・小波の形状を通気ルートに使う）

- 左官仕上げ t=20
- ラス下地 t=11
- 縦胴縁 15×40 @455
- 透湿防水シート
- 構造用合板 t=12
- グラスウール t=100

内部 / 外部
水切り：ガルバリウム鋼板加工 t=0.4
60

通気ルートを確保する

- ガルバリウム鋼板小波縦張り t=0.4
- 横胴縁 30×40 @455
- 透湿防水シート
- 構造用合板 t=12
- グラスウール t=100

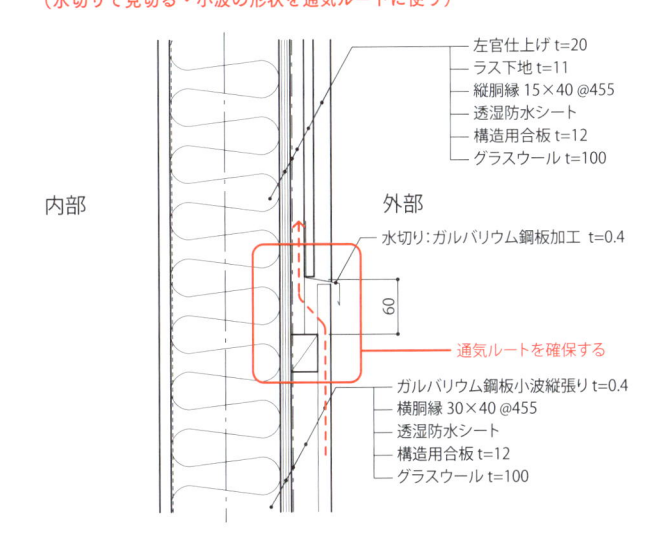

5. 木板張りと左官仕上げ①
（木製見切材で見切る・胴縁を通気ルートに使う）

- 木板張り t=15
- 縦胴縁 20×45 @455
- 透湿防水シート
- 構造用合板 t=12
- グラスウール t=100

内部 / 外部
木製見切材 24×32

- 左官仕上げ t=20
- ラス下地 t=9
- 縦胴縁 20×45 @455
- 透湿防水シート
- 構造用合板 t=12
- グラスウール t=100

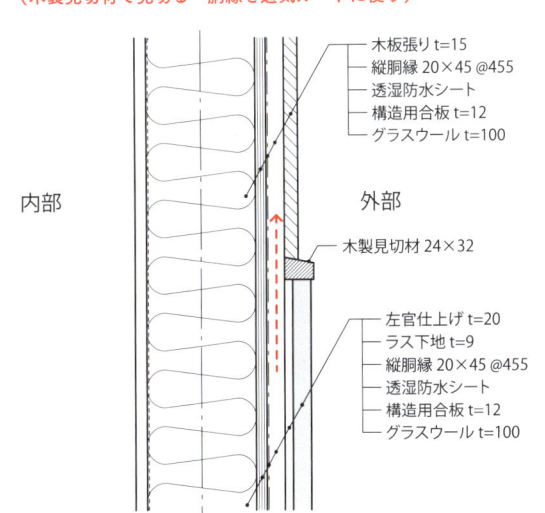

6. 木板張りと左官仕上げ②
（見切材なし・胴縁を通気ルートに使う）

- 木板張り t=15
- 横胴縁 40×40 @455
- 縦胴縁 20×45 @455
- 透湿防水シート
- 構造用合板 t=12
- グラスウール t=100

内部 / 外部
50

下端部を下げて、吹き込む雨水の浸入を防ぐ

- 左官仕上げ t=20
- ラス下地 t=9
- 縦胴縁 20×45 @455
- 透湿防水シート
- 構造用合板 t=12
- グラスウール t=100

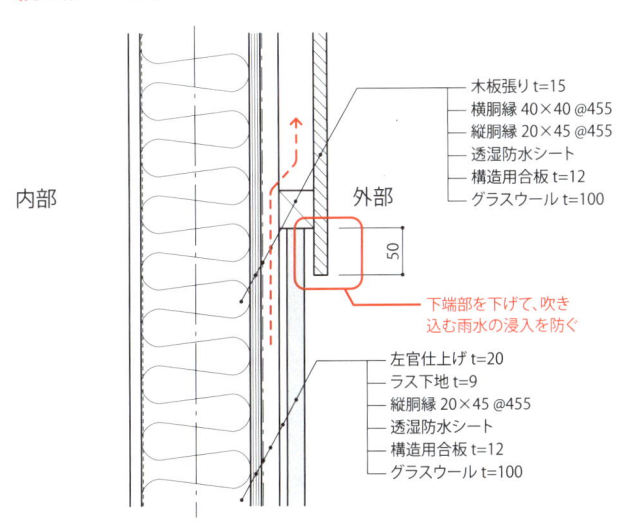

4. 室内壁の納まり

□ 仕上げに適した下地構成を知る。
□ 入隅・出隅をどう見せる？　納める？
□ 床との取り合い方はさまざま。

　室内壁は、床、天井、外壁開口部、内部建具など、他の部位との取り合いが多くあらわれ、視覚的に最も目につく部位といえます。また、単なる間仕切りを越えて、強度、遮音、断熱、防水などの性能や、収納などの家具と一体化させたりなど、多様な機能が要求される部位でもあります。

〈真壁と大壁〉
　木造在来構法で用いられる室内壁は、真壁と大壁に大別することができます。大壁は、構造材を壁仕上げで覆う形式で、その下地は柱、間柱、胴縁によって構成されています。真壁は、構造材をあらわしとする伝統的な形式で、柱・貫（もしくは間柱）などによって下地が構成されます。近年は、耐力壁に構造用合板を用いるケースが増え、和室でも大壁とする場合が多く見られます。
　また、胴縁を入れず、柱・間柱に直接石膏ボードを張る工法が多く用いられていますが、各部材の変形に配慮すると、特に左官仕上げなどでは、ひび割れ防止のため、胴縁を入れるほうが望ましいでしょう。

〈仕上材の種類〉
　室内壁の仕上げには、主にクロス貼り、塗装仕上げ、板張り、シナやラワンなどの合板張り、内装壁用タイル貼り、漆喰や珪藻土などの左官仕上げ、合成樹脂系の左官仕上げなどがあります。近年、自然素材を用いた湿式工法も、調湿・消臭効果や、ホルムアルデヒド吸着分解性能など、機能的な側面によって再び注目されています。

〈納まりの注意箇所〉
　室内壁において、注意を要する部位としては、出隅・入隅、袖壁、垂れ壁や、他の部位との取り合い部分として、幅木、畳寄せ、雑巾摺、廻り縁などが挙げられます。これらの納め方には、意匠性や施工性、相互に取り合う仕上材の納まりによって多くのバリエーションがあります。

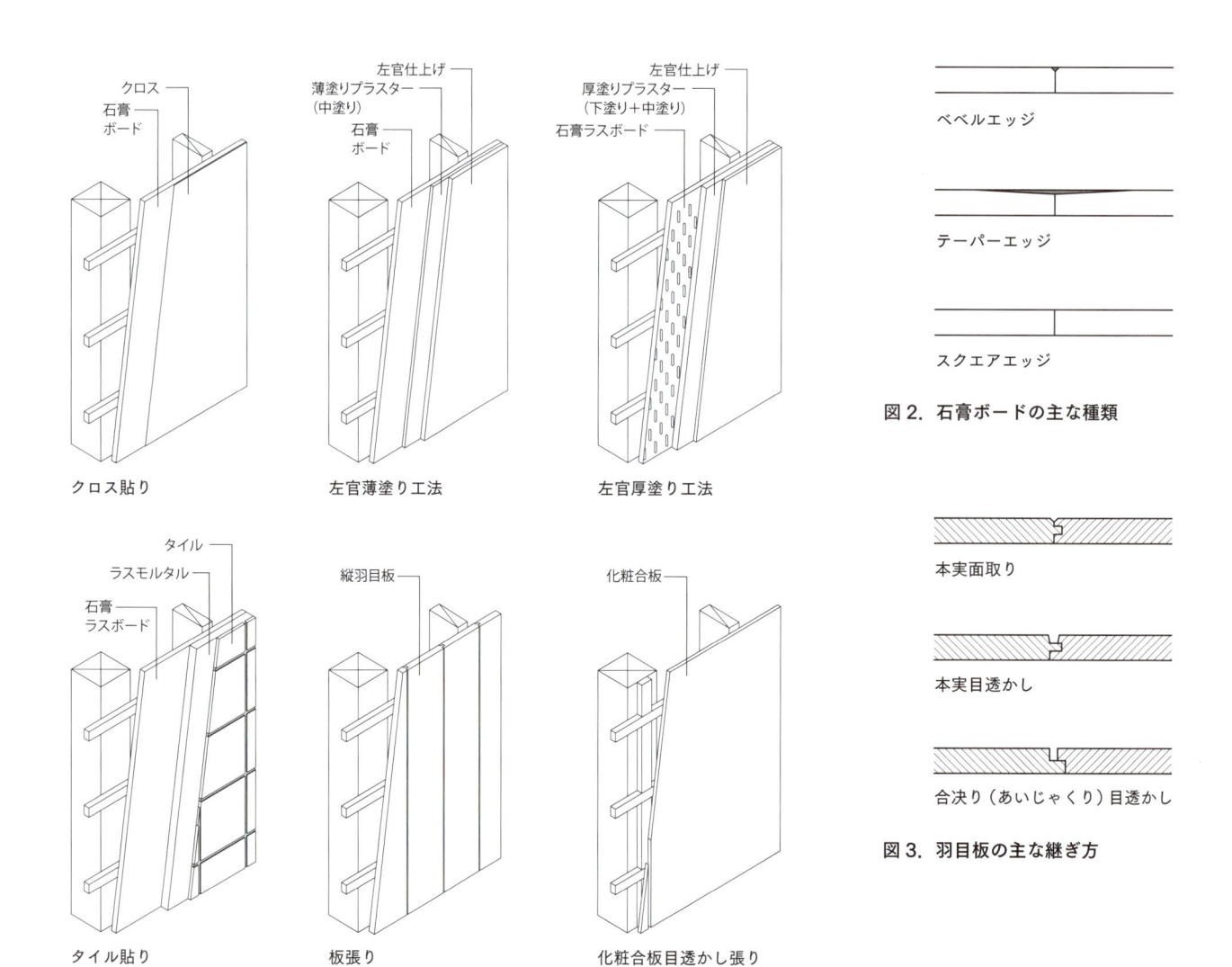

図1. 室内壁の下地と仕上材

クロス貼り　／　左官薄塗り工法　／　左官厚塗り工法　／　タイル貼り　／　板張り　／　化粧合板目透かし張り

図2. 石膏ボードの主な種類

ベベルエッジ　／　テーパーエッジ　／　スクエアエッジ

図3. 羽目板の主な継ぎ方

本実面取り　／　本実目透かし　／　合決り（あいじゃくり）目透かし

内壁仕上げと下地の構成

断面図 1：8

1. クロス貼り／塗装仕上げ①（胴縁なし）

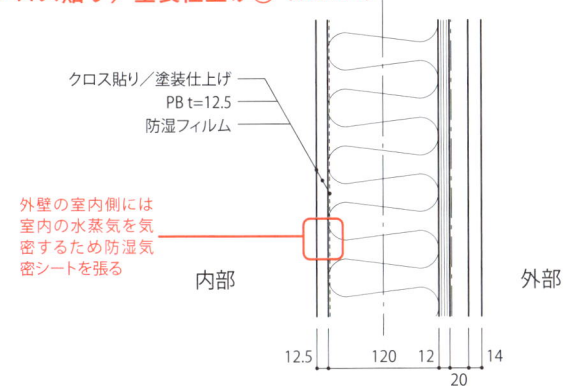

- クロス貼り／塗装仕上げ
- PB t=12.5
- 防湿フィルム

外壁の室内側には室内の水蒸気を気密するため防湿気密シートを張る

内部 ／ 外部

12.5　120　12　14
　　　　　　20

2. クロス貼り／塗装仕上げ②（胴縁あり）

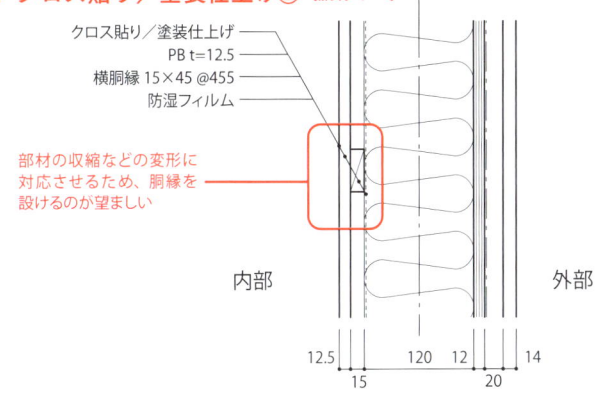

- クロス貼り／塗装仕上げ
- PB t=12.5
- 横胴縁 15×45 @455
- 防湿フィルム

部材の収縮などの変形に対応させるため、胴縁を設けるのが望ましい

内部 ／ 外部

12.5　120　12　14
　　15　　　20

3. 木板張り仕上げ

- 縦羽目板張り t=15
- 横胴縁 15×45 @455
- 防湿フィルム

内部 ／ 外部

15　15　120　12　14
　　　　　　20

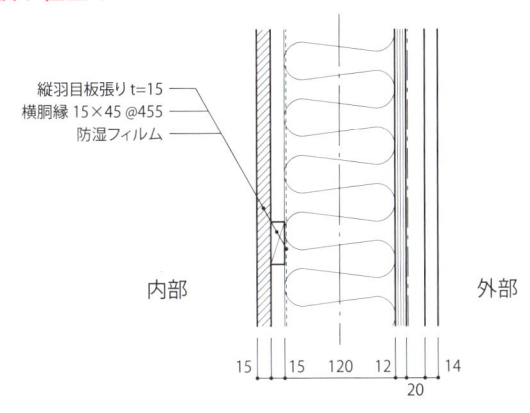

4. 化粧合板目透かし張り

- 化粧合板目透かし張り t=5.5
- 横胴縁 15×45 @455
- 防湿フィルム

目透かし目地は合板の厚み分を基本として、目地底テープ貼り

内部 ／ 外部

5.5　15　120　12　14
　　　　　　20

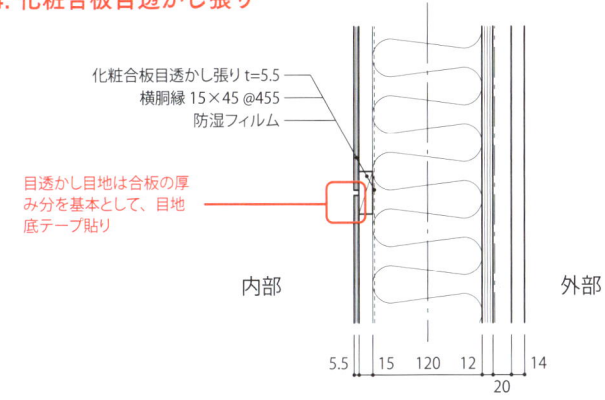

5. 左官塗り仕上げ①（湿式下地）

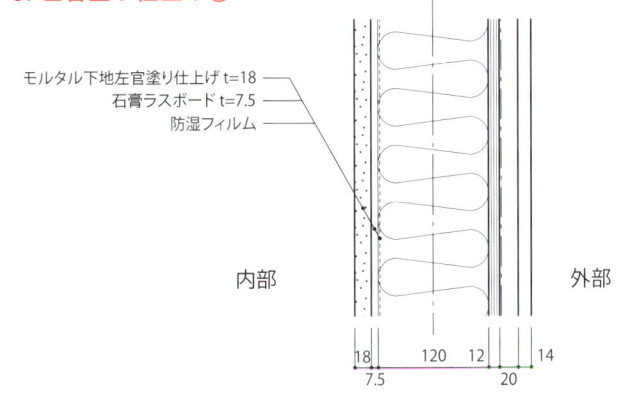

- モルタル下地左官塗り仕上げ t=18
- 石膏ラスボード t=7.5
- 防湿フィルム

内部 ／ 外部

18　120　12　14
7.5　　　20

6. 左官塗り仕上げ②（乾式下地）

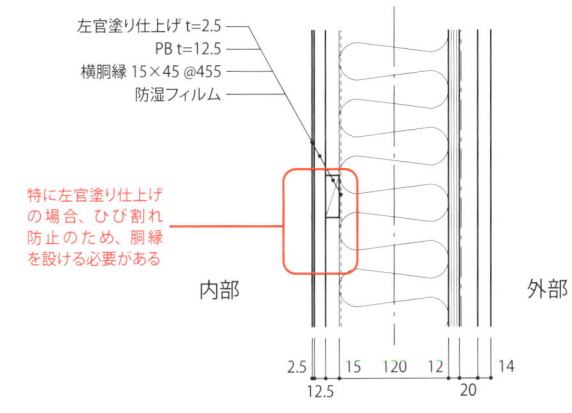

- 左官塗り仕上げ t=2.5
- PB t=12.5
- 横胴縁 15×45 @455
- 防湿フィルム

特に左官塗り仕上げの場合、ひび割れ防止のため、胴縁を設ける必要がある

内部 ／ 外部

2.5　15　120　12　14
12.5　　　　　20

7. タイル貼り①（湿式下地）

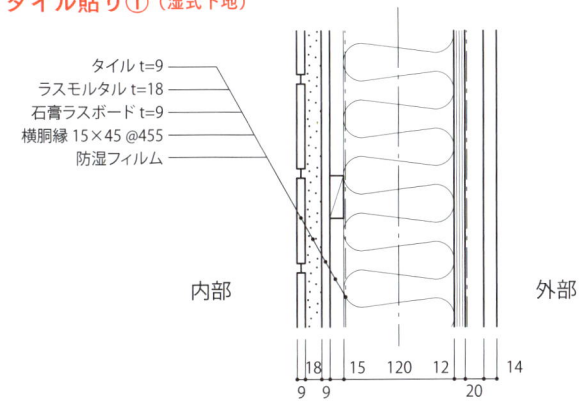

- タイル t=9
- ラスモルタル t=18
- 石膏ラスボード t=9
- 横胴縁 15×45 @455
- 防湿フィルム

内部 ／ 外部

18　15　120　12　14
9　9　　　　20

8. タイル貼り②（乾式下地）

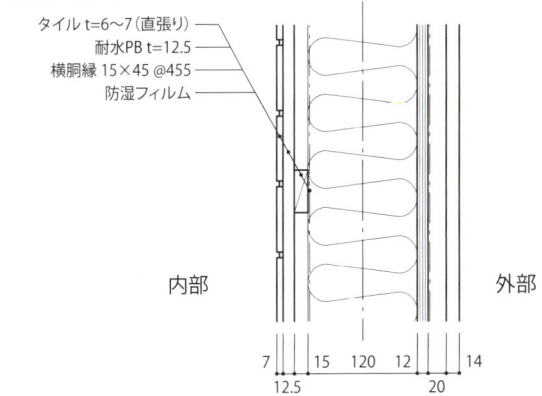

- タイル t=6～7（直張り）
- 耐水PB t=12.5
- 横胴縁 15×45 @455
- 防湿フィルム

内部 ／ 外部

7　15　120　12　14
12.5　　　20

4. 室内壁の納まり　137

出隅の納まり

平面図 1:8

1. 塗装仕上げの出隅（突付け）

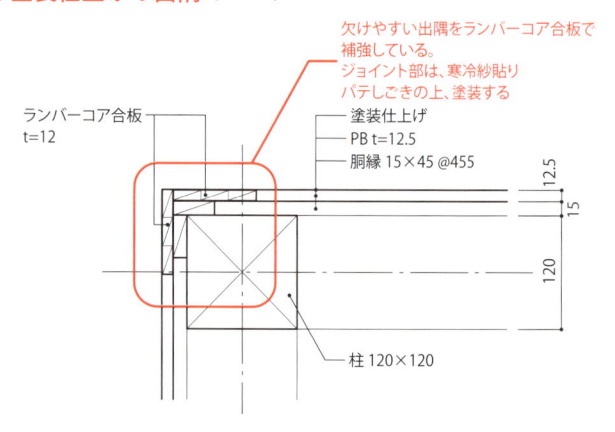

- ランバーコア合板 t=12
- 欠けやすい出隅をランバーコア合板で補強している。ジョイント部は、寒冷紗貼りパテしごきの上、塗装する
- 塗装仕上げ
- PB t=12.5
- 胴縁 15×45 @455
- 柱 120×120

2. 左官仕上げの出隅（見切縁＋同色塗装）

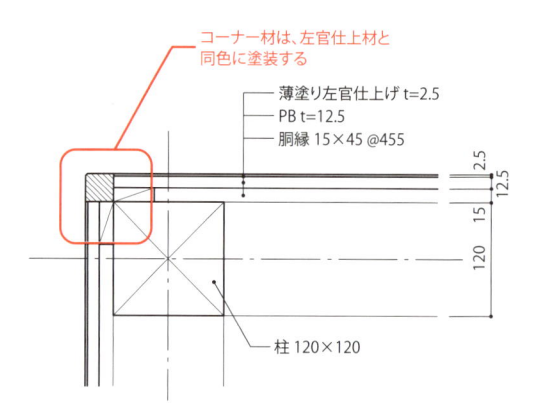

- コーナー材は、左官仕上材と同色に塗装する
- 薄塗り左官仕上げ t=2.5
- PB t=12.5
- 胴縁 15×45 @455
- 柱 120×120

3. 化粧合板張りの出隅①（見切縁）

- 見切縁 30×30 加工
- 化粧合板 t=6
- 胴縁 15×45 @455
- 柱 120×120

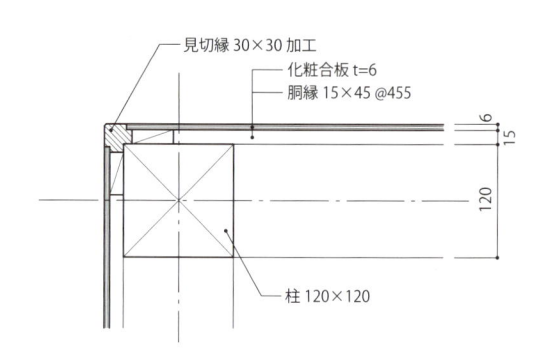

4. 化粧合板張りの出隅②（見切縁＋目透し）

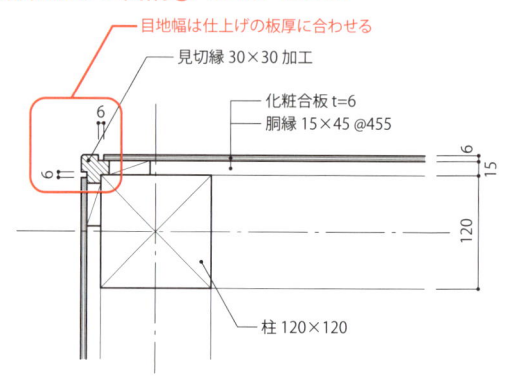

- 目地幅は仕上げの板厚に合わせる
- 見切縁 30×30 加工
- 化粧合板 t=6
- 胴縁 15×45 @455
- 柱 120×120

5. 化粧合板張りの出隅③（コーナービード）

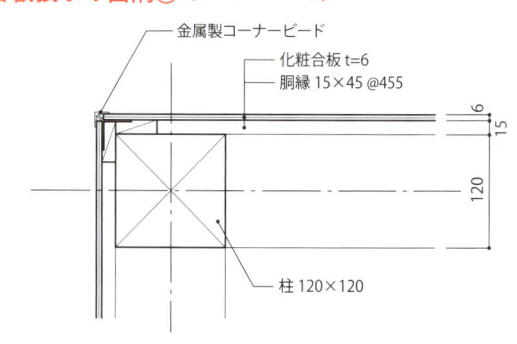

- 金属製コーナービード
- 化粧合板 t=6
- 胴縁 15×45 @455
- 塗装仕上げ
- 柱 120×120

6. 木板張りの出隅①（見切縁）

- 見切縁 30×30 加工
- 縦羽目板張り t=15
- 胴縁 15×45 @455
- 柱 120×120

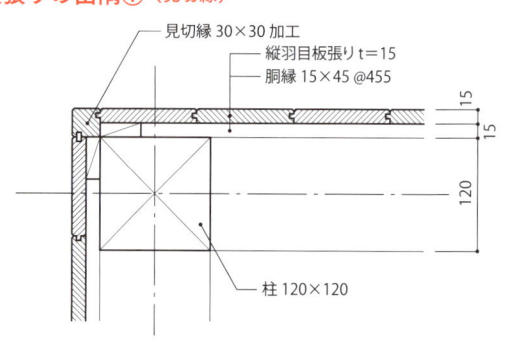

7. 木板張りの出隅②（留め）

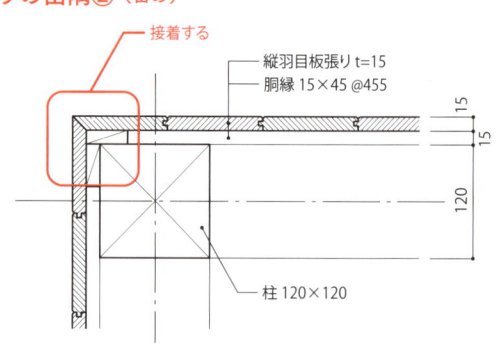

- 接着する
- 縦羽目板張り t=15
- 胴縁 15×45 @455
- 柱 120×120

8. 木板張りの出隅③（雇い実）

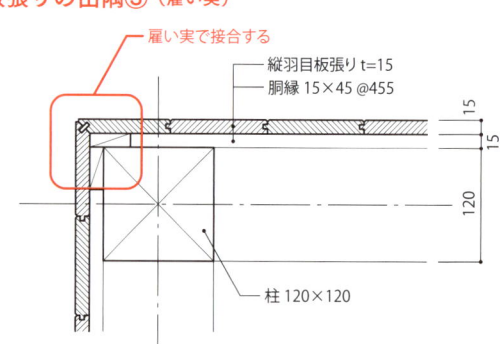

- 雇い実で接合する
- 縦羽目板張り t=15
- 胴縁 15×45 @455
- 柱 120×120

入隅の納まり

平面図 1:8

1. 塗装仕上げの入隅（突付け）

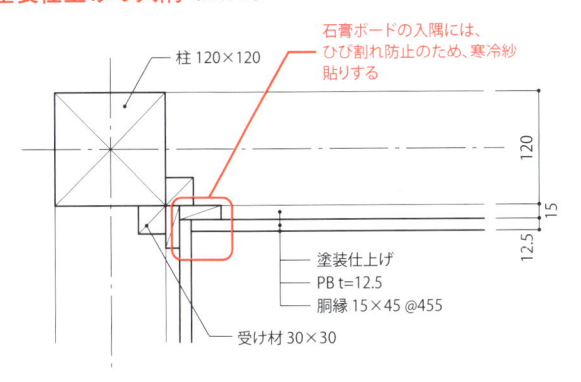

- 柱 120×120
- 石膏ボードの入隅には、ひび割れ防止のため、寒冷紗貼りする
- 塗装仕上げ
- PB t=12.5
- 胴縁 15×45 @455
- 受け材 30×30

2. 左官仕上げの入隅①（突付け）

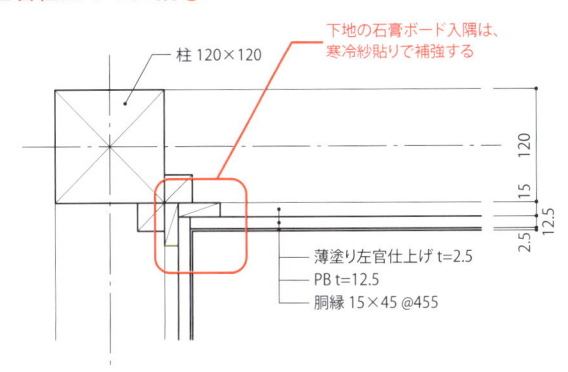

- 柱 120×120
- 下地の石膏ボード入隅は、寒冷紗貼りで補強する
- 薄塗り左官仕上げ t=2.5
- PB t=12.5
- 胴縁 15×45 @455

3. 左官仕上げの入隅②（見切縁）

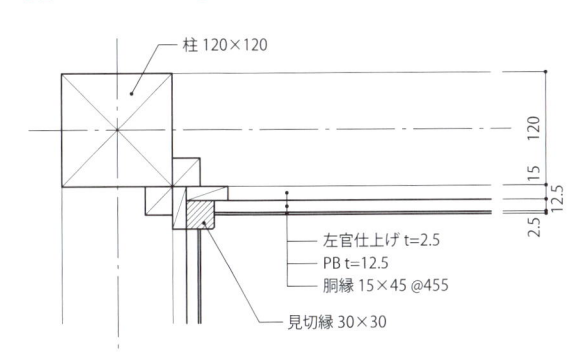

- 柱 120×120
- 左官仕上げ t=2.5
- PB t=12.5
- 胴縁 15×45 @455
- 見切縁 30×30

4. 化粧合板張りの入隅①（目透かし）

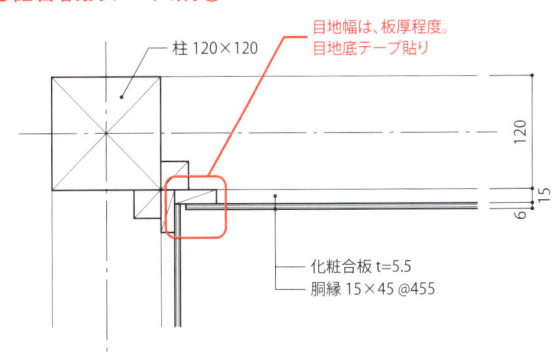

- 柱 120×120
- 目地幅は、板厚程度。目地底テープ貼り
- 化粧合板 t=5.5
- 胴縁 15×45 @455

5. 化粧合板張りの入隅②（見切縁）

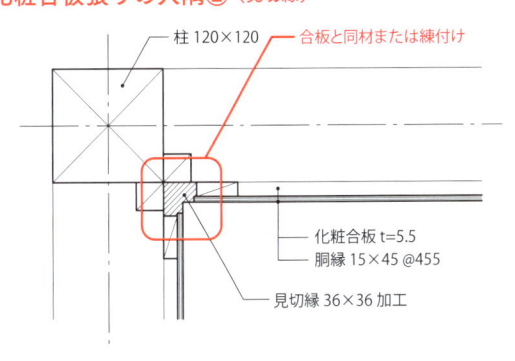

- 柱 120×120
- 合板と同材または練付け
- 化粧合板 t=5.5
- 胴縁 15×45 @455
- 見切縁 36×36 加工

6. 化粧合板張りの入隅③（コーナービード）

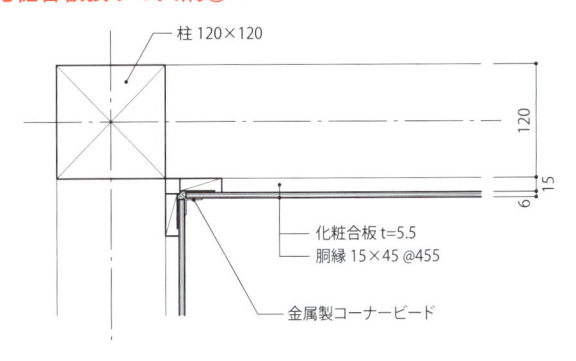

- 柱 120×120
- 化粧合板 t=5.5
- 胴縁 15×45 @455
- 金属製コーナービード

7. 木板張りの入隅①（遣違い）

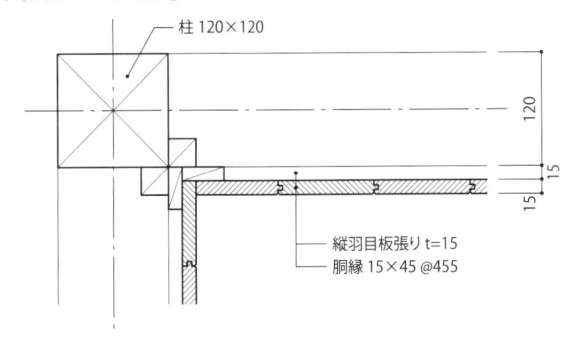

- 柱 120×120
- 縦羽目板張り t=15
- 胴縁 15×45 @455

8. 木板張りの入隅②（欠き込み）

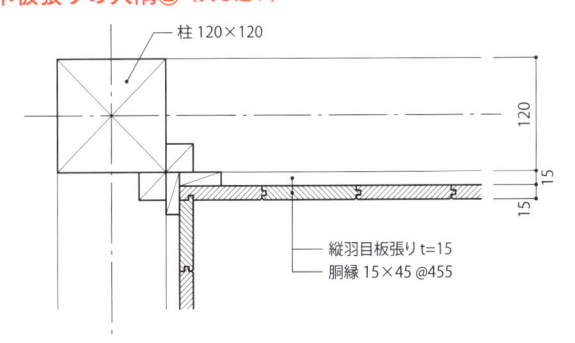

- 柱 120×120
- 縦羽目板張り t=15
- 胴縁 15×45 @455

4. 室内壁の納まり

幅木の納まり

断面図 1:8

1. 付け幅木①
壁：クロス貼り
床：フローリング

- クロス貼り
- PB t=12.5
- 幅木 7×60
- 床：フローリング t=12
- 構造用合板 t=12

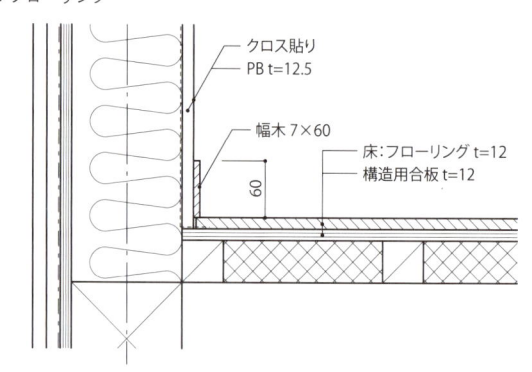

2. 付け幅木②
壁：クロス貼り
床：コルクタイル

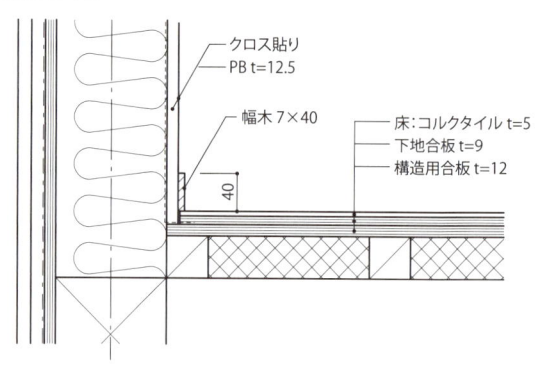

- クロス貼り
- PB t=12.5
- 幅木 7×40
- 床：コルクタイル t=5
- 下地合板 t=9
- 構造用合板 t=12

3. 付け幅木③
壁：クロス貼り
床：フローリング

- クロス貼り
- PB t=12.5
- 胴縁 15×45 @455
- 幅木 10×60
- 床：フローリング t=12
- 構造用合板 t=12

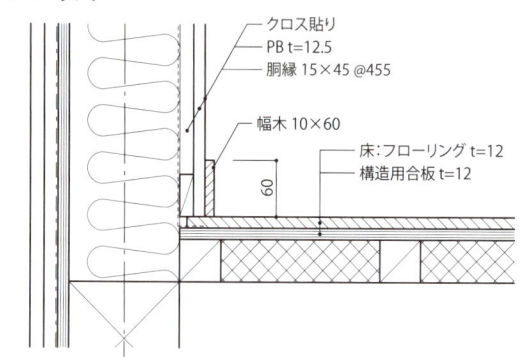

4. ビニル幅木
壁：クロス貼り
床：フローリング

- クロス貼り
- PB t=12.5
- 胴縁 15×45 @455
- ビニル幅木
- 床：フローリング t=12
- 構造用合板 t=12

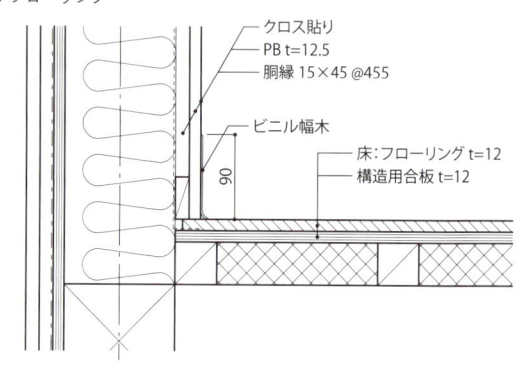

5. 出幅木①
壁：クロス貼り
床：フローリング

- クロス貼り
- PB t=12.5
- 胴縁 15×45 @455
- 幅木 36×60
- 床：フローリング t=12
- 構造用合板 t=12

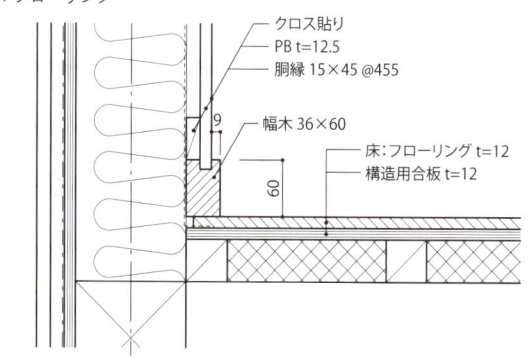

6. 出幅木②
壁：クロス貼り
床：フローリング

- クロス貼り
- PB t=12.5
- 胴縁 15×45 @455
- 幅木 21×60
- 床：フローリング t=12
- 構造用合板 t=12

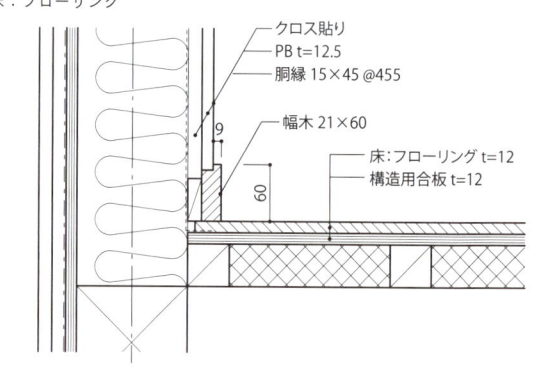

7. 出幅木③
壁：クロス貼り
床：フローリング

- クロス貼り
- PB t=12.5
- 胴縁 15×45 @455
- 幅木 36×60
- 床：フローリング t=15
- 構造用合板 t=12

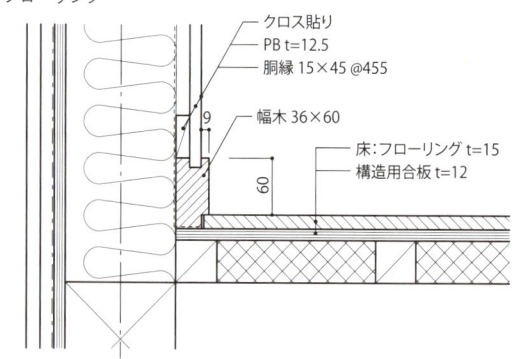

8. 畳寄せ
壁：クロス貼り
床：畳

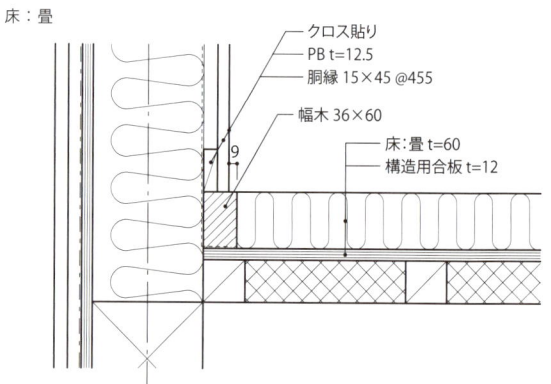

- クロス貼り
- PB t=12.5
- 胴縁 15×45 @455
- 幅木 36×60
- 床：畳 t=60
- 構造用合板 t=12

9. 平幅木①
壁：クロス貼り
床：フローリング

- クロス貼り
- PB t=12.5
- 幅木でクロスを見切るため、チリを2〜3mm程度確保する
- 幅木 15×60
- 床：フローリング t=12
- 構造用合板 t=12

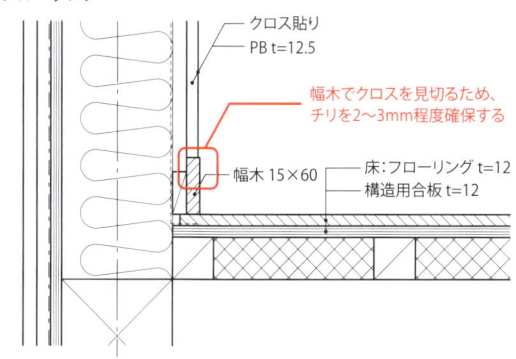

10. 平幅木②
壁：クロス貼り
床：フローリング

- クロス貼り
- PB t=12.5
- 塩ビ製見切縁を使用して、クロスを目地底に貼り込む
- 幅木 27×60
- 床：フローリング t=12
- 構造用合板 t=12

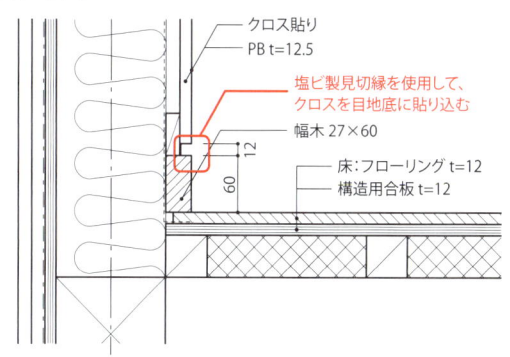

11. 平幅木③
壁：化粧合板張り
床：フローリング

- 化粧合板 目透かし張り t=6
- 胴縁 15×45 @455
- 目地幅は仕上げ板厚を基準とする
- 幅木 21×75
- 床：フローリング t=12
- 構造用合板 t=12

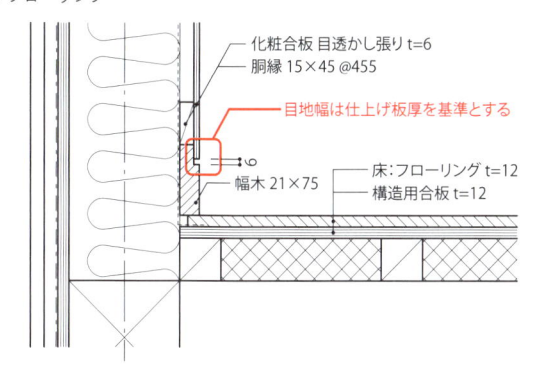

12. 平幅木④
壁：化粧合板張り
床：フローリング

- 化粧合板 目透かし張り t=6
- 胴縁 15×45 @455
- 幅木 21×40
- 床：フローリング t=12
- 構造用合板 t=12

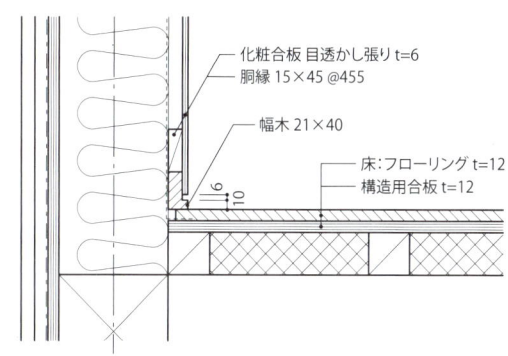

13. 入り幅木①
壁：化粧合板張り
床：フローリング

- 化粧合板 目透かし張り t=6
- 胴縁 15×45 @455
- 幅木 15×75
- 床：フローリング t=12
- 構造用合板 t=12

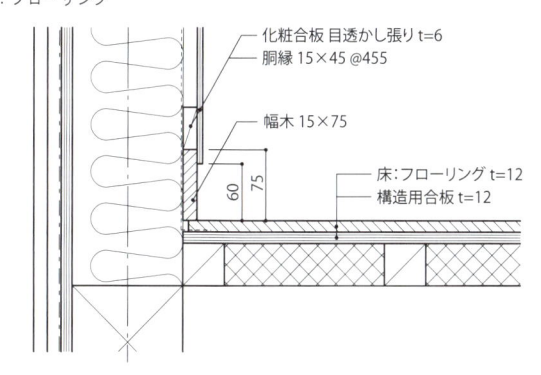

14. 入り幅木②
壁：左官仕上げ
床：フローリング

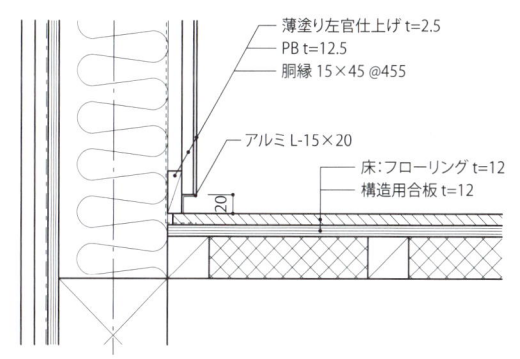

- 薄塗り左官仕上げ t=2.5
- PB t=12.5
- 胴縁 15×45 @455
- アルミ L-15×20
- 床：フローリング t=12
- 構造用合板 t=12

15. 入り幅木③
壁：クロス貼り
床：フローリング

- クロス貼り
- PB t=12.5
- 胴縁 15×45 @455
- 塩ビ製見切材
- 床：フローリング t=12
- 構造用合板 t=12

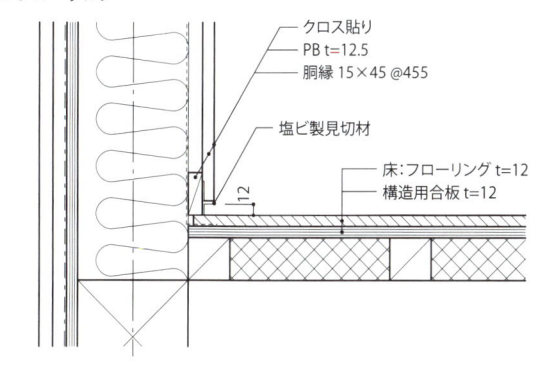

16. 幅木なし
壁：化粧合板張り
床：コルクタイル

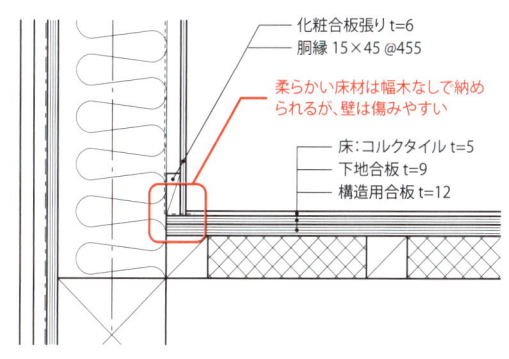

- 化粧合板張り t=6
- 胴縁 15×45 @455
- 柔らかい床材は幅木なしで納められるが、壁は傷みやすい
- 床：コルクタイル t=5
- 下地合板 t=9
- 構造用合板 t=12

4. 室内壁の納まり

5. 外壁開口部の納まり

- 既製サッシ枠の基本の納まりを理解する。
- 開口周囲の雨仕舞いは入念に行う。
- アルミサッシでも見えがかりを工夫できる。

外壁に設けられる開口部には、主に「採光」「通風」「眺望」などの機能が求められますが、近年では「断熱」や「遮音」といった性能も要求されるようになりました。

また、従来の住宅における開口部は、木製建具が多く用いられていましたが、近年は既製品の木造住宅用アルミサッシが最も多く採用されています。その性能は飛躍的に向上し、種類も豊富です。既製品の木造住宅用アルミサッシには、多くの開閉方式があり、各々の部位に求められる機能と、各々の建具が有する長所・短所などの特徴を考慮して選択しましょう。

〈アルミサッシの種類〉

木造住宅用アルミサッシは、主に外付け、半外付け、内付けの3タイプに大別できます。外壁を充填断熱として、その外側に通気層を確保する納まりとした一般的な納まりの場合には、半外付けタイプが最も多く用いられています。これは、サッシ枠が外部側の額縁を兼ねることができることから、外壁仕上材を直に納められるためです。

〈サッシ枠まわりの注意点〉

木造住宅用アルミサッシの納まりを検討する際には、サッシ枠の内法幅寸法、内法高寸法、躯体とのクリアランスなどに注意します。また、雨仕舞いのための防水処理を適切に行う必要があります。施工の際には、先張り防水シートを窓台外側に張った後、サッシを設置し、サッシのつば部分に下枠・横枠・上枠の順に防水テープを貼ります。

外張断熱の外壁の場合、従来の充填断熱と比べて、壁厚が外部側に出てきます。サッシ取付位置や、断熱および防水の切れ目が生じないよう、開口部まわりの納まりには注意が必要です。

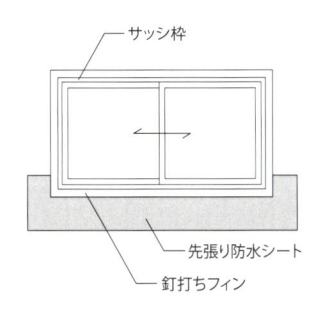

1. 先張り防水シートを窓台に張った後、サッシ枠を取り付ける。

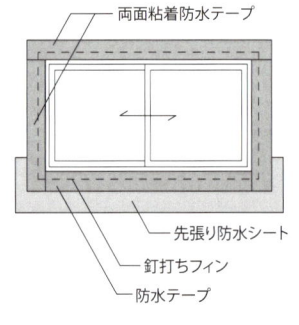

2. サッシ枠の釘打ちフィンに防水テープを貼る。その際、下枠→縦枠→上枠の順に貼り重ねる。

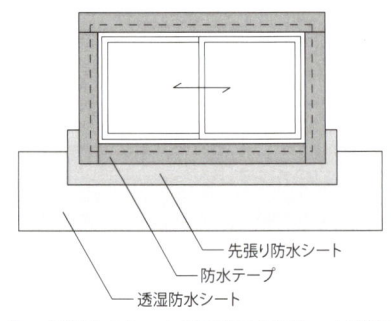

3. 透湿防水シートを下側から張る。上端部は、先張り防水シートの内側に差し込む。

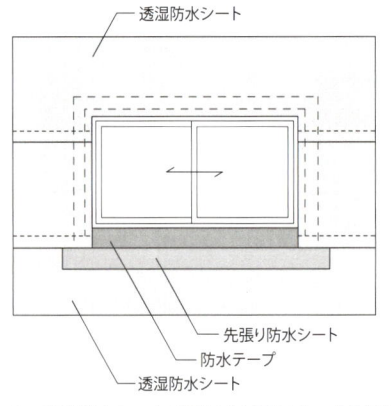

4. 透湿防水シートを張り上げていく。上下の重ね長さは90mm以上とする。

図1. 開口部まわりの防水施工手順

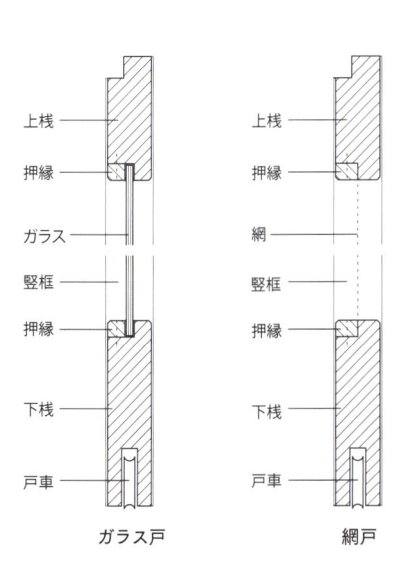

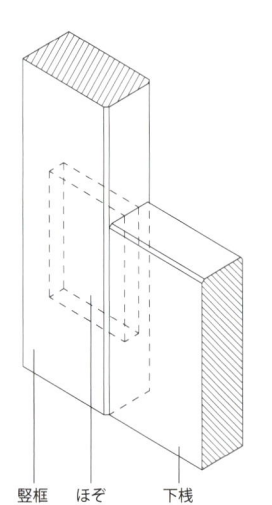

図2. 木製建具の構成

半外付けサッシと外壁仕上げとの納まり

平面図／断面図 1：10

1. 窯業系サイディングの場合

外壁：窯業系サイディング t=14
内部：クロス貼り

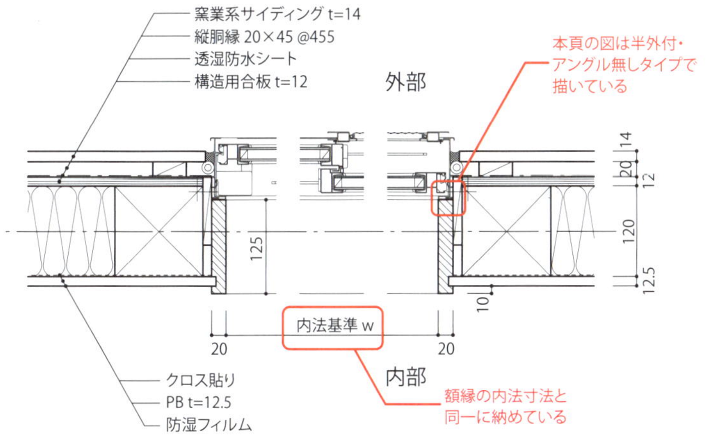

平面詳細図

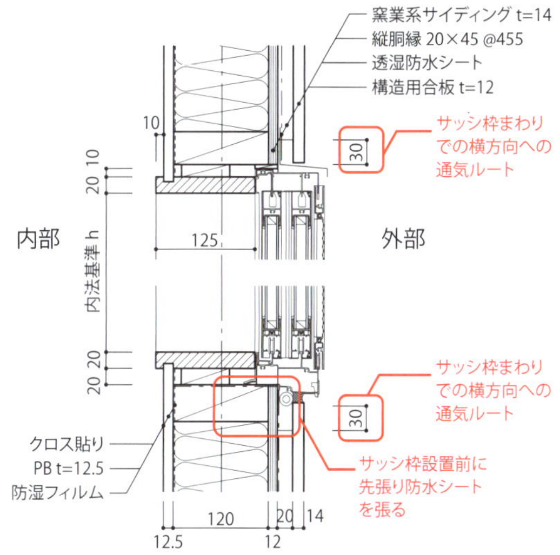

- 窯業系サイディング t=14
- 縦胴縁 20×45 @455
- 透湿防水シート
- 構造用合板 t=12
- 本頁の図は半外付・アングル無しタイプで描いている
- 外部
- クロス貼り
- PB t=12.5
- 防湿フィルム
- 内法基準 w
- 額縁の内法寸法と同一に納めている
- 内部

断面詳細図

- 窯業系サイディング t=14
- 縦胴縁 20×45 @455
- 透湿防水シート
- 構造用合板 t=12
- サッシ枠まわりでの横方向への通気ルート
- 内法基準 h
- 外部
- クロス貼り
- PB t=12.5
- 防湿フィルム
- サッシ枠設置前に先張り防水シートを張る

2. ガルバリウム鋼板の場合

外壁：ガルバリウム鋼板小波縦張り t=0.4
内部：クロス貼り

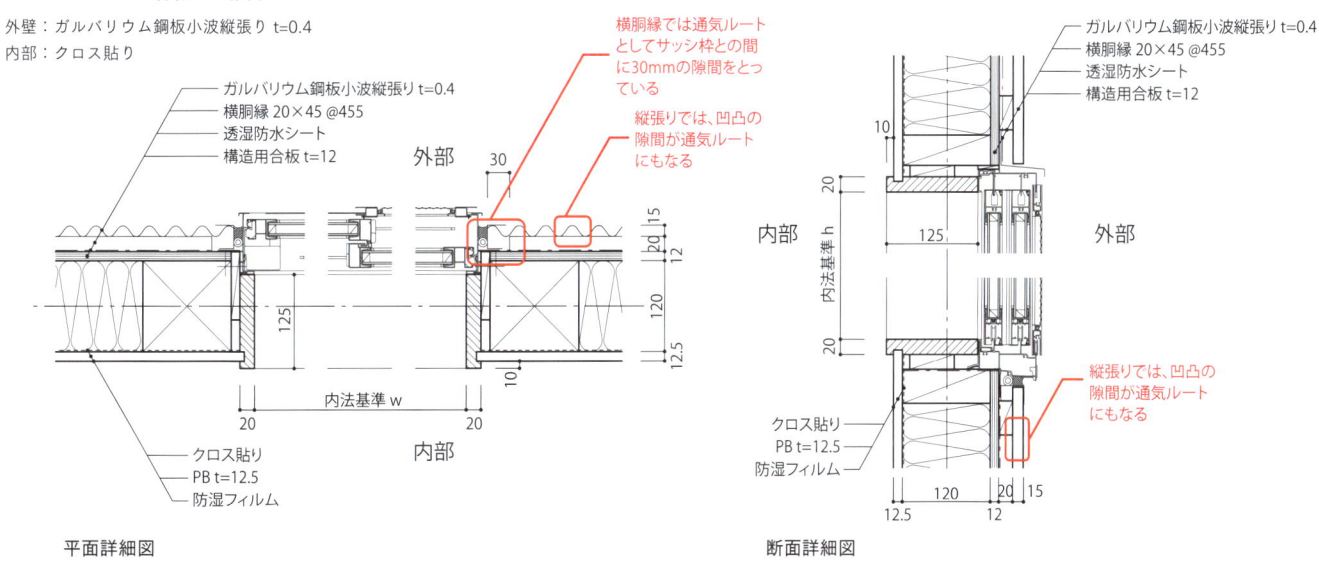

平面詳細図

- ガルバリウム鋼板小波縦張り t=0.4
- 横胴縁 20×45 @455
- 透湿防水シート
- 構造用合板 t=12
- 外部
- 横胴縁では通気ルートとしてサッシ枠との間に30mmの隙間をとっている
- 縦張りでは、凹凸の隙間が通気ルートにもなる
- 内法基準 w
- クロス貼り
- PB t=12.5
- 防湿フィルム
- 内部

断面詳細図

- ガルバリウム鋼板小波縦張り t=0.4
- 横胴縁 20×45 @455
- 透湿防水シート
- 構造用合板 t=12
- 内法基準 h
- 外部
- クロス貼り
- PB t=12.5
- 防湿フィルム
- 縦張りでは、凹凸の隙間が通気ルートにもなる

3. モルタル吹付けの場合

外壁：モルタル吹付け t=20
内部：薄塗り左官仕上げ t=2.5

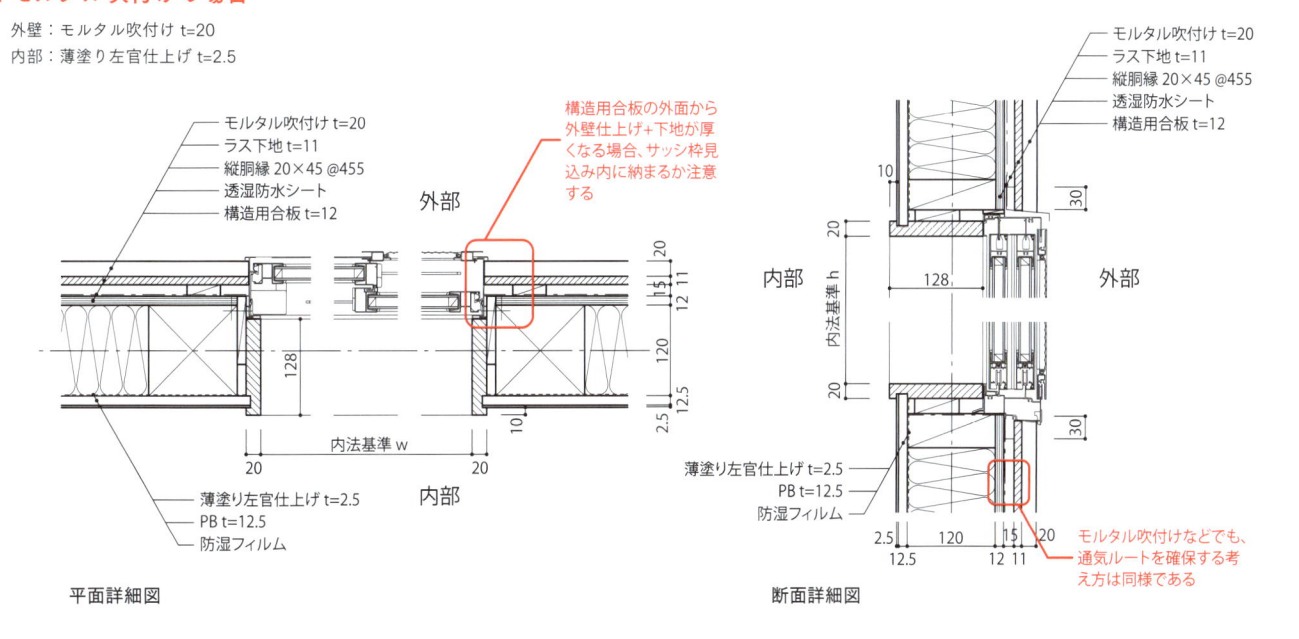

平面詳細図

- モルタル吹付け t=20
- ラス下地 t=11
- 縦胴縁 20×45 @455
- 透湿防水シート
- 構造用合板 t=12
- 構造用合板の外面から外壁仕上げ+下地が厚くなる場合、サッシ枠見込み内に納まるか注意する
- 外部
- 内法基準 w
- 薄塗り左官仕上げ t=2.5
- PB t=12.5
- 防湿フィルム
- 内部

断面詳細図

- モルタル吹付け t=20
- ラス下地 t=11
- 縦胴縁 20×45 @455
- 透湿防水シート
- 構造用合板 t=12
- 内法基準 h
- 外部
- 薄塗り左官仕上げ t=2.5
- PB t=12.5
- 防湿フィルム
- モルタル吹付けなどでも、通気ルートを確保する考え方は同様である

5. 外壁開口部の納まり　143

障子を納めた開口部まわりの納まり

平面図／断面図 1：10

1. 半外付けサッシ（掃出窓）＋引違障子①

外壁：窯業系サイディング t=14
内部：クロス貼り（大壁）

平面詳細図

断面詳細図

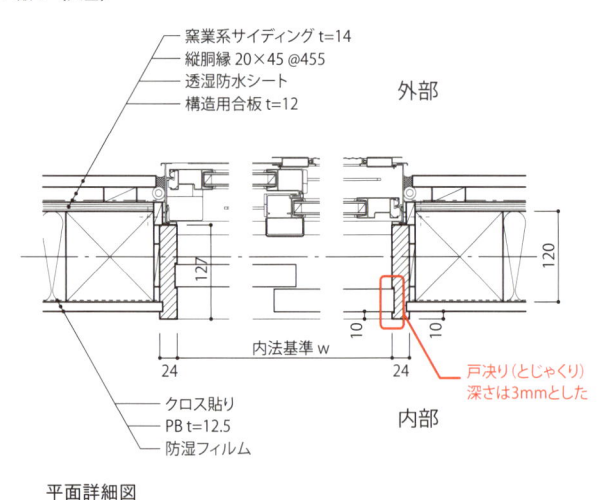

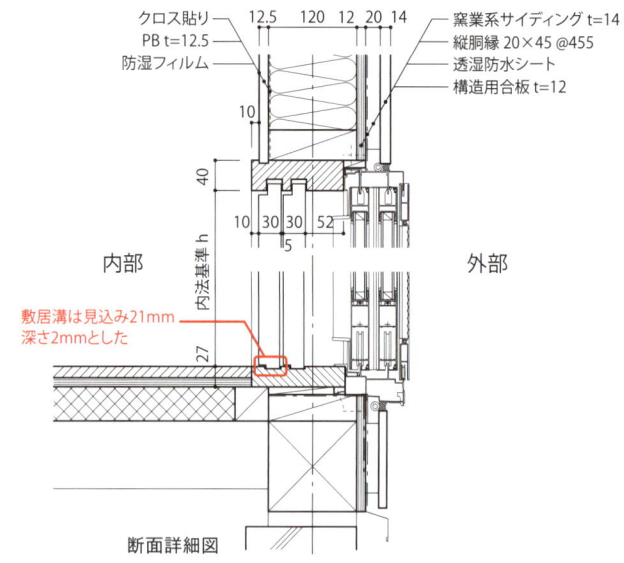

敷居溝は見込み21mm 深さ2mmとした
戸決り（とじゃくり）深さは3mmとした

2. 半外付けサッシ（掃出窓）＋引込障子

外壁：窯業系サイディング t=14
内部：クロス貼り（大壁）

平面詳細図

断面詳細図

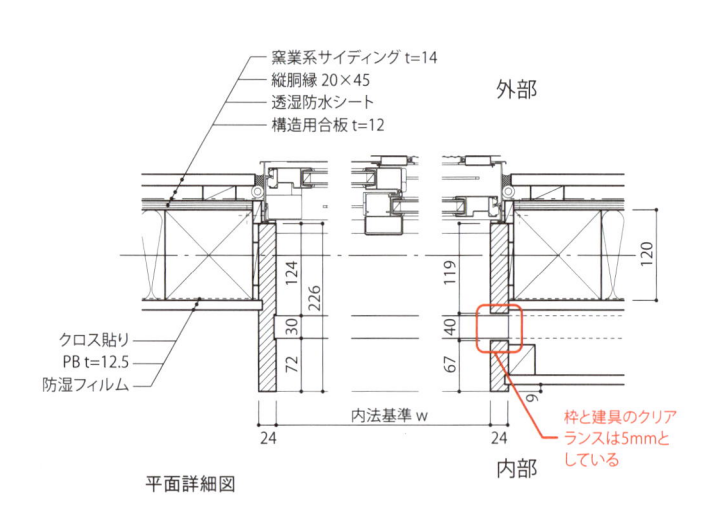

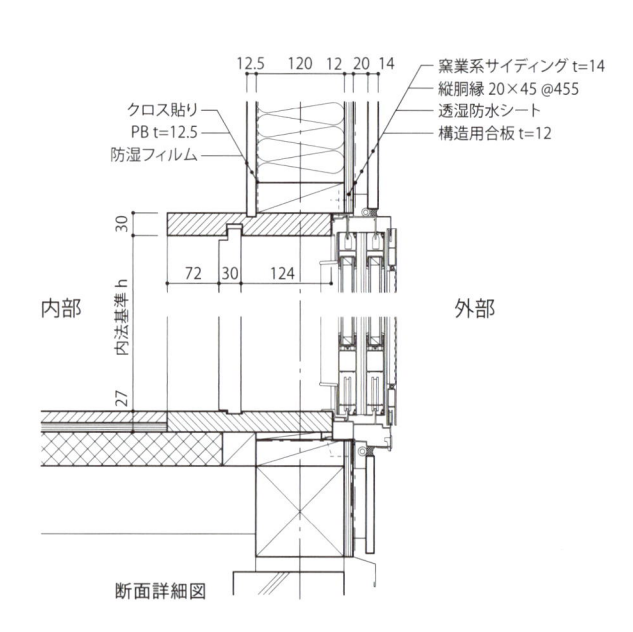

枠と建具のクリアランスは5mmとしている

3. 半外付けサッシ（掃出窓）＋引違障子②

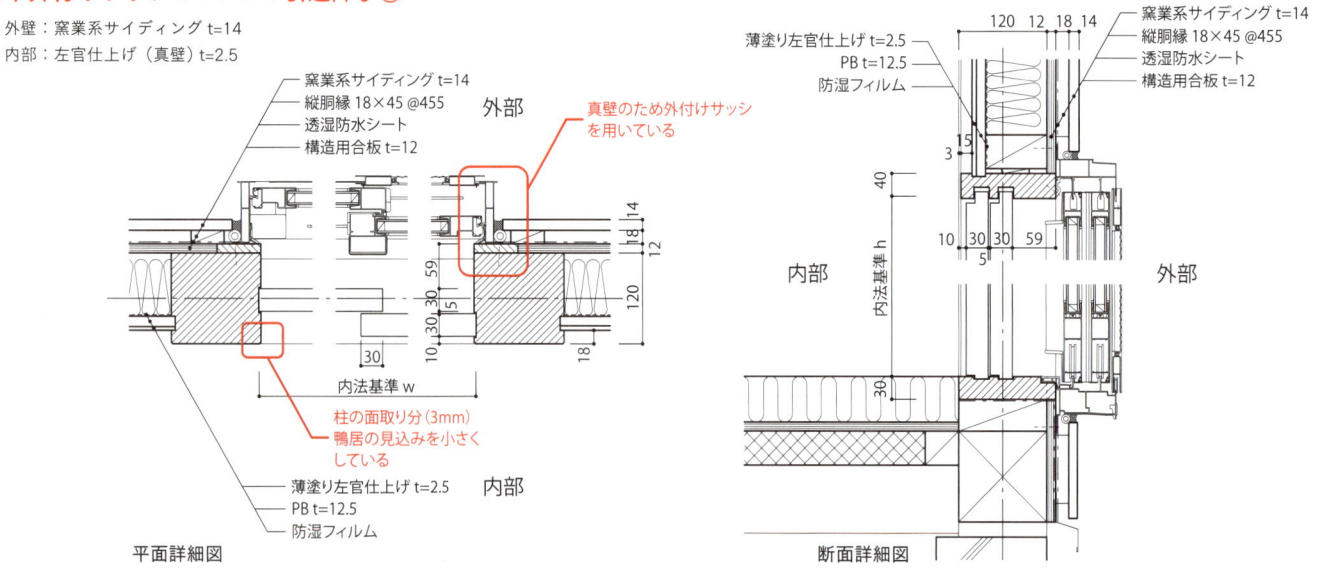

外壁：窯業系サイディング t=14
内部：左官仕上げ（真壁）t=2.5

平面詳細図

断面詳細図

真壁のため外付けサッシを用いている
柱の面取り分（3mm）鴨居の見込みを小さくしている

144　6章　各部の部分詳細

サッシの見付けを隠した納まり

平面図／断面図 1：10

1. サッシ枠を隠す（外付けサッシ・掃出窓）

外壁：窯業系サイディング t=14
内部：クロス貼り（大壁）

主に真壁に用いられる外付けサッシは、サッシ枠が目立たない

大壁とする場合、壁材の端部を納める工夫が必要

横方向への通気ルート

横方向への通気ルート

平面詳細図　　断面詳細図

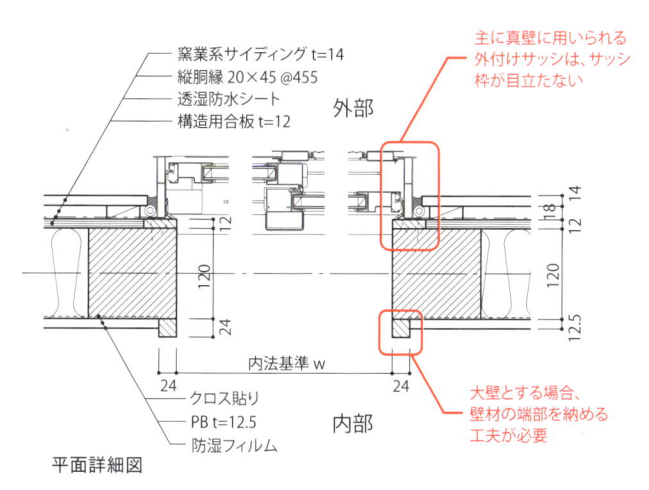

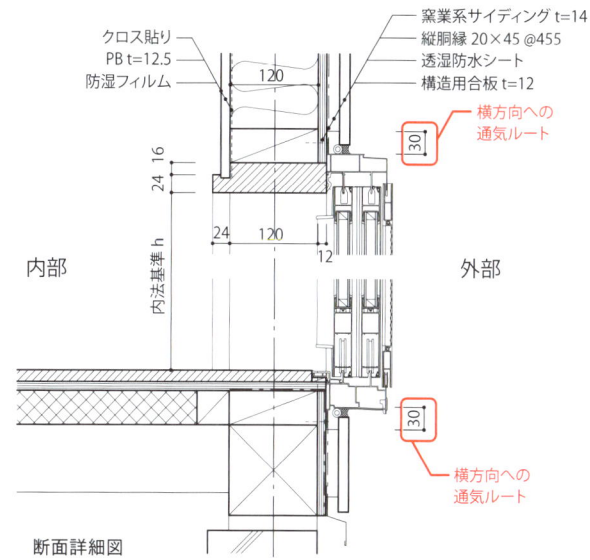

2. 障子の框を隠す（外付けサッシ・腰窓）

外壁：窯業系サイディング t=14
内部：クロス貼り（大壁）

竪框の見付寸法により調整する

框（上桟）の見付けにより調整する

框（下桟）の見付けにより調整する

平面詳細図　　断面詳細図

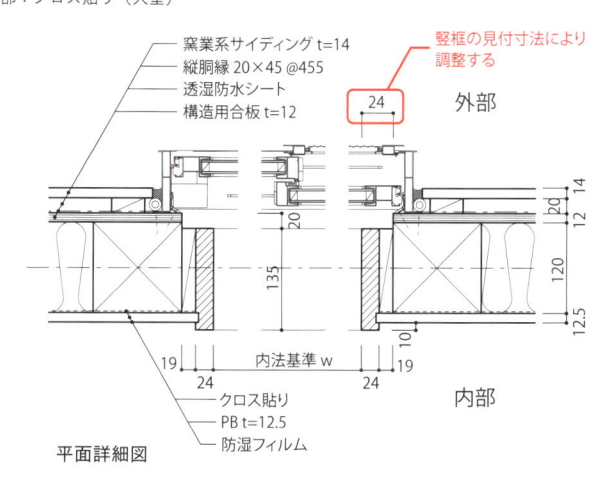

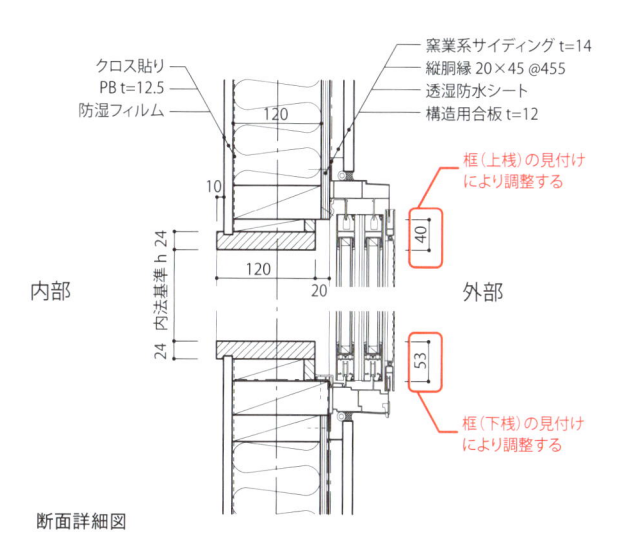

3. 障子を引き込む（全開口外付けサッシ・掃出窓）

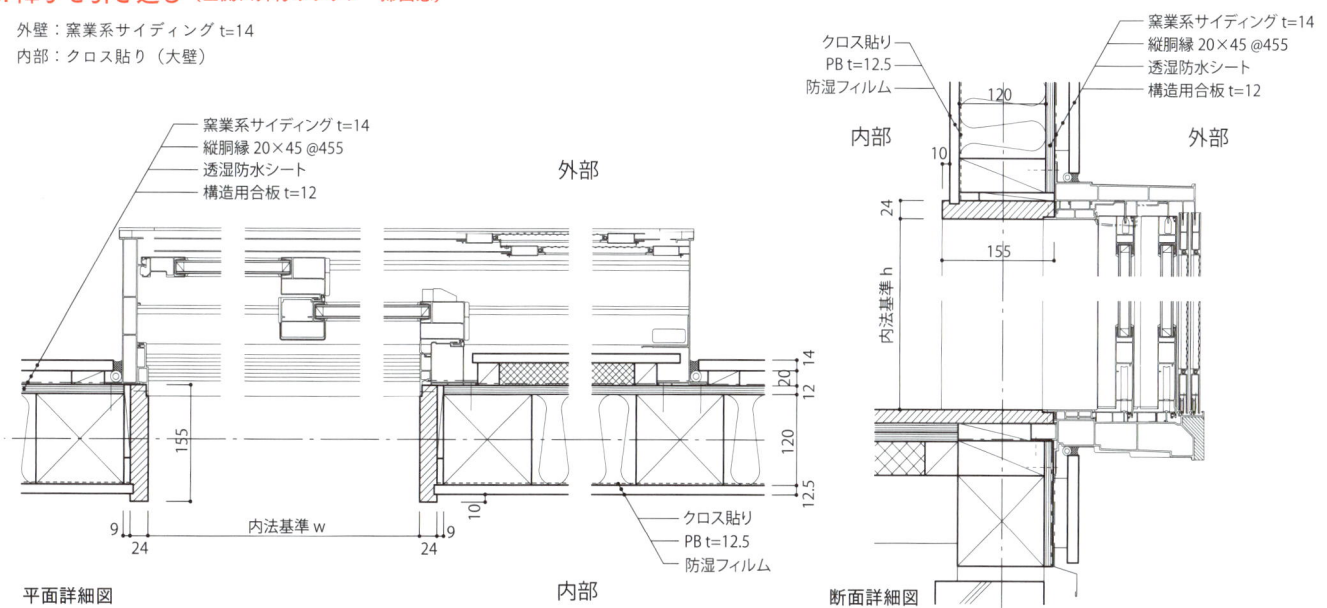

外壁：窯業系サイディング t=14
内部：クロス貼り（大壁）

平面詳細図　　断面詳細図

5. 外壁開口部の納まり　145

掃出しサッシの納まり

断面図 1:10

1. 一般掃出しサッシと庇・デッキの取り合い

半外付け・引違い掃出窓
外壁：窯業系サイディング t=14
内部：クロス貼り（大壁）

- 屋根葺材の立ち上げ高さは150mm以上とする
- ガルバリウム鋼板 t=0.4
- 軒天：ケイ酸カルシウム板 t=5 VP
- 腕木：耐水合板 t=18 @455

- 小庇をアングル金物などで補強して取り付ける
- ガルバリウム鋼板巻き t=0.4
- ガルバリウム鋼板 半かぶせ t=0.4

- クロス貼り
- PB t=12.5
- 防湿フィルム
- 窯業系サイディング t=14
- 縦胴縁 20×45 @455
- 透湿防水シート
- 構造用合板 t=12
- 小庇：SUS 曲げ加工 t=3
- 小庇上下をシーリングする
- 一般サッシの下枠は網戸レールが若干下がっている。そのため、網戸の脱着を考慮して、デッキ端部を逃がす必要がある。本図ではデッキ床レベルを30mm下げている
- デッキ材 40×90 浸透性木材保護塗料塗り
- 根太 90×90 浸透性木材保護塗料塗り
- 束 90×90 浸透性木材保護塗料塗り

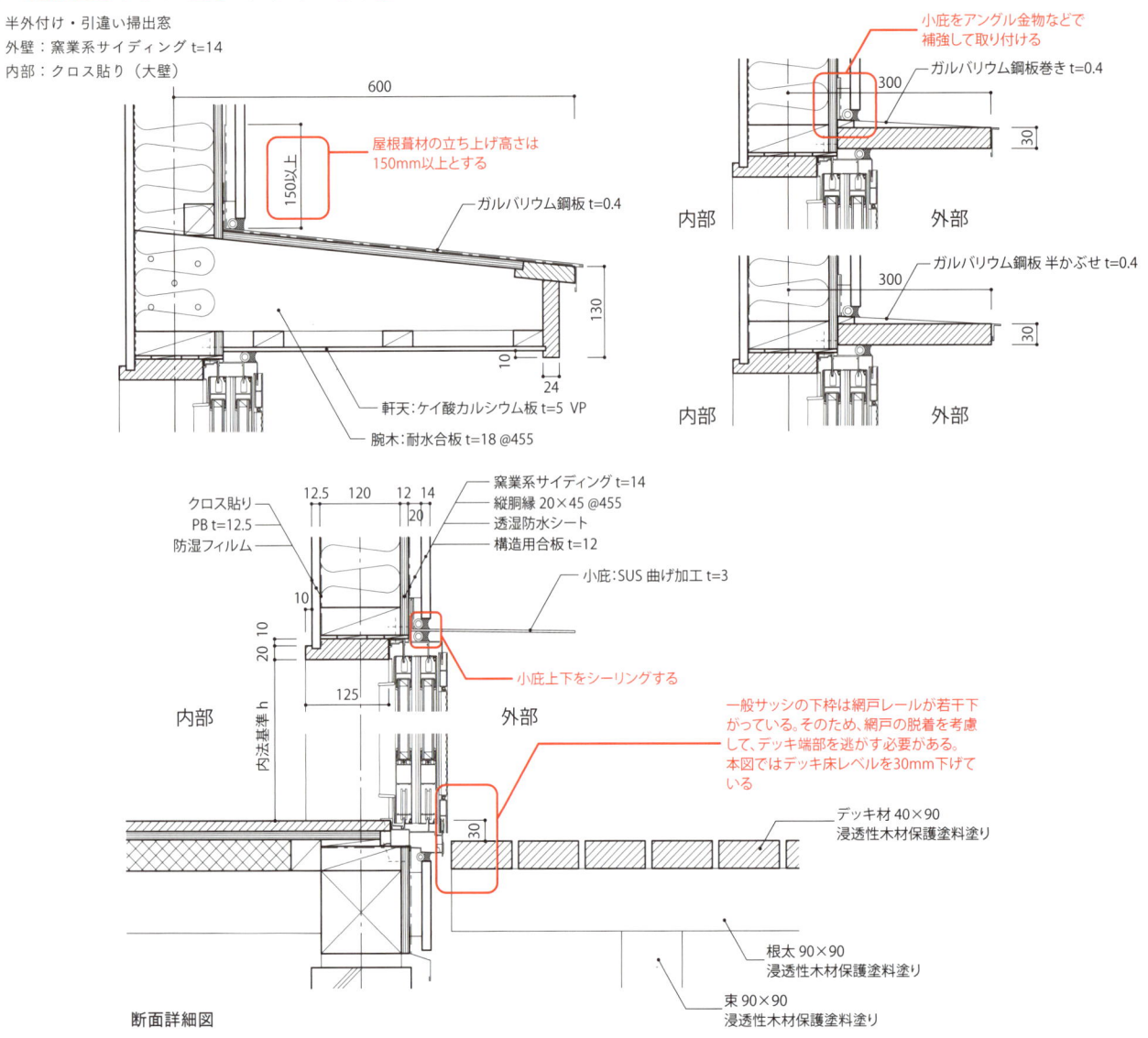

断面詳細図

2. ノンレールサッシ枠とデッキの取り合い

半外付け・掃出し引違窓
外壁：窯業系サイディング t=14
内部：クロス貼り（大壁）

- クロス貼り
- PB t=12.5
- 防湿フィルム
- 窯業系サイディング t=14
- 縦胴縁 20×45 @455
- 透湿防水シート
- 構造用合板 t=12
- 水切り：ガルバリウム鋼板曲げ加工 t=0.4
- ノンレールサッシの下枠は、段差のないフラットな仕様。網戸レールもそろっているため、室内床と屋外デッキ床のレベルを合わせることができる
- デッキ材 40×90 浸透性木材保護塗料塗り
- 根太 90×90 浸透性木材保護塗料塗り
- 束 90×90 浸透性木材保護塗料塗り

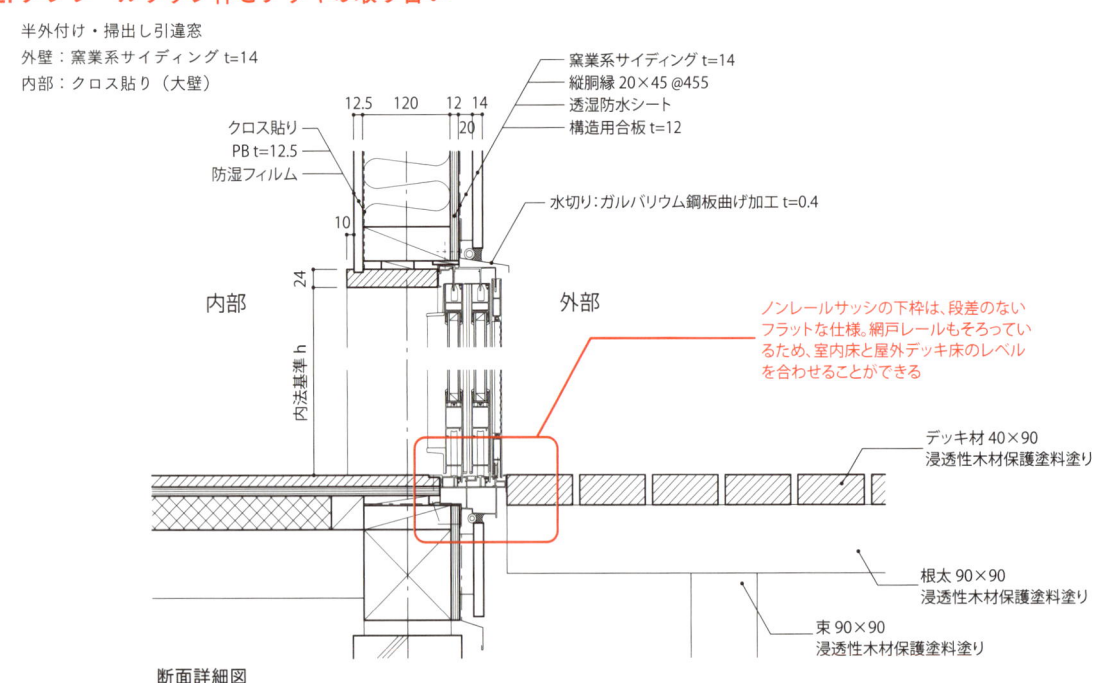

断面詳細図

外張断熱とサッシの納まり

平面図／断面図 1：10

1. 腰窓

外壁：窯業系サイディング t=14
内部：クロス貼り（大壁）

平面詳細図の記載：
- 窯業系サイディング t=14
- 胴縁 20×45 @455
- 透湿防水シート
- 断熱材 t=60
- 構造用合板 t=12
- 発泡ウレタン充填
- 透湿防水シート＋防水気密テープ貼り
- 外部／内部
- クロス貼り
- PB t=12.5
- 防湿フィルム
- 内法基準 w
- 14, 60, 12, 120, 12.5, 20, 20

断面詳細図の記載：
- クロス貼り
- PB t=12.5
- 防湿フィルム
- 窯業系サイディング t=14
- 胴縁 20×45 @455
- 透湿防水シート
- 断熱材 t=60
- 構造用合板 t=9
- 透湿防水シート＋防水気密テープ貼り
- 発泡ウレタン充填
- 内法基準 h
- 内部／外部

2. 掃出窓

外壁：窯業系サイディング t=14
内部：クロス貼り（大壁）

平面詳細図の記載：
- 窯業系サイディング t=14
- 胴縁 20×45 @455
- 透湿防水シート
- 断熱材 t=60
- 構造用合板 t=12
- 発泡ウレタン充填
- 透湿防水シート＋防水気密テープ貼り
- 外部／内部
- クロス貼り
- PB t=12.5
- 防湿フィルム
- 内法基準 w

断面詳細図の記載：
- クロス貼り
- PB t=12.5
- 防湿フィルム
- 窯業系サイディング t=14
- 胴縁 20×45 @455
- 透湿防水シート
- 断熱材 t=60
- 構造用合板 t=12
- 透湿防水シート＋防水気密テープ貼り
- 発泡ウレタン充填
- 内法基準 h
- 内部／外部
- 先張り防水シート＋透湿防水シート＋防水気密テープ貼り
- 気密パッキン
- 基礎断熱では、床下を内部として扱うため、通気をとる必要がない

5. 外壁開口部の納まり　147

木製建具の納まり① （掃出窓）

平面図／断面図 1：10

1. 引違戸

外壁：窯業系サイディング t=14
内部：クロス貼り（大壁）

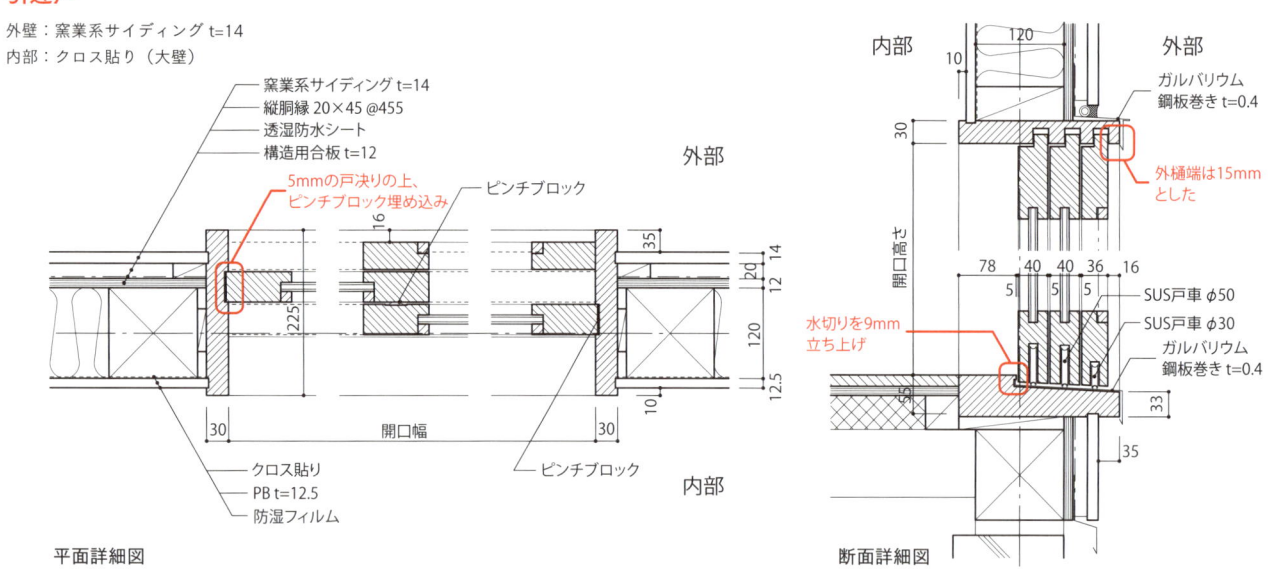

窯業系サイディング t=14
縦胴縁 20×45 @455
透湿防水シート
構造用合板 t=12

5mmの戸決りの上、ピンチブロック埋め込み

ピンチブロック

外部
内部

クロス貼り
PB t=12.5
防湿フィルム

平面詳細図

ガルバリウム鋼板巻き t=0.4

外樋端は15mmとした

SUS戸車 φ50
SUS戸車 φ30
ガルバリウム鋼板巻き t=0.4

水切りを9mm立ち上げ

断面詳細図

2. 片引戸

外壁：窯業系サイディング t=14
内部：クロス貼り（大壁）

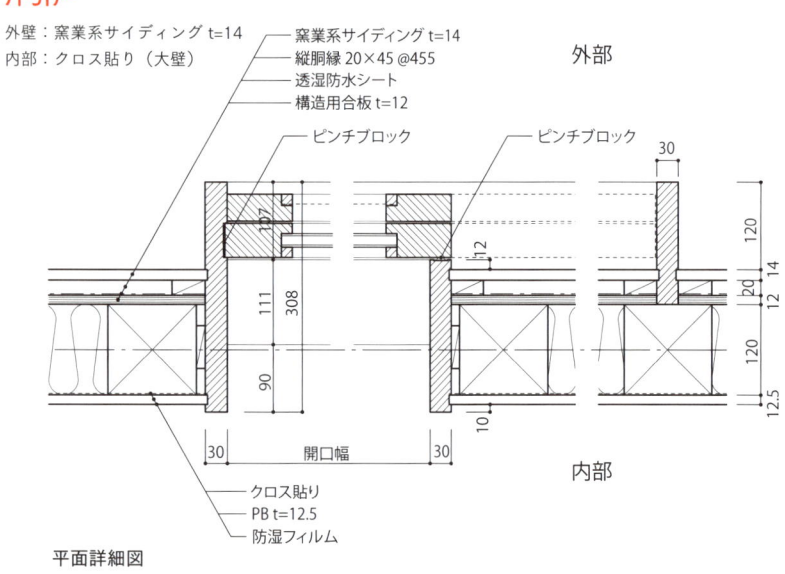

窯業系サイディング t=14
縦胴縁 20×45 @455
透湿防水シート
構造用合板 t=12

ピンチブロック

外部
内部

クロス貼り
PB t=12.5
防湿フィルム

平面詳細図

ガルバリウム鋼板巻き t=0.4

SUS戸車 φ50
SUS戸車 φ30
ガルバリウム鋼板巻き t=0.4

補強アングル L-90×90×9 @455

アングルで下枠の取付けを補強

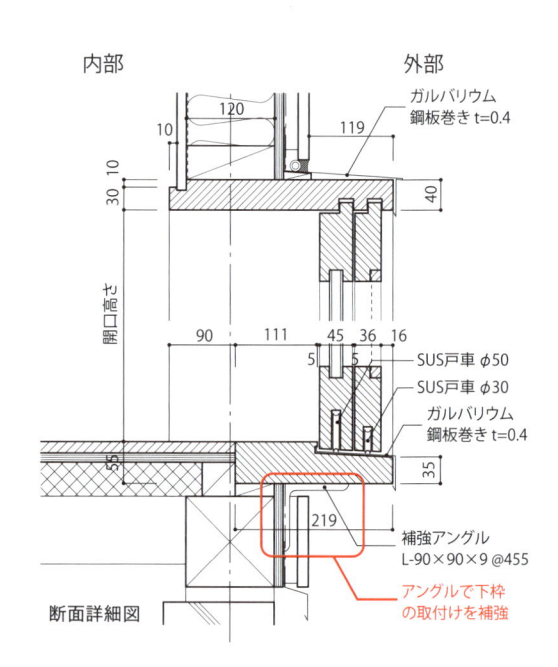

断面詳細図

3. 隠し框とした片引戸

外壁：窯業系サイディング t=14
内部：クロス貼り（大壁）

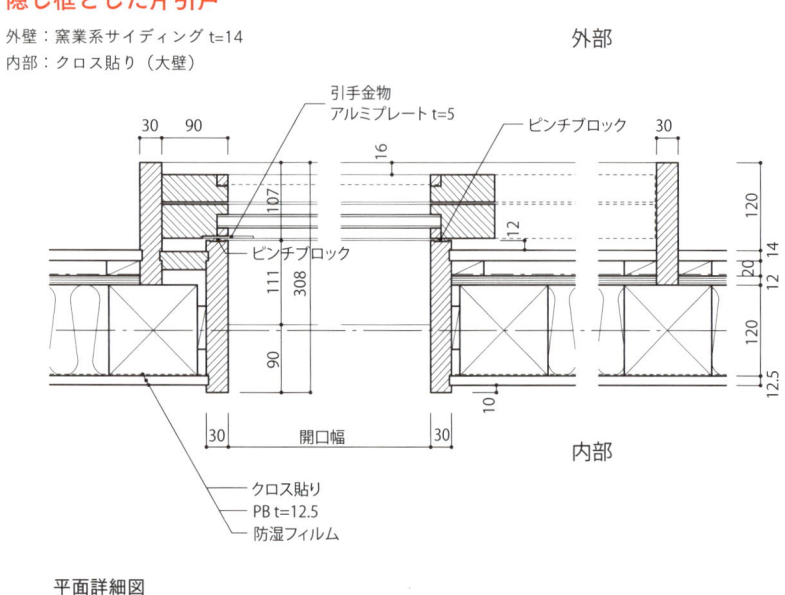

引手金物 アルミプレート t=5
ピンチブロック

外部
内部

ピンチブロック

クロス貼り
PB t=12.5
防湿フィルム

平面詳細図

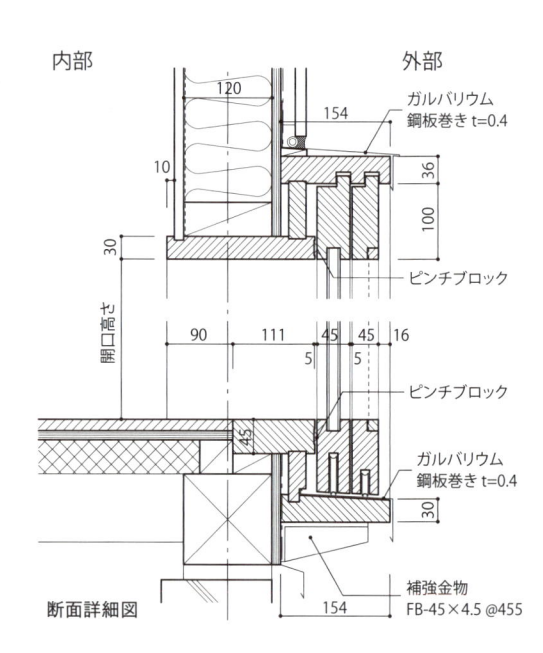

ガルバリウム鋼板巻き t=0.4
ピンチブロック
ガルバリウム鋼板巻き t=0.4

補強金物 FB-45×4.5 @455

断面詳細図

148　6章　各部の部分詳細

木製建具の納まり② （腰窓）

平面図／断面図 1：10

1. 隠し框とした引違窓
外壁：窯業系サイディング t=14
内部：クロス貼り（大壁）

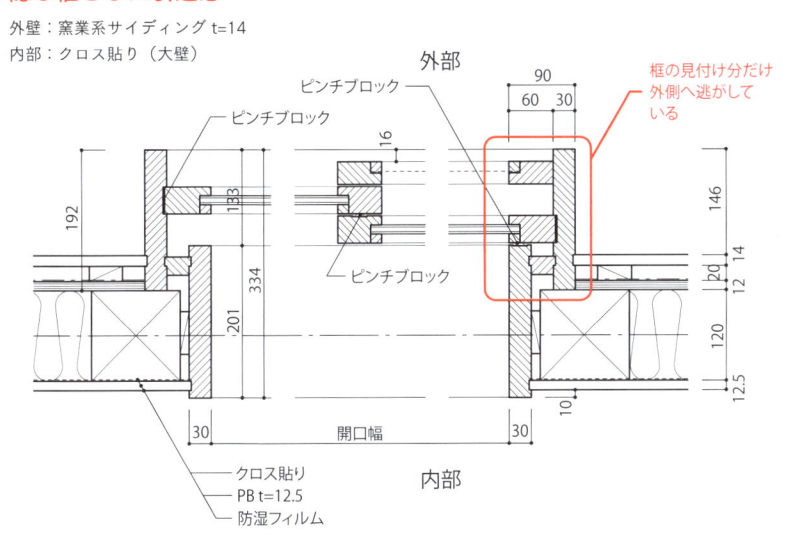

平面詳細図／断面詳細図

- ピンチブロック
- 框の見付け分だけ外側へ逃がしている
- 框（上桟）の見付け分だけ上側へ逃がしている
- ガルバリウム鋼板巻き t=0.4
- SUS戸車 φ36
- SUS戸車 φ30
- 補強ブラケット FB-45×4.5 @455
- 金物で下枠を補強
- クロス貼り
- PB t=12.5
- 防湿フィルム

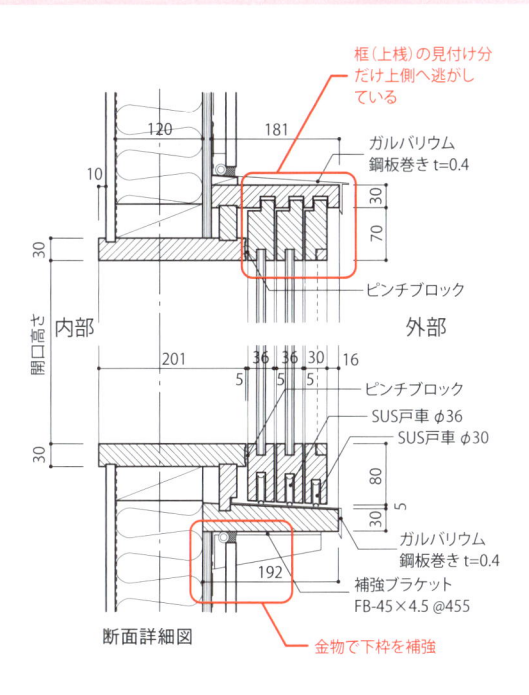

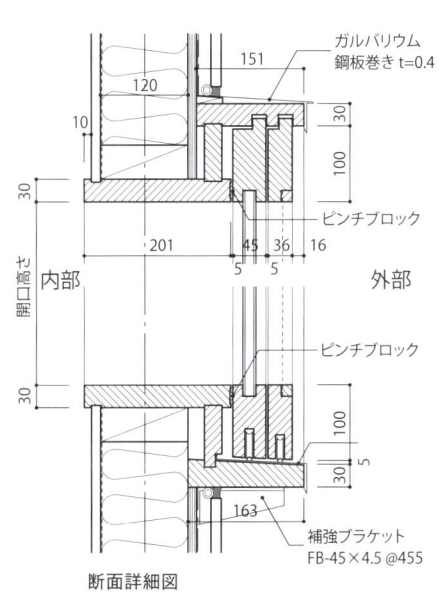

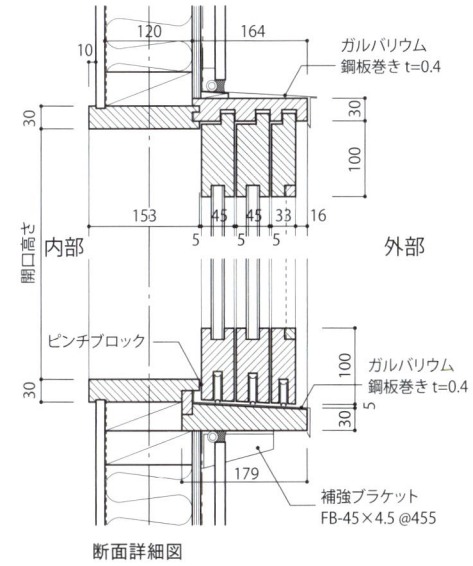

2. 隠し框とした片引窓
外壁：窯業系サイディング t=14
内部：クロス貼り（大壁）

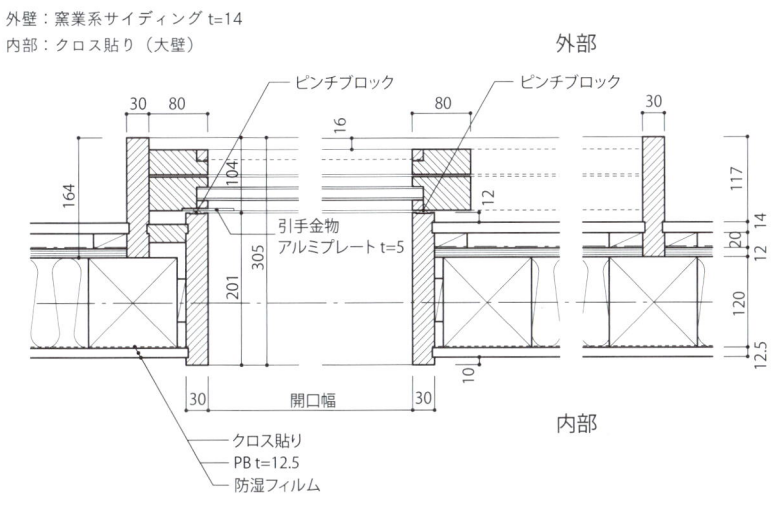

平面詳細図／断面詳細図

- ピンチブロック
- 引手金物 アルミプレート t=5
- ガルバリウム鋼板巻き t=0.4
- 補強ブラケット FB-45×4.5 @455
- クロス貼り
- PB t=12.5
- 防湿フィルム

3. 引込窓
外壁：窯業系サイディング t=14
内部：クロス貼り（大壁）

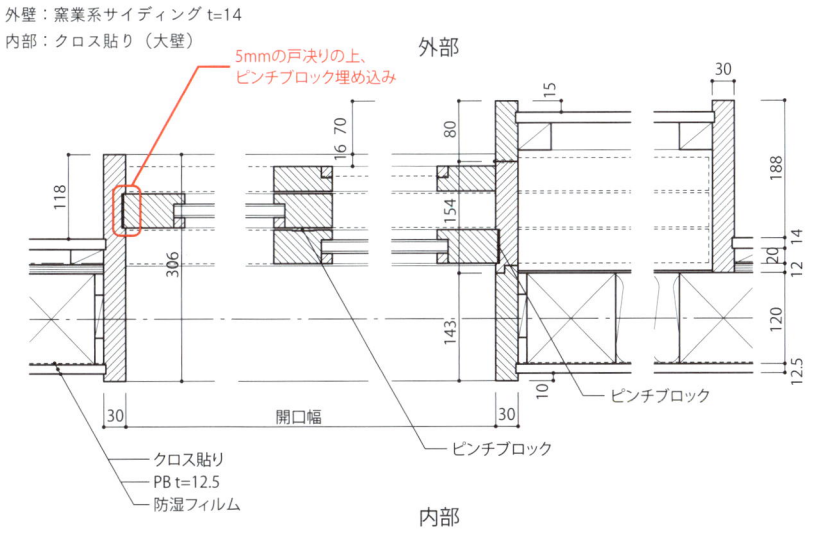

平面詳細図／断面詳細図

- 5mmの戸決りの上、ピンチブロック埋め込み
- ピンチブロック
- ガルバリウム鋼板巻き t=0.4
- 補強ブラケット FB-45×4.5 @455
- クロス貼り
- PB t=12.5
- 防湿フィルム

5. 外壁開口部の納まり

出隅に設けた木製建具の納まり

平面図／断面図 1：10

1. 戸袋に引き込む木製引違窓

外壁：窯業系サイディング t=14
内部：クロス貼り（大壁）

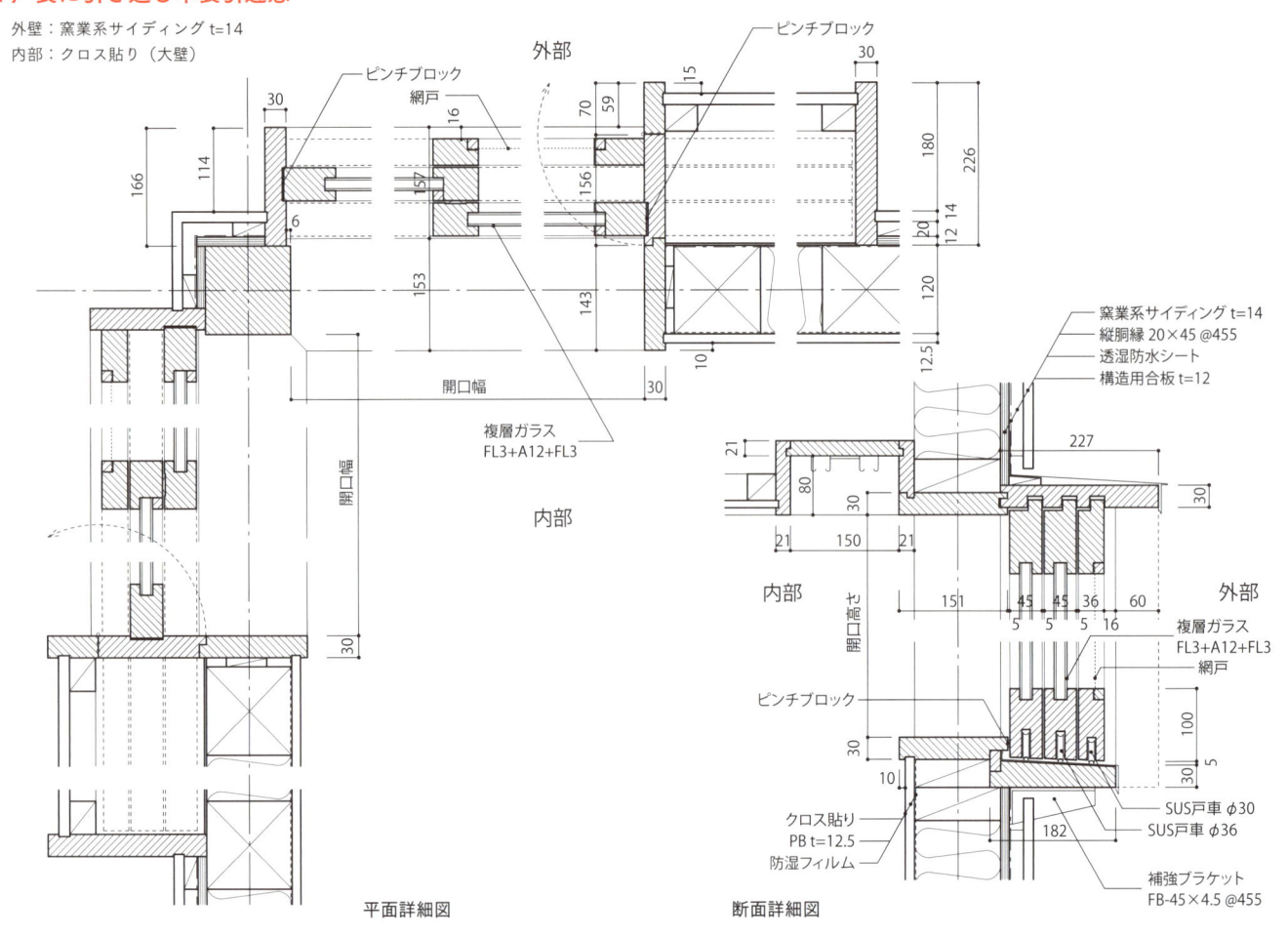

平面詳細図

断面詳細図

- ピンチブロック
- 網戸
- 複層ガラス FL3+A12+FL3
- 窯業系サイディング t=14
- 縦胴縁 20×45 @455
- 透湿防水シート
- 構造用合板 t=12
- クロス貼り
- PB t=12.5
- 防湿フィルム
- SUS戸車 φ30
- SUS戸車 φ36
- 補強ブラケット FB-45×4.5 @455

2. 隠し框とした木製片引窓

外壁：窯業系サイディング t=14
内部：クロス貼り（大壁）

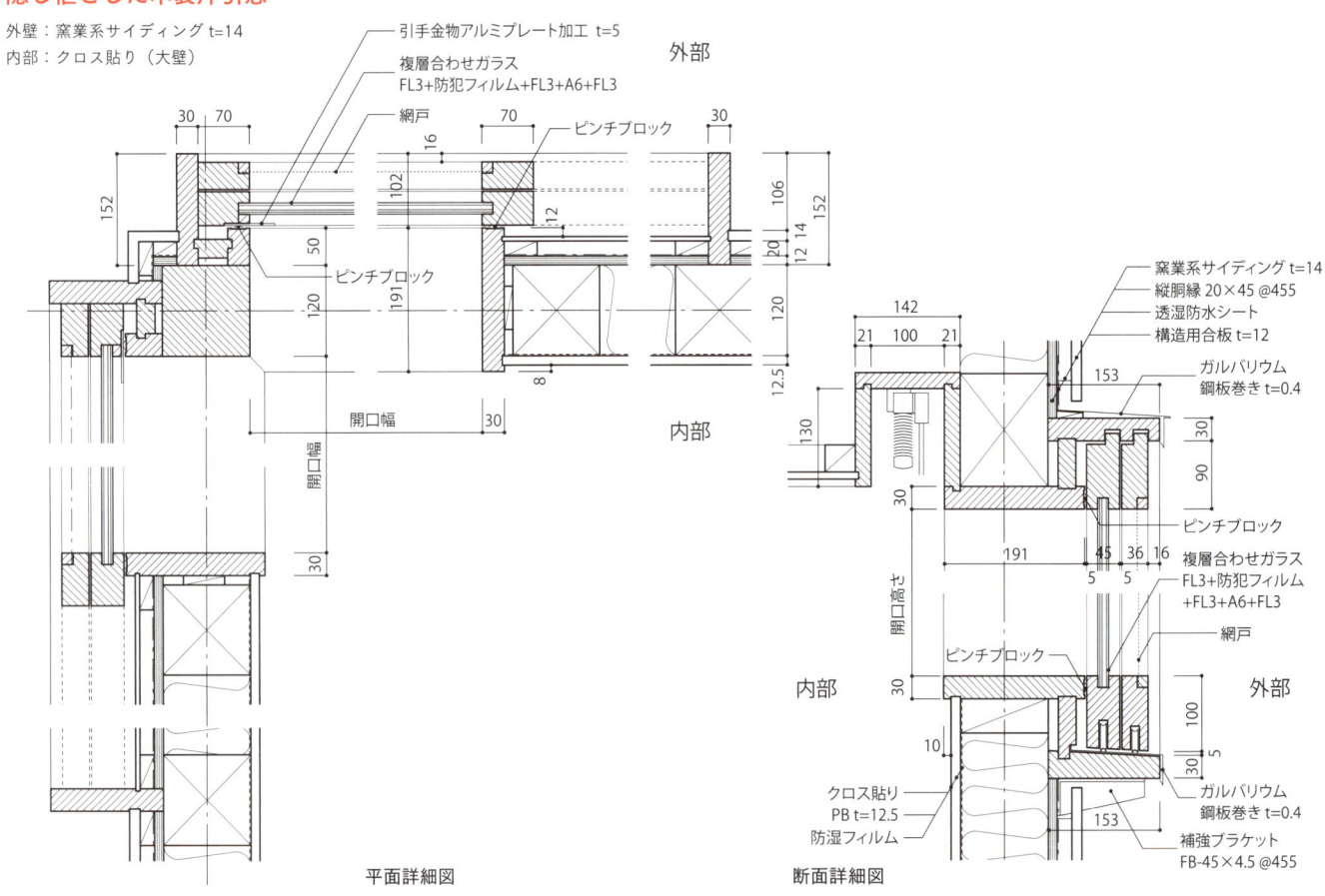

平面詳細図

断面詳細図

- 引手金物アルミプレート加工 t=5
- 複層合わせガラス FL3+防犯フィルム+FL3+A6+FL3
- 網戸
- ピンチブロック
- 窯業系サイディング t=14
- 縦胴縁 20×45 @455
- 透湿防水シート
- 構造用合板 t=12
- ガルバリウム鋼板巻き t=0.4
- クロス貼り
- PB t=12.5
- 防湿フィルム
- 補強ブラケット FB-45×4.5 @455

150　6章　各部の部分詳細

土間に設けた木製建具の納まり

断面図／平面図 1：10

1. 土間の引込戸

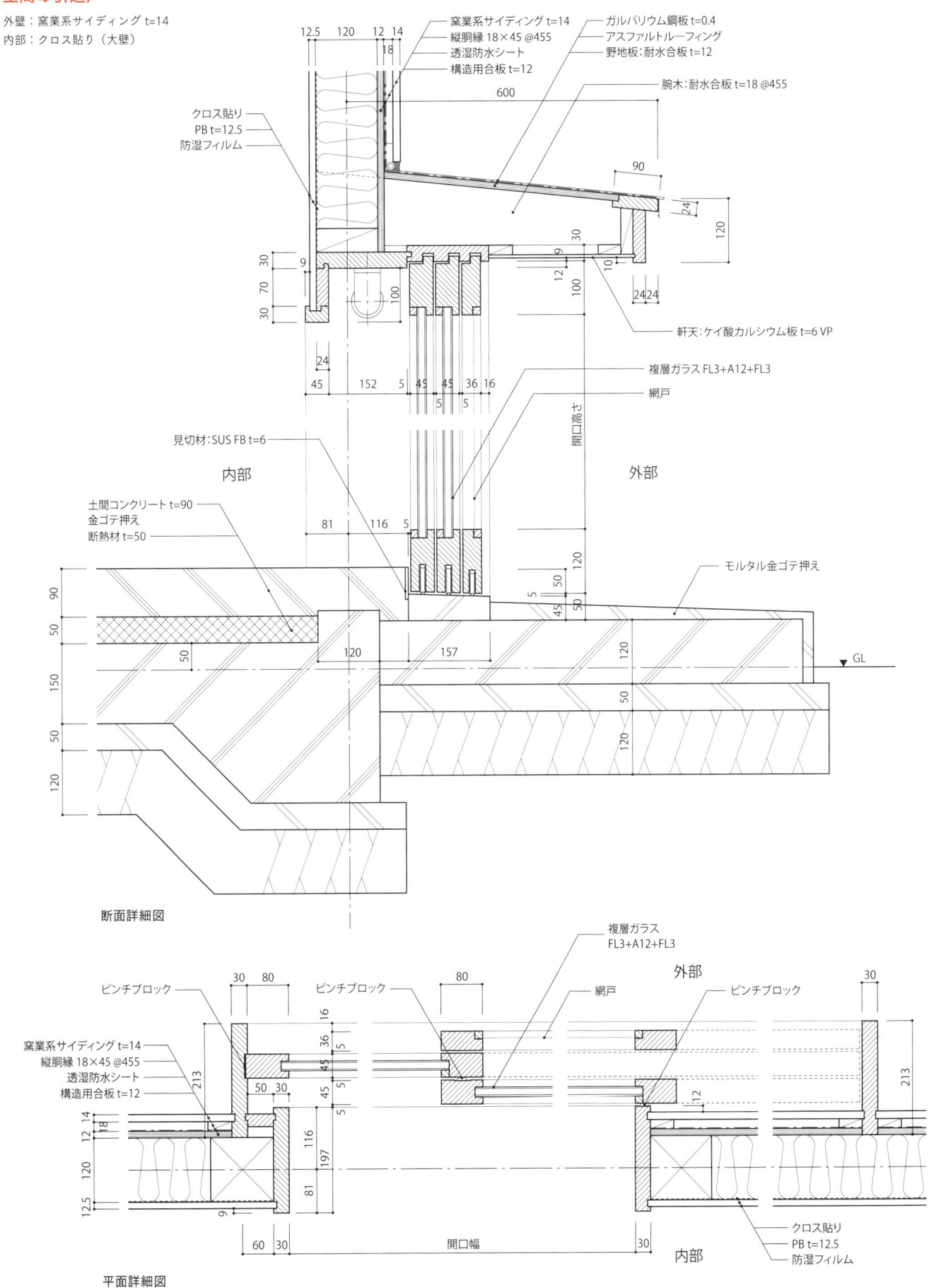

外壁：窯業系サイディング t=14
内部：クロス貼り（大壁）

窯業系サイディング t=14
縦胴縁 18×45 @455
透湿防水シート
構造用合板 t=12

ガルバリウム鋼板 t=0.4
アスファルトルーフィング
野地板：耐水合板 t=12

腕木：耐水合板 t=18 @455

クロス貼り
PB t=12.5
防湿フィルム

軒天：ケイ酸カルシウム板 t=6 VP

複層ガラス FL3+A12+FL3
網戸

見切材：SUS FB t=6

内部　外部

土間コンクリート t=90
金ゴテ押え
断熱材 t=50

モルタル金ゴテ押え

GL

開口高さ

断面詳細図

ピンチブロック
複層ガラス FL3+A12+FL3
網戸
ピンチブロック

窯業系サイディング t=14
縦胴縁 18×45 @455
透湿防水シート
構造用合板 t=12

外部

クロス貼り
PB t=12.5
防湿フィルム

内部

開口幅

平面詳細図

5. 外壁開口部の納まり

木製玄関扉の納まり

平面図／断面図 1：10

1. 外開き戸

外壁：窯業系サイディング t=14
内部：クロス貼り（大壁）

雨がかりや日射などに対して耐久性の高い樹種を選択する

床段差をフラットバーで見切っている

平面詳細図　断面詳細図

2. 袖壁に FIX 窓を設けた外開き戸

外壁：左官仕上げ
内部：クロス貼り（大壁）

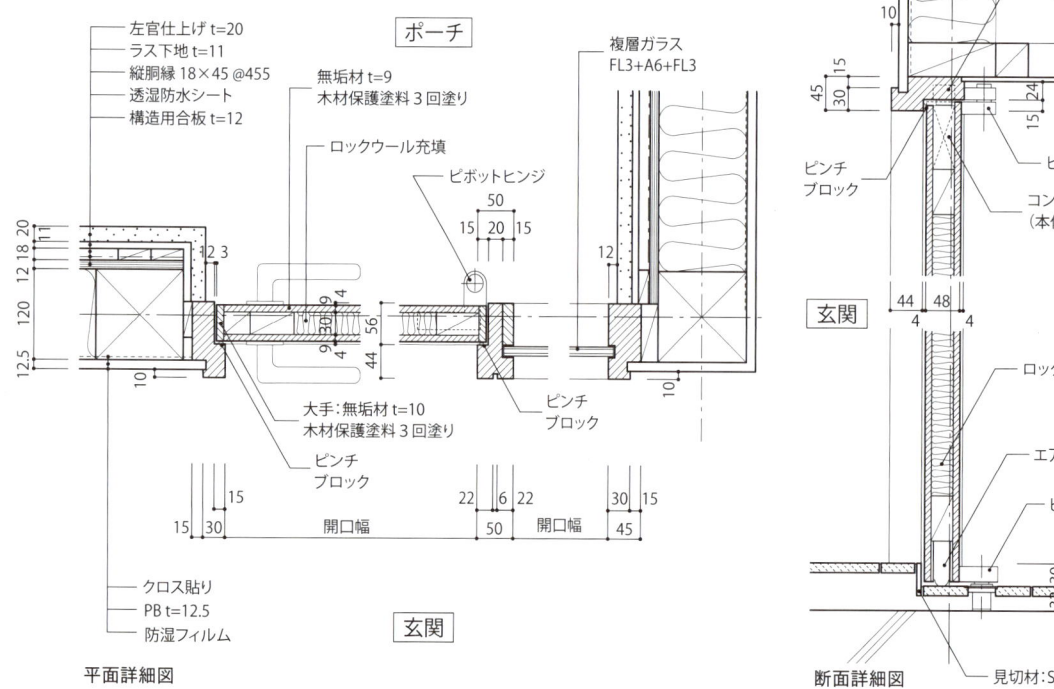

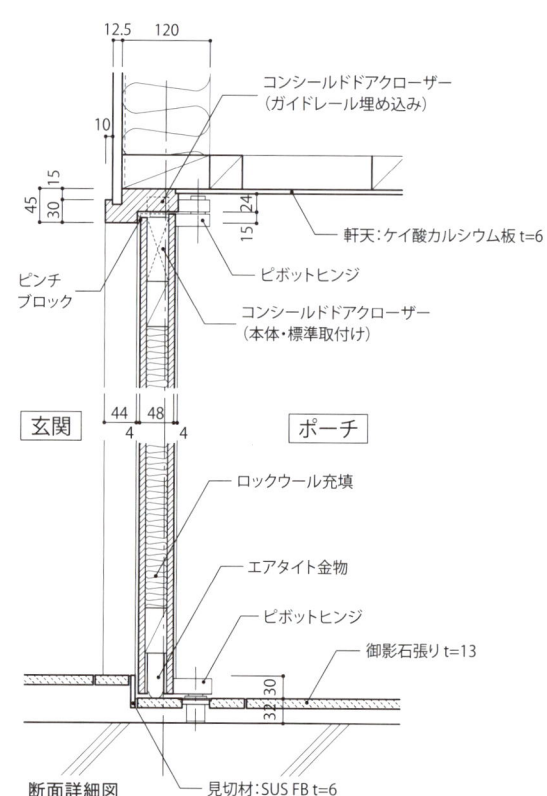

平面詳細図　断面詳細図

カーテンボックスの納まり

断面図 1:8

1. 壁から張り出す

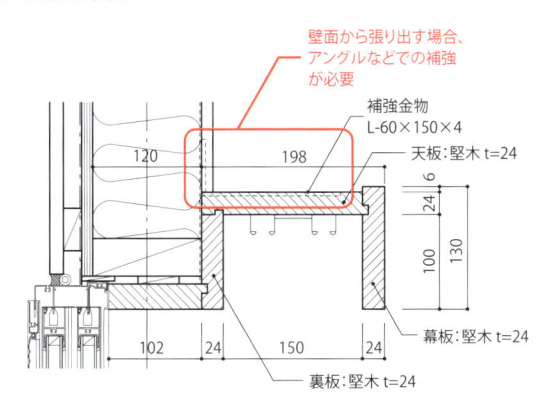

- 壁面から張り出す場合、アングルなどでの補強が必要
- 補強金物 L-60×150×4
- 天板：堅木 t=24
- 幕板：堅木 t=24
- 裏板：堅木 t=24

2. 天井に埋め込む

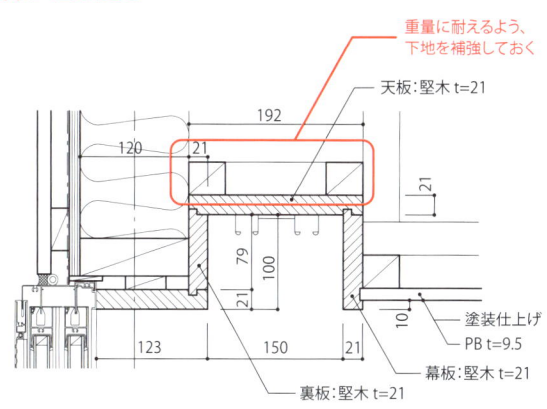

- 重量に耐えるよう、下地を補強しておく
- 天板：堅木 t=21
- 塗装仕上げ PB t=9.5
- 幕板：堅木 t=21
- 裏板：堅木 t=21

3. ロールスクリーンを納める

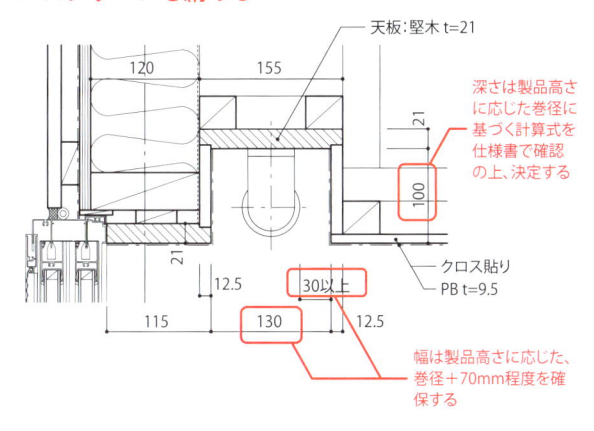

- 天板：堅木 t=21
- 深さは製品高さに応じた巻径に基づく計算式を仕様書で確認の上、決定する
- クロス貼り PB t=9.5
- 幅は製品高さに応じた、巻径＋70mm程度を確保する

4. ブラインドを納める

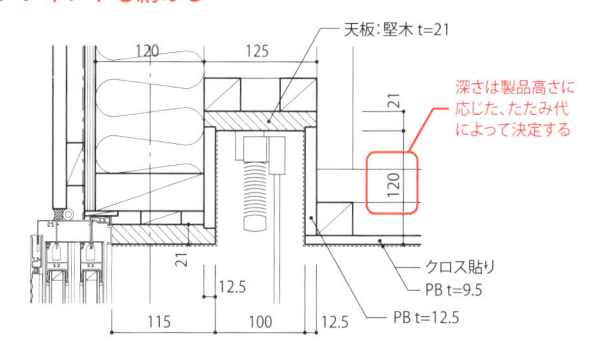

- 天板：堅木 t=21
- 深さは製品高さに応じた、たたみ代によって決定する
- クロス貼り PB t=12.5

5. 垂れ壁をふかして埋め込む

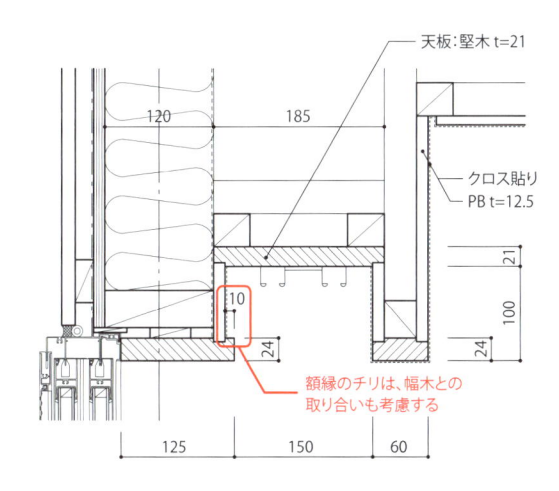

- 天板：堅木 t=21
- クロス貼り PB t=12.5
- 額縁のチリは、幅木との取り合いも考慮する

6. 壁と天井の取り合い部分に埋め込む

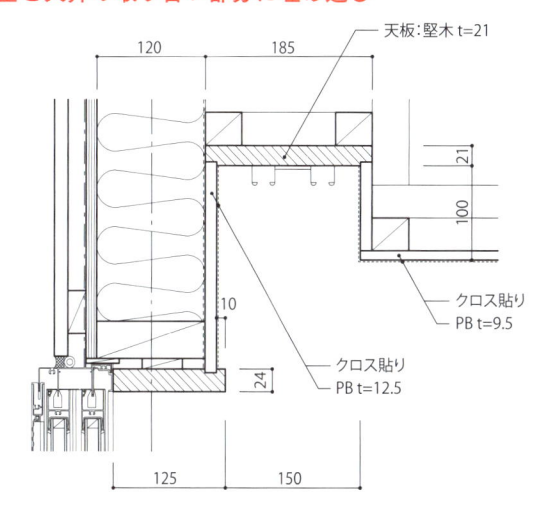

- 天板：堅木 t=21
- クロス貼り PB t=9.5
- クロス貼り PB t=12.5

7. 額縁に直付けする

- レールの存在感を消せるが、額縁とカーテン周囲に、隙間が生じやすくなるので、注意が必要

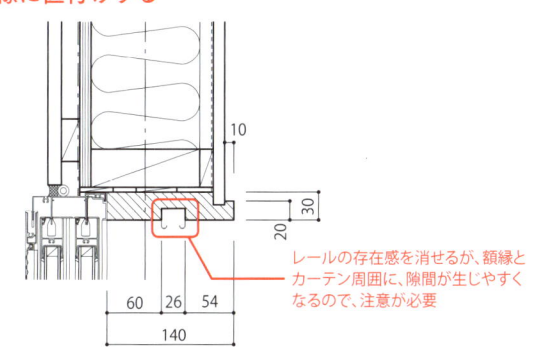

8. 天井に直付けする

- 塗装仕上げ PB t=9.5
- 額縁幅よりも外側にレール端部が出る場合、天井材の処理が必要

5. 外壁開口部の納まり　153

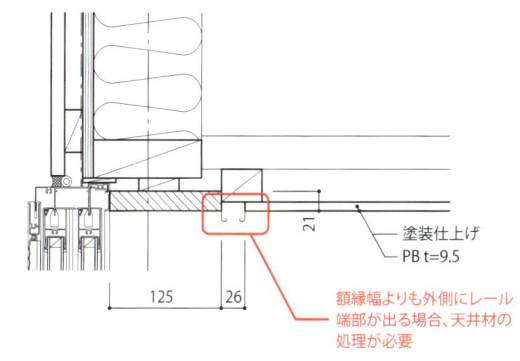

6. 内部建具の納まり

□ 建具に求める性能で開閉方式を選ぶ。
□ 開閉方式は空間の接続方法でもある。
□ 建具枠を消すときは入念に補強する。

内部建具には多くの種類がありますが、建具の開閉方式によって、開き戸と引戸に大別することができます。

〈開き戸〉
開き戸は、気密性や遮音性に優れた形式であり、木造住宅に採用されるものの多くは、建具は縦枠に丁番で取り付けられます。従来は下部に沓摺を設けるものが見られましたが、近年は三方枠を基本として、床の連続性を確保したものが多く採用されています。三方枠自体は、枠・額縁・戸当たりから構成されますが、額縁を省略したものや、枠自体を隠したものも見られます。

〈引戸〉
引戸は、空間の開放性や可変性に富む形式です。建具をスライドさせるレールの方式によって、床に敷居を設けたものやVレールを埋め込んだ通常の引戸と、上部に吊りレールを設けた吊戸に分けられます。Vレールを用いた引戸は、下部に戸車を内蔵しているため、敷居をスライドさせるよりも軽い力で開閉することができます。Vレールを床に埋め込んだ引戸や、床にレールのない吊戸は、段差のない床とすることができ、視覚的にも空間に連続性を与えることができます。吊戸は扉の重量が上部に集中するため、下地補強を必要とすることや、金物の種類によっては、メンテナンスを考慮して、幕板の脱着を想定した納まりとします。戸の引込み方には、室内壁の厚さ内に納める、壁の外側に逃がす、壁内に引き込むなどの方法があります。いずれの場合も、戸と室内壁側の引込み部分とに適切なクリアランスを確保し、戸が反ったときのメンテナンスも念頭に置く必要があります。また、引戸は、一般的に気密性・遮音性では開き戸に劣るため、戸当たりに戸決り（とじゃくり）を設けるとよいでしょう。

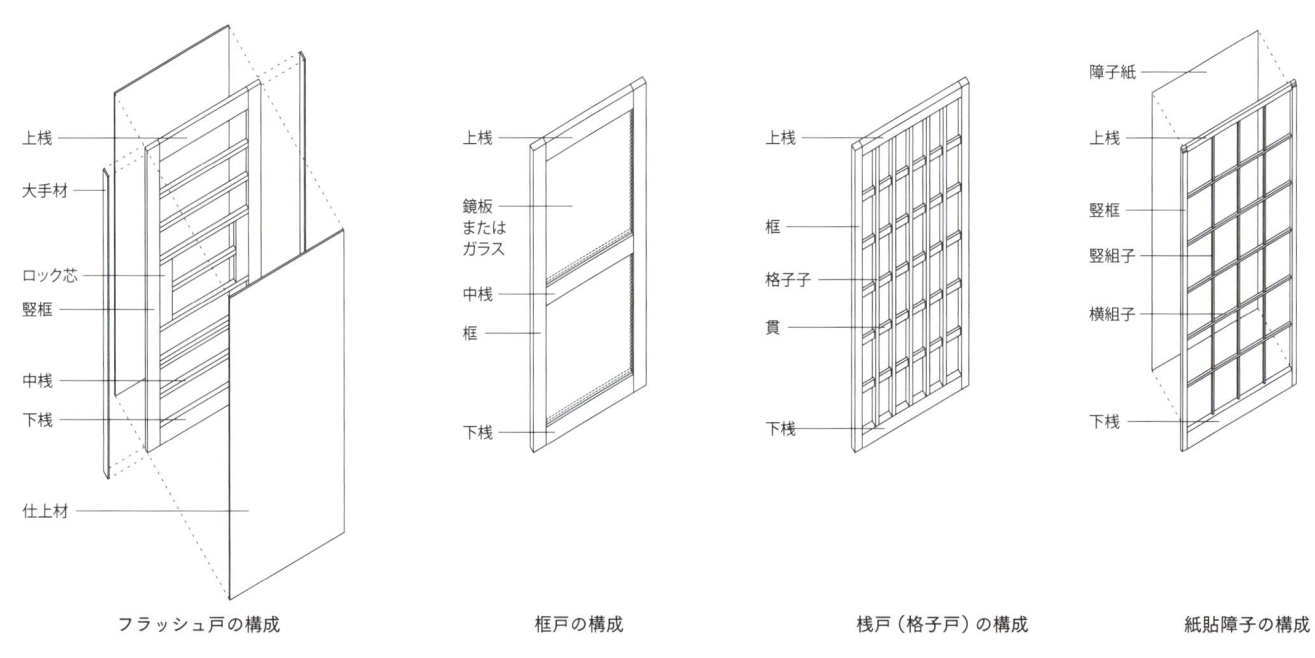

図1. 主な建具の構成

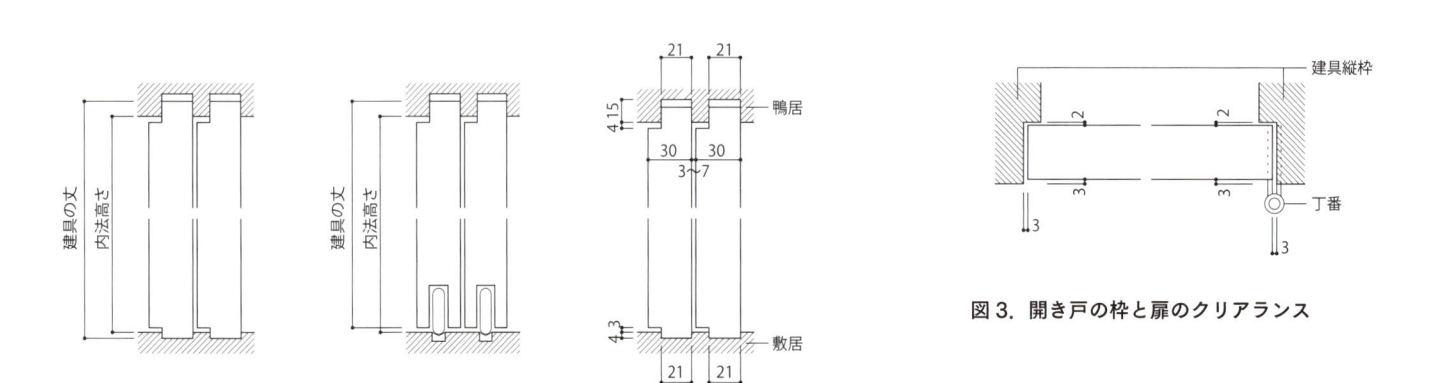

図2. 引戸の種類と寸法

図3. 開き戸の枠と扉のクリアランス

開き戸の納まり

平面図／断面図 1：8

1. 一般的な開き戸

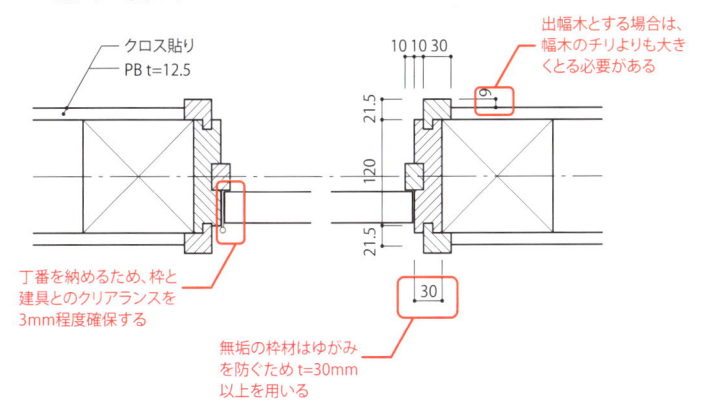

- クロス貼り
- PB t=12.5
- 丁番を納めるため、枠と建具とのクリアランスを3mm程度確保する
- 出幅木とする場合は、幅木のチリよりも大きくとる必要がある
- 無垢の枠材はゆがみを防ぐため t=30mm 以上を用いる
- フローリング t=15

平面詳細図 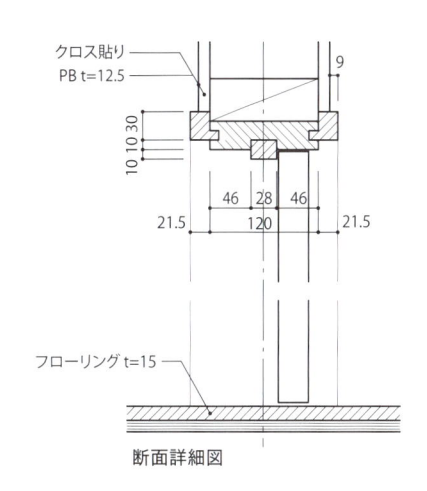　断面詳細図

2. 開き戸の枠の見付けを抑える

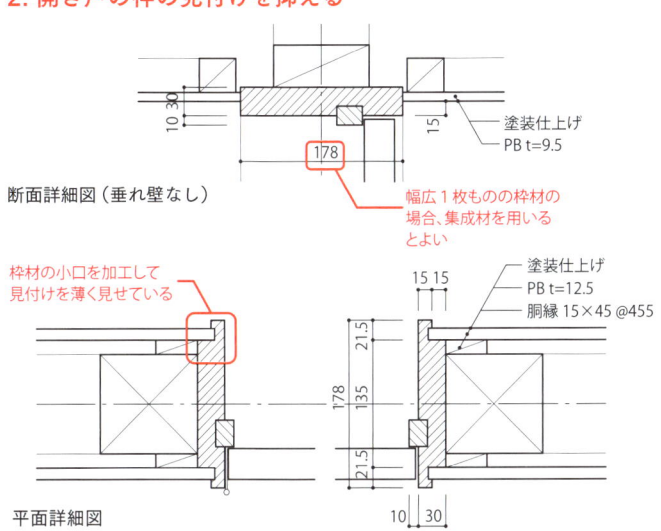

- 塗装仕上げ
- PB t=9.5
- 幅広1枚ものの枠材の場合、集成材を用いるとよい
- 枠材の小口を加工して見付けを薄く見せている
- 塗装仕上げ
- PB t=12.5
- 胴縁 15×45 @455
- 見切材
- フローリング t=15
- 堅木の見切材で見切っている

断面詳細図（垂れ壁なし）　平面詳細図 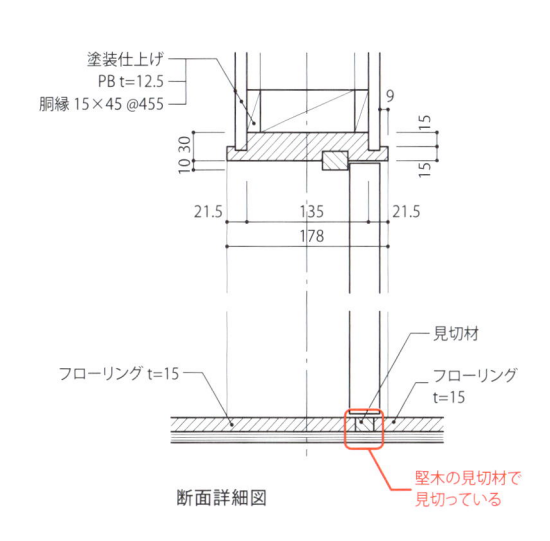　断面詳細図

3. 開き戸の枠を隠す

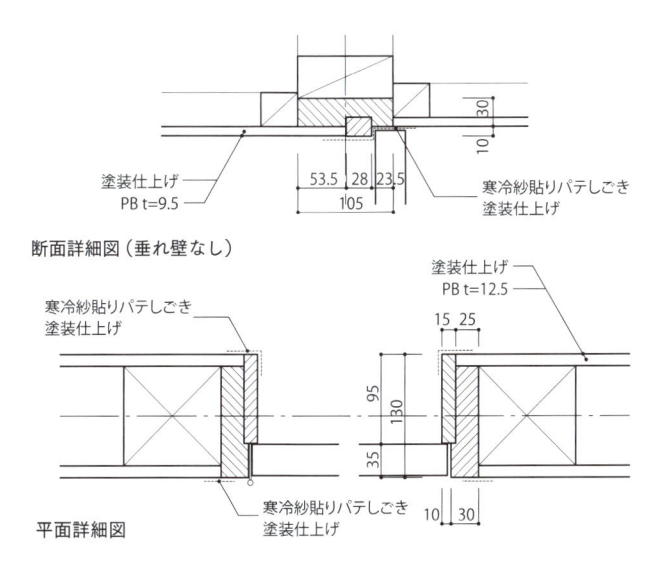

- 塗装仕上げ
- PB t=9.5
- 寒冷紗貼りパテしごき 塗装仕上げ
- PB t=12.5
- ひび割れ防止のため補強したうえで、塗装で仕上げる
- フローリング t=15

断面詳細図（垂れ壁なし）　平面詳細図 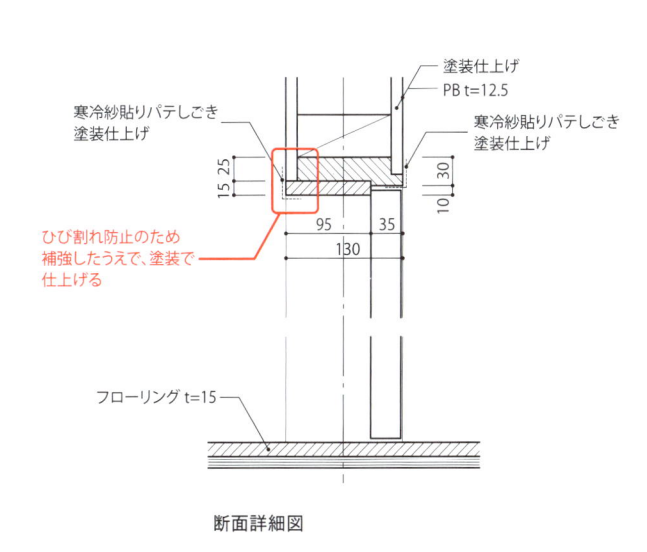　断面詳細図

6. 内部建具の納まり

引戸の納まり

平面図／断面図 1：8

1. 一般的な引戸

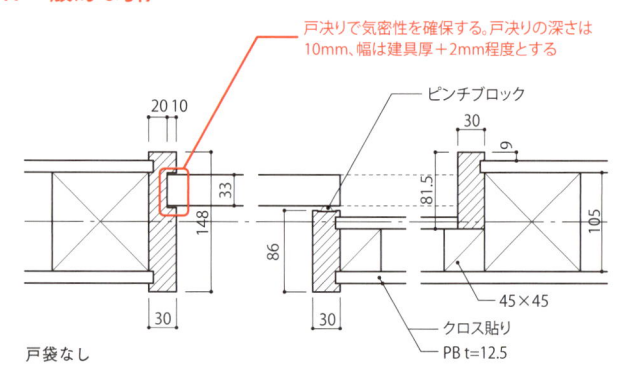

戸決りで気密性を確保する。戸決りの深さは10mm、幅は建具厚＋2mm程度とする

ピンチブロック

クロス貼り
PB t=12.5

戸袋なし

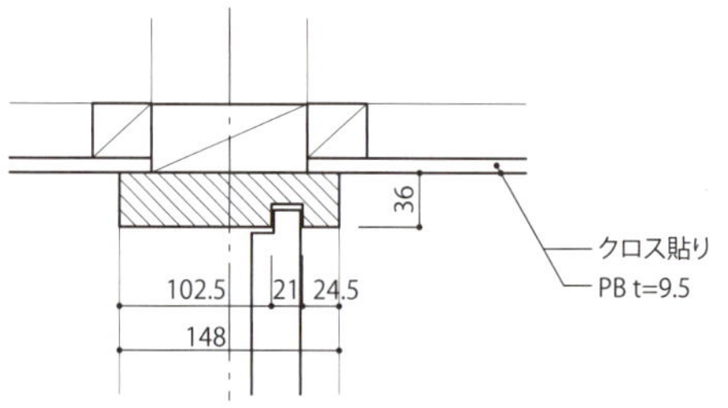

垂れ壁なし

建具と方立とのクリアランスに注意。ここでは5mmとした

ピンチブロック

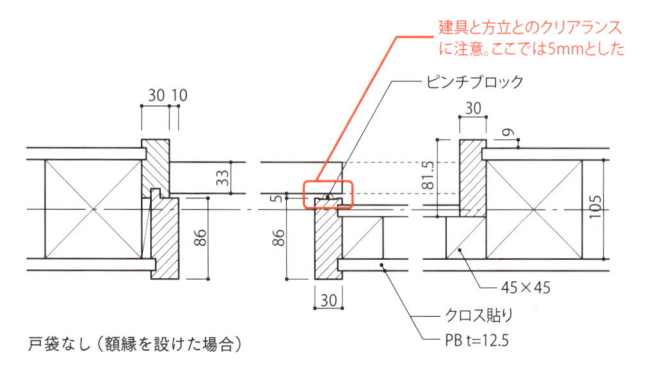

戸袋なし（額縁を設けた場合）

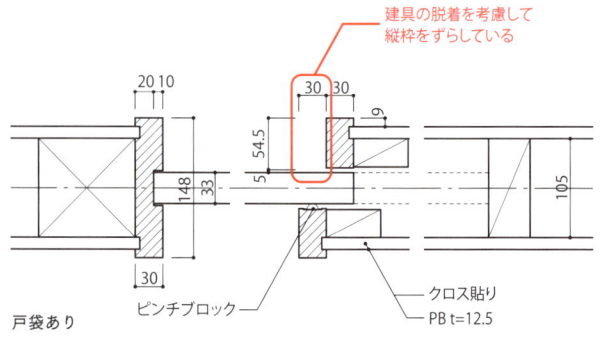

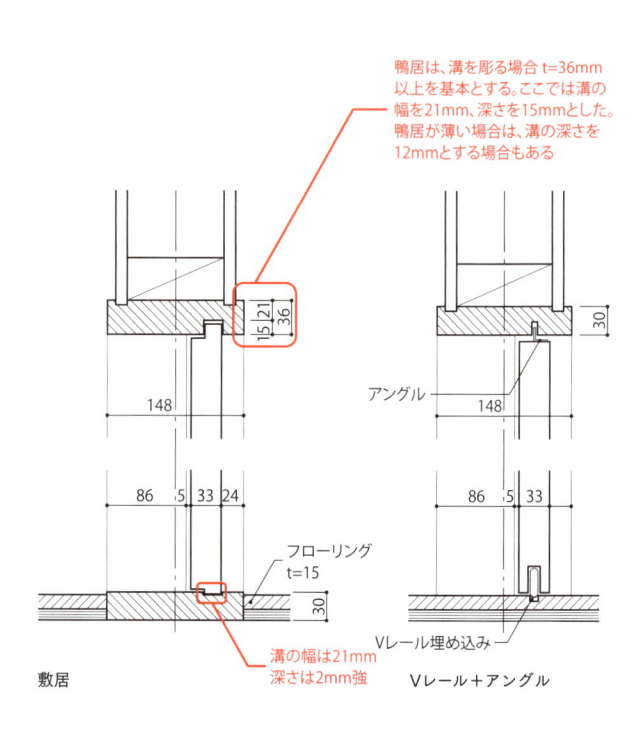

鴨居は、溝を彫る場合 t=36mm以上を基本とする。ここでは溝の幅を21mm、深さを15mmとした。鴨居が薄い場合は、溝の深さを12mmとする場合もある

建具の脱着を考慮して縦枠をずらしている

アングル

戸袋あり

平面詳細図

フローリング t=15

Vレール埋め込み

敷居

溝の幅は21mm深さは2mm強

Vレール＋アングル

断面詳細図

2. 引戸の枠の見付幅を抑える

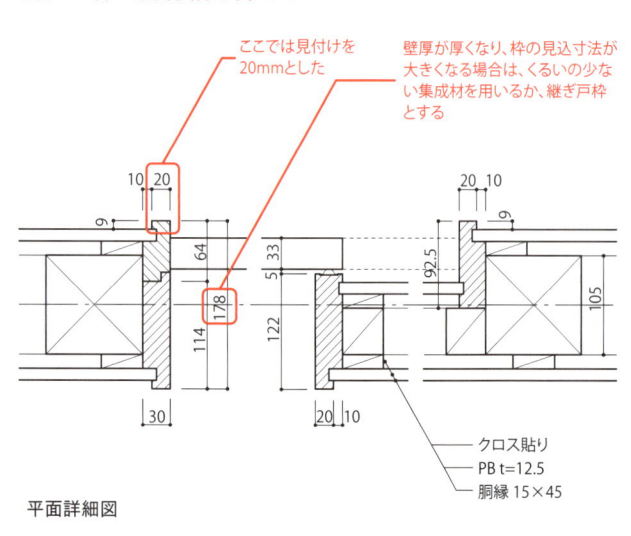

クロス貼り
PB t=12.5
胴縁 15×45 @455

ここでは見付けを20mmとした

壁厚が厚くなり、枠の見込寸法が大きくなる場合は、くるいの少ない集成材を用いるか、継ぎ戸枠とする

ここでは見付けを20mmとした

クロス貼り
PB t=12.5
胴縁 15×45

平面詳細図

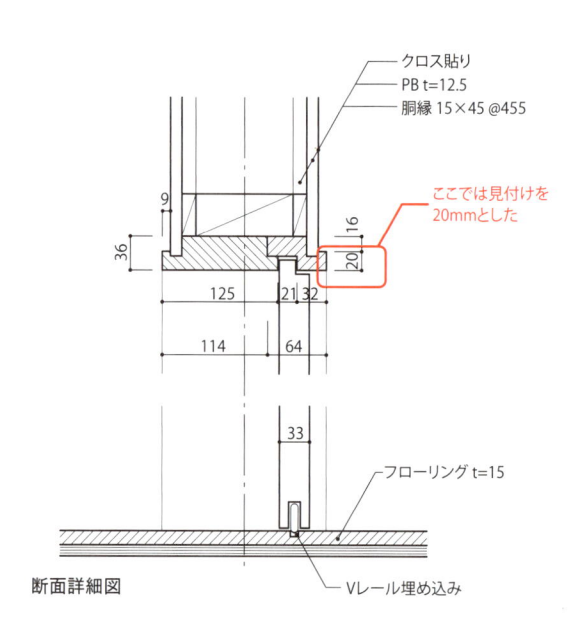

フローリング t=15

Vレール埋め込み

断面詳細図

156　6章　各部の部分詳細

3. 引違戸

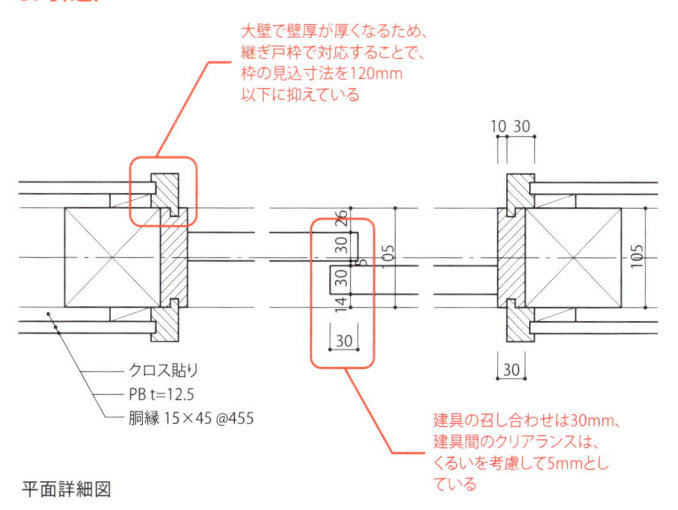

大壁で壁厚が厚くなるため、継ぎ戸枠で対応することで、枠の見込寸法を120mm以下に抑えている

建具の召し合わせは30mm、建具間のクリアランスは、くるいを考慮して5mmとしている

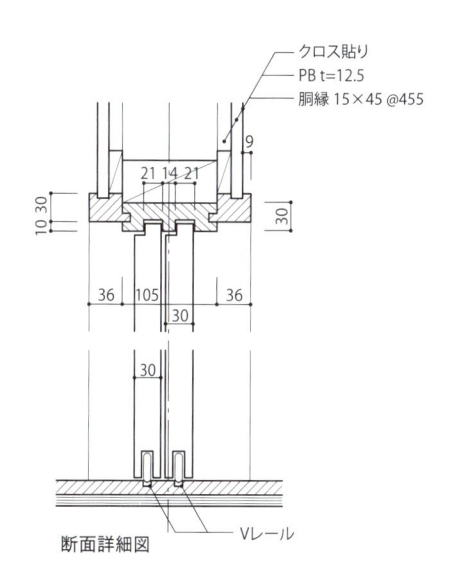

クロス貼り
PB t=12.5
胴縁 15×45 @455

平面詳細図　　断面詳細図

Vレール

4. 真壁に片引戸を納める

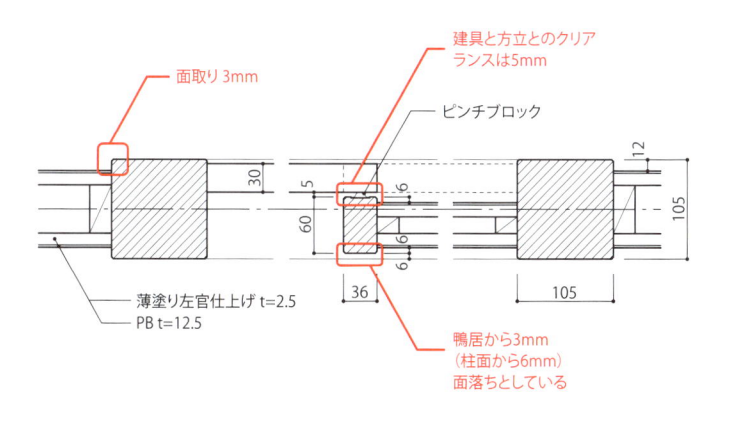

面取り 3mm
建具と方立とのクリアランスは5mm
ピンチブロック
鴨居から3mm（柱面から6mm）面落としている

薄塗り左官仕上げ t=2.5
PB t=12.5

鴨居は柱面から3mm面落としている

平面詳細図 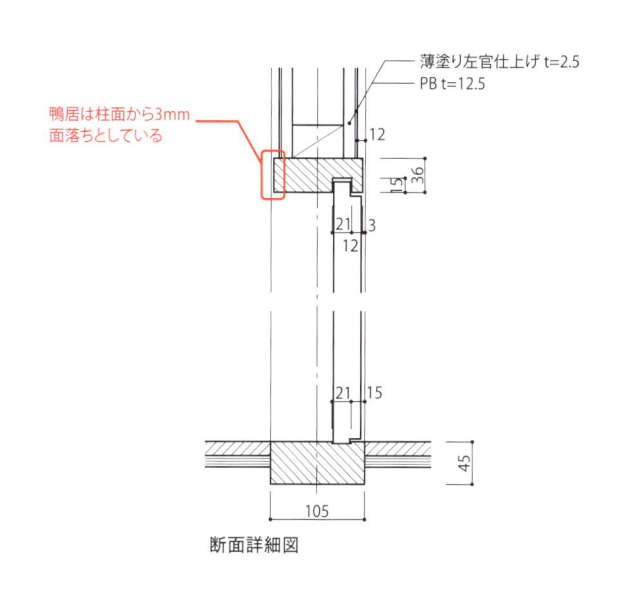　　断面詳細図

5. 真壁に引違戸を納める

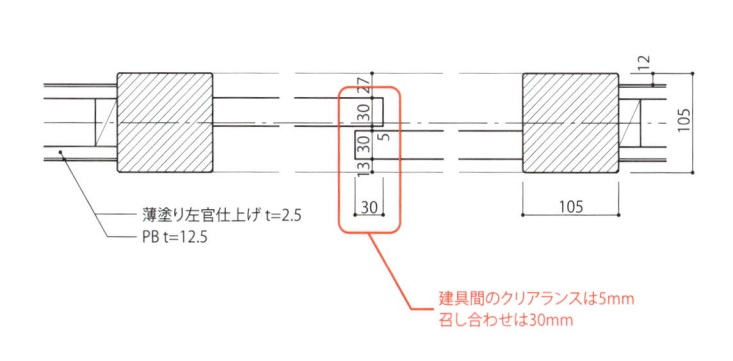

薄塗り左官仕上げ t=2.5
PB t=12.5

建具間のクリアランスは5mm
召し合わせは30mm

平面詳細図 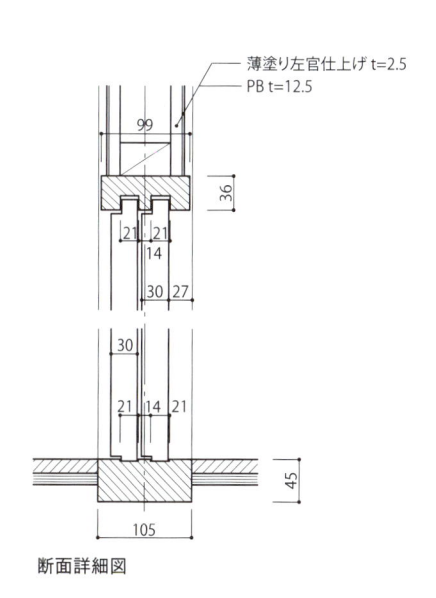　　断面詳細図

6. 内部建具の納まり

6. 引戸の枠を隠す

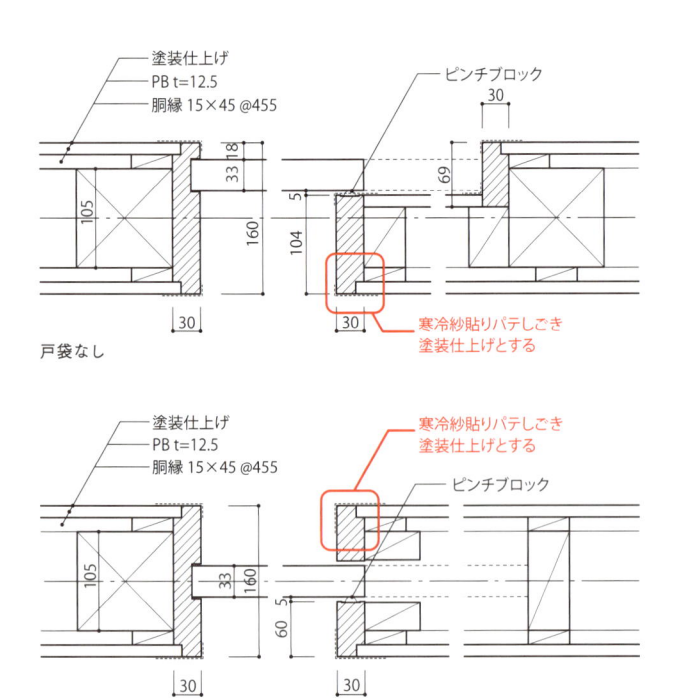

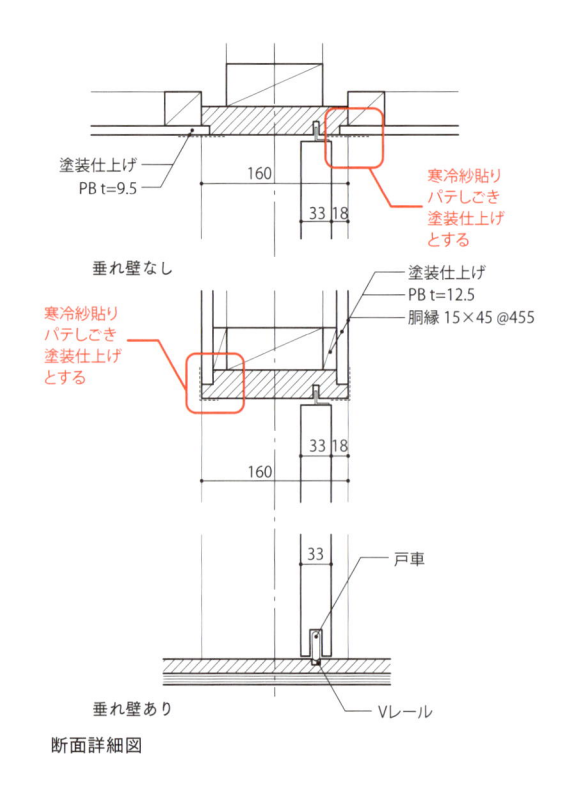

平面詳細図

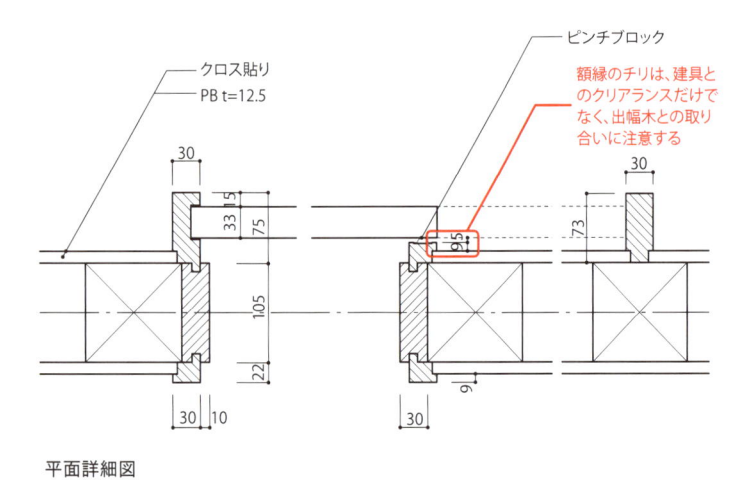

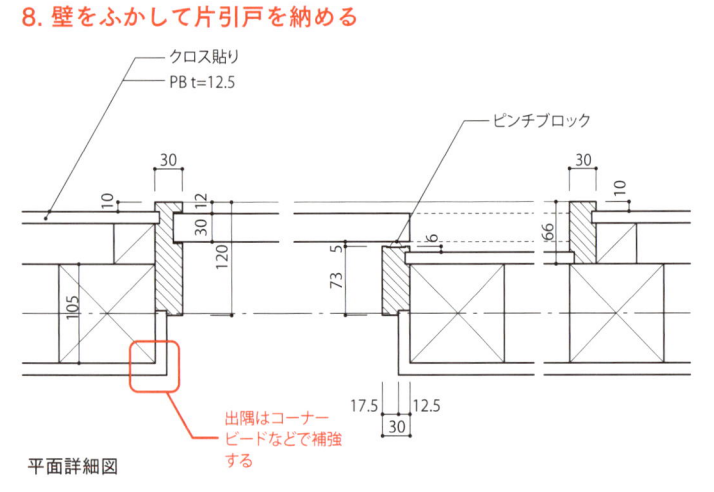

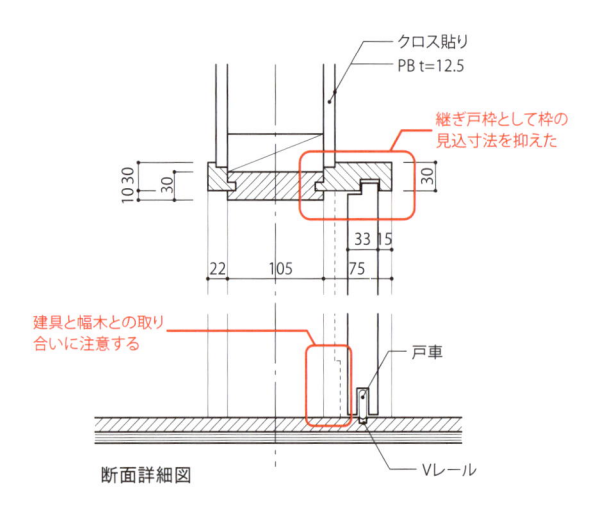

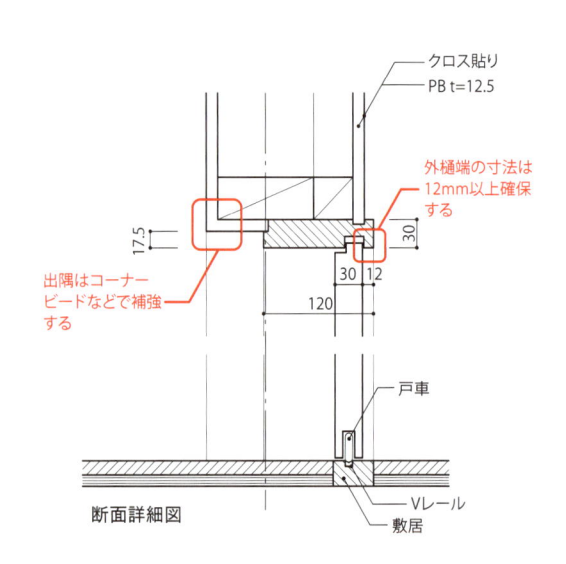

戸袋なし
- 塗装仕上げ
- PB t=12.5
- 胴縁 15×45 @455
- ピンチブロック
- 寒冷紗貼りパテしごき塗装仕上げとする

戸袋あり
- 塗装仕上げ
- PB t=12.5
- 胴縁 15×45 @455
- 寒冷紗貼りパテしごき塗装仕上げとする
- ピンチブロック

断面詳細図

垂れ壁なし
- 塗装仕上げ
- PB t=9.5
- 寒冷紗貼りパテしごき塗装仕上げとする

垂れ壁あり
- 寒冷紗貼りパテしごき塗装仕上げとする
- 塗装仕上げ
- PB t=12.5
- 胴縁 15×45 @455
- 戸車
- Vレール

7. 外付けの片引戸

平面詳細図
- クロス貼り
- PB t=12.5
- ピンチブロック
- 額縁のチリは、建具とのクリアランスだけでなく、出幅木との取り合いに注意する

断面詳細図
- クロス貼り
- PB t=12.5
- 継ぎ戸枠として枠の見込寸法を抑えた
- 建具と幅木との取り合いに注意する
- 戸車
- Vレール

8. 壁をふかして片引戸を納める

平面詳細図
- クロス貼り
- PB t=12.5
- ピンチブロック
- 出隅はコーナービードなどで補強する

断面詳細図
- クロス貼り
- PB t=12.5
- 外樋端の寸法は12mm以上確保する
- 出隅はコーナービードなどで補強する
- 戸車
- Vレール
- 敷居

9. ガイド金物を用いた外付け片引戸

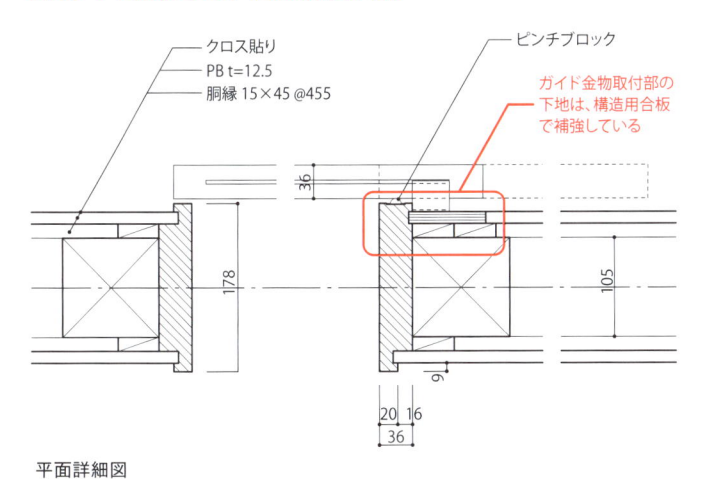

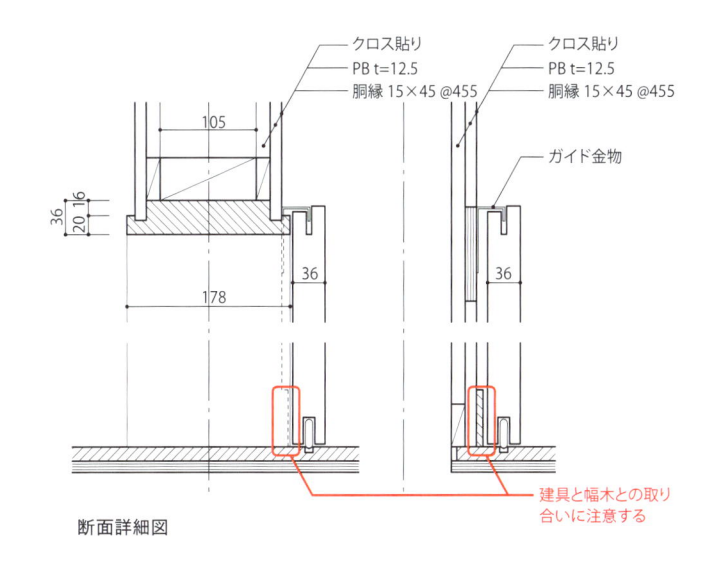

- クロス貼り
- PB t=12.5
- 胴縁 15×45 @455
- ピンチブロック
- ガイド金物取付部の下地は、構造用合板で補強している

平面詳細図

- クロス貼り
- PB t=12.5
- 胴縁 15×45 @455
- ガイド金物
- 建具と幅木との取り合いに注意する

断面詳細図

10. 吊戸の納まり①（枠内に納める）

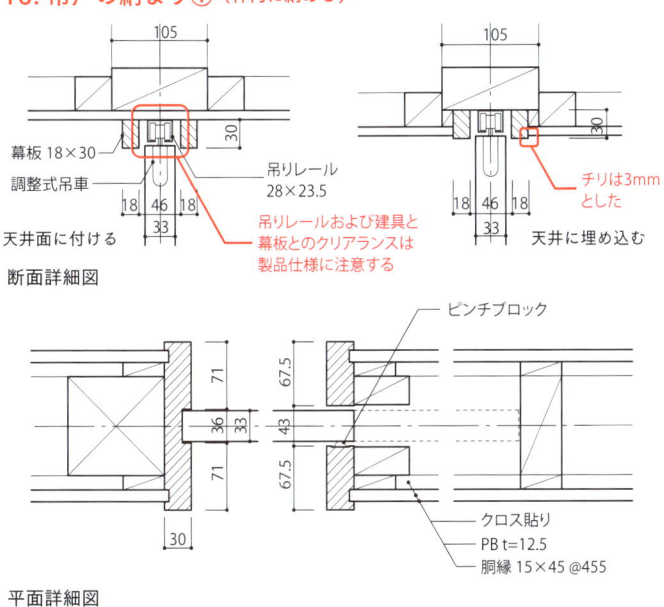

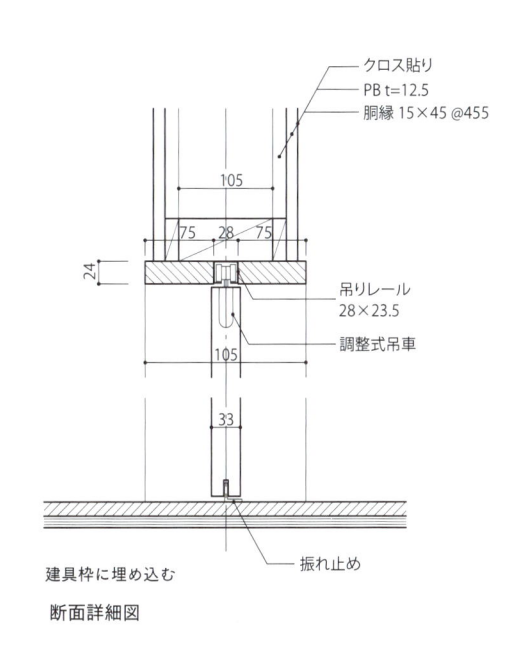

- 幕板 18×30
- 調整式吊車
- 吊リレール 28×23.5
- 吊リレールおよび建具と幕板とのクリアランスは製品仕様に注意する

天井面に付ける
断面詳細図

チリは3mmとした

天井に埋め込む

- ピンチブロック
- クロス貼り
- PB t=12.5
- 胴縁 15×45 @455

平面詳細図

- クロス貼り
- PB t=12.5
- 胴縁 15×45 @455
- 吊リレール 28×23.5
- 調整式吊車
- 振れ止め

建具枠に埋め込む
断面詳細図

11. 吊戸の納まり②（枠内で引違い）

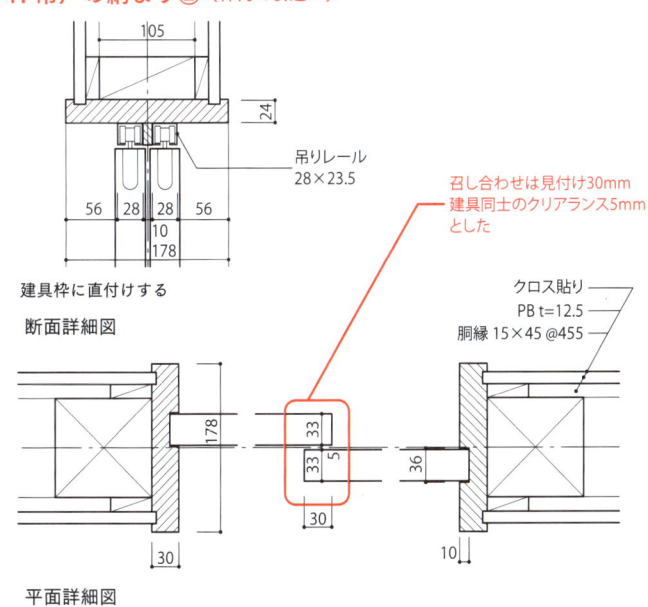

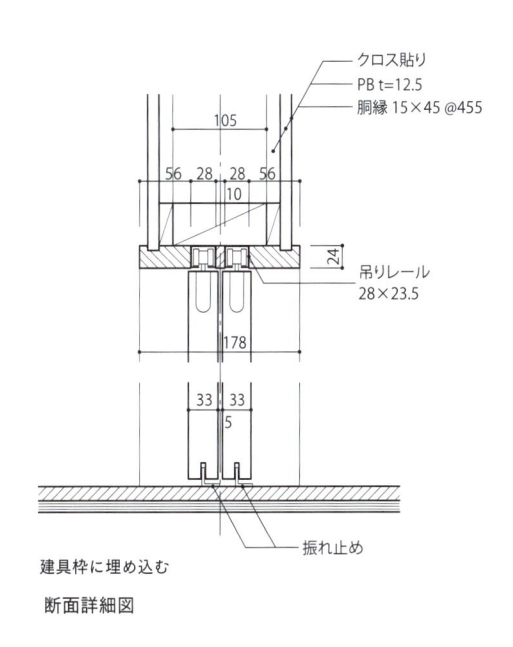

- 吊リレール 28×23.5
- 召し合わせは見付け30mm 建具同士のクリアランス5mmとした

建具枠に直付けする
断面詳細図

- クロス貼り
- PB t=12.5
- 胴縁 15×45 @455

平面詳細図

- クロス貼り
- PB t=12.5
- 胴縁 15×45 @455
- 吊リレール 28×23.5
- 振れ止め

建具枠に埋め込む
断面詳細図

6. 内部建具の納まり

7. 床の納まり

- □ 床下地の構成を理解する。
- □ 異なる床材の取り合いに注意する。
- □ 床暖房では下部への断熱に注意する。

近年の木造在来構法における床下地は、根太組の床と剛床（根太レスの床）に大別することができます。

〈根太組の床〉

根太組の床は、主に大引、根太、構造用合板で構成される、最もポピュラーな床下地の方法です。1階の床下地は、90mm角の大引を土台天端にそろえて910mmピッチに組み、その上に45mm角程度の根太を303mmピッチで施工します。さらに根太の上に12mm厚の構造用合板を張ったうえで、床仕上げとなるフローリング材などを施工します。フローリング材の向きは、根太に対して直交方向に張ります。2階の床下地は、梁の間隔が1820mm程度と、大引の場合よりも大きくなります。そのため、根太の材寸は45×105mm程度に大きくとります。床下地に用いる部材は、反りやねじれ、床鳴りなどを考慮して、必ず乾燥材を用います。

〈根太レス構法の床〉

剛床は、床下地に24mmまたは28mmなどの厚めの構造用合板を使用し、根太を省略する方法です。材積は根太組の床下地よりも増加しますが、施工性がよく、水平構面が確保される点などが特徴です。1階の床下地では、大引を土台天端にそろえて設置し、その上に厚めの構造用合板を張ります。

この時、必ず構造用合板の四周を釘打ちします。また1階床下地では、必ず910mmピッチで大引もしくはたわみ防止の根太を入れます。2階床組においても、梁を構造用合板のサイズに合わせて井桁状に配置し、910mmピッチにたわみ防止の根太（105角程度）を入れたうえで、厚めの構造用合板を張ります。

〈床の仕上材〉

床の仕上材としては、主にフローリング材、畳、カーペット、コルクタイル、クッションフロア（以下、CFと表記）、Pタイルなどが用いられますが、異なる床材同士や、床暖房を敷設した床を、同じレベルでそろえたいときには、根太の高さや、合板の捨て張りなどによってレベル調整を行います。

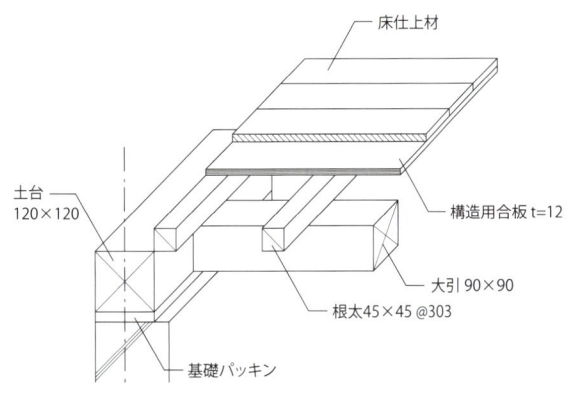

図1. 床の構成

根太床の構成／剛床（根太レス）の構成

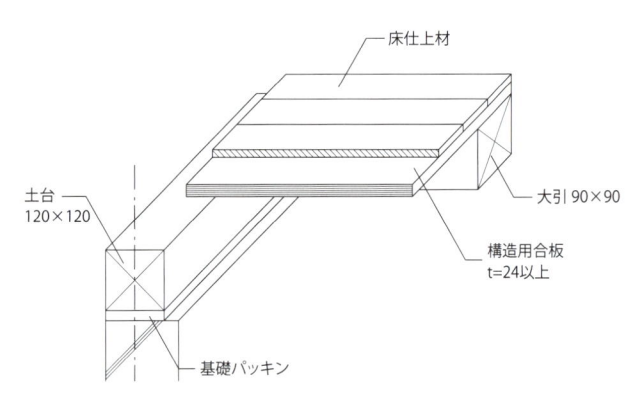

図2. 床下地

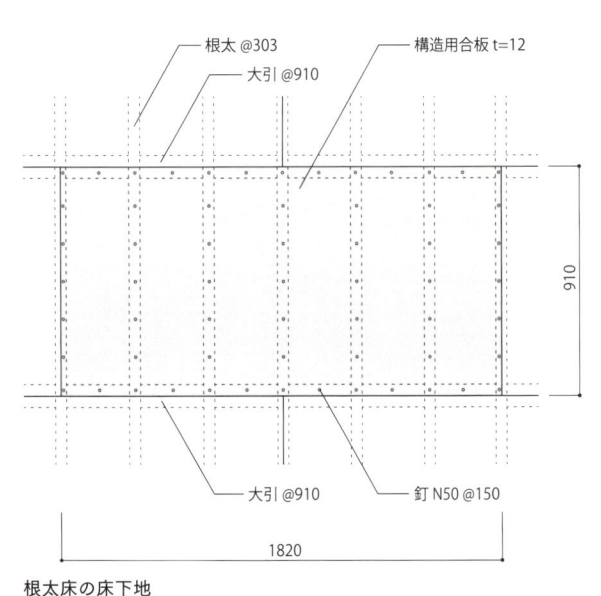

根太床の床下地／剛床（根太レス）の床下地

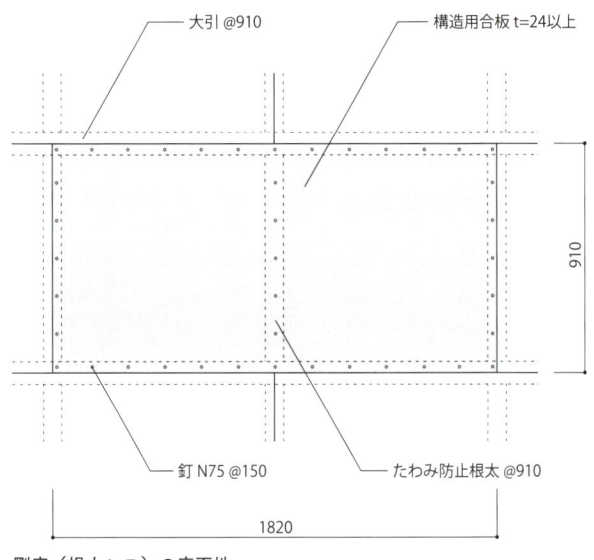

床下地の納まり

断面図 1：8

1. 根太組の床下地

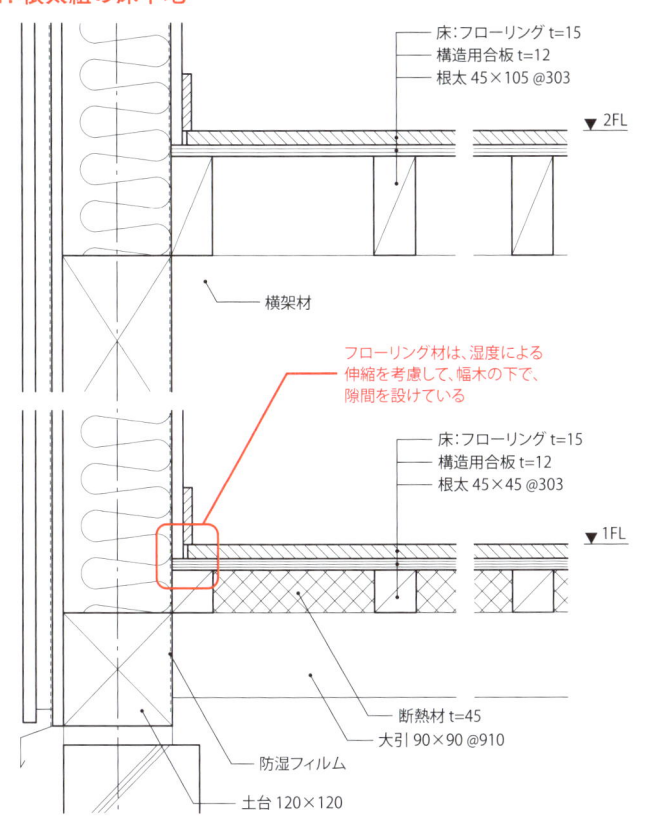

- 床：フローリング t=15
- 構造用合板 t=12
- 根太 45×105 @303
- ▼2FL
- 横架材
- フローリング材は、湿度による伸縮を考慮して、幅木の下で、隙間を設けている
- 床：フローリング t=15
- 構造用合板 t=12
- 根太 45×45 @303
- ▼1FL
- 断熱材 t=45
- 大引 90×90 @910
- 防湿フィルム
- 土台 120×120

2. 剛床（根太レス）の床下地

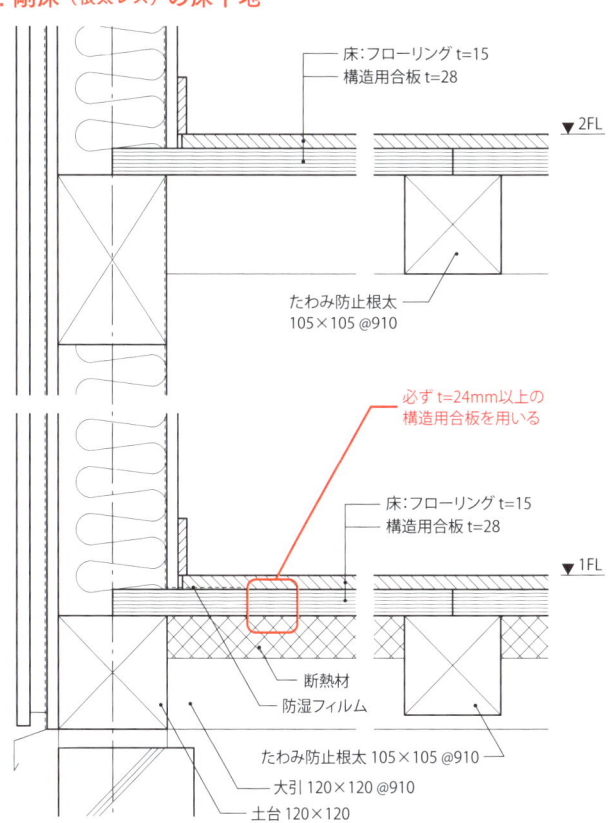

- 床：フローリング t=15
- 構造用合板 t=28
- ▼2FL
- たわみ防止根太 105×105 @910
- 必ず t=24mm以上の構造用合板を用いる
- 床：フローリング t=15
- 構造用合板 t=28
- ▼1FL
- 断熱材
- 防湿フィルム
- たわみ防止根太 105×105 @910
- 大引 120×120 @910
- 土台 120×120

異なる床仕上げと床下地の取り合い

断面図 1：8

根太床

1. 畳（t=60mm）
- 床：畳 t=60
- 構造用合板 t=12
- 防湿フィルム

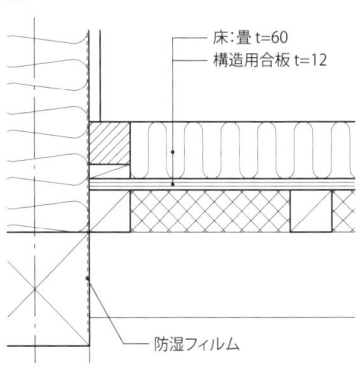

2. コルクタイル（t=5mm）
- 床：コルクタイル t=5
- 下地合板 t=9
- 構造用合板 t=12
- 防湿フィルム

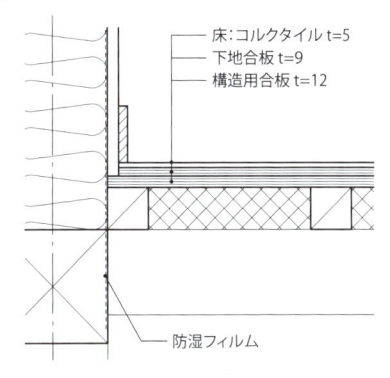

3. CFフロア／Pタイル（t=2mm）
- 床：CFフロア／Pタイル t=2
- 下地合板 t=12
- 構造用合板 t=12
- 防湿フィルム

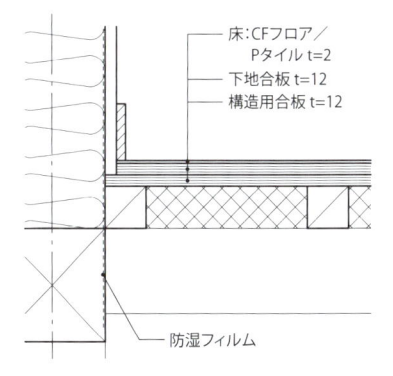

剛床（根太レス）

1. 畳（t=60mm）
- 床：畳 t=60
- 構造用合板 t=28

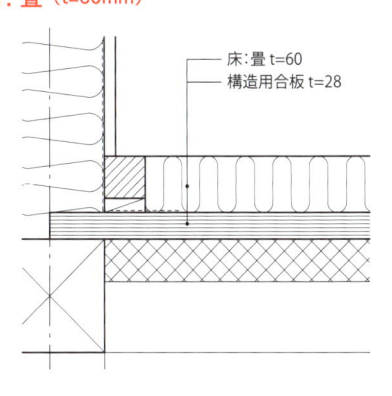

2. コルクタイル（t=5mm）
- 床：コルクタイル t=5
- 下地合板 t=9
- 構造用合板 t=28
- 防湿フィルム

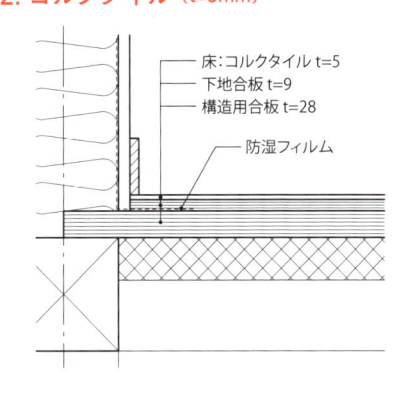

3. CFフロア／Pタイル（t=2mm）
- 床：CFフロア／Pタイル t=2
- 下地合板 t=12
- 構造用合板 t=28
- 防湿フィルム

7. 床の納まり　161

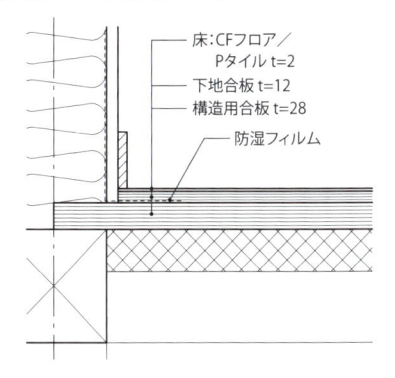

異なる床仕上げの取り合い

断面図 1:8

床のレベルをそろえる

1. フローリング（t=15mm）＋畳（t=60mm）

- 床：フローリング t=15
- 構造用合板 t=12
- 無目
- 床：畳 t=60
- 構造用合板 t=12
- 根太 45×45 @303

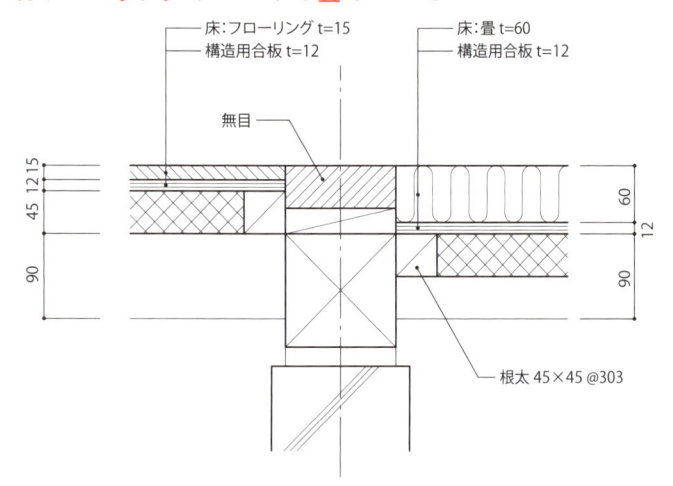

2. フローリング（t=15mm）＋畳（t=60mm）

- 床：フローリング t=15
- 構造用合板 t=12
- 床：畳 t=60
- 構造用合板 t=12

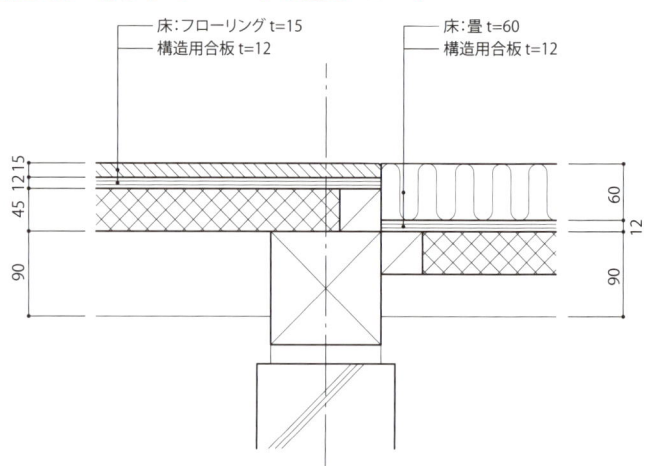

3. フローリング（t=15mm）＋畳（t=60mm）

- 床：フローリング t=15
- 構造用合板 t=12
- 根太 45×33
- 構造用合板 t=28
- 畳寄せ 面取り1R
- 床：畳 t=60
- 構造用合板 t=12

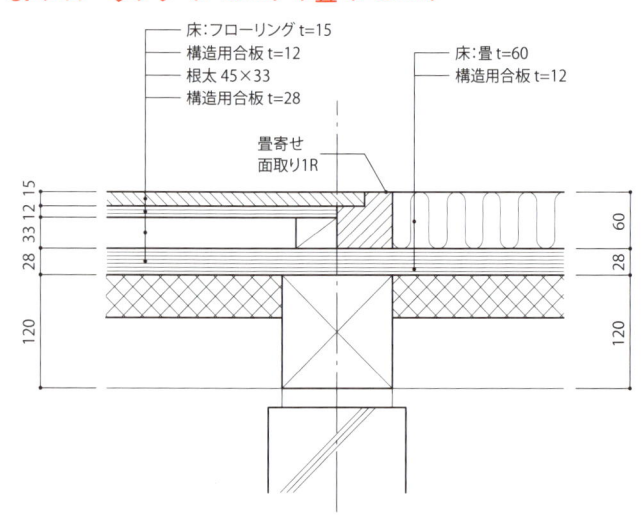

4. フローリング（t=15mm）＋コルクタイル（t=5mm）

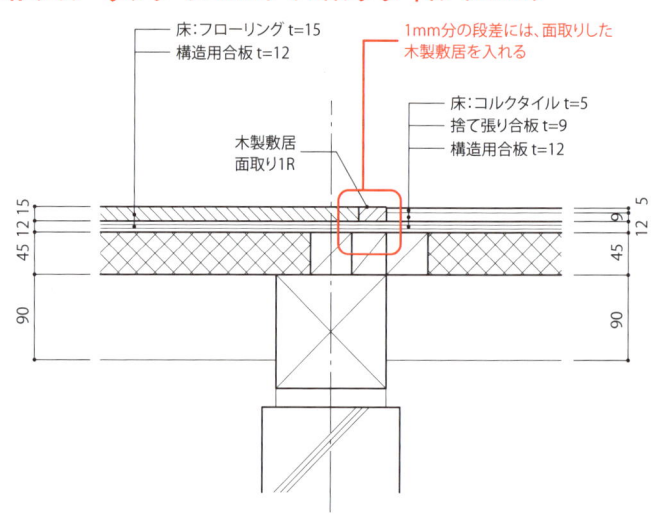

- 床：フローリング t=15
- 構造用合板 t=12
- 木製敷居 面取り1R
- 1mm分の段差には、面取りした木製敷居を入れる
- 床：コルクタイル t=5
- 捨て張り合板 t=9
- 構造用合板 t=12

5. フローリング（t=15mm）と薄畳（t=30mm）

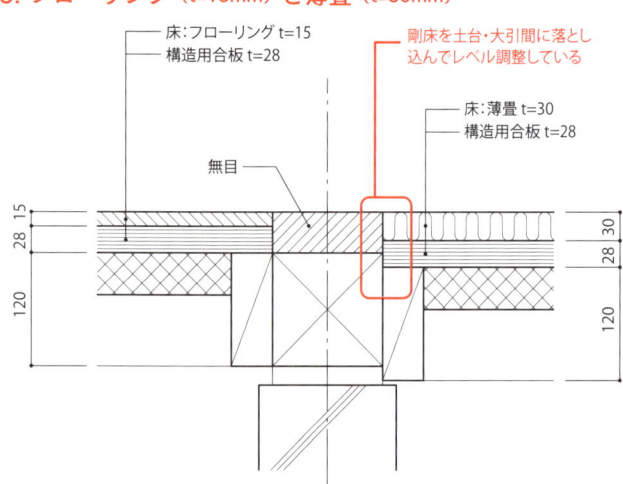

- 床：フローリング t=15
- 構造用合板 t=28
- 剛床を土台・大引間に落とし込んでレベル調整している
- 無目
- 床：薄畳 t=30
- 構造用合板 t=28

6. フローリング（t=15mm）と薄畳（t=15mm）

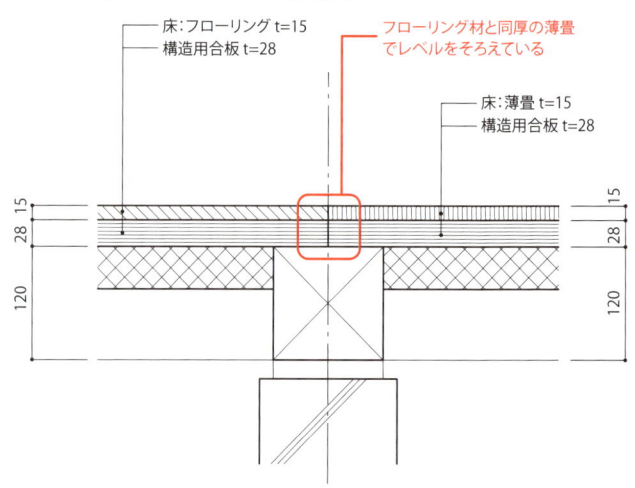

- 床：フローリング t=15
- 構造用合板 t=28
- フローリング材と同厚の薄畳でレベルをそろえている
- 床：薄畳 t=15
- 構造用合板 t=28

床にレベル差をつける

1. レベル差 150mm

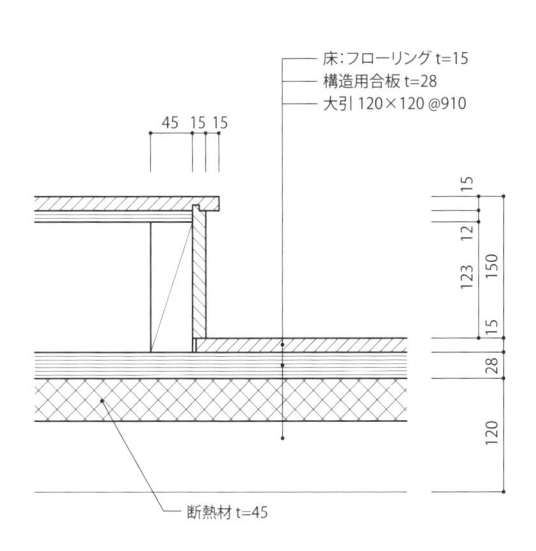

2. レベル差 300mm

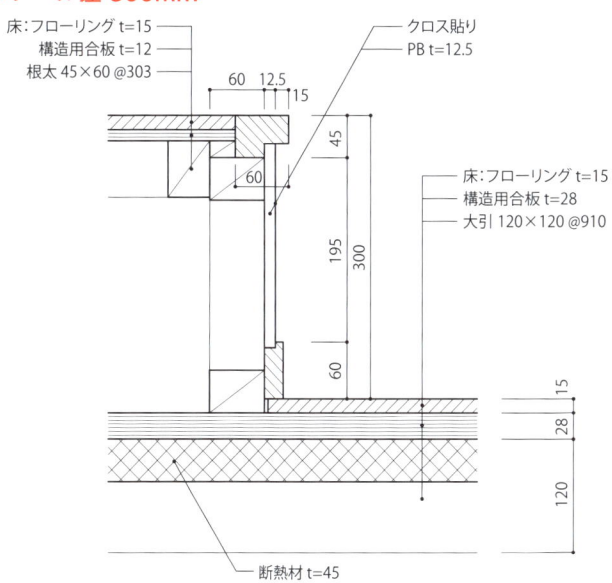

床：フローリング t=15
構造用合板 t=12
根太 45×60 @303

クロス貼り
PB t=12.5

床：フローリング t=15
構造用合板 t=28
大引 120×120 @910

断熱材 t=45

床暖房を納める

断面図 1：8

温水式床暖房を納める

1. 剛床（根太レス）で納める

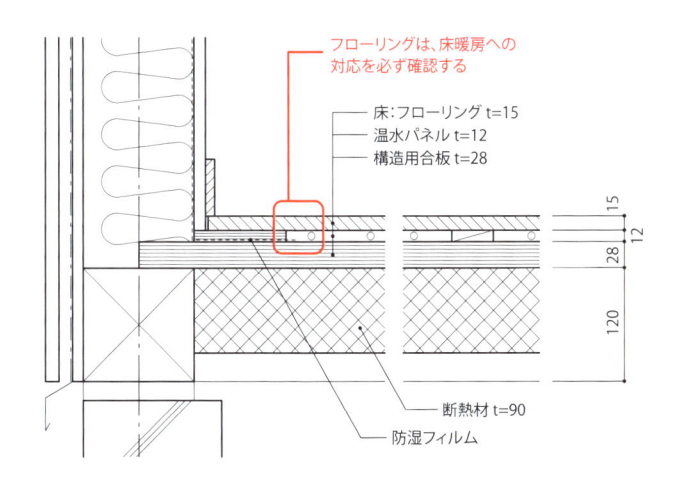

フローリングは、床暖房への対応を必ず確認する

床：フローリング t=15
温水パネル t=12
構造用合板 t=28

断熱材 t=90
防湿フィルム

2. 根太組の床で納める

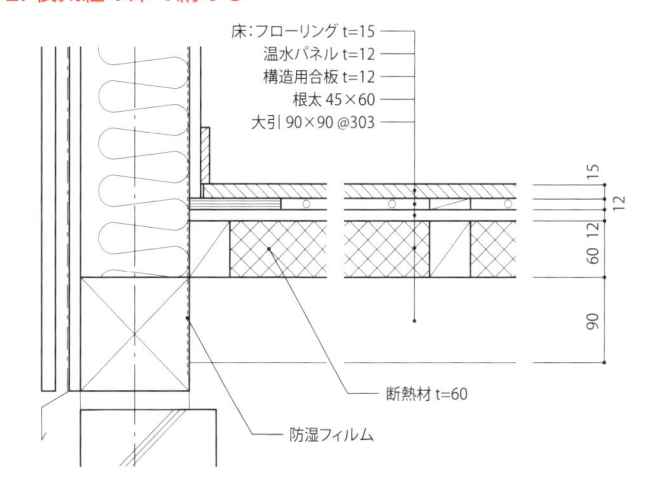

床：フローリング t=15
温水パネル t=12
構造用合板 t=12
根太 45×60
大引 90×90 @303

断熱材 t=60
防湿フィルム

異なる床仕上げの取り合い

3. フローリング（t=15mm）と薄畳（t=15mm）

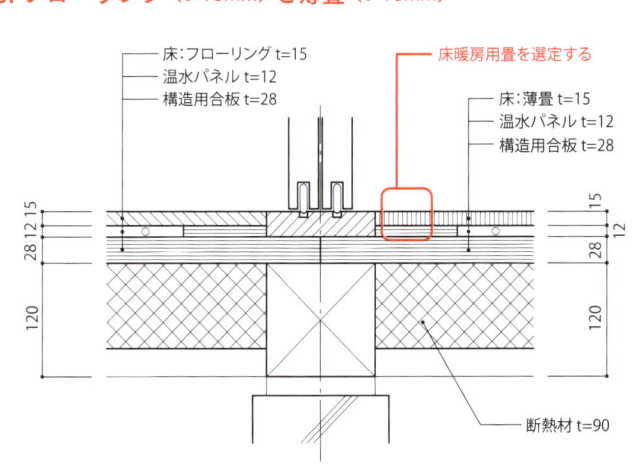

床：フローリング t=15
温水パネル t=12
構造用合板 t=28

床暖房用畳を選定する

床：薄畳 t=15
温水パネル t=12
構造用合板 t=28

断熱材 t=90

4. フローリング（t=15mm）とコルクタイル（t=5mm）

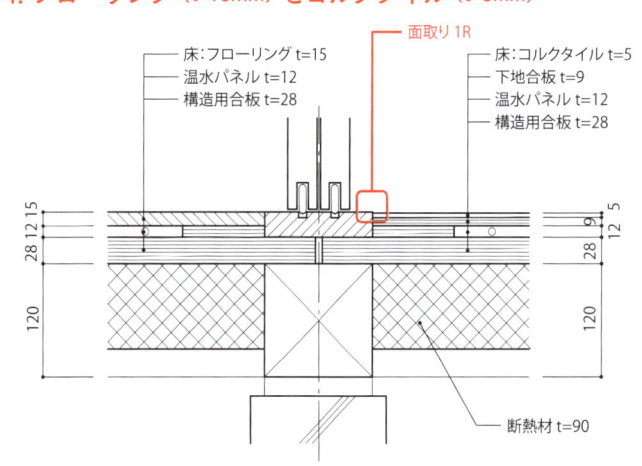

床：フローリング t=15
温水パネル t=12
構造用合板 t=28

面取り 1R

床：コルクタイル t=5
下地合板 t=9
温水パネル t=12
構造用合板 t=28

断熱材 t=90

7. 床の納まり

8. 天井の納まり

- □ 天井下地の基本構成を理解する。
- □ 不陸調整と補強は入念に行う。
- □ 入隅は空間に合う納まりを選択する。

木造在来構法での天井は、形状や仕上げの面で多くのバリエーションが想定されますが、その下地は、野縁、野縁受け、吊木を用いて天井材を吊り下げる方法が基本となります。

〈下地の構成〉
施工手順から想定すると、まず上階梁に吊木受けを渡し、そこに吊木を垂直に下げます。さらに吊木の下端に野縁受けを水平に流し、これと直交方向に野縁を流します。野縁の間隔は、455mmピッチが多く用いられていますが、長期にわたるたわみを考慮すると303mmピッチが望ましいでしょう。

〈仕上げのポイント〉
天井の仕上げには、主にクロス貼り、塗装仕上げ、左官仕上げ、板張り、化粧合板張りなどがあり、一般に室内壁と同じ仕上げにします。いずれの仕上材の場合にも、下地のボードや板材の継目部分が、意匠上のポイントになります。クロス貼り、塗装仕上げ、左官仕上げなどでは突付けが基本となりますが、石膏ボードなどの継目部分に、パテしごきと寒冷紗貼りによる不陸調整および補強が必要となります。縁甲板などの板材では、合板を捨て張りしたうえで、実による継ぎ合わせで納めます。化粧合板張りでは目透かしを基本とし、目地幅や目地底の処理に注意します。

〈取り合い部分の処理〉
天井と壁との取り合い部分は、通常廻り縁を設けます。近年では、天井および室内壁がクロス貼りの場合、見切材を入れずに突付けとしたり、既製の塩ビ製見切材を用いて目透かしとする方法も多く採用されています。また、天井と室内壁の取り合い部分に間接照明を仕込んだり、外壁開口部との取り合い部分にカーテンボックス（ブラインドボックス）を設けたりすることもあります。また、引戸の鴨居や吊りレールを天井に埋め込むことで、視覚的に空間に連続性をもたせることができます。

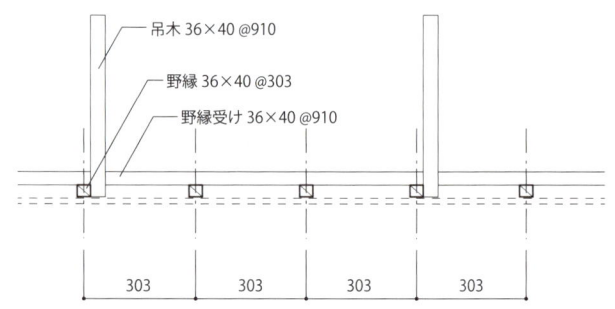

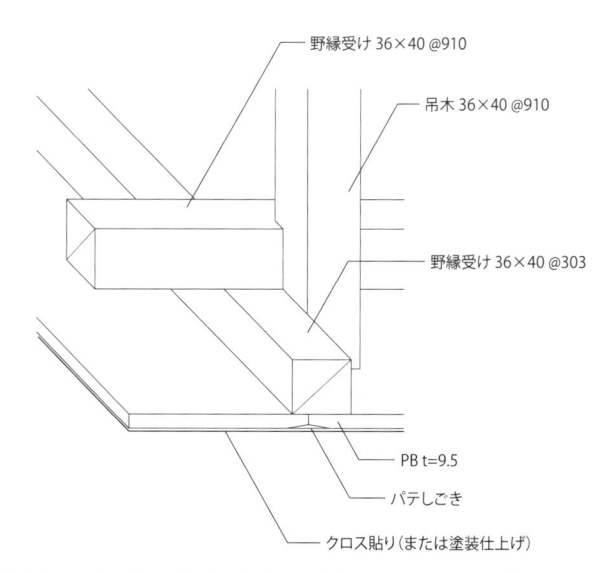

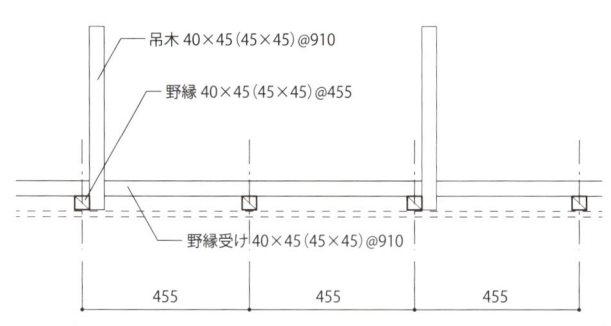

天井をクロス貼り仕上げとする場合、石膏ボードの継目部は、パテで平滑に仕上げる。また、塗装仕上げとする場合には、継目部分の亀裂を防ぐために寒冷紗を貼り、入念にパテしごきする必要がある。

図2. 石膏ボードと天井下地の取り合い

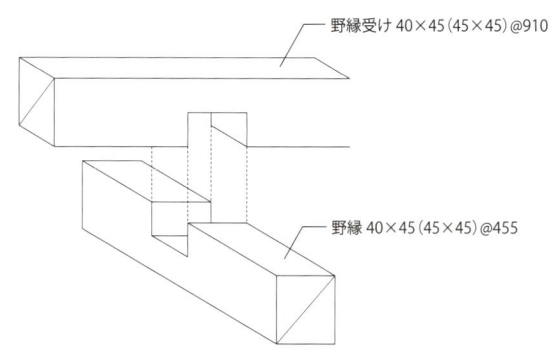

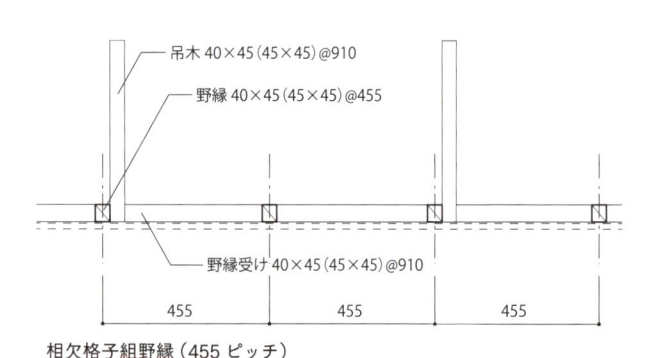

図1. 主な天井下地の構成 1:20

図3. 野縁の相欠き接合部

天井仕上げと下地の納まり

断面図 1：8

1. クロス貼り／塗装仕上げ

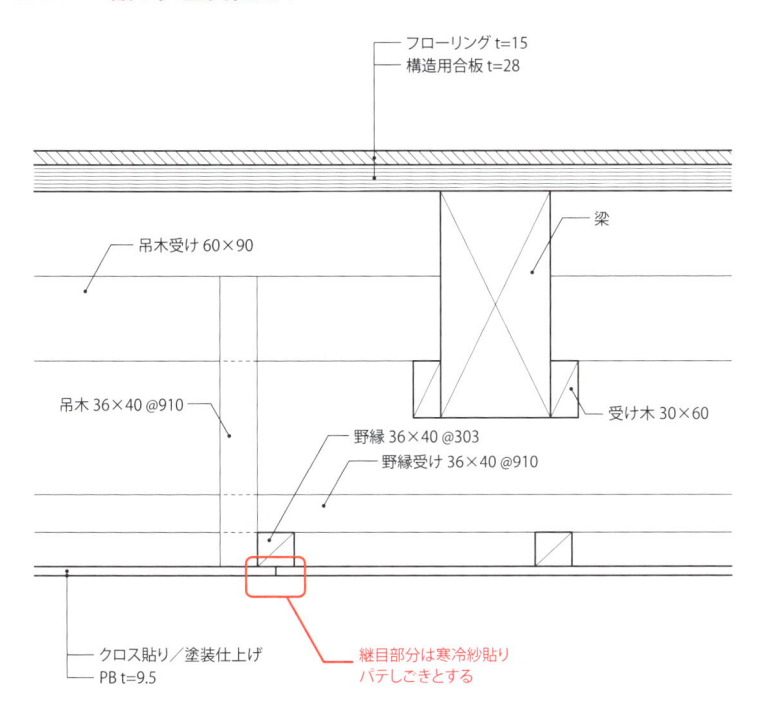

- フローリング t=15
- 構造用合板 t=28
- 吊木受け 60×90
- 梁
- 吊木 36×40 @910
- 受け木 30×60
- 野縁 36×40 @303
- 野縁受け 36×40 @910
- クロス貼り／塗装仕上げ
- PB t=9.5
- 継目部分は寒冷紗貼りパテしごきとする

2. 合板張り

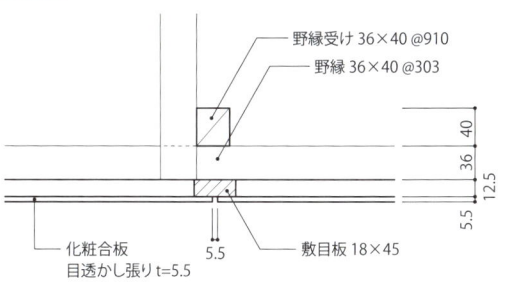

- 野縁受け 36×40 @910
- 野縁 36×40 @303
- 化粧合板 目透かし張り t=5.5
- 敷目板 18×45

敷目板を用いる場合

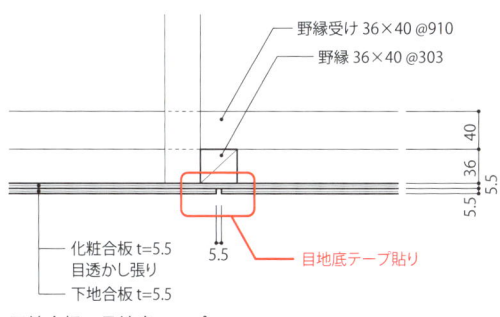

- 野縁受け 36×40 @910
- 野縁 36×40 @303
- 化粧合板 t=5.5 目透かし張り
- 下地合板 t=5.5
- 目地底テープ貼り

下地合板＋目地底テープ

3. 薄塗り左官仕上げ

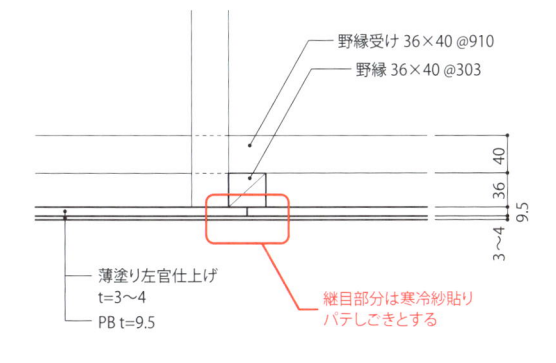

- 野縁受け 36×40 @910
- 野縁 36×40 @303
- 薄塗り左官仕上げ t=3〜4
- PB t=9.5
- 継目部分は寒冷紗貼りパテしごきとする

4. 板張り

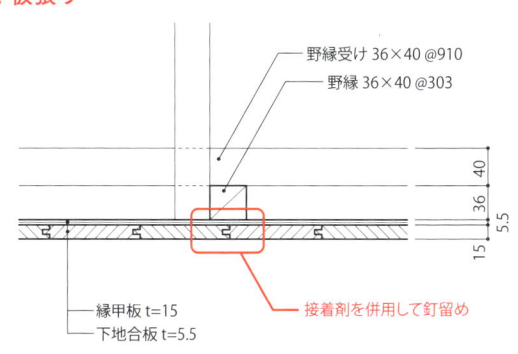

- 野縁受け 36×40 @910
- 野縁 36×40 @303
- 縁甲板 t=15
- 下地合板 t=5.5
- 接着剤を併用して釘留め

天井仕上げと見切り方

断面図 1：8

1. 目透かし

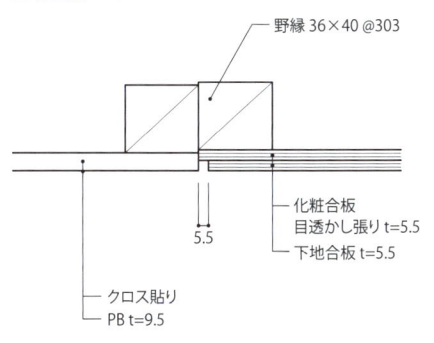

- 野縁 36×40 @303
- 化粧合板 目透かし張り t=5.5
- 下地合板 t=5.5
- クロス貼り
- PB t=9.5

2. 木製見切材＋目透かし

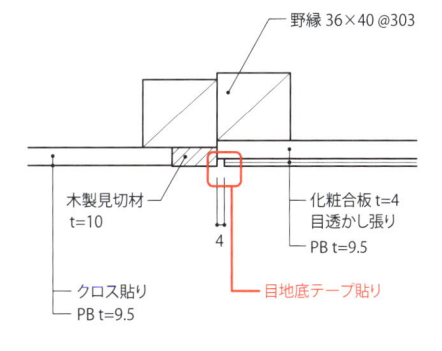

- 野縁 36×40 @303
- 木製見切材 t=10
- 化粧合板 t=4 目透かし張り
- PB t=9.5
- クロス貼り
- PB t=9.5
- 目地底テープ貼り

3. 塩ビ製見切材＋目透かし

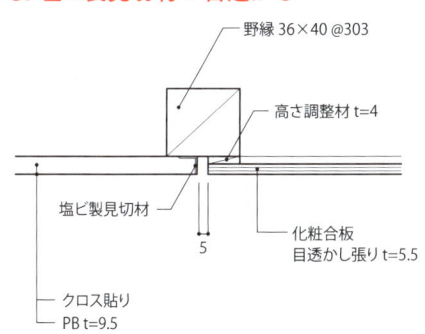

- 野縁 36×40 @303
- 高さ調整材 t=4
- 塩ビ製見切材
- 化粧合板 目透かし張り t=5.5
- クロス貼り
- PB t=9.5

8. 天井の納まり

壁と天井の取り合い

断面図 1:4

1. 突付け（見切材なし）
天井：クロス貼り＋壁：クロス貼り

- 野縁 36×40 @303
- クロス貼り PB t=9.5
- クロス貼り PB t=12.5

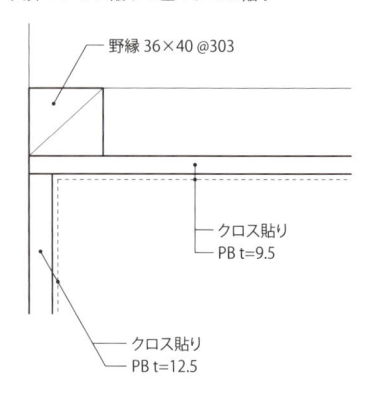

2. 塩ビ製見切材
天井：クロス貼り＋壁：クロス貼り

- 野縁 36×40 @303
- クロス貼り PB t=9.5
- 塩ビ製見切材
- クロス貼り PB t=12.5

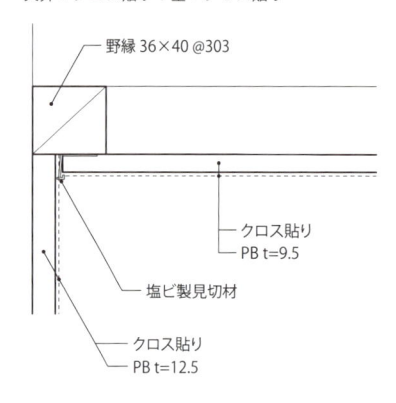

3. 目透かし（塩ビ製見切材）
天井：クロス貼り＋壁：クロス貼り

- 野縁 36×40 @303
- クロス貼り PB t=9.5
- 塩ビ製見切材
- クロスを巻き込む
- クロス貼り PB t=12.5

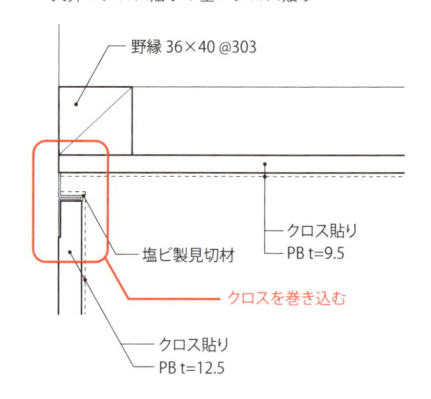

4. 天井合板突付け（見切材なし）
天井：合板目透かし＋壁：クロス貼り

- 野縁 36×40 @303
- 化粧合板 t=4 目透かし張り PB t=9.5
- クロスを2mm程度巻き込む
- クロス貼り PB t=12.5

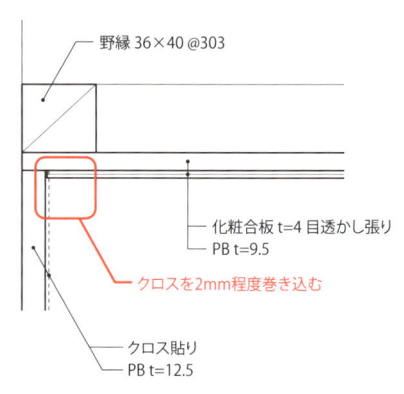

5. 天井合板目透かし（塩ビ製見切材）
天井：合板目透かし＋壁：クロス貼り

- 野縁 36×40 @303
- 化粧合板 t=4 目透かし張り PB t=9.5
- 塩ビ製見切材
- クロス貼り PB t=12.5

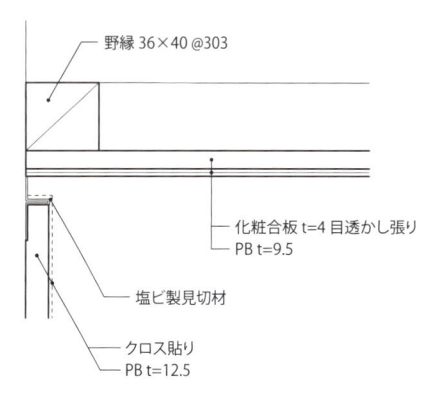

6. 合板目透かし
天井：合板目透かし＋壁：合板目透かし

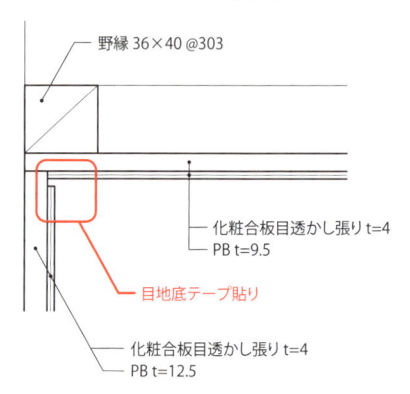

- 野縁 36×40 @303
- 化粧合板目透かし張り t=4 PB t=9.5
- 目地底テープ貼り
- 化粧合板目透かし張り t=4 PB t=12.5

7. 天井目透かし①
天井：クロス貼り＋壁：左官仕上げ

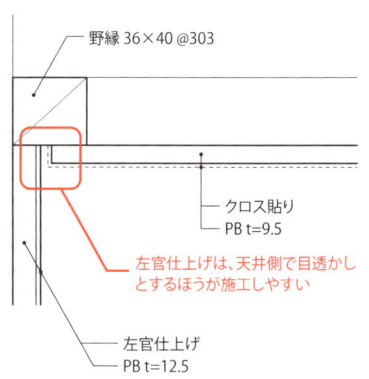

- 野縁 36×40 @303
- クロス貼り PB t=9.5
- 左官仕上げは、天井側で目透かしとするほうが施工しやすい
- 左官仕上げ PB t=12.5

8. 天井目透かし②
天井：無垢板張り＋壁：クロス貼り

- 野縁 36×40 @303
- 無垢板張り t=12～15
- 化粧合板 t=5.5
- 目地底テープ貼り
- クロス貼り PB t=12.5

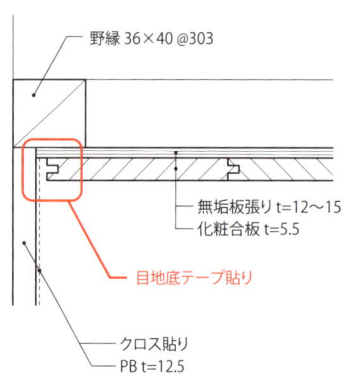

9. 目透かし
天井：無垢板張り＋壁：無垢板張り

- 野縁 36×40 @303
- 無垢板張り t=15
- 逃げを考慮して、目透かしを入れる
- 無垢板張り t=15

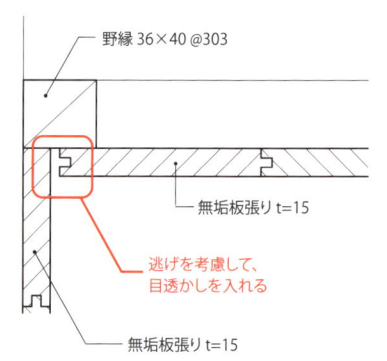

10. 廻り縁①
天井：無垢板張り＋壁：クロス貼り

- 野縁 36×40 @303
- 無垢板張り t=15
- 3mm程度差し込み余裕を残す
- 廻り縁 33×36
- クロス貼り PB t=12.5

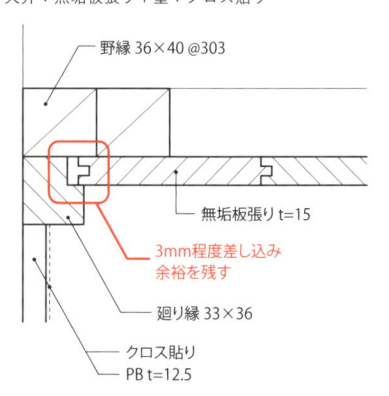

11. 後付け廻り縁
天井：無垢板張り＋壁：無垢板張り

- 野縁 36×40 @303
- 無垢板張り t=15
- 埋め木
- 無垢板張り t=15

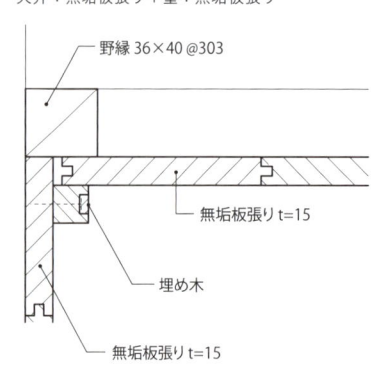

12. 廻り縁②
天井：化粧合板＋壁：クロス貼り

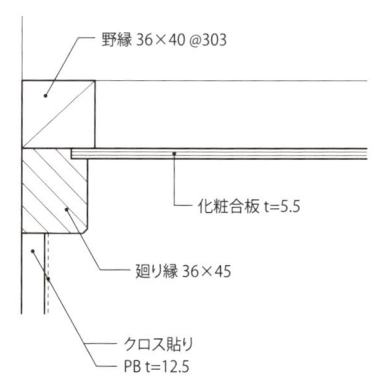

- 野縁 36×40 @303
- 化粧合板 t=5.5
- 廻り縁 36×45
- クロス貼り PB t=12.5

天井の出隅の納まり

断面図 1：6

1. 突付けで納める

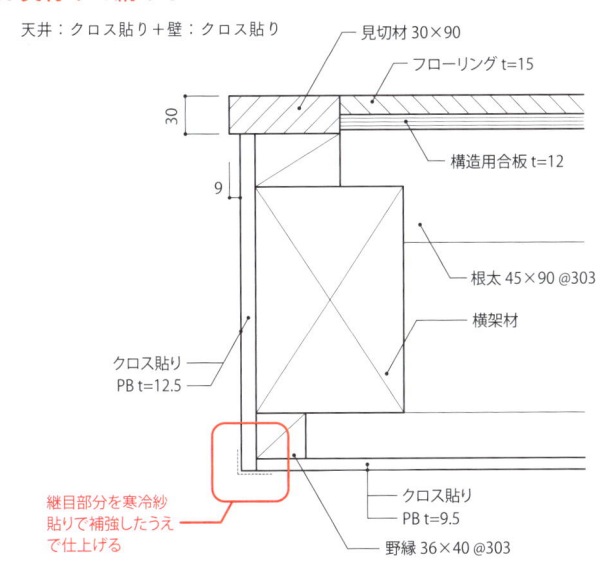

天井：クロス貼り＋壁：クロス貼り

- 見切材 30×90
- フローリング t=15
- 構造用合板 t=12
- 根太 45×90 @303
- 横架材
- クロス貼り PB t=12.5
- クロス貼り PB t=9.5
- 野縁 36×40 @303
- 継目部分を寒冷紗貼りで補強したうえで仕上げる

2. 見切縁で見切る

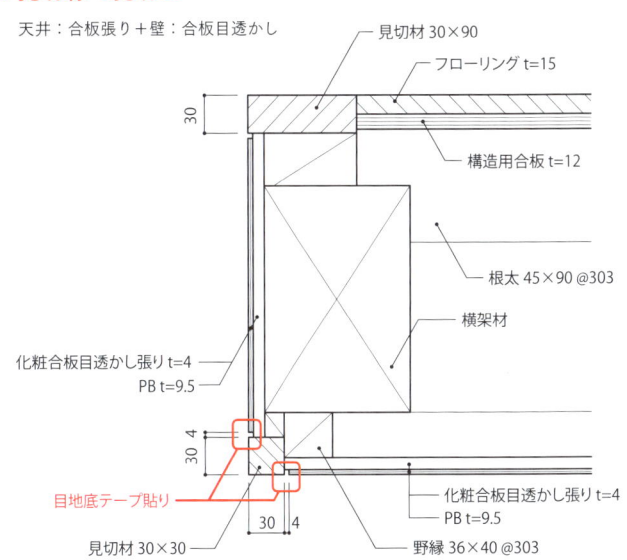

天井：合板張り＋壁：合板目透かし

- 見切材 30×90
- フローリング t=15
- 構造用合板 t=12
- 根太 45×90 @303
- 横架材
- 化粧合板目透かし張り t=4
- PB t=9.5
- 化粧合板目透かし張り t=4
- PB t=9.5
- 目地底テープ貼り
- 見切材 30×30
- 野縁 36×40 @303

あらわし天井の納まり

断面図 1：6

1. 剛床あらわし①（真壁）

天井：剛床あらわし＋壁：クロス貼り

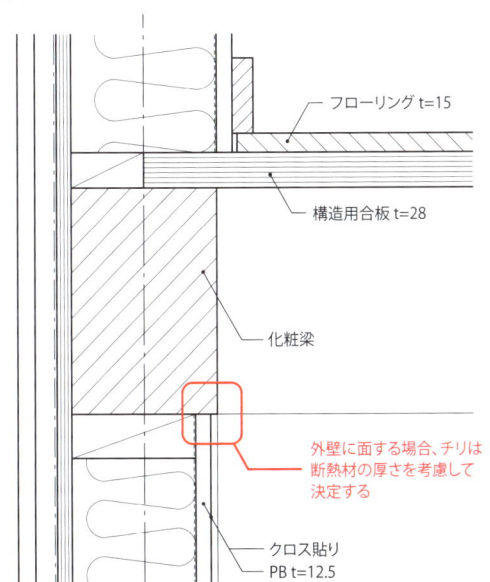

- フローリング t=15
- 構造用合板 t=28
- 化粧梁
- クロス貼り PB t=12.5
- 外壁に面する場合、チリは断熱材の厚さを考慮して決定する

2. 剛床あらわし②（大壁）

天井：剛床あらわし＋壁：クロス貼り

- フローリング t=15
- 構造用合板 t=28
- プラスターボードの割れ防止のため目透かしとする
- クロス貼り PB t=12.5

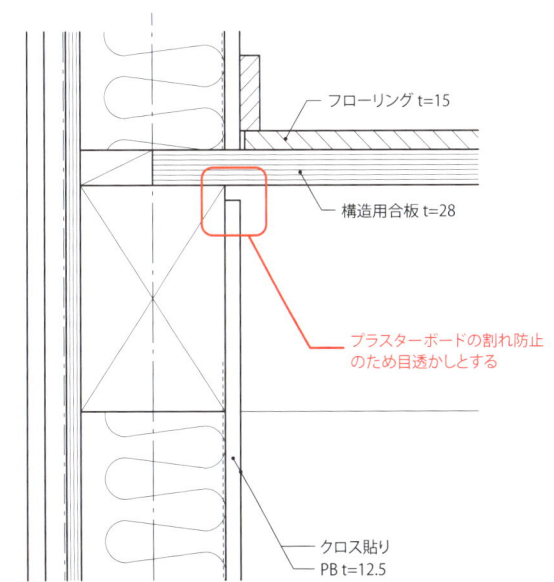

3. あらわし天井の出隅見切り

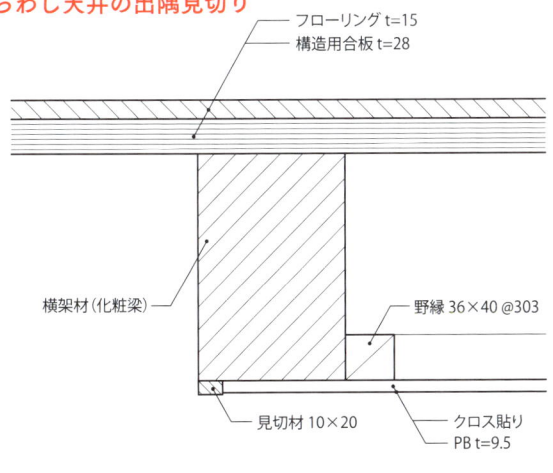

- フローリング t=15
- 構造用合板 t=28
- 横架材（化粧梁）
- 野縁 36×40 @303
- 見切材 10×20
- クロス貼り PB t=9.5

4. 床暖房を納めたあらわし天井

- フローリング t=15
- 温水式床暖房パネル t=12
- 構造用合板 t=12
- 断熱材 t=60
- 構造用合板 t=12
- 横架材（化粧梁）

8. 天井の納まり

9. 外部床の納まり

- □ レベル差を解消して内外を連続させる。
- □ 開口部まわりの防水処理は入念に行う。
- □ 階下に室があるバルコニーは屋根扱いとなる。

住宅本来の目的が、生活のためのシェルターであることから、外部床は、住宅の内部空間に＋αされる付属物ととらえがちです。しかし、内外の出入りが生じる境界付近を、緩やかにつなぐ仕掛けもまた、快適な生活に欠かせない設えの一つと考えられます。外部床の構成は、地上階に設ける場合と、階上に設ける場合に大別してとらえるとわかりやすくなります。

〈地上階に設ける外部床〉
通常、木造住宅の1階床高は、地盤面から450mm程度持ち上げられています。そのため、地上階に設ける外部床のポイントは、床上と地盤面とのレベル差を解消することにあります。その際に用いる主な方法は、土間コンクリートを基本としたテラス（モルタル仕上げ、タイル貼り、石貼り、レンガ貼りなど）と、木製デッキ床です。特に木製デッキ床は、掃出窓の外側に、内部の床が延長されたように計画することで、内外の連続感や開放感をもたらします。こうした視覚的な効果だけでなく、上部に設けた庇との組み合わせにより、内外境界付近の半屋外的な居場所の一つにもなりえます。

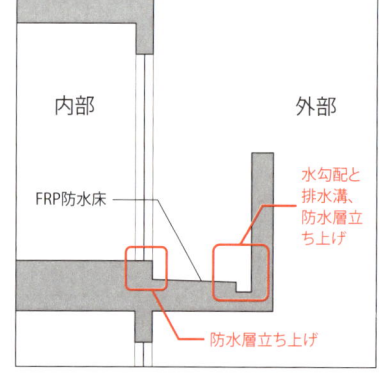

〈階上に設ける外部床〉
階上に設ける外部床には、主に防水の有無によって、スノコ状の持ち出しバルコニーと、持出しの防水バルコニー、階下に居室を有する防水バルコニーなどに分類できます。防水バルコニーの仕様としては、水勾配をとった床下地に、FRP防水層を施工する方法が現在の主流といえます。この場合、開口部の下部に防水層の立ち上がりが必要となります。室内側に開口部下部の立ち上がり壁を設けたくない場合は、部分的に横架材を下げてレベル調整する必要があります。しかし、その上で、スノコ床を設ければ、居室床レベルとの連続感が出せます。また、階下に室がある防水バルコニーは外皮の一部であり、断熱・遮音などの対策が必要となります。さらに、建築基準法上の「屋根」に準じた防火性能も要求されます。

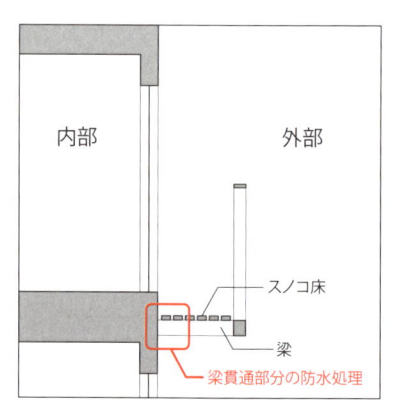

スノコ床の持ち出しバルコニー
外壁を貫通する梁で持ち出す形式。外壁貫通部の周囲を、シーリングおよび板金巻きによって納める。

持出しの防水バルコニー
水勾配（1/50以上）をとった下地にFRP防水層を用いる形式。特に開口部まわりの十分な防水処理が必要。

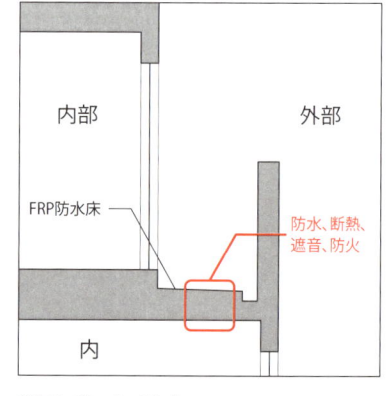

階下に室のある防水バルコニー
階下に室がある場合には、防水性能だけでなく、屋根としての断熱・遮音・防火性能も求められる。

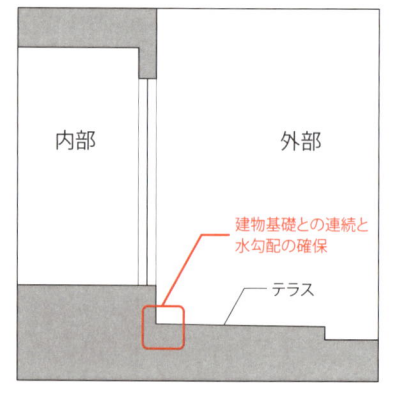

図1. 階上に設ける外部床

テラス（タイル、石、モルタルなど）
土間コンクリートに各種の仕上げを施す形式。床上とのレベル差を解消するには、テラスに段差を設けたり、踏石を設置する。

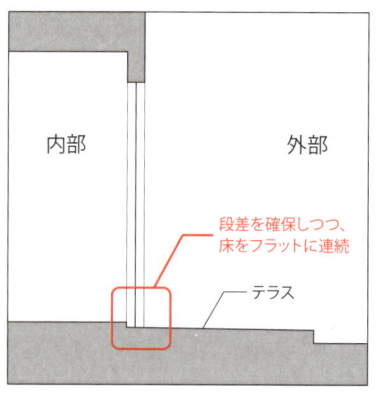

内部土間＋テラス
内部に土間床がある場合には、掃出窓を介して連続させるとよい。その際、開口下部で50mm程度のレベル差を設ける。

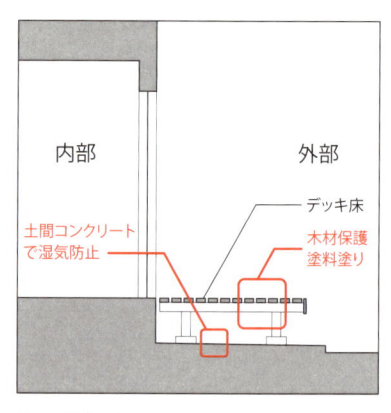

ウッドデッキ
土間コンクリートの上に、木製デッキ床を設置する形式。デッキ材には耐候性の高い材料を用いて、木材保護塗料塗りとする。

図2. 地上階に設ける外部床

持ち出しバルコニー（スノコ床）の納まり

断面図 1：15

内部／外部

- 無垢フローリング t=15
- 構造用合板 t=12
- 根太 45×90 @303
- 笠木 45×175 加工 浸透性木材保護塗料塗り
- 手摺子 90×90 浸透性木材保護塗料塗り
- 縦格子 45×45 浸透性木材保護塗料塗り
- デッキ材 30×90 @100 浸透性木材保護塗料塗り
- 梁 120×120 浸透性木材保護塗料塗り
- 120×120 浸透性木材保護塗料塗り
- 120×210

梁貫通部分は、内外の四周を防水テープ貼り

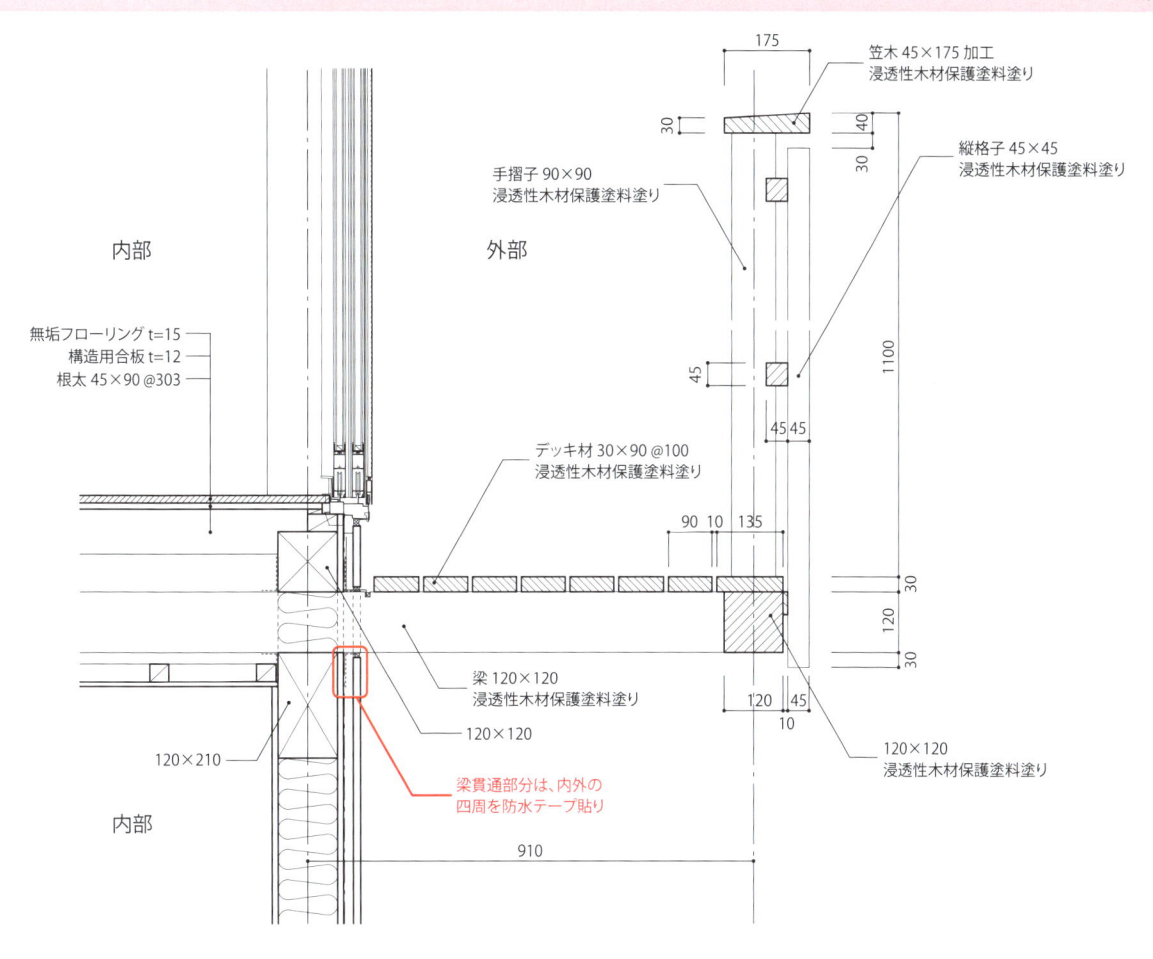

持ち出しバルコニー（FRP防水床）の納まり

断面図 1：15

内部／外部

- 無垢フローリング t=15
- 構造用合板 t=12
- 根太 45×90 @303
- トップコート塗り
- FRP防水
- 耐水合板 t=12
- 構造用合板 t=12
- 根太 45×45 @303
- 笠木：ガルバリウム鋼板巻き t=0.4
- 防水テープ
- 梁 120×120
- 120×240
- 120×210

水勾配 1/50以上

手摺壁側のFRP防水立ち上げ高さは、水上側から285mm以上確保する

FRP防水立ち上げ 285以上

▼水上レベル

開口部直下のFRP防水立ち上げ高さは130mm以上とる

入隅に面木を入れてからFRP防水を施す。排水溝内部の水勾配は、1/100以上とする

9. 外部床の納まり　169

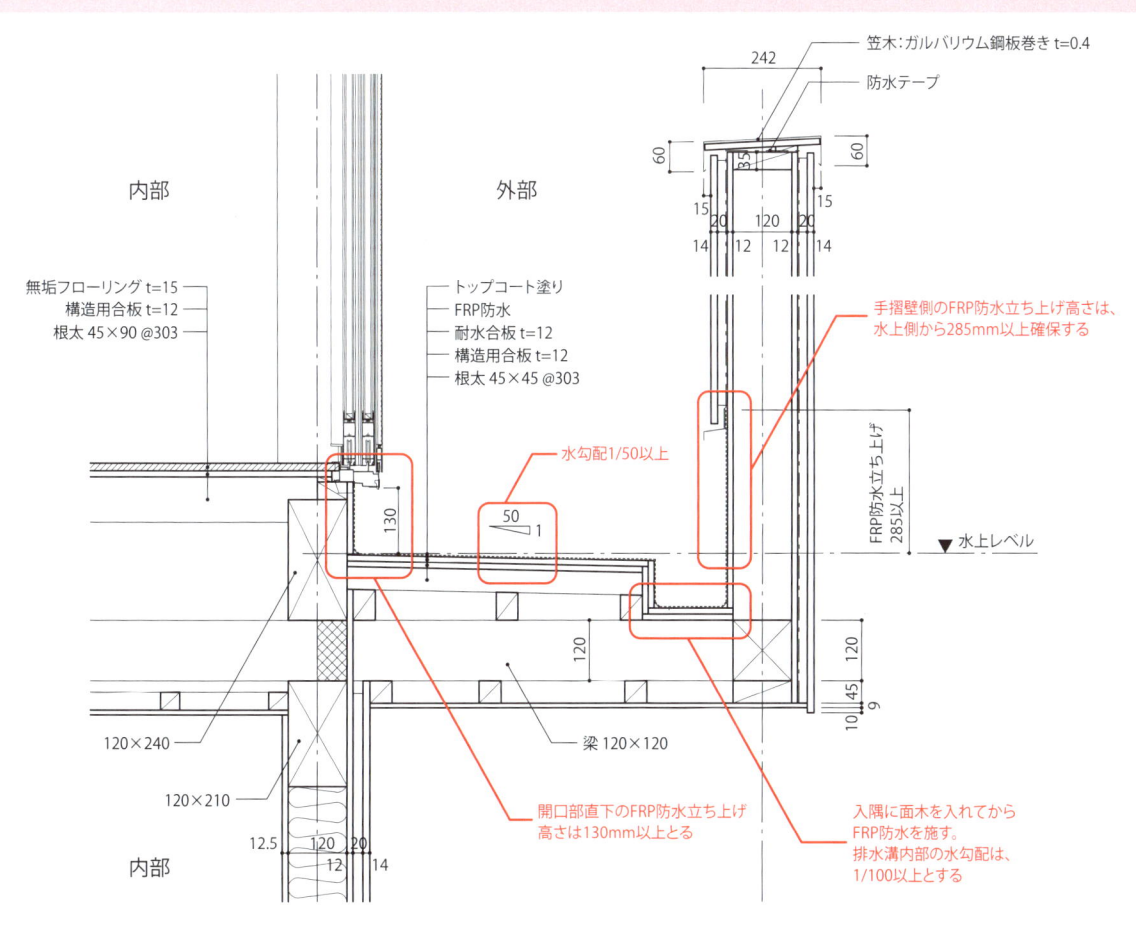

階下に居室がある防水バルコニー

断面図 1:20

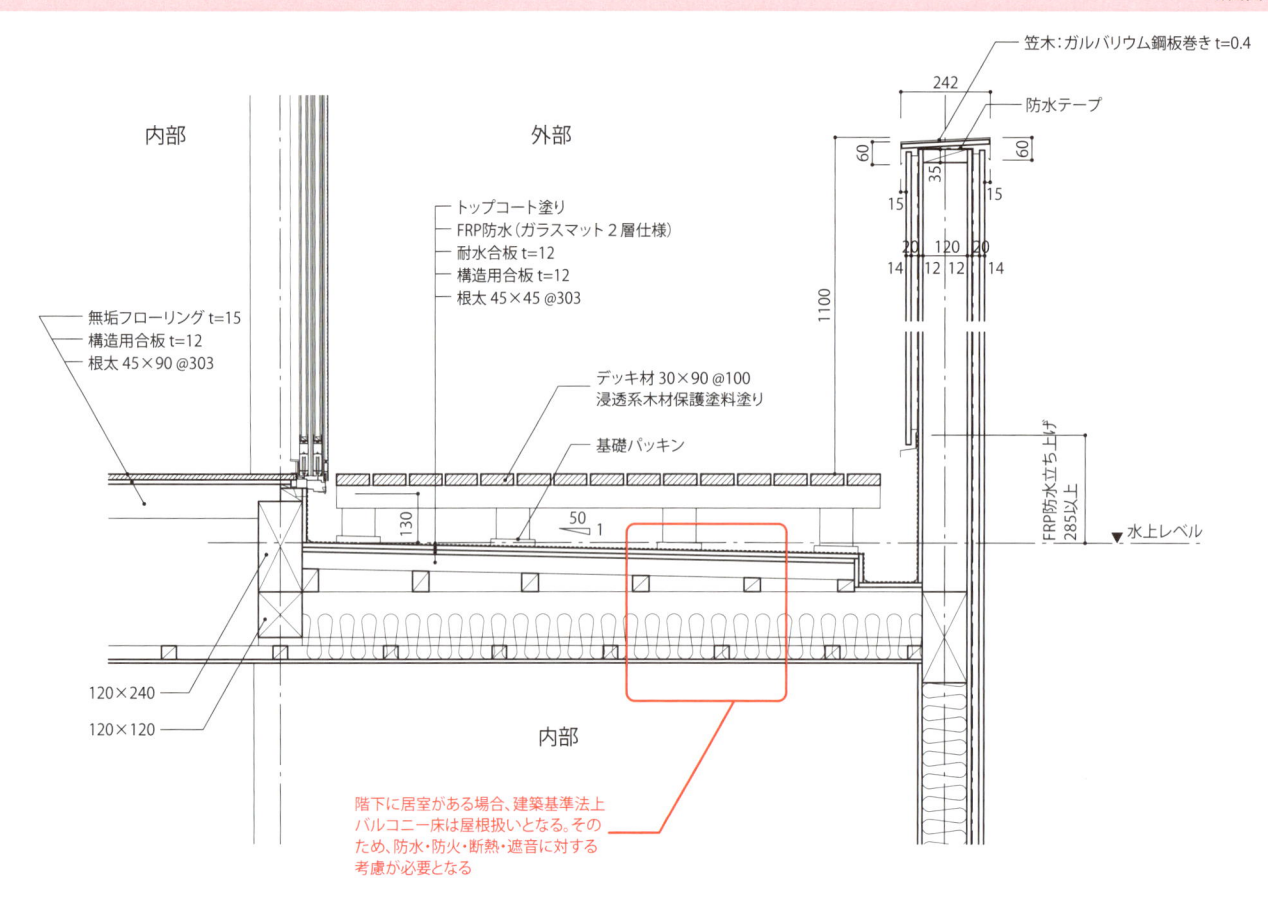

- 無垢フローリング t=15
- 構造用合板 t=12
- 根太 45×90 @303
- トップコート塗り
- FRP防水（ガラスマット2層仕様）
- 耐水合板 t=12
- 構造用合板 t=12
- 根太 45×45 @303
- デッキ材 30×90 @100 浸透系木材保護塗料塗り
- 基礎パッキン
- 120×240
- 120×120
- 笠木：ガルバリウム鋼板巻き t=0.4
- 防水テープ
- FRP防水立ち上げ 285以上

階下に居室がある場合、建築基準法上バルコニー床は屋根扱いとなる。そのため、防水・防火・断熱・遮音に対する考慮が必要となる

テラス

断面図 1:20

1. 犬走り
- メッシュ入り土間コンクリート t=100
- モルタル t=30
- 砕石 t=100

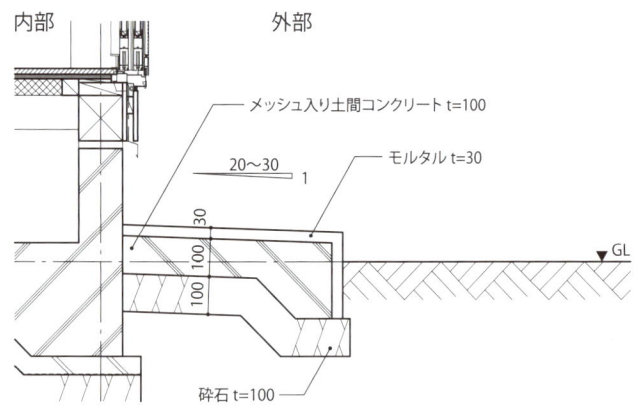

2. モルタル金ゴテ押え
- メッシュ入り土間コンクリート t=100
- モルタル t=30
- 砕石 t=120

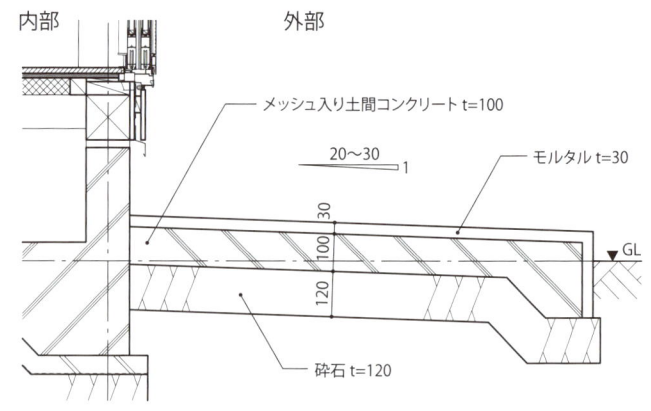

3. タイル貼り
- メッシュ入り土間コンクリート t=100
- 磁器質タイル貼り t=10.5
- モルタル t=30
- 砕石 t=120

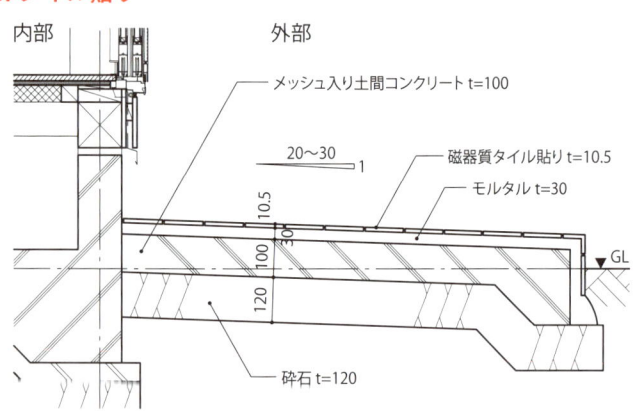

4. レンガ平敷き
- メッシュ入り土間コンクリート t=100
- レンガ平敷き 210×100×60
- モルタル t=30
- 砕石 t=120

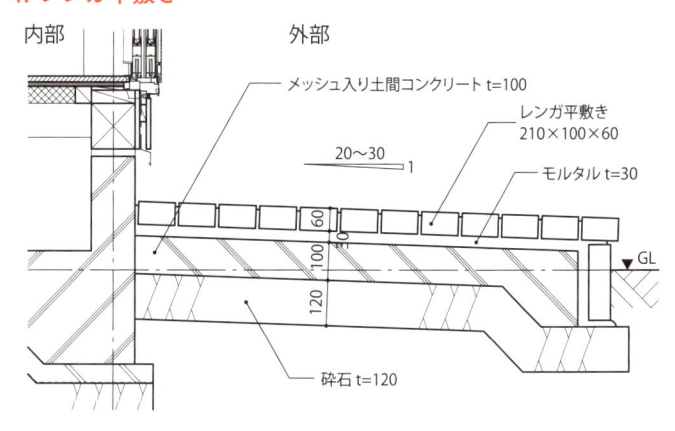

ウッドデッキ（濡れ縁）

断面図／立面図 1：20

1. 切り目縁①

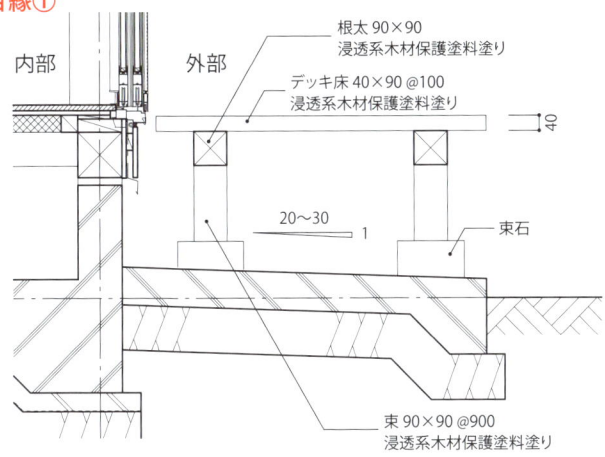

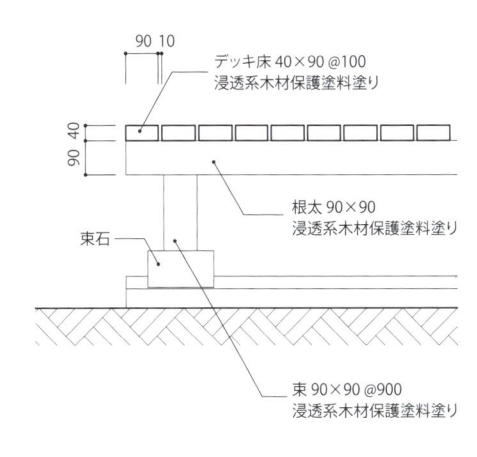

内部／外部
根太 90×90 浸透系木材保護塗料塗り
デッキ床 40×90 @100 浸透系木材保護塗料塗り
20〜30
束石
束 90×90 @900 浸透系木材保護塗料塗り

90 10
デッキ床 40×90 @100 浸透系木材保護塗料塗り
根太 90×90 浸透系木材保護塗料塗り
束石
束 90×90 @900 浸透系木材保護塗料塗り

2. くれ縁①

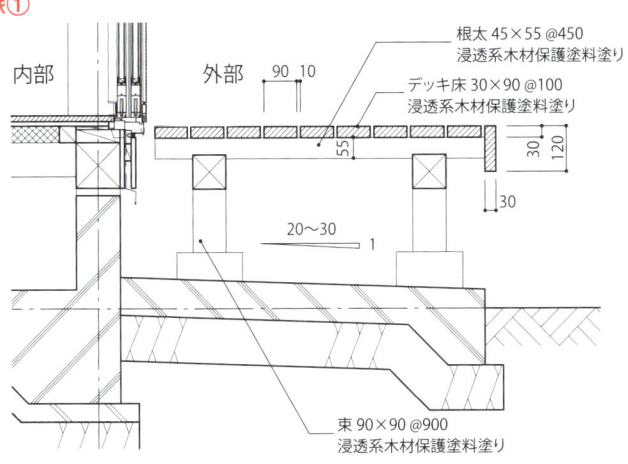

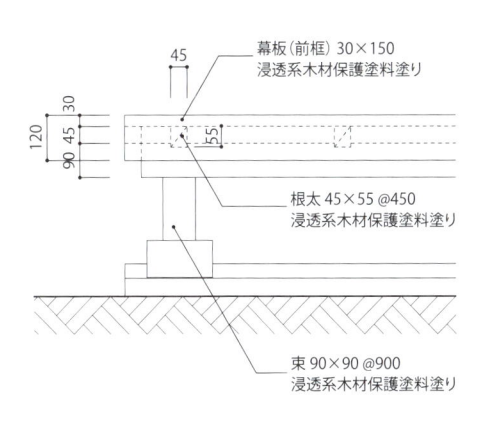

内部／外部
根太 45×55 @450 浸透系木材保護塗料塗り
デッキ床 30×90 @100 浸透系木材保護塗料塗り
20〜30
束 90×90 @900 浸透系木材保護塗料塗り

幕板（前框）30×150 浸透系木材保護塗料塗り
根太 45×55 @450 浸透系木材保護塗料塗り

3. 切り目縁②（小端立て）

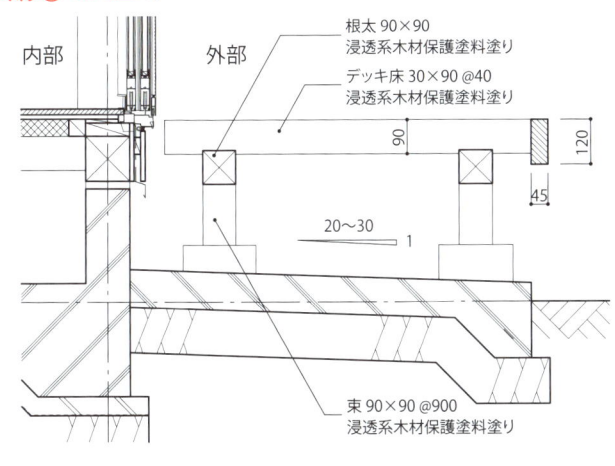

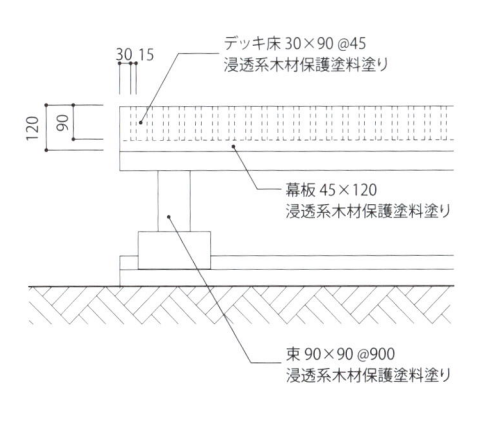

内部／外部
根太 90×90 浸透系木材保護塗料塗り
デッキ床 30×90 @40 浸透系木材保護塗料塗り
20〜30
束 90×90 @900 浸透系木材保護塗料塗り

デッキ床 30×90 @45 浸透系木材保護塗料塗り
幕板 45×120 浸透系木材保護塗料塗り

4. くれ縁②（小端立て）

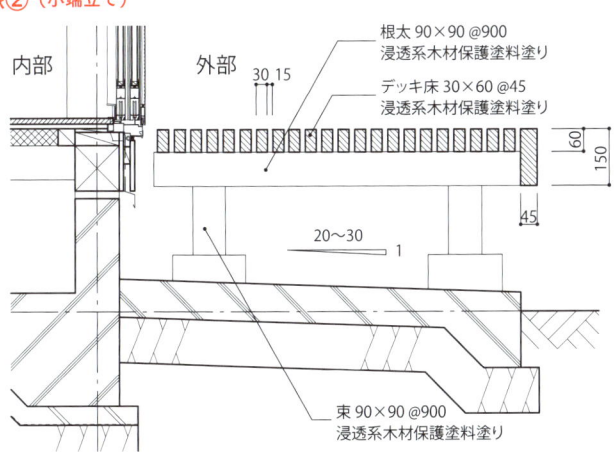

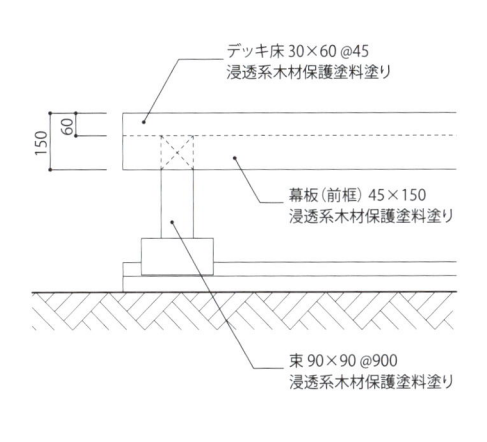

内部／外部
根太 90×90 @900 浸透系木材保護塗料塗り
デッキ床 30×60 @45 浸透系木材保護塗料塗り
20〜30
束 90×90 @900 浸透系木材保護塗料塗り

デッキ床 30×60 @45 浸透系木材保護塗料塗り
幕板（前框）45×150 浸透系木材保護塗料塗り
束 90×90 @900 浸透系木材保護塗料塗り

9. 外部床の納まり　171

Column ❻ 既製部材の使い方　その２

メーカーのサッシ納まり詳細図の見方

既製サッシを使用する場合、開口部と取り合う部位、木枠などとのディテールの処理次第で、すっきりした納まりや特徴的な開口部をデザインすることができます。既製サッシを使いこなして、コストを抑えながら、性能も満足する開口部をデザインします。
まずは、サッシメーカーのカタログやホームページ等で公開されている「納まり詳細図」を理解し、それを使って自分の設計している住宅の開口部の納まりに応用します。ここでは、サッシ詳細図を分解してみます。そうすると一見複雑に見えるサッシの構成を理解することができ、さまざまな開口部のデザインができるようになります。

参考サッシ納まり図：サーモスⅡS／LIXIL　単体引違窓、テラス窓

カタログ図（サーモスⅡS／LIXIL　単体引違窓　縦断面図）

サッシメーカーのカタログを見ると、在来木造、パネル構法、鉄骨造、RC造の構造別にサッシの納め方の事例が示されています。
右図は、サッシを在来木造の住宅に取り付ける納まり詳細図の一例です。
納まり詳細図は、細かい線が多く、どこがサッシなのかわかりにくいです。下の４つの図は、右のサッシ詳細図をそれぞれの部分で色分けしたものです。サッシ納まり詳細図を理解するには、まず建物に固定される「サッシ枠」と、実際に動く部分の「可動部」に色を塗ってみるなどすると、理解しやすくなります。
どのメーカーでもおよそ同じような図で示されているので、一つのサッシをまずはじっくり眺めてみることが大事です。
サッシの納め方が読み取れたら、右ページのように、自分の設計にふさわしい窓まわりのデザインができるようになります。

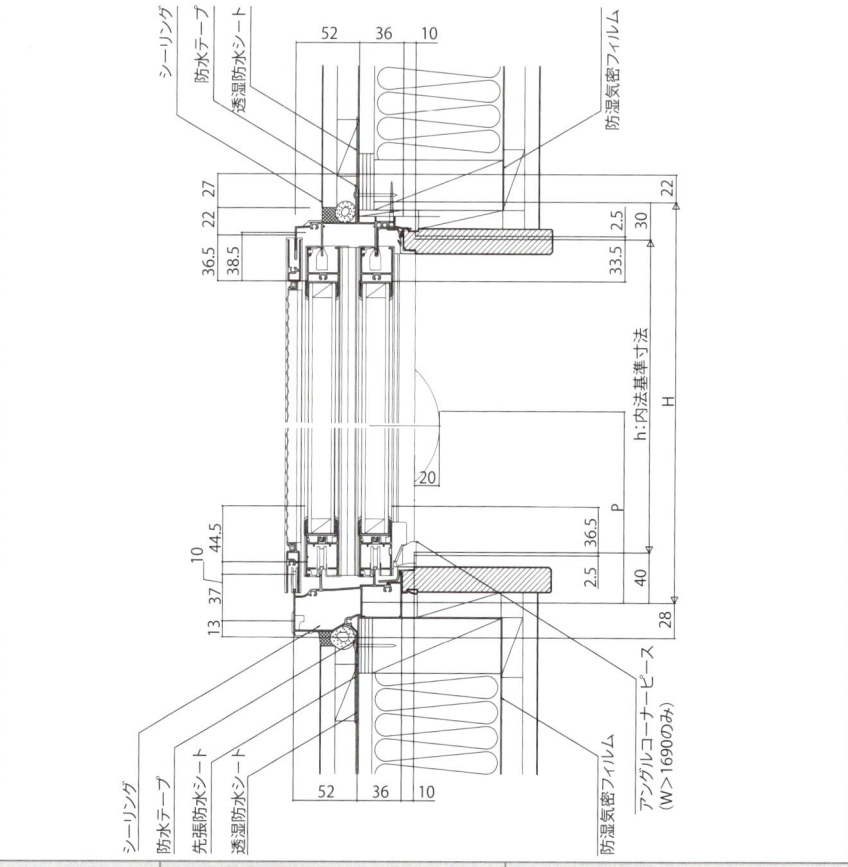

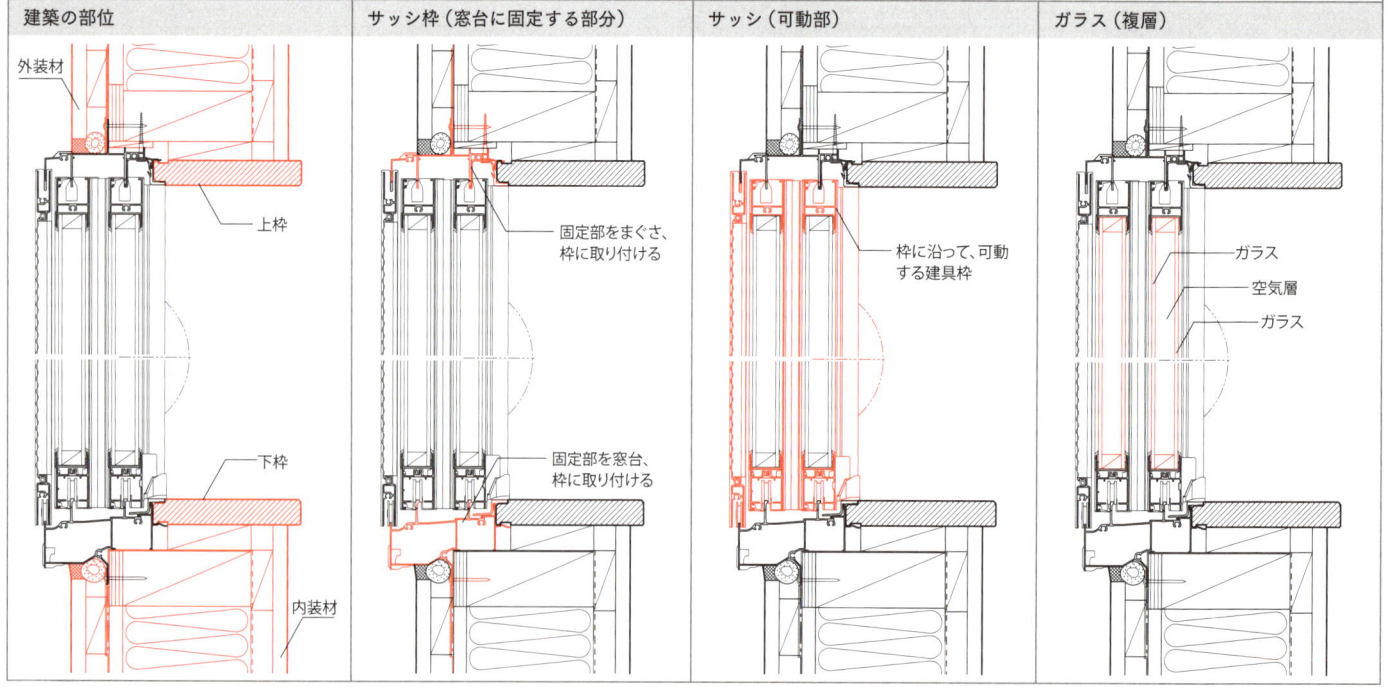

建築の部位	サッシ枠（窓台に固定する部分）	サッシ（可動部）	ガラス（複層）
外装材／上枠／下枠／内装材	固定部をまぐさ、枠に取り付ける／固定部を窓台、枠に取り付ける	枠に沿って、可動する建具枠	ガラス／空気層／ガラス

Column ❼ 既製部材の使い方 その3
既製サッシを自分のデザインにはめ込む

窓まわりは、単にサッシをはめるだけでは成立しません。窓辺は、生活を豊かに演出する住空間でもあり、窓台や腰壁、外部のテラスなども同時に考えることで、奥行きのある魅力的な窓辺が演出できます。また、内部に取り付ける障子、カーテン、ブラインドなど視線をコントロールしたり太陽光によるまぶしさを調整する日照調整装置、また外部に取り付ける庇やルーバーなどといった室内の温熱環境を制御する日射遮蔽部材などを一体として考えることが重要です。

ここで紹介するのは、既製サッシを使って内外を一体的にデザインした事例です。同じサッシを使用しても、納め方によってさまざまな窓辺をつくることができます。

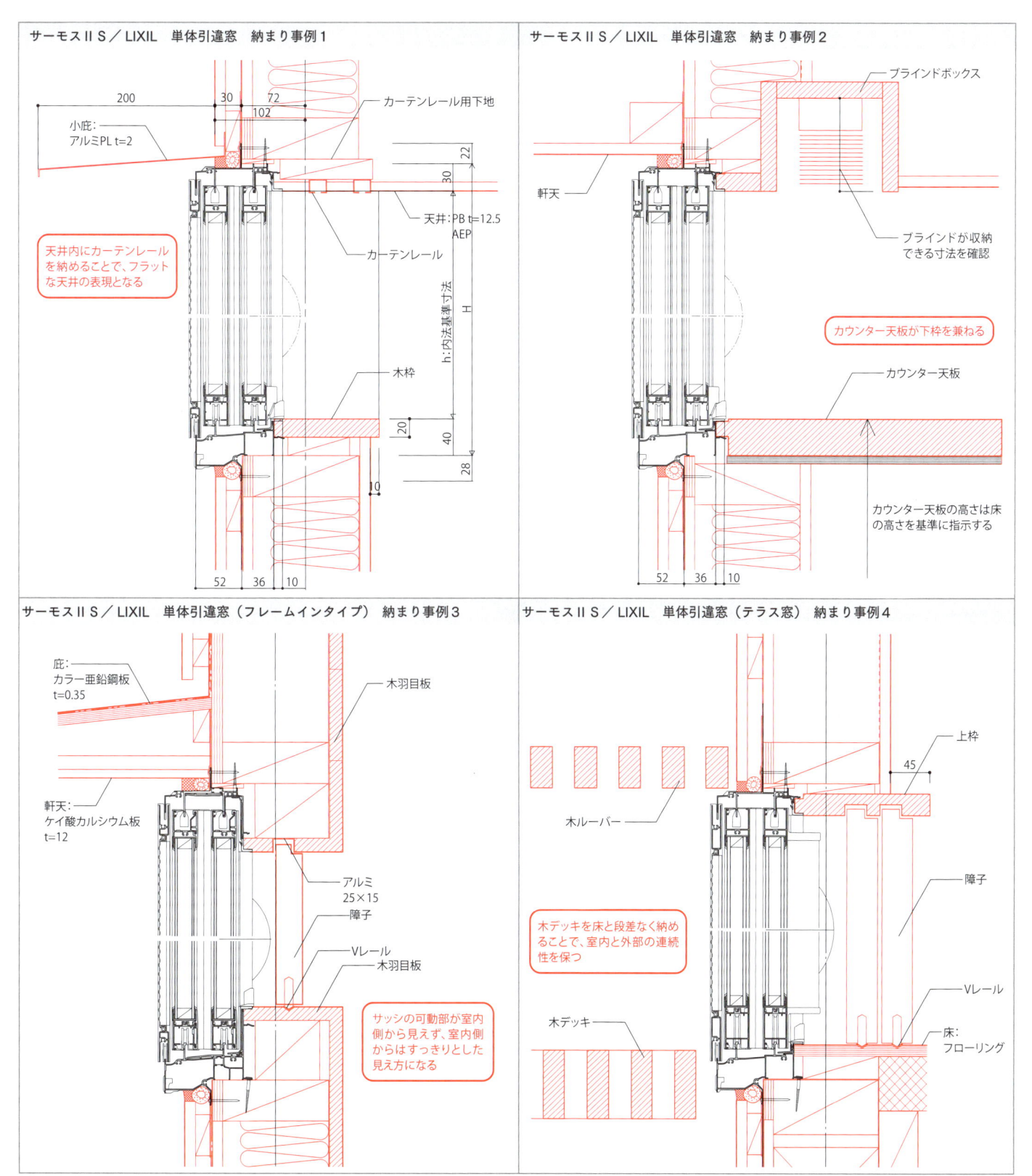

サーモスⅡS／LIXIL 単体引違窓 納まり事例1

- 小庇：アルミPL t=2
- カーテンレール用下地
- 天井：PB t=12.5 AEP
- カーテンレール
- h：内法基準寸法 H
- 木枠
- 寸法：200、30、72、102、22、30、52、36、10、20、40、28、10

天井内にカーテンレールを納めることで、フラットな天井の表現となる

サーモスⅡS／LIXIL 単体引違窓 納まり事例2

- ブラインドボックス
- 軒天
- ブラインドが収納できる寸法を確認
- カウンター天板
- 寸法：52、36、10

カウンター天板が下枠を兼ねる

カウンター天板の高さは床の高さを基準に指示する

サーモスⅡS／LIXIL 単体引違窓（フレームインタイプ） 納まり事例3

- 庇：カラー亜鉛鋼板 t=0.35
- 軒天：ケイ酸カルシウム板 t=12
- 木羽目板
- アルミ 25×15
- 障子
- Vレール
- 木羽目板

サッシの可動部が室内側から見えず、室内側からはすっきりとした見え方になる

サーモスⅡS／LIXIL 単体引違窓（テラス窓） 納まり事例4

- 上枠（45）
- 木ルーバー
- 障子
- Vレール
- 床：フローリング
- 木デッキ

木デッキを床と段差なく納めることで、室内と外部の連続性を保つ

注：本ページにおけるサッシデータの使用方法については、本書が提案する一例であり、株式会社LIXILの活動と関連するものではありません。

Column ⑧　既製部材の使い方　その4

フラットバーとアングル

既製品のなかでも、フラットバーとアングルは、手摺や見切材、建具枠などに多用できる便利な材料です。既製の寸法で製作されている部材ですが、さまざまなサイズのものがあります。これらの部材を使って、細部を納めたり、建具を製作したりすると、見付寸法が小さくなり、すっきり納めることができます。階段や手摺など、ある程度の荷重がかかる部位にはスチール、家具や見切材などディテールにはアルミやステンレスの小さい部材を使い分けるのがコツです。

表1．FB（フラットバー）の規格

材質	厚み(mm)	幅(mm)
アルミ (Al)	1.5	50
	2.0	10、15、20、25、30、40、50、67、88
	3.0	10、15、20、25、30、40、112
	4.0	12、20、25、30
	5.0	20、25、30、40、50
ステンレス (SUS)	3.0	6、8、9、10、12、13、15、16、19、20、22、25、30、32、38、40、42、45、48、50、65、75、100
	4.0	9、10、11、13、15、16、19、20、22、25、30、32、38、40、50、65、75、100
	5.0	10、13、15、16、19、20、22、25、30、32、34、38、40、50、65、75、100
	6.0	9、10、13、15、16、19、20、22、25、30、32、38、40、42、45、48、50、65、75
スチール (St)	6.0	25、32、38、44、50、65、75、90、100、125、150、180、200、230、250
	9.0	25、32、38、44、50、65、75、90、100、125、150、180、200、230、250
	12.0	25、32、38、44、50、65、75、90、100、125、150、180、200、230、250
	16.0	25、32、38、44、50、65、75、90、100、125、150、180、200、230、250
	22.0	32、38、50、65、75、90、100、125、150、180、200
	28.0	50、65、75、90、100、125、150、200

表2．L（アングル）の規格

材質	厚み(mm)	幅(mm)
アルミ (Al)	1.5	15×15、19×19、45×45
	2.0	15×15、20×20、25×25、30×30
	3.0	15×15、20×20、25×25、30×30、40×40、50×50
	4.0	25×25、40×40、50×50
	5.0	30×30、40×40
ステンレス (SUS)	1.0	10×10、12×12、16×16、19×19
	1.2	25×25
	1.5	32×32
	3.0	20×20、25×25、30×30、40×40

手摺をスチールのフラットバー（FB）と丸鋼でつくる。FB同士、丸鋼とFBは工場で溶接加工し、スチールプレートを床梁などの構造部材に取り付ける

手摺：St FB-12×32

手摺（たて材）：St FB-12×32

手摺（たて材）：St 丸鋼 φ9

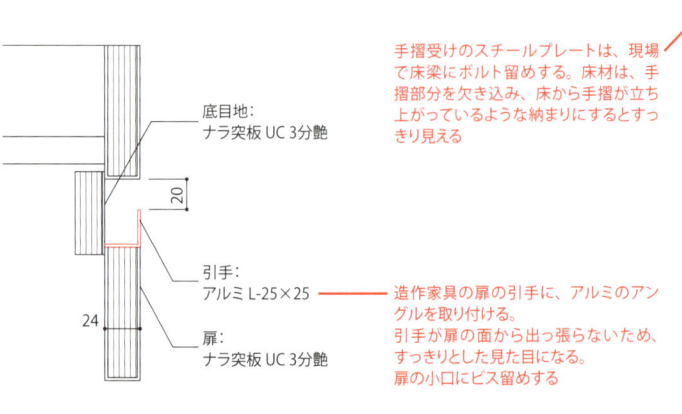

手摺受け：St PL t=9 120×120

見切材：アルミ不等辺 L-15×30

手摺受けのスチールプレートは、現場で床梁にボルト留めする。床材は、手摺部分を欠き込み、床から手摺が立ち上がっているような納まりにするとすっきり見える

床材と壁仕上材のぶつかる端部には、見切材が必要になる。木の角材（25mm角程度）で納めることもできるが、ここでは、アルミの不等辺アングルで納める。床材の端部は、アルミ材の厚み数ミリがラインとして見えるだけのシャープな表現となる

底目地：ナラ突板 UC 3分艶

引手：アルミ L-25×25

扉：ナラ突板 UC 3分艶

造作家具の扉の引手に、アルミのアングルを取り付ける。引手が扉の面から出っ張らないため、すっきりとした見た目になる。扉の小口にビス留めする

図1．造作家具の扉の納まり　1:5

図2．吹抜けに面した床と手摺の納まり　1:10

174

参考文献

・神山定雄著『ディテールの設計　部分詳細から矩計へ』彰国社、1980年
・『木のデザイン図鑑　建築・インテリア・家具』建築知識、1996年
・新木造住宅技術研究協議会編、室蘭工業大学建設システム工学鎌田研究室監修
　『新在来木造構法マニュアル2002』新木造住宅技術研究協議会、2002年
・『自立循環型住宅への設計ガイドライン　第二版』建築環境・省エネルギー機構、2005年
・『住宅の省エネルギー基準の解説　改訂第三版』建築環境・省エネルギー機構、2002年
・日本サステナブル建築協会編『断熱建材施工マニュアル』日本サステナブル建築協会、2011年
・日本住宅・木材技術センター編『木材と木造住宅Q&A108　安全で住みよい家を造るために』丸善、2008年
・中山繁信・猪野忍・井上洋司・海谷寛・柿沼整三・最勝寺靖彦・佐藤王仁・柴崎恭秀・清水真紀・十文字豊・細谷功著
　『木造住宅納まり詳細図集コンプリート版』エクスナレッジ、2008年
・三澤康彦・三澤文子著『最高の「木造」住宅をつくる方法』エクスナレッジ、2011年
・「矩計図で伝授する高さ寸法の極意」『建築知識』2007年2月号
・「「高さ寸法」攻略マニュアル」『建築知識』2010年10月号

著者略歴

是永美樹（これなが みき）

1970年　東京都生まれ
1996年　東京工業大学大学院総合理工学研究科社会開発工学科修了
　　　　AMO設計事務所、東京工業大学建築学専攻助教を経て、
現　在　京都女子大学家政学部生活造形学科准教授
　　　　KMKa一級建築士事務所（共同主宰）
一級建築士、CASBEE建築・戸建評価員、博士（工学）
ソフトユニオン会員
第6回サステナブル住宅賞国土交通大臣賞受賞

主な著作
『拼合記憶―澳門歴史建築的発展与保護―』中国電力出版社、2009年（共著）
『建築家の名言』エクスナレッジ、2011年（共著）
『世界で一番やさしいエコ住宅』エクスナレッジ、2011年（共著）
『マカオの空間遺産』萌文社、2017年
『「境界」から考える住宅　空間のつなぎ方を読み解く』彰国社、2017年（共著）

主な建築作品
「八雲の大屋根・小屋根」（2013年）、「鶴見の家」（2004年）、「樹霊の家」（2004年）、「庇の家」（2002年）、「吉礼の家」（2001年）

執筆担当
1、2、3、4章、コラム

大塚篤（おおつか あつし）

1971年　東京都生まれ
1996年　工学院大学大学院工学研究科建築学専攻修士課程修了
2006年　工学院大学大学院工学研究科建築学専攻博士課程満期退学
　　　　渡辺建築事務所、工学院大学専門学校建築科・インテリアデザイン科専任講師を経て、
現　在　工学院大学建築学部建築系学科実習指導教員
一級建築士、博士（工学）
ソフトユニオン会員

主な著作
『北欧の巨匠に学ぶ図法　家具・インテリア・建築のデザイン基礎』彰国社、2012年（共著）
『建築家の名言』エクスナレッジ、2011年（共著）
『世界で一番やさしいエコ住宅』エクスナレッジ、2011年（共著）
『カタチから考える住宅発想法　「空間づくり」をはじめるための思考のレッスン』彰国社、2016年
『「境界」から考える住宅　空間のつなぎ方を読み解く』彰国社、2017年（共著）

主な建築作品
「国分寺の家」（2013年）、「福生の家」（2011年）、「伊豆の家」（2007年）、「国立の家」（2006年）

執筆担当
5、6章

実務初心者からの
木造住宅矩計図・詳細図の描き方

2014年6月30日　第1版　発　行
2018年12月10日　第1版　第4刷

著　者　是永美樹・大塚　篤
発行者　下　出　雅　徳
発行所　株式会社　彰　国　社

162-0067　東京都新宿区富久町8-21
電話　03-3359-3231（大代表）
振替口座　00160-2-173401

印刷：真興社　製本：中尾製本

Printed in Japan
©是永美樹・大塚　篤　2014年

ISBN 978-4-395-32005-9 C3052　　http://www.shokokusha.co.jp

本書の内容の一部あるいは全部を、無断で複写（コピー）、複製、および磁気または光記録媒体等への入力を禁止します。許諾については小社あてご照会ください。